Michael Zoller
Die Haftung bei Kapitalanlagen

Die Haftung bei Kapitalanlagen

Die wichtigsten Entscheidungen zu Anlageberatung, Vermögensverwaltung und Prospekthaftung

von

Dr. Michael Zoller

Rechtsanwalt in München

3. Auflage 2016

www.beck.de

ISBN 978 3 406 68030 4

© 2016 Verlag C. H. Beck oHG
Wilhelmstraße 9, 80801 München
Druck und Bindung: Nomos Verlagsgesellschaft
In den Lissen 12, 76547 Sinzheim

Satz: ottomedien
Heimstättenweg 52, 64295 Darmstadt

Gedruckt auf säurefreiem, alterungsbeständigem Papier
(hergestellt aus chlorfrei gebleichtem Zellstoff)

Jede Person hat ein Recht darauf, dass über Streitigkeiten in Bezug auf ihre zivilrechtlichen Ansprüche und Verpflichtungen (…) von einem unabhängigen und unparteiischen, auf Gesetz beruhenden Gericht in einem fairen Verfahren, öffentlich und innerhalb angemessener Frist verhandelt wird.

Art. 6 Europäische Menschenrechtskonvention

Vorwort zur 3. Auflage

Willkommen zur Neuausgabe von „*Full Catastrophe Living*".

Während in der Vergangenheit in schöner Regelmäßigkeit die hier in Rede stehenden Themen beim BGH exklusiv vom XI. Zivilsenat (soweit Banken als Parteien beteiligt) bzw. III. Zivilsenat (sonstige Vertriebsaktivitäten von Kapitalanlagen) zu bearbeiten waren, zum Teil kapitalanlagerechtliche Fragestellungen mit gesellschaftsrechtlichen Themen vom II. Zivilsenat erledigt wurden, schlagen sich in jüngerer Zeit mit kapitalanlagerechtlichen Massenschäden sogar der VI. Zivilsenat (Vorwurf des Kapitalanlagebetruges) bzw. der IV. Zivilsenat (Versicherungsprodukte, welche ebenfalls vom verjährungsrechtlichen „D-Day" 31.12.2011 betroffen sind) herum.

Dass hier organisatorische Kapazitäten nicht nur der Tatsacheninstanzen, sondern auch der Revisionsinstanz an ihre Grenzen gelangen, verwundert nicht; ebenso wenig die Tatsache, dass die zahlenmäßig höchste Falldichte der Rechtsanwälte beim Bundesgerichtshof üblicherweise bei den Kapitalanlagerechtskanzleien liegt (wobei – anders als in den Tatsacheninstanzen – eine eindeutige Positionierung als Anleger- bzw. Beklagtenanwalt nicht durchgängig zu verzeichnen ist).

Wenig hilfreich ist in diesem Zusammenhang, wenn das in der Presse vorherrschende negative Image der Banken im Laufe des Jahres 2015 auf die Automobilhersteller überzugehen droht; auch hier sind im kapitalanlagerechtlichen Haftungsumfeld Massenschäden zu befürchten, deren Welle vor die Gerichte schwappen wird. In diesem Handbuch wurde deshalb in § 12 ein neuer Abschnitt mit dem Titel „Die Haftung für fehlerhafte Kapitalmarktinformation" aufgenommen.

Wenn hier in der Politik der Ruf nach „Verbraucherklagen" nach dem Vorbild des US-amerikanischen Systems der „class action" laut wird, bestätigt dies nur den schlechten Ruf, den das bisher in Kraft befindliche KapMuG besitzt. Schwierigkeiten der Prozessparteien mit diesem Vehikel werden im Kapitel „Der Anlegerprozess" dargestellt werden.

Einen Schwerpunkt besitzt weiterhin der Abschnitt „Die Haftung für Vergütungen", wobei hier die Fortentwicklung der Rechtsprechung sehr intensiv ausfiel. Selbiges gilt für Prospektfehler und Verjährungsfragen, wie die vielen neuen höchstrichterlichen Entscheidungen in diesen Abschnitten zeigen werden.

Alles in allem hat die Schnelllebigkeit der heutigen Zeit nebst rasanter Weiterentwicklung der kapitalanlagehaftungsrechtlichen Rechtsprechung dazu geführt, dass zwischen 2. und 3. Auflage dieses Buches wiederum nur zwei Jahre liegen und dennoch eine stattliche Vielzahl neuer Entscheidungen besprochen werden können. Nicht ausführlich besprochene Entscheidungen, welche dennoch von besonderer Bedeutung sind, werden am Ende dieses Buches nach den Kapiteln dieses Buches geordnet aufgeführt. Zu Beginn vieler Kapitel werden hochaktuelle wissenschaftliche Beiträge erwähnt, welche weiterführende Literaturhinweise enthalten.

Ich danke wiederum für die große Hilfe und Unterstützung meiner Familie, meiner „linken Hand" Dr. Bastian Aurich LL.M., meiner Assistentin Frau Cornelia Buchner sowie meinen immer offenen Ansprechpartnern im Verlag C.H. Beck, Herrn Dr. Roland L. Klaes und Frau Astrid Stanke, die mir großen Rückhalt geben.

München, im März 2016   Dr. Michael Zoller

Vorwort zur 1. Auflage

Kein anderes Rechtsgebiet in Deutschland ist derart von Präzedenzfällen geprägt, wie das Kapitalanlagerecht. Die Börsen-Entwicklung der letzten 20 Jahre[1], aber auch die Entwicklung des Wirtschaftslebens generell haben dazu geführt, dass die Frage der Haftung von Anspruchsadressaten im Falle einer fehlgeschlagenen Kapitalanlage zu einer der meist gestellten vor deutschen Gerichten[2] geworden ist. Generalklauseln, unbestimmte Rechtsbegriffe und zahlreiche gesetzlich nicht geregelte Fragen lassen den deutschen Juristen, welcher sich mit dem Recht der Haftung im Bereich der Kapitalanlage beschäftigt, zwangsläufig zu dem aus dem US-amerikanischen Systemkreis bekannten Instrument des „case law" greifen: Sachverhalte, welche von hohen deutschen Gerichten mit einer rechtlichen Beurteilung versehen wurden, werden in anderen Verfahren sowohl seitens der Parteien, als auch von den Gerichten selbst dazu benutzt, den „eigenen" zur Entscheidung anstehenden Sachverhalt mit dem entschiedenen zu vergleichen, Übereinstimmungen und Abweichungen herauszuarbeiten und daraus Schlussfolgerungen zu ziehen. Es geschieht dies mit dem Ziel, zu einer „richtigen" Entscheidung zu gelangen, welche auch dem drohenden Weg durch die Instanzen standhält. Die höchstrichterliche Rechtsprechung wiederum versteht sich selbst als Richtschnur, an der sich künftige Entscheider vor Gericht und in der Praxis zu orientieren haben.

Nun mag man diesbezüglich einwerfen, dass es „in der heutigen Zeit" in Anbetracht der modernen Kommunikationsmedien ein Leichtes ist, Entscheidungen abzufragen und zu zitieren. Dies ist grundsätzlich richtig. Aber gerade die Informationsfülle, welche dem Benutzer moderner Medien mittels Stichwortsuche geboten wird, bewirkt häufig das Gegenteil des Erstrebten: Überinformation verstellt den Blick aufs Wesentliche, versagt eine gründliche Auswertung innerhalb der zur Verfügung stehenden Zeit und lässt den sprichwörtlichen Blick auf den Wald in Anbetracht der zahllosen Bäume nicht mehr zu.

Dieses Buch hat sich zum Ziel gesetzt, aus der Fülle der Entscheidungen deutscher Gerichte zum Themenkreis der Haftung im Kapitalanlagerecht diejenigen auszuwählen, zu beschreiben und zu analysieren, die aus Sicht des Autors in den letzten 20 Jahren von besonderer Bedeutung im Hinblick auf die Beantwortung grundsätzlicher Fragen sind. Sie alle enthalten verallgemeinerungsfähige Aussagen, die über den konkret entschiedenen Fall hinaus die „richtige" Entscheidung weiterer Sachverhalte ermöglichen. Dabei wird besondere Aufmerksamkeit auf die Entscheidungen der für das Kapitalanlagerecht zuständigen Zivilsenate des Bundesgerichtshofes gelegt. Wenn daneben

---

[1] Eine Studie im Auftrag des Verbraucherschutzministeriums hatte gezeigt, dass Anleger jedes Jahr bis zu 30 Milliarden EUR wegen falscher Anlageempfehlungen verlieren, siehe Financial Times Deutschland vom 26.5.2011, „Anlageberatung" A 2.
[2] Das Landgericht München I hatte im Jahr 2010 allein aus dem Grauen Kapitalmarkt 2.631 Verfahren zu bewältigen; im Jahr 2009 waren es 1.733, 2008 knapp 500, siehe Financial Times Deutschland vom 18.4.2011, S. 21.

Entscheidungen der Instanzgerichte ausgewählt wurden, wurde Wert darauf gelegt, dass diese in Rechtskraft erwachsen sind.

Wichtig heißt grundsätzlich auch aktuell. Gerade die kapitalanlagerechtliche Rechtsprechung entwickelt sich in Windeseile fort und fügt gleichsam einem Mosaik einem bereits teilfertigen Bild neue, wesentliche Bauteile hinzu. Im Zweifel wurde zu einem Problemkreis der jeweils jüngeren Entscheidung der Vorzug gegeben, wenn diese mit neuen Gedanken auf bereits gefestigter Rechtsprechung aufbaut und diese daher mit enthält. Dies ist der Grund dafür, dass die in diesem Buch ausgewählten Entscheidungen sehr häufig jüngeren Datums sind.

Das Konzept des Buches beruht auf Wesentlichkeit und nicht auf Vollständigkeit; dabei ist selbstverständlich, dass die hier getroffene Auswahl eine subjektive ist. Die jahrzehntelange deutschlandweite Berufspraxis des Autors als Prozessbevollmächtigter im Kapitalanlagerecht und die damit einhergehenden Erfahrungen haben die Auswahl sicherlich beeinflusst.

Mein Dank gilt meiner unermüdlichen Assistentin Frau Tanja Braml, meinen immer offenen Ansprechpartnern im Verlag C. H. Beck, Herrn Dr. Roland L. Klaes, MBA und Frau Christina Wolfer, meiner Familie und last but not least meinen Mandanten, welche mir eine Beschäftigung mit dem Kapitalanlagerecht von Berufs wegen ermöglichen.

München, im Dezember 2011   Dr. Michael Zoller

Zum Gebrauch dieses Buches

Dieses Buch wurde vom Praktiker für den Praktiker geschrieben, gleichgültig in welcher Funktion sich dieser mit dem Kapitalanlagerecht beschäftigt.

Es wurden mehr als tausend Entscheidungen deutscher Gerichte aus dem Bereich der Haftung im Kapitalanlagerecht der letzten 20 Jahre verarbeitet. Eine Reihe von Verfahren betrafen Sachverhalte, welche sich bei einer Vielzahl von Anlegern vermögensmindernd realisierten und daher eine deutschlandweite Beschäftigung der Gerichte mit sich brachten. Gerade die enge Anbindung an die Praxis ist es, welche den Reiz und die Herausforderung einer Beschäftigung mit der Haftung bei Kapitalanlagen ausmacht.

In diesem Buch werden relevante haftungsrechtliche Fragen nach Themenkreisen gegliedert. Nach einer kurzen Einführung werden für den jeweiligen Problemkreis zentrale Entscheidungen ausgewählt. Von besonderer Bedeutung ist dabei die präzise Beschreibung des der jeweiligen Entscheidung zu Grunde liegenden Sachverhaltes mit sämtlichen entscheidungsrelevanten Sachverhaltsaspekten, häufig auch mittels wörtlichem Zitat relevanter Prospektstellen, auch wenn diese in den höchstrichterlichen Entscheidungen nicht wörtlich zitiert wurden. Nach einer Auseinandersetzung mit dem jeweiligen Hintergrund und der Problemstellung, die im Zentrum der in Rede stehenden Entscheidung steht, werden sodann die Begründungserwägungen des jeweiligen Gerichts beschrieben und kommentiert. Jedes Kapitel endet mit einem Ausblick auf offene Fragen und deren Behandlung.

Die enge Arbeit am Sachverhalt der jeweiligen Präzedenzentscheidung ist ein wesentlicher Aspekt im Bereich der Haftung im Kapitalanlagerecht und der Arbeit mit diesem Buch. Die enge Führung des Gedankengangs am Sachverhalt zieht sich wie ein roter Faden durch die Tätigkeit eines jeden Kapitalanlagerechtlers. Ähnlich, wie im Gesetzgebungsverfahren, genügt der sprichwörtliche Federstrich im Bereich des Sachverhaltes, um jegliche unmittelbare Vergleichbarkeit eines Präzedenzfalles mit dem eigenen, zur Entscheidung anstehenden Sachverhalt Makulatur werden zu lassen. Der richtige Umgang mit der Präzedenzfallmethodik setzt mithin ein Doppeltes voraus: Das Herausarbeiten der Parallelen im entschiedenen und zur Entscheidung anstehenden Sachverhalt einerseits, die richtige Beurteilung der Relevanz abweichender Sachverhaltsaspekte andererseits.

Zu vermeiden sind demgegenüber die beiden Hauptfehler bei der Beschäftigung mit Präzedenzfällen: Die vorschnelle Behauptung der Identität des entschiedenen mit dem zur Entscheidung anstehenden Sachverhalt und die Überinterpretation, welche der Präzedenzentscheidung Aussagen unterstellt, die diese so nicht enthält.

Sämtliche in diesem Buch kommentierte Entscheidungen des Bundesgerichtshofes ab dem Jahre 2000 sind über die Entscheidungsdatenbank des Bundesgerichtshofes unter www.Bundesgerichtshof.de für jedermann abrufbar. Ältere Entscheidungen werden mit Fundstellen aus der Fachliteratur wiedergegeben.

Inhaltsübersicht

Vorwort zur 3. Auflage	VII
Vorwort zur 1. Auflage	IX
Zum Gebrauch dieses Buches	XI
Inhaltsübersicht	XIII
Inhaltsverzeichnis	XV
Systematisches Verzeichnis der ausführlich besprochenen Entscheidungen	XXVII
Historisches Verzeichnis der ausführlich besprochenen Entscheidungen	XXXIII
§ 1. Die Anlageberatung – Die Klassiker	1
§ 2. Die Anlageberatung – Die heutige Rechtsprechung	19
§ 3. Die Haftung für Vergütungen	45
§ 4. Derivate, Zertifikate, Hedgefonds etc.	83
§ 5. Vermögensverwaltung, Anlagevermittlung und Execution Only	123
§ 6. Die Prospektfehler von Investmentvermögen	145
§ 7. Die Haftungsadressaten für Prospektfehler im engeren Sinne	187
§ 8. Die Haftung des Gründungsgesellschafters und des Treuhänders	209
§ 9. Die Haftung des Prospektgutachters	221
§ 10. Die Haftung des Mittelverwendungskontrolleurs	243
§ 11. Sonderprobleme des Grauen Kapitalmarkts	269
§ 12. Die Haftung für fehlerhafte Kapitalmarktinformation	297
§ 13. Die deliktische Haftung	315
§ 14. Die Verjährung	343
§ 15. Der Anlegerprozess	375
Epilog	389
Entscheidungen, die es nicht in dieses Buch geschafft haben	391
Personenverzeichnis	397
Sachverzeichnis	399

Inhaltsverzeichnis

Vorwort zur 3. Auflage	VII
Vorwort zur 1. Auflage	IX
Zum Gebrauch dieses Buches	XI
Inhaltsübersicht	XIII
Inhaltsverzeichnis	XV
Systematisches Verzeichnis der ausführlich besprochenen Entscheidungen	XXVII
Historisches Verzeichnis der ausführlich besprochenen Entscheidungen	XXXIII

§ 1. Die Anlageberatung – Die Klassiker ... 1
I. Einführung ... 1
   1. Was bisher geschah ... 1
   2. Die Haftung für fehlerhafte Anlageberatung – das aufgedrängte Vertragsverhältnis ... 2
   3. Der Selbsteinschätzungsbogen ... 3
   4. Der Haftungsrechtstreit in der Anlageberatung ... 3
   5. Beratungsprotokoll und „Beipackzettel" ... 5
II. Bond ... 6
   1. Sachverhalt ... 6
   2. Hintergrund ... 7
   3. Problemstellung ... 8
   4. Entscheidung ... 8
   5. Fazit ... 10
III. Zins- und Währungsspekulation eines vorberatenen Kunden ... 10
   1. Sachverhalt ... 10
   2. Hintergrund ... 11
   3. Problemstellung ... 11
   4. Entscheidung ... 12
   5. Fazit ... 13
IV. Aktienspekulation auf Kredit ... 13
   1. Sachverhalt ... 13
   2. Hintergrund ... 14
   3. Problemstellung ... 15
   4. Entscheidung ... 15
   5. Fazit ... 16
V. Ausblick ... 17

§ 2. Die Anlageberatung – Die heutige Rechtsprechung ... 19
I. Einführung ... 19
   1. Die Anlegerreklamationen und deren Ursachen ... 19
   2. Der „Kundenwunsch" ... 19
   3. Der erforderliche Grad der Informationstiefe des beratenden Bankhauses („research") ... 21
   4. Die Form der Kundeninformation ... 21
   5. Die Zukunft der Haftungsrechtsprechung im Bereich der Anlageberatung ... 21
II. Der unerfüllte Kundenwunsch ... 22
   1. Sachverhalt ... 22
   2. Hintergrund ... 23
   3. Problemstellung ... 24
   4. Entscheidung ... 24
   5. Fazit ... 26

III.	Das Studium der Wirtschaftspresse	27
	1. Sachverhalt	27
	2. Hintergrund	27
	3. Problemstellung	28
	4. Entscheidung	28
	5. Fazit	30
IV.	Offener Immobilienfonds	30
	1. Sachverhalt	30
	2. Hintergrund	31
	3. Problemstellung	31
	4. Entscheidung	32
	5. Fazit	33
V.	Lehman 5	33
	1. Sachverhalt	33
	2. Hintergrund	34
	3. Problemstellung	35
	4. Entscheidung	35
	5. Fazit	36
VI.	Lehman 6	36
	1. Sachverhalt	36
	2. Hintergrund	38
	3. Problemstellung	38
	4. Entscheidung	38
	5. Fazit	40
VII.	Kausalität und Schaden	40
	1. Sachverhalt	40
	2. Hintergrund	41
	3. Problemstellung	41
	4. Entscheidung	42
	5. Fazit	44
VIII.	Ausblick	44
§ 3.	**Die Haftung für Vergütungen**	**45**
I.	Einführung	45
	1. Rechtsprechung für Sachverhalte bis zum 1.8.2014	45
	2. Gewinnmargen und Interessenkonflikt	46
	3. Echte Rückvergütungen	46
	4. Kausalität	48
II.	Vermögensverwalter	50
	1. Sachverhalt	50
	2. Hintergrund	50
	3. Problemstellung	51
	4. Entscheidung	52
	5. Fazit	53
III.	Die Mutter aller Kick-Back-Verfahren	54
	1. Sachverhalt	54
	2. Hintergrund	54
	3. Problemstellung	55
	4. Entscheidung	55
	5. Fazit	57
IV.	Der freie Anlageberater	58
	1. Sachverhalt	58
	2. Hintergrund	59
	3. Problemstellung	59

	4. Entscheidung	60
	5. Fazit	61
V.	Vergütungen im Prospekt (Stand 1993)	62
	1. Sachverhalt	62
	2. Hintergrund	62
	3. Problemstellung	63
	4. Entscheidung	63
	5. Fazit	64
VI.	Aufklärungspflicht über Rückvergütungen bereits seit 1984?	64
	1. Sachverhalt	64
	2. Hintergrund	65
	3. Problemstellung	65
	4. Entscheidung	66
	5. Fazit	67
VII.	Lehman 3	67
	1. Sachverhalt	67
	2. Hintergrund	68
	3. Problemstellung	68
	4. Entscheidung	68
	5. Fazit	70
VIII.	Kommissionär als Doppelverdiener	70
	1. Sachverhalt	70
	2. Hintergrund	71
	3. Problemstellung	71
	4. Entscheidung	72
	5. Fazit	73
IX.	Venire contra factum proprium	74
	1. Sachverhalt	74
	2. Hintergrund	74
	3. Problemstellung	75
	4. Entscheidung	75
	5. Fazit	76
X.	Flächendeckendes Transparenzgebot ab dem 1.8.2014	76
	1. Sachverhalt	76
	2. Hintergrund	77
	3. Problemstellung	77
	4. Entscheidung	77
	5. Fazit	79
XI.	Vermittlungsprovision der Bank bei Lebensversicherung	79
	1. Sachverhalt	79
	2. Hintergrund	79
	3. Problemstellung	80
	4. Entscheidung	80
	5. Fazit	81
XII.	Ausblick	81
§ 4. Derivate, Zertifikate, Hedgefonds etc.		83
I.	Einführung	83
	1. Die „synthetischen" Produkte	83
	2. Die wichtigsten Derivate	84
	3. Schützt das Verbot, die Spielbank zu betreten, den Spielsüchtigen?	86
	4. Zertifikate und kein Ende	86
	5. Die Entschädigungseinrichtung der Wertpapierhandelsunternehmen	87
II.	Der CMS Spread Ladder Swap	87
	1. Sachverhalt	87

		2. Hintergrund	89
		3. Problemstellung	89
		4. Entscheidung	90
		5. Fazit	92
	III.	Der Cross Currency Swap	93
		1. Sachverhalt	93
		2. Hintergrund	94
		3. Problemstellung	94
		4. Entscheidung	95
		5. Fazit	96
	IV.	Zinsswaps einer Gemeinde	97
		1. Sachverhalt	97
		2. Hintergrund	98
		3. Problemstellung	99
		4. Entscheidung	99
		5. Fazit	102
	V.	Lehman 1	102
		1. Sachverhalt	102
		2. Hintergrund	103
		3. Problemstellung	103
		4. Entscheidung	104
		5. Fazit	106
	VI.	Lehman 2	107
		1. Sachverhalt	107
		2. Hintergrund	107
		3. Problemstellung	108
		4. Entscheidung	108
		5. Fazit	109
	VII.	Aktienspekulation am 11.9.2001	110
		1. Sachverhalt	110
		2. Hintergrund	111
		3. Problemstellung	112
		4. Entscheidung	112
		5. Fazit	113
	VIII.	Barclays/Kiener	114
		1. Sachverhalt	114
		2. Hintergrund	115
		3. Problemstellung	115
		4. Entscheidung	116
		5. Fazit	117
	IX.	Phoenix	117
		1. Sachverhalt	117
		2. Hintergrund	118
		3. Problemstellung	118
		4. Entscheidung	119
		5. Fazit	120
	X.	Ausblick	120
§ 5.	**Vermögensverwaltung, Anlagevermittlung und Execution Only**		**123**
	I.	Einführung	123
		1. Die Vermögensverwaltung	123
		2. Die Anlagevermittlung	125
		3. Execution Only	126
	II.	Vermögensverwalter und Anlagerichtlinien	127
		1. Sachverhalt	127

	2. Hintergrund	127
	3. Problemstellung	128
	4. Entscheidung	128
	5. Fazit	130
III.	Anlagevermittler und Innenprovisionen	130
	1. Sachverhalt	130
	2. Hintergrund	131
	3. Problemstellung	131
	4. Entscheidung	132
	5. Fazit	133
IV.	Anlagevermittler und Prospektübergabe	134
	1. Sachverhalt	134
	2. Hintergrund	134
	3. Problemstellung	135
	4. Entscheidung	135
	5. Fazit	136
V.	Execution Only 1	137
	1. Sachverhalt	137
	2. Hintergrund	137
	3. Problemstellung	138
	4. Entscheidung	138
	5. Fazit	140
VI.	Execution Only 2	140
	1. Sachverhalt	140
	2. Hintergrund	141
	3. Problemstellung	141
	4. Entscheidung	142
	5. Fazit	143
VII.	Ausblick	143

§ 6. Die Prospektfehler von Investmentvermögen 145

I.	Einführung	145
	1. Prospektfehler im Sinne dieses Kapitels	145
	2. „Staatliche Förderung" geschlossener Beteiligungen	146
	3. Gesetzliche Regelung der Prospektvollständigkeit und -richtigkeit	146
	4. Der Prüfungsmaßstab	147
	5. Prospektfehler und Haftung	148
	6. Die Entscheidungen der Zivilgerichte	148
II.	Worst-Case-Szenario	149
	1. Sachverhalt	149
	2. Hintergrund	150
	3. Problemstellung	151
	4. Entscheidung	152
	5. Fazit	153
III.	Abweichung vom Investitionsplan	154
	1. Sachverhalt	154
	2. Hintergrund	155
	3. Problemstellung	156
	4. Entscheidung	156
	5. Fazit	158
IV.	Optimistische Prognose	159
	1. Sachverhalt	159
	2. Hintergrund	160
	3. Problemstellung	160
	4. Entscheidung	160

	5. Fazit		162
V.	Einschreiten der BaFin		163
	1. Sachverhalt		163
	2. Hintergrund		164
	3. Problemstellung		165
	4. Entscheidung		165
	5. Fazit		167
VI.	Mietgarantie		167
	1. Sachverhalt		167
	2. Hintergrund		168
	3. Problemstellung		168
	4. Entscheidung		169
	5. Fazit		170
VII.	Defeasance-Struktur		170
	1. Sachverhalt		170
	2. Hintergrund		172
	3. Problemstellung		173
	4. Entscheidung		174
	5. Fazit		175
VIII.	Telekom, 3. Börsengang		176
	1. Sachverhalt		176
	2. Hintergrund		178
	3. Problemstellung		179
	4. Entscheidung		179
	5. Fazit		184
IX.	Ausblick		184

§ 7. Die Haftungsadressaten für Prospektfehler im engeren Sinne ... 187

I.	Einführung		187
	1. Die Prospekthaftung		187
	2. Prospekthaftung im engeren und Prospekthaftung im weiteren Sinne		188
	3. Die Haftungsadressaten der Prospekthaftung im engeren Sinne		189
	4. Verjährung		189
II.	Hintermann aufgrund Eigeninitiative		190
	1. Sachverhalt		190
	2. Hintergrund		191
	3. Problemstellung		192
	4. Entscheidung		192
	5. Fazit		193
III.	Hintermann aufgrund Verflechtung 1		194
	1. Sachverhalt		194
	2. Hintergrund		195
	3. Problemstellung		195
	4. Entscheidung		196
	5. Fazit		197
IV.	Hintermann aufgrund Verflechtung 2		197
	1. Sachverhalt		197
	2. Hintergrund		198
	3. Problemstellung		198
	4. Entscheidung		199
	5. Fazit		200
V.	Garantenstellung: Finanzierungs-Bank		201
	1. Sachverhalt		201
	2. Hintergrund		201
	3. Problemstellung		202

	4. Entscheidung	202
	5. Fazit	203
VI.	Garantenstellung: Spitzenpolitiker	203
	1. Sachverhalt	203
	2. Hintergrund	205
	3. Problemstellung	205
	4. Entscheidung	206
	5. Fazit	207
VII.	Ausblick	208

§ 8. Die Haftung des Gründungsgesellschafters und des Treuhänders ... 209

I.	Einführung	209
II.	Gründungsgesellschafterin und Mittelverwendungskontrolleurin	210
	1. Sachverhalt	210
	2. Hintergrund	210
	3. Problemstellung	211
	4. Entscheidung	212
	5. Fazit	214
III.	Gründungsgesellschafterin und Vermittlerverschulden	214
	1. Sachverhalt	214
	2. Hintergrund	215
	3. Problemstellung	215
	4. Entscheidung	216
	5. Fazit	217
IV.	Treuhänderin und vorbestrafter Fondsgeschäftsführer	217
	1. Sachverhalt	217
	2. Hintergrund	218
	3. Problemstellung	218
	4. Entscheidung	219
	5. Fazit	220
V.	Ausblick	220

§ 9. Die Haftung des Prospektgutachters ... 221

I.	Einführung	221
	1. Grundsätzliche Bemerkungen	221
	2. Berufsübliche Standards	222
	3. Die Pflichten und die Haftung des Prospektgutachters gegenüber dem Auftraggeber nach altem Recht	223
	4. Die Pflichten und die Haftung des Prospektgutachters gegenüber dem Auftraggeber nach KAGB	225
	5 Der Prospektgutachter und Dritte, insbesondere Anleger	226
	6. Die Auskunftsvereinbarung	227
	7. Mehrfachfunktionen und deren Auswirkungen auf die Haftung	228
II.	Vertrag mit Schutzwirkung zu Gunsten des Anlegers	229
	1. Sachverhalt	229
	2. Hintergrund	230
	3. Problemstellung	230
	4. Entscheidung	231
	5. Fazit	232
III.	Vif Dritte	233
	1. Sachverhalt	233
	2. Hintergrund	234
	3. Problemstellung	234
	4. Entscheidung	235
	5. Fazit	237

IV.	Wertpapierprospekt	237
	1. Sachverhalt	237
	2. Hintergrund	238
	3. Problemstellung	238
	4. Entscheidung	238
	5. Fazit	240
V.	Ausblick	241

§ 10. Die Haftung des Mittelverwendungskontrolleurs ... 243

I.	Einführung	243
	1. Mittel-Verwendungs-Kontrolle	243
	2. Aktivlegitimation	244
	3. Mittelverwendungskontrolle und Zeichnungsschaden	245
	4. Pflichten aus dem Mittelverwendungskontrollvertrag	246
	5. Mehrfachfunktionen	246
II.	Cinerenta	248
	1. Sachverhalt	248
	2. Hintergrund	250
	3. Problemstellung	250
	4. Entscheidung	251
	5. Fazit	253
III.	Falk Zinsfonds	253
	1. Sachverhalt	253
	2. Hintergrund	254
	3. Problemstellung	255
	4. Entscheidung	256
	5. Fazit	257
IV.	MBP	258
	1. Sachverhalt	258
	2. Hintergrund	260
	3. Problemstellung	260
	4. Entscheidung	261
	5. Fazit	262
V.	Einzahlungstreuhänder	263
	1. Sachverhalt	263
	2. Hintergrund	264
	3. Problemstellung	265
	4. Entscheidung	265
	5. Fazit	266
VI.	Ausblick	267

§ 11. Sonderprobleme des Grauen Kapitalmarkts ... 269

I.	Einführung	269
	1. „Viele Köche verderben den Brei"	269
	2. Die langsam mahlenden Mühlen	270
	3. Die Steuersparmodelle	271
	4. Das dem schlechten Geld hinterhergeworfene gute Geld	271
II.	Prospekthaftung ohne Prospekt	272
	1. Sachverhalt	272
	2. Hintergrund	273
	3. Problemstellung	273
	4. Entscheidung	274
	5. Fazit	276
III.	Zielgesellschaft als Haftungsobjekt	277
	1. Sachverhalt	277

	2. Hintergrund	277
	3. Problemstellung	278
	4. Entscheidung	278
	5. Fazit	280
IV.	Vollmachten an Treuhänder	280
	1. Sachverhalt	280
	2. Hintergrund	282
	3. Problemstellung	282
	4. Entscheidung	282
	5. Fazit	284
V.	Steuervorteile des Anlegers	284
	1. Sachverhalt	284
	2. Hintergrund	285
	3. Problemstellung	286
	4. Entscheidung	287
	5. Fazit	288
VI.	Anlegeradressdaten	289
	1. Sachverhalt	289
	2. Hintergrund	290
	3. Problemstellung	290
	4. Entscheidung	291
	5. Fazit	292
VII.	AVB-Rechtschutzversicherung	292
	1. Sachverhalt	292
	2. Hintergrund	292
	3. Problemstellung	293
	4. Entscheidung	293
	5. Fazit	295
VIII.	Ausblick	295

§ 12. Die Haftung für fehlerhafte Kapitalmarktinformation ... 297

I.	Einführung	297
II.	Daimler	297
	1. Sachverhalt	297
	2. Hintergrund	298
	3. Problemstellung	299
	4. Entscheidung	299
	5. Fazit	301
III.	IKB	302
	1. Sachverhalt	302
	2. Hintergrund	303
	3. Problemstellung	303
	4. Entscheidung	304
	5. Fazit	306
IV.	Hypo Real Estate	306
	1. Sachverhalt	306
	2. Hintergrund	309
	3. Problemstellung	309
	4. Entscheidung	309
	5. Fazit	313
V.	Ausblick	313

§ 13. Die deliktische Haftung ... 315

I.	Einführung	315
	1. Delikt – ein Unwerturteil?	315

	2. Die Rolle der Banken	316
	3. Die „Kehrseite der Medaille"	316
II.	Undurchführbarkeit des Fondskonzeptes	317
	1. Sachverhalt	317
	2. Hintergrund	318
	3. Problemstellung	318
	4. Entscheidung	319
	5. Fazit	320
III.	Kreditgeber bei „Schrottimmobilien"	321
	1. Sachverhalt	321
	2. Hintergrund	321
	3. Problemstellung	322
	4. Entscheidung	323
	5. Fazit	324
IV.	Geschäftsführer des Eigenkapitalvertriebs	325
	1. Sachverhalt	325
	2. Hintergrund	325
	3. Problemstellung	325
	4. Entscheidung	326
	5. Fazit	327
V.	Geschäftsführer der Treuhandkommanditistin	328
	1. Sachverhalt	328
	2. Hintergrund	328
	3. Problemstellung	329
	4. Entscheidung	329
	5. Fazit	330
VI.	Prospektgutachter und Mittelverwendungskontrolleur	330
	1. Sachverhalt	330
	2. Hintergrund	331
	3. Problemstellung	332
	4. Entscheidung	332
	5. Fazit	334
VII.	Kapitalanlagebetrug durch Unterlassen	335
	1. Sachverhalt	335
	2. Hintergrund	336
	3. Problemstellung	336
	4. Entscheidung	337
	5. Fazit	338
VIII.	Der Verschuldensmaßstab im Delikt	339
	1. Sachverhalt	339
	2. Hintergrund	339
	3. Problemstellung	340
	4. Entscheidung	340
	5. Fazit	341
IX.	Ausblick	342

§ 14. Die Verjährung ... 343

I.	Einführung	343
	1. Das allgemeine Schuldrecht	343
	2. Sondervorschriften	344
	3. Die Geltungsperiode des § 37a WpHG	345
	4. Die Verschuldensform auf Schädigerseite	346
	5. Die Verschuldensform auf Anspruchstellerseite	346
	6. Die Verjährungshemmung	346
II.	§ 37a WpHG	347

	1. Sachverhalt	347
	2. Hintergrund	347
	3. Problemstellung	348
	4. Entscheidung	348
	5. Fazit	350
III.	§ 51a WPO	350
	1. Sachverhalt	350
	2. Hintergrund	351
	3. Problemstellung	352
	4. Entscheidung	352
	5. Fazit	354
IV.	Vorsätzliches Verschweigen von Rückvergütungen	355
	1. Sachverhalt	355
	2. Hintergrund	355
	3. Problemstellung	356
	4. Entscheidung	356
	5. Fazit	357
V.	Abstrakte Kenntnis von Rückvergütungen	358
	1. Sachverhalt	358
	2. Hintergrund	358
	3. Problemstellung	359
	4. Entscheidung	359
	5. Fazit	360
VI.	Nichtlektüre des Prospektes	361
	1. Sachverhalt	361
	2. Hintergrund	361
	3. Problemstellung	362
	4. Entscheidung	362
	5. Fazit	364
VII.	Verjährungshemmung durch Güteanträge	364
	1. Sachverhalt	364
	2. Hintergrund	366
	3. Problemstellung	366
	4. Entscheidung	366
	5. Fazit	368
VIII.	Verjährungshemmung durch Mahnbescheid	368
	1. Sachverhalt	368
	2. Hintergrund	369
	3. Problemstellung	369
	4. Entscheidung	370
	5. Fazit	372
IX.	Ausblick	372

§ 15. Der Anlegerprozess		**375**
I.	Einführung	375
	1. KapMuG und Massenklagen	375
	2. Der Zeugenbeweis	376
II.	Der Gerichtsstandsbestimmungsantrag	376
	1. Sachverhalt	376
	2. Hintergrund	377
	3. Problemstellung	377
	4. Entscheidung	377
	5. Fazit	379
III.	Der KapMuG-Antrag	379
	1. Sachverhalt	379

		2. Hintergrund	380
		3. Problemstellung	380
		4. Entscheidung	381
		5. Fazit	381
	IV.	Darlegungslast im Delikt	382
		1. Sachverhalt	382
		2. Hintergrund	382
		3. Problemstellung	383
		4. Entscheidung	383
		5. Fazit	385
	V.	Zweiter Versuch	385
		1. Sachverhalt	385
		2. Hintergrund	385
		3. Problemstellung	386
		4. Entscheidung	386
		5. Fazit	387
	VI.	Ausblick	387

Epilog 389

Entscheidungen, die es nicht in dieses Buch geschafft haben 391

Personenverzeichnis 397

Sachverzeichnis 399

Systematisches Verzeichnis der ausführlich besprochenen Entscheidungen

§ 1	**Die Anlageberatung – Die Klassiker**	1
II.	Bond – BGH Urteil vom 6. Juli 1993, XI ZR 12/93	6
III.	Zins- und Währungsspekulationen eines vorberatenen Kunden – BGH Urteil vom 27. Februar 1996, XI ZR 133/95	10
IV.	Aktienspekulation auf Kredit – BGH Urteil vom 28. Januar 1997, XI ZR 22/96	13
§ 2	**Die Anlageberatung - Die heutige Rechtsprechung**	19
II.	Der unerfüllte Kundenwunsch – BGH Urteil vom 14. Juli 2009, XI ZR 152/08	22
III.	Das Studium der Wirtschaftspresse – BGH Urteil vom 5. November 2009, III ZR 302/08	27
IV.	Offener Immobilienfonds – BGH Urteil vom 29. April 2014, XI ZR 477/12	30
V.	Lehman 5 – BGH Urteil vom 15. Oktober 2013, XI ZR 51/11	33
VI.	Lehman 6 – BGH Urteil vom 25. November 2014, XI ZR 169/13	36
VII.	Kausalität und Schaden – BGH Urteil vom 8. Mai 2012, XI ZR 262/10	40
§ 3	**Die Haftung für Vergütungen**	45
II.	Vermögensverwalter – BGH Urteil vom 19. Dezember 2000, XI ZR 349/99	50
III.	Die Mutter aller Kick-Back-Verfahren – BGH Urteil vom 19. Dezember 2006, XI ZR 56/05	54
IV.	Der freie Anlageberater – BGH Urteil vom 15. April 2010, III ZR 196/09	58
V.	Vergütungen im Prospekt (Stand 1993) – BGH Urteil vom 12. Dezember 2013, III ZR 404/12	62
VI.	Aufklärungspflicht über Rückvergütungen bereits seit 1984? – BGH Urteil vom 15. Juli 2014, XI ZR 418/13	64
VII.	Lehman 3 - BGH Urteil vom 16. Oktober 2012, XI ZR 367/11	67
VIII.	Kommissionär als Doppelverdiener – BGH Urteil vom 24. September 2013, XI ZR 204/12	70
IX.	Venire contra factum proprium – BGH Urteil vom 8. April 2014, XI ZR 341/12	74

X.	Flächendeckendes Transparenzgebot ab dem 1. August 2014 – BGH Urteil vom 3. Juni 2014, XI ZR 147/12	76
XI.	Vermittlungsprovision der Bank bei Lebensversicherung – BGH Urteil vom 1. Juli 2014, XI ZR 247/12	79

§ 4 Derivate, Zertifikate, Hedgefonds etc. 83

II.	Der CMS Spread Ladder Swap – BGH Urteil vom 22. März 2011, XI ZR 33/10	87
III.	Der Cross Currency Swap – BGH Urteil vom 20. Januar 2015, XI ZR 316/13	93
IV.	Zinsswaps einer Gemeinde – BGH Urteil vom 28. April 2015, XI ZR 378/13	97
V.	Lehman 1 – BGH Urteil vom 27. September 2011, XI ZR 182/10	102
VI.	Lehman 2 – BGH Urteil vom 26. Juni 2012, XI ZR 316/11	107
VII.	Aktienspekulation am 11. September 2001 – OLG Frankfurt am Main Urteil vom 18. Dezember 2008, 16 U 112/07	110
VIII.	Barclays/Kiener – BGH Urteil vom 15. Juli 2014, XI ZR 100/13	114

§ 5 Vermögensverwaltung, Anlagevermittlung und Execution Only 123

II.	Vermögensverwalter und Anlagerichtlinien – BGH Urteil vom 2. Mai 2002, III ZR 100/01	127
III.	Anlagevermittler und Innenprovisionen – BGH Urteil vom 12. Februar 2004, III ZR 359/02	130
IV.	Anlagevermittler und Prospektübergabe – BGH Urteil vom 12. Juli 2007, III ZR 145/06	134
V.	Execution Only 1 – BGH Urteil vom 19. März 2013, XI ZR 431/11	137
VI.	Execution Only 2 – BGH Urteil vom 12. November 2013, XI ZR 312/12	140

§ 6 Die Prospektfehler von Investmentvermögen 145

II.	Worst-Case-Szenario – BGH Urteil vom 14. Juni 2007, III ZR 125/06	149
III.	Abweichung vom Investitionsplan – BGH Urteil vom 29. Mai 2008, III ZR 59/07	154
IV.	Optimistische Prognose – BGH Urteil vom 27. Oktober 2009, XI ZR 337/08	159
V.	Einschreiten der BaFin – BGH Urteil vom 7. Dezember 2009, II ZR 15/08	163
VI.	Mietgarantie - BGH Urteil vom 23. April 2012, II ZR 211/09	167
VII.	Defeasance-Struktur – BGH Beschluss vom 29. Juli 2014, II ZB 1/12	170

VIII.	Telekom, 3. Börsengang – BGH Beschluss vom 21. Oktober 2014, XI ZB 12/12 176

§ 7 Die Haftung für Prospektfehler im engeren Sinne 187

II.	Hintermann aufgrund Eigeninitiative – BGH Urteil vom 14. Juni 2007, III ZR 125/06 190
III.	Hintermann aufgrund Verflechtung 1 – BGH Urteil vom 7. Dezember 2009, II ZR 15/08 194
IV.	Hintermann aufgrund Verflechtung 2 – BGH Urteil vom 15. Juli 2010, III ZR 321/08 197
V.	Garantenstellung: Finanzierungs-Bank – BGH Urteil vom 27. Januar 2004, XI ZR 37/03 201
VI.	Garantenstellung: Spitzenpolitiker – BGH Urteil vom 17. November 2011, III ZR 103/10 203

§ 8 Die Haftung des Gründungsgesellschafters und des Treuhänders 209

II.	Gründungsgesellschafterin und Mittelverwendungskontrolleurin – BGH Urteil vom 29. Mai 2008, III ZR 59/07 210
III.	Gründungsgesellschafterin und Vermittlerverschulden – BGH Urteil vom 14. Mai 2012, II ZR 69/12 214
IV.	Treuhänderin und vorbestrafter Fondsgeschäftsführer – BGH Urteil vom 9. Juli 2013, II ZR 9/12 217

§ 9 Die Haftung des Prospektgutachters 221

II.	Vertrag mit Schutzwirkung zu Gunsten des Anlegers – BGH Urteil vom 8. Juni 2004, X ZR 283/02 229
III.	Vif Dritte – BGH Urteil vom 14. Juni 2007, III ZR 300/05 233
IV.	Wertpapierprospekt – BGH Urteil vom 24. April 2014, III ZR 156/13 237

§ 10 Die Haftung des Mittelverwendungskontrolleurs 243

II.	Cinerenta – BGH Urteil vom 22. März 2007, III ZR 98/06 248
III.	Falk Zinsfonds – BGH Urteil vom 19. November 2009, III ZR 109/08 253
IV.	MBP – BGH Urteil vom 11. April 2013, III ZR 80/12 258
V.	Einzahlungstreuhänder – BGH Urteil vom 21. März 2013, III ZR 260/11 263

§ 11 Sonderprobleme des Grauen Kapitalmarkts 269

II.	Prospekthaftung ohne Prospekt – BGH Urteil vom 3. Dezember 2007, II ZR 21/06 272

III.	Zielgesellschaft als Haftungsobjekt – BGH Urteil vom 19. November 2013, II ZR 383/12	277
IV.	Vollmachten an Treuhänder – BGH Urteil vom 20. Januar 2009, XI ZR 487/07	280
V.	Steuervorteile des Anlegers – BGH Urteil vom 15. Juli 2010, III ZR 336/08	284
VI.	Anlegeradressdaten – BGH Urteil vom 5. Februar 2013, II ZR 136/11	289
VII.	AVB-Rechtschutzversicherung – BGH Urteil vom 8. Mai 2013, IV ZR 84/12	293

§ 12 Die Haftung für fehlerhafte Kapitalmarktinformation 297

II.	Daimler – BGH Beschluss vom 23. April 2013, II ZB 7/09	297
III.	IKB – BGH Urteil vom 13. Dezember 2011, XI ZR 51/10	302
IV.	Hypo Real Estate – OLG München Musterentscheid vom 19. Dezember 2014, Kap 3/10	306

§ 13 Die deliktische Haftung 315

II.	Undurchführbarkeit des Fondskonzeptes – BGH Urteil vom 14. Juni 2007, III ZR 125/06	317
III.	Kreditgeber bei „Schrottimmobilien" – BGH Urteil vom 29. Juni 2010, XI ZR 104/08	321
IV.	Geschäftsführer des Eigenkapitalvertriebs – BGH Urteil vom 15. Juli 2010, III ZR 321/08	325
V.	Geschäftsführer der Treuhandkommanditistin – BGH Urteil vom 19. Oktober 2010, VI ZR 124/09	328
VI.	Prospektgutachter und Mittelverwendungskontrolleur – OLG München Urteil vom 21. November 2008, 10 U 2839/08	330
VII.	Kapitalanlagebetrug durch Unterlassen – BGH Urteil vom 24. Juni 2014, VI ZR 560/13	335
VIII.	Der Verschuldensmaßstab im Delikt – BGH Urteil vom 20. Dezember 2011, VI ZR 309/10	339

§ 14 Die Verjährung 343

II.	§ 37a WpHG – BGH Urteil vom 8. März 2005, XI ZR 170/04	347
III.	§ 51a WPO – BGH Urteil vom 11. April 2013, III ZR 79/12	350
IV.	Vorsätzliches Verschweigen von Rückvergütungen – BGH Urteil vom 12. Mai 2009, XI ZR 586/07	355
V.	Abstrakte Kenntnis von Rückvergütungen – BGH Urteil vom 26. Februar 2013, XI ZR 498/11	358

VI.	Nichtlektüre des Prospektes	
	– BGH Urteil vom 8. Juli 2010, III ZR 249/09	361
VII.	Verjährungshemmung durch Güteanträge	
	– BGH Urteil vom 18. Juni 2015, III ZR 198/14	364
VIII.	Verjährungshemmung durch Mahnbescheid	
	– BGH Urteil vom 16. Juli 2015, III ZR 238/14	368

§ 15 Der Anlegerprozess 375

II.	Der Gerichtsstandsbestimmungsantrag	
	– BGH Beschluss vom 30. Juli 2013, X ARZ 320/13	376
III.	Der KapMuG-Antrag	
	– BGH Beschluss vom 11. September 2012, XI ZB 32/11	379
IV.	Darlegungslast im Delikt	
	– BGH Urteil vom 4. Dezember 2012, VI ZR 378/11	382
V.	Zweiter Versuch	
	– BGH Urteil vom 22. Oktober 2013, XI ZR 42/12	385

Historisches Verzeichnis der ausführlich besprochenen Entscheidungen

BGH Urteil vom 6. Juli 1993, XI ZR 12/93
Bond .... § 1 II

BGH Urteil vom 27. Februar 1996, XI ZR 133/95
Zins- und Währungsspekulation eines vorberatenen Kunden .... § 1 III

BGH Urteil vom 28. Januar 1997, XI ZR 22/96
Aktienspekulation auf Kredit .... § 1 IV

BGH Urteil vom 19. Dezember 2000, XI ZR 349/99
Vermögensverwalter .... § 3 II

BGH Urteil vom 2. Mai 2002, III ZR 100/01
Vermögensverwalter und Anlagerichtlinien .... § 5 II

BGH Urteil vom 27. Januar 2004, XI ZR 37/03
Garantenstellung: Finanzierungs-Bank .... § 7 V

BGH Urteil vom 12. Februar 2004, III ZR 359/02
Anlagevermittler und Innenprovisionen .... § 5 III

BGH Urteil vom 8. Juni 2004, X ZR 283/02
Vertrag mit Schutzwirkung zu Gunsten des Anlegers .... § 9 II

BGH Urteil vom 8. März 2005, XI ZR 170/04
§ 37a WpHG .... § 14 II

BGH Urteil vom 19. Dezember 2006, XI ZR 56/05
Mutter aller Kick-Back-Verfahren .... § 3 III

BGH Urteil vom 22. März 2007, III ZR 98/06
Cinerenta .... § 10 II

BGH Urteil vom 14. Juni 2007, III ZR 300/05
Vif Dritte .... § 9 III

BGH Urteil vom 14. Juni 2007, III ZR 125/06
Worst-Case-Szenario .... § 6 II

BGH Urteil vom 14. Juni 2007, III ZR 125/06
Hintermann aufgrund Eigeninitiative .... § 7 II

BGH Urteil vom 14. Juni 2007, III ZR 125/06
Undurchführbarkeit des Fondskonzeptes .... § 13 II

BGH Urteil vom 12. Juli 2007, III ZR 145/06
Anlagevermittler und Prospektübergabe .... § 5 IV

BGH Urteil vom 3. Dezember 2007, II ZR 21/06
Prospekthaftung ohne Prospekt .... § 11 II

BGH Urteil vom 29. Mai 2008, III ZR 59/07
Abweichung vom Investitionsplan .... § 6 III

BGH Urteil vom 29. Mai 2008, III ZR 59/07
Gründungsgesellschafterin und Mittelverwendungskontrolleurin .... § 8 VII

OLG München Urteil vom 21. November 2008, 10 U 2839/08
Prospektgutachter und Mittelverwendungskontrolleur .... § 13 IV

OLG Frankfurt am Main Urteil vom 18. Dezember 2008, 16 U 112/07
Aktienspekulation am 11. September 2001 .... § 4 VII

BGH Urteil vom 20. Januar 2009, XI ZR 487/07
Vollmachten an Treuhänder .... § 11 IV

BGH Urteil vom 12. Mai 2009, XI ZR 586/07
Vorsätzliches Verschweigen von Rückvergütungen .... § 14 IV

BGH Urteil vom 14. Juli 2009, XI ZR 152/08
Der unerfüllte Kundenwunsch .... § 2 II

BGH Urteil vom 27. Oktober 2009, XI ZR 337/08
Optimistische Prognose .... § 6 IV

BGH Urteil vom 5. November 2009, III ZR 302/08
Das Studium der Wirtschaftspresse .... § 2 III

BGH Urteil vom 19. November 2009, III ZR 109/08
Falk Zinsfonds .... § 10 III

BGH Urteil vom 7. Dezember 2009, II ZR 15/08
Einschreiten der BaFin .... § 6 V

BGH Urteil vom 7. Dezember 2009, II ZR 15/08
Hintermann aufgrund Verflechtung 1 .... § 7 III

BGH Urteil vom 15. April 2010, III ZR 196/09
Der freie Anlageberater .... § 3 IV

BGH Urteil vom 29. Juni 2010, XI ZR 104/08
Kreditgeber bei „Schrottimmobilien" .... § 13 III

BGH Urteil vom 8. Juli 2010, III ZR 249/09
Nichtlektüre des Prospektes .... § 14 VI

BGH Urteil vom 15. Juli 2010, III ZR 321/08
Hintermann aufgrund Verflechtung 2 .... § 7 IV

BGH Urteil vom 15. Juli 2010, III ZR 321/08
Geschäftsführer des Eigenkapitalvertriebs .... § 13 IV

BGH Urteil vom 15. Juli 2010, III ZR 336/08
Steuervorteile des Anlegers .... § 11 V

BGH Urteil vom 19. Oktober 2010, VI ZR 124/09
Geschäftsführer der Treuhandkommanditistin .... § 13 V

Historisches Verzeichnis der ausführlich besprochenen Entscheidungen

BGH Urteil vom 22. März 2011, XI ZR 33/10
Der CMS Spread Ladder Swap .... § 4 II

BGH Urteil vom 27. September 2011, XI ZR 182/10
Lehman 1 .... § 4 V

BGH Urteil vom 17. November 2011, III ZR 103/10
Garantenstellung: Spitzenpolitiker .... § 7 VI

BGH Urteil vom 13. Dezember 2011, XI ZR 51/10
IKB .... § 12 III

BGH Urteil vom 20. Dezember 2011, VI ZR 309/10
Der Verschuldensmaßstab im Delikt .... § 13 III

BGH Urteil vom 23. April 2012, II ZR 211/09
Mietgarantie .... § 6 VI

BGH Urteil vom 8. Mai 2012, XI ZR 262/10
Kausalität und Schaden .... § 2 VII

BGH Urteil vom 14. Mai 2012, II ZR 69/12
Gründungsgesellschafterin und Vermittlerverschulden .... § 8 III

BGH Urteil vom 26. Juni 2012, XI ZR 316/11
Lehman 2 .... § 4 VI

BGH Beschluss vom 11. September 2012, XI ZB 32/11
Der KapMuG-Antrag .... § 15 III

BGH Urteil vom 16. Oktober 2012, XI ZR 367/11
Lehman 3 .... § 3 VII

BGH Urteil vom 4. Dezember 2012, VI ZR 378/11
Darlegungslast im Delikt .... § 15 IV

BGH Urteil vom 5. Februar 2013, II ZR 136/11
Anlegeradressdaten .... § 11 VI

BGH Urteil vom 26. Februar 2013, XI ZR 498/11
Abstrakte Kenntnis von Rückvergütungen .... § 14 V

BGH Urteil vom 19. März 2013, XI ZR 431/11
Execution Only .... § 5 V

BGH Urteil vom 21. März 2013, III ZR 260/11
Einzahlungstreuhänder .... § 10 V

BGH Urteil vom 11. April 2013, III ZR 79/12
§ 51a WPO .... § 14 III

BGH Urteil vom 11. April 2013, III ZR 80/12
MBP .... § 10 IV

BGH Beschluss vom 23. April 2013, II ZB 7/09
Daimler .... § 12 II

Historisches Verzeichnis der ausführlich besprochenen Entscheidungen

BGH Urteil vom 8. Mai 2013, IV ZR 84/12
AVB-Rechtsschutzversicherung .... § 11 VII

BGH Urteil vom 9. Juli 2013, II ZR 9/12
Treuhänderin und vorbestrafter Fondsgeschäftsführer .... § 8 IV

BGH Beschluss vom 30. Juli 2013, X ARZ 320/13
Der Gerichtsstandsbestimmungsantrag .... § 15 II

BGH Urteil vom 24. September 2013, XI ZR 204/12
Kommissionär als Doppelverdiener .... § 3 VIII

BGH Urteil vom 15. Oktober 2013, XI ZR 51/11
Lehman 5 .... § 2 V

BGH Urteil vom 22. Oktober 2013, XI ZR 42/12
Zweiter Versuch .... § 15 V

BGH Urteil vom 5. November 2013, XI ZR 13/13
Phoenix .... § 4 IX

BGH Urteil vom 12. November 2013, XI ZR 312/12
Execution Only 2 .... § 5 VI

BGH Urteil vom 19. November 2013, II ZR 383/12
Zielgesellschaft als Haftungsobjekt .... § 11 III

BGH Urteil vom 12. Dezember 2013, III ZR 404/12
Vergütungen im Prospekt (Stand 1993) .... § 3 V

BGH Urteil vom 8. April 2014, XI ZR 341/12
Venire contra factum proprium .... § 3 XI

BGH Urteil vom 24. April 2014, III ZR 156/13
Wertpapierprospekt .... § 9 IV

BGH Urteil vom 29. April 2014, XI ZR 477/12
Offener Immobilienfonds .... § 2 IV

BGH Urteil vom 3. Juni 2014, XI ZR 147/12
Flächendeckendes Transparenzgebot ab dem 1. August 2014 .... § 3 X

BGH Urteil vom 24. Juni 2014, VI ZR 560/13
Kapitalanlagebetrug durch Unterlassen .... § 13 VII

BGH Urteil vom 1. Juli 2014, XI ZR 247/12
Vermittlungsprovision der Bank bei Lebensversicherung .... § 3 IX

BGH Urteil vom 15. Juli 2014, XI ZR 100/13
Barclays/Kiener .... § 4 VIII

BGH Urteil vom 15. Juli 2014, XI ZR 418/13
Aufklärungspflicht über Rückvergütungen bereits seit 1984? ... § 3 VI

BGH Beschluss vom 29. Juli 2014, II ZB 1/12
Defeasance-Struktur .... § 6 VII

Historisches Verzeichnis der ausführlich besprochenen Entscheidungen

BGH Beschluss vom 21. Oktober 2014, XI ZB 12/12
Telekom, 3. Börsengang .... § 6 VIII

BGH Urteil vom 25. November 2014, XI ZR 169/13
Lehman 6 .... § 2 VI

OLG München Musterentscheid vom 19. Dezember 2014, Kap 3/10
Hypo Real Estate .... § 12 IV

BGH Urteil vom 20. Januar 2015, XI ZR 316/13
Der Cross Currency Swap .... § 4 III

BGH Urteil vom 28. April 2015, XI ZR 378/13
Zinsswaps einer Gemeinde .... § 4 IV

BGH Urteil vom 18. Juni 2015, III ZR 198/14
Verjährungshemmung durch Güteanträge .... § 14 VII

BGH Urteil vom 16. Juli 2015, III ZR 238/14
Verjährungshemmung durch Mahnbescheid .... § 14 VIII

§ 1. Die Anlageberatung – Die Klassiker

I. Einführung

Im Zentrum der Aufmerksamkeit der Haftung bei Kapitalanlagen stand von Beginn an die Haftung des Anlageberaters. Dies mag zum einen daran liegen, dass die Rechtsprechung mit der Annahme eines Beratungsrechtsverhältnisses schnell bei der Hand war und ist.[1] Zum anderen obliegen dem Berater eine Fülle von Pflichten, deren ordnungsgemäße Erfüllung und Dokumentation im Falle des Fehlschlagens einer Kapitalanlage auf dem Prüfstand steht. Schließlich waren und sind noch Verjährungsgesichtspunkte von besonderer Bedeutung, zumal die Haftung des Anlageberaters diesbezüglich gegenüber sonstigen Haftungsadressaten lange Zeit im Nachteil – aus Sicht des Anlegers: von Vorteil – war.[2] Die Darstellung der Grundlagen der Rechtsprechungsentwicklung ist Gegenstand dieses Abschnittes.

1. Was bisher geschah

Während im Vorwort dieses Buches darauf verwiesen wurde, dass eine Entscheidung in die Kategorie „wichtig" eingeordnet werden muss, um in diesem Buch Berücksichtigung zu finden, wobei dies im Regelfall mit „aktuell" gleichzusetzen ist, beginnt dieses Buch mit Entscheidungen, deren Veröffentlichung 20 Jahre zurückliegt.

Dies ist nur scheinbar ein Widerspruch: So verlieren auch ältere höchstrichterliche Entscheidungen in zwei Fällen durch Zeitablauf ihre Aktualität nicht:

Sie behalten ihre Bedeutung zum einen, wenn Spezialprobleme betroffen sind; durch die Bezugnahme in neueren Entscheidungen werden alte Entscheidungen zum Zwecke der Darlegung einer kontinuierlichen Rechtsprechungsentwicklung (erneut) ins Blickfeld der Öffentlichkeit gerückt und zur Untermauerung der „Richtigkeit" der Rechtsprechung herangezogen[3]. Selbiges gilt für die Vorhersehbarkeit dieser Rechtsprechung bei Beurteilung des Verschuldensmaßstabs des Haftungsadressaten.

Daneben gibt es selbst in der schnelllebigen Welt der Rechtsprechung zu Kapitalanlagesachverhalten Grundsatzentscheidungen, welche in Folge ihres Meilensteincharakters die Bedeutung weder durch Zeitablauf, noch durch Inkrafttreten gesetzlicher Regelungen verloren haben; deren Bedeutung liegt dann auch nicht in der Klärung eines Spezialproblems, sondern in der Formulierung allgemeingültiger und immer noch aktueller Haftungsgrundsätze, auf die ebenfalls in aktuellen Entscheidungen kontinuierlich Bezug genommen wird. Umso mehr lohnt sich eine Beschäftigung mit diesen Entscheidungen, da hier über die bekannten Meilensteine hinaus, welche jeder Kapitalanlagerechtler „im Schlaf aufzusagen" vermag, häufig interessante und innovative „Nebengedanken" enthalten sind, welche man so zur damaligen Zeit (noch) nicht erwartet hätte.

---

[1] → Rn. 40 und aus jüngerer Zeit → § 2 Rn. 17 ff.
[2] Siehe § 14 Die Verjährung.
[3] Siehe hierzu zB die Rechtsprechung zu echten Rückvergütungen, → § 3 Rn. 40 ff.

2. Die Haftung für fehlerhafte Anlageberatung – das aufgedrängte Vertragsverhältnis

6 Die Verfasser des Bürgerlichen Gesetzbuches waren in einer Generalnorm[4] noch davon ausgegangen, dass es eine unangemessene Verschiebung des allgemeinen Lebensrisikos sei, wenn ein Anspruchsteller einen Dritten nur deshalb auf Ersatz eines Vermögensschadens haftbar machen kann, weil dieser Dritte dem Anspruchsteller einen Rat oder eine Empfehlung gegeben hat. Fragt man einen anderen nach Rat, haftet dieser nicht für die Richtigkeit und Vollständigkeit.

7 Dieser Grundsatz ist im kapitalanlagerechtlichen Haftungssystem ins Gegenteil gekehrt worden; Ursache dafür ist die Interessenlage beruflicher Marktteilnehmer einerseits, welche sich an ihrer Sachkunde festhalten lassen müssen, die vorgebliche Unterlegenheit des Informationsempfängers andererseits. Last but not least auch die Entgeltlichkeit der Beratung, sei es unmittelbar durch den Kunden, sei es von dritter Seite[5].

8 Tritt also ein Anlageinteressent an einen Unternehmer oder ein Unternehmen zum Zwecke der Kapitalanlage heran, dessen unternehmerischer Gegenstand die Erbringung von Beratungsdienstleistungen in Zusammenhang mit Anlegerinvestitionen ist, so ist im Regelfall und stillschweigend davon auszugehen, dass zwischen den beiden Parteien schon mit Beginn eines solchen Beratungsgespräches ein Anlageberatungsrechtsverhältnis zustande gekommen ist, welches die nachfolgend zu besprechenden Pflichten zugunsten des Anlegers und zu Lasten des Beraters im Hinblick auf die beabsichtigte Investition nach sich zieht[6]. Zwischenzeitlich führt sogar das Betreten des Geschäftslokals eines Finanzdienstleisters zur Anspruchsberechtigung des Kunden im Hinblick auf seine spätere Investition aus culpa in contrahendo, selbst wenn mit diesem Unternehmen nachfolgend gar kein Beratungsrechtsverhältnis zustande kommt[7].

9 Diese Interessenlage gebietet es geradezu[8], Inhalt, Umfang und Reichweite der beiderseitigen Vertragspflichten möglichst frühzeitig schriftlich zu formulieren, um nicht in Anbetracht der von der Rechtsprechung entwickelten Grundsätze vorschnell in eine Haftungsverantwortlichkeit zu gelangen, woran auch eine mangelnde Fixierung des dem Berater zustehenden Entgelts nichts ändert.

10 In Abgrenzung hierzu hatte sich die Rechtsprechung mit sog. „execution only"-Geschäften zu befassen gehabt: Die Rechtsprechung hat derartige Konstellationen als Ausnahme von der im Regelfall bestehenden Beratungsverantwortlichkeit der Bank als Vertragspartner des Kunden formuliert; nicht dem Kunden wird es schwer gemacht, eine weitreichende Beratungsverantwortlichkeit darzulegen und zu beweisen, sondern die Bank ist es, welche dafür Sorge tragen muss, den Ausnahmefall der schlichten Ausführung eines Auftrages zu dokumentieren[9]. Selbstverständlich entspricht diese Betrachtungsweise auch der Realität des hart umkämpften Endkundengeschäfts der Retail-Banken; dennoch empfiehlt sich schon aus Gründen der Risikominimierung des Beraters in haftungsrechtlicher Hinsicht, ein etwa beabsichtigtes Anlageberatungsrechtsverhältnis frühzeitig und möglichst umfassend vertraglich zu regeln.

---

[4] Siehe § 676 BGB in der Fassung bis zum 14. 8. 1999.
[5] Siehe § 3 Die Haftung für Vergütungen.
[6] → Rn. 40. Die Abgrenzung zur Anlagevermittlung → § 5 Rn. 10 ff.
[7] BGH III ZR 296/11.
[8] Ungeachtet der den Berater diesbezüglich treffenden aufsichtsrechtlichen Pflichten.
[9] → § 5 Rn. 85 ff.

3. Der Selbsteinschätzungsbogen

Bereits vor Inkrafttreten des Wertpapierhandelsgesetzes[10] mit den im dortigen Abschnitt 6 enthaltenen Verhaltenspflichten von Wertpapierdienstleistungsunternehmen bei Erbringung von Anlageberatungsdienstleistungen gegenüber ihren Kunden hatten Marktteilnehmer damit begonnen, Formulare zu fertigen. Diese dienen dazu, sich vom Kunden die für die Qualität der Beratungsdienstleistung erforderlichen Angaben über dessen Vorkenntnisse und Erfahrungen einerseits, dessen finanzielle Verhältnisse sowie (in der Rechtsprechung besonders bedeutsam) dessen Anlageziele sowie die zur Erreichung der Ziele vorhandene Risikobereitschaft schriftlich niederzulegen und durch Unterschrift bestätigen zu lassen.

Diese sog. „Selbsteinschätzungsbögen" sind in weiten Bereichen vorformuliert und ermöglichen so eine Typisierung der insbesondere für ein etwa nachfolgendes Haftungsverfahren sehr wesentlichen Grundparameter der Anlageziele des Kunden einerseits, der Risikobereitschaft andererseits.

Die Anlageziele verstehen sich üblicherweise von selbst: Der Kunde möchte sein Vermögen vermehren. Nach einer Konkretisierung der Renditeerwartung werden die Anlageziele daher üblicherweise mit einer bedeutsamen Zeitkomponente versehen: Benötigt der Kunde das investierte Vermögen kurzfristig – gegebenenfalls sogar unvorhersehbar kurzfristig[11], so werden andere Anlageempfehlungen sachgerecht sein, als bei einem an einer langfristigen Investition interessierten Anleger, welcher genügend Flexibilität mitbringt, ungünstige Börsensituationen abzuwarten[12].

Idealerweise korrespondieren diese Anlageziele mit der vom Kunden zum Zwecke der Zielerreichung angegebenen Risikobereitschaft: Auch hier werden Risikoklassen vorformuliert, welche ein jeweils ansteigendes Risiko in drei, manchmal auch fünf oder sechs Kategorien vorsehen. Dabei wird gleichsam als Selbstverständlichkeit Allgemeinwissen schriftlich niedergelegt, wonach eine höhere Renditeerwartung zwingend auch mit einer höheren Risikobereitschaft einhergeht[13].

4. Der Haftungsrechtstreit in der Anlageberatung[14]

Im Haftungsrechtstreit sind – unterstellt, die niedrige Hürde des Bestehens eines Anlageberatungsvertrages ist genommen – üblicherweise entgegengesetzte Standpunkte im Hinblick auf zwei wesentliche Teilaspekte zu beobachten:

Zunächst behauptet der Anleger, die ihm von der Bank anempfohlene Kapitalanlage entspräche nicht seiner Risikobereitschaft bzw. den Anlagezielen; kombiniert wird dies häufig mit der Sachverhaltsschilderung, die schriftlich niedergelegte Risikobereitschaft bzw. die dort angegebenen Anlageziele hätten tatsächlich nicht bestanden, sondern wären dem Kunden vom Bankmitarbeiter aufgedrängt worden, da dieser den Bogen (vor) ausgefüllt hätte verbunden mit dem Hinweis, es handele sich dabei nur um eine Formalie bzw. man bräuchte mit der Zusammenarbeit gar nicht erst beginnen, wenn man das

---

[10] WpHG vom 26.7.1994, BGBl. I, S. 1794.
[11] Sei es für Steuerzahlungen, sei es zum Zwecke des Erwerbs einer Immobilie, um nur die häufigsten bei Anlegerreklamationen stereotyp erwähnten Fälle zu nennen.
[12] Gegebenenfalls bis zu einer garantierten Endfälligkeit eines erworbenen Papiers verbunden mit einer vollständigen Kapitalrückführung in Abhängigkeit von der Bonität des Emittenten, siehe Lehman.
[13] Auch wenn zahlreiche Anleger dies im Nachhinein abstreiten.
[14] Siehe § 15 Der Anlegerprozess.

I. Einführung

Kreuz nicht an dieser Stelle setzt. Es finden sich aber auch Einlassungen des Beraters, wonach sich die im Selbsteinschätzungsbogen angegebene Zielrichtung bzw. die dort angekreuzte Risikobereitschaft im Laufe der Vertragsbeziehung geändert hätte[15], ohne dass man dies explizit durch Ausfüllen eines neuen Bogens schriftlich niedergelegt hätte.

17 In beiden Fällen obliegt der Tatsacheninstanz diesbezüglich eine Sachverhaltsaufklärung durch Zeugenbeweis. Die im Selbsteinschätzungsbogen niedergelegten Rahmenbedingungen für die ausgesprochenen Anlageempfehlungen sind weder zugunsten, noch zu Lasten des Kunden für die Entscheidung des Rechtsstreits zwingend; ebenso, wie durch Zeugenbeweis der Nachweis gelingen kann, dass dem Kunden vom Berater tatsächlich eine Risikobereitschaft aufgedrängt wurde, welche im Zeitpunkt der Anlageempfehlung gar nicht bestand, vermag die Bank den Nachweis zu erbringen, dass sich die Risikobereitschaft des Kunden nach Unterschrift unter den Selbsteinschätzungsbogen verändert hat.

18 Stehen Anlageziele und Risikobereitschaft fest, ist es regelmäßig ureigenste Aufgabe des Zivilrichters, die Übereinstimmung des anempfohlenen Investments mit der formularmäßig angegebenen Strategie bzw. dem formularmäßig angegebenen Anlageziel selbst zu beurteilen[16].

19 Sodann steht die zweite streitentscheidende Frage im Zentrum der Aufmerksamkeit: Zu entscheiden ist nämlich, ob dem Kunden vor der Anlageentscheidung sämtliche für diesen im Hinblick auf die konkrete Investition relevante Informationen gegeben wurden, sodass dieser in der Lage war, seine Anlageentscheidung selbstverantwortlich mit der gebotenen Sorgfalt zu treffen. Auch wenn diesbezüglich schon in der Vergangenheit häufig schriftliches Aufklärungsmaterial Verwendung fand, ist festzuhalten, dass im Regelfall bei Altfällen keine gesetzliche oder richterrechtliche Verpflichtung zur Übermittlung schriftlichen Informationsmaterials bestand. Auch in diesem Bereich wird im Regelfall der für die Entscheidung relevante Sachverhalt durch Zeugenbeweis geklärt werden müssen, wobei die Wahrheitsfindung immer schwieriger wird, je länger das Beratungsgespräch zurückliegt[17].

20 Die höchstrichterliche Rechtsprechung hat den ersten vorgenannten Problemkreis als sog. „anlegergerechte Beratung", den zweiten als die sog. „anlagegerechte (oder objektgerechte) Beratung" bezeichnet[18].

21 Abschließend soll darauf verwiesen werden, dass entsprechend allgemeinen zivilprozessualen Grundsätzen die Darlegungs- und Beweislast für sämtliche anspruchsbegründende Merkmale beim Anleger liegt. Im Bereich der anlagegerechten (objektgerechten) Beratung kommt ihm diesbezüglich aber die sog. sekundäre Darlegungslast zu Hilfe: Ausreichend ist, wenn der Kunde schlicht und pauschal jegliche Aufklärungshinweise in Abrede stellt; es ist sodann Aufgabe des Beraters, die dem Kunden gegebenen Risikoaufklärungshinweise betreffend Zeit, Ort und Inhalt in der zivilprozessual gebotenen Gründlichkeit darzulegen und unter Beweis zu stellen. Auch insofern verbleibt es aber im Falle des non liquet nach Beweisaufnahme dabei, dass die Beweislast beim Kunden

---

[15] Im Regelfall wird vorgetragen, die Risikobereitschaft sei gesteigert worden; zu einer derartigen Konstellation → § 2 Rn. 76 ff.

[16] Wobei zu beobachten ist, dass Zivilgerichte zum Teil diese Frage mittels Sachverständigenbeweis klären lassen, um ihre Einschätzung auf eine solide Basis zu stellen.

[17] Siehe § 14 Die Verjährung.

[18] → Rn. 41 ff.

liegt, der Rechtstreit mithin in diesem Fall der Nichtaufklärung des tatsächlichen Sachverhalts zu Lasten des Kunden zu entscheiden ist[19].

5. Beratungsprotokoll und „Beipackzettel"

Der Gesetzgeber hat beginnend mit dem Kalenderjahr 2010 versucht, einen stärkeren Schutz des Kunden dadurch zu erreichen, dass die Inhalte von Beratungsgesprächen zu protokollieren sind[20]. Diese gesetzliche Neuregelung geht deutlich über die bisher in der Praxis eingesetzten Selbsteinschätzungsbögen hinaus, da nunmehr erstmalig auch konkrete Inhalte in Bezug auf die Anlagegerechtigkeit (Objektgerechtigkeit) der Beratung schriftlich niederzulegen sind. Dennoch wird auch diese gesetzliche Neuregelung nicht dazu führen, dass die Gerichte im Hinblick auf eine etwa durchzuführende Zeugeneinvernahme entlastet werden: Zu viele Rechtsfragen sind offen und einem Zeugenbeweis zugänglich, zumal sich eine höchstrichterliche Rechtsprechung zu dieser neuen Praxis in Anbetracht der bislang nur kurzen Geltungsdauer noch nicht etabliert hat.

Erste empirische Auswertungen haben ergeben, dass die Pflicht zur Dokumentation nicht etwa Bankkunden, sondern vielmehr den Instituten nütze; so ist zwar eine Unterschrift nur für die Berater, nicht aber für den Kunden verpflichtend. Zahlreiche Institute sehen aber eine Unterschrift durch den Kunden vor, was im Streitfall sodann als Beleg dafür dienen soll, dass der Kunde die Richtigkeit des Protokolls anerkannt habe[21].

Des Weiteren hätten Stichproben der Verbraucherzentrale Baden-Württemberg gezeigt, dass derzeit nur jedes dritte Beratungsprotokoll alle gesetzliche Vorgaben erfüllt; überdies seien in keinem der 16 untersuchten Protokolle alle notwendigen Angaben dokumentiert[22]. Das Bundesverbraucherschutzministerium hat angekündigt, die Regeln zum Beratungsprotokoll nachzubessern[23].

Weitergehend führen gesetzliche Neuregelungen im Anwendungsbereich des WpHG wie des KAGB dazu, die Berater zu verpflichten, dem Kunden Aufklärungshinweise in Schriftform zu übermitteln. Seit dem 1. Juli 2011 besteht die Verpflichtung, Kunden zu jedem Finanzprodukt iSd WpHG einen Beipackzettel auszuhändigen, der die wichtigsten Merkmale und Risiken auflistet[24]. Bei den meisten Finanzprodukten stehen nur zwei Seiten zur Verfügung; bei Derivaten und Termingeschäften sind es drei. Ob diese Beschränkung der Informationsfülle dazu führen wird, Informationen verständlich niederzulegen, wird die Rechtsprechung zeigen[25]. Auch wird sich in verjährungsrechtlicher Hinsicht die Frage stellen, ob sich die unterlassene Lektüre einer derartigen Kurzinformation auf den Lauf der kenntnisabhängigen Verjährungsfrist auswirkt, aus welcher sich bei kritischer Durchsicht die Fehlerhaftigkeit einer mündlichen Beratung ohne Weiteres ergeben hätte[26].

---

[19] Zum Sonderfall der Vermutung aufklärungsrichtigen Verhaltens → § 2 Rn. 115 ff.
[20] Siehe hierzu § 34 IIa WpHG.
[21] Financial Times Deutschland vom 26.5.2011, Beilage „Anlageberatung A 2".
[22] Financial Times Deutschland aaO (Fn. 21).
[23] Financial Times Deutschland vom 30.5.2011, S. 21.
[24] § 31 IIIa WpHG iVm § 5a I 1 WpDVerO und § 13 II VermAnlG; zum KAGB → § 6 Rn. 7 ff.
[25] Eine Prüfung durch die BaFin im zweiten Halbjahr 2011 ergab, dass die bislang verfassten Blätter zu kompliziert geschrieben seien und unverständliche Angaben zu den Kosten enthielten, Süddeutsche Zeitung vom 5./6. 11. 2011, S. 31.

26 Auch diesbezüglich wird der kapitalanlagerechtliche Haftungsprozess nicht erleichtert werden, sondern an Komplexität vielmehr zunehmen. So handelt es sich auch bei diesem schriftlichen Informationsmaterial lediglich um die Grundinformation des Kunden, wobei zwischen den Parteien des Rechtsstreits schon darüber gestritten werden wird, ob die schriftliche Information den jeweils erforderlichen Inhalt aufweist, oder nicht. Sodann wird Streit darüber entstehen – und mittels Zeugenbeweis ausgetragen –, welche mündlichen Hinweise darüber hinaus erforderlich waren und gegeben wurden oder mittels welcher Überredungskünste der Berater dazu beigetragen hat, die schriftlich übermittelten Risikohinweise zu verharmlosen[27].

27 Letztendlich werden auch diese gesetzlichen Neuregelungen nicht dazu führen, das Grundproblem eines jeden kapitalanlagerechtlichen Haftungsrechtsstreits zu lösen: Jegliche Renditeerwartung geht einher mit der Übernahme eines der Renditeerwartung entsprechenden Risikos in Kenntnis sämtlicher für die Kapitalanlageentscheidung relevanter Informationen. Während Informationsdefizite dazu führen können, die Verantwortlichkeit für das Fehlschlagen der Kapitalanlage auf das beratende Institut überzuwälzen, darf die Grundregel nicht außer Acht gelassen werden, wonach der Anleger im Falle des Gelingens seiner Investition die hieraus resultierende Rendite selbst vereinnahmt; entwickelt sich sein Investment bei angemessener Chancen-/Risikenbetrachtung in Kenntnis sämtlicher relevanter Umstände entgegen den Erwartungen, ist dies das vom Anleger zu tragende allgemeine wirtschaftliche Lebensrisiko. Hier ist Eigenverantwortung gefragt.

II. Bond

BGH Urteil vom 6. Juli 1993 – XI ZR 12/93[28]

1. Sachverhalt

28 Die Kläger erwarben aufgrund Beratungsdienstleistung einer beklagten Volksbank Unternehmensanleihen eines in Australien ansässigen Unternehmens, der Bond-Finance Ltd., ausgegeben in DM.

29 Die Kläger hatten seit über 20 Jahren ihre Ersparnisse bei der Beklagten in „sicheren Anlageformen"[29], nämlich in Festgeld, Sparguthaben und Bundesschatzbriefen angelegt; die Ersparnisse beliefen sich zuletzt auf insgesamt DM 55.000,00.

30 Ein Bonussparvertrag über DM 20.000,00, welcher fällig geworden war, stand zur Neuanlage an, wobei der Anlageberater der Beklagten den Klägern eine Liste von Angeboten aus deren Anlageprogramm vorlegte. In dieser Liste war die DM-Anleihe der Bond-Gruppe aufgeführt.

---

[26] OLG Frankfurt am Main, Urt. v. 29.9.2014 – 23 U 241/13, JURIS Rn. 29 ff., 41 ff.; beim BGH anhängig unter BGH XI ZR 470/14; bei Drucklegung dieses Werk noch nicht entschieden.

[27] So der III. Zivilsenat des BGH vom 14.4.2011, Az. III ZR 27/10, zu Beratungsgesprächen bei geschlossenen Immobilienfonds.

[28] Veröffentlicht zB in NJW 1993, 2433 oder WM 1993, 1455, nur unvollständig abgedruckt in BGHZ 123, 126.

[29] So wörtlich der XI. Zivilsenat damals noch in Unkenntnis der „Bankenkrise" beginnend mit der Insolvenzantragstellung der Lehman Brothers Holdings Inc. am 15.9.2008 und der damit verbundenen Unsicherheit auch zahlreicher Festgelder.

Die Beklagte hatte sich vor Aufnahme des Wertpapiers in ihr Programm darüber un- 31
terrichtet, dass kurz zuvor aufgrund eines Prospektes mit einem darin enthaltenen Testat
eines Wirtschaftsprüfers die Anleihe an der Frankfurter Börse zum amtlichen Handel
zugelassen worden war. Die Kläger erwarben die Anleihe im Nennwert von DM
20.000,00 am 16. März 1989.

Die Rating-Agentur Australian Rating Agency hatte die Anleihe bereits im Juni 32
1988 mit „BB", also als spekulativ mit unterdurchschnittlicher Deckung, und im Dezember 1988 mit „B", also als hochspekulativ mit geringer Kapitalabsicherung eingestuft. Nach Börsenzulassung Anfang März 1989 wurde die Anleihe nur noch mit
„CCC" bewertet, womit auf die Gefahr einer Insolvenz des Emittenten hingewiesen
worden war. Im Zeitpunkt der Entscheidung des Bundesgerichtshofes war die Anleihe
praktisch wertlos.

Die Kläger behaupteten, der Anlageberater der Beklagten habe auf ihre Rückfrage 33
ein Risiko in Bezug auf diese Anlage verneint; die Beklagte gibt hierzu an, sie habe
nicht jedes Risiko, sondern nur das Kursrisiko ausgeschlossen; ihr sei im Übrigen das
Rating der Anleihe nicht bekannt gewesen.

2. Hintergrund

Auch wenn der BGH es insbesondere bei Rechtfertigung seiner Entscheidungsserie 34
zu echten Rückvergütungen[30] gerne anders sieht, war eine höchstrichterliche Rechtsprechung der Haftung bei Kapitalanlagen vor der hier in Rede stehenden Entscheidung
nicht ersichtlich. Die kapitalanlagerechtliche Rechtsprechung in Deutschland lag zu dem
Zeitpunkt, als die vorliegende Entscheidung des XI. Zivilsenats anstand, nämlich brach.
Zwar waren vereinzelt Entscheidungen auch des höchsten deutschen Zivilgerichts zu kapitalanlagerechtlichen Sachverhalten ergangen, doch betrafen diese größtenteils nicht das
„normale Rechtsverhältnis" zwischen dem ratsuchenden Bankkunden einerseits, einem
„seriösen Bankhaus" andererseits, sondern Sachverhalte mit krimineller Schädigung der
Anlegerinteressen bzw. Geschäften mit hochspekulativem Charakter[31]. Auch waren
keine Rechtsvorschriften in Kraft, welche die Spezialfrage der Haftung für fehlerhafte
Anlageberatung umreißen würden. Das Wertpapierhandelsgesetz wurde erst am 26. Juli
1994 verkündet[32]; der besondere Teil des Schuldrechts des BGB kennt keine Gewährleistungsvorschriften für die als Dienstvertrag zu qualifizierende Anlageberatung. Die Chancen eines Bankkunden, mit der Behauptung einer fehlerhaften Anlageberatung vor Gericht zum damaligen Zeitpunkt Recht zu bekommen, tendierten daher gegen Null.

Allerdings war Europäisches Recht in Kraft, welches die Mitgliedstaaten verpflich- 35
tete, nationale Gesetze zur Umsetzung eines einheitlichen Rechtsstandards zu schaffen[33]. Jedenfalls an diesen Vorschriften vermochte sich der XI. Zivilsenat zu orientieren,
auch wenn er in der Umsetzung – und dies ist das Sensationelle an der Entscheidung –
geradezu lehrbuchartig präzise Vorgaben schuf, welche weit über die gesetzlichen
Regelungen hinausgingen und heute noch Bestand haben.

---

[30] → § 3 Rn. 40 ff. und 101 ff.
[31] Siehe zB BGH vom 22.1.1991 – XI ZR 151/89 – Penny Stocks oder BGH vom 3.10.1989
– XI ZR 157/88 – persönliche Haftung eines GmbH-Geschäftsführers.
[32] BGBl. I, S. 1794.
[33] Siehe hierzu die Richtlinie des Rates der EG vom 10.5.1993 über Wertpapierdienstleistungen (93/22/EWG; Abl. EG Nr. L 141/27 vom 11.6.1993).

3. Problemstellung

36 Es ist wahrlich ein Meisterwerk, die unendliche Vielzahl denkbarer kapitalanlagerechtlicher Sachverhalte im Rahmen der Haftung für fehlerhafte Anlageberatung mittels einfacher allgemeiner Grundsätze in den Griff zu bekommen, welche selbst nach mehr als 20 Jahren uneingeschränkt Geltung entfalten.

37 So waren die Sachverhaltsvorgaben eindeutig dahingehend, als das bisherige Anlageverhalten der Kläger nicht in direkter Übereinstimmung mit der empfohlenen Anlage stand. Allerdings resultierte der Betrag, welcher in das streitgegenständliche Investment floss, aus einer Anlageform, die die Kläger bis zur Endfälligkeit hielten. So ist auch die Einlassung der Beklagten zu verstehen, dass mit der Anlage ein Kursrisiko nicht bestünde, da die Anleihen jedenfalls zur Endfälligkeit zu 100 % zurückgezahlt würden, die Bonität des Emittenten vorausgesetzt. Aufgrund der Notierung in DM war auch kein Währungsrisiko vorhanden.

38 Der XI. Zivilsenat nutzte die Gelegenheit, in seiner Entscheidung Grundsätzliches zu Papier zu bringen.

4. Entscheidung

39 Der BGH legt in dessen Entscheidungsgründen Maßstäbe für die Beurteilung der Pflichterfüllung des Anlageberaters durch die Gerichte fest, welche weit über die konkret zur Entscheidung anstehenden Probleme hinaus Bedeutung haben.

40 Der Senat beginnt mit den Grundsätzen, welche für die Beurteilung der Anbahnung eines Anlageberatungsrechtsverhältnisses – insbesondere konkludenter Natur – von Bedeutung sind. Tritt ein Anlageinteressent an eine Bank oder der Anlageberater einer Bank an einen Kunden heran, um über die Anlage eines Geldbetrags beraten zu werden bzw. zu beraten, so wird das darin liegende Angebot zum Abschluss eines Beratungsvertrages stillschweigend durch die Aufnahme des Beratungsgesprächs angenommen. Gleichgültig ist, ob die Initiative vom Anleger oder vom Anlageberater ausging: Die Parteien waren sich jedenfalls darüber einig, dass ein Gespräch über die Wiederanlage der fällig gewordenen Sparsumme geführt werden sollte. Damit lagen die Voraussetzungen eines Beratungsvertrages vor.

41 Der XI. Zivilsenat konkretisiert sodann die sich aus dem Beratungsvertrag ergebenden Pflichten. Inhalt und Umfang der Beratungspflicht sind von einer Reihe von Faktoren abhängig, die sich einerseits auf die Person des Kunden (anlegergerechte Beratung) und andererseits auf das Anlageprojekt (objektgerechte Beratung) beziehen, wobei die konkrete Ausgestaltung der Pflicht entscheidend von den Umständen des Einzelfalles abhängt.

42 Zu den kundenbezogenen Umständen gehören insbesondere dessen Wissensstand über Anlagegeschäfte der vorgesehenen Art und dessen Risikobereitschaft. Wenn die Bank die Kenntnis von solchen Umständen nicht bereits aus langjährigen Geschäftsbeziehungen mit dem Kunden gewonnen hat, muss sie Informationsstand, Risikobereitschaft und Anlageziel des Kunden konkret erfragen.

43 Je nachdem, welches Ziel der Kunde verfolgt, muss die empfohlene Anlage auf die persönlichen Verhältnisse des Kunden zugeschnitten sein, wobei der XI. Zivilsenat in dieser Entscheidung lediglich die beiden Extrem-Alternativen einer sicheren Geldanlage einerseits, des spekulativen Charakters einer Geldanlage andererseits erwähnt.

44 Was die objektgerechte Beratung anbelangt, stellt der Senat zunächst eine Generalklausel auf, wonach sich die Beratung auf diejenigen Eigenschaften und Risiken

zu beziehen hat, die für die jeweilige Anlageentscheidung wesentliche Bedeutung haben oder haben können. Er differenziert sodann zwischen allgemeinen Risiken (Konjunkturlage, Entwicklung des Börsenmarktes) und speziellen Risiken, die sich aus den individuellen Gegebenheiten des Anlageobjekts ergeben (Kurs-, Zins- und Währungsrisiko).

Die Beratung muss richtig und sorgfältig, für den Kunden verständlich und vollständig sein. Die Bank muss zeitnah über alle Umstände unterrichten, die für das Anlagegeschäft von Bedeutung sind; fehlen ihr derartige Kenntnisse, muss sie dies dem Kunden mitteilen, dh offenlegen, dass sie zu einer Beratung über das konkrete Risiko mangels eigener Information nicht in der Lage ist. **45**

Der XI. Zivilsenat nahm nach dieser allgemeinen Charakterisierung der Beratung auf die individuellen Besonderheiten des streitgegenständlichen Papiers Bezug: **46**

Nimmt eine Bank – wie hier – ausländische Papiere in ihr Programm auf, hat sie sich – auch anhand ausländischer Quellen – über die Güte dieser Papiere zu informieren und sie einer eigenen Prüfung zu unterziehen. Ein Anlageinteressent darf nämlich davon ausgehen, dass die von der Bank in das Anlageprogramm aufgenommenen Papiere von dieser als „gut" befunden wurden. **47**

Allein die Tatsache, dass Effekten zum amtlichen Handel an einer Börse zugelassen sind, hat auf diese Pflichten keinen Einfluss, da die im Rahmen des Zulassungsverfahrens vorzunehmende Prüfung in erster Linie formalen Charakter hat und insbesondere die Bonität des Emittenten nicht umfasst. Bei „privaten Anleihen" ist die Bank mithin verpflichtet, sich selbst über die für die Beurteilung des Risikos wesentliche Bonität des Emittenten zu unterrichten; dies hat unter Auswertung der dazu vorhandenen Veröffentlichungen in der Wirtschaftspresse zu erfolgen. Die Anforderungen sind auch nicht etwa geringer, wenn es sich bei der empfohlenen Anlage um eine Auslandsanleihe handelt: Gerade bei einer solchen Anleihe ist der Beratungsbedarf des Kunden eher gesteigert. Die Bank muss sich mithin entweder selbst einen Informationsstand über die Bonität des Emittenten verschaffen, oder aber auf eine Empfehlung verzichten und entsprechende Fragen des Kunden nach dieser Anleihe mit dem Hinweis auf das Risiko der von ihr nicht einzuschätzenden Bonität des Emittenten beantworten. **48**

Der XI. Zivilsenat wendet sodann diese Grundsätze auf den konkret zur Entscheidung anstehenden Sachverhalt an. Das Risiko der vorgeschlagenen Anlage bestand in der Bonität, nämlich der möglichen Insolvenz des Emittenten. Aus der langjährigen Geschäftsbeziehung war der beklagten Bank bekannt, dass die Kläger ihre Ersparnisse ausschließlich in sicheren Anlageformen anlegten und bislang jedes Verlustrisiko vermieden hatten. In diesem Fall hätte die Beklagte einerseits eingehende Ermittlungen über die Bonität des ausländischen Emittenten anstellen müssen; dessen ungeachtet war die Empfehlung, ausländische Industrieanleihen unter Einsatz eines wesentlichen Teils der Ersparnisse zu kaufen per se ein Missgriff, mithin nicht anlegerecht. **49**

Die Empfehlung war aber auch nicht objektgerecht, da die Beklagte nicht darauf hinwies, dass ihr mangels eigener Information die Kompetenz zur Empfehlung des Anleihen-Kaufs fehlte. Sie nahm auch nicht die kritischen Stimmen in der Wirtschaftspresse war[34], welche eine Empfehlung an einen ersichtlich nicht risikobereiten Kunden von vornherein ausschlossen. **50**

Der BGH verurteilte mithin die beklagte Bank vollumfänglich zu Schadenersatz. **51**

---

[34] Börsenzeitung, Financial Times, Handelsblatt und Frankfurter Allgemeine Zeitung; siehe zum Studium der Wirtschaftspresse auch → § 2 Rn. 42 ff.

5. Fazit

52 Vorliegende Entscheidung ist der Klassiker im Bereich der Haftung bei Kapitalanlagen schlechthin.

53 Noch heute wird bei der gerichtlichen Auseinandersetzung zwischen Kunde und Bank im Hinblick auf modernste Finanzinstrumente auf dieses Urteil zurückgegriffen, um die zu fällende Entscheidung auf solide Haftungsgrundlagen zu stellen[35].

54 Die vom XI. Zivilsenat herausgearbeitete Zweiteilung der „anlegergerechten Beratung" und „objektgerechten Beratung" ist seit dem Tag der Veröffentlichung aus der kapitalanlagerechtlichen Rechtsprechung nicht mehr wegzudenken und zum allgemein anerkannten Prüfschema jeglichen kapitalanlagerechtlichen Beratungssachverhaltes geworden. Hieran ändert auch nichts, dass dieses Prüfschema sich in dieser Form aus dem Wertpapierhandelsgesetz nicht ableiten lässt.

III. Zins- und Währungsspekulation eines vorberatenen Kunden

BGH Urteil vom 27. Februar 1996 – XI ZR 133/95[36]

1. Sachverhalt

55 Der Kläger verlangt von der beklagten Sparkasse[37] die Einwilligung in die Löschung einer Grundschuld. Der Kläger ist Eigentümer eines landwirtschaftlichen Anwesens. Er und seine Ehefrau ließen sich im Oktober 1988 von dem freien Vermögensberater B. davon überzeugen, dass durch den Ankauf ausländischer Wertpapiere notierend in einer hochverzinslichen Fremdwährung mit hohem Kapitaleinsatz in kurzer Zeit ein hoher Zinsgewinn zu erzielen sei. Da die Landwirte über keine großen Barmittel verfügten, wurde auf Betreiben des Beraters B. das streitgegenständliche Grundstück zu Beleihungszwecken begutachtet. Am 8. Dezember 1988 suchten der Kläger und seine Ehefrau in Begleitung des Beraters die Filiale der Beklagten auf, um ausländische Wertpapiere gegen einen DM-Kredit zu kaufen. Nach einer Besprechung mit dem Filialleiter schlossen sie mit der Beklagten einen Darlehensvertrag über DM 1,04 Mio. mit einer voraussichtlichen Laufzeit von fünf Jahren und einem variablen Jahreszinssatz von anfänglich 7,25 %. Von dem Kreditbetrag kauften sie für ca. DM 470.000,00 BMW-Finance N.V./Niederl. Australische Dollar-Bonds verzinslich mit 14,5 % p. a. und endfällig 1992 und für ca. DM 470.000,00 Royal Trust Corp. of Canada Notes, verzinslich mit 13,625 % p. a. und endfällig 1993; es waren jeweils Papiere, deren Nennbetrag auf australische Dollar lautete. Nach einer Computerinformation einer Drittbank waren beide Effekten mit „AAA" bewertet.

56 Der Filialleiter fügte als Nr. 6 eine Individualklausel in die schriftlichen „Sonderbedingungen für Auslandsgeschäfte in Wertpapieren" ein, in der es heißt:

„Die Sparkasse weist ausdrücklich darauf hin, dass sie für Währungs- oder Kursverluste, die dem Kunden durch fällige Zins- und Tilgungsleistungen oder durch vorzeitige Verkäufe entstehen, keine Haftung übernehmen kann."

---

[35] Siehe nur OLG Hamm zum CMS Spread Ladder Swap vom 10.11.2010 – 31 U 121/08, GWR 2011, 141. Auch → § 4 Rn. 38.

[36] Abgedruckt zB NJW 1996, 1744 f.

[37] Es handelt sich um die Tiroler Sparkasse mit Sitz in Jungholz.

Der Kläger äußerte in den Gesprächen mit der Beklagten, mit dem erwarteten Geld solle das bäuerliche Anwesen ausgebaut werden.

Zur teilweisen Absicherung des Darlehens bestellte der Kläger für die Beklagte an seinem Grundstück eine Buchgrundschuld.

In den ersten eineinhalb Jahren erzielte der Kläger aus der Wertpapieranlage Gewinne; später erlitt er Verluste wg. sinkenden Kurses des australischen Dollars. Im April 1992 und im November 1993 verkaufte die Beklagte bei Fälligkeit die Wertpapiere des Klägers; die Restdarlehensschuld des Klägers belief sich am 30. November 1993 auf ca. DM 360.000,00.

2. Hintergrund

Der in der Entscheidung erwähnte „Vermögensberater B." (in Bezug auf diese Person sind zahlreiche Rechtsstreitigkeiten bekannt) trieb Ende der 80er/Beginn der 90er Jahre im landwirtschaftlichen Raum, insbesondere Bayerns, sein Unwesen. Er versuchte, das Vertrauen von Landwirten zu gewinnen, und führte diese sodann – zum Teil mittels Privatjets – Bankhäusern zu.

In Folge der „Vorberatung" durch Herrn B. stand das beabsichtigte Geschäft fest: Kredite auf die landwirtschaftlichen Anwesen, hinsichtlich derer B. bereits die Einholung von Wertgutachten veranlasst hatte, waren mit einem variablen DM-Zins versehen, welcher niedriger lag, als das Renditeversprechen der zu investierenden Effekten in Fremdwährung. Dass der Hochzins dieser Effekten nichts mit einer etwa zweifelhaften Bonität des Effektenschuldners zu tun hatte, zeigte das hervorragende Rating.

Letztendlich handelte es sich bei dem Geschäft um eine Devisen- und Zinsspekulation[38].

3. Problemstellung

Der XI. Zivilsenat musste sich in Fortführung seiner Bond-Rechtsprechung mit einem doppelten Themenkreis befassen:

Zum einen hatte sich der Senat im Hinblick auf die stillschweigende Anbahnung eines Anlageberatungsrechtsverhältnisses in der Bond-Entscheidung zugunsten des Bankkunden „weit aus dem Fenster gelehnt". Es stellte sich die Frage, ob diese Grundsätze auch in vorliegendem Fall dazu führen würden, die Bank neben dem geplanten Kreditrechtsverhältnis in einem Anlageberatungsrechtsverhältnis zu ihrem Kunden zu sehen.

Würde man diesen ersten Aspekt bejahen, würde sich sodann die Frage stellen, ob die Bank ihrer Pflicht zur anleger- und objektgerechten Beratung nachgekommen ist; von besonderer Bedeutung würde diesbezüglich sein, welche rechtliche Folgen der XI. Zivilsenat an das Vorhandensein des „Vermögensberaters B." knüpfen würde.

Das OLG hatte die Rechtsauffassung vertreten, dass die Sparkasse ihrer Verpflichtung zur Anlageberatung nicht in ausreichendem Maße nachgekommen war.

---

[38] Siehe zu synthetischen Konstruktionen derselben oder ähnlicher Art, insbesondere in Form von Cross Currency Swaps, § 4; leider nimmt der BGH dort nicht auf die vorliegende Entscheidung Bezug, was zu einer maßvollen Festlegung der dort aufgestellten Aufklärungspflichten geführt hätte.

4. Entscheidung

67 Auch vorliegend ist der XI. Zivilsenat mit der Annahme eines Beratungsrechtsverhältnisses zwischen dem Anleger und der beratenden Bank schnell bei der Hand. Er sieht die Sparkasse nicht etwa nur beschränkt auf die isolierte Rolle einer Kreditgeberin; da die beklagte Sparkasse wusste, dass den Anlegern für den Erwerb der Wertpapiere ausschließlich das von der Beklagten zu gewährende Darlehen zur Verfügung gestanden hatte, war zwischen den Parteien ein Beratungsvertrag über den Ankauf der Wertpapiere zustande gekommen. Hieran ändert auch die Tatsache nichts, dass der Kläger bereits in einem Rechtsverhältnis zu seinem „Vermögensberater" B. stand.

68 Der XI. Zivilsenat musste sich sodann mit der Frage auseinandersetzen, inwieweit die Beklagte ihre Pflichten zur anleger- und objektgerechten Beratung erfüllt hat. Dabei führt der Senat die gebotene Zweiteilung der Prüfung eines kapitalanlagerechtlichen Sachverhalts geradezu lehrbuchartig fort und trägt der Besonderheit Rechnung, dass der Kunde bereits mit deutlichen Vorstellungen von dem gewünschten Anlagegeschäft und dessen Finanzierung an das Kreditinstitut herangetreten war:

69 Zwar hat die Bank bei der Anlageberatung grundsätzlich den gegebenenfalls zu erfragenden Wissensstand den Kunden über Anlagegeschäfte der vorgesehenen Art und dessen Risikobereitschaft zu berücksichtigen, wobei das von der Bank dann empfohlene Anlageobjekt diesen Kriterien Rechnung tragen muss. Allerdings hängt die konkrete Ausgestaltung dieser Pflicht – so der XI. Zivilsenat – entscheidend von den Umständen des Einzelfalles ab.

70 Der XI. Zivilsenat verweist diesbezüglich darauf, dass es einer Ermittlung des Wissensstandes des Kunden und einer Erläuterung sämtlicher in Betracht zu ziehender Anlagemöglichkeiten dann nicht bedarf, wenn – wie hier – der von seinem Vermögensberater betreute Kunde bereits mit deutlichen Vorstellungen von einem gewünschten Anlagegeschäft und dessen Finanzierung versehen ist. In einem solchen Fall darf die Bank nämlich davon ausgehen, dass der Kunde sich über das von ihm angestrebte Anlagegeschäft bereits bei diesem Vermögensberater informiert hat und er deshalb nur insoweit noch der Beratung bedarf, als er dies ausdrücklich verlangt oder als dies aus sonstigen Umständen für die Bank erkennbar wird.

71 Da der Kläger in Begleitung seines Vermögensberaters die Beklagte mit dem Ziel aufgesucht hat, ausländische Wertpapiere zu erwerben, genügt die Bank ihren Beratungspflichten, wenn sie den Kunden über die von ihm selbst in Betracht gezogenen Anlagemöglichkeiten richtig und vollständig informiert und auf sich etwa daraus ergebende Gefahren und Risiken hinweist. Eine darüber hinausgehende Aufklärung etwa über andere, für die Anlageziele geeignetere Produkte schuldet die Bank unter dem Aspekt der anlegergerechten Beratung gerade nicht.

72 Für das Rechtsverhältnis zwischen Kläger und Beklagter war mithin lediglich streitentscheidend, ob die Beklagte ihre Pflicht zur objektgerechten Beratung verletzt hat. Aus Sicht des XI. Zivilsenats bestand die wesentliche Beratungsaufgabe des Filialleiters der Beklagten darin, dem Kläger eine sachgerechte Auswahl unter den in Betracht gezogenen Wertpapieren zu ermöglichen. Diese Beratung beanstandet der XI. Zivilsenat nicht: Die empfohlenen Wertpapiere waren erstklassig bewertet, sodass keinerlei Zweifel an der Solvenz des Emittenten bestanden haben. Das sich später verwirklichende Risiko bestand für den Kläger auf der Währungsseite darin, dass ein Wertverlust des Australischen Dollars gegenüber der Deutschen Mark eintreten konnte; die

dadurch geringeren Zinszahlungen des Emittenten und das weitere Risiko der vom Kläger zu tragenden variablen Darlehenszinsen stellte das Risiko auf der Zinsseite dar.

Auf das Fremdwährungsrisiko und auf das Risiko von Kursschwankungen hatte der Filialleiter den Kläger jedoch ausdrücklich hingewiesen; wenn der Kläger sich dennoch über die Gefahren, die mit dem Geschäft verbunden waren, trotz dieser Hinweise im Unklaren war, wäre es seine Sache gewesen, entweder seinen Vermögensberater oder aber die beklagte Sparkasse um nähere Aufklärung zu bitten. 73

Die Beklagte musste dagegen nicht davon ausgehen, dass der Kläger eine sichere Kapitalanlage wünschte, zumal man den Hinweis auf den Ausbau des bäuerlichen Anwesens mit dem erwarteten Geld auch dahingehend verstehen konnte, dass der Kläger dies mit dem erhofften Gewinn zu tun beabsichtige. 74

5. Fazit

Die beklagtenfreundliche Grundhaltung, welche der XI. Zivilsenat in dieser Entscheidung zum Ausdruck bringt, überrascht in Anbetracht der Begleitumstände sowie der Rechtsprechungsentwicklung des XI. Zivilsenats der nachfolgenden zehn Jahre. 75

Bei dem Vermögensberater handelte es sich um einen klassischen „Bauernfänger", welcher die Gutgläubigkeit seiner Kunden ausnutzte. Die Frage nach der Vergütung des Vermögensberaters wurde im Rechtsstreit nicht problematisiert[39]. 76

Kritik ist diesbezüglich nicht am Ansatz des XI. Zivilsenats anzubringen, wonach in Anbetracht des Vorhandenseins eines eigenen Vermögensberaters die Anforderungen an die anlegergerechte Beratung reduziert werden müssen. Zu leicht macht es der XI. Zivilsenat aber der Sparkasse im Hinblick auf die Objektgerechtigkeit der Beratung: Der hochspekulative Charakter des Geschäfts sowohl in Bezug auf die Devisen-Risiken, als auch in Bezug auf die Zinsrisiken aus dem aufzunehmenden variabel verzinslichen Kredit hätten der Sparkasse Anlass geben müssen, die vorgebliche „Vorberatung" sowie das Risikobewusstsein und die Risikobereitschaft des Kunden kritischer zu hinterfragen. 77

Wenn der XI. Zivilsenat diesbezüglich lediglich auf die Enthaftungserklärung verweist, welche individuell den Sonderbedingungen angefügt wurde, greift dies zu kurz: Zwar findet sich dort ein Hinweis auf das Währungsrisiko, nicht aber ein Hinweis auf die Gefahren aus dem variabel verzinslichen Darlehen. 78

Lediglich am Rande sei darauf verwiesen, dass der XI. Zivilsenat auch in dieser Entscheidung die Anlageziele des Kunden lediglich in zwei Kategorien einordnet: Der spekulative Kunde einerseits, der auf Sicherheit bedachte Anleger andererseits. Hier hat sich die Rechtsprechung in den folgenden Jahren deutlich weiterentwickelt. 79

IV. Aktienspekulation auf Kredit

BGH Urteil vom 28. Januar 1997 – XI ZR 22/96[40]

1. Sachverhalt

Der Kläger, ein Schmuckhändler, wendet sich im Wege der Vollstreckungsabwehrklage gegen die Zwangsvollstreckung der beklagten Bank aus einer notariellen Grundschuldbestellungsurkunde. Er hatte sich Anfang Juni 1985 an die Beklagte gewandt, um 80

---

[39] Siehe § 3 Die Haftung für Vergütungen.
[40] Abgedruckt NJW 1997, 1361 ff.

IV. Aktienspekulation auf Kredit

bei der Anlage eines Betrages von DM 80.000,00 beraten zu werden. Nach Einzahlung dieses Betrages auf ein neu eröffnetes Kontokorrentkonto kaufte er auf Empfehlung des Anlageberaters der Beklagten Standardaktien. Nach weiteren Bareinzahlungen von insgesamt DM 25.000,00 und einer Reihe von Aktiengeschäften, die im Wesentlichen auf Initiative des Bankberaters hin durchgeführt worden waren, betrugen per 31. Dezember 1986 der Sollstand auf dem Kontokorrentkonto ca. DM 1,2 Mio. und der Depotwert ca. DM 1,307 Mio.

81   Im Januar 1987 wurde der Sollsaldo durch Verkäufe auf knapp DM 20.000,00 zurückgeführt und wuchs durch Neukäufe bis zum 12. Juni 1987 wieder auf ca. DM 675.000,00 an. An diesem Tag bot die Beklagte dem Kläger einen schon im Jahr 1985 in Aussicht gestellten Kredit in Höhe von DM 1 Mio. bei variablem Zins an.

82   Der Kredit diente „zum Zweck des Kaufs von festverzinslichen Wertpapieren und deutschen Standardaktien". Als Sicherheit räumte der Kläger der Beklagten an seinem Grundbesitz eine Buchgrundschuld in Höhe von DM 300.000,00 ein; daneben verpfändete er die bereits vorhandenen und noch anzuschaffenden Wertpapiere. Die Inanspruchnahme des Kredits wurde auf dem Kontokorrentkonto gebucht.

83   Auf mehr als 13 % p. a. steigende Kreditzinsen und im Jahr 1987 eintretende Kursverluste führten zu einer Unterdeckung des Kredits, sodass Wertpapierverkäufe notwendig wurden. Das Depot wurde schließlich 1991 ganz aufgelöst und der Erlös dem Kontokorrentkonto gutgebracht; das Darlehen wurde bei einem Sollstand von ca. DM 630.000,00 gekündigt.

84   Der Kläger ist der Auffassung, die Beklagte hafte aus einer ihm durch den Anlageberater gemachten Garantiezusage, wonach er bei den Wertpapiergeschäften keine Verluste erleiden würde. In der Zeugeneinvernahme räumte der Anlageberater ein, die Initiative bei den Wertpapiergeschäften sei von ihm ausgegangen, wobei er dem Kläger erklärt habe, dass man – wenn man „richtig gut Geld verdienen" wolle – nicht nur mit DM 80.000,00, sondern höher einsteigen müsse.

2. Hintergrund

85   Der Börsencrash des Jahres 1987 führte erstmals dazu, dass sich die Zivilgerichte in verstärktem Maße mit den Reklamationen „normaler Bankkunden" im Hinblick auf deren Aktienengagements auseinander zu setzen hatten. So auch der vorliegende Fall, welcher zehn Jahre nach dem Kurseinbruch vom Bundesgerichtshof entschieden wurde.

86   Ähnlich, wie in der vorangegangenen Entscheidung[41], ist Gegenstand des Rechtstreits die Vertragsbeziehung eines Kunden zu einer kreditgebenden Bank, wobei der Kredit zu Wertpapiergeschäften verwendet wurde.

87   In der Vergangenheit waren wiederholt Entscheidungen des Bundesgerichtshofes zum Rechtsverhältnis zwischen dem Bankkunden und der kreditierenden Bank ergangen, welche sich mit der Frage auseinandersetzten, ob der Bank aus dem Kreditverhältnis selbst Aufklärungs- oder Warnpflichten gegenüber ihrem Kunden auferlegt werden können bzw. müssen. Seit der Bond-Entscheidung[42] war der Rückgriff auf das Kreditrechtsverhältnis entbehrlich geworden: So war der XI. Zivilsenat mit der Annahme eines stillschweigenden Beratungsrechtsverhältnisses schnell bei der Hand und vermochte so auf Basis des Beratungsvertrages Aufklärungs- und Informationspflichten zu begrün-

---

[41] → Rn. 55 ff.
[42] → Rn. 28 ff.

den, ohne das daneben bestehende Kreditverhältnis zu bemühen. Selbstverständlich war, dass in Anbetracht der Personenidentität von Kreditgeber und anlageberatender Bank Einwendungen aus dem Anlageberatungsrechtsverhältnis unmittelbar auch auf das zum Zwecke der Ermöglichung der Wertpapiergeschäfte begründete Kreditverhältnis durchschlagen würden.

Dass Anleger mittels Kreditaufnahme ihr Eigenkapital „hebeln", ist ein Phänomen, welches häufig bei geschlossenen Beteiligungen auftritt, welche ua zum Zwecke der Steuerersparnis erworben werden. Gerade bei Fondsbeteiligungen mit leasingähnlicher Struktur, bei denen feste Zahlungsströme seitens des Prospektherausgebers kalkuliert werden können, dient die Kreditaufnahme des Anlegers dazu, die steuerlichen Auswirkungen einer gezeichneten Beteiligung zu maximieren, wobei andererseits das mit der Kreditaufnahme zwingend einhergehende Risiko durch die genannten verlässlichen Zahlungsströme minimiert wird. 88

Mit dieser Situation nicht zu vergleichen ist demgegenüber die Kreditaufnahme zum Zwecke der Wertpapierspekulation: Ein derartiges Vorhaben ist zum einen risikobehaftet, als im Regelfall eine verlässliche und risikoarm zu erwirtschaftende Rendite, welche über dem Kreditzins liegt, nicht mit seriösen Mitteln erzielt werden kann; zum anderen läuft der Anleger Gefahr, über seinen aus Eigenmitteln bestückten Depotbestand hinaus, welcher üblicherweise zur Besicherung des Kredits dient, mit seinem sonstigen Vermögen im Falle des Fehlschlagens der Spekulationserwartungen für den ausgereichten Kredit haftbar gemacht zu werden. 89

3. Problemstellung

Der XI. Zivilsenat musste in dieser Entscheidung einen angemessenen Interessenausgleich zwischen der Eigenverantwortlichkeit des Bankkunden einerseits, der Beratungsverantwortlichkeit des anlageberatenden und kreditgebenden Instituts andererseits finden, wobei letzteres am Kunden doppelt „verdiente": Durch die Erbringung von Dienstleistungen in Zusammenhang mit den aufgrund Beratung angeschafften und veräußerten Wertpapieren einerseits, durch die Kreditierung andererseits. 90

Tatsächlich stand das zum Zwecke der Spekulation gewährte Kreditvolumen außer Verhältnis zum mitgebrachten Eigenkapital des Kunden. Andererseits hatte dieser als Schmuckhändler schon von Berufs wegen mit der Preisbildung durch Angebot und Nachfrage zu tun und war mit seiner kreditfinanzierten Spekulation mehr als eineinhalb Jahre „gut gefahren". Zum Verhängnis wurde erst der heftige Kurseinbruch des Jahres 1987, welcher die streitgegenständlichen Schäden im klägerischen Depot verursachte und in dieser Tragweite nicht vorhersehbar war. 91

4. Entscheidung

Der XI. Zivilsenat fasst zunächst seine Rechtsprechung zu Aufklärungspflichten von Kreditinstituten aus dem Kreditverhältnis zusammen: Eine kreditgewährende Bank ist grundsätzlich nicht verpflichtet, ihren Kunden über die Risiken der Verwendung des Kredits aufzuklären. Dies gilt auch dann, wenn der Kunde den Kredit zu Zwecken der Wertpapierspekulation nutzen will. Etwas anderes gilt ausnahmsweise dann, wenn die Bank über einen relevanten Wissensvorsprung verfügt oder selbst einen zusätzlichen Gefährdungstatbestand gesetzt hat[43]. 92

---

[43] → § 13 Rn. 35 ff.

93 Vorliegend treten aber neben das Kreditvertragsverhältnis die der Bank obliegenden Beratungspflichten aus dem Anlageberatungsrechtsverhältnis. Der XI. Zivilsenat wiederholt zur Begründung eines derartigen Rechtsverhältnisses seine Rechtsauffassung, wonach jedenfalls von einem stillschweigend abgeschlossenen Beratungsvertrag auszugehen ist, welcher zur anlegergerechten und objektgerechten Beratung verpflichtet, wenn der Kunde mit dem Wunsch an eine Bank herantritt, über die Anlage in Wertpapieren beraten zu werden. Der Vertrag kommt mit Beginn des Beratungsgesprächs zustande.

94 Was die Anlegergerechtigkeit der Beratung anbelangt, ist – so der XI. Zivilsenat – zu berücksichtigen, dass der Kläger zwar in Schmuckgeschäften, nicht aber in Aktiengeschäften erfahren war. Zwar hätten die empfohlenen Aktiengeschäfte dem vom Kunden verfolgten Ziel der Spekulation entsprochen, wären also an sich anlegergerecht gewesen; dieses Ziel sei dem Kunden aber von seinem Anlageberater eingeredet worden, da die Bank den Kunden als Inhaber eines mit Eigenmitteln aufgebauten Depots dazu verleitet hätte, zum Zwecke der Aktienspekulation einen seine wirtschaftlichen Verhältnisse weit übersteigenden Kredit aufzunehmen.

95 Der Senat betrachtet sodann die Entwicklung des Jahres 1986: Hier war in einer Niedrigzinsphase bei leicht steigenden Aktienkursen seitens des Kunden ein wenig Gewinn erwirtschaftet worden. Da der streitgegenständliche Kredit zu variablen Zinsen gewährt worden war, in einer Phase niedrigen Zinses gewährt wurde und mittelfristig eine Zinssteigerung erwartet werden musste, war im konkreten Falle die Gefahr, erhebliche Verluste zu erleiden, besonders groß, zumal zunächst Kreditzinsen und anfallende Spesen erwirtschaftet werden mussten.

96 Während die Anlagegestaltung für die Bank laufende Einnahmen durch Kreditzinsen und Effektenprovisionen entstehen ließ, war für den Kunden demgegenüber das Scheitern der Anlage bei steigenden Kreditzinsen oder sinkenden Aktienkursen so gut wie sicher, so der BGH. Vor diesem Hintergrund war der Rat der Beklagten zur Aktienspekulation auf Kredit nicht anlegergerecht.

97 Auf die Frage, ob die Beratung im Hinblick auf die einzelnen angeschafften Standardaktien objektgerecht gewesen war, oder nicht, kam es danach nicht mehr an.

98 Da Revisionsführer die beklagte Bank war, musste sich der XI. Zivilsenat auch nicht mit der Frage auseinandersetzen, ob die vom Berufungsgericht zu Lasten des Klägers angesetzte Mitverschuldensquote von 1/3 angemessen war, oder nicht; jedenfalls war keine höhere Mitverschuldensquote anzusetzen. Des Weiteren hatte sich der XI. Zivilsenat nicht mit der Frage zu befassen, ob die Bank auch zum Ersatz der vom Kläger eingesetzten Eigenmittel verpflichtet war; dies war nicht streitgegenständlich.

99 Im Ergebnis wurde die Zwangsvollstreckung für unzulässig erklärt, soweit sie einen Betrag in Höhe von 1/3 des im Zeitpunkt der Kündigung bestehenden Soll-Saldos nebst Zinsen überstieg.

5. Fazit

100 In diesem Urteil erhalten erstmals die Gewinninteressen eines großen deutschen Bankhauses im Rahmen der Begründungserwägungen des BGH eine bedeutsame Rolle. Zwar ist richtig, dass mittels der anempfohlenen Transaktionen einerseits, der Kreditgewährung andererseits das beklagte Institut Erträgnisse erwirtschaftete. Allerdings waren diese beiden Aspekte für den Kunden offensichtlich, welcher als Schmuckhändler sowohl Lebens- wie Geschäftserfahrung mitbrachte. Auch war diesem klar, dass

er diesen Aufwand zunächst einmal verdienen musste, bevor er selbst mit seinem Investment einen Gewinn erwirtschaften konnte.

Der weitere der Bank zur Last gelegte Aspekt, wonach die Bank dem Kunden die zur Spekulation in dem streitgegenständlichen Umfang erforderlichen Mittel durch Einräumung eines Kontokorrentkreditsaldos, sodann durch Gewährung eines Kredits erst zur Verfügung gestellt hat, überzeugt ebenfalls nicht: So war der Kunde eigenverantwortlich, befand sich nicht in einer wirtschaftlichen Notlage, hatte den Kredit nach dem Jahreswechsel 1986/1987 nahezu vollständig zurückgeführt und konnte freimütig darüber entscheiden, ob er die angebotenen Kreditmittel erneut in Anspruch nahm, oder nicht. **101**

Der Rechtsstreit wäre überzeugender zu entscheiden gewesen, hätte sich der XI. Zivilsenat näher mit der objektgerechten Beratung befasst und die Frage gestellt, ob der Kläger in Anbetracht des Börsencrashs des Jahres 1987 ausreichend vor den mit der konkreten Aktieninvestition bestehenden Gefahren gewarnt worden war. **102**

Dass der XI. Zivilsenat es soweit nicht kommen ließ, sondern den Kunden bereits im Rahmen der Anlegergerechtigkeit der Beratung gleichsam entmündigte, enttäuscht. **103**

V. Ausblick

Die Klassiker der kapitalanlagerechtlichen Haftungsrechtsprechung aus der Frühphase der Auseinandersetzung zwischen Anleger und beratendem Institut haben ihre Frische und Bedeutung bis zum heutigen Tage nicht verloren. **104**

Gerade bei rückblickender Betrachtung mit den Erfahrungen der vergangenen 20 Jahre sowohl im Hinblick auf die Entwicklung der Finanzmärkte und deren Krisen, als auch im Hinblick auf die hierzu ergangene Rechtsprechung sowie die vor die Gerichte getragenen Anlegerreklamationen wird deutlich, dass die Entscheidungen dieser Frühphase besonders darauf bedacht waren, einen ausgewogenen Interessenausgleich zwischen beratendem Institut und investierendem Anleger zu suchen. **105**

Es gelang dabei, sowohl die Eigenverantwortlichkeit des Kunden, wie die Informationspflichten eines verantwortlich agierenden Beraters im Gleichgewicht zu halten. **106**

Wenn die Gesetzesbegründung zur Einführung einer Verjährungsvorschrift in das Wertpapierhandelsgesetz[44] mit Wirkung ab dem 1. April 1998[45] beklagte, Anlageberater würden aus Furcht vor Haftung keine risikoreichen Empfehlungen aussprechen, sodass den Kunden dieses Marktsegment verschlossen bliebe[46], erscheint die dortige Ermunterung, risikoreichere Investments zu empfehlen, gleichsam wie eine Zäsur, welche den Übergang in eine neue kapitalanlagerechtliche Streitkultur kennzeichnet: Animiert durch den scheinbar grenzenlosen Anstieg der Aktienkurse ua am Neuen Markt wurden in Deutschland spekulative Aktieninvestitionen auch von Kleinanlegern, welche von übertriebenen Renditeerwartungen gekennzeichnet waren, zur Normalität, ohne die damit notwendigerweise in Einklang stehende Risikobereitschaft (oder -fähigkeit) mitzubringen. Neben der öffentlichen Meinung in den Massenmedien trugen sicherlich auch die beratenden Institute ihren Teil dazu bei, die Vernichtung zahlloser Anlegergelder insbesondere durch Zusammenbruch des Neuen Marktes vorzubereiten, wel- **107**

---

[44] → § 14 Rn. 22.
[45] Mithin nach Veröffentlichung des letzten „Klassikers" in diesem Abschnitt.
[46] Siehe Bundestagsdrucksache 13/8933, S. 96.

che unterblieben wäre, wären die Investitionen anleger- und objektgerecht verlaufen, wie in der Bond-Entscheidung grundlegend zu Papier gebracht.

108 Dieses geänderte Anlegergrundverständnis verbunden mit dem Gewinnstreben der beratenden Institute einerseits, der Implementierung einer mächtigen Branche zum Zwecke der Auflage steuergetriebener Investments andererseits, stellte die kapitalanlagerechtliche Haftungsrechtsprechung vor völlig neue Herausforderungen, deren Entwicklung in den nachfolgenden Abschnitten beschrieben wird.

§ 2. Die Anlageberatung – Die heutige Rechtsprechung

Literatur:
Seibert, Das Recht der Kapitalanlageberatung und -vermittlung, 2014, Teil C. § 1

I. Einführung

Ausgehend von den Prinzipien, welche die kapitalanlagerechtliche Haftungsrechtsprechung in den 90er Jahren aufstellte, entwickelte sich diese bis zum heutigen Tag in geradezu rasantem Tempo fort. Dennoch verließen sowohl der XI., wie der III. Zivilsenat[1] ihre Wurzeln nicht; das Dogma der anleger- und objektgerechten Beratung blieb und bleibt unverändert Richtschnur jeglicher Anlegeraufklärung in der Anlageberatung. 1

Aufbauend auf diesen Grundlagen war es in der Folgezeit Aufgabe der höchstrichterlichen Rechtsprechung, Sonderkonstellationen zu beurteilen, wobei Themen rund um die Vergütung der Bank einen besonderen Schwerpunkt erfuhren[2]. 2

In diesem Abschnitt wird der Blick auf wesentliche Entscheidungen zu Themen gerichtet, welche über den entschiedenen Einzelfall hinaus Bedeutung haben und mithin als echte Präzedenzfälle der kapitalanlagerechtlichen Haftungsrechtsprechung im Sinne dieses Buches anzusehen sind. 3

1. Die Anlegerreklamationen und deren Ursachen

Kurssturz an den Börsen 1987, Zusammenbruch des Neuen Marktes 2000, Anschlag auf das World Trade Center 2001, Subprime-Krise 2007, Lehman-Insolvenz 2008, Tsunami-Katastrophe 2011 bis hin zu Negativzinsen auf Einlagen in 2015: Die Liste der Vernichtung von Anlegergeldern auf den Kapitalmärkten – sei es durch interne, sei es durch externe Ursachen – lässt sich beliebig verlängern. 4

Ebenso, wie an der Börse Kursstürze mit ungebrochener Regelmäßigkeit zu verzeichnen sind, schwappt die Welle der durch diese Kursentwicklungen hervorgerufenen Anlegerreklamationen ungebrochen vor deutsche Gerichte. Die Zeitdauer des üblichen Instanzenlaufs eingerechnet führten diese Ereignisse letztendlich zu den vorliegend zu besprechenden höchstrichterlichen Entscheidungen. 5

2. Der „Kundenwunsch"

In internen Formularen anlageberatender Banken finden sich häufig im Hinblick auf fernmündlich oder im Beratungsgespräch erteilte Kaufaufträge vorformulierte mit einem Kreuz zu versehende Erklärungen, wonach eine Anlage „auf Kundenwunsch" erfolgt sei. 6

---

[1] In diesem Kapitel werden ausschließlich Entscheidungen dieser beiden Zivilsenate besprochen werden.
[2] Siehe § 3 Die Haftung für Vergütungen.

I. Einführung

7 In haftungsrechtlicher Hinsicht vermag eine derartige Formulierung nur Kopfschütteln auszulösen: So „wäre es ja noch schöner", wenn die Bank aufgrund Beratung für den Kunden in dessen Depot ein Papier erwerben würde, welches gegen dessen Wunsch angeschafft wurde. Letztendlich versucht das Formular denn auch nur zum Ausdruck zu bringen, auf wessen Initiative der Wertpapiererwerb zurückgeht: War es der Berater, welcher dem Kunden das betreffende Papier aus dem Anlageprogramm der Bank anempfohlen hat, oder war es der Kunde, welcher gezielt bei der beratenden Bank eine Investition in das in Rede stehende Papier oder eine bestimmte Kategorie derartiger Wertpapiere nachgefragt hat.

8 Die höchstrichterliche kapitalanlagerechtliche Rechtsprechung differenziert grundsätzlich nicht danach, auf wessen Initiative hin Wertpapiere zur Anschaffung gelangten, solange nur im Hinblick auf das in Rede stehende Papier ein Anlageberatungsrechtsverhältnis bestand[3]. Im Rahmen der anleger- und objektgerechten Beratung obliegt der Bank eine vollumfängliche Kundenaufklärung, unabhängig davon, aus welcher Richtung die Initiative zum Erwerb des in Rede stehenden Papiers kam[4].

9 Im Rahmen des Dualismus der anleger- und objektgerechten Beratung wird der „Kundenwunsch" dennoch an zahlreichen Stellen eine Rolle spielen: Im Rahmen der anlegergerechten Beratung bei dem von der Bank zu erfragenden Wissensstand und dem vom Kunden verfolgten Anlageziel; im Rahmen der objektgerechten Beratung bei dem Erfordernis einer Kundenaufklärung im Hinblick auf das konkrete Investitionsobjekt. Auch wenn in der Praxis vieles dafür spricht, dass ein Kunde, welcher bereits mit deutlichen Vorstellungen von der beabsichtigen Investition an die Bank herantritt, die mit den Investitionschancen verbundenen Risiken auch ohne vertiefte Aufklärungshinweise der Bank eigenverantwortlich einzuschätzen vermag, tut das beratende Institut dennoch gut daran, diese „Kundenfassade" kritisch zu hinterfragen.

10 Eine Ausnahme macht die Rechtsprechung lediglich dann, wenn der Kunde nicht nur den Wunsch nach einem bestimmten Papier nebst exakter Stückelung des beabsichtigten Erwerbs äußert, sondern darüber hinaus mit dem Bankhaus entweder eine generelle Vereinbarung geschlossen hat, wonach die Bank lediglich Kundenaufträge ausführt und keinerlei Beratungsdienstleistungen anbietet, oder aber dies im Hinblick auf das betreffende Wertpapier individuell für den einzelnen Fall vereinbart wurde[5]. In diesem Falle fungiert die Bank nicht als „Beraterbank", sondern lediglich als technische Abwicklungsplattform einer Kundenidee, welcher zur Realisierung dieser Idee keine Beratungsdienstleistungen, sondern lediglich An- und Verkaufswerkzeuge benötigt.

11 Ein Sonderfall ein derartiger Konstellation wird nachfolgend[6] beschrieben werden: Der Kunde tritt mit einer konkreten Erwerbsvorstellung an ein beratendes Bankhaus heran; die Bank kann aber das vom Kunden Beabsichtigte nicht liefern. Die bei der Bank erworbene Alternative erleidet Schiffbruch.

---

[3] Wobei im Rahmen der anlegergerechten Beratung durchaus von Bedeutung sein kann, wenn dem Kunden ein Anlageziel von dessen Berater erst „eingeredet" wurde, → § 1 Rn. 84.
[4] Siehe zur Reduzierung im Bereich der Pflichten zur anlegergerechten Beratung bei einem von einem selbständigen Vermögensberater vorberatenen Kunden → § 1 Rn. 55 ff.
[5] Sog. „Execution Only", → § 5 Rn. 85 ff.
[6] → Rn. 17 ff.

3. Der erforderliche Grad der Informationstiefe des beratenden Bankhauses („research")

Die Rechtsprechung hatte sich bereits im Rahmen der „Bond-Entscheidung"[7] mit der Frage zu befassen gehabt, welche Erkenntnisquellen ein beratendes Bankhaus zu benutzen hat, um einen Wissensstand zu erreichen, der eine sachgerechte Objektinformation des Kunden im Rahmen der Anlageberatung ermöglicht. Seit der Veröffentlichung dieser Entscheidung haben sich Erkenntnisquellen mittels Internet verzigfacht. Wie so häufig entsteht diesbezüglich die Gefahr der Desinformation durch Überinformation („information overload"), welche selbstverständlich nicht nur den Bankkunden, sondern auch den Bankberater betrifft, der sich auf einen adäquaten Informationsstand bringen muss, um eine pflichtgemäße Kundeninformation zu ermöglichen. Auch hier hat sich die Rechtsprechung fortentwickelt und den veränderten Gegebenheiten Rechnung getragen, wie nachfolgend darzustellen ist.

12

4. Die Form der Kundeninformation

Wie bereits dargestellt[8], ist es zwischenzeitlich gesetzliche Pflicht des Anlageberaters, den Kunden mittels schriftlichen Informationsmaterials aufzuklären. Diese Informationen werden dem Kunden an die Hand gegeben und stellen – sofern sie vollständig und richtig sind – eine Grundinformation des Kunden sicher. Die höchstrichterliche Rechtsprechung hat sich an zahlreichen Stellen mit der Frage zu befassen gehabt, in welchem Verhältnis dieses schriftliche Informationsmaterial zur individuellen Anlegeraufklärung auf Basis eines Beratungsvertrages steht: Betroffen sind diesbezüglich zum einen der Bereich einer möglichen Pflichtverletzung des Anlageberaters, zum anderen der Bereich des Mitverschuldens auf Kundenseite, wenn dieser die ihm übermittelten Informationen nicht liest und auf mögliche Fehler in der Anlageberatung hin durcharbeitet, schließlich die Frage des Verjährungsbeginns, wenn der Kunde bei ordnungsgemäßem Studium hätte erkennen können, dass der Anlageberater ihm gegenüber eine Pflichtverletzung begangen hat[9]. Es ist eine komplexe Frage, in welchem Verhältnis die schriftliche Aufklärung zur individuellen Anlegeraufklärung steht. Ob der Anlageberater berechtigt ist, sich auf schriftliches Prospektmaterial zu verlassen, oder dies seinerseits zu kontrollieren hat und ob es ausreichend ist, wenn der Anlageberater schlichtweg auf die dem Kunden übermittelte schriftliche Informationsbroschüre verweist, ohne den Kunden daneben individuell mündlich aufzuklären, wird nachfolgend ebenfalls dargestellt werden.

13

5. Die Zukunft der Haftungsrechtsprechung im Bereich der Anlageberatung

Der III. Zivilsenat hat es im Rahmen seiner Rechtsprechung zu Vergütungen[10] deutlich zum Ausdruck gebracht. Im Rahmen der Vertragsbeziehung zwischen Bank und Kunde kommen zahllose Dienstleistungen der Bank in Frage, mittels welcher diese Entgelte erwirtschaftet. Die Haftungsträchtigste ist diejenige der Anlageberatung.

14

---

[7] → § 1 Rn. 28 ff.
[8] → § 1 Rn. 22 ff.; zum KAGB → § 6 Rn. 7 ff.
[9] Siehe zu letzteren beiden Aspekten → § 14 Rn. 95 ff.
[10] → § 3 Rn. 79.

15 Gleichgültig, ob seitens des Vertriebs Produkte des Grauen Kapitalmarktes an den Anleger gebracht werden[11] oder Vertriebsbanken Wertpapiere im Sinne des WpHG vertreiben[12], die anlageberatenden Finanzdienstleister waren und werden weiterhin Hauptangriffsziel der fehlgeschlagenen Vergütungserwartungen von Anlegern sein.

16 Dass dies neben Bonitätserwägungen daran liegt, dass die höchstrichterliche Rechtsprechung im Hinblick auf die Qualität der Anlageberatung immer höhere Anforderungen stellt und dabei die Eigenverantwortlichkeit des Bankkunden sukzessive zurückdrängt, ist eine mit Interesse zu beobachtende Entwicklung. Umso mehr ist es Aufgabe des Zivilrichters, „Trittbrettfahrer" von denjenigen Bankkunden zu trennen, welche tatsächlich Opfer einer Schlechtberatung im Sinne der kapitalanlagerechtlichen Haftungsrechtsprechung geworden sind.

II. Der unerfüllte Kundenwunsch

BGH Urteil vom 14. Juli 2009 – XI ZR 152/08

1. Sachverhalt

17 Die Klägerin verlangt von dem Beklagten die abgesonderte Befriedigung aus einer gegen die Nebenintervenientin gerichteten möglichen Versicherungsforderung.

18 Der Beklagte ist Insolvenzverwalter über das Vermögen einer im Jahr 1995 gegründeten Bank, welche nicht dem Einlagensicherungsfonds des Bundesverbandes Deutscher Banken e. V. angeschlossen war. Dieser Fonds sichert alle Verbindlichkeiten gegenüber Kunden bis zur Höhe von 30 % des für die Einlagensicherung jeweils maßgeblichen haftenden Eigenkapitals der Bank ab. Die Bank unterlag nur dem Einlagensicherungs- und Anlegerentschädigungsgesetz, was dazu führte, dass die angelegten Kundengelder nur in Höhe von 90 % der Anlagesumme und bis zu einem Höchstbetrag von ECU 20.000,00 gesichert waren.

19 Die Klägerin trat erstmals am 29. März 1999 an die Bank wegen des Erwerbs einer festverzinslichen Geldanlage heran. Sie beabsichtigte zum Zwecke der Altersvorsorge eine „sichere Anlage mit guten Zinssätzen". Die Bank empfahl von ihr selbst emittierte Sparbriefe nebst Tagesgeldkonto. Im Verlauf dieses Gespräches erwarb die Klägerin einen ersten Sparbrief über DM 20.000,00 und unterzeichnete ein mit „Eröffnung von Konten/Depots" überschriebenes Formular der Bank, in welchem es heißt:

„Maßgebend für die Geschäftsverbindung sind die Allgemeinen Geschäftsbedingungen der Bank. Ich habe die Allgemeinen Geschäftsbedingungen der Bank mit Hinweisen zur Einlagensicherung erhalten, zur Kenntnis genommen und bin mit deren Geltung einverstanden."

---

[11] Die Prozessflut betreffend Verfahren aus dem Grauen Kapitalmarkt hat allein beim Landgericht München I von 500 Verfahren im Jahr 2008 auf 1.733 Fälle im Jahr 2009 bis auf 2.631 Verfahren im Jahr 2010 zugenommen, siehe Financial Times Deutschland vom 18.4.2011. In Göttingen sollen im Zusammenhang mit der sogenannten „Göttinger Gruppe" 9.000 Schadenersatzklagen anhängig sein, siehe Hannoversche Allgemeine Zeitung vom 2.3.2013, Seite 13.

[12] Eine Flut von Klagen verursachten den Anlegern als „Festgeldalternative" anempfohlene Zertifikate mit Risikopuffer, welche in der Finanzmarktkrise der Jahre 2008 ff. in zahllosen Fällen gerissen waren; selbiges galt für Zins-Swap-Geschäfte in Anbetracht der unerwarteten Zinsentwicklung, → § 4 Rn. 21 ff. Die Verjährungsreform mit Abkürzung der vormals 30-jährigen Maximalfrist einheitlich auf den 31.12.2011 setzte Anleger zusätzlich unter Zugzwang, soweit Ansprüche nicht schon wegen § 37a WpHG verjährt waren, → § 14 Rn. 19 ff.

§ 2. Die Anlageberatung – Die heutige Rechtsprechung

In einem weiteren von der Klägerin unterzeichneten Formular heißt es: 20

„Ich/wir habe/n die Allgemeinen Geschäftsbedingungen der Bank mit Hinweisen zur Einlagensicherung erhalten, zur Kenntnis genommen und bin/sind mit deren Geltung einverstanden."

In den in Bezug genommenen Allgemeinen Geschäftsbedingungen heißt es: 21

„20. Sicherungseinrichtung – Schutz der Einlagen
Die Bank ist Mitglied in der gesetzlichen Einlagensicherung im Sinne des Einlagensicherungs- und Anlegerentschädigungsgesetzes. Der Entschädigungsanspruch ist der Höhe nach begrenzt auf 90 v. H. der Einlagen und den Gegenwert von 20.000 ECU (umgerechnet Stand August 1998 ca. DM 39.400,00) sowie 90 v. H. der Verbindlichkeiten aus Wertpapiergeschäften und den Gegenwert von 20.000 ECU (umgerechnet Stand August 1998 ca. DM 39.400,00).
Bei der Berechnung der Höhe des Entschädigungsanspruches ist der Betrag der Einlagen oder Gelder oder der Marktwert der Finanzinstrumente bei Eintritt des Entschädigungsfalles zugrunde zu legen. Der Entschädigungsanspruch umfasst im Rahmen der Obergrenze auch die bis zu seiner Erfüllung entstandenen Zinsansprüche.
Die Obergrenze bezieht sich auf die Gesamtforderung des Gläubigers gegen das Institut, unabhängig von der Zahl der Konten, der Währung und dem Ort, an dem die Konten geführt oder die Finanzinstrumente verwahrt werden. Die Entschädigung kann in Deutscher Mark geleistet werden.
Ein Entschädigungsanspruch besteht nicht, soweit Einlagen oder Gelder nicht auf die Währung eines Staates des Europäischen Wirtschaftsraums oder auf ECU lauten.
Ungesichert sind Genußrechte und eigene Inhaber-Schuldverschreibungen.
Auf Anfrage werden dem Kunden kostenlos Informationen über die Bedingungen der Sicherung einschließlich der für die Geltendmachung der Entschädigungsansprüche erforderlichen Formalitäten übersandt."

In der Folgezeit erwarb die Klägerin von der Bank fünf weitere festverzinsliche Spar- 22
briefe über insgesamt 48.121,05 EUR und eröffnete ein Tagesgeldkonto, auf das sie 15.500,00 EUR einzahlte. Die Bundesanstalt für Finanzdienstleistungsaufsicht verhängte am 7. April 2003 ein Moratorium über die Geschäftstätigkeit der Bank und stellte am 20. Mai 2003 den Entschädigungsfall fest. An diesem Tag beliefen sich die verzinsten Einlagen der Klägerin auf insgesamt 81.378,72 EUR. Die Klägerin erhielt im August 2003 von der Entschädigungseinrichtung den gesetzlichen Entschädigungsbetrag in Höhe von 20.000,00 EUR ausbezahlt.

Die Klägerin hält die Bank für den Ausfall ihrer Einlagen schadenersatzrechtlich für 23
haftbar und möchte sich mittels Inanspruchnahme einer von der Bank abgeschlossenen Haftpflichtversicherung schadlos halten.

2. Hintergrund

Die rechtliche Behandlung der „Initiative" im Rahmen einer Wertpapiertransaktion 24
ist eine der am häufigsten gestellten in Haftungsverfahren im Kapitalanlagerecht. Auf den ersten Blick verwundert dies, da man – ausgehend von den Grundzügen der Haftung des Anlageberaters[13] – zwar die Beantwortung dieser Frage im Rahmen der „anlegergerechten Beratung" erwartet, dort aber nicht fündig wird: So sind für die Anlegergerechtigkeit einer Beratung zwar die Vorkenntnis und Erfahrung des Kunden, vor allem aber auch dessen Anlageziele und dessen Risikobereitschaft von Bedeutung, nicht aber die Frage, auf wessen Initiative ein Wertpapiererwerb tatsächlich zurückgeht. Dennoch hat der XI. Zivilsenat der Initiative in zwei Entscheidungen im Rahmen der Anlegergerechtigkeit der Beratung Bedeutung beigemessen: In der Entscheidung vom

---

[13] → § 1 Rn. 42.

27. Februar 1996[14] führte die Kundeninitiative im Hinblick auf ein bereits festgelegtes Geschäft dazu, dass der BGH die Pflichten der beratenden Bank zur Anlegergerechtigkeit der Beratung deutlich reduzierte; in der Entscheidung vom 28. Januar 1997[15] ist der BGH der Auffassung, dass eine auf die Initiative der Bank zurückgehende Spekulation auf Kredit der anlegergerechten Beratung widerspricht, da dieses Anlageziel dem Kunden von der Bank erst vorgegeben worden war.

25   Die Initiative kann aber auch bedeutsam sein für die Frage, ob ein Anlageberatungsrechtsverhältnis überhaupt zu Stande gekommen ist: Soweit sich die Kundeninitiative nämlich darauf richtet, einen bereits feststehenden Wertpapierauftrag lediglich auszuführen, kann ein Anlageberatungsrechtsverhältnis verneint werden[16].

26   Die größte Relevanz hat die Kundeninitiative aber im Rahmen der objektgerechten Beratung: Je konkreter die Vorstellungen des Kunden sind, in welche Anlageinstrumente dieser zu investieren beabsichtigt, desto weniger Risikoaufklärungshinweise im Hinblick auf das konkrete Geschäft sind dem Kunden geschuldet. Beabsichtigt demgegenüber die Bank, hochspekulative Anlageinstrumente „an den Mann zu bringen", werden die Anforderungen an die Kundenaufklärung entsprechend hoch gesteckt[17].

3. Problemstellung

27   Klägerin des Rechtsstreits war eine Kundin, welche bereits mit gewissen Grundvorstellungen eines abzuschließenden Geschäfts an eine Bank herantrat. Die Besonderheit des vorliegenden Falles bestand aber darin, dass die Bank nicht in der Lage war, das vom Kunden gewünschte Investment „zu liefern". Andererseits ist im Wirtschaftsleben selbstverständlich, dass eine Bank auch einen solchen Kunden nicht schlichtweg zur Konkurrenz schicken möchte, sondern ihn im Hinblick auf diejenigen Anlagemöglichkeiten, welche sie zur Verfügung stellen kann, beraten möchte. Dieses Dilemma aufzulösen, war Gegenstand des vorliegenden Urteils des XI. Zivilsenats.

28   Neben dieser materiellen Frage enthält die Entscheidung die formale Beurteilung der Ordnungsmäßigkeit der Aufklärung in Bezug auf eine der wenigen im Jahr 2002 bereits geltenden gesetzlichen Vorschriften zur schriftlichen Kundenaufklärung.

4. Entscheidung[18]

29   Gegenstand des Urteils des XI. Zivilsenats war also ein Doppelter:

30   Zum einen musste eine rein formale Frage beantwortet werden: Ist dem gesetzlichen Erfordernis nach einer schriftlichen Aufklärung im Hinblick auf die Einlagensicherung dann Genüge getan, wenn der Kunde in Formularen betreffend die Anbahnung seiner Kundenbeziehung lediglich auf Allgemeine Geschäftsbedingungen der Bank verwiesen wird, in welchen Hinweise zur Einlagensicherung enthalten sind?

31   Zum anderen hatte der Senat die Qualität der Anlageberatung in inhaltlicher Hinsicht zu beurteilen: Entsprach die Investition des Kunden in Papieren einer Bank, welche lediglich der gesetzlichen Einlagensicherung angehörte, den Anforderungen an eine anleger- und objektgerechte Beratung?

---

[14] → § 1 Rn. 55 ff.
[15] → § 1 Rn. 80 ff.
[16] Sog. „Execution Only", → § 5 Rn. 85 ff.
[17] Siehe hierzu zB die Entscheidung des XI. Zivilsenats zum CMS Spread Ladder Swap, → § 4 Rn. 21 ff.
[18] Siehe hierzu auch die Pressemitteilung des BGH 150/09.

§ 2. Die Anlageberatung – Die heutige Rechtsprechung

Im Hinblick auf erstere Fragestellung setzte der XI. Zivilsenat seine Linie fort, wonach an die „Schriftform" einer Anlegeraufklärung – wenn sie denn im Einzelfall tatsächlich geschuldet ist – keine hohen Anforderungen gestellt werden dürfen. **32**

Die Klägerin hatte vorliegend solche Einlageformen gewählt, die ihrer Art nach von der Einlagensicherung nach dem EAEG[19] erfasst sind. Eine darüber hinausgehende Sicherheit bestand dagegen nicht. Gemäß § 23a Abs. 1 S. 2 KWG war die Bank verpflichtet, ihren Kunden auf diese Sicherheitslücke schriftlich hinzuweisen. Ein ausdrücklicher und leicht verständlicher schriftlicher Hinweis fehlte vorliegend. Dennoch ließ der BGH die formularmäßige verklausulierte Aufklärung – was das Erfordernis der Schriftlichkeit anbelangt – ausreichen. Zwar zielt der Schutzzweck von § 23a Abs. 1 Satz 2 KWG darauf ab, Kapitalanleger für den Gesichtspunkt der Einlagensicherung zu sensibilisieren und ihnen eine eigenverantwortliche, sachkundige Entscheidung bei der Auswahl des für sie passenden Kreditinstituts auch und gerade im Hinblick auf die Komponente der Einlagensicherung zu ermöglichen. Dem wird – so der XI. Zivilsenat – aber dadurch genüge getan, dass – wie vorliegend die Allgemeinen Geschäftsbedingungen – der maßgebliche gesetzliche Wortlaut schlicht wiedergegeben wird. Eine darüber hinausgehende schriftliche Erläuterung des Gesetzeswortlauts ist zum Zwecke des Anlegerschutzes nicht erforderlich; auch ist nicht zu beanstanden, wenn sich dieser Wortlaut nicht in einem separaten, dem Anleger ausgehändigten Informationsblatt wiederfindet, sondern lediglich in den Allgemeinen Geschäftsbedingungen, welche im „Preisaushang" für den Kunden zugänglich sind; dies gilt jedenfalls dann, wenn der Kunde nicht lediglich auf Allgemeine Geschäftsbedingungen verwiesen wird, sondern dieser Verweis zusätzlich durch die Erläuterung „mit Hinweisen zur Einlagensicherung" präzisiert wird. Durch die Wiedergabe des Gesetzeswortlautes war auch für einen wirtschaftlich unerfahrenen Kunden hinreichend klar ersichtlich, dass bei der in Rede stehenden Bank eine umfassende Einlagensicherung gerade nicht gewährleistet war. **33**

Was die Anleger- und Objektgerechtigkeit der Beratung anbelangt, wiederholt der XI. Zivilsenat zu den Vertragsgrundlagen zunächst seinen wichtigen in der Bond-Entscheidung[20] aufgestellten Grundsatz wie folgt: **34**

> „Tritt ein Anlageinteressent an eine Bank heran, um über die Anlage eines Geldbetrages beraten zu werden, wird das darin liegende Angebot zum Abschluss eines Beratungsvertrages stillschweigend durch die Aufnahme des Beratungsgespräches angenommen[21]."

Der XI. Zivilsenat legt sodann die Erfordernisse der anleger- und objektgerechten Beratung dar und präzisiert diese nochmals wie folgt: Die Anlegergerechtigkeit der Beratung hat sich an dem Wissenstand, der Risikobereitschaft und dem Anlageziel des Kunden zu orientieren. Die Objektgerechtigkeit der Beratung muss zum einen die allgemeinen Risiken, wie etwa die Konjunkturlage und die Entwicklung des Kapitalmarktes darstellen, zum anderen spezielle Risiken, die sich aus den besonderen Umständen des Anlageobjektes ergeben, aufzeigen. Die Aufklärung eines Kunden über diese Umstände muss richtig und vollständig sein. **35**

Die Bewertung und Empfehlung eines Anlageobjektes unter Berücksichtigung der genannten Gegebenheiten muss im Übrigen aber ex-ante betrachtet lediglich vertretbar **36**

---

[19] Einlagensicherungs- und Anlegerentschädigungsgesetz, siehe Art. 1 des Gesetzes zur Umsetzung der EG-Einlagensicherungsrichtlinie und der EG-Anlegerentschädigungsrichtlinie vom 16.7.1998, BGBl. I S. 1842. Siehe zu Ansprüchen der Anleger gegen die EdW → § 4 Rn. 178 ff.
[20] → § 1 Rn. 28 ff.
[21] BGH aaO, Rn. 47.

II. Der unerfüllte Kundenwunsch

sein; das Risiko, dass sich eine Anlageentscheidung im Nachhinein als falsch erweist, trägt der Kunde[22].

37 Auf den konkreten Fall gemünzt ist der XI. Zivilsenat der Auffassung, dass die Bank bereits ihre Pflicht zur anlegergerechten Beratung verletzt hat:

38 Fest steht, dass der Kunde vorliegend eine langfristige Anlage zum Zwecke der Altersvorsorge suchte und diesbezüglich an einer sicheren Geldanlage mit guten Zinssätzen interessiert war. Der XI. Zivilsenat ließ ausdrücklich offen, ob das Anlageziel der Altersvorsorge per se die Inkaufnahme von Verlustrisiken ausschließt; nach Angaben der Klägerin war ihr vor allem an einer sicheren Geldanlage gelegen. Dies konnte nur dahin verstanden werden, dass das eingezahlte Kapital jedenfalls erhalten bleiben sollte. Dieses Anlageziel war aber mit den vom Kundenberater empfohlenen Geldanlagen gerade nicht zu erreichen, da die Bank dem Einlagensicherungsfonds des Bundesverbandes nicht angeschlossen war. Aus Sicht des XI. Zivilsenats völlig unerheblich ist zunächst, ob der Klägerin dieses Risiko durch den Hinweis nach § 23a Abs. 1 Satz 2 KWG hinreichend bewusst war; es kommt für die Anlegergerechtigkeit der Beratung in einem ersten Schritt allein darauf an, dass die empfohlenen Geldanlagen dem Anlageziel der Klägerin nicht entsprachen und ihr daher gar nicht hätten angeboten werden dürfen. Da die Bank in ihrem eigenen Portfolio über keine passenden Anlageprodukte verfügte, hätte sie den Anlagewunsch der Klägerin mithin abweisen müssen; sie war aber nicht verpflichtet, Anlageprodukte anderer Banken zu empfehlen. Erst wenn die Klägerin gleichwohl weiterhin Interesse an einer Geldanlage bei der Bank gezeigt hätte, hätte deren Kundenberater angesichts des hervorgehobenen Sicherheitsbedürfnisses der Klägerin diese individuell und unmissverständlich auf eine im denkbaren Insolvenzfall nur unvollständige Einlagensicherung der Insolvenzschuldnerin hinweisen müssen; die Bank durfte sich nicht darauf verlassen, dass die Klägerin den Hinweis nach § 23a Abs. 1 Satz 2 KWG zur Kenntnis genommen und daraus die richtigen Schlüsse gezogen hatte.

5. Fazit

39 Das im Zeitpunkt der Anlageentscheidung von keinem Marktteilnehmer (weder vom Kunden, noch von der Bank) ernst genommene Insolvenzrisiko einer Bank stand im Zentrum der vorliegenden Entscheidung. Dabei hatte der XI. Zivilsenat den großen Ausnahmefall zu entscheiden, in welchem eine Bank dem Einlagensicherungsfonds des Bundesverbandes Deutscher Banken e. V. nicht angehörte.

40 Von besonderer Bedeutung ist die Reihenfolge der vom XI. Zivilsenat für den Ablauf eines Beratungsgespräches im Rahmen der Anlegergerechtigkeit der Beratung aufgestellten Schritte: Der Anleger wird zu Beginn der Vertragsbeziehung auf das beschränkte Einlagensicherungssystem der betreffenden Bank schriftlich hingewiesen; der Kunde äußert sodann sein Anlageziel einer sicheren Anlage. Die Bank muss darauf verweisen, dass sie dies dem Kunden nicht bieten könne und auf die Reaktion des Kunden warten. Bleibt der Kunde dennoch bei seiner Präferenz, Einlagen bei dieser Bank halten zu wollen, muss die Bank nochmals explizit auf das Insolvenzrisiko verweisen. Erst dann darf der Kunde bei „seiner Bank" investieren, da erst in diesem Fall davon auszugehen ist, dass der Kunde sein Anlageziel – jedenfalls partiell – korrigiert hat.

---

[22] Es ist dies eine Selbstverständlichkeit, da der Kunde im Falle des Gelingens einer Kapitalanlage ja auch deren Früchte erntet. Unvertretbare Prognosen begründen demgegenüber eine Pflichtverletzung, vgl. im Bereich der Prospektfehler → § 6 Rn. 82.

Auch wenn der XI. Zivilsenat in Abrede stellt, dass die Bank den Kunden zur 41
Konkurrenz schicken oder selbst Konkurrenzprodukte anbieten müsse, wird ihr in der
Praxis im Ergebnis nichts anderes übrig bleiben. Die Entscheidung hat mithin partiell
prohibitiven Charakter.

III. Das Studium der Wirtschaftspresse

BGH Urteil vom 5. November 2009 – III ZR 302/08

1. Sachverhalt

Der Kläger klagt aus abgetretenem Recht seiner Ehefrau gegen einen Finanzdienst- 42
leister auf Schadenersatz wegen fehlerhafter Anlageberatung in Zusammenhang mit der
Zeichnung einer stillen Beteiligung in Rechtsform einer GbR. Das Bundesaufsichtsamt
für das Kreditwesen hatte der Gesellschaft, an welcher sich der Anleger beteiligen sollte,
am 25. November 1998 das weitere Betreiben von Einlagegeschäften auf Grundlage
solcher stillen Gesellschaftsverträge untersagt und die Rückabwicklung der Einlagenge-
schäfte angeordnet. Die Verfügung war sofort vollziehbar.

Dies gab das Bundesaufsichtsamt in einer Pressemitteilung vom 4. Dezember 1998 43
bekannt; am 7. Dezember 1998 wurde im Handelsblatt auf S. 23 in einer kleinen Meldung über sieben Zeilen unter dem Titel „Bankenaufsicht geht gegen [...] vor" über
die Untersagungsverfügung berichtet. Der beklagte Finanzdienstleister bezog das Handelsblatt nicht und wertete es auch nicht aus.

Drei Tage später, am 10. Dezember 1998, kam es zu einem Beratungsgespräch bei 44
der Beklagten mit dem Kläger und dessen Ehefrau. Aufgrund dieses Gesprächs unterzeichnete die Ehefrau des Klägers eine Beitrittserklärung zu der stillen Beteiligungsgesellschaft mit einem Beteiligungsbetrag von DM 100.000,00. Mit Schreiben vom
21. Dezember 1998 bestätigte diese Gesellschaft der Ehefrau des Klägers den Eingang
ihrer Beitrittserklärung und übersandte ihr gleichzeitig ein gegengezeichnetes Rück-
kaufsangebot.

Am 13. November 2000 informierte die Gesellschaft die Ehefrau des Klägers über die 45
Untersagungsverfügung und bat diese, zur Abwendung einer sonst drohenden Insolvenz
mit dem bereits investierten Geld eine neue Beteiligung einzugehen. Am 7. April 2001
wurde das Insolvenzverfahren über die Beteiligungsgesellschaft eröffnet.

2. Hintergrund

Überinformation ist Falschinformation.[23] Diese Formel gilt seit jeher zugunsten des- 46
jenigen, welcher auf den „klugen Rat" eines anderen angewiesen ist. Auch der Bundesgerichtshof, der im Hinblick auf die Objektgerechtigkeit der Kundeninformation durch
den Anlageberater darauf abstellt, dass die Information nicht nur richtig, sondern auch
vollständig zu sein hat, hat die Gefahr einer Falschberatung durch „Reizüberflutung"
erkannt. Dem Anleger dürfen nicht „Telefonbücher" zugemutet werden, sondern dieser muss in der Lage sein, die für diesen wesentlichen Informationen zu erkennen, zu
verarbeiten und seine eigenverantwortliche Anlageentscheidung an diesen Informationen auszurichten[24]. Die Rechtsprechung schützt hier also den Anlageinteressenten,

---

[23] Sog. "information overload".
[24] → § 14 Rn. 107.

indem sie gerade in unserem heutigen Zeitalter der Überinformation mittels Stichwortsuche im Internet den Computer durch den persönlichen Berater, dh den Menschen, ersetzt und diesem die auf die individuelle Besonderheit der jeweiligen Anleger- und Anlagesituation zugeschnittene „richtige Dosis" an Informationen abverlangt. Der BGH schätzt den Wert der persönlichen Beratungssituation derart hoch ein, dass der Anleger auch nicht verpflichtet ist, seinen Gesprächspartner anhand des etwa übergebenen schriftlichen Informationsmaterials zu kontrollieren[25].

47 Wie ist es aber um die andere Seite bestellt? Gilt das, was zugunsten des Anlegers festgehalten wird, auch zugunsten des Beraters? Auch dieser sieht sich ja mit der Tatsache konfrontiert, eine ungeahnte Vielfalt an Informationsquellen zur Verfügung zu haben und gegebenenfalls zur Verfügung halten zu müssen, um nicht Gefahr zu laufen, eine für seinen Kunden wesentliche Information nicht oder nicht rechtzeitig zu erhalten. Auch hier steckt aber das Dilemma in einer potentiellen Überinformation: Auch dem gewissenhaften Berater wird durch Informationsüberflutung der Blick auf das Wesentliche verstellt, sodass ihm gerade das unmöglich gemacht wird, was er kraft seines Anlageberatungsrechtsverhältnisses schuldet: Die vollständige und richtige Versorgung des Kunden mit (ausschließlich) den für die Anlageentscheidung wesentlichen Umständen.

3. Problemstellung

48 Der III. Zivilsenat musste vorliegend den Versuch unternehmen, eine Schneise in den Wald des Informationsüberflusses am Ende des ersten Jahrzehnts des 21. Jahrhunderts zu schlagen. Gerade im Nachhinein ist es häufig ein Leichtes, mittels gezielter Suche nach dem richtigen Stichwort öffentlich zugängliche Informationen zu finden, deren Kenntnis die fehlgeschlagene Investitionsentscheidung des Anlegers in eine andere Richtung gebracht hätte. Der BGH musste sich in dieser Entscheidung mit der Frage befassen, welche Medien aus der ex-ante-Betrachtung der Anlageberater auf seine Anlageempfehlungen hin nach Informationen abzusuchen hat, die Auswirkungen auf die eigenverantwortliche Entscheidung seines Kunden haben könnten.

4. Entscheidung

49 Der III. Zivilsenat macht sich zunächst eigene Gedanken zur stillschweigenden Anbahnung eines Anlageberatungsvertrages und führt diesbezüglich in Anlehnung an die Formulierungen des XI. Zivilsenats[26] aus, dass es zum Vertragsschluss ausreiche, wenn der Anleger die Dienste des Beraters in Anspruch nimmt und dieser mit seiner Tätigkeit beginnt. Zur Begründung wird darauf verwiesen, dass ein Anleger einen Anlageberater im Allgemeinen hinzuziehen wird, wenn er selbst keine ausreichenden wirtschaftlichen Kenntnisse und keinen genügenden Überblick über wirtschaftliche Zusammenhänge hat. Der Anleger erwartet dann nicht nur die Mitteilung von Tatsachen, sondern insbesondere deren fachkundige Bewertung und Beurteilung. Häufig wünscht er eine auf seine persönlichen Verhältnisse zugeschnittene Beratung[27].

---

[25] → § 14 Rn. 107.
[26] → grundlegend § 1 Rn. 40.
[27] Zur Abgrenzung zur Anlagevermittlung → § 5 Rn. 16 f.

Der III. Zivilsenat wendet sodann die Grundsätze der anleger- und objektgerechten 50
Beratung auf den vorliegenden Fall an und äußert sich zur Objektgerechtigkeit der Beratung wie folgt:

Der Anlageberater hat in Bezug auf das Anlageobjekt die Beratung auf diejenigen 51
Eigenschaften und Risiken zu beziehen, die für die jeweilige Anlageentscheidung wesentliche Bedeutung haben oder haben können. Deshalb ist ein Anlageberater gehalten, eine Anlage, die er empfehlen will, mit üblichem kritischem Sachverstand zu prüfen. Sofern er dies unterlässt, muss er den Anleger auf ein diesbezügliches Unterlassen hinweisen.

Der III. Zivilsenat führt weiter aus, dass der sich als „kompetent gerierende" Anlage- 52
berater sich aktuelle Informationen über das Anlageobjekt, das er empfehlen will, zu verschaffen hat. Dazu gehört auch die Auswertung vorhandener Veröffentlichungen in der Wirtschaftspresse. Zwar gehört es nicht zur Erfüllung der Informationspflichten des Anlageberaters, sämtliche Publikumsorgane vorzuhalten, in denen Artikel über die angebotene Anlage erscheinen können; der Anlageberater kann vielmehr selbst entscheiden, welche Auswahl er trifft, solange er nur über ausreichende Informationsquellen verfügt. Bei einer privaten Anleihe muss der Anlageberater den Kunden beispielsweise über zeitnahe und gehäufte negative Berichte in der Börsenzeitung, der Financial Times Deutschland, dem Handelsblatt und der Frankfurter Allgemeinen Zeitung unterrichten[28]. Jedenfalls die Lektüre des Handelsblatts ist – so der III. Zivilsenat – für jeden Anlageberater unverzichtbar; denn das Handelsblatt bietet als werktäglich erscheinende Zeitung mit spezieller Ausrichtung auf Wirtschaftsfragen und einem diesbezüglich breiten Informationsspektrum in ganz besonderem Maße die Gewähr, aktuell über wichtige und für die Anlageberatung relevante Nachrichten informiert zu werden.

Vorliegend hätte die Beklagte mithin entweder die Meldung im Handelsblatt auswer- 53
ten oder aber die Anlegerin darüber informieren müssen, dass sie die gebotene Auswertung der Wirtschaftspresse, insbesondere des Handelsblatts, im Hinblick auf die empfohlene Beteiligung nicht vorgenommen hat.

Selbst wenn – wie die Revision vorträgt – die Pressemitteilung ausschließlich im 54
Handelsblatt veröffentlicht worden sein sollte, mithin keine „gehäuften negativen Berichte" vorlagen, ändert dies nichts an einer Aufklärungspflicht: Vorliegend geht es darum, dass der Anlagegesellschaft durch die zuständige Aufsichtsbehörde das „Kerngeschäft" untersagt wurde, was für den Anleger von enormer Bedeutung ist, auch wenn die betreffende Mitteilung nur in einem einzigen der führenden Presseorgane erschienen sein sollte.

Abschließend musste sich der III. Zivilsenat zur Frage äußern, wann und wie oft 55
denn eine Auswertung der Tagespresse stattzufinden hat. Das Berufungsgericht hatte sich auf den Standpunkt gestellt, dass eine nur einmal wöchentlich erfolgende Auswertung des Handelsblattes ausreiche, sodass bei einem Informationsgespräch bereits nach Ablauf von drei Tagen dem Berater nicht vorgeworfen werden kann, wenn dieser das Handelsblatt noch nicht ausgewertet habe, etwa weil er die Tagespresse sammele und sie erst gebündelt am Wochenende lese. Der III. Zivilsenat ist anderer Auffassung: Der Anleger kann im Allgemeinen erwarten, dass sich sein Berater aktuelle Informationen über das Anlageprodukt beschafft und zeitnah Berichte in der Wirtschaftspresse zur Kenntnis

---

[28] Unter Bezugnahme auf das Senatsurteil vom 5.3.2009, III ZR 302/07, zur Berichterstattung im Brancheninformationsdienst „Kapitalmarkt intern". Siehe auch bereits die Bond-Entscheidung, → § 1 Rn. 50.

nimmt. Gerade die Finanzmärkte reagieren auf relevante Informationen unmittelbar, sodass der Aktualität der Informationen besondere Bedeutung zukommt. Auch ist die Erscheinungsweise des jeweiligen Presseorgans mit in die Beurteilung einzubeziehen: Regelmäßig darf davon ausgegangen werden, dass ein Presseorgan seinen Informationsgehalt in seiner Ausgabe auf sein Erscheinungsintervall abgestimmt hat; die Verleger haben sich also bei der Bemessung des Umfanges ihrer Tageszeitungen etwas gedacht. Dies bedeutet wiederum, dass es zumutbar ist, innerhalb dieses Erscheinungsintervalls die jeweilige Zeitschrift bzw. Zeitung zu lesen und auszuwerten. Gerade bei Tageszeitungen sammeln sich sonst schon nach wenigen Tagen derart viele Informationen an, dass diese nur noch eingeschränkt zur Kenntnis genommen werden können. Für werktäglich erscheinende Presseerzeugnisse ist daher eine Kenntnisnahme nach Ablauf von drei Tagen nicht mehr pflichtgemäß. Der Anlageberater muss das jeweilige Presseorgan auch nicht vollständig lesen; vielmehr reicht es aus, dieses auf relevante Artikel gerade zu den vom Anlageberater angebotenen Anlageprodukten durchzusehen und nur diese Nachrichten vollständig auszuwerten.

5. Fazit

56   Der III. Zivilsenat unternimmt in dieser Entscheidung ein Doppeltes: Zum einen stärkt er die Position des Handelsblattes im Vergleich zu sonstigen Print-Medien, indem er dieses und nur dieses zur Pflichtlektüre für Anlageberater ernennt.[29] Zum anderen wird diese Pflichtlektüre zu einer täglichen Pflicht auserkoren, da anderenfalls aufgrund der Fülle der Informationen nicht sichergestellt ist, dass diese sämtlich zur Kenntnis genommen werden.

57   Wenn darüber hinaus die betreffende Information sogar in sonstigen Tageszeitungen mit wirtschaftlicher Ausrichtung, wie der Börsenzeitung oder der Frankfurter Allgemeine Zeitung erscheint, kann dies eine Mitteilungspflicht auch im Hinblick auf solche Informationen auslösen, welche nicht nur K.-O.-Kriterien des betreffenden Investments, sondern lediglich Prognosen bzw. Werturteile im Hinblick auf die weitere Entwicklung des anempfohlenen Produkts betreffen.

58   Als ausgleichend im Hinblick auf eine Eingrenzung der Informationsobliegenheit des Beraters ist lediglich die Tatsache zu vermerken, dass eine taggenaue Auswertung von Internetmedien nach wie vor nicht gefordert wird[30]. Diesbezüglich ist das letzte Wort aber nicht gesprochen, da der vorliegend zur Entscheidung stehende Sachverhalt gerade im Print-Medium verbreitet wurde und es mithin auf eine Beurteilung des Internets gar nicht ankam.

IV. Offener Immobilienfonds

BGH Urteil vom 29. April 2014 – XI ZR 477/12

1. Sachverhalt

59   Die Parteien streiten über eine Investition eines Anleger-Ehepaars in Anteile an einem offenen Immobilienfonds Morgan Stanley P2 Value im März 2008. Die Anleger

---

[29] Ob dies mitursächlich für die Einstellung der Financial Times Deutschland im Dezember 2012 war, ist nicht bekannt.
[30] Der damalige Vorsitzende des III. Zivilsenats legte sich diesbezüglich auch auf einem Vortrag anlässlich des 7. Tages des Bank- und Kapitalmarktrechts am 18.11.2010 in München nicht fest.

wünschten eine „risikoarme" Kapitalanlage. Der Immobilienbesitz des streitgegenständlichen offenen Fonds war über zehn Staaten hinweg gestreut; Ende des Jahres 2005 bzw. Anfang des Jahres 2006 war bereits in einigen wenigen Fällen vorübergehend die Rücknahme von Anteilen an offenen Immobilienfonds in Deutschland ausgesetzt worden, ohne dass den Anlegern in diesen, nicht streitgegenständlichen Fällen, Verluste entstanden waren.

Die Mitarbeiterin der anlageberatenden Bank empfahl den Anlegern den Erwerb, ohne darauf hinzuweisen, dass die Kapitalanlagegesellschaft das Recht besitzt, die Rücknahme der Fondsanteile auszusetzen. **60**

Die Anleger erhielten Anfang 2003 die „Basisinformationen für Wertpapier-Vermögensanlagen", in denen auf die Möglichkeit einer vorübergehenden Aussetzung der Anteilsrücknahme hingewiesen wird. Die Anleger stellten in Abrede, am 1. November 2007 per Post die „Kundeninformationen zum Wertpapiergeschäft" erhalten zu haben, in denen ebenfalls auf das Risiko der Aussetzung der Anteilsrücknahme hingewiesen ist. **61**

Im Oktober 2008 wurde die Rücknahme ausgesetzt; die Anteile, welche zum Kurs von EUR 57,85 seitens der Anleger erworben wurden, konnten am 22. Oktober 2010 an der Börse zum Kurs von (nur noch) EUR 18,45 veräußert werden.

Die Klägerin beansprucht aus eigenem und abgetretenem Recht ihres Ehemannes den Ersatz der Differenz nebst Zinsen und wirft der beratenden Bank neben dem Aufklärungsdefizit im Hinblick auf die mangelnde Möglichkeit einer Aussetzung der Anteilsrücknahme eine Verletzung des Anlageberatungsvertrages insoweit vor, als die Einschätzung der Beteiligung an einem offenen Immobilienfonds als „grundsolide und wertbeständige Anlage" bereits im März 2008 nicht mehr gerechtfertigt gewesen sei. **62**

2. Hintergrund

Die Insolvenzantragstellung der Lehman Brother Holdings Inc. am 15. September 2008 als Beginn der Finanzmarktkrise im eigentliche Sinne[31] beschäftigt in ihren Auswirkungen die kapitalanlagerechtliche Haftungsrechtsprechung in vielerlei Hinsicht. Neben der Welle an Reklamationen, welche die fehlgeschlagenen Spekulationserwartungen bei Derivaten auslöste[32], sind Anleihen der Lehman Brothers Holdings Inc. in vielen Fällen streitgegenständlich[33]. **63**

Dem Ursprung der Finanzmarktkrise im Bereich der verbrieften Immobiliarkredite in den USA folgend litten aber auch zahllose gemeinschaftliche Immobilieninvestments insbesondere in der gebündelten Form der geschlossenen Immobilienfonds, aber auch der offenen Immobilienfonds – wie hier – unter der Finanzmarktkrise. **64**

Hier sachgerechte Lösungen zu entwickeln, ist Aufgabe der kapitalanlagerechtlichen Haftungsrechtsprechung.

3. Problemstellung

Während ein Zweitmarkt für geschlossene Immobilienfondsbeteiligungen im Regelfalle nicht bestand und der Anleger mangels gesetzlicher und vertraglicher Rahmenbedingungen während der langjährigen Laufzeit derartiger Beteiligungsmodelle auch nicht aus eigener Kraft eine Desinvestitionsentscheidung vornehmen und durchsetzen **65**

---

[31] Nicht zu verwechseln mit der Subprime-Krise, siehe die Hinweise im Sachverzeichnis.
[32] → § 4 Rn. 21–101.
[33] → § 2 Rn. 76–114, → § 3 Rn. 119 ff. sowie → § 4 Rn. 102–133.

konnte, gab das Investmentgesetz als Vorgänger des KAGB im Bereich der geschlossenen Immobilienfonds seit jeher den Anlegern die Möglichkeit, ihre Anteile zurückzugeben. Dies korrespondierte einerseits mit einem Zwang, die im Bestand befindlichen Immobilien kontinuierlich zu bewerten, um – mangels Börsenpreises – Rückkaufwerte berechnen zu können; um gleichzeitig aber den Zusammenbruch der Investitionsvehikel durch massenhaften Desinvestitions-Ansturm der Kunden mangels aktuell vorhandener Liquidität zu vermeiden, gab das Investmentgesetz der Kapitalsammelstelle unter bestimmten Voraussetzungen die Möglichkeit, den Rückkauf auszusetzen. Diese – in der Vergangenheit eher theoretische – Möglichkeit war in den Jahren vor der Finanzmarktkrise weder für Anleger, noch für Berater von Aufmerksamkeit.

66 Dies sollte mit dem 15. September 2008 grundlegend geändert werden.

4. Entscheidung

67 Der BGH hält – entgegen der Rechtsauffassung des Oberlandesgerichts – ein Aufklärungsdefizit im Hinblick auf das Bestehen der Möglichkeit einer Aussetzung der Anteilsrücknahme durch die Kapitalanlagegesellschaft für gegeben und entscheidet damit eine Grundsatzfrage in Zusammenhang mit der Finanzmarktkrise zu Gunsten der Anleger.

68 Unter Verweis auf die Bond-Entscheidung[34] wiederholt der XI. Senat zunächst die Pflicht einer beratenden Bank zu einer anleger- und objektgerechten Beratung. Gemessen an diesen Kriterien ist nicht zu beanstanden, wenn die beklagte Bank die Einstufung der streitgegenständlichen Fondsanteile noch im März 2008 als „risikoarm" vornahm. Dies war ex ante betrachtet vertretbar, so der BGH. Das Risiko, dass eine aufgrund anleger- und objektgerechter Beratung getroffene Anlageentscheidung sich im Nachhinein als falsch erweist, trägt in diesem Fall der Anleger.

69 Dies gilt auch dann, wenn es bereits Ende 2005/Anfang 2006 einige andere offene Immobilienfonds gab, welche in Schwierigkeiten geraten waren. Dies ist für die Beurteilung der hier streitgegenständlichen Kapitalanlage und deren Risikoneigung ohne Belang.

70 Allerdings hätten die Klägerin und ihr Ehemann auch bereits im Frühjahr 2008 ungefragt darüber aufgeklärt werden müssen, dass die Rücknahme der Anteile durch die Kapitalanlagegesellschaft damals gemäß § 81 InvG[35] vorübergehend ausgesetzt werden kann.

71 Zwar führt der BGH aus, dass – so wörtlich – „bis zum Beginn der Finanzkrise im Oktober 2008" nach einer Auffassung in der Literatur eine derartige Aufklärungspflicht nicht bestand; der BGH ist allerdings anderer Auffassung: So korrespondiert das Recht, die Rücknahme der Anteile vorübergehend zu verweigern, mit der Pflicht, das dem Anleger gemäß § 37 Abs. 1 InvG gemachte Versprechen, seine Investition in einen offenen Immobilienfonds jederzeit durch die Rückgabe seiner Anteile an die Kapitalanlagegesellschaft zu einem gesetzlich bestimmten Rücknahmepreis liquidieren zu können, einzuhalten. Selbst wenn also im März 2008 bei diesem Fonds konkrete Anhaltspunkte für eine bevorstehende Aussetzung der Anteilsrücknahme nicht vorgelegen haben, kann es für den Anleger von wesentlicher Bedeutung sein, dass er während Dauer seiner gesamten Investitionsphase das Risiko der Aussetzung der Anteilsrücknahme zu tragen

---

[34] → § 1 Rn. 28 ff.
[35] Heute § 257 KAGB.

hat. Dieses Risiko hat – so der BGH – nichts mit der Finanzmarktkrise zu tun, sondern ist ein systemimmanentes Liquiditätsrisiko, über das der Anleger informiert sein muss, bevor er seine Entscheidung trifft.

Hieran ändert auch der Umstand nichts, dass der Anleger die Möglichkeit hat, die Anteile während der Aussetzung der Anteilsrücknahme jederzeit an der Börse zu veräußern; dies ist angesichts der Beeinflussung dieses Preises durch spekulative Elemente kein gleichwertiger Ersatz, so der BGH. Dass die Anteilsrücknahme in den „Basisinformationen für Wertpapier-Vermögensanlagen" als Risiko erwähnt ist, ist kein taugliches Mittel der Anlegeraufklärung; bei einem offenen Immobilienfonds konnte nämlich die Anteilsrücknahme nach § 81 InvG nur dann ausgesetzt werden, wenn die Vertragsbedingungen des jeweiligen Fonds eine solche Befugnis vorsahen. Informationen darüber, ob in der hier streitgegenständlichen Kapitalanlage der Kapitalanlagegesellschaft in den hier in Rede stehenden Vertragsbedingungen eine derartige Befugnis tatsächlich eingeräumt worden war, können die allgemeinen Basisinformationen naturgemäß nicht enthalten. Hierüber hätte die Beklagte die Anleger daher in verständlicher Weise mündlich oder durch die rechtzeitige Übergabe eines auf den streitgegenständlichen Fonds bezogenen Informationsmaterials schriftlich aufklären müssen. 72

5. Fazit

Die Entscheidung des BGH stellt in schöner Deutlichkeit den Beginn der Finanzmarktkrise mit dem Zeitpunkt „Oktober 2008" ins Zentrum der Entscheidung. Seismographische Auswertungen künftig drohender Ereignisse im Hinblick auf die Finanzmarktkrise werden den anlageberatenden Banken vor diesem Zeitpunkt und insbesondere im ersten Quartal 2008 nicht abverlangt. Der vorliegende Sachverhalt, welcher an sich als „Paradefall" der Beurteilung hellseherischer Fähigkeiten beratender Bankmitarbeiter hätte dienen können, wurde vom BGH nicht genutzt. 73

Dass der XI. Senat dem Anleger dennoch Recht gab, liegt darin, dass er an anderer Stelle den mit dem Vertrieb offener Immobilienfonds befassten Anlageberatern deutliche Aufklärungshinweise abverlangt. Das gesetzliche System des jederzeitigen Rückgabeverlangens einerseits, der Aussetzung der Anteilsrückgabe andererseits, stellt für den investierenden Anleger ein latentes Liquiditätsproblem dar, auf welches – jedenfalls der risikoarm investierende Anleger – ungefragt hingewiesen werden muss. Dies entweder in mündlicher Form, oder aber in konkreter auf das jeweilige Anlageprodukt bezogener Form, sofern dieses die Aussetzung der Anteilsrücknahme auch tatsächlich vorsieht. 74

Es bleibt abzuwarten, welche Auswirkungen diese anlegerfreundliche Entscheidung im Hinblick auf den Erwerb offener Immobilienfonds nach sich ziehen wird. 75

V. Lehman 5

BGH Urteil vom 15. Oktober 2013 – XI ZR 51/11

1. Sachverhalt

Die Klägerin nimmt eine beklagte Bank auf Schadenersatz wegen fehlerhafter Anlageberatung im Zusammenhang mit dem Erwerb von 50 Stück A-Zertifikaten der Lehman Brothers Treasury Co. B.V. in Anspruch. Die Klägerin eröffnete am 23. April 2007 bei der Beklagten ein Wertpapierdepot, in das sie Wertpapiere aus ihren bis dahin bei verschiedenen anderen Banken bestehenden Depots übertrug. Am 23. Mai 2007 76 führte sie mit einem Mitarbeiter der Beklagten ein Beratungsgespräch und erwarb am selben Tage im Wege des Festpreisgeschäfts die genannten Zertifikate zum Stückpreis von 1.000 EUR zuzüglich eines Ausgabeaufschlags von 2%, wobei sie hinsichtlich des Agios mit der Beklagten einen hälftigen Rabatt vereinbart hatte.

77 Durch die Insolvenz der US-amerikanischen Muttergesellschaft der Emittentin, der Lehman Brothers Holdings Inc., im September 2008, welche für die Rückzahlung der Zertifikate die Garantie übernommen hatte, wurde auch die Insolvenz der Emittentin verursacht, sodass die Zertifikate weitgehend wertlos wurden.

78 Die Klägerin verlangt auf Basis mehrerer Beratungsfehler der Beklagten sowohl im Gespräch vom 23. Mai 2007, aber auch in weiteren Gesprächen vom 20. November 2007 und 16. Juni 2008 die Rückzahlung von 51.000 EUR nebst Zinsen Zug um Zug gegen Rückübertragung der Zertifikate.

79 Am 23. April 2007 hatte die Klägerin ein Risikoprofil mit einer „ausgewogenen Anlagestrategie" unterzeichnet. Ein Risikoanteil an Wertpapieren bis zur Produktrisikoklasse 4 von bis zu 55% war damit Gegenstand der Anlagestrategie der Klägerin. Die tatsächlich von der Klägerin verfolgte Anlagestrategie war aber risikoreicher. Die Klägerin erhielt schriftliche „Basisinformationen" sowie eine Produktinformation, in welcher auf das mit dem Erwerb der Zertifikate verbundene Totalverlustrisiko hingewiesen wurde. Dies wurde in der Wertpapiersammelorder vom 23. Mai 2007 wiederholt. Die Klägerin war auch über das allgemeine, mit einer etwaigen Insolvenz der Emittentin verbundene Risiko aufgeklärt worden. Durch einen Hinweis in der Wertpapiersammelorder vom 23. Mai 2007 wurde die Klägerin darüber hinaus darüber aufgeklärt, dass es sich bei den erworbenen Zertifikaten nicht um Bankeinlagen gehandelt hatte und weder die deutsche noch die niederländische Einlagensicherung greife. Zwischen den Parteien ist streitig, welchen Gesprächsinhalt die zwei weiteren Gesprächstermine am 20. November 2007 und 16. Juni 2008 hatten: Die Klägerin behauptet, sie sei von einer Veräußerung der Lehman-Zertifikate unter anderem mit der Begründung abgehalten worden, eine Insolvenz der Emittentin sei nach wie vor äußerst unwahrscheinlich; sofern es dennoch dazu komme, würde es sich bei den Zertifikaten um Sondervermögen außerhalb der Konkursmasse handeln.

80 Letzteres traf tatsächlich nicht zu.

2. Hintergrund

81 Zum ersten Mal hat der Bundesgerichtshof in dieser Entscheidung Gelegenheit, sich mit inhaltlichen Fragestellungen im Zusammenhang mit dem Erwerb und des Haltens von Lehman-Zertifikaten in Anbetracht der Finanzkrise, ausgelöst durch die Insolvenzantragstellung der Muttergesellschaft am 15. September 2008, zu äußern[36]. In den vergangenen Entscheidungen hatte der Bundesgerichtshof lediglich über den sogenannten „Kick-Back-Joker" zu entscheiden[37], wobei der BGH hier seine Rechtsprechung feinsinnig weiterentwickelte und zum einen danach differenzierte, ob der Erwerb der Zertifikate im Wege des Festpreis- oder Kommissionsgeschäfts erfolgt war. zum anderen ob der Kunde beim Kommissionsgeschäft eine Vergütung an die Bank leistete, oder nicht[38].

---

[36] Zu den weiteren Lehman-Entscheidungen des BGH vgl. die Hinweise im Sachverzeichnis.
[37] Siehe auch insbesondere § 3 Die Haftung für Vergütungen.
[38] → § 3 Rn. 125 ff.

Da vorliegend ein Festpreisgeschäft in Rede stand, musste sich der BGH mit Vergütungsfragen des beratenden Bankhauses nicht befassen. 82

3. Problemstellung

Die Entscheidung gab dem BGH erstmals Gelegenheit, nicht nur Beratungspflichten 83 bei Erwerb der in Rede stehenden Zertifikate, sondern auch solche in Zusammenhang mit der Halteentscheidung zu beurteilen. Es stellte sich zum einen die Frage, ob denn die Risikoaufklärungshinweise bei Erwerb der streitgegenständlichen Papiere den Anforderungen an die objektgerechte Beratung entsprachen und ob der Erwerb in Übereinstimmung mit der schriftlich dokumentierten Anlagestrategie der Klägerin bzw. ihres sonstigen Anlageverhaltens stand (anlegergerechte Beratung).

Des Weiteren musste die Frage geklärt werden, ob denn die Nachfragen der Klägerin 84 im Hinblick auf die weitere Entwicklung der erworbenen Papiere zu neuen, eigenständigen Beratungsverträgen führen würden und wie sich dies auf die Haftungssituation in wirtschaftlicher Hinsicht auswirken würde; unterstellt, die von der Klägerin behauptete Auskunft im Hinblick auf das „Sondervermögen" im Falle der Insolvenz der Emittentin war tatsächlich so gegeben worden, war dieser Aufklärungshinweis jedenfalls falsch.

4. Entscheidung

Der BGH befasste sich – naturgemäß – zunächst mit den behaupteten Beratungs- 85 pflichtverletzungen der Beklagten im Zusammenhang mit dem Erwerb der streitigen Zertifikate im April 2007.

Der BGH stützt insoweit die Rechtsauffassung des Berufungsgerichts, wonach der 86 Erwerb der Papiere sowohl anlegergerecht, wie die diesbezügliche Beratung objektgerecht gewesen war. Zwar sei vorliegend das Portfolio der Klägerin in der Gesamtbetrachtung nicht mit dem schriftlich niedergelegten Risikoprofil in Übereinstimmung zu bringen; dies ist aber unschädlich, da sich die Klägerin bewusst für die Überschreitung des schriftlich niedergelegten Risikoanteils des Gesamtbestandes entschieden habe.

Der BGH stellte sich sodann der Frage, wie mit dem klägerischen Vortrag im Hin- 87 blick auf die Folgegespräche am 20. November 2007 und 16. Juni 2008 umzugehen ist. Er hält fest, dass auch dann ein Beratungsvertrag zwischen den Parteien neu abgeschlossen werden kann, wenn sich ein Anleger nach getroffener Anlageentscheidung bei seiner Bank erkundigt, wie er sich angesichts fallender Kurse verhalten solle. Da das Berufungsgericht den diesbezüglichen Beweisen nicht nachgegangen war, unterstellt der BGH für das Revisionsverfahren das Zustandekommen entsprechender Beratungsverträge.

Dass der weiter zu unterstellende Hinweis, bei den streitbefangenen Zertifikaten 88 handele es sich um Sondervermögen außerhalb der Konkursmasse, inhaltlich falsch gewesen war, steht fest, so der BGH.

Der XI. Senat klärte sodann Kausalitäts- und Schadenserwägungen: 89

Unter Bezugnahme auf seine Entscheidung vom 8. Mai 2012[39] hält er fest, dass die 90 Vermutung aufklärungsrichtigen Verhaltens für alle Aufklärungs- und Beratungsfehler eines Anlageberaters gelte. Dies sei also nicht nur beim Ersterwerb, sondern auch bei Halteentscheidungen der Fall. Auch gelte die Vermutung außerhalb der wertpapierspezifischen Risikohinweise auch für den vorliegend von der Klägerin erhobenen Vorwurf

---

[39] → § 2 Rn. 115 ff.

einer Falschauskunft über die rechtliche Behandlung der Zertifikate im Falle der Insolvenz von Emittentin bzw. Garantiegeberin. Es handelt sich dabei nicht nur um eine Beweiserleichterung, sondern um eine zur Beweislastumkehr führende widerlegliche Vermutung.

91   Der BGH beantwortet abschließend die Frage, welche Rechtsfolgen aus einer derartigen Aufklärungspflichtverletzung im Hinblick auf die Halteentscheidung abgeleitet werden können. Die Pflichtverletzung anlässlich der Gesprächstermine vom 20. November 2007 und/oder 16. Juni 2008 könne nicht die Rechtsfolge einer vollständigen Rückabwicklung des ursprünglichen Kaufvertrages nach sich ziehen. Die Klägerin muss vielmehr ihre Schadensberechnung darauf beschränken, dass ihr der Kurswert der Papiere am 22. November 2007 bzw. 16. Juni 2008 zu erstatten sei. Hierzu hat die Klägerin aber bereits vorgetragen, sodass sie ihrer diesbezüglichen Darlegungslast nachgekommen ist.

92   Der BGH hob das oberlandesgerichtliche Urteil auf und verwies die Angelegenheit zur weiteren Entscheidung zurück.

5. Fazit

93   Der BGH entwickelt vorliegend seine Rechtsprechung zum Zustandekommen eines Beratungsvertrages, der anleger- und objektgerechten Beratung, der Darlegungs- und Beweislast insbesondere im Bereich der Kausalität sowie des ersatzfähigen Schadens konsequent weiter, wobei die Befassung mit inhaltlichen Aufklärungsdefiziten in Anbetracht der aufziehenden Finanzmarktkrise einfach war: Unstreitig war der rechtliche Rat des Bankmitarbeiters – sofern ein solcher erteilt worden sein sollte – falsch, sodass im Zeitpunkt der Halteentscheidung eine Pflichtverletzung ohne Weiteres zu unterstellen war.

94   Die eigentlich spannende Frage, welche Sachverhaltsaspekte vorliegen müssen, um im Rahmen einer Halteentscheidung einen neuen Beratungsvertrag annehmen zu können, bleibt allerdings unbeantwortet: Das Oberlandesgericht hatte Zweifel am Bestehen derartiger Verträge angemeldet, sodann aber den klägerischen Anspruch an Kausalitätserwägungen scheitern lassen. Die diesbezüglich vom BGH für das weitere Verfahren gegebenen „Segelanweisungen" beschränken sich auf die Bezugnahme seines Urteils vom 21. März 2006[40]. In diesem Bereich bleibt mithin die weitere Entwicklung abzuwarten, auch wenn die Tendenz in der Rechtsprechung des XI. und III. Senats ungebrochen ist, mit der Annahme von Beratungsverträgen sehr schnell bei der Hand zu sein[41].

VI. Lehman 6

BGH Urteil vom 25. November 2014 – XI ZR 169/13

1. Sachverhalt

95   Die Eltern eines minderjährigen Klägers eröffneten im Jahr 2002 bei der beklagten Bank ein Wertpapierdepot. Die Mutter des Klägers erwarb im Mai 2008 auf Empfehlung eines Mitarbeiters der Beklagten für den Kläger „Lehman Brothers Aktien Kupon

---

[40] XI ZR 63/05; dort nahm der BGH aber ohne Weiteres einen Beratungsvertrag schon dann an, wenn sich der Kunde bei der Bank erkundigte, wie er sich angesichts fallender Kurse verhalten solle.

[41] Insbesondere → § 2 Rn. 34 und 49.

Anleihen auf sechs DAX-Werte". Emittentin war die niederländische Lehman Brothers Treasury Co. B.V.; die Lehman Brothers Holding Inc. mit Sitz in den USA garantierte deren Verbindlichkeiten.

Es existieren zwei Kurzinformationen über die Zertifikate, in denen es heißt „100% Kapitalschutz am Laufzeitende" bzw. „Kapitalschutz bzw. Rückzahlung: 100% des Emissionspreises". Die Zertifikate hatten eine Laufzeit von sechs Jahren bis zum 23. Mai 2014; sie waren auf Aktienkurse von sechs DAX-Unternehmen als Basiswerte bezogen. Nach den Anleihebedingungen sollten Anleger an sechs jährlichen Beobachtungstagen bis zu einem Rückgang der Kurse der Basiswerte um 50% Kupon-Zahlungen in Höhe von 8,25% erhalten; bei Berührung der Barriere durch einen der Basiswerte entfällt die Kupon-Zahlung für die jeweilige Beobachtungsperiode vollständig. Diese sollte jedoch in der nachfolgenden Beobachtungsperiode nachgezahlt werden, wenn keiner der Basiswerte die 50%-Barriere berührte. 96

Die Endgültigen Bedingungen der Emittentin vom 20. Mai 2008 zum Basisprospekt vom 28. August 2007 sowie der Prospekt selbst wurden der Mutter des Klägers nicht ausgehändigt. Im Basisprospekt heißt es: 97

> „Schuldverschreibungen können aus Steuergründen, nach Eintritt eines Kündigungsgrundes oder eines anderen in den Endgültigen Bedingungen festgelegten zusätzlichen Kündigungsereignisses vorzeitig zurückgezahlt werden. Die Endgültigen Bedingungen können vorsehen, dass der in diesem Zusammenhang zu zahlende vorzeitige Rückzahlungsbetrag der marktgerechte Wert der Schuldverschreibungen ist, der angepasst wurde, um etwaigen angemessenen Aufwendungen und Kosten bei der Auflösung von damit im Zusammenhang stehenden Absicherungs- und Finanzierungsvereinbarungen der Emittentin Rechnung zu tragen."

In den Endgültigen Bedingungen vom 20. Mai 2008 heißt es: 98

> „Gemäß den Konsolidierten Bedingungen kann die Emittentin die Schuldverschreibungen (unter anderem aus steuerlichen Gründen gemäß § 6(I) der Konsolidierten Bedingungen oder als mögliche, durch die Berechnungsstelle bestimmte Folge eines Fusionsereignisses, Übernahmeangebots, Delistings, einer Verstaatlichung oder Insolvenz gemäß § 4(f) der Konsolidierten Bedingungen) vor dem Endfälligkeitstag zurückzahlen. …
> Der in einem solchen Fall fällige Vorzeitige Rückzahlungsbetrag (wie in § 4(b) definiert) wird von der Berechnungsstelle nach deren billigem Ermessen in kaufmännisch vernünftiger Weise als der zu diesem Zeitpunkt marktgerechte Wert der Schuldverschreibungen festgestellt, wie näher in den Konsolidierten Bedingungen beschrieben.
> **Investoren sollten beachten, dass im Falle einer solchen vorzeitigen Rückzahlung dieser marktgerechte Wert unter Umständen unter dem Festgelegten Nennbetrag pro Schuldverschreibung bzw. dem Betrag, den ein Investor für die Schuldverschreibungen gezahlt hat, liegen kann und möglicherweise Null betragen kann.**"

In den Konsolidierten Bedingungen, die in den Endgültigen Bedingungen der Emittentin enthalten sind, werden als steuerliche Gründe geplante oder durchgeführte Veränderungen oder Ergänzungen steuerrechtlicher Vorschriften in den Ländern genannt, in denen die Emittentin oder die Garantin ihren Sitz haben. 99

Die Insolvenz der Garantin im September 2008 zog auch die Insolvenz der Emittentin nach sich; Forderungen gegen die Garantin konnten in deren Insolvenzverfahren bis zum 2. November 2009 angemeldet werden, wovon der Kläger keinen Gebrauch machte. Mit seiner Klage verlangt der Kläger die Rückzahlung des Anlagebetrages. 100

2. Hintergrund

101 Ähnlich, wie in den Lehman-Entscheidungen des Bundesgerichtshofes der Vergangenheit[42] ist auch vorliegend die Finanzmarktkrise Auslöser der Anlegerreklamation, aber nicht deren Entscheidungskriterium. Nach wie vor ist in höchstrichterlicher Rechtsprechung ungeklärt, welche Warnsignale inhaltlicher Natur zu welchem Zeitpunkt im Hinblick auf die bevorstehende Finanzkrise von Beraterseite hätten wahrgenommen werden sollen.

102 Auch vorliegend geht es nur um die inhaltliche Ausgestaltung des vom Anleger gezeichneten Kapitalanlageinstruments und deren Veranschaulichung gegenüber dem Kunden.

3. Problemstellung

103 Die vorliegend in Rede stehenden Zertifikate waren mit Bedingungen versehen, welche eine latente Gefahr zu Lasten des Anlegers mit sich brachten. Keineswegs war es so, dass sich die in diesen Bedingungen enthaltenen Befugnisse der Emittentin auch tatsächlich zu Lasten des Anlegers auswirkten; dessen Vermögensschaden resultierte vielmehr ausschließlich aus der Finanzmarktkrise, ohne dass die Emittentin hier zu Lasten des Anlegers von etwaigen in allgemeinen Bedingungen enthaltenen Rechten hätte Gebrauch machen müssen.

104 In zivilprozessualer Hinsicht bedeutsam war in der vorliegenden Sachverhaltskonstellation zudem, dass jedenfalls die „Endgültigen Bedingungen" der streitgegenständlichen Zertifikate seitens des Berufungsgerichts auf der Internetseite der Bundesanstalt für Finanzdienstleistungsaufsicht recherchiert wurden und sodann als offenkundige Tatsache im Sinne von § 291 ZPO behandelt wurden, ohne dass diese Bedingungen zu den Akten genommen wurden.

105 Letztendlich steht auch hier die Frage der Anleger- und Objektgerechtigkeit der Beratung in Rede.

4. Entscheidung

106 Auf Basis der ständigen Rechtsprechung des BGH zur anleger- und objektgerechten Beratung bei Vorliegen eines Anlageberatungsvertrages prüft der XI. Senat vorliegend die Rechtsauffassung des Berufungsgerichts, die Mutter des Klägers als dessen gesetzliche Vertreterin sei nicht objektgerecht beraten worden.

107 Ausgangspunkt ist die Tatsache, dass der Emittentin der streitgegenständlichen Zertifikate bereits vor dem Laufzeitende ein Sonderkündigungsrecht zustand, wobei der Anleger weder über dieses Recht, noch über dessen Voraussetzungen, noch über dessen Folgen aufgeklärt wurde. Der BGH befasst sich im Rahmen der objektgerechten Beratung mit der Frage, ob es sich bei dem genannten Sonderkündigungsrecht um einen Umstand handelt, der für die Anlageentscheidung des Klägers zum Erwerb der streitgegenständlichen Zertifikate wesentliche Bedeutung hatte. Der BGH hebt an dieser Stelle heraus, dass die Besonderheit der streitgegenständlichen Zertifikate ein hundertprozentiger Kapitalschutz zum Laufzeitende sowie ein bedingter Kapitalschutz bis zum Erreichen, Überschreiten oder Unterschreiten bestimmter Sicherheitsbarrieren ist. Dem Anleger wurde also die Rückzahlung seines Anlagebetrages zum Laufzeitende vorbehaltlich des Bonitätsrisikos der Emittentin (bzw. Garantin) garantiert; dies führte dazu, dass

---

[42] Vgl. die Hinweise im Sachverzeichnis.

sich das über das Bonitätsrisiko der Emittentin hinausgehende Risiko des Anlegers bei derartigen Zertifikaten darauf beschränkte, dass er mit dem Anlagebetrag keinen Gewinn erwirtschaftet. Soweit bei Zertifikaten lediglich ein bedingter Kapitalschutz bezogen auf das Erreichen, Überschreiten oder Unterschreiten bestimmter Schwellenwerte oder Barrierepuffer der Basiswerte vereinbart ist, führt dieser Kapitalschutz ebenso dazu, dass sich der Anleger auf die Rückzahlung seines Anlagebetrages jedenfalls bis zum Eintritt eines derartigen Anstieges oder Rückganges verlassen kann; bis zu diesem Zeitpunkt trägt auch hier der Anleger lediglich das Bonitätsrisiko der Emittentin, nicht aber ein echtes Kapitalverlustrisiko.

Ein Sonderkündigungsrecht schafft demgegenüber für den Anleger ein zusätzliches Risiko: Dieses Risiko steht dem Wesensmerkmal des Kapitalschutzes diametral entgegen, so wörtlich der BGH. Der im Kündigungsfall von der Berechnungsstelle der Emittentin festzulegende kostenbereinigte Marktwert der Zertifikate kann gerade den eingesetzten Anlagebetrag unterschreiten, sodass dessen Garantie entfällt. Entscheidet sich ein Anleger – wie hier – für ein Zertifikat mit Kapitalschutz, gibt er gleichzeitig zu erkennen, dass diese Garantie für seine Anlageentscheidung von wesentlicher Bedeutung ist. Wird der Kapitalschutz aber durch das Sonderkündigungsrecht aufgeweicht, ist dieser Kunde über das Sonderkündigungsrecht durch die beratende Bank aufzuklären. **108**

Der XI. Senat nimmt zur Frage der Wesentlichkeit im Rahmen eines Querverweises Bezug auf die bürgerlich-rechtliche Prospekthaftung im engeren Sinne[43] und führt aus, dass ein Prospektumstand dann wesentlich ist, wenn dieser den Zweck der Kapitalanlage vereiteln kann und ein Anleger ihn deshalb bei seiner Anlageentscheidung „eher als nicht" berücksichtigen würde[44]. Ähnlich, wie in der Rupert-Scholz-Entscheidung[45], hält der BGH die Emittentin an ihren eigenen schriftlichen Risikoaufklärungshinweisen fest: Der BGH verweist nämlich darauf, dass diese in ihren (so wörtlich) dem Kläger vorenthaltenen Anleihebedingungen gleich an mehreren Stellen im Fettdruck hervorgehoben habe, dass Investoren beachten sollten, dass der im Falle einer Kündigung der Emittentin zu ermittelnde Marktwert der Zertifikate unter Umständen unter dem festgelegten Nennbetrag pro Schuldverschreibung bzw. dem Betrag, den ein Investor für die Schuldverschreibungen gezahlt hat, liegen kann und möglicherweise Null betragen kann. Wenn die Emittentin dies schon selbst drucktechnisch als wesentliche Anlegerinformation ansieht, muss sich die beratende Bank daran im Reklamationsfall auch festhalten lassen, sofern der Anleger diese Information nicht kannte. **109**

Ob der Eintritt des Sonderkündigungsrechts wahrscheinlich, oder unwahrscheinlich ist, ist diesbezüglich ohne Belang; auch verweist der BGH darauf, dass der Kündigungsgrund „geplante Änderung oder Ergänzung steuerrechtlicher Vorschriften in einem der Herkunftsländer der Emittentin bzw. der Garantin" äußerst weitreichend formuliert sei. Da Planungen zur Änderung oder Ergänzung steuerrechtlicher Vorschriften angesichts der Komplexität und Dauer nationalstaatlicher Gesetzgebungsverfahren im Grunde immer stattfinden und darüber hinaus völlig offen ist, ab welchem Zeitpunkt im Sinne der Anleihebedingungen denn von einer solchen Planung auszugehen ist, werde der Emittentin durch dieses Sonderkündigungsrecht praktisch immer die Möglichkeit einge- **110**

---

[43] → § 7 Rn. 3 ff.
[44] Der BGH verweist diesbezüglich auf sein Urteil vom 18. September 2012 – XI ZR 344/11, siehe hierzu den Abschnitt „Entscheidungen, die es nicht in dieses Buch geschafft haben".
[45] → § 7 Rn. 98 ff.

VII. Kausalität und Schaden

räumt, sich bei einer für sie ungünstigen Entwicklung des Underlyings ohne Weiteres aus dem Kapitalschutz zu verabschieden, so der BGH.

111 Allerdings hat der Kläger es unterlassen, eine Forderungsanmeldung in den USA vorzunehmen, was seitens des Berufungsgerichts dazu führte, den Anspruch um einen Mitverursachungsquote von 17% (Schätzung nach § 287 ZPO) zu kürzen. Der BGH trägt diese Erwägung mit.

5. Fazit

112 „Selbst Schuld" lautet die Kurzzusammenfassung dieser Entscheidung, gerichtet an beide Parteien des Rechtsstreits.

113 In Richtung Beraterbank bezieht sich dies auf die Tatsache der in Fettdruck gestalteten Warnhinweise gegenüber dem Anleger in schriftlichem Informationsmaterial, welches dem Anleger aber nicht vorlag.

114 Gegenüber dem Anleger wiederum geht der Vorwurf einher mit einem Aspekt, welcher durchaus verallgemeinerungsfähig ist: Es kann nicht angehen, dass der mit einem Aufklärungsdefizit beglückte Anleger seine Rechtspositionen in aller Ruhe aussitzt, da der sich entwickelnde Schaden ausschließlich auf Rechnung der Beraterbank erlitten wird. Hat der Anleger Anhaltspunkte zur Vermögensdisposition, welche die wirtschaftliche Gesamtsituation günstiger erscheinen lassen, wie vorliegend die Anmeldung von Ansprüchen im Insolvenzverfahren, und unterlässt er dies, muss er dies in seinem eigenen Portemonnaie spüren. Dieser Aspekt kann weitergehend auch auf diejenigen Sachverhaltsalternativen ausgedehnt werden, in welchen der Anleger Anlass gehabt hätte, sich rechtzeitig von einer für ihn ungünstig verlaufenden Vermögensdisposition zu trennen, dies aber unterlässt. Auch in einem derartigen Fall muss sich der Anleger den Vorwurf des Mitverschuldens bei der Anspruchsentwicklung gefallen lassen.

VII. Kausalität und Schaden

BGH Urteil vom 8. Mai 2012 – XI ZR 262/10

1. Sachverhalt

115 Der Kläger macht Ansprüche gegen eine beklagte Bank auf Rückabwicklung seiner Beteiligung am geschlossenen Medienfonds „Film & Entertainment VIP Medienfonds 3 GmbH & Co. KG" geltend. Der Kläger wurde in einem Beratungsgespräch durch einen Mitarbeiter der Beklagten aufgeklärt, erhielt den Fondsprospekt ausgehändigt, unterzeichnete einen sogenannten „Vermögensanlage-Bogen", durch den er sich damit einverstanden erklärte, dass der Beklagten in Zusammenhang mit der Abwicklung des Wertpapiergeschäfts Geldzahlungen oder geldwerte Vorteile durch Dritte gewährt werden und zeichnete schließlich am 4. September 2003 seine Beteiligung.

116 Nach dem Inhalt des Verkaufsprospekts sollten neben dem 5%-igen Agio 8,9% der Zeichnungssumme zur Eigenkapitalvermittlung durch die V. AG verwendet werden. Diese durfte laut Prospekt ihre Rechte und Pflichten aus der Vertriebsvereinbarung auf Dritte übertragen.

117 Die Beklagte erhielt für den Vertrieb der streitgegenständlichen Anteile Provisionen in Höhe von insgesamt 8,25% der Zeichnungssumme, ohne dass dies dem Kläger im Beratungsgespräch oder im Prospekt explizit offenbart wurde.

Der Kläger hatte im Vorjahr ebenfalls auf Beratung der Beklagten hin einen anderen 118
Filmfonds gezeichnet und war dort von der Beklagten ausdrücklich darauf hingewiesen
worden, dass diese im Rahmen dieser Beteiligung eine Vergütung in Höhe von 8,5 %
der Zeichnungssumme erhielt.

Mit der Klage verlangt der Kläger Rückzahlung des eingesetzten Kapitals, Erstattung 119
der an das Finanzamt wegen Aberkennung der Steuervorteile zu zahlenden Zinsen sowie entgangenen Gewinn in Höhe von 4 % p. a. aus dem eingesetzten Kapital ab Zahlung des Zeichnungsbetrages, jeweils Zug um Zug gegen Übertragung der Beteiligung.

Das Berufungsgericht hat dem Kläger entgangenen Gewinn lediglich in Höhe von 120
2 % p. a. zugesprochen.

2. Hintergrund

Der im Wege der Defeasance-Struktur aufgelegte Medienfonds VIP 3 beschäftigt 121
über Jahrzehnte hinweg Zivil-, Straf- und Finanzgerichte. Während der Geschäftsführer
der Komplementär-Gesellschaften der Fonds VIP 3 und 4 rechtskräftig zu einer mehrjährigen Freiheitsstrafe wegen Steuerhinterziehung im dreistelligen Millionenbereich
verurteilt wurde, steht eine Entscheidung des höchsten deutschen Steuergerichts zur
Konzeption der Medienfonds VIP 3 und VIP 4 immer noch aus.

Ausgehend von den steuerstrafrechtlichen Ermittlungen im Hinblick auf die VIP- 122
Fonds änderte die Finanzverwaltung vorübergehend betreffend sämtliche Medienfonds
mit Defeasance-Strukturen ihre zunächst praktizierte Rechtsauffassung mit der Folge,
dass zahllosen Anlegern von den Wohnsitzfinanzämtern die Steuervorteile des Zeichnungsjahres aberkannt und nicht entrichtete Steuern mit 6 % p. a. verzinslich eingefordert wurden. Erst das Finanzgericht München[46] stoppte dies und verwies darauf, dass es
keinen generellen stichhaltigen steuerrechtlichen Grund gibt, bei Medienfonds mit
Defeasance-Strukturen die Steuervorteile im Zeichnungsjahr abzuerkennen. Diese
Entscheidung führte zu einer nochmaligen Korrektur der Rechtsauffassung der Finanzverwaltung bei vielen Medienfonds mit Defeasance-Strukturen, wobei der hier streitgegenständliche Medienfonds VIP 3 sowie der Schwesterfonds VIP 4 allerdings nach wie
vor nicht prospektkonform veranlagt werden.

Die Zivilgerichte hatten sich mit der Frage zu befassen, inwieweit die Prospektunter- 123
lagen die Konzeption und die hieraus etwa resultierenden steuerlichen Risiken korrekt
abbilden[47]. Losgelöst hiervon waren Anlegeransprüche aber mittels des „Kick-Back-
Jokers" lange Jahre sehr erfolgversprechend vor die Gerichte zu bringen[48], wie dieser
Fall zeigt.

3. Problemstellung

Vorliegend stellt sich nicht die Frage nach der Haftung dem Grunde nach; wenn 124
echte Rückvergütungen aus den offen ausgewiesenen Vertriebsvergütungen verdeckt
an die anlageberatende Bank fließen und dies dem Anleger gegenüber nicht aufgedeckt
wird, steht eine schuldhafte Pflichtverletzung fest[49].

---

[46] Urt. v. 8.4.2011, Aktenzeichen 1 K 3669/09.
[47] → § 6 Rn. 151.
[48] Siehe § 3 Die Haftung für Vergütungen.
[49] → § 3 Rn. 55 ff.

125 Das große Verdienst dieser Entscheidung ist es aber, Klarheit im Hinblick auf zwei wesentliche Aspekte zu schaffen (und hier die prozessuale Ausgangssituation zugunsten des Anlegers grundlegend zu verändern), welche nahezu jedem Anlegerrechtstreit innewohnen:

126 Zum einen stellt sich die Frage des Kausalitätsnachweises. Nach ständiger Rechtsprechung des BGH ist ein ohne die erforderliche Aufklärung gefasster Anlageentschluss von den Mängeln der fehlerhaften Aufklärung beeinflusst, sodass bereits mit Vertragsschluss ein Vermögensschaden eingetreten ist. Gelingt also dem Anleger der Nachweis, dass die beratende Bank eine schuldhafte Aufklärungspflichtverletzung begangen hat, stellt sich die weitere Frage, wer einen hypothetischen Kausalverlauf darzulegen und ggf. zu beweisen hat, welcher die Vermögenssituation des Anlegers bei Hinwegdenken der Aufklärungspflichtverletzung hätte günstiger ausfallen lassen. Hier ließ die Rechtsprechung der Vergangenheit zugunsten des beklagten Finanzdienstleisters Spielräume zu, welche mit dieser Entscheidung vernichtet wurden.

127 Des Weiteren stellt sich die Frage nach der Geltendmachung von entgangenem Gewinn: Welche Grundsätze an die Darlegungs- und Beweislast sind in diesem Bereich anzulegen; sind hier Renditeerwartungen ohne Weiteres durch die Zivilgerichte als ersatzfähiger Schaden zuzusprechen und wenn ja, welche?

4. Entscheidung

128 Der BGH äußert sich zunächst in der gebotenen Kürze zur Aufklärungspflicht der beratenden Bank im Hinblick auf die von ihr vereinnahmte echte Rückvergütung aus offen ausgewiesenen Vertriebsprovisionen. Da der Anleger das besondere Interesse der beratenden Bank an der Empfehlung gerade dieser Anlage nicht erkennen könne (vorliegend flossen vereinnahmte Provisionen aus offen ausgewiesenen Kosten der „Eigenkapitalvermittlung" an die Beklagte, mithin „echte Rückvergütungen", wobei eine ordnungsgemäße Aufklärung des Klägers über diese Rückvergütungen weder mündlich noch durch Übergabe von Informationsmaterial erfolgt ist), steht eine Pflichtverletzung der beratenden Bank fest.

129 Der Hinweis im Prospekt, dass die V. AG berechtigt ist, Dritte einzuschalten, hilft hier ebenso wenig weiter, wie der unterzeichnete „Vermögensanlage-Bogen", welcher gerade nicht ein Einverständnis mit Rückvergütungen im vorliegend konkret streitgegenständlichen Fall dokumentiert.

130 Sodann stellte sich der BGH der Frage nach der Kausalität der Aufklärungspflichtverletzung für den Erwerb der Fondsbeteiligung durch den Kläger. Er hält als Grundsatz fest, dass die Beklagte die Darlegungs- und Beweislast für die Behauptung trägt, der Kläger hätte die Beteiligung auch bei gehöriger Aufklärung über die Rückvergütung erworben. Nach ständiger Rechtsprechung des BGH ist nämlich derjenige, der vertragliche oder vorvertragliche Aufklärungspflichten verletzt hat, beweispflichtig dafür, dass der Schaden auch eingetreten wäre, wenn er sich pflichtgemäß verhalten hätte (sogenannte „Vermutung aufklärungsrichtigen Verhaltens"). Es handelt sich hierbei – so der BGH – nicht lediglich um eine Beweiserleichterung im Sinne eines Anscheinsbeweises, sondern um eine sogar zur Beweislastumkehr führende widerlegliche Vermutung.

131 Sodann bricht der BGH mit seiner bisherigen Rechtsprechung zu diesem Problemkreis: So hatte der Senat diese Beweislastumkehr in der Vergangenheit davon abhängig gemacht, dass es für den Vertragspartner vernünftigerweise nur eine einzige Möglichkeit aufklärungsrichtigen Verhaltens gab; wenn es demgegenüber für den Vertragspartner

§ 2. Die Anlageberatung – Die heutige Rechtsprechung

mehrere Möglichkeiten aufklärungsrichtigen Verhaltens gegeben hätte, eine gehörige Aufklärung beim Vertragspartner also einen Entscheidungskonflikt ausgelöst hätte, fand diese Beweislastumkehr keine Anwendung. Der Senat verweist darauf, dass er diesen Terminus eines „Entscheidungskonflikts" ursprünglich der Rechtsprechung zur Arzthaftung entnommen hatte. Er führt weiter aus, dass bei genauer Betrachtung die Arzthaftungsrechtsprechung mit der kapitalanlagerechtlichen Haftungsrechtsprechung nicht vergleichbar ist. Dort müsse ein Patient (also der Beratene), und nicht der aufklärende Arzt, einen Entscheidungskonflikt darlegen und plausibel machen. Vorliegend wäre es demgegenüber die anlageberatende Bank, welche darlegen und beweisen muss, dass sich der Anleger in einem Entscheidungskonflikt befunden hätte.

Dieser Unterschied rechtfertigt – so der BGH nunmehr – eine Abkehr von der Rechtsfigur des „Entscheidungskonflikts". Sinn und Zweck der Aufklärungs- und Beratungspflichten, nämlich dem Anleger eine sachgerechte Entscheidung über den Abschluss bestimmter Geschäfte zu ermöglichen, erfordern, dass Unklarheiten, die durch diese Aufklärungspflichtverletzung bedingt sind, zu Lasten des Aufklärungspflichtigen gehen. Dieser muss also die Nichtursächlichkeit seiner Pflichtverletzung beweisen. **132**

Der BGH befasst sich sodann mit dem Sachvortrag und den Beweisangeboten der Beklagten zur mangelnden Kausalität der unterlassenen Aufklärung über die geflossenen Rückvergütungen. Die Beklagte hatte zwei Anhaltspunkte vorgetragen, die zumindest in einer Gesamtschau dafür sprechen, dass der Kläger auch in Kenntnis der Rückvergütungen den Fonds VIP 3 gezeichnet hätte: Zum einen das behauptete Anlageziel des Klägers, wonach es ihm allein auf die Steuerersparnis, allenfalls noch die Renditechancen und das Sicherungskonzept ankam; zum anderen die Tatsache, dass der Kläger bereits zuvor eine Beteiligung an einem anderen Filmfonds in Kenntnis von Provisionszahlungen an die beratende Bank gezeichnet hatte. Hierüber hatte sich das OLG keine hinreichenden Gedanken gemacht, so der BGH. Der BGH hob die Entscheidung des OLG auf und verwies diese zur neuen Verhandlung und Entscheidung zurück. Dabei ist die gesamte Anlagehistorie vor und nach der streitgegenständlichen Investition zu berücksichtigen. **133**

Sodann musste sich der BGH mit der Frage auseinandersetzen, ob und ggf. welchen entgangenen Gewinn der Kläger zu beanspruchen vermag. **134**

Der BGH verweist darauf, dass der geschädigte Anleger grundsätzlich auch Ersatz des entgangenen Gewinns gemäß § 252 BGB verlangen kann. Auch hier kommt ihm die Beweiserleichterung des § 252 S. 2 BGB zugute, wonach sich der geschädigte Anleger auf die allgemeine Lebenserfahrung berufen kann, dass Eigenkapital ab einer gewissen Höhe[50] erfahrungsgemäß nicht ungenutzt liegen bleibt, sondern zu einem allgemein üblichen Zinssatz angelegt wird. Wenn es um die Feststellung der Höhe dieses allgemein üblichen Zinssatzes geht, kann der Tatrichter von der Möglichkeit einer Schätzung nach § 287 Abs. 1 ZPO Gebrauch machen. Der Anleger muss diesbezüglich nur darlegen, welcher Gewinn nach dem gewöhnlichen Lauf der Dinge mit einem anderen Anlagegeschäft erzielt worden wäre, wobei an diese Darlegung keine strengen Anforderungen zu stellen sind. Wenn der Tatrichter nach freiem Ermessen eine solche Schadensschätzung vorgenommen hat (wie hier die Tatsachengerichte in Höhe von 2 % p. a.), unterliegt dies nur einer beschränkten Nachprüfung durch das Revisionsgericht. **135**

Alternativ kann der Geschädigte den Schaden auch konkret berechnen, wobei er insoweit aber im Einzelfall substantiiert darlegen und ggf. beweisen muss, welche alterna- **136**

---

[50] Was unter einer „gewissen Höhe" idS zu verstehen ist, lässt der BGH offen.

tive Anlage er erworben und welchen Gewinn er daraus erzielt hätte. Insoweit gelten gerade keine Darlegungs- und Beweiserleichterungen.

5. Fazit

137   Der BGH räumt mit dieser Entscheidung eine erhebliche Klippe aus dem Weg, welche im Bereich der Kausalitätsbeurteilung für den Anleger zu überwinden war: Wenn es einem beklagten Institut gelang, mehrere Alternativen eines aufklärungsrichtigen Verhaltens darzulegen und ggf. zu beweisen, blieb der Anleger oftmals hilflos und musste sein Schadenersatzbegehren ad acta legen.

138   Nunmehr ebnete der BGH in diesem Bereich den Weg zugunsten des Anlegers[51].

139   Gleichsam im Gegenzug beschränkt der BGH aber Begehrlichkeiten des Anlegers im Bereich des entgangenen Gewinns: Ein gewöhnlich zuzusprechender Mindestbetrag gemäß Schätzung des erkennenden Tatrichters wird in Anbetracht der derzeitigen Zinssätze an den Finanzmärkten künftig nicht (mehr) ins Gewicht fallen. Für einen höheren Ertrag bedarf es eines konkreten Sachvortrages, wobei dieser häufig mit der Behauptung im Widerspruch stehen wird, der Anleger sei sicherheitsorientiert gewesen und wäre mithin nicht bereit gewesen, die mit der anempfohlenen Anlage tatsächlich verbundenen hohen Risiken zu tragen. Ohne Risiko ist aber auch kein nennenswerter Ertrag zuzusprechen.

140   Heftiger Streit über die Höhe des zu erstattenden entgangenen Gewinns wird mithin erst wieder dann auftreten, wenn die Kapitalmarktzinsen erheblich angestiegen sind.

VIII. Ausblick

141   Die zivilprozessuale Auseinandersetzung zwischen Anlageberater und Kunde im Wertpapierbereich wird sich auch in Zukunft nach Einführung von ausführlichen Beratungsprotokollen und schriftlichen „Beipackzetteln" zu den einzelnen Anlageoptionen nicht wesentlich verändern. Im Gegenteil. Es wird ein neuer, wesentlicher Aspekt hinzutreten: Die Diskrepanz zwischen schriftlicher Kurzinformation und Langprospekt und deren Auswirkung auf Anlageberatungs- bzw. -vermittlungsverhältnis.[52]

142   Auch in der Vergangenheit war es im Übrigen so, dass der „erste Eindruck", welcher durch Schriftstücke beim Richter und den Parteien des Rechtsstreits hinterlassen wird, mittels Parteianhörung bzw. -einvernahme und Zeugenbeweis hinterfragt wurde.

143   Selbstverständlich ist das geschriebene Wort unabänderlicher, dauerhafter und aussagekräftiger als die durch persönliche Motive nach Zeitablauf unter Umständen „gefärbte bzw. geschönte" Erinnerung von Partei und Zeuge.

144   Dennoch bleiben viele Fragen offen, welche gerade auch in der Zukunft nicht ausschließlich in Schriftform, sondern durch den persönlichen Eindruck von den Prozessparteien bzw. unabhängigen Zeugen gelöst werden müssen. Gerade dies macht aber den Reiz der prozessualen Beschäftigung mit dem Kapitalanlagerecht aus.

---

[51] Der IX. Zivilsenat des BGH hält dem gegenüber bei der Rechtsanwalts- und Steuerberaterhaftung an seiner bisherigen Rechtsprechung fest und lässt für den Ursachenzusammenhang zwischen Pflichtverletzung und Schaden lediglich eine Beweiserleichterung nach den Grundsätzen des Anscheinsbeweises zu BGH IX ZR 197/14.

[52] Siehe hierzu in Ansätzen auch bereits die Rechtsprechung unter → § 5 Rn. 79.

§ 3. Die Haftung für Vergütungen

Literatur:
Ludwig/Clouth, Die Rechtsprechung des BGH zu „schwerwiegenden Interessenkonflikten" von (anlage)beratenden Kreditinstituten – System oder reine Kasuistik?, NZG 2015, 1369

I. Einführung

Im unwahrscheinlichen Fall, dass dieses Buch einmal verfilmt werden sollte, würde dem „Kick-Back-Joker"[1] sicherlich die männliche Hauptrolle zufallen[2]. Dabei deutet die Überschrift dieses Kapitels auf ein Paradoxon hin: Die an den Berater bezahlte Vergütung ist Gegenleistung für dessen Leistungserbringung, mithin Entgelt in einem Bereich, in welchem nicht erwartet werden kann, dass hochprofessionelle Beratungsdienstleistungen unentgeltlich erbracht werden. Haftungssachverhalte haben nicht an die Gegenleistung anzuknüpfen, sondern an die Leistungserbringung des Beraters, sei es dass diese nicht anlegergerecht oder aber nicht objektgerecht war. Ob diese Gegenleistung unmittelbar vom Kunden, oder über Umwege aus dem Geldbeutel des Kunden durch Dritte entrichtet wird, sollte an sich keine Rolle spielen.

Die Rechtsprechung hat dennoch anknüpfend an die an den Berater fließende Gegenleistung über den Umweg einer Interessenkollision und einer daraus resultierenden Aufklärungspflicht des Beraters gegenüber seinem Kunden in bestimmten Varianten Haftungssachverhalte entwickelt, welche in vorliegendem Kapitel dargestellt werden.

1. Rechtsprechung für Sachverhalte bis zum 1.8.2014[3]

Die Rechtsprechungsentwicklung, welche hier darzustellen ist, brach wie eine Lawine über ahnungslose Anlageberater (sei es freie, ungebundene, sei es Mitarbeiter von Bankhäusern) herein und eröffnete gleichsam aus dem Nichts haftungsrechtliche Risiken bzw. – je nach Blickwinkel – Chancen.

Nicht zu Unrecht wurde der diesbezügliche Ansatz in der Literatur als der „Kick-Back-Joker" bezeichnet, welcher bei jeder Anlegerreklamation in der Hinterhand gehalten werden muss[4]. Die Entwicklung dieser Rechtsprechung ist nach wie vor weder abgeschlossen, noch ist deren weiterer Fortgang absehbar[5]; zum Teil ist zu verzeichnen, dass Reklamationen im Hinblick auf jegliche Anleger-Investition mit dieser Rechtspre-

---

[1] Die Verwendung dieses Begriffs geht auf *Edelmann* BB 2010, 1163 zurück; siehe auch die Antwort des Verfassers in *Zoller* BB 2013, 520.
[2] In der weiblichen Hauptrolle wird man – selbstverständlich – an einer attraktiven Anlegeranwältin nicht vorbeikommen.
[3] Für Sachverhalte ab dem 1.8.2014 → Rn. 169 ff.
[4] Da der Anlegeranwalt, welcher davon absieht, diesen „Joker" zu ziehen, selbst ein Haftungsproblem zu befürchten hat; so sind Anlegeranwälte dazu übergegangen, ihre Kollegen in Kunstfehlerprozessen mit der Behauptung zu verklagen, man hätte die Bezugnahme auf den Kick-Back-Joker pflichtwidrig unterlassen.
[5] Der Autor selbst ging irrigerweise vom „Ende des Kick-Back-Jokers" aus, siehe *Zoller* BB 2013, 520.

I. Einführung

chung „garniert" werden; zum Teil versucht der BGH selbst, die von ihm in dieser Tragweite nicht vorhergesehene oder nicht beabsichtigte Entwicklung zu kanalisieren, mithin in angemessene, vernünftige Bahnen zu lenken. Es betrifft dies sowohl Kausalitätserwägungen, wie Verjährungsaspekte.

2. Gewinnmargen und Interessenkonflikt

5   Aus der Rechtsprechung des BGH ist in aller nur wünschenswerten Deutlichkeit festzuhalten, dass Banken – und gerade auch Banken – ihr Geschäftsmodell daraufhin ausgerichtet haben, Erträgnisse zu generieren. Auch ein Anlageberater, welcher aufgrund des abgeschlossenen Anlageberatungsvertrages verpflichtet ist, seine Empfehlungen am Kundeninteresse auszurichten, verdient mit dieser Dienstleistung „sein Geld", welches dem Kunden in Rechnung gestellt wird. Gleichgültig, ob dies in Form der Honorarberatung oder in Form sonstiger erfolgswirksamer Komponenten geschieht[6], führt allein dieser Aspekt der sozialen Marktwirtschaft dazu, dass der Kunde mit seiner Anlegerinvestition zunächst einmal „ins Minus" rutscht, mithin den durch die Dienstleistung der Bank in seinem Portemonnaie verursachten Aufwand erst mit seiner Anlegerinvestition erst einmal verdienen muss, bis diese in einen ertragsbringenden Zustand gerät. Man spricht hier von einem nicht aufklärungspflichtigen „einfachen Interessenkonflikt".

6   Von Anlegeranwälten wird bereits hier auf einen schwerwiegenden Interessenkonflikt in Person des Anlageberaters bzw. der anlageberatenden Bank verwiesen, wonach das Kundeninteresse einerseits, das Verdienstinteresse der Bank andererseits sich diametral gegenüberstünden; aber dies ist im Rahmen einer Dienstleistungsvergütung vielen Berufen in die Wiege gelegt.

7   Der BGH ist an dieser Stelle der Auffassung, dass ein derartiges „einfaches" Interessenkonfliktfeld offenkundig ist und deshalb auch zu Lasten einer Bank keine Aufklärungspflicht generiert. Erst wenn durch Hinzutreten sonstiger Sachverhaltsmomente ein sogenannter „schwerwiegender Interessenkonflikt" erreicht ist, muss das anlageberatende Kreditinstitut über die Vergütungskomponente aufklären.

8   Wann dies der Fall ist, hat die Rechtsprechung herausgearbeitet.

3. Echte Rückvergütungen

9   Was ist nun der Kern der Vorwürfe, welcher Anlegeranwälten Mut macht, kapitalanlagerechtliche Sachverhalte bis zurück in die 90er Jahre des vorherigen Jahrhunderts „aufzubohren", um Regressansprüche im Hinblick auf vermeintlich bereits verlorene Investments anzumelden?

10   Dem XI. Zivilsenat des BGH gelang es[7] diejenigen Sachverhaltsaspekte auf den Punkt zu bringen, welche diese seine Rechtsprechung auslösten und die genannte Welle von Anlegerreklamationen ins Rollen brachten:

11   Der Bundesgerichtshof war zunächst – vereinfacht gesagt – der Auffassung, dass der Anleger seine Anlageentscheidung nur dann mit der gebotenen Würdigung sämtlicher für diesen relevanter Informationen vornehmen kann, wenn er von seiner Bank vollständige Transparenz im Hinblick auf Vergütungen erhält, die dem Berater in Zusammenhang mit seiner Beratungsdienstleistung von dritter Seite zufließen. Entzündet ha-

---

[6] Die Praxis ist hier erfinderisch, wie die Entscheidungen in diesem Abschnitt belegen.
[7] Urt. v. 27.10.2009, Az. XI ZR 338/08, → § 6 Rn. 69 ff. zum Parallelverfahren XI ZR 337/08.

ben sich diese Gedanken erstmals am Rückfluss von Ausgabeaufschlägen und Teilen der Verwaltervergütungen an eine beratende Bank in Zusammenhang mit dem Erwerb von Aktienfonds[8].

Aufklärungspflichtige Rückvergütungen liegen aus Sicht des XI. Zivilsenats dann vor, wenn Teile der Ausgabeaufschläge oder Verwaltungsgebühren, die der Kunde an die (Kapitalanlage-) Gesellschaft zahlt, hinter seinem Rücken an die beratende Bank umsatzabhängig zurückfließen, sodass diese ein für den Kunden nicht erkennbares besonderes Interesse hat, gerade diese Beteiligung zu empfehlen[9]. 12

Zerlegt man diese Definition in ihre wesentlichen Bestandteile, versucht man mithin Tatbestandsmerkmale zum Zwecke der Subsumption eines Sachverhalts herauszukristallisieren, springen fünf Aspekte ins Auge, welche kumulativ vorliegen müssen, um zu aufklärungspflichtigen Rückvergütungen zu gelangen: 13

Der erste Sachverhaltsaspekt betrifft eine Kundeninvestition, welche (üblicherweise) Vertriebsdienstleistungsvergütungen (zahlbar aus Kundensicht an eine dritte Person) nach sich zieht. Regelmäßig ist dies dann der Fall, wenn der Kunde Anteile an Investmentvermögen erwirbt, die von einer Kapitalanlagegesellschaft ausgegeben werden; zu denken ist diesbezüglich beispielsweise an jegliche Form von Aktienfonds oder sonstige nach InvG aufgelegte Beteiligungen[10]. Daneben spielen aber auch sog. geschlossene Beteiligungen eine wesentliche Rolle: Auch dort (nämlich bei Immobilienfonds, Medienfonds, Schiffsfonds etc.) erfolgt üblicherweise eine Investition des Kunden nebst Agio (Aufgeld, Ausgabeaufschlag), welches der Kunde an eine dritte Gesellschaft bezahlt. Der BGH hatte ursprünglich „klarstellend" darauf verwiesen, dass Ausgabeaufschläge und Verwaltungsgebühren als Quelle der Rückvergütungen nicht abschließend, sondern beispielhaft zu verstehen sind, sodass auch sonstige Rückflüsse aus der Kundeninvestition über Dritte an den Berater tauglicher Gegenstand für die Anwendung der Kick-Back-Rechtsprechung sein können[11]. Allerdings hat der BGH nunmehr[12] klargestellt, dass echte Rückvergütungen ausschließlich aus der Quelle offen ausgewiesener Vertriebsvergütungen gespeist werden können; sonstige versteckte „Quersubventionen" können allenfalls als Innenprovisionen und somit erst ab einer Quote von 15 % des Investitionsvolumens aufklärungspflichtig sein[13]. Ab dem 1.8.2014 ist eine diesbezügliche Differenzierung für anlageberatende Bankhäuser wohl entbehrlich.[14] 14

Sodann muss aus dem Ausgabeaufschlag, aus der Verwaltungsgebühr oder sonst aus dem offen ausgewiesenen Vertriebskostenblock ein Teil gerade an den Berater (zurück) fließen, welcher die Beteiligung empfohlen hat; der Ausgabeaufschlag, die Verwaltervergütung bzw. die sonstigen Vertriebskosten dürfen mithin nicht vollständig beim dritten Unternehmen verbleiben, sondern müssen (üblicherweise aufgrund einer Vertriebsvereinbarung) von dieser Gesellschaft an den Berater bzw. das von diesem repräsentierte Unternehmen fließen. 15

Dieser Rückfluss muss drittens umsatzabhängig sein: Der XI. Zivilsenat möchte damit zum Ausdruck bringen, dass die (Rück-)Zahlung zwischen drittem Unternehmen und Berater nur dann fließt, eine Zahlung an den Berater also nur dann geschuldet ist, 16

---

[8] Siehe die Entscheidung vom 19.12.2006, Az. XI ZR 56/05, → Rn. 40 ff.
[9] BGH XI ZR 338/08, Rn. 31.
[10] Vor dem 1.1.2004: KAGG; seit dem 22.7.2013 KAGB.
[11] BGH Beschl. v. 9.3.2011, XI ZR 191/10.
[12] BGH XI ZR 367/11, Rn. 34; → Rn. 119 ff.
[13] → § 5 Rn. 61.
[14] → § 3 Rn. 169 ff.

wenn in Folge der Beratungsdienstleistung ein Umsatz generiert wird, sodass die Kundeninvestition ein erfolgsabhängiges Entgelt des Beraters von dritter Seite nach sich zieht, der Berater mithin ein besonderes Interesse am Gelingen der Transaktion hat.

17 Der Rückfluss muss des Weiteren „hinter dem Rücken des Kunden" erfolgen; für den Kunden darf dieser Rückfluss mithin nicht ersichtlich sein, wobei der Bundesgerichtshof jedenfalls bei Bankhäusern vom Erfordernis einer ungefragten und centgenauen Aufklärung ausgeht.

18 Der Berater muss schließlich ein besonderes Interesse haben, gerade diese Beteiligung zu empfehlen: Unklar war zunächst, ob es sich hierbei um ein zusätzliches Merkmal handelt, oder aber der XI. Zivilsenat aus den vorangegangenen Merkmalen zwingend schlussfolgert, dass bei Vorliegen der vier genannten Sachverhaltsaspekte ein derart besonderes Interesse zu Lasten des Beraters unwiderleglich vermutet wird. Die Bedeutung dieses Aspekts wird dann klar, wenn man sich vor Augen führt, dass in den in Rede stehenden vergangenen 20 Jahren sämtliche Produkte auf dem Markt der offenen bzw. geschlossenen Fonds ähnliche wirtschaftliche Konditionen zugunsten des Beraters aufzuweisen hatten, mithin ein besonderes Interesse des Beraters, gerade die ausgewählte Beteiligung zu empfehlen, nicht bestand[15]. Auch gesetzliche Grundlagen sehen vor, dass das Agio dem Vertrieb zugutekommt; der III. und XI. Zivilsenat gehen dennoch per heute unbeirrt von einem Interessenkonflikt aus, ohne dem Berater das Verteidigungsargument zuzubilligen, dass die konkrete Rückvergütung keinen Einfluss auf die Auswahl des Beraters im Hinblick gerade auf das streitgegenständliche Investment hatte. Die Tatsacheninstanzen müssen diese Fälle mithin über Kausalitätserwägungen der Verjährungsfragen lösen.

4. Kausalität

19 Die Fülle der genannten Problemfelder darf nicht den Blick auf denjenigen Aspekt verstellen, welcher bei sämtlichen Reklamationen aus und in Zusammenhang mit vorgeblichen Aufklärungsdefiziten in Bezug auf Vergütungen wesentlich sein muss: Es ist dies die vorgebliche Relevanz einer unterlassenen Aufklärung für die Investitionsentscheidung des Kunden. Auch wenn zu berücksichtigen ist, welche Erleichterungen die Rechtsprechung hier zugunsten des Anlegers anwendet[16], bleibt es dennoch bei dem schadenersatzrechtlichen Grundsatz, dass jegliche schuldhafte Pflichtverletzung nur dann zu einem ersatzfähigen Schaden im Vermögen des Kunden führen kann, wenn die Pflichtverletzung nicht hinweggedacht werden kann, ohne dass der Schaden entfällt; es ist dies die Frage nach der Kausalität einer vorgeblichen Pflichtverletzung für den reklamierten Schaden. Wie hätte sich also der Kunde entschieden, wäre ihm von seinem Berater mitgeteilt worden, dass dessen Unternehmen als Dienstleistungsvergütung in Folge des Erwerbs der in Rede stehenden Beteiligung sowohl den Ausgabeaufschlag, als auch Teile der Verwaltervergütung von dritter Seite erhält, was noch dazu bei Alternativprodukten ebenso gehandhabt wird? Hätte der Kunde bei Aufklärung von dem Erwerb der Beteiligung Abstand genommen oder hätte der Kunde die Beteiligung dennoch gezeichnet, gerade weil eine derartige Vergütung branchenüblich ist und auch bei

---

[15] Etwas anderes kann möglicherweise nur dann gelten, wenn man in den Kreis der in Rede stehenden Produkte auch Einzelaktien oder Rentenpapiere mit einbezieht, bei denen derartige Rückflüsse an den Berater üblicherweise nicht stattfinden; dies hieße aber, den in Rede stehenden Markt der zu vergleichenden Investitionen über Gebühr auszudehnen.

[16] → § 2 Rn. 132.

§ 3. Die Haftung für Vergütungen

Konkurrenzprodukten anfällt oder der Kunde Verständnis dafür hat, dass qualifizierte Beratungsdienstleistungen nur gegen angemessenes Entgelt erbracht werden?

An dieser Stelle anzusetzen, entspricht in aller nur wünschenswerten Deutlichkeit der einzig korrekten Herangehensweise an eine Anlegerreklamation im genannten Bereich. Es ist nicht weiter verwunderlich, nachdem das Thema der Aufklärungsdefizite im Hinblick auf „Kick-Backs" in aller Munde ist, wenn Kunden behaupten, sie hätten bei Information über Rückvergütungen, die an die Bank flossen, das Investment nicht getätigt, ja sogar die Geschäftsverbindung zu ihrer Bank vollständig abgebrochen[17]. Man muss sich dabei vor Augen führen, dass die tägliche Praxis der Anlegerinvestitionen keine andere ist, seit Banken[18] verstärkt dazu übergehen, auf an sie fließende Vergütungen aus Ausgabeaufschlägen und Verwalterhonoraren hinzuweisen[19]. Wenn dem so wäre, dass die Nichtaufklärung für die Anlegerinvestition von Bedeutung gewesen ist, hätte hier ein deutlicher Wandel zu verzeichnen sein müssen; Kunden hätten also vom Erwerb derart vertriebener Produkte Abstand nehmen müssen. Empirische Untersuchungen sollen in Auftrag gegeben worden sein, welche belegen sollen, dass dies nicht der Fall ist[20]. 20

Es muss also besonders triftige Gründe geben, welche vom Anleger vorgebracht werden, um die Relevanz der unterlassenen Information für seine Anlegerentscheidung anzuerkennen. Nur wenn feststeht, dass der Kunde bei Aufklärung über eine Vergütung des Beraters von dritter Seite die empfohlene Investition nicht getätigt hätte, da dieser die konkrete Besorgnis gehabt hätte, der Berater empfiehlt das in Rede stehende Produkt lediglich wegen dessen Vergütung (und nicht im Kundeninteresse), mag angezeigt sein, die entsprechende Investition zu Lasten des beratenden Bankhauses rückabzuwickeln. An die Widerlegung der vom BGH zugunsten des Anlegers angestellten[21] Kausalitätsvermutung dürfen mithin keine hohen Anforderungen gestellt werden; Anlegerangaben zur Kausalität müssen kritisch gewürdigt werden.[22] 21

---

[17] Eine Variante des klägerischen Vortrags in diesem Bereich ist die Behauptung, man hätte die Geschäftsverbindung zur Bank abgebrochen, wenn man gewusst hätte, dass man im Hinblick auf die Vergütungsfrage (fahrlässig?) getäuscht wurde.

[18] Sowohl wegen der besprochenen Rechtsprechung, aber auch wegen den Anforderungen des Europäischen Rechts, siehe die MiFID-RL (Markets in Financial Instruments-Richtlinie) 2004/39/EG vom 21.4.2004.

[19] Wobei zum Teil von Finanzdienstleistern mit der Kick-Back-Rechtsprechung dergestalt geworben wird, dass diese die Aufdeckung und Gutschrift von Rückvergütungen gegenüber dem Kunden unter dem Stichwort der „Honorarberatung" als (neues) Geschäftsmodell fortentwickeln.

[20] Auftraggeber sollen der Bankenverband bzw. einzelne Bankhäuser sein; dass gerichtlich bestellte Sachverständige derartige Gutachten erstellt hätten, ist nicht bekannt.

[21] Zu streng daher BGH vom 14.4.2011 – III ZR 27/10.

[22] Zur völlig zu Recht erforderlichen Berücksichtigung der gesamten Anlagehistorie vor und nach dem streitgegenständlichen Geschäft BGH XI ZR 262/10, → § 2 Rn. 133.

II. Vermögensverwalter[23]

BGH Urteil vom 19. Dezember 2000 – XI ZR 349/99

1. Sachverhalt

22 Der Kläger nimmt die beklagte Bank wegen pflichtwidrigen Verhaltens auf Ersatz von Verlusten in Anspruch, die er durch die Tätigkeit seiner (dritten) Vermögensverwalterin erlitten hat.

23 Am 4. August 1991 hatte die beklagte Bank mit einer externen, dritten Vermögensverwaltungsgesellschaft in Rechtsform einer GmbH eine Vereinbarung geschlossen, die die Zusammenarbeit bei Bankgeschäften mit den von der Vermögensverwaltungs-GmbH betreuten Vermögensverwaltungskunden regeln sollte. In dieser Vereinbarung war ua niedergelegt, dass die Bank an die Vermögensverwalterin eine „Vergütung" in Höhe von 33,3 % der an die Bank fließenden Effektenprovisionen aus den von der Vermögensverwalterin veranlassten Wertpapiergeschäften einerseits, der von den Kunden zu bezahlenden Depotgebühren andererseits leisten würde. In dieser Vereinbarung war auch eine Vollmacht der Vermögensverwaltungs-GmbH enthalten, für Rechnung des jeweiligen Kunden bei der Bank Geschäfte zu tätigen.

24 Der Kläger eröffnete am 7. April 1995 bei der beklagten Bank ein Wertpapierdepot, ein Girokonto sowie ein Termingeldkonto und führte anlässlich dieser Kontoeröffnungen ein persönliches Gespräch, an dem sowohl Vertreter der beklagten Bank, als auch Vertreter der Vermögensverwaltungs-GmbH teilnahmen. Weder in diesem Gespräch, noch bei Abschluss des Vermögensverwaltungsvertrages wurde der Kunde darüber unterrichtet, dass dem Vermögensverwalter anteilig Gebühren aus Effektenprovisionen sowie Depotführung zufließen würden. In der Folgezeit tätigte der Vermögensverwalter für den Kunden bei der beklagten Bank zum Teil Wertpapiergeschäfte, überwiegend Börsentermingeschäfte. Durch diese Geschäfte waren hohe Verluste entstanden[24]; die von der beklagten Bank an die Vermögensverwalterin bezahlten Vergütungen fielen demgegenüber kaum ins Gewicht[25]. Ob der Kunde auch die – sachnähere, aber wohl bonitätsschwächere – Vermögensverwalterin in Anspruch nahm, ist nicht bekannt.

2. Hintergrund

25 Die vorliegende Sachverhaltskonstellation passt nicht in den Kontext, welcher in der Folgezeit von der höchstrichterlichen Rechtsprechung im Hinblick auf die Rückvergütungsthematik erarbeitet wurde. Wie dargestellt[26] geht es dabei um Zahlungen, welche der Haftungsadressat von dritter Seite erhält und die dessen Anlageempfehlungen dahingehend beeinflussen sollen, dass dieser sein Verhalten nicht am Kundeninteresse, sondern am Bestreben eines möglichst hohen Zuflusses von derartigen Vergütungen von dritter Seite an sich ausrichtet.

---

[23] Die Entscheidung wird oftmals als „Kick-Back I" bezeichnet, obwohl es – wie zu zeigen sein wird – vorliegend gerade nicht um eine Rückvergütungssituation im Sinne der Rechtsprechung der BGH geht.

[24] Der Kläger beantragte die Zahlung eines Schadenersatzes in Höhe von DM 1.411.942,31.

[25] Die beklagte Bank zahlte aufgrund der Vereinbarung mit der Vermögensverwalterin an diese im Hinblick auf den Kläger insgesamt DM 6.896,77.

[26] → unter Rn. 11 ff.

Vorliegend geht es demgegenüber um eine Sachverhaltskonstellation, welche der sog. 26
„Finders-Fee" vergleichbar ist: Die Bank gewinnt einen neuen Kunden, der aber keinerlei Beratungsdienstleistungen (oder gar Vermögensverwaltungstätigkeiten) der Bank in Anspruch nimmt, sondern lediglich die technische Abwicklung der von einem dritten, selbständigen Vermögensverwalter getätigten Geschäfte. Der Vermögensverwalter, welcher der Bank diesen Kunden zuführt und damit Dienstleistungsentgelte der Bank generiert, erhält eine Art „Zuführungsprovision", die aus den Entgelten für die technische Abwicklung gespeist wird, also umsatzabhängig ausgestaltet ist. Die beklagte Bank empfängt keine Vergütungen, sondern leistet diese an Dritte.

Diese Sachverhaltskonstellation liegt sehr viel näher bei den Schmiergeldvorwürfen, 27
welche in der Literatur häufig in Zusammenhang mit der Entwicklung der Kick-Back-Rechtsprechung des XI. Zivilsenats erhoben werden. Ziel der Zahlung von Schmiergeld an einen Dritten ist es, von diesem Dritten Aufträge vermittelt zu erhalten; auch hier ist es ein Zahlungsvorgang, welcher Vorwürfe und haftungsrechtliche Sanktionen zu Lasten desjenigen auslöst, welcher die Zahlung erbringt. Mit dem Erhalt von Rückvergütungen durch den Haftungsadressaten hat dies aber nichts zu tun.

Dennoch wird in der öffentlichen Wahrnehmung der Literatur diese Entscheidung – 28
zu Unrecht – als Beginn der „Kick-Back-Rechtsprechung" des XI. Zivilsenats bezeichnet[27].

3. Problemstellung

Vorliegend war es also nicht der Vermögensverwalter, welcher sich rechtfertigen 29
musste, gegenüber dem Kunden seine Vermögensverwaltungsvertragsbeziehung verletzt, das Vermögen des Kunden verspekuliert und Schadenersatzansprüche begründet zu haben. Es ist vielmehr die Bank, welche vom Kunden in Anspruch genommen wird. Anders, als in den nachfolgend zu besprechenden Entscheidungen der echten Rückvergütungen, erhält die Bank vorliegend nicht etwa ein verdecktes Entgelt, welches dem Kunden gegenüber nicht aufgedeckt wird; im Gegenteil: Die Vergütungssituation der Bank war für den Kunden im Hinblick auf die Ausführung von Aufträgen sowie die Depotführung transparent. Die Bank entschloss sich aber, zugunsten des dritten, externen Vermögensverwalters einen Teil des ihr zufließenden Entgelts abzudisponieren, um so die Möglichkeit zu erhalten, mit dem Kunden überhaupt in Kontakt zu gelangen[28]. Dabei beschränkte sich die Tätigkeit der Bank auf technische Abwicklungsvorgänge (Depotführung, Wertpapieran- und -verkauf) und bestand nicht darin, dem Kunden Anlageberatungsempfehlungen oder Vermögensverwaltungsdienstleistungen anzubieten. Das Entgelt, welches von der Bank an den Verwalter floss, stand außer Relation zum eingetretenen Schaden.

Dennoch sah der Kläger die beklagte Bank in einer Beratungsverantwortlichkeit im 30
Hinblick auf die Tatsache, dass die Bank das ihr von ihrem Kunden gezahlte Entgelt nicht vollumfänglich selbst vereinnahmte, sondern Teile dieses Entgelts an den Vermögensverwalter des Kunden weitergab[29].

---

[27] Auch wenn der XI. Zivilsenat selbst inzwischen behauptet, seine Rechtsprechung bereits im Jahr 1984 begründet zu haben, → Rn. 111.
[28] Alternativ hätte die Bank die Beträge auch in allgemeine Marketingmaßnahmen, wie zB Werbeanzeigen investieren können.
[29] Siehe die ähnliche Sachverhaltskonstellation bei Cinerenta → § 6 Rn. 46 ff.

II. Vermögensverwalter

4. Entscheidung

31 Der Bundesgerichtshof setzte sich zunächst mit der Frage auseinander, ob der dogmatisch korrekte Ansatzpunkt darin bestehen könnte, den Anleger in den Schutzbereich des zwischen der Bank und dem Vermögensverwalter bestehenden Vertrages einzubeziehen. Der XI. Zivilsenat vertritt diesbezüglich die eindeutige Auffassung, dass dies nicht der richtige Weg sein kann, dem Kunden Schadenersatzansprüche zuzubilligen.

32 Der XI. Zivilsenat denkt vielmehr in eine andere Richtung: Tatsache ist, dass zwischen Kunde und Bank Verträge geschlossen werden, welche sowohl die Konto- und Depotführung einerseits, als auch die Ausführung von Wertpapiertransaktionen andererseits mit sich bringen. Da derartige Verträge zustande kommen würden, war die Bank verpflichtet, dem Kunden gegenüber vor Abschluss dieser Verträge bestehende vorvertragliche Aufklärungspflichten ordnungsgemäß zu erfüllen[30]. Die entscheidende vom Bundesgerichtshof in diesem Kontext zu beantwortende Frage war diejenige, ob aus der schlichten technischen Depot- bzw. Wertpapierabwicklungsvertragsbeziehung die Pflicht erwächst, den Kunden vor einem externen, dritten Vermögensverwalter zu warnen. Die Warnung bezog sich darauf, dass die beklagte Bank sich eines Teils ihrer Vergütungen entäußerte, um diese an den Vermögensverwalter zu bezahlen. Der Verwalter hatte der Bank den Kunden zum einen zugeführt, zum anderen würde er durch seine Verwaltungsentscheidungen Wertpapiergeschäfte und mithin Erlöse der Bank generieren, an denen er partizipieren würde.

33 An dieser Stelle setzte der XI. Zivilsenat mit geradezu lehrbuchartiger Gründlichkeit ein:

34 Er hält zunächst fest, dass eine Bank, die mit einem Vermögensverwalter eine derartige Zuführungsvereinbarung schließt, dadurch eine Gefahr für den Kunden schafft. Die Gefahr liegt darin, dass für den Vermögensverwalter ein Anreiz geschaffen werde, sowohl bei der Auswahl der Bankverbindung als auch – und dies ist besonders bedeutsam – hinsichtlich der Anzahl und des Umfangs der für seine Kunden über die Bank sodann abzuwickelnden Geschäfte nicht allein das Interesse der Kunden, sondern auch das Interesse an möglichst umfangreichen Vergütungen der Bank zu berücksichtigen (welche mittelbar eine Erhöhung der Zahlungen an den Verwalter mit sich bringen).

35 Mit einer derartigen Herangehensweise schaffe die Bank eine Gefährdung der Kundeninteressen, da der Verwalter (dem sich der Kunde anvertraut hat) seine eigenen Provisionsinteressen über diejenigen des Kunden stellen wird. Die Bank könne diese Gefährdung der Kundeninteressen entweder dadurch aus der Welt schaffen, dass derartige Vereinbarungen mit dem Vermögensverwalter schon gar nicht abgeschlossen werden. Die Bank kann sich gegenüber dem Kunden aber auch dadurch aus der Verantwortung ziehen, dass diese den Kunden, den ihr der Vermögensverwalter zuführt, noch vor Vertragsschluss über den Inhalt der Vereinbarung aufklärt[31].

36 Tut sie dies nicht, ist die Bank dem Kunden gegenüber schadenersatzpflichtig.

37 Der XI. Zivilsenat setzte sich sodann mit der Frage auseinander, welche Schäden des Kunden denn in Folge der Pflichtverletzung der Bank ersatzpflichtig seien:

---

[30] Rechtsfigur der Culpa in contrahendo, siehe heute §§ 311 II iVm 280 I, 241 II BGB.

[31] Der XI. Zivilsenat überlegt auch, der Bank (!) schon dann die Vertrauenswürdigkeit abzusprechen, wenn diese eine „fragwürdige" Provisions- und Gebührenbeteiligungsvereinbarung mit dem Vermögensverwalter schließt, selbst wenn sie diese dem Kunden noch rechtzeitig offen legt.

§ 3. Die Haftung für Vergütungen

Das OLG hatte die Bank lediglich für verpflichtet gehalten, dem Kunden diejenigen **38** Provisions- und Gebührenanteile zu erstatten, welche die Bank an den externen Vermögensverwalter weitergeleitet hatte[32]. Der XI. Zivilsenat ist demgegenüber der Auffassung, dass die Pflicht der beklagten Bank zur Aufklärung über ihre für das Vermögen des Anlegers gefährliche Provisions- und Gebührenteilungsvereinbarung nicht nur den Zweck habe, den Anleger in die Lage zu versetzen, geeignete Schritte hinsichtlich der von der beklagten Bank offenbar nicht für sich selbst benötigten Teile der Provisionen und Depotgebühren zu ergreifen (Gefahr der sog. Spesenreiterei). Dieser Pflicht kam vielmehr auch die Funktion zu, dem Anleger wichtige Informationen zur Beurteilung der Vertrauenswürdigkeit seiner Geschäftspartner zu vermitteln. Jedenfalls für den Fall, dass die Bank hinter dem Rücken des Kunden dem Vermögensverwalter eine Beteiligung an Provisionen und Gebühren versprechen lässt, entfällt die Grundlage für das im besonders sensiblen Bereich der Vermögensverwaltung unabdingbare Vertrauen in die Seriosität des Verwalters. Die Aufklärungspflicht der beklagten Bank über diese Vereinbarung hatte mithin den Zweck, dem Anleger eine sachgerechte Entscheidung über die Inanspruchnahme der Dienste des Vermögensverwalters zu ermöglichen; sollte sich – nach Zurückverweisung – herausstellen, dass der Anleger im Falle einer entsprechenden Aufklärung diesen Verwalter nicht mit der Verwaltung seines Vermögens beauftragt hätte[33] und sollte er dadurch die eingetretenen Verluste vermieden haben, wäre die beklagte Bank zum Ersatz des gesamten Schadens verpflichtet.

5. Fazit

Vergleicht man den von der Bank an den Vermögensverwalter bezahlten Betrag mit **39** dem dem Kunden erwachsenen Vermögensschaden, welcher von der Bank auszugleichen ist, so löst dieses Missverhältnis großes Erstaunen aus. Der XI. Zivilsenat ließ sich bei seiner Entscheidung nicht von derartigen wirtschaftlichen Überlegungen beeinflussen, sondern legte abstrakt sein Augenmerk auf den Vertrauensvorschuss, welcher nach Auffassung des XI. Zivilsenats von einem Bankkunden der Bank selbst dann entgegengebracht wird, wenn der Kunde daneben einen dritten, unabhängigen Vermögensverwalter „seines Vertrauens" beauftragt hat und die Bank lediglich technische Abwicklungsstelle ist. Der XI. Zivilsenat störte sich gerade nicht daran, dass konkrete Beratungsempfehlungen oder Vermögensverwaltungsdienstleistungen von der Bank gar nicht abgefragt worden waren. Vorvertragliche Aufklärungs- und Warnpflichten werden vom XI. Zivilsenat der Bank auch in einer „Execution Only"-Situation[34] auferlegt, wobei der Senat zur Begründung auf das vorangegangene pflichtwidrige Tun der Bank[35] durch Abschluss der Entgelt- und Gebührenteilungsvereinbarung verweist. Er verlangt vom Kunden auch nicht den Nachweis, dass der Verwalter tatsächlich seine Vollmacht missbraucht und seine eigenen Provisionsinteressen über die Kundeninteressen gestellt hat. Von entscheidender Bedeutung ist vielmehr die Tatsache, dass der XI. Zivilsenat die Zahlung von Vergütungen eines Bankhauses an einen Dritten, welcher

---

[32] Diese standen außer Verhältnis zum eingetretenen Schaden. Eine überzeugende dogmatische Begründung für diesen Ansatz gibt es nicht; so unterstellt dieser Blickwinkel, dass es dem Kunden gelungen wäre, das Dienstleistungsentgelt der Bank herabzuverhandeln, hätte man diesen über die Gebührenteilung informiert.
[33] Es ist dies das richtigerweise sehr ernst zu nehmende Korrektiv der Kausalität, → Rn. 21.
[34] → § 5 Rn. 85 ff.
[35] Ähnlich der Ingerenz im Strafrecht.

ihr Kunden zuführt, missbilligt und deshalb die Bank ohne sonstige Pflichtwidrigkeiten bzw. Verschuldensvorwürfe für den gesamten von dem Dritten verursachten Vermögensschaden haften lässt. Es ist dies ein hartes Urteil, welches die Kundeninteressen sehr deutlich in den Vordergrund stellt und im Ergebnis eine Gefährdungshaftung zu Lasten der Bank ausspricht.

III. Die Mutter aller Kick-Back-Verfahren

BGH Urteil vom 19. Dezember 2006 – XI ZR 56/05

1. Sachverhalt[36]

40   Der Kläger klagt aus abgetretenem Recht. Bankkunde war eine Gesellschaft in Rechtsform einer GmbH, welche einen freien Mobiltelefonshop betrieb. Diese erwarb nach einem Beratungsgespräch am 15. Februar 2000 zwischen dem 16. Februar und dem 14. Juni 2000 über die beklagte Bank Einzelaktien sowie Anteile an Aktienfonds. Bei den Aktienfonds leistete die Kundin ein Aufgeld (Agio), wobei aufgrund von Gesprächen des Geschäftsführers der GmbH mit dem Mitarbeiter der Beklagten das Agio von regulär 3 % bzw. 5 % mit Bonifikationen von zumeist 1 %, in einem Fall von 2,5 % versehen wurde. Die Kundin wurde über die Ausgabeaufschläge informiert. Ebenso wurde die Kundin über die im Fondsvermögen anfallenden Verwaltungsgebühren informiert. Die beklagte Bank war mit der Kapitalanlagegesellschaft, welche die Aktienfonds aufgelegt hatte, in einem Konzern verbunden.

41   An die Beklagte flossen von der Kapitalanlagegesellschaft die von der Kundin entrichteten Ausgabeaufschläge vollständig, die Verwaltungsgebühren zum Teil. Über beide Zahlungsflüsse wurde die Kundin nicht explizit aufgeklärt.

42   Erstmals reklamierte die Kundin am 8. August 2000 eine fehlerhafte Beratung. Klage wurde am 13. August 2003 eingereicht.

2. Hintergrund

43   Die vorliegende Entscheidung kann getrost als die „Mutter aller Kick-Back-Entscheidungen" im Bereich der Anlageberatungssachverhalte bezeichnet werden. Die Entscheidung wurde dann auch in der Öffentlichkeit mit großem Presseecho als Wendepunkt in der Auseinandersetzung zwischen Kunde und Bank betreffend Vergütungsbestandteile der Bank, welche von Dritten an diese fließen, bezeichnet.

44   Bis zur Entscheidung des BGH ist weder höchstrichterliche, noch oberlandesgerichtliche Rechtsprechung[37] bekannt, welche vor dem Erwerb von nach dem KAGG oder InvG aufgelegten Aktienfonds eine explizite und centgenaue Kundenaufklärung dahingehend gefordert hätte, dass der beratenden Bank Ausgabeaufschläge sowie Teile der Verwaltervergütung zuflößen.

45   Neben der materiellen Fragestellung nach Bestand und Umfang von Aufklärungspflichten hat die Entscheidung einen verjährungsrechtlichen Schwerpunkt: Der Erwerb der Aktien und Aktienfonds fiel in den zeitlichen Anwendungsbereich von § 37a

---

[36] Dieses Verfahren gelangte noch ein weiteres Mal zum BGH, siehe Urt. v. 12.5.2009, Az. XI ZR 586/07, → § 14 Rn. 57 ff.

[37] Auch in vorliegendem Fall hatte das OLG die klageabweisende Entscheidung des LG bestätigt.

WpHG³⁸. Der Kläger vertrat den Rechtsstandpunkt, der deutsche Gesetzgeber habe eine europäische Richtlinie³⁹ fehlerhaft umgesetzt; so, wie § 37a WpHG formuliert worden sei, entspräche dies nicht den europäischen Vorgaben. Bei Anwendung dieser Vorgaben wären die streitgegenständlichen Ansprüche nicht verjährt⁴⁰.

3. Problemstellung

Die Ausgangssituation schien für die Bank eine komfortable zu sein: 46

Beim Kunden handelte es sich um einen Handyland-Betreiber, welcher von Berufs 47
wegen damit zu tun hatte, dass Vergütungen von dritter Seite fließen⁴¹. Bei der Kapitalanlagegesellschaft handelte es sich um eine Konzerngesellschaft der Beraterbank, sodass es im wirtschaftlichen Ergebnis keine Rolle spielte, ob die Vergütungen aufgrund schuldrechtlicher Vertriebsvereinbarungen oder aber im Wege der Gewinnausschüttung bei der beratenden Bank ankamen. Schließlich wurde dem Kunden durch Verhandlung über die Höhe der Ausgabeaufschläge deutlich gemacht, dass die Bank letztendlich über „ihr eigenes Geld" disponieren würde.

Hinzu kam die Tatsache, dass das System des Aufgeldes gesetzlich vorgegeben war⁴², 48
sodass jegliche Nähe zu „Schmiergeldzahlungen" oder sonstigen unlauteren Machenschaften von vorne herein ausschied.

Allerdings war im Zeitpunkt der Anlageempfehlung bereits eine Richtlinie des Bun- 49
desaufsichtsamtes für Wertpapierhandel in Konkretisierung der Informationsvorschriften des WpHG⁴³ erlassen worden, welche der Bank für bestimmte Sachverhaltsvarianten aufgab, den Kunden über Vergütungen zu informieren, welche von dritter Seite an sie flossen. Allerdings lag es fern, davon auszugehen, dass Aktienfonds, welche von einer Kapitalanlagegesellschaft begeben worden waren, durch diese Vorschrift erfasst werden sollten.

Vor diesem Hintergrund hatte sowohl das Landgericht, als auch das OLG die Klage 50
abgewiesen.

4. Entscheidung

Der XI. Zivilsenat betrat mit dieser Entscheidung kapitalanlagerechtliches Neuland, 51
ohne dies explizit einzuräumen. Zunächst differenzierte er in dieser Entscheidung – motiviert durch Verjährungsgesichtspunkte – nach dem Verschuldensmaßstab:

Schadenersatzansprüche wegen fahrlässiger Verletzung des Beratungsvertrages bzw. 52
wegen fahrlässiger Verletzung einer Informationspflicht nach § 31 WpHG waren nach § 37a WpHG eindeutig verjährt. Eine Europarechtskonformität von § 37a WpHG sah der XI. Zivilsenat nicht als entscheidungsrelevant an, da die Verjährungsfrage explizit der nationalen Gesetzgebung überlassen worden sei. Der XI. Zivilsenat war des Weite-

---

³⁸ Ausführlich unter → § 14 Rn. 19 ff.
³⁹ Nämlich die Richtlinie des Rates der Europäischen Gemeinschaften über Wertpapierdienstleistungen vom 10.5.1993 (93/22 EWG).
⁴⁰ Der Bundesrepublik Deutschland wurde diesbezüglich der Streit verkündet verbunden mit der Ankündigung von Regressansprüchen; das zuständige Ministerium entschloss sich, dem Rechtsstreit nicht beizutreten.
⁴¹ Siehe nur die Quersubvention von Handys bei Abschluss von Betreiberverträgen.
⁴² Siehe § 21 KAGG.
⁴³ Nämlich vom 26.5.1997, Bundesanzeiger Nr. 98 vom 3.6.1997, S. 6586.

III. Die Mutter aller Kick-Back-Verfahren

ren der Auffassung, dass § 37a WpHG auch fahrlässig begangene deliktische Ansprüche[44] betrifft, sodass auch derartige Ansprüche verjährt waren.

53   Der BGH hob aber die klageabweisende Entscheidung des OLG mit der Erwägung auf, dass nicht auszuschließen sei, dass die Bank eine Aufklärungs- und Beratungspflichtverletzung vorsätzlich begangen habe. Der XI. Zivilsenat schränkt dabei – ohne dies zu problematisieren, mithin stillschweigend – die Anwendung des § 37a WpHG entgegen des ausdrücklichen Wortlautes dahingehend ein, dass dieser lediglich fahrlässige, nicht aber vorsätzliche Vertragspflichtverletzungen[45] erfasst. Verletzt eine Bank vorsätzlich Pflichten gegenüber ihrem Kunden, findet § 37a WpHG keine Anwendung, unabhängig davon, ob es sich um Vertragspflichtverletzungen oder deliktische Schädigungen handelt, so nunmehr der BGH[46].

54   Der XI. Zivilsenat macht sich sodann auf die Suche nach der Pflichtverletzung: Er hält explizit fest, dass kein Beratungsfehler darin gesehen werden kann, dass die Beklagte, was Fondsanteile angeht, ausschließlich „hauseigene Produkte" empfahl. So ist für Kapitalanlageempfehlungen im gewöhnlichen Geschäftsverkehr einer Bank grundsätzlich ausschließlich das von ihr selbst zusammengestellte Anlageprogramm maßgeblich. Soweit bei Bank-, Konzern- oder Institutsgruppen eigene Anlageprodukte, wie etwa Fondsanteile, existieren, ist es – so der XI. Zivilsenat – grundsätzlich nicht zu beanstanden, dass lediglich solche Produkte, nicht aber vergleichbare Produkte konkurrierender Banken oder Institutsgruppen in das Anlageprogramm aufgenommen werden und die Bank nur solche Produkte, nicht aber Konkurrenzprodukte empfiehlt. Der XI. Zivilsenat zieht den Vergleich zu einem Kreditnehmer, welcher sich von einer bestimmten Bank beraten lässt; auch dieser kann vernünftigerweise nicht erwarten, dass die Bank ihm von sich aus Produkte konkurrierender Banken oder Institutsgruppen empfiehlt. Dies gelte auch dann – und dies ist sehr wesentlich an vorliegender Entscheidung – wenn diese Produkte besser oder günstiger sind. Etwas anderes gilt nur dann, wenn die Bank sich im geschäftlichen Verkehr damit „hervortut", auch über die Produkte konkurrierender Banken zu beraten. Etwas anderes kann auch dann gelten, wenn der Kunde von sich aus die Erwartung zum Ausdruck bringt, über Konkurrenzprodukte, die von ihm etwa angesprochen wurden, beraten zu werden. Hier könne die Bank lediglich die Beratung ablehnen oder aber den Kunden objektiv richtig und vollständig auch über Konkurrenzprodukte informieren und beraten. Anderenfalls erstreckt sich der Beratungsvertrag schlichtweg auf Konkurrenzprodukte nicht.

55   Allerdings muss eine Bank, die Fondsanteile empfiehlt, darauf hinweisen, dass und in welcher Höhe sie Rückvergütungen aus Ausgabeaufschlägen und Verwaltungskosten von der Fondsgesellschaft erhält. Dies ist notwendig, um dem Kunden einen insofern bestehenden Interessenkonflikt der Bank (§ 31 Abs. 1 Nr. 2 WpHG) offen zu legen. Erst durch die Aufklärung wird der Kunde in die Lage versetzt, das Umsatzinteresse der Bank selbst einzuschätzen und zu beurteilen, ob die Bank ihm einen bestimmten Titel nur deswegen empfiehlt, weil sie selbst daran verdient.

56   Unter Bezugnahme auf die „Vermögensverwalter-Entscheidung" des Senats[47] ist der XI. Zivilsenat der Auffassung, dass die Kundeninteressen durch die von der Bank erhal-

---

[44] Wie zB § 823 Abs. 2 BGB in Verbindung mit § 19 Abs. 1 KAGG in der Fassung bis zum 31.7.2001.
[45] Dass § 37a WpHG auf vorsätzlich deliktische Schädigungen keine Anwendung findet, hatte der BGH bereits entschieden, → § 14 Rn. 33.
[46] Dieser unmerkliche Zwischenschritt wird erhebliche Auswirkungen haben, → § 14 Rn. 67 f.
[47] Vom 19.12.2000, Az. XI ZR 349/99, → Rn. 22 ff.

tenen Rückvergütungen gefährdet seien, wenn eine Bank einen Kunden berät und Anlageempfehlungen abgibt, wobei sie an den empfohlenen Fonds durch Rückvergütungen verdient. Es bestehe hier die konkrete Gefahr, dass die Bank Anlageempfehlungen nicht allein im Kundeninteresse nach den Kriterien anleger- und objektgerechter Beratung abgebe, sondern zumindest auch in ihrem eigenen Interesse, möglichst hohe Rückvergütungen zu erhalten. Dabei spiele es keine Rolle, ob die Rückvergütungen einem bestimmten Geschäft unmittelbar zugeordnet werden oder in gewissen Zeitabständen gezahlt werden, solange diese nur umsatzabhängig seien. Dass es sich bei der Kapitalanlagegesellschaft um eine Konzerngesellschaft der Beraterbank gehandelt habe, sei für den Bestand eines Interessenkonflikts ebenfalls unerheblich.

Der XI. Zivilsenat setzt sich schließlich mit dem Aspekt auseinander, dass der Geschäftsführer der Kundin im Hinblick auf die Höhe der Ausgabeaufschläge Bonifikationen verhandelt habe: Selbst wenn der Geschäftsführer der Kundin davon ausgegangen sein sollte, dass es sich bei diesen Bonifikationen um die Reduzierung der Ausgabeaufschläge gehandelt habe, bleibe er dennoch – was die centgenaue Größenordnung der Rückvergütungen angeht – aufklärungsbedürftig. Ohne deren exakte Kenntnis konnte er das Interesse der Beklagten an dem empfohlenen Erwerb von Fondsanteilen und die damit verbundene Gefährdung der Interessen der Kundin nicht richtig einschätzen, so der BGH. 57

Der XI. Zivilsenat hob die klageabweisende Entscheidung folglich auf und verwies die Angelegenheit an das Oberlandesgericht mit der Maßgabe zurück, dass dieses zu prüfen habe, ob der Mitarbeiter der Beklagten sich bei Vornahme des Anlageberatungsgesprächs der Rechtswidrigkeit seines Verhaltens bewusst gewesen sei[48]. Da fahrlässige Pflichtverletzungen verjährt waren, war die Frage des Verschuldensmaßstabes von entscheidender Bedeutung. 58

Abschließend gab der BGH dem Berufungsgericht mit auf den Weg, dass eine Vermutung aufklärungsrichtigen Verhaltens lediglich im Hinblick auf diejenigen Wertpapiere gelte, bei denen Rückvergütungen verschwiegen worden sind. Ob auch die Wertpapiergeschäfte schadenersatzrechtlich rückabzuwickeln sind, bei denen keine Rückvergütungen gezahlt wurden, richte sich danach, ob die Kundin bei gehöriger Aufklärung insgesamt den Geschäftskontakt zur Beklagten abgebrochen hätte, wobei hierfür allerdings der Kläger darlegungs- und beweisbelastet ist. Bei Effektengeschäften, die über eine Bank außerhalb eines Vermögensverwaltungsvertrages abgewickelt werden, kann nicht ohne Weiteres davon ausgegangen werden, dass die Geschäftsverbindung insgesamt nicht zu Stande gekommen wäre, wenn die Bank in Bezug auf einzelne Geschäfte ein Aufklärungsverschulden trifft. 59

5. Fazit

Der 19. Dezember 2006 war ein Wendepunkt in der Auseinandersetzung zwischen Anleger und beratendem Institut im Hinblick auf Kapitalanlagesachverhalte. Auch wenn zu diesem Zeitpunkt für künftige Anlageberatungssachverhalte bereits weitergehende Informationspflichten der Banken gegenüber ihren Kunden durch die MiFID[49] im Raume standen, ging der Bundesgerichtshof in der genannten Entscheidung weit über die gesetzlichen Anforderungen hinaus. So muss die Bank den Kunden über echte 60

---

[48] Der Fall gelangte nach Entscheidung zugunsten der Bank durch das OLG erneut zum BGH, → § 14 Rn. 57.
[49] → Rn. 20.

Rückvergütungen ungefragt und centgenau aufklären. Gerade die Tatsache, dass der XI. Zivilsenat einen Interessenkonflikt unterstellte, verwundert; so ist die Vergütung des Vertriebes bei Fondsvermögen nach KAGG und InvG mittels Ausgabeaufschlägen und Teilen der Verwaltungsgebühren eine jahrzehntelange gängige Branchenpraxis gewesen. Weder war diese Praxis mit Unrechtsgehalt oder gar -bewusstsein versehen, noch wurden durch diese Praxis zu Lasten des Kunden einzelne Fondsbeteiligungen bevorzugt: Da sich die Konditionen der einzeln anzuempfehlenden Produkte voneinander nicht oder nur marginal unterschieden, kann keine Rede davon sein, dass die beratende Bank unter Hintanstellung der Interessen des Kunden bei Auswahl der in Rede stehenden Produkte lediglich ihre Provisionsinteressen im Auge hatte. Zudem war dem Kunden vorliegend ohnehin nur das eigene Anlageprogramm der Beklagten anempfohlen worden, was – so der XI. Zivilsenat – nicht zu beanstanden war.

61   Eine sachgerechte Lösung muss spätestens im Bereich der Kausalität eines vorgeblichen Aufklärungsdefizits für die Anlageentscheidung des Kunden zu suchen sein. Auch wenn der XI. Zivilsenat es in diesem Bereich der Bank nicht leicht macht, da im Hinblick auf diejenigen Transaktionen, welche mit Ausgabeaufschlägen und Verwaltungsgebühren, an welchen die Bank partizipierte, versehen waren, die Vermutung aufklärungsrichtigen Verhaltens statuiert wird, lässt sich diese Vermutung erschüttern bzw. widerlegen[50]. Korrekterweise brachte der XI. Zivilsenat zum Ausdruck, dass diese Vermutung jedenfalls nicht für sonstige bei derselben Bank getätigte Wertpapiergeschäfte gilt, welche die Rückvergütungsproblematik nicht besitzen.

IV. Der freie Anlageberater

BGH Urteil vom 15. April 2010 – III ZR 196/09

1. Sachverhalt

62   Der Kläger verlangt aus eigenem und abgetretenem Recht seiner Ehefrau Schadensersatz wegen einer fehlerhaften Anlageberatung der Beklagten.

63   Die Anleger zeichneten auf Empfehlung eines für die Beklagte[51] tätigen Handelsvertreters am 5.12.2001 eine Beteiligung am Falk Fonds 75 über 50.000,00 EUR zzgl. eines 5 %igen Agios. Zur Finanzierung dieser Beteiligung nahmen die Anleger bei einer Bank einen Kredit in Höhe von netto 50.505,05 EUR auf. Die Anleger entrichteten an den Handelsvertreter keine Direktvergütung.

64   Vor Zeichnung waren die Anleger in mehreren Gesprächen beraten worden. Den Anlegern wurde auch ein Prospekt zum streitgegenständlichen Fonds ausgehändigt.

65   Im Fondsprospekt, S. 115, findet sich ein Investitions- und Finanzierungsplan mit unter anderem folgenden Komponenten:

„13. Eigenkapitalbeschaffung, Prospekt, Marketing, Sonstiges 10.486.618,00 EUR
[...]
Das Agio in Höhe von 5 % auf das Emissionskapital wird für weitere Emissionskosten verwendet (EUR 9.075.000,00)."

---

[50] Ausführlich → § 2 Rn. 133.
[51] Es handelte sich hierbei um den freien Finanzdienstleister AWD.

Auf S. 104 des Prospektes ist im Abschnitt „Ihre Partner" die „Finanz-Konzept Gesellschaft für Finanz- und Investitionsberatung mbH" als voller Platzierungsgarantiegeber und Eigenkapitalbeschaffungsdienstleister erwähnt. 66

Die Beklagte wurde als Untervermittlerin tätig und erhielt hierfür eine Provision, war aber im Prospekt nicht namentlich erwähnt worden. 67

Kläger und Ehefrau wurden im Beratungsgespräch weder über die Tatsache der Verprovisionierung der Dienstleistungen der Beklagten von dritter Seite, noch über deren Höhe aufgeklärt. 68

Sowohl Landgericht als auch Oberlandesgericht wiesen die Klage ab. 69

2. Hintergrund

Der vorliegende Rechtstreit dokumentiert sehr deutlich die Entwicklung der Argumentationsstrategie von Anlegerreklamationen seit der Entscheidung des XI. Zivilsenats des BGH vom 19.12.2006[52]. So trugen die Anleger zum einen – wie schon seit der Bond-Entscheidung[53] – vor, im Hinblick auf ihre Investition inhaltlich weder anleger- noch objektgerecht beraten worden zu sein, bezogen sich mithin auf materielle Aufklärungsdefizite im Hinblick auf das Investitionsobjekt. Daneben behaupteten sie nunmehr, sie seien über die Tatsache der Vergütung der Beklagten von dritter Seite nicht aufgeklärt worden. Sie behaupteten des Weiteren, diese Aufklärungsdefizite seien für die Anlageentscheidung von Relevanz gewesen. 70

Auch vorliegend verlagerte sich der Schwerpunkt des Rechtstreits weg vom eigentlichen Fokus der Beratungsdienstleistung (sei es einer Bank, sei es eines freien Anlageberaters): Die Aufklärung über Chancen und Risiken des anempfohlenen Produkts selbst. Auch vorliegend wurde statt dessen in erster Linie die Vergütungsproblematik thematisiert. Dies, obwohl der streitgegenständliche Sachverhalt (Anteilserwerb) sich lange vor der erstmaligen Veröffentlichung der Entscheidung des Bundesgerichtshofes vom 19.12.2006 betreffend Rückvergütungen bei Anlageberatungssachverhalten ereignete. 71

3. Problemstellung

Aus den in diesem Buch bereits besprochenen Entscheidungen stand zum einen fest, dass vorliegend nicht Innenprovisionen, sondern echte Rückvergütungen im Sinne der Rechtsprechung des XI. Zivilsenats in Rede standen. Zum anderen stand fest, dass diese Rückvergütungen einen Interessenkonflikt beim Berater auslösen können, über den sich die Rechtsprechung Gedanken machen muss. Schließlich stand fest, dass auch die Tatsache, dass das Investitionsobjekt vorliegend kein Wertpapier im Sinne des WpHG, sondern eine geschlossene Beteiligung ist, nichts an der grundsätzlichen Anwendbarkeit der Kick-Back-Rechtsprechung des XI. Zivilsenats ändert. 72

Der III. Zivilsenat hatte sich aber nunmehr mit einer Sonderkonstellation in zweifacher Hinsicht zu befassen: Zum einen handelte es sich bei dem beklagten Unternehmen nicht um eine Bank, sondern um einen freien Vermögensberater. Zum anderen wurde dieser freie Vermögensberater ausschließlich von dritter Seite vergütet; der Anleger selbst leistete an den Vermögensberater keinerlei direkte Vergütung. 73

---

[52] → unter Rn. 40 ff.
[53] → § 1 Rn. 28 ff.

IV. Der freie Anlageberater

4. Entscheidung

74 Da das Berufungsgericht die Revision nach § 543 Abs. 2 ZPO zuließ, vermochte der III. Zivilsenat das angefochtene Urteil einer uneingeschränkten Prüfung zu unterziehen.

75 Der III. Zivilsenat verhalf der Revision des Klägers zwar im Ergebnis zum Erfolg, da er nicht auszuschließen vermochte, dass der Berater den Kläger nicht anleger- oder objektgerecht beraten hatte; das Berufungsgericht hatte sich diesbezüglich nicht mit dem klägerischen Vorwurf auseinandergesetzt, da es eine Verjährungseinrede der Beklagten durchgreifen ließ. Die Beklagte hatte die Einrede der Verjährung aber – ungewöhnlicherweise – im Revisionsrechtszug fallen gelassen, sodass der III. Zivilsenat das Urteil des OLG diesbezüglich aufhob.

76 Was den klägerischen Hauptvorwurf der Verletzung einer Aufklärungspflicht wegen Rückvergütungen anbelangt, urteilte der III. Zivilsenat demgegenüber voll umfänglich zugunsten der Beklagten: So besteht eine Aufklärungspflicht ohne Rücksicht auf die Höhe der Rückvergütung zwar in solchen Fällen, in denen eine Bank einen Kunden über Kapitalanlagen berät und Fondsanteile empfiehlt, bei denen sie echte Rückvergütungen erhält.

77 Diese Rechtsprechung des XI. Zivilsenats ist aber nur für die Beratung einer Bank gegenüber ihrem Kunden ergangen und berücksichtigt in besonderem Maße die besondere vertragliche Beziehung zwischen Bank und Kunde.

78 Aus Sicht des III. Zivilsenats sind diese Grundsätze auf den Beratungsvertrag des Klägers mit der Beklagten als einer freien, nicht bankgebundenen Anlageberaterin nicht übertragbar:

79 So ist das Vertragsverhältnis zwischen Kunde und Bank regelmäßig auf Dauer begründet; dies gelte selbst dann, wenn die Anlageberatung sich als der erste Kontakt zwischen Kunde und Bank darstellt und nicht klar ist, wie sich das Rechtsverhältnis entwickelt. Das Interesse der Bank sei nämlich regelmäßig darauf gerichtet, die in Folge der Anlageberatung vom Kunden erworbenen Wertpapiere im Rahmen eines Depotvertrages für den Kunden zu verwalten und ein weiteres Konto zur Abwicklung der Wertpapiergeschäfte zu errichten. Des Weiteren sei die Vertragsbeziehung regelmäßig davon geprägt, dass die Bank für ihre jeweilige Dienstleistung vom Kunden Entgelte oder Provisionen erhält (Depotgebühren, Kontoführungsgebühren, An- und Verkaufsprovisionen für den Erwerb oder die Veräußerung von Wertpapieren). Wenn der Kunde daneben von seiner Bank bezüglich einer Geldanlage in Wertpapieren beraten wird, muss der Kunde nicht damit rechnen, dass die Bank mit dieser Anlageberatung eigene Interessen verfolgt (nämlich ihr eigenes Provisionsinteresse gegenüber dem jeweiligen Fondsanbieter). Für den Bankkunden ist ein solches nicht ohne Weiteres erkennbar; deshalb sei für Bankkunden auch nicht erkennbar, aufgrund welcher Interessenlage die konkrete Anlageberatung erfolge, ob diese also ausschließlich von seinen Interessen als Anleger bestimmt wird oder eigenen Provisionsinteressen folgt. Die Bank muss deshalb über einen Interessenkonflikt ungefragt aufklären.

80 In einem Nebensatz verwies der III. Zivilsenat zudem darauf, dass – soweit die Bank eigene Produkte empfiehlt – für die Kunden offensichtlich sei, dass sie in diesem Fall neben evtl. vom Kunden zu zahlenden Provisionen mit der Anlage selbst und nicht nur mittels Vertriebsprovisionen Gewinne erzielen möchte[54].

---

[54] Dies ist sehr wesentlich für die Beurteilung einer Aufklärungspflicht über interne Gewinnmargen der Banken, auch wenn der III. Zivilsenat hier im Hoheitsgebiet des XI. Zivilsenats „wilderte". Der XI. Zivilsenat schloss sich dieser Auffassung an, → § 4 Rn. 45.

Das vertragliche Verhältnis zwischen einem Kunden und seinem nicht bankmäßig gebundenen freien Anlageberater weicht demgegenüber in entscheidenden Punkten von dem Vertragsverhältnis zwischen einem Kunden und einer Bank ab: Wenn ein Anleger sich durch einen freien Anlageberater beraten lässt und selbst keine Provision für die Anlageberatung zahlt, so liegt es für den Kunden auf der Hand, dass der Anlageberater von der kapitalsuchenden Anlagegesellschaft Vertriebsprovisionen erhält, die jedenfalls wirtschaftlich betrachtet dem vom Kunden an die Anlagegesellschaft gezahlten Betrag entnommen werden müssen. Da der Anlageberater mit der Beratung sein Geld verdienen müsse, kann der Kunde nicht annehmen, er würde diese Leistungen insgesamt kostenlos erbringen. Auch die Dauerhaftigkeit der Geschäftsbeziehung sei bei einem Kunden und einem Anlageberater derjenigen zwischen Kunde und Bank nicht vergleichbar.

Dem Kunden des Anlageberaters wird daher kraft Natur der Sache besonders deutlich vor Augen geführt, dass der Berater seine Vergütung von der Anlagegesellschaft erhält; für den Kunden liegt also das Provisionsinteresse des Anlageberaters bei jeder Anlageempfehlung offen zu Tage; es besteht zwar auch hier ein Interessenkonflikt in Person des Beraters, dieser ist aber offenkundig, sodass eine Kundenaufklärung über den Konflikt entbehrlich ist.

Wenn für den Kunden in einem derartigen Fall der Interessenkonflikt im Hinblick auf die verdiente Provision und insbesondere die Provisionshöhe ausnahmsweise tatsächlich von Bedeutung ist, muss er selbst aktiv werden und diese Vergütung von seinem Anlageberater erfragen. Dieser muss auf eine solche Frage richtig und vollständig antworten. Vom Anlageberater kann dagegen nicht verlangt werden, dass er seinen Kunden ohne Anlass oder Nachfrage von sich aus über die Höhe der Provisionen aufklärt. Fragt der Kunde nicht, zeigt dieser, dass insoweit ein Aufklärungsinteresse und damit auch eine Aufklärungspflicht nicht besteht.

5. Fazit

Der III. Zivilsenat grenzte sich mit dieser Rechtsprechung besonders deutlich von der Rechtsprechung des XI. Zivilsenats ab. Wenn der XI. Zivilsenat die zu Lasten der Bank angenommene Interessenkollision immer auch in eine Pflichtverletzung bei Nichtaufklärung münden lässt und das Interesse des Kunden an der Aufklärung allenfalls noch über die Widerlegung der Kausalitätsvermutung eine Rolle spielt, setzt der III. Zivilsenat mit derselben Betrachtungsweise an früherer Stelle an: Auch der III. Zivilsenat erkennt, dass Provisionen Interessenkonflikte auslösen können; der III. Zivilsenat spricht dem Kunden aber bereits die Aufklärungsbedürftigkeit ab und gelangt mithin bereits im Bereich der Pflichtverletzung zu einer Verneinung des Tatbestandsmerkmals, sofern der Kunde nicht durch Nachfragen dem Berater zu erkennen gegeben hat, dass für diesen die Vergütung des Beraters von dritter Seite eine besondere Rolle spielt. Es ist dies eine angemessene Verteilung der jeglicher Anlageberatung innewohnenden Risikosphäre.

Die Richtung, welche der III. Zivilsenat mit vorliegendem Urteil einschlug, führte zu Aufatmen bei Finanzdienstleistern, welche mit dem Vertrieb von Finanzprodukten Geld verdienen wollen bzw. müssen. Mit Augenmaß setzte sich der III. Zivilsenat mit der beiderseitigen Interessenlage auseinander und gelangte – überzeugend – zum Ergebnis, dass allein die Tatsache, dass ein Berater bei Anlageempfehlungen seine Provisionsinteressen im Auge hat, nicht dazu führen darf, diesen uneingeschränkt für den Erfolg der Investition haften zu lassen. Der III. Zivilsenat setzte völlig zu Recht an der

Aufklärungsbedürftigkeit des Kunden an mit der Folge, dass dieser dann nicht aufklärungsbedürftig ist, wenn er damit rechnen musste, dass der Berater aufgrund seiner Dienstleistung ein Entgelt von dritter Seite erhalten würde.

V. Vergütungen im Prospekt (Stand 1993)

BGH Urteil vom 12. Dezember 2013 – III ZR 404/12

1. Sachverhalt

86 Die Beklagten beteiligten sich über einen Treuhänder am 22./30. Dezember 1993 an einem geschlossenen Immobilienfonds in Rechtsform einer offenen Handelsgesellschaft. Klägerin des Rechtsstreits ist eine Treuhänderin, welche auf Zahlung einer Darlehensforderung in Anspruch genommen wird und diese quotal an die Beklagten als wirtschaftliche Gesellschafter weiterreichen möchte. Die Beklagten verteidigen sich unter anderem mit Schadenersatzansprüchen gegen die Klägerin wegen Verletzung von Aufklärungspflichten unter anderem im Hinblick auf Eigenkapitalvermittlungsprovisionen in Höhe von 25% des Fonds-Eigenkapitals.

87 Im Anlageprospekt heißt es im Investitionsplan unter der Rubrik „Verwaltungskosten" (Seite 23), dass eine Position in Höhe von DM 5.746.000,00 die Bereiche „Eigenkapitalvermittlung, Vertriebsvorbereitung, Platzierungsgarantie und Prospekterstellung" betrifft. Das Eigenkapital der Fondsgesellschaft insgesamt wird auf derselben Seite des Prospekts mit DM 22.000.100,00 angegeben.

88 Interessenten wird die Mitteilung von Erläuterungen zum Investitionsplan und zur Zusammensetzung der Einzelpositionen auf schriftliche Anfrage hin angeboten.

2. Hintergrund

89 Die höchstrichterliche Rechtsprechung der Haftung bei Kapitalanlagen hinkt ihrer Zeit im Regelfall weit hinterher. Lange Verjährungsfristen einerseits, der langwierige Gang durch die Tatsacheninstanzen andererseits, häufig aber auch Verzögerungen durch KapMuG-Verfahren[55] oder Verjährungsverzichtsvereinbarungen haben zur Folge, dass sich der BGH häufig mit der Beantwortung von Rechtsfragen im Hinblick auf streitgegenständliche Sachverhalte befassen muss, welche sich in dieser Form bei Anlegerinvestitionen der heutigen Zeit nicht oder nicht mehr in dieser Form stellen oder aber zu völlig anderen Ergebnissen führen würden.

90 Dies bedeutet aber nicht, dass hier das Werk eines Historikers erledigt wird, welcher für die heutige Praxis nicht mehr relevanten Zeiten nachhängt; gerade weil viele Tatsacheninstanzgerichte auf die Klärung von Zweifelsfragen durch den Bundesgerichtshof für die auch bei ihnen streitgegenständlichen, rechtshängigen Fragen warten, sind Fragen, wie die vorliegende auch für den heutigen Leser und dessen Repertoire an Fällen interessant.

---

[55] → § 15 Rn. 28 ff.

3. Problemstellung

Streitgegenständlich ist vorliegend der Prospekt eines geschlossenen Immobilienfonds mit dem Stand Dezember 1993. **91**

In diesem Fondsprospekt ist unter der Rubrik „Verwaltungskosten" eine Gesamt-Weichkosten-Position enthalten, welche sowohl den Bereich der Eigenkapitalvermittlung, wie etwa den Bereich der Platzierungsgarantie bzw. der Prospektherstellung umfasst. Eine Aufschlüsselung dieser Gesamtpositionen wird in dem genannten Prospekt nicht gegeben; von besonderer Bedeutung ist, dass auch die exakte Höhe der aus dem Weichkostenblock für den Vertrieb anfallende Vergütung zwischen den Parteien streitig blieb.

Wer diesen Abschnitt des Buches aufmerksam studiert, wird feststellen, mit welcher Akribie die verschiedenen Zivilsenate des BGH der Frage nach der korrekten Anlegerinformation im Hinblick auf Vertriebsvergütungen nachgehen. Daher wird es nicht verwundern, wenn der III. Zivilsenat des BGH auch in dieser Fallkonstellation besonderes Augenmerk auf die Anlegerinformation mittels Prospektmaterials legt. **92**

4. Entscheidung

Gegenstand des Rechtsstreits vor dem BGH ist die Beantwortung der Frage, welche Aufklärungspflichten eine Treuhänderin im Hinblick auf Vertriebsprovisionen gegenüber den Anlegern, welche mit ihr in ein Treuhandverhältnis treten würden, besitzt. **93**

Nach ständiger Rechtsprechung des III. Senats hat eine Treuhandgesellschaft die Pflicht, die künftigen Treugeber über alle wesentlichen Punkte aufzuklären, die für die zu übernehmende mittelbare Beteiligung von Bedeutung sind, insbesondere über regelwidrige Auffälligkeiten zu informieren[56]. In der Rechtsprechung des BGH ist aber weiter anerkannt, dass es als Mittel der Aufklärung genügt, wenn dem Interessenten anstelle einer mündlichen Aufklärung ein schriftlicher Prospekt über die Kapitalanlage überreicht wird, sofern dieses Prospektmaterial nach Form und Inhalt geeignet ist, die erforderlichen Informationen wahrheitsgemäß und verständlich zu vermitteln und diese vollständigen und richtigen Informationen im mündlichen Aufklärungsgespräch nicht entwertet werden.[57] **94**

Der BGH nimmt sodann Bezug auf seine Rechtsprechung zur Ausweisung von Innenprovisionen beim Vertrieb von Kapitalanlagen der Vergangenheit[58] und verweist darauf, dass Ausgangspunkt der Pflicht zur Ausweisung derartiger Provisionen die Werthaltigkeit des Anlageobjektes ist; sie kann im Fall einer höheren Provision nämlich maßgeblich nachteilig beeinflusst sein, weil das für die Provision benötigte Eigenkapital als Bestandteil der Weichkosten gerade nicht für die eigentliche Kapitalanlage und damit deren Werthaltigkeit zur Verfügung steht. **95**

Entscheidend ist also, in welcher Höhe der Anlagebetrag nicht dem Kapitalstock der Anlage zufließt, dh – wie hier – nicht in den Gegenwert an Immobilien investiert werden kann. **96**

Der vorliegend mit 26% sehr deutliche Anteil an Weichkostenpositionen liegt weit über der Schwelle, welche der III. Zivilsenat bei Immobilienfonds als aufklärungspflichtig ansieht[59]. Allerdings war – so der BGH – vorliegend für den Anleger hinreichend **97**

---

[56] → insbesondere III ZR 59/07, → auch § 8 Rn. 18.
[57] → § 5 Rn. 79.
[58] → § 5 Rn. 59 ff.
[59] → § 5 Rn. 61.

deutlich, dass Beträge in dieser Größenordnung gerade nicht in den Gegenwert an Immobilien investiert werden. Für die Einschätzung der Anleger betreffend die Werthaltigkeit des Anlageobjektes war diese Information ausreichend, so der BGH. Welchen Anteil an der Gesamtposition dem gegenüber die ausdrücklich benannte Unterposition „Eigenkapitalvermittlung" ausmachen würde, war für die Anlageentscheidung dagegen nicht von wesentlicher Bedeutung und nicht aufklärungspflichtig; wäre entgegen dieser typisierenden Betrachtungsweise des BGH im Einzelfall für den künftigen Treugeber dennoch die genaue Höhe der Provision von Interesse gewesen, so hätte es ihm freigestanden, dies schriftlich anzufragen, so ausdrücklich der Prospekt.

98 Auch ein etwaiges Eigeninteresse des nicht am vorliegenden Rechtsstreit beteiligten Anlagevermittlers am Vertrieb der streitgegenständlichen Anlage ist durch den Prospektinhalt ausreichend aufgedeckt, ohne dass hier die exakten Beträge etwa hätten genannt werden müssen.

99 Schadenersatzansprüche der Anleger gegen die Treuhänderin wegen fehlerhafter Aufklärung bestehen mithin nicht.

5. Fazit

100 Der III. Zivilsenat löst für die Fälle der Vergangenheit die Frage nach einer ordnungsgemäßen ungefragten obligatorischen Anlegeraufklärung einerseits, der Eigenverantwortlichkeit des Anlegers andererseits überraschend und nicht unsachgerecht. Wenn in der heutigen Zeit vermehrt die Tendenz festzustellen ist, die Verantwortlichkeit für das eigene Tun auf Dritte zu verlagern (was letztendlich auch durch die Führung eines Rechtsstreits wegen vorgeblicher Falschinformation perpetuiert wird), schiebt der BGH dem in denjenigen Fällen einen Riegel vor, in welchen der Anleger ausdrücklich vor die Wahl gestellt wird, sich mit den erhaltenen Informationen zu begnügen oder aber weitergehende Informationen anzufragen. Auch wenn der XI. Zivilsenat dieses Szenario in seinen Entscheidungen zur Vergütungsproblematik nicht dazu benutzt, das Maß an Anlegerinformationen kleinzuhalten[60], sondern hier den Weg über Kausalitätserwägungen bzw. Mitverschuldensproblematiken, am Ende Verjährungsproblematiken, aufzeigt, ist der III. Zivilsenat wesentlich konsequenter: Lieber einmal zu viel gefragt, als zu wenig nachgedacht lautet dessen Devise, welche vorliegend im Ergebnis zu Lasten des informationsunwilligen Anlegers ausfiel.

VI. Aufklärungspflicht über Rückvergütungen bereits seit 1984?

BGH Urteil vom 15. Juli 2014 – XI ZR 418/13

1. Sachverhalt

101 Der Kläger macht Schadenersatzansprüche gegen eine beklagte Bank im Hinblick auf die Zeichnung einer geschlossenen Immobilienfondsbeteiligung am 19. September 1988 geltend. Nach Beratung durch einen Mitarbeiter der Beklagten zeichnete dieser einen Fondsanteil im Nennwert von DM 30.000,00 zuzüglich 5% Agio; er finanzierte dies in Höhe von DM 16.500,00 durch einen mit der Beklagten geschlossenen Darlehensvertrag vom 23. September 1988; den Restbetrag erbrachte er mit Eigenmitteln.

---

[60] Vgl. die Entscheidungen in diesem Abschnitt, insb. → Rn. 57.

Die Fondsgesellschaft zahlte an die Beklagte für den Vertrieb der Beteiligung eine Provision in Höhe von 5% des Beteiligungskapitals, ohne dass dies dem Kläger im Beratungsgespräch offengelegt wurde.

Der Kläger gab in seiner Parteieinvernahme an, dass er bei ordnungsgemäßer Aufklärung das Anlagegeschäft nicht abgeschlossen hätte. Allerdings hätte er im Falle der erfolgreichen Entwicklung der Vermögensanlage auch bei Kenntnis der Pflichtverletzung der Beklagten keine Klage erhoben.

2. Hintergrund

Die Rechtsprechung der Tatsacheninstanzen, welche nach Veröffentlichung der Entscheidung des XI. Zivilsenats vom 19.12.2006 erging[61], hätte unterschiedlicher nicht sein können. Nachdem das BGB eine Verschuldens- und nicht etwa eine Gefährdungs- oder Garantiehaftung der beklagten Bank im Hinblick auf Rückvergütungen bei geschlossenen Beteiligungen anordnete und es sich beim Erwerb geschlossener Beteiligungen nicht um Transaktionen handelt, welche unter das Wertpapierhandelsgesetz fallen[62], waren zahlreiche Senate der Oberlandesgerichte der Rechtsauffassung, dass das Bestehen einer Aufklärungspflicht für eine Bank bei Vertrieb von geschlossenen Beteiligungen vor dem 20. Januar 2009 nicht vorhersehbar im Sinne eines Fahrlässigkeitsvorwurfes war[63]. Ein Teil der Oberlandesgerichte hielt die Rechtsprechung des XI. Zivilsenats demgegenüber für vorhersehbar und verurteilte die Beklagte zu Schadenersatz[64].

Von besonderer Bedeutung war also die Frage, ab welchem Zeitpunkt zu Lasten der Beklagten von einer Vorhersehbarkeit im Sinne des Fahrlässigkeitsvorwurfs auszugehen war.

3. Problemstellung

Der BGH hatte am 19. Dezember 2006[65] für Wertpapiererwerbe, welche dem Wertpapierhandelsgesetz unterlagen, erstmals höchstrichterlich eine Interessenkollision des beratenden Bankhauses im Hinblick auf von dritter Seite vereinnahmte Vergütungen ausgesprochen und hieraus eine Pflicht abgeleitet, den Kunden centgenau über diese Vergütungen aufzuklären. In der dortigen Entscheidung standen Beratungsdienstleistungen in Rede, welche im Jahr 2000 erbracht worden waren. Ohne dass es für die Entscheidung des dortigen Rechtsstreits darauf ankäme (da fahrlässige Pflichtverletzungen nach § 37a WpHG zum damaligen Zeitpunkt bereits verjährt waren), äußerte sich der BGH in seinem Urteil dahingehend, dass jedenfalls von einer fahrlässigen Nichtbeachtung der Aufklärungspflicht im Jahr 2000 auszugehen war.

In der Entscheidung vom 20. Januar 2009[66] wandte der BGH diese Rechtsprechung – zT gegen die Rechtsprechung der Instanzgerichte sowie die Literatur – auch auf den Erwerb geschlossener Beteiligungen an, welche nicht dem WpHG unterliegen; dort standen Beratungsdienstleistungen in Rede, welche im Jahr 2001 erbracht worden waren.

---

[61] → Rn. 40 ff.
[62] Sodass die Entscheidung des XI. Zivilsenats vom 19.12.2006 keine unmittelbare Anwendung fand, → Rn. 55.
[63] Nämlich die Oberlandesgerichte Dresden und Oldenburg.
[64] Nämlich die Oberlandesgerichte Celle, Frankfurt am Main, Karlsruhe, München, Naumburg und Stuttgart; hierzu ausführlich die 2. Auflage, § 3 Rn. 126.
[65] → Rn. 40 ff.
[66] Hierzu die 2. Auflage, § 3 Rn. 105 ff.

VI. Aufklärungspflicht über Rückvergütungen bereits seit 1984?

107   In Rechtsprechung und Literatur nach wie vor ungeklärt waren zwei Fragen zur zeitlichen Reichweite der Aufklärungspflicht:

108   Zum einen die Frage, ab welchem Zeitpunkt man der beratenden Bank einen Verschuldensvorwurf jedenfalls im Hinblick auf Fahrlässigkeit sowohl in Bezug auf Transaktionen, welche dem Wertpapierhandelsgesetz unterliegen, als auch im Hinblick auf sonstige Investments, wie beispielsweise geschlossene Beteiligungen, machen konnte? Zum anderen die Frage, ab welchem Zeitpunkt eine Bank sogar vorsätzlich handelte?

4. Entscheidung

109   Der BGH hält zunächst fest, dass zwischen den Parteien ein Anlageberatungsvertrag zustande gekommen ist, welcher die Beklagte verpflichtet hat, dem Kläger über die von ihr vereinnahmte Provision in Höhe von 5% des Beteiligungskapitals aufzuklären. Es liegt eine echte Rückvergütung vor, über die die Beklagte den Kläger aber weder mündlich, noch durch Übergabe von Informationsmaterial aufgeklärt hat.

110   Der BGH ist des Weiteren der Meinung, dass die beklagte Bank die Verschuldensvermutung des § 282 BGB a.F. (jetzt § 280 Abs. 1 S. 2 BGB) nicht widerlegt hat. Beruft sich der Aufklärungspflichtige – wie hier, so der BGH – auf einen Rechtsirrtum über Bestehen und Umfang einer Aufklärungspflicht, so entfällt zwar die vorsätzliche Haftung bei einem bloßen Rechtsirrtum; die Haftung wegen Fahrlässigkeit ist aber nur bei einem unvermeidbaren Rechtsirrtum ausgeschlossen. Hier sind nach ständiger Rechtsprechung strenge Maßstäbe anzulegen; ein unverschuldeter Rechtsirrtum ist in den Fällen anzunehmen, in denen die Rechtslage besonders zweifelhaft und schwierig ist und sich eine einheitliche Rechtsprechung noch nicht gebildet hat. Durch strenge Anforderungen an die Sorgfalt muss verhindert werden, dass ein Schuldner das Risiko der zweifelhaften Rechtslage dem anderen Teil zuschiebt. Fahrlässig handelt daher auch, wer sich erkennbar in einem Grenzbereich des rechtlich Zulässigen bewegt, wobei er gleichzeitig eine von der eigenen Einschätzung abweichende Beurteilung der rechtlichen Zulässigkeit des fraglichen Verhaltens in Betracht ziehen muss.

111   Der BGH untersucht sodann seine Rechtsprechung des vergangenen Jahrhunderts und hält zunächst fest, dass erste Entscheidungen, welche das Verschweigen von Kick-Back-Vereinbarungen bei vermittelten Warentermingeschäften betrafen, aus den Jahren 1989 und 1990 stammen. Er ist aber der Auffassung, dass in diesen Urteilen eine entsprechende Aufklärungspflicht nicht etwa erst zum ersten Male entwickelt, sondern mit diesen Entscheidungen lediglich bereits ergangene höchst- und obergerichtliche Rechtsprechung fortgeführt wird. Er verweist diesbezüglich auf ein Urteil des BGH vom 10. Dezember 1984[67], das das Verschweigen von Rückvergütungen ohne weitere Erörterung als selbstverständlich missbilligt hat. Hieran ändert auch eine verbreitete Auffassung im Schrifttum in den 1970er und 1980er Jahren nichts, welche eine Aufklärungspflicht über jedwede Art von Bonifikationen oder Provisionen abgelehnt hat[68]. Eine Rechtsprechung, welche das Verheimlichen von Rückvergütungen durch eine Bank explizit erlaubt hätte, sei dagegen nicht ersichtlich, so der BGH.

112   Der BGH ist daher der Auffassung, dass eine beratende Bank in Anbetracht der Entscheidung des II. Zivilsenats des BGH aus dem Jahr 1984 bei Beratung im Hinblick auf die hier streitgegenständliche geschlossene Immobilienfondsbeteiligung aus dem Jahr

---

[67] II ZR 308/83, BGHZ 93, 146.
[68] Und der so angesehene Autoren angehörten, wie Canaris, Schlegelberger/Hefermehl oder Hopt; zu den exakten Fundstellen siehe BGH aaO Rn. 20.

1988 eine Pflicht zur Aufklärung über den Erhalt von Rückvergütungen jedenfalls fahrlässig verkannt hat.

Anders, als der Stammanspruch, ist dagegen der Zinsanspruch für die Zeit vor dem 1. Januar 2007 verjährt, da hier die vierjährige Verjährungsfrist gem. § 197 BGB a.F. gilt. 113

5. Fazit

Mit der Vorgängerentscheidung[69] sowie auch dieser Entscheidung überspannt der XI. Zivilsenat die Sorgfaltsanforderungen, welche an beratende Banken im Hinblick auf Aufklärungspflichten gestellt werden dürfen. Dies erkennend griff er in der Folgezeit auch korrigierend im Bereich der Kausalität sowie beim Beginn des Verjährungsfristenlaufes ein[70]. 114

Richtig ist, dass weder Schmiergelder noch die untreueähnliche Vereinnahmung von Kundengeldern[71] toleriert werden dürfen und diesbezügliche Pflichtverletzungen Schadenersatzansprüche zu Lasten des beratenden Bankhauses nach sich ziehen müssen. 115

Vorliegend geht es aber um etwas völlig anderes: Ein spezialgesetzlich normiertes Vergütungssystem, welches über Jahrzehnte hinweg als derart branchenüblich etabliert wurde, dass Unterschiede zwischen den zu empfehlenden Produkten – gleichgültig von welchem Wettbewerber stammend – nicht erkennbar waren, wird rückwirkend gebrandmarkt. 116

Zur Begründung werden Sachverhaltskonstellationen herangezogen, welche mit dem Vertrieb von geschlossenen Beteiligungen bzw. nach dem KAGG und InvG aufgelegten Fonds weder vergleichbar sind, noch von zahllosen erfahrenen Berufsrichtern der Bankensenate als aufklärungspflichtige Sachverhaltsvarianten angesehen wurden[72]. 117

Selbst Kundenvertreter, mithin Anlegeranwälte, haben die Relevanz eines aufklärungspflichtigen Interessenkonflikts lange Zeit weder erkannt, noch für möglich gehalten, geschweige denn ihren Mandanten geraten, diesbezüglich Ansprüche unter Bezugnahme auf vorgebliche Aufklärungsdefizite gerichtlich geltend zu machen. Regressansprüche von Anlegern gegen ihre vormaligen Anlegeranwälte sind gerade in Zusammenhang mit dem Kick-Back-Joker denn inzwischen Gang und Gäbe. 118

VII. Lehman 3

BGH Urteil vom 16. Oktober 2012 – XI ZR 367/11

1. Sachverhalt

Die Klägerin, eine Bankkauffrau, behauptet Schadenersatzansprüche gegen die beklagte Bank wegen fehlerhafter Anlageberatung anlässlich des Erwerbs von Zertifikaten der inzwischen insolventen Lehman Brothers Treasury Co. B. V. Im Februar 2007 führte diese mit einem Mitarbeiter der Beklagten telefonisch ein Beratungsgespräch. Sodann erwarb die Klägerin gemäß Wertpapierabrechnung vom 6. Februar 2007 für insgesamt 20.000,00 EUR 20 „G."-Zertifikate der Lehman Brothers Treasury Co. B. V. zu einem dem Nennwert entsprechenden Stückpreis von jeweils 1.000,00 EUR im 119

---
[69] BGH XI ZR 308/09; siehe die 2. Auflage, § 3 Rn. 105 ff.
[70] → § 14 Rn. 91.
[71] So das Reichsgericht in seiner Bankierentscheidung, JW 1905, 118.
[72] Siehe hierzu die Nachweise in der Entscheidung des BGH selbst.

VII. Lehman 3

Wege des Festpreisgeschäfts. Von der Emittentin erhielt die Beklagte eine „Zuwendung" von 3,5% des Nennbetrages der Zertifikate, die sie der Klägerin nicht offenbarte. Mit Ausnahme einer Bonuszahlung in Höhe von 1.750,00 EUR am 13. Mai 2008 verfielen die Zertifikate weitgehend wertlos in Folge Insolvenz der Muttergesellschaft der Emittentin, der Lehman Brothers Holdings Inc.

120 Die Klägerin hält die Beklagte für schadenersatzpflichtig unter anderem wegen der Verheimlichung der an diese geflossenen Zuwendungen.

2. Hintergrund

121 Bei den ersten beiden Lehman-Entscheidungen des BGH[73] wurde noch gehofft, der BGH würde inhaltliche Aufklärungsdefizite eines Bankkunden im Hinblick auf die Finanzmarktkrise zum Gegenstand seiner Begründungserwägungen machen. Die Hoffnung vieler Prozessbeobachter, hier fruchtbare Gedanken zur Beurteilung einer Beratungssituation in Anbetracht der Krise ableiten zu können, schlug fehl.

122 Wie so häufig war es der „Kick-Back-Joker", welcher alleine über das Ge- bzw. Misslingen einer Anlegerreklamation zu entscheiden hatte.

3. Problemstellung

123 Vorliegend stand eine Konstellation zur Entscheidung, welche mit den Rückvergütungs-Sachverhalten gemeinsam hat, dass die Vergütung der beratenden Bank von dritter Seite, nämlich vorliegend von der Emittentin des streitgegenständlichen Papiers, erfolgt ist. Der möglicherweise streitentscheidende Unterschied bestand aber darin, dass das neben dem Anlageberatungsvertrag zwischen Bankkunde und Bank bestehende Vertragsverhältnis nicht etwa dasjenige eines Kommissionärs, sondern vielmehr ein Festpreisgeschäft, mithin dasjenige eines Kaufs von Fremdprodukten, darstellte. War die anlageberatende Bank in dieser Konstellation verpflichtet, darauf hinzuweisen, dass ihr im Hinblick auf das streitgegenständliche Papier von dritter Seite Zuwendungen zuflossen?

4. Entscheidung

124 Das Berufungsgericht[74] hatte die Beklagte aus dem Anlageberatungsvertrag für verpflichtet gehalten, die Klägerin darüber aufzuklären, dass die Beklagte bei Ausführung des Wertpapierauftrags von der Emittentin eine Zuwendung in Form eines Rabatts in Höhe von 3,5% auf den Emissionspreis erhalten hatte. Auch wenn dem zugrunde liegenden Wertpapierauftrag zwei hintereinander geschaltete Kaufverträge zwischen der Emittentin und der Beklagten einerseits sowie der Beklagten und der Klägerin andererseits zugrunde lagen, handelte es sich vorliegend nicht um eine „Handelsspanne" oder „Gewinnmarge", über welche nicht aufzuklären sei.

125 Der BGH sieht dies anders: Beim Vertrieb von Zertifikaten im Wege des Festpreisgeschäfts besteht keine Pflicht der beratenden Bank zur Aufklärung über den von ihr aus diesem Veräußerungsgeschäft erzielten Gewinn. Veräußert die Bank eigene Anlageprodukte, ist für den Kunden ohnehin offensichtlich, dass die Bank eigene Gewinninteressen verfolgt, sodass darauf nicht besonders hingewiesen werden muss[75]. Ein Umstand,

---

[73] → § 4 Rn. 102–134.
[74] Das Oberlandesgericht Frankfurt am Main.
[75] Unter Bezugnahme auf BGH III ZR 196/09, → § 3 Rn. 80, und BGH XI ZR 33/10, → § 4 Rn. 45.

der – wie die Gewinnerzielungsabsicht des Verkäufers – für den Kunden im Rahmen des Kaufvertrages offensichtlich ist, lässt innerhalb des Beratungsvertrages seine Schutzwürdigkeit entfallen. Unabhängig davon, ob auf Seiten der Bank die Veräußerung des Wertpapiers ein Fall des Eigenhandels (§ 2 Abs. 3 S. 1 Nr. 2 WpHG) oder des Eigengeschäfts (§ 2 Abs. 3 S. 2 WpHG) ist, besitzt die Bank bei beiden Varianten eine Verkäuferstellung. Im Falle der vertraglichen Vereinbarung eines derartigen Festpreisgeschäfts ist aber – so der BGH – unabhängig davon, ob es um die Veräußerung eigener oder fremder Anlageprodukte geht, die Verfolgung eigener Gewinninteressen der Bank für den Anleger offenkundig. Völlig unmaßgeblich ist diesbezüglich die Art und Weise des von der Bank getätigten Deckungsgeschäfts, das heißt die von der Bank im Verhältnis zum Emittenten gewählte rechtliche Gestaltung. Die Bank kann also – ohne Aufklärungspflichten auszulösen – entweder die empfohlenen Produkte bereits zu einem geringeren Einkaufspreis in ihren Eigenbestand übernommen haben oder aber davon ausgehen, sich nach dem Geschäftsabschluss mit dem Kunden im Rahmen des Deckungsgeschäfts günstiger eindecken zu können. Auch ein Tätigwerden der Bank im Deckungsverhältnis auf Basis eines Auftrags des Emittenten oder einer Verkaufskommission ändert nichts daran, dass die Offenkundigkeit der Gewinnerzielungsabsicht der Bank für den Kunden besteht, er mithin nicht hierüber aufgeklärt werden muss.

Insoweit handelt es sich gerade nicht um eine aufklärungspflichtige Rückvergütung, **126** da neben dem an die Beklagte zu zahlenden Preis pro Zertifikat keine sonstige vom Anleger zu entrichtende und hinter dem Rücken des Anlegers an die Bank zurückfließende Position ersichtlich ist. Damit fehlt es – so der BGH – schon im Ausgangspunkt an dem Rückvergütungen kennzeichnenden Umstand, dass dem Kunden der tatsächliche Empfänger einer von ihm zu erbringenden Zahlung nicht offenbart wird.

Abschließend setzt sich der BGH mit seiner Begründungserwägung aus dem Beschluss vom 29. Juni 2010[76] auseinander und stellt diesbezüglich folgendes klar: In diese Entscheidung habe der erkennende Senat nur zu Ziff. 2.2 Abs. 2 der früheren Wertpapierhandelsrichtlinie vom 26. Mai 1997 ausführen wollen, dass dort eine zivilrechtliche Aufklärungspflicht über eine kommissionsrechtliche Verpflichtung zur Herausgabe von Rückvergütungen vorausgesetzt werde. Diese Richtlinie selbst begründe aber keinerlei zivilrechtliche Pflichten, wie insbesondere Aufklärungspflichten über Gewinnmargen bei Festpreisgeschäften. Ebenso wenig rechtfertigt eine auftrags- oder kommissionsrechtliche Herausgabe- und Rechenschaftspflicht der Bank hinsichtlich einer unmittelbar vom Emittenten eines Wertpapiers erhaltenen Provision die Annahme einer Verletzung des Anlageberatungsvertrages durch das Geldinstitut, wenn es den Anleger über Erhalt und Höhe dieser Provision nicht aufklärt[77]. Eine solche Herausgabepflicht löst also keine schadenersatzrechtliche Aufklärungspflicht vor dem Wertpapiererwerb gegenüber dem Kunden aus, so der BGH heute. **127**

Der BGH bestätigt schließlich, dass der Kunde auch nicht darüber aufgeklärt werden **128** muss, auf welchem technischen Weg der streitgegenständliche Zertifikate-Erwerb von sich gehe und welche Auswirkungen dies auf etwaige Ansprüche des Kunden im Hinblick auf die Aufklärung in Bezug auf Gewinnmargen oder sonstige Zuwendungen hat. Wollte man eine derartige Pflicht annehmen, würden die genannten Erwägungen leerlaufen.

---

[76] XI ZR 308/09, vgl. 2. Auflage § 3 Rn. 105 ff.
[77] Der BGH verweist diesbezüglich auf seine Entscheidung Lehman 2, XI ZR 316/11, → § 4 Rn. 131.

129 Für die weitere Behandlung der Angelegenheit durch das Berufungsgericht grenzte der BGH nochmals seine präzisierte Rechtsprechung für Sachverhalte bis zum 1.8.2014 zu echten Rückvergütungen von derjenigen zu Innenprovisionen ab. Bei echten Rückvergütungen wurde der Anleger über den Interessenkonflikt einer Bank dadurch bewusst getäuscht, dass diese als Empfängerin offen ausgewiesener Provisionen ungenannt bleibt. Über Existenz und Höhe von Innenprovisionen musste demgegenüber von anlageberatenden Banken erst dann aufgeklärt werden, wenn diese Einfluss auf die Werthaltigkeit der vom Anleger erworbenen Anlage hatten und deswegen bei ihm insoweit eine Fehlvorstellung hervorrufen konnten[78]. Unter Innenprovisionen sind danach gerade nicht offen ausgewiesene Vertriebsprovisionen zu verstehen. Innenprovisionen sind vielmehr versteckt im Anschaffungs- oder Herstellungspreis beispielsweise eines Kaufobjekts enthalten. Die Werthaltigkeit ist diesbezüglich regelmäßig erst dann berührt, wenn die Grenze von 15 % überschritten ist.

5. Fazit

130 Der BGH hatte in vorliegender Entscheidung mit zahlreichen fehlverstandenen Folgerungen aufzuräumen, welche aus seiner Kick-Back-Rechtsprechung gezogen wurden. Auch korrigierte er sich selbst, ohne dies offen einzuräumen, und entzog so seinem Beschluss vom 29.6.2010[79] den Boden.

131 Wenn er in vorgenanntem Beschluss im Bereich des Schuldvorwurfs zu Lasten der aufklärungspflichtigen Bank noch darauf abhob, dass seit jeher das Auftrags- bzw. Kommissionsrecht Aufklärungs- und Herausgabepflichten im Hinblick auf von dritter Seite zufließende Provisionen enthalte, sodass für eine Bank klar sei, dies dem Kunden gegenüber offenbaren zu müssen, wird nunmehr dieser Konnex zwischen Herausgabepflicht und schadenersatzrechtlicher Aufklärungspflicht in Abrede gestellt. Damit ist jeglichem Vorwurf einer vorsätzlichen Pflichtverletzung vor dem 19. Dezember 2006 die rechtliche Grundlage genommen; auch der Fahrlässigkeitsvorwurf zu Lasten des beratenden Bankhauses sollte nach wie vor einer kritischen Würdigung unterzogen werden.

132 Die schöne Abgrenzung zwischen Innenprovisionen, deren Quell ausschließlich nicht offen ausgewiesene Vertriebsprovisionen, sondern Anschaffungs- bzw. Herstellungskosten eines Kaufobjekts sind und echten Rückvergütungen, nämlich der Rückfluss von offen ausgewiesenen Provisionen an die beratende Bank, wobei diese als Empfängerin ungenannt bleibt, ist ein wesentlicher Baustein dieser Entscheidung. Selbiges gilt aber auch für die klare und eindeutige Festlegung, wonach Gewinnmargen der beratenden Bank bei Festpreisgeschäften in keinem Falle aufklärungspflichtig sind.

VIII. Kommissionär als Doppelverdiener

BGH Urteil vom 24. September 2013 – XI ZR 204/12

1. Sachverhalt

133 Die Klägerin verlangt von einer beklagten Bank aus abgetretenem Recht Schadensersatz wegen fehlerhafter Anlageberatung. Ihr Ehemann hatte als Geschäftsführer einer GmbH (Zedentin) seit 1997 regelmäßig Wertpapierdienstleistungen der Beklagten in

---

[78] Unter Bezugnahme auf BGH III ZR 359/02, → § 5 Rn. 59 ff.
[79] XI ZR 308/09, vgl. 2. Auflage § 3 Rn. 105 ff.

Anspruch genommen. Nach telefonischer Beratung erwarb er am 14. Februar 2007 2.700 Stück „U.-Zertifikate" zum Gesamtpreis von 279.013,52 EUR.

In einer „Wertpapierabrechnung Kommissionsgeschäft: Kauf" vom 14. Februar 2007 berechnete die Beklagte einen Kurswert von 277.074,00 EUR und stellte – wie mit der Zedentin vereinbart – eine 0,7%ige Provision von 1.939,52 EUR in Rechnung. Aus dem Verkaufsprospekt war des Weiteren ersichtlich, dass eine Vertriebsvergütung von 3% auf den Ausgabepreis anfallen würde, dort als „Übernahme- und/oder Platzierungsprovision" bezeichnet. Auf den Zufluss dieser Provision bei der Bank wurde der Geschäftsführer der Zedentin von der beklagten Bank nicht hingewiesen. **134**

Am 16. Oktober 2008 veräußerte die Zedentin die Zertifikate für 116.091,79 EUR. **135**

Die dreijährige Verjährungsfrist des § 37a WpHG war vorliegend abgelaufen. **136**

2. Hintergrund

Mit dieser Entscheidung schließt der XI. Senat den Kreis zu seiner in diesem Buch als „Mutter als Kick-Back-Verfahren" bezeichneten Entscheidung vom 19. Dezember 2006[80]. Hier wie dort stand ein langjähriger Kunde in Rechtsform einer GmbH in Rede, welcher seine Ansprüche zur erleichterten zivilprozessualen Durchsetzung abtrat (sogenannte Zeugenschaftszession). Hier wie dort stand die Vergütung der beratenden Bank von dritter Seite in Rede, wobei der diesbezügliche Zahlungsfluss wirtschaftlich aus dem Vermögen des Anlegers gespeist wurde. **137**

Nun hatte allerdings der BGH zwischenzeitlich in seiner Serie von Lehman-Entscheidungen[81] deutlich gemacht, dass es häufig dem Zufall überlassen bleibt, in welchem rechtlichen Gewand die technische Abwicklung einer Wertpapiertransaktion für den Kunden erfolgt (Festpreisgeschäft bzw. Kommissionsgeschäft). Des Weiteren hat sich der BGH beim Festpreisgeschäft dahingehend festgelegt, dass eine neben der Gewinnmarge vom Kunden an die Bank direkt bezahlte offen ausgewiesene Vertriebsvergütung nicht dazu führt, dass die Bank den Kunden über ihre daneben bestehende Gewinnmarge etwa aufzuklären hätte. **138**

3. Problemstellung

Die vorliegende Sachverhaltskonstellation ist durch ein Doppeltes geprägt: Zum einen liegen vorliegend echte Rückvergütungen im Sinne der sich nunmehr präzise entwickelten Rechtsprechung des Bundesgerichtshofes vor: Der Zufluss von umsatzabhängigen Vertriebsprovisionen von dritter Seite an eine beratende Bank, wobei die Quelle diesbezüglich offen ausgewiesene Positionen für Vertriebsdienstleistungen war, ohne dass dem Kunden der Zufluss dieser Beträge an die beratende Bank offenbart worden war. **139**

Dies allein ließ der XI. Senat beim Zertifikaterwerb mittels (häufig dem Zufall überlassenen[82]) Kommissionsgeschäft für eine diesbezügliche Aufklärungspflicht aber dann nicht ausreichen, wenn der Kunde über die genannte Vertriebsvergütung von dritter Seite hinaus an die Bank selbst keinerlei weitere direkte Vergütungsbestandteile[83] zu leisten hatte. Ändert sich an dieser Betrachtungsweise dann etwas, wenn – wie hier – **140**

---

[80] → § 3 Rn. 40 ff.
[81] Siehe zu Lehman 1 und 2 → § 4 Rn. 102–134; siehe zu Lehman 3 → § 3 Rn. 119 ff.
[82] → § 4 Rn. 131.
[83] Siehe hierzu Lehman 2, → § 4 Rn. 130.

der Kunde eine aus der Wertpapierabrechnung ersichtliche offene direkte Vergütung an die beratende Bank zu leisten hatte? Diese Sachverhaltskonstellation hatte der XI. Senat des BGH in den zurückliegenden Entscheidungen ausdrücklich nicht mitentschieden, sondern offengelassen[84].

4. Entscheidung

141   Der BGH befasste sich zunächst mit den Einwänden der beklagten Bank im Hinblick auf die Aktivlegitimation der Klägerin. Die vorliegend in Rede stehende Zeugenschaftszession wird vom BGH weder unter dem Gesichtspunkt des Kapitalerhaltungsgebotes des § 30 GmbHG, noch unter dem Gesichtspunkt des Missbrauchs der Vertretungsmacht des Geschäftsführers und auch nicht als Scheingeschäft nach § 117 Abs. 1 BGB für unwirksam erachtet. Der BGH hält fest, dass das Verfahren, dem eigentlich Berechtigten durch Übertragung der Aktivlegitimation auf einen Dritten im Prozess eine Zeugenstellung zu verschaffen, von Rechts wegen nicht zu beanstanden ist[85].

142   Der XI. Senat befasste sich sodann mit materiellen Aspekten. Er verweist zunächst darauf, dass er bislang die Frage ausdrücklich offengelassen habe, ob im Falle der Vereinbarung eines Kommissionsgeschäfts eine beratungsvertragliche Aufklärungspflicht der Bank über eine unmittelbar vom Emittenten eines Wertpapiers an die Bank zufließende Provision besteht, wenn der Kunde seinerseits eine Provision an die Bank zahlt.

143   Er bejaht die Frage nunmehr für den Fall, dass die als Kaufkommissionärin des Kunden auftretende Bank von diesem eine Provision für sich vereinnahmt und gleichzeitig von der Emittentin eine Vertriebsvergütung erhält. In diesem Fall gehe der Anleger nämlich bei der gebotenen normativ-objektiven Betrachtungsweise davon aus, dass das Gewinnerzielungsinteresse der Bank ausschließlich durch das von ihm geleistete Entgelt befriedigt werde. Er rechnet also damit, dass der Kommissionär allein die Kundeninteressen als Kommittent wahrnimmt und sich bei den Ratschlägen ausschließlich von sachlichen Gesichtspunkten leiten lässt. Bezieht die Bank jedoch vom Emittenten ebenfalls eine Vertriebsvergütung, lässt sie sich gewissermaßen von beiden Seiten bezahlen, so der BGH. Dies löst einen von der Bank geschaffenen schwerwiegenden Interessenkonflikt aus, welcher beim Kunden eine Fehlvorstellung über die Neutralität der Beratungsleistung der Bank hervorruft. Wenn die Bank diese ihre Doppelrolle offenbart und den Kunden über den geplanten oder bereits erfolgten Erhalt der Vertriebsprovision sowie über deren Höhe aufklärt, kann diese Fehlvorstellung behoben werden.

144   Der BGH hält an dieser Stelle nochmals ausdrücklich fest, dass Grundlage für die Aufklärungspflicht gerade nicht die kommissionsrechtliche Herausgabe- und Rechenschaftspflicht ist[86]. Grund der Aufklärungspflicht beim entgeltlichen Kommissionsgeschäft ist vielmehr, dass dem Kunden das zusätzliche Umsatzinteresse der Bank verborgen bleibt, der von der doppelten Vergütung nichts weiß.

145   Die Tatsache, dass aus Sicht des Anlegers die Abwicklung des vergüteten Kommissionsgeschäftes in wirtschaftlicher Hinsicht nichts anderes ist, als bei einem Eigengeschäft der Bank[87], lässt der BGH hier nunmehr nicht ausreichen: Entscheidend sei – so

---

[84] Siehe hierzu insbesondere Lehman 3 → § 3 Rn. 119 ff.
[85] Unter Verweis auf VI ZR 129/06.
[86] Siehe hierzu Lehman 3, → § 3 Rn. 127 unter Außerachtlassung tragender Gründe seiner Rechtsprechung zu echten Rückvergütungen (2. Auflage § 3 Rn. 124).
[87] Diese wirtschaftliche Betrachtungsweise legte der BGH ja bei Lehman 3 an den Tag, → § 3 Rn. 125.

§ 3. Die Haftung für Vergütungen

der BGH –, dass vorliegend in Anbetracht der Doppelvergütung das für den Kunden dem Grunde nach offensichtliche Gewinninteresse der Höhe nach über das unmittelbar vom Kunden erhaltene Entgelt hinaus geht.

Sodann musste sich der BGH mit der Verjährungsfrage befassen: Er greift insoweit die von ihm bereits in der Vergangenheit auch bei Verjährung von Ansprüchen aus fahrlässiger Pflichtverletzung statuierte Verschuldensvermutung des § 280 Abs. 1 S. 2 BGB auf[88]. Das Berufungsgericht hatte festgestellt, dass die Beklagte einen auf ihrer Seite vorliegenden, den Vorsatz ausschließenden Rechtsirrtum nicht dargelegt und bewiesen hat. Die nicht beweisbewehrte Behauptung der Beklagten, weder sie noch der konkret tätige Kundenberater seien zum Zeitpunkt des Kaufs der Wertpapiere der Ansicht gewesen, es hätte eine Aufklärungspflicht bestanden, reicht diesbezüglich nicht aus, da der veröffentlichten Rechtsprechung zum Zeitpunkt der streitigen Anlageberatung entnommen werden musste, dass auch bei Konstellationen – wie der hier vorliegenden – die von dritter Seite gezahlten Provisionen zu offenbaren waren. 146

Abschließend äußert sich der BGH zur Frage der Kausalität der Aufklärungspflichtverletzung für die Anlegerentscheidung. Grundsätzlich trägt die beklagte Bank die Darlegungs- und Beweislast für die Behauptung, die Zedentin hätte die Zertifikate auch bei gehöriger Aufklärung über die Vertriebsvergütung erworben[89]. Das Berufungsgericht hatte sich aber von dem Beklagtenvortrag, wonach sich der Anleger in der Vergangenheit trotz Kenntnis von einer konkreten Rückvergütung nicht von dem Erwerb einer Beteiligung habe abhalten lassen, nicht beeindrucken lassen. Aus Sicht des Senats können sich relevante Indizien für die fehlende Kausalität sowohl aus dem vorangegangenen, als auch aus dem nachfolgenden Anlageverhalten des Anlegers ergeben. Die Kenntnis des Anlegers von Provisionen oder Rückvergütungen, die die beratende Bank bei vergleichbaren früheren Anlagegeschäften erhalten hat, kann ein Indiz dafür sein, dass der Anleger die empfohlene Kapitalanlage auch in Kenntnis der Rückvergütung erworben hätte. Vor diesem Hintergrund hob der BGH die Entscheidung des Berufungsgerichts auf und verwies die Sache zur weiteren Entscheidung zurück. 147

5. Fazit

In einer Nussschale befinden sich vorliegend sämtliche relevanten Aspekte, die bei Haftungssachverhalten einer beklagten Bank im Zusammenhang mit deren Vergütung zu berücksichtigen sind. 148

Der BGH lässt zunächst den prozessualen Kunstgriff der Zeugenschaftszession zu. Der BGH hält des Weiteren fest, dass die „Doppelvergütung" der Bank dann Aufklärungspflichten auslöst, wenn Kommissionsgeschäfte gewählt werden. Der BGH setzt sich des Weiteren mit Verjährungsfragen auseinander und löst die Angelegenheit schließlich[90] über die Kausalitätsfrage. 149

Letzterer Aspekt ist der einzig erfreuliche. Oft hat man den Eindruck, dass sich der XI. Senat selbst im Dschungel seiner von ihm geschaffenen Rechtsprechung zu Vergütungsfragen der beratenden Bank nur mit Mühe zu Recht findet. 150

Der Bank diesbezüglich im Hinblick auf den Verschuldensmaßstab vorsätzliches Täuschen des Anlegers vorzuwerfen, ist nicht nachvollziehbar. Wenn schon zahlreiche Berufsrichter den Ausweg aus dem genannten Dschungel nicht finden und in der Literatur 151

---

[88] → § 14 Rn. 66 f.
[89] Der BGH verweist hier auf sein Urteil XI ZR 262/10, → § 2 Rn. 132.
[90] Wie in der ersten Auflage dieses Buches bereits prognostiziert, 1. Auflage § 3 Rn. 140.

heftigster Streit über die Angemessenheit und insbesondere die Vorhersehbarkeit dieser Rechtsprechung tobt, kann zu Beginn des Jahres 2007 nicht von einer vorsätzlichen Täuschung des Bankkunden ausgegangen werden.

152 Dass die Sachverhalte der Vergangenheit durch § 37a WpHG und die nunmehr geltende dreijährige kenntnisabhängige Verjährung befriedet werden sollten, liegt auf der Hand; dies über den vermuteten Vorsatz aufzubohren und diesbezügliche Verteidigungsargumente der Bank nicht zu hören, führt zu einer unangemessenen Verlängerung dieser Fristen, auch wenn dies in Zukunft aller Voraussicht nach nicht mehr von Relevanz sein wird[91].

IX. Venire contra factum proprium

BGH Urteil vom 8. April 2014 – XI ZR 341/12

1. Sachverhalt

153 Der Kläger, gelernter Bankkaufmann und Diplom-Betriebswirt und seit 1970 Kunde der Beklagten, kapitalmarkterfahren, erwarb am 21. Oktober 2000 über die Beklagte einen Anteil an einem Medienfonds mit Rechtsform einer KG im Wert von EUR 511.291,88 (DM 1.000.000,00). Er finanzierte den Anlagebetrag mit EUR 231.103,93 Eigenkapital und in Höhe von EUR 280.187,95 durch ein Darlehen einer Drittbank.

154 Der Kläger hatte in der Vergangenheit bei anderen – ebenfalls über die Beklagte erworbenen – Kapitalanlagen regelmäßig nach Preisnachlässen gefragt und diese auch erhalten; vor der Zeichnung des hier streitgegenständlichen Medienfonds hatte der Kläger bereits einen Parallelfonds über eine andere Bank gezeichnet; Ende 2000 hielt der Kläger bei der Beklagten Festgelder in Höhe von rund DM 2,3 Mio.

155 Auch bei der hier streitgegenständlichen Medienfonds-Emittentin hatte der Kläger vor Zeichnung nach einem Preisnachlass gefragt, aber keinen erhalten. Die Beklagte, vertreten durch ihren Mitarbeiter, teilte dem Kläger auf dessen Nachfrage hin die Höhe deren Provision vor Zeichnung nicht mit; die Prospektangaben enthielten keine Hinweise auf die Höhe der an die Beklagte geflossenen Vergütung. Die Beklagte erhielt unstreitig für den Vertrieb der streitgegenständlichen Medienfonds eine umsatzabhängige Provision, die nach ihren eigenen Angaben 7% bezogen auf die vermittelte Bareinlage betrug.

156 Mit der Klage begehrt der Kläger von der Beklagten die Rückzahlung des von ihm aufgewandten Eigenkapitals abzüglich erhaltener Ausschüttungen zuzüglich Zinsen in Höhe von 4% als entgangenen Gewinn sowie Freistellung von allen Ansprüchen aus dem Darlehensvertrag.

2. Hintergrund

157 Der XI. Zivilsenat hatte – wohl auch beeinflusst durch den Wechsel im Vorsitz von Nobbe zu Wiechers – erkannt, welche Wellen an Anlegerreklamationen er mit seiner Rechtsprechung zur Aufklärung von Rückvergütungen verursacht hatte. Den „Kick-Back-Joker" zu ziehen, wurde zum Standardrepertoire eines jeden Anlegeranwalts; es sind Regressfälle bekannt, in denen Anlegeranwälten von Nachfolgern im Mandat der Vorwurf gemacht wird, den Kick-Back-Joker in der Tasche gelassen zu haben.

---

[91] → § 14 Rn. 17.

Diesen Wildwuchs einzudämmen – jedenfalls was Sachverhalte anbelangt, die sich in 158
Zeiträumen ereigneten, zu denen beratende Banken (noch) nicht von den Anforderungen der Rechtsprechung zur Aufklärung über derartige Vergütungsbestandteile ausgingen, wie insbesondere Zeiträume vor Erlass der „Mutter-aller-Kick-Back-Verfahren"-Entscheidung[92] – wie hier – war in der Folgezeit Ziel der Rechtsprechung.

3. Problemstellung

Vorliegend stand eine Anlegerinvestition nicht etwa eines Kleinsparers, sondern 159
eines hoch vermögenden Anlegers mit einer Einzelinvestition in Höhe von DM 1.000.000,00 in Rede. Dem Anleger war bewusst, dass die Dienstleistung der beratenden Bank nicht etwa unentgeltlich sein würde, sondern diese aus der Transaktion wirtschaftliche Vorteile erhalten würde, auch wenn diese nicht unmittelbar vom Kunden bezahlt wurden.

Auf Nachfrage erhielt der Kunde keine Antwort, zeichnete aber dennoch. Würde 160
der BGH diese Sachverhaltskonstellation über die Pflichtverletzung lösen oder aber im Wege der Kausalität, des Mitverschuldens bzw. der Verjährung argumentieren müssen?

4. Entscheidung

Der BGH musste sich zunächst – wie in jüngerer Zeit gerade im Bereich der Haftung 161
bei Kapitalanlagen sehr häufig – mit der zivilprozessualen Fragestellung einer beschränkten Revisionszulassung befassen; nach ständiger Rechtsprechung des BGH kann die Revision aber nicht auf die Frage der Verjährung beschränkt werden, so der XI. Zivilsenat. Fehlt es an einer wirksamen Beschränkung der Zulassung, so ist nicht etwa die Zulassung, sondern allein die Beschränkung unwirksam.

Der BGH ist sodann der Rechtsauffassung, dass nicht etwa lediglich eine Anlagever- 162
mittlung, sondern ein konkludent geschlossener Anlageberatungsvertrag zustande gekommen ist. Lapidar hält der XI. Senat fest, dass eine Bank regelmäßig Anlageberaterin und nicht lediglich reine Anlagevermittlerin ist[93].

Der BGH wendet sich sodann der Frage zu, ob die Beklagte ihre Pflicht zur Aufklä- 163
rung des Klägers verletzt hat und geht an dieser Stelle einen überraschenden Weg: Zwar verweist der BGH zunächst auf seine gefestigte Rechtsprechung, wonach – wie hier – über echte Rückvergütungen, das heißt regelmäßig umsatzabhängige Provisionen, die nicht aus dem Anlagevermögen, sondern aus offen ausgewiesenen Provisionen, wie zum Beispiel Ausgabeaufschlägen und Verwaltungsvergütungen gezahlt werden, aufzuklären ist, sofern die Pflicht zur Aufklärung eine Bank trifft. Wenn aber trotz konkreter Nachfrage des Klägers die Mitteilung der Höhe der Provision ausdrücklich verweigert wird und der Kläger danach gleichwohl zeichnet, verhält der Kläger sich widersprüchlich, wenn er später von der Bank Schadenersatz wegen fehlender Aufklärung über diese Rückvergütung geltend macht (Einwand des venire contra factum proprium).

Der BGH gibt sodann den Rechtsuchenden noch weitere Aspekte einer typischen 164
Anlegerreklamation der Haftung bei Kapitalanlagen mit auf den Weg:

Die Beklagte hatte den Kläger als Partei dafür angeboten, die Anlage auch bei 165
Kenntnis über die Höhe der Rückvergütung gezeichnet zu haben. Das OLG hatte

---

[92] → § 3 Rn. 40 ff.
[93] Beschl. v. 9. März 2011 – XI ZR 191/10; vgl. Abschnitt „Entscheidungen, die es nicht in dieses Buch geschafft haben".

den Kläger nicht als Partei vernommen, sondern diesen lediglich informatorisch angehört, § 141 Abs. 1 ZPO. Der BGH hält fest, dass – beantragt der Gegner die Parteivernehmung – diese nicht unter Hinweis auf die Anhörung abgelehnt werden kann.

166 Was die Verjährung anbelangt, verweist der BGH darauf, dass vorliegend die subjektiven Voraussetzungen des Verjährungsbeginns gemäß § 199 Abs. 1 Nr. 2 BGB bereits bei Zeichnung der Beteiligung erfüllt waren, da der Kläger bereits zu diesem Zeitpunkt wusste, dass die Beklagte für ihre Beratungsleistung eine – der Höhe nach streitige – Provision erhielt. Somit begann die dreijährige Verjährungsfrist bereits gegen Ende des Jahres 2000 zu laufen; der Anspruch des Klägers – unterstellt ein solcher bestünde – wäre mithin verjährt.

5. Fazit

167 Der BGH erteilt der Anlegerreklamation unter Zuhilfenahme des „Kick-Back-Jokers" in vorliegender Sachverhaltskonstellation an mehreren Stellen eine deutliche Absage. Begrüßenswert ist, wenn dem Kläger bereits versagt wird, sich auf die Pflichtverletzung nach den Grundsätzen von § 242 BGB zu berufen. Weitergehend wird aber auch an der Weichenstellung Kausalität sowie schließlich an der „Verjährungsschraube" gedreht.

168 Ob diese Entscheidung des BGH dadurch motiviert ist, dass vorliegend ein sehr vermögender Investor in Schranken gehalten wurde, lässt sich aus den Urteilsgründen nicht entnehmen. Es ist dies das einzige Störgefühl, welches den unbefangenen Leser bei Studium der Entscheidungsgründe beschleicht.

X. Flächendeckendes Transparenzgebot ab dem 1. August 2014

BGH Urteil vom 3. Juni 2014 – XI ZR 147/12

1. Sachverhalt

169 Der Kläger beteiligte sich nach vorangegangener Beratung des Mitarbeiters eines Bankhauses an einem Immobilienprojekt. Dieser hatte einen erheblichen Erlös aus der Veräußerung einer Unternehmensgruppe erzielt. Mit notariell beurkundetem Vertrag vom 27.12.1996 kaufte er zu diesem Zweck mehrere Grundstücke; die Verkäuferin verpflichtete sich zur Errichtung eines Einkaufs- und Erlebniszentrums. Des Weiteren hatte die Verkäuferin eine Mietgarantie übernommen. Vom Gesamtkaufpreis in Höhe von DM 52.175.000,00 entfiel ein Teilbetrag in Höhe von DM 24 Mio. auf ein Darlehen, welches der Kläger bei der Beklagten aufnahm.

170 Die „Initiatoren", Gesellschafter der Verkäuferin der Grundstücke, an die der Kläger den Kaufpreis bezahlte, leisteten in den Jahren 1997 und 1998 an die Beklagte eine Provision in Höhe von DM 1.350.000,00 für die Vermittlung des Vertragsabschlusses.

171 Der Mitarbeiter der Beklagten hatte dem Kläger vor Beurkundung eine vollständige Vermietung des Einkaufs- und Erlebniszentrums zugesagt. Ein Hinweis auf die Provisionszahlungen erfolgte nicht.

172 Am 1. April 2005 wurde über das Vermögen der Verkäuferin das Insolvenzverfahren eröffnet.

2. Hintergrund

Wie aus den vorstehenden Entscheidungen ersichtlich, war das „Gespenst einer Aufklärungspflicht über Vergütungsbestandteile beratender Banken" seit der Entscheidung vom 19. Dezember 2006 aller Munde. In der Folgezeit wurden drei Fallgruppen herausgebildet, die es zu unterscheiden galt:

Echte Rückvergütungen, das heißt umsatzabhängige Vergütungen von dritter Seite, gespeist aus dem offen ausgewiesenen Block der Weichkosten; Innenprovisionen, das heißt Zuwendungen, welche im Erwerbspreis eines Anlageobjekts versteckt sind und mithin eine Werthaltigkeit vorgaukeln, welche so tatsächlich nicht gegeben ist; und schließlich sonstige Erlöse beratender Banken insbesondere aus der Konzeption eigener Produkte, aber auch im Zusammenhang mit dem Vertrieb von Fremdprodukten.

Während gerade in Anbetracht der Entwicklung der vorstehend in diesem Abschnitt dargestellten Rechtsprechung ua vom Autor die These vertreten wurde, der BGH würde sich vom aufklärungspflichtigen Interessenkonflikt im Zusammenhang mit der Vergütung einer beratenden Bank mehr und mehr lösen[94], geht der BGH in dieser Grundsatzentscheidung ermutigt durch gesetzgeberische Aktivitäten in eine völlig andere Richtung.

3. Problemstellung

Wie soll eine angemessene Anlegeraufklärung im Zusammenhang mit Vergütungen beratender Banken aussehen? Soll in Anbetracht des besonderen Vertrauensverhältnisses zwischen Bank und Bankkunde jeglicher Erlösbestandteil aufklärungspflichtig sein? Soll – als extreme Gegenposition – in einem marktwirtschaftlichen Umfeld der mündige Bürger selbst entscheiden, ob er ein Investment tätigen möchte, oder nicht und hier keinerlei Einblick in die Erlöskalkulation seines Ratgebers haben, zumal dieser ja auch am Ertrag des Kunden nicht unmittelbar partizipiert? Oder soll eine Mischform dergestalt gewählt werden, dass entweder mit Schwellenwerten gearbeitet wird, deren Überschreiten eine Aufklärungspflicht erst auslöst oder aber Fallkonstellationen bzw. Produktgruppen herausgearbeitet werden, welche aufklärungspflichtig sind und andere nicht.

Letztendlich entschied sich der BGH für die letztgenannte Alternative und räumte mittels der vorliegenden Entscheidung aber das bislang bestehende „Durcheinander" für die Zukunft, mithin für Anlageberatungssachverhalte ab dem 1. August 2014 in weiten Teilen auf.

4. Entscheidung

Der BGH löst in vorliegender Entscheidung zunächst die streitgegenständliche Fallkonstellation, um sodann für die Zukunft, mithin mit Wirkung vom 1. August 2014, also nahezu zwei Monate nach der Entscheidungsverkündung, die Rechtslage zu glätten. Er gibt zudem für die Vergangenheit „Entwarnung".

Der BGH erteilt zunächst der Sichtweise des Oberlandesgerichts dahingehend eine Absage, als es sich bei den vorliegend streitgegenständlichen Provisionszahlungen nicht um echte Rückvergütungen im Sinne der ständigen Rechtsprechung handelt. Er betont nochmals, dass aufklärungspflichtige Rückvergütungen in diesem Sinne regelmä-

---

[94] Zoller, Das Ende des Kick-Back-Jokers im Kapitalanlagerecht, BB 2013, 520.

ßig umsatzabhängige Provisionen sind, die im Gegensatz zu versteckten Innenprovisionen nicht aus dem Anlagevermögen, sondern aus offen ausgewiesenen Provisionen wie zB Ausgabeaufschlägen und Verwaltervergütungen gezahlt werden, deren Rückfluss an die beratende Bank aber nicht offenbart wird. Der Anleger hat hier zwar keine Fehlvorstellung über die Werthaltigkeit der Anlage an sich; er kann jedoch das besondere Interesse der beratenden Bank an der Empfehlung gerade dieser Anlage nicht erkennen.

180 Der streitgegenständliche Sachverhalt war aber so gelagert, dass die hier in Rede stehende Vertriebsprovision versteckt aus dem Anlagebetrag selbst gezahlt wurde.

181 Der BGH wandte sich sodann der Aufklärungspflicht bei sogenannten „Innenprovisionen" zu[95]. Der BGH führt an dieser Stelle zunächst die diesbezüglich vertretenen Auffassungen in Rechtsprechung und Literatur auf, um sodann auf die Rechtsprechung des III. Senats Bezug zu nehmen, welcher im Falle des Vorliegens von Innenprovisionen von einer Aufklärungspflicht erst ab einer Größenordnung von 15%[96] des Anlagebetrages ausgeht, welche vorliegend nicht erreicht waren. Ohne dass sich der XI. Senat hier für die Vergangenheit abschließend festlegen möchte, hält er der beratenden Bank in Anbetracht dieser Gemengelage einen unvermeidbaren Rechtsirrtum zugute. Anders, als im Bereich der echten Rückvergütungen[97], geht der BGH im Falle der Innenprovisionen, welche die Schwelle von 15% nicht übersteigen, davon aus, dass sich anlageberatende Banken bis zu der Veröffentlichung dieser Entscheidung in einem unvermeidbaren Rechtsirrtum über das Bestehen einer Aufklärungspflicht befunden haben, sodass der Bank jedenfalls kein Fahrlässigkeitsvorwurf gemacht werden kann. Mit einer von der Höhe unabhängigen Aufklärungspflicht über den Empfang von Innenprovisionen unter dem Gesichtspunkt der Interessenkollision mussten die Banken daher bislang nicht rechnen, so der BGH.

182 Der Senat blickt sodann in die Zukunft und hält fest, dass für Beratungsverträge ab dem 1. August 2014 davon auszugehen ist, dass eine beratende Bank stets über den Empfang versteckter Vertriebsprovisionen von Seiten Dritter aufklären muss. Dies führt dazu, dass jedenfalls zukünftig nicht mehr danach unterschieden werden muss, ob die Provision offen ausgewiesen, oder im Anlagebetrag versteckt ist. Der BGH begründet dies mit mehreren Gesetzesnovellen des deutschen Gesetzgebers, was zu einem zwischenzeitlich nahezu flächendeckenden aufsichtsrechtlichen Transparenzgebot geworden sei. Namentlich erwähnt werden das Finanzmarktrichtlinie-Umsetzungsgesetz vom 16. Juli 2007, das Gesetz zur Novellierung des Finanzanlagenvermittler- und Vermögensanlagenrechts vom 6. Dezember 2011, sowie das Gesetz zur Förderung und Regulierung einer Honorarberatung über Finanzinstrumente vom 15. Juli 2013. Mithin sind Wertpapierdienstleistungsunternehmen, welche Anlageberatung erbringen, verpflichtet, den Kunden vor Beginn der Beratung und vor Abschluss des Beratungsvertrages darüber zu informieren, ob die Anlageberatung als Honorar-Anlageberatung erbracht wird. Sofern die Anlageberatung nicht als Honorar-Anlageberatung erbracht wird, ist der Kunde darüber zu informieren, ob im Zusammenhang mit der Anlageberatung Zuwendungen von Dritten angenommen und behalten werden dürfen. Bei Vorliegen einer Honorar-Anlageberatung dürfen Zuwendungen Dritter grundsätzlich nicht angenommen werden. Diese ausschließlich öffentlich-rechtlicher Natur unterliegenden Verhaltens-, Organisation- und Transparenzpflichten wirken auch auf das zivilrechtliche

---

[95] → hierzu auch § 5 Rn. 59 ff.
[96] → § 5 Rn. 61.
[97] → § 3 Rn. 9 ff.

Schuldverhältnis zwischen Wertpapierdienstleistungsunternehmen und Kunde dergestalt ein, dass der Senat es für angezeigt erachtet, diesen Gedanken auch bei der Bestimmung des Inhalts eines Beratungsvertrages zu berücksichtigen. Der Anleger kann nunmehr für die Bank erkennbar eine entsprechende Aufklärung im Rahmen des Beratungsvertrages erwarten. Dieses Transparenzgebot prägt künftig das Kapitalanlagerecht, sodass es auch nicht darauf ankommen wird, ob das konkrete streitgegenständliche Anlagegeschäft einem der genannten aufsichtsrechtlichen Ge- oder Verbote unterfällt, oder nicht.

5. Fazit

Mit dieser Entscheidung betritt der XI. Senat des BGH ab dem 1. August 2015 für Banken haftungsrechtliches Neuland. Die feinsinnige Unterscheidung zwischen echten Rückvergütungen, die aus offen ausgewiesenen Weichkosten gespeist werden, und Innenprovisionen, welche sich im Anlagebetrag verstecken, entfällt künftig. Der BGH hält eine anlageberatende Bank mithin künftig für auch haftungsrechtlich verpflichtet, über jegliche Zuwendungen Dritter aufzuklären. Ob und wie dies der III. Zivilsenat im Rechtsverhältnis zu freien Vermittlern lösen wird, ist ebenso unklar, wie die Frage, welche sonstigen Erlösbestandteile aufklärungspflichtig sind. Der BGH hält andererseits konsequent daran fest, Gewinne aus der Konzeption eigener Produkte sowie aus der Anschaffung und Veräußerung von Fremdprodukten nicht unter eine Aufklärungspflicht zu subsumieren. Auch hier bleibt die weitere Entwicklung abzuwarten. 183

XI. Vermittlungsprovision der Bank bei Lebensversicherung

BGH Urteil vom 1. Juli 2014 – XI ZR 247/12

1. Sachverhalt

Im Rechtsstreit zwischen dem Kläger und beklagter Bank steht eine fehlerhafte Beratung im Zusammenhang mit einer Immobilienfinanzierung in Rede. 184

Der Kläger, ein erfahrener selbständiger Vermessungsingenieur, hatte bereits mehrere gewerbliche Immobilienkäufe fremdfinanziert hatte. Er beabsichtigte die gewerbliche Errichtung einer Wohnanlage und fragte eine Teilfinanzierung bei der Beklagten an. Am 14. Dezember 1995 schloss der Kläger mit einer damaligen Tochterunternehmung der Beklagten, einer Versicherung, einen Darlehensvertrag über DM 600.000,00 ab und vereinbarte, dass die Tilgung des Darlehens zur Endfälligkeit am 1. Dezember 2015 in voller Höhe durch eine auf Empfehlung des Mitarbeiters der Beklagten mit der Versicherung abgeschlossene Kapitallebensversicherung erfolgen sollte. Die Beklagte erhielt von ihrer Tochtergesellschaft, der Versicherung, für die Vermittlung der Lebensversicherung eine Vermittlungsprovision, ohne dies dem Kläger mitzuteilen. 185

Tatsächlich reichte die Ablaufleistung aus der Lebensversicherung nicht zur Tilgung des Darlehens aus. 186

2. Hintergrund

Die in den vergangenen 20 Jahren sukzessive im Wege des Case Law entwickelte Haftung bei Kapitalanlagen gewinnt mehr und mehr auch im Bereich des Vertriebs von Lebensversicherungen an Bedeutung. Gesetzliche Regulierungen (wie die Einfüh- 187 rung eines Beratungsprotokolls), Unzufriedenheit mit der Qualität von Strukturvertrieben, aber auch überzogene Renditeerwartungen führen dazu, dass sich die Zivilgerichte verstärkt mit der Frage zu befassen haben, ob der empfohlene Vertragsschluss kundengerecht ist.

188 Es ist dies an sich die Domäne des IV. Zivilsenats, welcher seinerseits Anleihen bei dem Bankensenat nimmt, siehe sein Grundsatzurteil vom 11.7.2012[98].

189 Im Schrifttum erntete der IV. Senat mit dieser Ansicht Kritik, sämtlich mit dem Tenor, Lebensversicherungen seien mit sonstigen Kapitalanlagen nicht (ohne Weiteres) vergleichbar.

3. Problemstellung

190 Vorliegend geht es um eine identische Problemstellung, wie soeben skizziert, allerdings aus dem Blickwinkel des XI. Senats als Bankensenat. Dieser hatte zu entscheiden, ob die in diesem Abschnitt dargestellte Vergütungs-Rechtsprechung bei Kapitalanlagen auch ohne Weiteres auf die Vermittlung einer Lebensversicherung durch eine beratende Bank anzuwenden ist. Das Ergebnis überrascht.

4. Entscheidung

191 Der XI. Senat musste sich zunächst erneut mit zivilprozessualen Sachverhaltsaspekten betreffend die beschränkte Revisionszulassung befassen[99], welche hier nicht interessieren.

192 In der Sache grenzt der BGH sodann zunächst Anlageberatungsverhältnisse, welche sich auf die Anlegerinvestition in Form einer Kapitalanlage beziehen, von Finanzberatungsverträgen ab, welche eine Finanzierung, und nicht die Anlage eines Geldbetrages betreffen. Ein Beratungsvertrag über eine Kapitalanlage kommt regelmäßig konkludent dann zustande, wenn ein Anlageinteressent an ein Kreditinstitut oder der Anlageberater einer Bank an einen Kunden herantritt, um über die Anlage eines Geldbetrages beraten zu werden bzw. zu beraten. Betroffen sind hier die Investitionen von Finanzmitteln durch den Anleger.

193 Fragt ein Anleger demgegenüber eine Finanzierung und nicht die Anlage eines Geldbetrages an, ist dies ein ganz anderer Vertragstypus. Vorliegend wurde der Kläger über Finanzierungsmöglichkeiten beraten und entschied sich sodann für eine Kombination aus endfälligem Darlehen und zu dessen Tilgung bestimmter Lebensversicherung. Die auch vorliegend konkludent vereinbarten Beratungsleistungen der Beklagten hatten zumindest nicht die Anlage von Kapital des Klägers zum Gegenstand, sondern die Beschaffung von Finanzmitteln, die der Kläger anderweitig investieren wollte. Selbst wenn – wie hier – für den Kläger die Versicherung eines Todesfallrisikos nur von untergeordneter Bedeutung war, ändert dies nichts daran, dass nach der gebotenen wirtschaftlichen Betrachtungsweise die Lebensversicherung gerade nicht der Anlage von Kapital diente. Sie war vielmehr ausschließlich Teil eines Finanzierungskonzepts, auf das sich die Beratung der Beklagten bezog.

---

[98] IV ZR 164/11.

[99] Eine gerade in jüngerer Zeit häufig festzustellende Problematik, offensichtlich ausgelöst durch die zunehmende oberlandesgerichtliche Praxis im Bereich der Haftung bei Kapitalanlagen, die Auffassung des BGH nur zu bestimmten Rechtsfragen erfahren zu wollen.

Der BGH führt weiter aus, dass von der Rechtsprechung des Senats, auf Rückvergütungen ungefragt hinzuweisen, nur echte Rückvergütungen betroffen sind, welche aus regelmäßig umsatzabhängigen Provisionen, die offen ausgewiesen sind (wie zB Ausgabeaufschläge oder Verwaltungsvergütungen), gezahlt werden. Echte Rückvergütungen, über die die Beklagte hätte aufklären können, ist vorliegend nicht gegeben. 194

Drittens macht der BGH deutlich, dass eine allgemeine Pflicht einer Bank, ihren Kunden darüber aufzuklären, dass sie mit Produkten, die sie in ihrer Beratung empfiehlt, Gewinne erzielt, nicht besteht. Bei der gebotenen normativ-objektiven Betrachtungsweise ist es für einen Kunden nämlich offensichtlich, dass eine Bank eigene Gewinninteressen verfolgt; hierauf ist nicht gesondert hinzuweisen. Dass die Beklagte als Versicherungsvermittlerin gegen den Versicherer einen derartigen Provisionsanspruch besitzt, ist offensichtlich, so der BGH. Die Zahlung einer Provision durch die Versicherung an den Vermittler entspricht nämlich einem überkommenen, allgemein bekannten Handelsbrauch; dies gilt nicht nur für den Provisionsanspruch eines echten Versicherungsvertreters, der im Lager des Versicherers steht, sondern auch für den Versicherungsmakler, obwohl dieser treuhänderischer Sachwalter und Interessenvertreter gerade auch des Versicherungsnehmers ist. 195

Ansprüche auf Schadenersatz bestehen mithin nicht, auch wenn eine Bank für die Vermittlung einer Lebensversicherung eine verdeckte Provision von der Versicherung erhält. 196

5. Fazit

Die in der Sache gegenläufige Tendenz des IV. und XI. Zivilsenats überrascht: Während der IV. Senat durchaus Anleihen beim XI. Senat nimmt und die ihm sowohl im Bereich der Haftung dem Grunde nach, wie im Bereich der Verjährung unterbreiteten kapitalanlagerechtlichen Fragestellungen unter Zuhilfenahme der Rechtsprechung des XI. Senats zu lösen versucht, grenzt sich dieser im Hinblick auf Lebensversicherungsprodukte von seiner kapitalanlagerechtlichen Rechtsprechung ab und beurteilt die Sachverhalte insoweit mit zweierlei Maß. 197

Von besonderer Bedeutung ist, dass diese Entscheidung zeitlich nach der Entscheidung des BGH vom 3.4.2014[100] gefällt wurde, sodass an dieser Betrachtungsweise auch das ab dem 1.8.2014 geltende „flächendeckende Transparenzgebot" nichts ändern wird. 198

XII. Ausblick

Vergütungsrelevante Themen beherrschen die Rechtsprechung zu Anlageberatungssachverhalten seit der Entscheidung des XI. Zivilsenats vom 19. Dezember 2006 seit nahezu 10 Jahren. Gleichgültig, welches Produkt bei Kundenreklamationen in Rede steht, es gehört zwischenzeitlich zum guten Ton, Aufklärungsdefizite im Hinblick auf Vergütungen der beklagten Bank, wenn nicht ins Zentrum, sondern doch jedenfalls ins Blickfeld der Aufmerksamkeit zu rücken. 199

Sowohl das unveränderte Kundenverhalten nach Aufdeckung der Vergütungen von dritter Seite, wie die Tatsache der Marktgerechtigkeit des genannten Vergütungssystems weisen nach, dass die Annahme einer Schadenersatzverpflichtung bei Nichtaufdeckung unangemessen ist. Der BGH geht dennoch den entgegengesetzten Weg und fordert ab 200

---

[100] → Rn. 169 ff.

XII. Ausblick

dem 1.8.2014 jedenfalls zu Lasten einer anlageberatenden Bank die Aufdeckung jeglicher Rückflüsse von dritter Seite, gleichgültig, ob diese als echte Rückvergütungen oder als vormalige Innenprovisionen anzusehen sind.

201 Die Rechtsprechung der Instanzgerichte behilft sich letztendlich mit einem nunmehr auch vom BGH schon aus Eigennutz propagierten Weg, welcher bei sachgerechter Urteilsfindung dem Zugriff der dritten Instanz entzogen ist: Auch der Bundesgerichtshof arbeitet im Bereich der Kausalität zwischen Aufklärungsdefizit und Kundeninvestition nicht mit unwiderleglichen Vermutungen, sondern lässt den Nachweis offen, dass das in Rede stehende Aufklärungsdefizit für die Anlegerentscheidung nicht relevant war[101]. Auch hier gilt es freilich ein Mosaik zusammenzustellen, welches nur bei Berücksichtigung sämtlicher relevanter Aspekte ein vollkommenes Bild gibt. Steht am Ende der Betrachtung fest, dass das Kundenvertrauen pflichtwidrig enttäuscht wurde, spricht nichts gegen eine Schadenersatzpflicht. In vielen Fällen wird die Bezugnahme auf die Vergütung aber lediglich vorgeschoben sein, um die Folge fehlgeschlagener Investments auf Dritte überwälzen zu können.

---

[101] Zur mangelnden Widerlegung der Vermutung bei vom Kunden eingeräumter Alternativität der Handlungsverläufe aber wiederum BGH vom 14.4.2011, Az. III ZR 27/10.

§ 4. Derivate, Zertifikate, Hedgefonds etc.

Literatur:
Clouth, Aufklärungs- und Beratungspflichten bei Swaps, Schriftenreihe der bankrechtlichen Vereinigung, Bd. 37, 2016, S. 163.

I. Einführung

Die Finanzkrise beginnend mit der Insolvenzantragstellung der Lehman Brothers Holdings Inc. am 15.9.2008 mit all ihren Auswirkungen auf die Bonität vormals als unantastbar angesehener Marktteilnehmer, die am Kapitalmarkt gehandelten Zinsen[1] sowie die Entwicklung der Börsenindizes[2] hat nicht enden wollende Folgen für die Arbeitsbelastung deutscher Gerichte mit Anlegerklagen. Dabei ist es nicht nur so, dass hochspekulative Geschäfte, wie beispielsweise Währungs- oder Zinstauschgeschäfte, die im Vorhinein gehegte Erwartungshaltung nicht erfüllten und zu erheblichen Schäden im Vermögen der Kunden führten. Auch vermeintlich risikoarme Produkte, wie beispielsweise Zertifikate, welche mit einem Risikopuffer versehen waren, der aus damaliger Ex-ante-Perspektive mehr als ausreichend erschien, sodass diese Produkte auch risikoaversen Anlegern anempfohlen wurden, stürzten ab und Anleger ins finanzielle Unglück.

Dabei ist die Beschäftigung deutscher Gerichte mit enttäuschten Spekulationsgeschäften auf die Zukunft nicht gerade neu. Einer der spektakulärsten Fälle ereignete sich anlässlich der Terror-Anschläge des 11. September 2001, wie nachfolgend zu sehen sein wird.

1. Die „synthetischen" Produkte

Einem Großteil der in den nachfolgend zu besprechenden Entscheidungen enthaltenen Finanzprodukte kann das Adjektiv „synthetisch" hinzugefügt werden. Man bezeichnet damit eine ursprünglich im Interesse des Kunden erdachte Konstruktion, welche das Ergebnis von Finanztransaktionen abbildet, ohne dass der Kunde selbst die dafür an sich erforderlichen Mittel einsetzen muss. Beispiele hierfür sind zum einen Zins- und/oder Währungsswaps, bei welchen sich die Vertragspartner so behandeln, als hätten diese jeweils hohe Kreditbeträge in verschiedenen Währungen und zu verschiedenen, häufig variablen Zinsen aufgenommen. Durch den Tausch dieser synthetischen Kredite kommt es während der Laufzeit zu einer Verrechnung von Zinszahlungen mit dem Ergebnis, dass lediglich derjenige zu bezahlen hat, zu dessen Lasten die Zinsdifferenz zum jeweiligen Stichtag ausfällt; zum Laufzeitende werden die Entwicklungen der jeweiligen Währungsverläufe verglichen, was mit einer Zahllast der einen oder anderen Seite schließt. Das synthetische Element liegt darin, dass sich die Parteien so behandeln, als hätten diese jeweils die in Rede stehenden Kredite aufgenommen und bedient, ohne

---

[1] Siehe die Relevanz für zahlreiche Derivate.
[2] Siehe deren Auswirkung auf sog. „Puffer-Zertifikate", welche reihenweise rissen.

I. Einführung

dass dies tatsächlich der Fall ist. Ein weiteres Beispiel sind Zertifikate, deren Rendite sich anhand der Entwicklung eines jeden beliebigen Indices oder aber sonstigen Korbes an Investitionen bemisst. Auch hier ist der Anleger nicht gehalten, sein Vermögen tatsächlich in das in Rede stehende Bezugsprodukt zu investieren; vielmehr wird er lediglich so behandelt, als hätte diese Investition tatsächlich stattgefunden. Festzuhalten ist, dass es sich bei einem derart synthetischen Produkt keineswegs um ein solches handelt, welches etwa per se zu Lasten des Kunden konstruiert ist; im Gegenteil: Gerade durch die synthetische Konstruktion spart der Kunde eine Reihe an Gebühren sowie den Einsatz eigener liquider Mittel und wird häufig erst durch das Produkt überhaupt in die Lage versetzt, an der Wertentwicklung der Bezugsgröße teil zu haben.

4   Dennoch darf der Vorteil nicht den Blick davor verschließen, dass gerade durch die erleichterte Zugangsmöglichkeit des Kunden zu dem in Rede stehenden Produkt Risiken eingegangen werden, welche ohne dieses Produkt für den Kunden gar nicht relevant wären, da eine Investition für diesen Kunden nicht stattgefunden hätte. Die Rechtsprechung geht denn auch sehr kritisch mit derartigen Produkten um, indem dem Kunden häufig die Eigenverantwortlichkeit im Hinblick auf die Investition abgesprochen wird.

2. Die wichtigsten Derivate

5   Anlässlich der von Anlegeranwälten öffentlichkeitswirksam diskutierten Rechtsprechung des XI. Zivilsenats[3] wurde viel über die verschiedenen Typen von Risikogeschäften diskutiert, welche seitens der Großbanken sowohl professionellen wie Privatanlegern, aber auch Kommunen angeboten wurden.

6   Dabei gilt es – wie so oft – nicht etwa sämtliche Geschäftsvarianten über einen Kamm zu scheren, sondern sorgfältig danach zu differenzieren, welches Maß an Komplexität den einzelnen Geschäften inne wohnt und – daraus abgeleitet – welche Chance der Kunde hat, den Risikogehalt der Geschäfte zu verstehen, mithin eine eigenverantwortliche Anlageentscheidung zu treffen.

7   Die einfachste Form derartiger Derivate ist der Zins-Swap. Der Kunde ist bereits mit einem festverzinslichen Darlehen investiert oder beabsichtigt künftig eine Darlehensaufnahme und möchte sich bereits heute für den künftigen Zeitpunkt einen günstigen Zins sichern. Bezogen auf die Kreditvaluta vereinbart der Kunde mit der Bank daher den künftigen Erhalt einer variablen Zinszahlung der Bank an den Kunden gegen Zahlung eines festen Zinses seitens des Kunden an die Bank[4]. Die von der Bank erhaltenen Zinsen werden zur Bedienung des künftig noch zu vereinbarenden Darlehens mit variablem Zins verwandt, der aus heutiger Sicht günstige feste Zins – mit einer Marge zugunsten der Bank versehen – ist im Ergebnis die wirtschaftliche Belastung für den Kunden. Er zahlt mithin aus dem Swap feste Zinsen für ein Darlehen, da sich die variablen Zahlungsströme aufheben. Wenn der Kunde tatsächlich einen Kredit aufnimmt, ist der Swap per se auch kein riskantes Spekulationsgeschäft; ein solches wird es nur dann, wenn eine Darlehensaufnahme unterbleibt und der Kunde für die Laufzeit des Swap feste gegen variable Zinsen tauscht: In diesem Fall besteht das Höchstrisiko des Kunden darin, feste Zinsen zu bezahlen, ohne hierfür einen Gegenwert zu erhalten, wenn nämlich der variable Zins gegen Null fällt.

---

[3] → Rn. 21 ff.
[4] Sog. Forward-Payer-Swap.

§ 4. Derivate, Zertifikate, Hedgefonds etc.

Derartige Geschäfte können also auch losgelöst von einem Grundgeschäft und beispielsweise basierend auf Krediten mit verschiedenen Währungen abgeschlossen werden (sog. Cross Currency Swap). In diesem Fall verpflichtet sich der Kunde, einen Kredit in einer bestimmten Währung mit festen oder variablen Zinsen aufzunehmen und gewährt gleichzeitig der Bank einen Kredit in einer bestimmten Währung mit festen oder variablen Zinsen; in der praktischen Abwicklung werden hier lediglich Verrechnungspositionen erstellt. Je nach Währungsentwicklung entsteht für den Kunden während und am Ende der Laufzeit ein Vor- oder Nachteil, welcher unter Umständen größer ist, als der zu Beginn des Geschäfts für den Kunden erwartete Zinsvorteil. Auch ein derartiges Geschäft ist für einen durchschnittlichen Kunden nicht schwer zu durchschauen; anhand historischer Wechselkursverhältnisse können Wahrscheinlichkeitsszenarien gebildet werden, die dem Kunden deutlich vor Augen führen, welche Risiken er mit einem derartigen Geschäft eingeht.

8

Die Banalität derartiger Geschäfte mag an folgenden Beispielen illustriert werden: Ein Unternehmer entscheidet sich, einen variabel verzinslichen Kredit in Euro aufzunehmen. Er kann nun die Valuta ins Unternehmen stecken und – sofern das Unternehmen sich schlecht entwickelt – verlieren; er kann mit der Valuta am Aktienmarkt spekulieren und auch dort das Geld vollständig verlieren; er kann die Valuta aber auch in eine fremde Währung tauschen[5] und in dieser Währung Zinsen vereinnahmen; in all diesen Fällen bleibt es dabei, dass der Unternehmer unabhängig vom Gelingen seines Vorhabens mit der aufgenommenen Valuta am Ende der Laufzeit des Kredits zur Rückzahlung der feststehenden Valuta sowie während der Laufzeit zur Zahlung des Zinses verpflichtet ist. Entwickelt sich die von ihm eingetauschte Währung ungünstig, mag er im schlimmsten Falle auf einem Schaden sitzen, welcher in Höhe der aufgenommenen Darlehensvaluta nebst der dafür zu bezahlenden Zinsen besteht[6]. Entscheidet sich der Unternehmer demgegenüber, einen Kredit nicht in Euro, sondern wegen der günstigeren Zinsen etwa in Schweizer Franken oder in Britischen Pfund aufzunehmen, hat er mit Risiken zu kämpfen, welche er bereits am eigenen Leibe verspürt hat, sofern er nur einmal in London oder in der Schweiz sechs Monate vor Urlaubsantritt ein Hotelzimmer gebucht hat: Entwickelt sich die Währung ungünstig, kann dies teurer werden, als geplant. Tauscht der Unternehmer die aufgenommene Fremdwährungsvaluta in Euro und erhält er hierauf variable Zinsen, so bleibt es dabei, dass er am Ende der Laufzeit des aufgenommenen Kredits diesen in der aufgenommenen Währung zurückzuführen hat und während der Laufzeit in dieser Währung Zinszahlungen zu erbringen sind. Insoweit besteht zwar bei Verfall des Euro im Vergleich zur Fremdwährung in der Tat ein unbeschränktes Verlustrisiko, welches dem Kunden sein gesamtes Vermögen kosten kann, doch ist ein derartiges Geschäft – auch wenn es synthetisch abgebildet wird und tatsächlich ein Geldtausch nicht stattfindet – weder besonders schwer zu durchschauen, noch bedarf es hier finanzmathematischer Berechnungen.

9

Das komplexeste der üblichen Derivate ist der CMS Spread Ladder Swap. Bei diesem hochkomplexen Geschäft wird auf die Entwicklung der Differenz zwischen der Zinsen für kurzfristige Darlehen und derjenigen für langfristige Darlehen spekuliert, wobei

10

---

[5] Swap = Tausch.
[6] In dieser Sachverhaltskonstellation (also bei Kreditaufnahme in Euro) ist die von der Rechtsprechung des XI. Zivilsenats bemühte Gefahr eines unbeschränkten Verlustrisikos nicht gegeben, sofern man eine solche nicht aus dem theoretischen ins Unendliche steigenden Risiko etwa vereinbarter variabler Zinsen ableiten möchte.

schon aufgrund der zum Einsatz kommenden mathematischen Formeln eine gründliche Beschäftigung mit den Parametern des Geschäfts notwendig ist, um dieses zu verstehen. Dies liegt allein darin, dass in diesen Formeln häufig bis zu vier Unbekannte Verwendung finden, wobei sich die Formel selbst ohne weiteres über eine gesamte DIN A4 Seite erstrecken kann. Hier ist in der Tat eine vertiefte Beschäftigung mit dem Geschäft erforderlich, um dieses überhaupt zu verstehen.

3. Schützt das Verbot, die Spielbank zu betreten, den Spielsüchtigen?

11   Der III. Senat des Bundesgerichtshofes hatte sich in einer Entscheidung[7] mit der Frage zu befassen gehabt, ob ein Spielsüchtiger Schadenersatz von der Spielbank erhält, wenn diese ein gegen den Spielsüchtigen ergangenes Hausverbot nicht kontrolliert bzw. durchsetzt, sodass der Spieler trotz Verbot die Bank betritt und dort weitere Verluste erleidet. Ähnliche Konstellationen sind auch im Rahmen mancher hochspekulativer Geschäfte zu verzeichnen; auch hier ist die Bank gehalten, seitens des spekulierenden Kunden Sicherheiten (sog. „Margins") einzufordern, welche verhindern sollen, dass ein für den Kunden negativ verlaufendes Geschäft am Ende von diesem nicht bedient werden kann.

12   Dabei darf nicht außer Acht gelassen werden, dass die Marginanforderung gerade nicht dazu dient, den Kunden vor der Eingehung ruinöser Risiken zu schützen; Sinn und Zweck der Marginregelungen ist es vielmehr, der Bank einen solventen Geschäftspartner zu verschaffen, welcher in der Lage ist, das von diesem eingegangene Risiko auch tatsächlich zu erfüllen. Vor diesem Hintergrund erfolgt die Berechnung der Margins ausschließlich im Interesse der Bank; unterlässt die Bank dies oder berechnet sie Margins falsch, vermag der Kunde hieraus keine Rechte abzuleiten[8].

4. Zertifikate und kein Ende

13   Trotz der Finanzmarktkrise und deren desaströser Auswirkungen für viele Anleger ist der Finanzmarkt nicht dazu übergegangen, im Bereich der Zertifikate Zurückhaltung an den Tag zu legen. Allein im April 2011 kamen 43.500 Zertifikate neu auf den Markt, mithin durchschnittlich in jeder Minute eines[9].

16   Eine Bank, welche mit derartigen Produkten an den Markt geht, ist selbstverständlich bestrebt, Gewinne zu erwirtschaften. Sie wird mithin in den Erwerb und die Weiterveräußerung bzw. die Konstruktion derartiger Papiere interne Gewinnmargen einrechnen, welche vom Kunden zunächst einmal verdient werden müssen, bis das entsprechende Papier für die Kunden eine Rendite abwirft.

17   Gerade hierin unterscheidet sich aber die Konstellation von der Rückvergütungsproblematik: Während dort von dritter Seite für den Kunden überraschend Vergütungen an die Bank fließen sollen, steht vorliegend lediglich eine interne Kalkulation in Rede, die für den Kunden selbstverständlich ist: So ist eine Bank ein Wirtschaftsunternehmen, welches kraft Natur der Sache auf Gewinnerzielung ausgerichtet ist. Vor diesem Hintergrund darf eine Bank nicht anders behandelt werden, als sonstige Marktteilnehmer, welche ebenfalls nicht verpflichtet sind, ihrem Kunden ihre internen Gewinnkalkulationen aufzudecken. Dass der BGH dennoch in Einzelfällen auch im Zweiper-

---

[7] Urt. v. 15.12.2005, III ZR 65/05.
[8] Siehe hierzu auch noch ausführlicher → Rn. 135 ff.
[9] Siehe Financial Times Deutschland vom 26.4.2011, S. 16.

5. Die Entschädigungseinrichtung der Wertpapierhandelsunternehmen

Die Entschädigungseinrichtung der Wertpapierhandelsunternehmen (EdW) hat in Deutschland die Aufgabe, die Sicherung von Anlegern gegen den Verlust ihrer Ansprüche aus Geschäften mit Wertpapieren zu übernehmen, wobei insbesondere die Ansprüche von Kleinanlegern gesichert werden sollen. So werden zwar 90 % der ausstehenden Forderungen abgedeckt, maximal 20.000,00 EUR.

Ins Augenmerk der Öffentlichkeit gerückt wurde diese Entschädigungseinrichtung erstmals anlässlich der Insolvenz der Phoenix Kapitaldienst GmbH, welche vorgab, ihr Global Managed Account in Futures zu investieren, tatsächlich aber sukzessive davon absah, um die eingetretenen Verluste im Wege der Etablierung eines Schneeballsystems zu verschleiern. Die hohe Belastung mit der Entschädigungszahlung im Zusammenhang mit dieser Insolvenz machte es notwendig, dass die Bundesrepublik Deutschland ein Darlehen in Höhe von 128.000.000,00 EUR gab. Zur Teilrückzahlung dieses Darlehens wurde im Jahr 2010 eine erste Sonderzahlung der Mitglieder erhoben, was zur Kritik dahingehend führte, dass die Konstruktion der EdW auf Dauer nicht tragfähig sei.

Der Bundesgerichtshof musste sich nunmehr mit Anlegerklagen gegen die EdW im Zusammenhang mit diesem Betrugsfall befassen.

II. Der CMS Spread Ladder Swap

BGH Urteil vom 22. März 2011 – XI ZR 33/10

1. Sachverhalt

Die Klägerin (ein mittelständisches Unternehmen auf dem Gebiet der Waschraumhygiene) nimmt die beklagte Bank auf den Ausgleich erlittener Verluste wegen einer fehlerhaften Anlageberatung in Zusammenhang mit dem Abschluss eines von der Beklagten konstruierten CMS Spread Ladder Swap-Vertrages aus dem Jahr 2005 in Anspruch.

Die Klägerin hatte bereits im Februar und Juli 2002 bei einer anderen Bank zwei Zinssatz-Swap-Verträge abgeschlossen, durch die sich die Bank verpflichtete, auf einen Nominalbetrag von jeweils 1 Mio. bezogen einen variablen Zinssatz an die Klägerin zu bezahlen; die Klägerin hatte sich im Austausch verpflichtet, aus diesem Bezugsbetrag an die Bank einen festen Zinssatz zu zahlen. Diese beiden Verträge wurden für eine Laufzeit von zehn Jahren abgeschlossen und dienten der beabsichtigten Reduzierung von Zinsbelastungen aus Grundgeschäften (von der Klägerin jeweils aufgenommene Darlehen).

In zwei Gesprächen am 7. Januar und 15. Februar 2005 beriet die Beklagte die Klägerin mittels einer schriftlichen Präsentation über die Möglichkeit, die für die Klägerin entstandenen Zinsbelastungen aus den beiden laufenden Zinssatz-Swap-Verträgen zu reduzieren. Für die Klägerin nahm an diesen Gesprächen ihr Geschäftsführer und ihre Prokuristin – eine Diplom Volkswirtin – teil. Beide Verträge hatten wegen des zwischenzeitlich deutlich gesunkenen Zinsniveaus zum Beratungszeitpunkt für die Klägerin negative Marktwerte in Höhe von ca. 125.000,00 bzw. 130.000,00 EUR.

II. Der CMS Spread Ladder Swap

24 Zum damaligen Zeitpunkt lag der Spread (Differenz) zwischen dem Zweijahreszinssatz und dem Zehnjahreszinssatz bei 1,02 Prozentpunkten. Die Beklagte prognostizierte, dass sich diese Differenz künftig voraussichtlich deutlich ausweiten werde; sie empfahl daher einen sog. CMS Spread Ladder Swap-Vertrag, den die Parteien am 16. Februar 2005 abschlossen.

25 Die Beklagte verpflichtete sich in diesem Vertrag, an die Klägerin aus einem Bezugsbetrag von 2 Mio. EUR für eine Laufzeit von fünf Jahren halbjährlich Zahlungen in Höhe eines festen Zinssatzes von 3% p.a. zu erbringen. Die Klägerin verpflichtete sich demgegenüber, zu denselben Zeitpunkten aus dem Bezugsbetrag im ersten Jahr Zinsen in Höhe von 1,5% p.a., danach einen variablen Zinssatz zu bezahlen, welcher mindestens bei 0,0% lag, sich im Übrigen in Abhängigkeit von der Entwicklung des Spreads (das ist Basis-Satz A1 − Basis-Satz A2) wie folgt berechnet:

> „Für den Berechnungszeitraum vom 20. Februar 2006 bis zum 18. August 2006:
> 1,50% p.a. plus 3 X [1,00% p.a. minus (Basis Satz A1 minus Basis-Satz A2)].
> Für den Berechnungszeitraum vom 18. August 2006 bis zum 19. Februar 2007:
> den vorangegangenen variablen Satz plus 3 X [1,00% p.a. minus (Basis-Satz A1 minus Basis-Satz A2)].
> Für den Berechnungszeitraum vom 19. Februar 2007 bis zum 18. August 2007:
> den vorangegangenen variablen Satz plus 3 X [0,85% p.a. minus (Basis-Satz A1 minus Basis-Satz A2)].
> Für den Berechnungszeitraum vom 18. August 2007 bis zum 18. Februar 2008:
> den vorangegangenen variablen Satz plus 3 X [0,85% p.a. minus (Basis-Satz A1 minus Basis-Satz A2)].
> Für den Berechnungszeitraum vom 18. Februar 2008 bis zum 18. August 2008:
> den vorangegangenen variablen Satz plus 3 X [0,70% p.a. minus (Basis-Satz A1 minus Basis-Satz A2)].
> Für den Berechnungszeitraum vom 18. August 2008 bis zum 18. Februar 2009:
> den vorangegangenen variablen Satz plus 3 X [0,70 p.a. minus (Basis-Satz A1 minus Basis-Satz A2)].
> Für den Berechnungszeitraum vom 18. Februar 2009 bis zum 18. August 2009:
> den vorangegangenen variablen Satz plus 3 X [0,55% p.a. minus (Basis-Satz A1 minus Basis-Satz A2)].
> Für den Berechnungszeitraum vom 18. August 2009 bis zum Enddatum:
> den vorangegangenen variablen Satz plus 3 X [0,55% p.a. minus (Basis-Satz A1 minus Basis-Satz A2)].
> Bestimmung des Basis-Satzes A1: 10-Jahres-Swap-Mittelsatz (...) auf „EURIBOR-Basis" (...)
> Bestimmung des Basis-Satzes A2: 2-Jahres-Swap-Mittelsatz (...) auf „EURIBOR-Basis" (...)"

26 Eine Saldierung der wechselseitigen Zinszahlungen führte dazu, dass nur die Partei, die zu den jeweiligen Fälligkeitsterminen den höheren Betrag schuldete, die Differenz zu bezahlen hatte. Eine einseitige Vertragsbeendigung ohne Vorliegen eines wichtigen Grundes war für beide Parteien erstmals nach dreijähriger Laufzeit und nur gegen Ausgleichszahlung in Höhe des aktuellen Marktwertes des Vertrages möglich.

27 In den schriftlichen Präsentationsunterlagen hatte die Beklagte ua darauf hingewiesen, dass mit starkem Absinken der Zinsdifferenz die Klägerin höhere Zinszahlungen zu leisten hat, als sie empfängt. In der Unterlage wurde das Verlustrisiko der Klägerin als „theoretisch unbegrenzt" bezeichnet.

28 Die Beklagte rechnete zum Zeitpunkt des Vertragsschlusses in den CMS Spread Ladder Swap-Vertrag einen negativen Barwert in Höhe von 4% der Bezugssumme (= ca. 80.000,00 EUR) ein, worauf die Beklagte die Klägerin nicht hinwies.

29 Am 26. Januar 2007 wurde das Swap-Geschäft gegen Zahlung eines Ausgleichsbetrages durch die Klägerin in Höhe des aktuellen negativen Marktwerts von 566.850,00 EUR aufgelöst; unter Anrechnung der im ersten Jahr der Vertragslaufzeit durch die Klägerin erhaltenen Zinsleistungen ergab sich ein mit der Klage geltend gemachter Betrag von 541.074,00 EUR.

Der Geschäftsführer der Klägerin gab in seiner mündlichen Anhörung durch das Berufungsgericht an, er hätte dem Vertrag zugestimmt, obwohl er das ihm zu Grunde liegende Modell nicht verstanden hatte. 30

2. Hintergrund

Derivate haben grundsätzlich spekulativen Charakter und werden von vielen Kunden in der Tat zum Zwecke der Erwirtschaftung kurzfristiger hoher Gewinne abgeschlossen. Derivate können aber auch mit dem Ziel eingesetzt werden, die Zinslast aus bestehenden Kreditportfolien zu reduzieren, insbesondere wenn die Kredite zu Hochzinsphasen aufgenommen wurden und der Einsatz von Derivaten eine Verbilligung der Zinsen verspricht. Für derartige Geschäfte gelten die in diesem Abschnitt dargestellten Anforderungen der BGH-Rechtsprechung gerade nicht. 31

Auch bei rein spekulativem Einsatz der Derivate darf nicht aus den Augen verloren werden, dass – wie bei jedem Investment – die Chance immer auch mit dem Risiko der nicht erwartungsgemäß verlaufenden Märkte verbunden ist. Ausweislich des Sachverhalts hatte die Klägerin zunächst in zwei vergleichsweise einfach zu durchschauenden Geschäften[10] den Tausch fester Zinsen gegen den Erhalt variabler Zinsen vereinbart und war hier in der Erwartung der künftigen Entwicklung der von der Kundin zu vereinnahmenden variablen Zinsen enttäuscht worden: Die Zinsen war schlichtweg gefallen und nicht gestiegen. Es waren Verluste in deutlich sechsstelliger Höhe entstanden. 32

Gerade die von sämtlichen Marktteilnehmern unerwartete Zinsentwicklung anhand extremer Marktbedingungen an den Börsen war es, welche zahllose Swap-Geschäfte zu Lasten des Bankkunden verlaufen ließ. Dabei ist es im Regelfall – so auch vorliegend – aber nicht so, dass jeder verlorene Euro für den Kunden gleichzeitig ein gewonnener Euro für dessen Vertragspartner, nämlich die Bank ist: Wäre dem so, müsste die Bank nämlich ihrem Kunden die in Rede stehenden Geschäfte entweder gegen ihre eigene innere Überzeugung anempfehlen, oder aber bewusst zu eigenen Lasten ein Spekulationsrisiko eingehen verbunden mit der Hoffnung, dass sich der Markt entgegen die eigene Einschätzung der Bank entwickeln wird. Im Regelfall ist es bei derartigen Geschäften vielmehr so, dass sich die Bank unmittelbar nach Abschluss des Geschäftes im Markt mittels dritter Marktteilnehmer aus den Geschäften befreit. Die Bank hat mithin an diesen Geschäften kein spekulatives Interesse, sondern lediglich ihr Gebühreninteresse und vermag so guten Gewissens dem Kunden den Abschluss derartiger Geschäfte in absoluter Übereinstimmung mit ihrer eigenen künftigen Markteinschätzung zu empfehlen. Auch die Bank hat also ein Interesse am Gelingen des Geschäfts. 33

3. Problemstellung

Die Problemstellung des vorliegenden Falles lag in einem Doppelten: 34

Zum einen sah sich der XI. Zivilsenat gehalten, erstmals höchstrichterlich die Anforderungen zu präzisieren, welche an die anleger- und objektgerechte Beratung bei Swap-Geschäften anzustellen sind. Der Sachverhalt war insofern komplex, als die Klägerin zum einen nicht etwa Privatanleger, sondern ein erfolgreiches kaufmännisches, am Wirtschaftsverkehr teilnehmendes Unternehmen war. Die Klägerin hatte des Weiteren bereits Vorerfahrung mit Zins-Swaps, wobei die beiden von ihr in der Vergangenheit abgeschlossenen Verträge zu deren Lasten verliefen. Die Klägerin hatte schließlich 35

---

[10] → Rn. 7.

betriebsinternes Know-How in Anbetracht der an den Gesprächen teilnehmenden Mitarbeiterin, welche ein abgeschlossenes Studium als Diplom-Volkswirtin hatte. Das Risiko von Derivaten konnte nicht besser verdeutlicht werden, als durch die Erwirtschaftung erheblicher Verluste im eigenen Portemonnaie.

36   Wie heutzutage bei jeder Anlegerreklamation hatte sich der XI. Zivilsenat neben den spezifischen Besonderheiten des in Rede stehenden hochkomplexen Geschäfts aber auch mit der Vergütungsfrage der Bank und hieraus abgeleitete Aufklärungspflichten auseinander zu setzen. Anders, als im Bereich der Kick-Back-Rechtsprechung[11] waren es vorliegend von der Bank „selbst hergestellte", mithin eigene Produkte, welche dem Kunden anempfohlen worden waren. Der Klägerin als am kaufmännischen Rechtsverkehr teilnehmendes Unternehmen musste klar sein, dass mit dem in Rede stehenden Geschäft sowohl Kosten verbunden sein würden, als auch seitens der beratenden Bank eine Gewinnmarge kalkuliert worden war, welche selbstverständlich vom Kunden zunächst einmal verdient werden müssen, bis das Geschäft für diesen positiv verläuft. Auch stand hier ein Interessenkonflikt im Zweipersonenverhältnis und nicht – wie bei der Rückvergütungsproblematik – im Dreipersonenverhältnis in Rede.

37   Bei Studium dieser Entscheidung darf nicht aus den Augen verloren werden, dass es sich bei dem in Rede stehenden Geschäft um eines der hoch komplexesten der Derivate handelt; allein die Formel, aus welcher sich die variablen Zinsen errechnen, fasst mehr als eine DIN A4-Seite und beinhaltet vier Unbekannte. Dennoch war die Grundstruktur des Geschäftes in einfachen Worten erklärt: Je nach Entwicklung der Differenz zwischen Langfrist- und Kurfrist-Zinsen würde das Geschäft für die Klägerin positiv oder negativ verlaufen.

4. Entscheidung

38   Der XI. Zivilsenat legt zunächst unter Bezugnahme auf die seit der Bond-Entscheidung[12] geltenden Grundsätze die rechtlichen Grundlagen für eine Vertragsbeziehung zwischen den Parteien und daraus abzuleitende Pflichtenkreise. So war zwischen den Parteien ein Anlageberatungsvertrag geschlossen worden, welcher die beratende Bank zur anleger- und objektgerechten Beratung des Kunden verpflichtet. Inhalt und Umfang der Beratungspflichten hängen dabei von den Umständen des Einzelfalls ab, wobei einerseits der Wissensstand, die Risikobereitschaft und das Anlageziel des Kunden, andererseits die allgemeinen Risiken (Konjunkturlage und die Entwicklung des Kapitalmarktes) sowie spezielle Risiken, die sich aus Besonderheiten des Anlageobjektes ergeben, eine Rolle spielen. Die Aufklärung des Kunden über die für die Anlageentscheidung wesentlichen Umstände muss richtig und vollständig sein; die Bewertung und Empfehlung eines Anlageobjektes unter Berücksichtigung der Gegebenheiten muss dagegen ex-ante betrachtet lediglich vertretbar sein, da der Anleger das Risiko trägt, dass sich eine getroffene Anlageentscheidung im Nachhinein als falsch erweist.

39   Der XI. Zivilsenat bezieht sich nunmehr auf das konkrete CMS Spread Ladder Swap-Geschäft und bezeichnet dieses als eine „Art spekulative Wette". Auch wenn die beratende Bank – wie hier – in Schriftform Risiken des Produktes anhand von Berechnungsbeispielen geschildert hat und auf ein „theoretisch unbegrenztes" Verlustrisiko hinwies, könne sie bei einem so hochkomplex strukturierten Finanzprodukt, wie dem

---

[11] → § 3 Rn. 40.
[12] → § 1 Rn. 28 ff.

hier in Rede stehenden CMS Spread Ladder Swap, nicht ohne Weiteres davon ausgehen, dass die Klägerin auch bereit war, diese Risiken zu tragen.

Der XI. Zivilsenat beschäftigt sich sodann mit der Vorbildung der Ansprechpartnerin 40
auf Kundenseite als Diplom-Volkswirtin. Da diese Prokuristin eines mittelständischen Unternehmens für Waschraumhygiene sei, liegen Kenntnisse über die spezifischen Risiken des hier in Rede stehenden Anlageprodukts gerade nicht nahe. Die abstrakte berufliche Qualifikation des Kunden alleine reicht nicht aus, um Kenntnisse in dem vorliegend streitgegenständlichen komplexen Geschäft zu unterstellen.

Eine Risikoneigung der Klägerin könne auch nicht aus den beiden zuvor abgeschlos- 41
senen Zins-Swap-Verträgen abgeleitet werden, da – so wörtlich – die beiden bereits im Jahr 2002 mit einer anderen Bank abgeschlossenen Zinssatz-Swap-Verträge eine deutlich einfachere Struktur aufweisen und hinsichtlich der Risiken nicht vergleichbar sind. Der XI. Zivilsenat verweist auch darauf, dass diese Geschäfte im Hinblick auf ein konnexes Grundgeschäft und nicht etwa zum Zwecke der Spekulation, also zum Zwecke der Zinsverbilligung abgeschlossen wurden. Auch ist dort die Klägerin im Gegensatz zum CMS Spread Ladder Swap gerade kein unbegrenztes Verlustrisiko eingegangen: Ihre Zahlungen berechnen sich dort nach festen Zinssätzen, sodass ihr maximales Risiko auf die Differenz zwischen diesen Zinssätzen[13] und Null beschränkt ist.

Nachdem sich der XI. Zivilsenat mit diesen anlegerrelevanten Umständen befasst 42
hatte, sich in diesem Bereich im Hinblick auf eine Vertragspflichtverletzung aber nicht eindeutig festlegte, wendet er sich der objektgerechten Beratung zu:

Die Anforderungen, die insoweit an die beratende Bank zu stellen sind, sind bei ei- 43
nem rein zu Spekulationszwecken abgeschlossenen und komplex strukturierten und riskanten Produkt wie dem CMS Spread Ladder Swap hoch. Die Risiken einer derartigen Zinswette können nicht einfach dadurch erfasst werden, dass Rechenschritte zur Berechnung der variablen Zinsen nachvollzogen werden. Der Kunde muss vielmehr verständlich und gerade nicht verharmlosend darauf verwiesen werden, dass ein für ihn nach oben nicht begrenztes Verlustrisiko nicht nur theoretisch ist, sondern real und ruinös sein kann. Dies muss dem Kunden insbesondere dadurch verdeutlicht werden, dass er auf das unausgewogene Chance-Risiko-Profil zwischen den Teilnehmern der Zinswette hingewiesen wird: Das Risiko des Kunden ist unbegrenzt, das der Bank ist begrenzt[14].

Der XI. Zivilsenat lässt aber auch die zu beantwortende Frage nach den objektbezo- 44
genen Risikoaufklärungshinweisen offen, da er den Blick sodann auf die Vergütungskomponente des Geschäftes richtet: So hatte der von der Bank empfohlene Vertrag zum Abschlusszeitpunkt einen für die Klägerin negativen Marktwert[15] in Höhe von ca. 4% der Bezugsvaluta[16]. Der Bundesgerichtshof erkennt – ähnlich der Rückvergütungsrechtsprechung[17] vorliegend auch im reinen Zweipersonenverhältnis einen schwerwiegenden Interessenkonflikt, in dem sich die Beklagte als beratende Bank befunden hat. Als Partnerin der Zinswette übernimmt sie nämlich eine Rolle, die den Interessen des Kunden entgegen gesetzt ist, da sich für sie der Tausch der Zinszahlungen nur dann als günstig erweist, wenn ihre Prognose zur Entwicklung des Basiswertes ge-

---

[13] 5,25% p.a. bzw. 5,29% p.a.
[14] Unabhängig davon, ob die Bank sich insoweit hedged, oder nicht, ist das Risiko dadurch begrenzt, dass die Obergrenze der Zinszahlungspflicht der Bank auf 3% p.a. festgeschrieben ist.
[15] Resultierend aus Kosten und Gewinnmarge der Bank.
[16] Ca. 80.000,00 EUR.
[17] Vgl. § 3.

rade nicht eintritt und die Kundin damit einen Verlust erleidet. Ist die Bank auf einen möglichst hohen Gewinn des Kunden bedacht, würde dies einen entsprechenden Verlust für die Bank bedeuten. Der XI. Zivilsenat lässt sodann nicht gelten, dass sich die Bank dieses Interessenkonflikts ja dadurch entledigt hat, dass sie Risiken und Chancen des Geschäftes sofort durch „Hedge-Geschäfte" an andere Marktteilnehmer weitergab. Dies begründet der XI. Zivilsenat wie folgt: Der Beklagten konnte die weitere Entwicklung des Spreads über die Laufzeit des Vertrages nur deshalb gleichgültig sein, weil sie durch Gegengeschäfte bereits ihre Kosten gedeckt und ihren Gewinn erzielt hat. Dies erfolgte dadurch, dass die Bank in das von ihr erdachte Geschäft einen anfänglich negativen Marktwert in Höhe von 4 % der Bezugssumme einstrukturierte. Auch dann, wenn der Markt nach den zur Verfügung stehenden Simulationsmodellen zum Abschlusszeitpunkt das von der Klägerin übernommene Risiko tatsächlich in Höhe von 4 % des Bezugsbetrages negativ bewertete, hätte die Beklagte den Kunden darauf hinweisen müssen. Wenn die beratende Bank daraus Vorteile zieht, dass der Markt das Risiko, das der Kunde mit dem von ihr empfohlenen Produkt übernimmt, derzeit in Höhe eines Betrages von ca. 80.000,00 EUR negativ sieht[18], ist dies Ausdruck der konkreten Gefahr, dass die Bank ihre Anlageempfehlung nicht allein im Kundeninteresse abgibt. Für den Kunden erscheint die Anlageempfehlung dann in einem ganz anderen Licht, wenn er gewusst hätte, dass die überaus komplexe Zinsberechnungsformel für seine Zahlungen so strukturiert wurde, dass der Markt die Risiken des Kunden derzeit negativer sieht, als die gegenläufigen Risiken der Vertragspartnerin.

45 Ausdrücklich weist der XI. Zivilsenat aber darauf hin, dass eine Bank, die – wie hier – eigene Anlageprodukte empfiehlt, grundsätzlich nicht verpflichtet ist, darüber aufzuklären, dass sie mit diesen Produkten Gewinne erzielt, da dies in einem solchen Fall für den Kunden offensichtlich ist[19].

46 Der vorliegende aufklärungspflichtige Interessenkonflikt besteht also weder in der generellen Gewinnerzielungsabsicht der Bank, noch in der konkreten Höhe der einkalkulierten Gewinnmarge; zu einer Aufklärungspflicht führt – so der XI. Zivilsenat – allein die Besonderheit des von der Beklagten konkret empfohlenen Produkts, dessen undurchschaubare Risikostruktur sie bewusst zu Lasten des Kunden so gestaltet hat, dass sie das Geschäft unmittelbar in Zusammenhang mit dem Vertragsschluss an Dritte verkaufen konnte.

47 Der Schadenersatzanspruch ist auch nicht wegen Mitverschuldens der Klägerin gem. § 254 BGB zu kürzen. Die Entscheidung der Klägerin, die Anlage zu tätigen, ohne das Anlagekonzept verstanden zu haben, ist Ausdruck eines besonderen Vertrauensverhältnisses zwischen Anleger und beratender Bank; dieses bringt den Anleger dazu, sich an der Empfehlung seines Beraters zu orientieren, ohne weitere Nachfragen zu stellen oder Nachforschungen anzustellen. Eine Anspruchskürzung ist in diesem Falle nicht angezeigt.

5. Fazit

48 Der XI. Zivilsenat stellt in dieser Entscheidung Anforderungen auf, welche im Hinblick auf den streitgegenständlichen CMS Spread Ladder Swap als geradezu prohibitiv

---

[18] Und deshalb bereit ist, das Geschäft von der Bank in eigene Bücher zu übernehmen, so der BGH.

[19] Der XI. Zivilsenat verweist diesbezüglich auf die Entscheidung des III. Zivilsenats vom 5.4.2010, III ZR 196/09, → § 3 Rn. 80.

anzusehen sind. Weder die kaufmännische Erfahrung der Klägerin, noch die Vorkenntnisse mit Zins-Swap-Geschäften noch der Totalverlustrisikohinweis in Schriftform genügten, um die Klägerin als eigenverantwortliche Teilnehmerin am Geschäftsverkehr die Folgen ihres Handelns selbst tragen zu lassen.

Der Bundesgerichtshof bringt andererseits in aller nur wünschenswerten Deutlichkeit einen für das Rechtsverhältnis zwischen Kunde und Bank sehr wesentlichen Aspekt auf den Punkt: Banken und gerade auch Banken sind nicht etwa altruistisch tätig, sondern verfolgen mit ihrem Gewerbe den Zweck der Gewinnerzielung. Da dies so ist, kann der Kunde nicht davon ausgehen, dass die Bank ihre eigenen Produkte für den Kunden etwa unentgeltlich in den Markt bringt. Der Kunde muss mithin davon ausgehen, dass in derartigen Produkten eine Gewinnmarge der Bank sowie Kosten einkalkuliert sind, welche erst verdient werden müssen, bis sich die Investition für den Kunden rechnet. Daher ist eine Bank auch nicht verpflichtet, über die Höhe ihrer kalkulatorischen Gewinnmarge aufzuklären. Es mag auch hier im Zweipersonenverhältnis einen Interessenskonflikt geben; dieser ist aber nicht aufklärungspflichtig, so der BGH. Allerdings erkennt der BGH in dieser Entscheidung erstmals eine Sachverhaltskonstellation, welche im Zweipersonenverhältnis (nicht: Dreipersonenverhältnis[20]) zu einem schwerwiegenden, aufklärungspflichtigen Interessenkonflikt in Person eines beratenden Bankhauses führt. 49

Wesentlich ist, dass die Besonderheiten des vorliegenden Falles herausgestellt werden, welche es verbieten, die genannte Entscheidung unbesehen auf sämtliche Problematiken aus und in Zusammenhang mit Swap-Verträgen zu übertragen: Der XI. Zivilsenat hatte sich mit dem hochkomplexesten Swap-Geschäft zu befassen gehabt, welches einem Kunden angeboten werden kann; eine über mehr als eine DIN A4-Seite sich erstreckende Formel mit vier Unbekannten ist in der Tat nur von Finanzmathematikern zu durchschauen. Diese Sachverhaltskonstellation verbietet es, die Entscheidung als Richtschnur für einfach strukturierte Derivate[21] zu verwenden. 50

III. Der Cross Currency Swap

BGH Urteil vom 20. Januar 2015 – XI ZR 316/13

1. Sachverhalt

Der Kläger, ein 48 Jahre alter Geschäftsmann, wandte sich Anfang des Jahres 2007 an die beklagte Sparkasse, um einen Cross Currency Swap-Vertrag abzuschließen. Er gab das von ihm für diesen Vertrag gewünschte Währungspaar, nämlich Türkische Lira (im Folgenden auch TRY) und Schweizer Franken (im Folgenden auch CHF) vor. 51

Aus der langjährigen Geschäftsbeziehung mit dem Kläger wusste die Bank, dass er eine in seinem Privatvermögen befindliche Betriebsimmobilie mit einem Fremdwährungskredit über mehr als 1 Mio. EUR finanziert hatte, welcher ursprünglich in Japanischen Yen abgeschlossen und dessen Bezugswährung später vom Kläger mehrfach geändert worden war. Als Mitgesellschafter einer Gesellschaft bürgerlichen Rechts hatte der Kläger u.a. im Jahr 2004 mehrere Cross Currency Swap-Geschäfte mit einem Gesamtvolumen von ca. 2 Mio. EUR getätigt. 52

---

[20] → § 3 Rn. 40 ff.
[21] → Rn. 7 f.

III. Der Cross Currency Swap

53 Am 24. Juni 2008 stellte der Kundenbetreuer der Beklagten sowie ein auf Finanztermingeschäfte spezialisierter Mitarbeiter einer Tochtergesellschaft der Beklagten dem Kläger anhand ihm bereits zuvor übersandter Präsentationsunterlagen einen CCS-Vertrag einer dritten (Landes-)Bank vor. In einem dem Kläger bei dem Gespräch vorgelegten Formular ordnete sich dieser im Hinblick auf seine Risikobereitschaft als „spekulativ" ein.

54 Dem Kläger wurden Funktionsweise des Swaps und das Wechselkursrisiko erläutert; er wurde auch darauf hingewiesen, dass aufgrund des Wechselkursrisikos sehr hohe Verlustrisiken bestünden. Ein „Worst-Case-Szenario" wurde dem Kläger aber nicht mitgeteilt; ebenso wenig wurde der Kläger darauf hingewiesen, dass der Swap bei Vertragsschluss einen negativen Marktwert besaß.

55 Ca. drei Monate später, nämlich am 26. September 2008, schloss der Kläger mit der vorerwähnten Landesbank einen Rahmenvertrag für Finanztermingeschäfte und am 29. September 2008 den von der Beklagten empfohlenen Cross Currency Swap-Vertrag. Dieser hatte eine feste Laufzeit vom 3. Oktober 2008 bis zum 3. Oktober 2011. Die Bank verpflichtete sich, an den Kläger zum Enddatum 900.735 TRY und zuvor an zwölf festgelegten Terminen Zinsen in Höhe von je 15,55% p.a. zu bezahlen. Der Kläger seinerseits hatte an die Bank zum Enddatum 795.000 CHF und zuvor an zwölf festgelegten Terminen Zinsen in Höhe von je 3,6% p.a. zu bezahlen.

56 In Folge der Kursentwicklung der Türkischen Lira im Verhältnis zum Schweizer Franken entstand für den Kläger ein immer größerer Verlust; bei Glattstellung des Vertrages am 21. September 2011 belief sich dieser auf 289.000,00 EUR.

57 Der Kläger verlangt von der beklagten Sparkasse Schadenersatz wegen Fehlberatung.

2. Hintergrund

58 Die CMS Spread Ladder Swap-Entscheidung des BGH[22] hat eine immense Vielzahl an Staub im Bereich der kapitalanlagerechtlichen Haftungsrechtsprechung aufgewirbelt. Grund ist die Tatsache, dass die Insolvenzantragstellung der Lehman Brothers Holdings Inc. am 15. September 2008 dazu führte, dass die Erwartungen vieler Marktteilnehmer im Hinblick auf die Entwicklung von Devisenkursen und Zinsen ins Gegenteil verkehrt wurden. Verträge, welche bis zu diesem Zeitpunkt abgeschlossen waren, drohten unter dem Haftungsregime des § 37a WpHG[23] taggenau drei Jahre nach Abschluss zu verjähren; hier kam die Veröffentlichung der CMS Spread Ladder Swap-Entscheidung im März 2011 vielen Anlegeranwälten, aber auch vielen enttäuschten Bankkunden gerade recht: Unter Bezugnahme auf diese vermeintliche Präzedenzentscheidung und den Vergleich des dortigen Sachverhalts mit dem jeweiligen streitgegenständlichen Sachverhalt versuchten zahllose Kunden, zum Teil existenzbedrohende Vermögensschäden auf das beratende Bankhaus überzuwälzen.

59 Auch der vorliegende Fall ist ein solcher, wie zu zeigen sein wird.

3. Problemstellung

60 Die Problemstellung unterscheidet sich in zweierlei Hinsicht diametral von derjenigen des CMS Spread Ladder Swap:

---

[22] → Rn. 21 ff.
[23] →§ 14 Rn. 19 ff.

Zum einen war vorliegend ein vergleichsweise einfach strukturierter Cross Currency **61**
Swap in Rede stehend, während allein die Zinsformel des CMS Spread Ladder Swap
weder einem „Normalbürger", noch einem Fachmann verständlich ist. Zum anderen
war der CMS Spread Ladder Swap im Zweipersonenverhältnis abgeschlossen worden,
was dazu führte, dass der BGH erstmals auf einen schwerwiegenden Interessenkonflikt
in dieser Zweipersonenvertragsbeziehung erkannte; vorliegend war dem gegenüber die
Konstellation durch eine Dreiecksvariante gekennzeichnet; beratende Bank und Vertragspartei des Swap-Vertrages fielen auseinander. Im Dreipersonenverhältnis war der
BGH in der Vergangenheit mit der Annahme eines aufklärungspflichtigen Interessenkonflikts allerdings schneller bei der Hand.[24]

Identisch ist dem gegenüber die Ausgangssituation: Der Swap-Vertrag war nicht etwa **62**
einem konnexen Grundgeschäft zugeordnet, sondern isoliert zu Spekulationszwecken
abgeschlossen worden. Wie der BGH in einer späteren Entscheidung[25] deutlich machte,
ist diese seine Rechtsprechung ausschließlich auf Swap-Verträge zu Spekulationszwecken, nicht aber auf solche in Verbindung mit konnexen Grundgeschäften anwendbar.

4. Entscheidung

Ausgehend von einem stillschweigend abgeschlossenen Beratungsvertrag und einer **63**
Pflicht der Beklagten als beratendes Kreditinstitut zur anleger- und objektgerechten Beratung des Klägers hält der BGH fest, dass die Aufklärung des Kunden über die für die
Anlageentscheidung wesentlichen Umstände richtig und vollständig zu sein hat.

Aufgrund der Erfahrungen des Klägers durfte die Beklagte davon ausgehen, dass die- **64**
sem das mit dem empfohlenen CCS-Vertrag verbundene Fremdwährungsrisiko und das
Risiko von Kursschwankungen bewusst war und dies auch seiner Risikoneigung entsprach; in die Waagschale fiel diesbezüglich, dass sowohl die Initiative für das streitgegenständliche Geschäft vom Kläger ausgegangen war, als auch das Währungspaar und
der Einstiegskurs von ihm vorgegeben wurde. Die Beklagte war deshalb auch nicht gehalten, den Kläger nach der von ihm noch zu tolerierenden Verlustgrenze zu fragen, so
der BGH.

Da die jeweiligen Zahlungsströme die Vereinbarung fester Zinsen vorsah, war vorlie- **65**
gend auch kein Zinsänderungsrisiko, sondern lediglich ein Fremdwährungsrisiko gegeben.

Der BGH befasst sich sodann mit den Besonderheiten des aus seiner Sicht durchaus **66**
riskanten Produkts des Cross Currency Swap. Der BGH hält zunächst aber auch fest,
dass man die hohen Anforderungen, die der Senat an die Beratung über einen CMS
Spread Ladder Swap-Vertrag vor allem im Hinblick auf dessen sehr komplex strukturierte Formel zur Berechnung des dabei zugrunde liegenden variablen Zinssatzes stellt,
auf das streitgegenständliche Geschäft nicht übertragen kann. Dennoch muss die beratende Bank dem Kunden in verständlicher und nicht verharmlosender Weise insbesondere klar vor Augen führen, dass das für ihn nach oben nicht begrenzte Verlustrisiko
nicht nur ein theoretisches ist, sondern abhängig von der Wechselkursentwicklung
zweier ausländischer Währungen und deren Kombination real und erheblich sein
kann. Die Beklagte ist diesen Anforderungen aber gerecht geworden.

---

[24] → § 3 Rn. 40 ff..
[25] → Rn. 92.

67 Hier sei auch zu berücksichtigen, dass der Kläger die Auswirkungen des Wechselkursrisikos auf die einzelnen Zahlungen börsentäglich ohne Weiteres selbst errechnen konnte.

68 Ein Hinweis, dass das Geschäft als „Totalrisikogeschäft finanzmathematisch nicht steuerbar" sei, oder es als „Wette mit Glücksspielcharakter" anzusehen sei, ist nicht erforderlich. Eine laufende Überwachung der Wechselkurse und des Marktwerts des Vertrages war auch gar nicht Gegenstand des abgeschlossenen Beratungsvertrages, dessen Pflichtenprogramm sich in der Bewertung und Empfehlung einer Anlage aus ex ante-Sicht erschöpft.

69 Sodann wendet sich der XI. Senat der Frage zu, ob eine Aufklärungspflicht im Hinblick auf einen vom Kläger behaupteten negativen Marktwert des empfohlenen Swaps bestand. In Abgrenzung von der CMS Spread Ladder Swap-Entscheidung[26] weist der Senat darauf hin, dass die Beklagte vorliegend gerade nicht zugleich Vertragspartnerin des CCS-Vertrages war. In ihrer Person kommt mithin ein schwerwiegender Interessenkonflikt im Hinblick auf den negativen Marktwert als Ergebnis einer eigenen Vergütungskomponente des beratenden Bankhauses nicht in Betracht.

70 Der BGH geht sodann noch einen Schritt weiter: Selbst wenn – wie offen gelassen – der mit dem dritten Unternehmen abgeschlossene Swap-Vertrag einen negativen Marktwert besessen haben sollte, ist das Vorliegen eines derartigen Umstands allein kein für die Anlageentscheidung wesentlicher Umstand, über den die beratende Drittbank ihren Kunden hätte informieren müssen. Der BGH räumt zunächst mit zahlreichen Irrtümern im Hinblick auf den negativen Marktwert auf und stellt fest, dass dieser gerade nicht den voraussichtlichen Erfolg oder Misserfolg eines Geschäfts widerspiegelt, sondern lediglich einen im Zeitpunkt des Abschlusses des Vertrages realisierbaren Wert durch Glattstellung dieses Vertrages. Der Marktwert wird dadurch „negativ", indem eine Bank in einem ermittelten „Modellwert" (unter Berücksichtigung ggf. bestehender Optionsbestandteile und einer Wechselkursentwicklung die voraussichtlichen künftigen festen und variablen Zinszahlungen) ihre Netto-Gewinnmarge und ihre Kosten einstrukturiert. Der Kunde muss also zunächst die einstrukturierte Bruttomarge erwirtschaften, um seinerseits in die Gewinnzone zu gelangen. Dies ist aber keine Besonderheit eines Swap-Vertrages, sondern bei jedem Finanzinstrument systemimmanent. Eine übermäßige Verschiebung des Chancen-Risiko-Profils liegt mithin nicht vor. Ebenso wenig ist ein aufklärungspflichtiger Umstand gegeben.

5. Fazit

71 Der BGH gelangt in einer ungewöhnlichen Sachverhaltskonstellation zu einem überraschenden Ergebnis. Ungewöhnlich ist die Konstellation deshalb, da vorliegend das von der beratenden Bank ins Auge gefasste Investmentvehikel vom Kunden direkt mit einer dritten Bank abgeschlossen wird, zu der kein Anlageberatungsrechtsverhältnis besteht. Überraschend ist die Entscheidung insofern[27], als sich der XI. Senat nicht im vermeintlichen Kundeninteresse dazu hinreißen lässt, jede in den Swap-Vertrag einstrukturierte Marge nebst Kosten mit einer Aufklärungspflicht zu unterlegen. Dass dies der Sonderkonstellation geschuldet ist, welche vorliegt in einer Aufspaltung des Zweipersonenverhältnisses in ein Dreipersonenverhältnis liegt, wird die nachfolgende Entscheidung zeigen.

---

[26] → Rn. 21 ff.
[27] Hierzu auch die nachfolgende Entscheidung unter → Rn. 72 ff.

§ 4. Derivate, Zertifikate, Hedgefonds etc.

IV. Zinsswaps einer Gemeinde

BGH Urteil vom 28. April 2015 – XI ZR 378/13

1. Sachverhalt

Die Klägerin, eine Gemeinde in Nordrhein-Westfalen, stand mit einer Landesbank in ständiger Geschäftsbeziehung. Am 26. April 2006 schlossen die Parteien einen „Rahmenvertrag für Finanzterminsgeschäfte". In diesem heißt es u.a.:

„Schadensersatz und Vorteilsausgleich"
(1) Im Fall der Beendigung steht der kündigenden bzw. der solventen Partei (nachstehend ‚ersatzberechtigte Partei' genannt) ein Anspruch auf Schadensersatz zu. Der Schaden wird auf der Grundlage von unverzüglich abzuschließenden Ersatzgeschäften ermittelt, […] Der Schaden wird unter Berücksichtigung aller Einzelabschlüsse berechnet; ein finanzieller Vorteil, der sich aus der Beendigung von Einzelabschlüssen (einschließlich solcher, aus denen die ersatzberechtigte Partei bereits alle Zahlungen oder sonstigen Leistungen der anderen Partei erhalten hat) ergibt, wird als Minderung des im Übrigen ermittelten Schadens berücksichtigt.
(2) Erlangt die ersatzberechtigte Partei aus der Beendigung von Einzelabschlüssen insgesamt einen finanziellen Vorteil, so schuldet sie vorbehaltlich Nr. 9 Abs. 2 […] der anderen Partei einen Betrag in Höhe dieses ihres Vorteils, höchstens jedoch in Höhe des Schadens der anderen Partei. […]

Auf der Grundlage dieses Rahmenvertrages schlossen die Parteien am 6. Dezember 2007 einen sogenannten Invers-CMS-Stufen-Swap-Vertrag mit einer Laufzeit vom 15. Dezember 2007 bis zum 15. Dezember 2014. Während der Laufzeit verpflichtete sich die Beklagte vierteljährlich zu einer Zahlung von Zinsen in Höhe von 3,75% p.a. auf den Nominalbetrag von 5 Mio. EUR; die Klägerin schuldete jeweils bezogen auf den Nominalbetrag im ersten Jahr der Laufzeit vierteljährlich Zinsen in Höhe von 3,% p.a. und ab dem 15. Dezember 2008 bis zum Laufzeitende vierteljährlich variable Zinsen. Diese betrugen „3% plus 4,25% p.a. minus Basis-Satz", für die am 15. März 2009 zu zahlenden variablen Zinsen und an den nachfolgenden Zahlungsterminen jeweils „variabler Satz für den unmittelbar vorangegangenen Berechnungszeitraum plus 4,25% p.a. minus Basis-Satz" auf den Nominalbetrag, höchstens jedoch 8,75% p.a., mindestens 0% p.a. Als Basis-Satz verstanden die Parteien den jeweils zwei Bankarbeitstage vor dem Ende des jeweiligen Berechnungszeitraums veröffentlichten 10-Jahres-Swap-Satz.

Am 30. Januar 2008 vereinbarten die Parteien einen CHF-Plus-Swap-Vertrag mit Laufzeit vom 10. Februar 2008 bis zum 10. Februar 2016. Während der Laufzeit verpflichtete sich die Beklagte vierteljährlich zu einer Zahlung von Festzinsen in Höhe von 3% p.a. auf den Nominalbetrag in Höhe von 5 Mio. EUR. Die Klägerin hatte vierteljährlich variable Zinsen in Höhe von „2% plus Basis-Satz", mindestens jedoch 2% p.a. auf den Nominalbetrag zu bezahlen. Dieser Basis-Satz war nach der folgenden Formel zu berechnen:

$$\frac{(\text{,x' minus EUR/CHF Kurs}) \cdot 100\%}{\text{EUR/CHF Kurs}}$$

Den Wert „x" legten die Parteien im ersten Jahr der Laufzeit auf 1,54 fest; er verringerte sich mit jedem Jahr bis zum Laufzeitende um jeweils 0,01%.

Am 14. Februar 2008 schlossen die Parteien einen Flexi-EStE-Swap-Vertrag mit einer Laufzeit vom 15. Februar 2008 bis zum 30. Juni 2021. Während der Laufzeit verpflichtete sich die Beklagte vierteljährlich zu einer Zahlung von Zinsen in Höhe des

IV. Zinsswaps einer Gemeinde

jeweiligen Drei-Monats-Euribor. Die Klägerin hatte vierteljährlich dann Zinsen in Höhe von 4,05% p.a. zu zahlen, wenn der Drei-Monats-Euribor 6% p.a. oder weniger betrug. Anderenfalls waren Zinsen in Höhe des jeweiligen Drei-Monats-Euribor zu entrichten. In einem Anhang waren für die einzelnen Zinsperioden wechselnde Bezugsbeträge zwischen ca. 1,2 Mio. EUR und ca. 2,5 Mio. EUR vorgesehen.

77 Der letzte streitgegenständliche Swap-Vertrag wurde am 14. Februar 2008 geschlossen. Dieser Flexi-StraBet-Swap-Vertrag mit einer Laufzeit vom 2. Januar 2008 bis zum 30. März 2025 sah vor, dass sich die Beklagte vierteljährlich zu einer Zahlung von Zinsen in Höhe des jeweiligen Drei-Monats-Euribor verpflichtete, während die Klägerin vierteljährlich entweder Zinsen in Höhe von 4,10% p.a. zu bezahlen hatte, falls der Drei-Monats-Euribor 6% oder weniger betrug, oder aber Zinsen in Höhe des jeweiligen Drei-Monats-Euribor. Auch hier war in einem Anhang für die einzelnen Zinsperioden der wechselnde Bezugsbetrag zwischen 11.388 EUR (so BGH aaO, Rn. 8) und ca. 2,5 Mio. EUR vorgesehen.

78 Zwischen den Parteien existierten noch weitere Zinssatz-Swap-Verträge, welche die Klägerin aber nicht angriff, da diese für die Klägerin wirtschaftlich erfolgreich verliefen. Diese Geschäfte wurden zu anderen Zeitpunkten abgeschlossen, fielen aber alle unter den Rahmenvertrag für Finanztermingeschäfte.

79 Der Marktwert bei allen vier streitgegenständlichen Geschäften war im Zeitpunkt des Abschlusses negativ. Die Beklagte hatte Chancen und Risiken aus diesen Geschäften nach Abschluss im Markt weitergegeben.

80 Die Beklagte hatte die Klägerin darüber aufgeklärt, dass die Swap-Geschäfte über einen sich ändernden (positiven oder negativen) Marktwert verfügen, sie in die Swaps jeweils eine „Gewinnmarge" eingepreist hatte und sie an der Geld-Brief-Spanne durch Hedging-Geschäfte verdient.

81 Aus den streitgegenständlichen Geschäften erwirtschaftete die Klägerin einen Verlust in Höhe von insgesamt 575.256,80 EUR; der Gewinn aus den nicht streitgegenständlichen Swap-Geschäften belief sich auf 695.477,78 EUR. Die Klägerin leistete auf die streitgegenständlichen Zinssatz-Swap-Verträge seit dem Jahr 2011 keine Zahlungen mehr. Die Leistungsklage der Klägerin auf den vorerwähnten Schadensbetrag wurde von der Beklagten mit einer Widerklage in Höhe von ca. 1,5 Mio. EUR aus den streitgegenständlichen Zinssatz-Swap-Verträgen beantwortet.

2. Hintergrund

82 Nach der CMS Spread Ladder Swap-Entscheidung des BGH[28] wurden die Beklagtenvertreter auf Tatsacheninstanzebene nicht müde, den Sonderfall der dortigen Konstellation sowohl im Hinblick auf die Komplexität des dortigen Swap-Geschäfts, wie im Hinblick auf die Höhe der dort einstrukturierten Marge zu betonen und mithin eine Vergleichbarkeit dieser Entscheidung auf zahllose sonstige Swap-Reklamationen zu verneinen. Da beklagte Banken sich einer Fülle von diesbezüglichen Reklamationen in Anbetracht der dreijährigen kenntnisunabhängig und unterjährig laufenden Frist des § 37a WpHG ausgesetzt sahen[29], sodass hier kundenseits Handlungsbedarf bestand, da derartige Geschäfte im Regelfall noch vor Ausbruch der Finanzmarktkrise[30] abgeschlos-

---

[28] → Rn. 21 ff.
[29] → § 14 Rn. 19 ff.
[30] 15. September 2008.

sen waren, war es nur eine Frage der Zeit, bis der XI. Zivilsenat erneut Gelegenheit hatte, diese, seine Swap-Rechtsprechung zu verfeinern und zu präzisieren.

Das Urteil vom 20.1.2015[31] verhieß für anlageberatende Banken vermeintlich Entwarnung[32]. 83

Kurz darauf wurden viele Beobachter eines Besseren belehrt, siehe die nunmehrige Entscheidung. 84

3. Problemstellung

Ausgehend von den offenen Fragestellungen bei Swap-Geschäften zu Spekulationszwecken waren zahlreiche Streitpunkte offen, welche der XI. Zivilsenat auf Basis des vorliegend ihm zur Entscheidung unterbreiteten Sachverhalts zu klären hatte: 85

Sind derartige Swap-Geschäfte sittenwidrig und nichtig? Haben hierauf öffentlich-rechtliche Vorschriften (gesetzlich zugewiesener Wirkungskreis der Gemeinde, gemeindliches Spekulationsverbot) Einfluss? Muss im Zweipersonenverhältnis über die Einpreisung eines anfänglich negativen Marktwerts und dessen Höhe aufgeklärt werden? Was passiert mit Vorteilen aus ähnlichen Geschäften? Wie ist mit verjährungsrechtlichen Problematiken umzugehen? 86

4. Entscheidung

Der BGH benutzt den ihm zur Entscheidung vorgelegten Sachverhalt zunächst einmal, seine Rechtsprechung zum Zustandekommen und zur Reichweite eines (konkludenten) Beratungsvertrages zu präzisieren und weiterzuentwickeln. Er wiederholt seine ständige Rechtsprechung, wonach das Herantreten eines Anlageinteressenten an eine Bank oder des Anlageberaters einer Bank an einen Kunden, um über die Anlage eines Geldbetrages beraten zu werden bzw. zu beraten, regelmäßig zum Abschluss eines stillschweigenden Beratungsvertrages führt, welcher mit der Aufnahme des Beratungsgesprächs zustande kommt. Dieser stillschweigende Beratungsvertrag ist dann aber auf eine konkrete Anlageentscheidung bezogen, sodass mit Erfüllung der diese Anlageentscheidung betreffenden Beratungspflichten die Leistungspflichten der Bank erfüllt sind. Insoweit bestehen weder fortdauernde Überwachungs- und Beratungspflichten, noch kann in einer derartigen Situation davon ausgegangen werden, dass ein Dauerberatungsvertrag abgeschlossen wurde; ein Dauerberatungsvertrag kommt gerade nicht stillschweigend zustande, so der BGH. Aus dem abgeschlossenen Rahmenvertrag resultieren dem gegenüber keinerlei Beratungspflichten. Da tatrichterliche Feststellungen zum Zustandekommen eines derartigen Vertrages fehlten, gab der BGH den Tatsacheninstanzen mit auf den Weg, diese nachzuholen. 87

Der BGH setzt sich sodann mit der Frage auseinander, ob die Annahme des Berufungsgerichts korrekt ist, die Bank habe – einen Beratungsvertrag unterstellt – ihre Aufklärungspflichten im Rahmen der objektgerechten Beratung dadurch verletzt, dass die Klägerin über einen anfänglich negativen Marktwert der Zinssatz-Swap-Verträge unzureichend unterrichtet worden sei. Der BGH nimmt auf sein Urteil vom 20. Januar 2015[33] Bezug und führt aus, dass ein solch anfänglich negativer Marktwert nicht etwa einen voraussichtlich Misserfolg des abgeschlossenen Geschäfts widerspiegeln würde. 88

---

[31] XI ZR 316/13 → Rn. 51 ff.
[32] So auch *Zoller* BB 2015, 1043.
[33] → Rn. 51 ff.

Dieser Wert wird vielmehr ermittelt, indem die voraussichtlichen künftigen festen und variablen Zinszahlungen der Parteien gegenübergestellt und mit Abzinsungsfaktoren auf den Bewertungszeitpunkt abgezinst werden; ggf. sind Wechselkursentwicklungen und sonstige Optionsbestandteile zu berücksichtigen; ein so ermittelter Marktwert wird dadurch negativ, dass die Bank in diesem die sogenannte „Bruttomarge", dh ihren Nettogewinn und ihre Kosten (Risikoabsicherung, Eigenkapitalunterlegung) einstrukturiert. Der Kunde muss also zunächst einmal – wie bei jedem anderen Finanzdienstleistungsprodukt – diese Kosten erwirtschaften, bis sein Investment in die Gewinnzone gerät. Dies mag zwar unter Umständen im Zweipersonenverhältnis einen Interessenkonflikt der beratenden Bank auslösen, da sie neben den Kundeninteressen auch ihr eigenes Gewinninteresse im Auge hat; ein derartiger Interessenkonflikt ist im Zweipersonenverhältnis aber regelmäßig nicht aufklärungspflichtig, sondern offensichtlich.

89   Der BGH setzt sich sodann mit der Frage auseinander, ob im Zweipersonenverhältnis ausnahmsweise im Zusammenhang mit dem negativen Marktwert doch ein schwerwiegender, aufklärungspflichtiger Interessenkonflikt zu Lasten des beratenden Bankhauses entstehen kann. Er verweist zunächst auf seine Rechtsprechung zum Dreipersonenverhältnis und die dortige Konstellation der echten Rückvergütungen[34], Innenprovisionen[35] sowie die ab dem 1.8.2014 diesbezüglich entbehrliche Differenzierung in Anbetracht des nunmehr vom BGH entdeckten „flächendeckenden Transparenzgebotes"[36].

90   Für das Zweipersonenverhältnis verweist der BGH auf die Ausnahmesituation eines schwerwiegenden Interessenkonflikts in der CMS Spread Ladder Swap-Entscheidung[37].

91   Sodann führt der BGH aus, dass diese seine Rechtsprechung im Zweipersonenverhältnis auf Swap-Verträge generell übertragbar ist, wenn die zu einem Swap-Geschäft mit ihr selbst ratende Bank die Risikostruktur des Swaps mittels Einpreisung des anfänglich negativen Marktwerts so bewusst zu Lasten des Kunden gestaltet hatte, dass ihr dies die Möglichkeit des „Verkaufs" des Risikos gab. Die zu einem Swap-Vertrag mit ihr selbst ratende Bank realisiert ihren Gewinn nämlich ohne Rücksicht auf die konkrete Ausgestaltung des Swaps über das Einpreisen eines anfänglich negativen Marktwerts durch Weitergabe im Markt. Der Kunde muss mit einem derartigen Einpreisen zum Zwecke der Weitergabe der Risiken (und Chancen) im Markt generell nicht rechnen, ohne dass es auf die Komplexität des Swap-Vertrages ankäme, so der BGH.

92   Zwar muss die Bank dem Kunden nicht erläutern, dass sie ihre Bruttomarge aufgrund des Umstandes realisiert, dass der Markt das Risiko des Kunden zum Zeitpunkt des Vertragsschlusses negativ einschätzt; die Bank ist aber ungefragt verpflichtet, über den anfänglich negativen Marktwert aufzuklären, wobei dies auch die Verpflichtung zur Information über seine Höhe mit einschließt. Nur bei Kenntnis auch der Höhe des anfänglich negativen Marktwerts kann der Kunde das eigene Interesse der Bank an der Empfehlung des Swap-Vertrages richtig einschätzen[38]. Der BGH hält aber auch fest, dass eine beratungsvertragliche Pflicht zur Aufklärung über den anfänglich negativen Marktwert dann nicht besteht, wenn die beratende Bank zu Swap-Geschäften rät, die

---

[34] Zuletzt → § 3 Rn. 101 ff.
[35] → § 5 Rn. 59 ff.
[36] → § 3 Rn. 169 ff.
[37] → Rn. 21 ff.
[38] Der BGH verweist insoweit auf die „Mutter aller Kick-Back-Verfahren", seine Entscheidung vom 19. Dezember 2006 → § 3 Rn. 40 ff.

der Absicherung gegenläufiger Zins- oder Währungsrisiken aus konnexen Grundgeschäften dienen. Lediglich spekulative Swap-Geschäfte unterfallen also dieser Aufklärungspflicht. Eine dogmatische Begründung für diese unterschiedliche Behandlung gibt der BGH nicht, weist aber darauf hin, dass in diesem Falle der Kunde ja auch auf die Teilhabe an einer günstigen Entwicklung des Zinsniveaus verzichte.

Der BGH setzt sich sodann mit öffentlich-rechtlichen Überlegungen auseinander 93 und hält fest, dass der Abschluss von Zinssatz-Swap-Verträgen sowohl vom gemeindlichen Wirkungskreis umfasst ist, wie diese auch nicht wegen eines Verstoßes gegen ein etwaiges kommunalrechtliches Spekulationsverbot nichtig sind.

Eine Nichtigkeit nach § 138 BGB ist auch nicht festzustellen, da Finanztermingeschäfte 94 allein wegen ihres spekulativen Charakters nicht sittenwidrig sind und insbesondere ein Swap-Geschäft erst dann sittenwidrig wird, wenn es darauf angelegt ist, den Vertragspartner der Bank von vornherein chancenlos zu stellen. Da die Klägerin mit den streitgegenständlichen Verträgen bei anderer Entwicklung Gewinne hätte realisieren können, ist eine Nichtigkeit nach § 138 BGB nicht gegeben.

Sodann befasst sich der BGH mit der Frage, wie mit weiteren, gewinnbringenden 95 Verträgen umzugehen ist. Er hält fest, dass es im Bereich der Widerlegung der Kausalitätsvermutung[39] im Bereich der Swap-Verträge zwei Umstände gibt, welche von der Beklagten angeführt werden können: Zum einen der Vortrag, ein Kunde hatte Kenntnis von der Tatsache, dass die Bank generell eine Bruttomarge in die Bedingungen der Swap-Verträge einpreist. Die Kenntnis von der Realisierung einer Bruttomarge auf diesem Weg ohne Wissen um den Umfang kann nach den Umständen des Einzelfalles den Schluss zulassen, der Kunde hätte die Swap-Geschäfte auch im Falle einer Unterrichtung über die Höhe des eingepreisten anfänglich negativen Marktwerts abgeschlossen. Eine weitere Kausalitäts-Komponente kann das Festhalten an wirtschaftlich günstig verlaufenden Verträgen sein. Dies ist ein Indiz dafür, dass sich der Beratungsfehler auf den Anlageentschluss gerade nicht ursächlich ausgewirkt hat; allerdings gilt dies nur dann, wenn der Bank bei der Erfüllung beratungsvertraglicher Pflichten der gleiche Beratungsfehler unterlaufen ist und der Anleger trotz nachträglicher Kenntnis von der Falschberatung nicht unverzüglich die Rückabwicklung auch solcher für ihn vorteilhafter Verträge geltend macht[40].

Abgesehen von der Widerlegung der Kausalität ist es aber nicht angezeigt, sonstige 96 Gewinne bei der Schadensberechnung nach den Grundsätzen der Vorteilsausgleichung gegenzurechnen. Vorteile, die aus zu anderen Zeiten geschlossenen Swap-Verträgen aufgrund einer gesonderten Beratung resultieren, dürfen mangels Nämlichkeit des Schadensereignisses im Zuge der Vorteilsausgleichung keine Berücksichtigung finden; daran ändert weder die Gleichartigkeit der Pflichtverletzung etwas, noch die Tatsache der „Verklammerung" der Geschäfte durch den erwähnten Rahmenvertrag.

Schließlich wendet der BGH § 37a WpHG auf die streitgegenständlichen Swap-Geschäfte 97 an, wobei die insoweit in Rede stehenden Fristen für jedes einzelne Geschäft gesondert zu laufen beginnen. Eine Verklammerung durch den Rahmenvertrag besteht insoweit nicht. Dies hat zur Folge, dass streitgegenständliche Ansprüche aus fahrlässiger Pflichtverletzung der Bank verjährt sind, wobei der BGH sich bereits dahingehend fest-

---

[39] → § 2 Rn. 132.
[40] Hier verweist der BGH auf seine Entscheidung vom 8. Mai 2012, XI ZR 262/10 → § 2 Rn. 115 ff.

legt, dass – anders als im Bereich echter Rückvergütungen[41] – die vom BGH statuierte Aufklärungspflicht jedenfalls vor dem 22.3.2011 nicht vorhergesehen werden konnte.[42]

98 Ansprüche aus fahrlässiger Falschberatung sind verjährt, da ein unvermeidbarer Rechtsirrtum der Bank insoweit nicht in Betracht kommt. Da das Berufungsgericht von seinem Rechtsstandpunkt aus folgerichtig aber keine Feststellungen zu einer von der Klägerin behaupteten Vorsatzhaftung getroffen hat, die ihrerseits gerade nicht unter § 37a WpHG fällt, verweist der BGH den Rechtsstreit ebenfalls an die Tatsacheninstanzen zurück.

5. Fazit

99 Der XI. Zivilsenat, wohl unter dem Einfluss des nunmehrigen neuen Vorsitzenden Ellenberger, vollzieht in dieser Entscheidung eine erneute Kehrtwende und erkennt erstmals im Zweipersonenverhältnis auf einem schwerwiegenden, aufklärungspflichtigen Interessenkonflikt im Hinblick auf die Vergütung des beratenden Bankhauses.

100 Dabei arbeitet der Senat mit einer Unterstellung, welche kritisch zu hinterfragen ist: Hauptgrund für die Annahme eines derartigen Interessenkonflikts ist die Tatsache, dass das beratende Bankhaus nicht selbst die Chancen und Risiken aus dem mit dem Kunden abgeschlossenen Geschäft in wirtschaftlicher Hinsicht in ihren Büchern behält, sondern diese – gebündelt mit sonstigen Geschäften – im Markt weitergibt. Aus dieser Weitergabe leitet der Senat ab, dass hier zwingend ein zu Lasten des Kunden nachteiliger Geschäftsverlauf konstruiert worden sei, da sich anderenfalls im Markt kein Dritter finden würde, welcher bereit wäre, Chancen und Risiken aus diesem Geschäft zu übernehmen. Dies missachtet, dass es eine Unzahl vielfältiger Motive dritter Marktteilnehmer gibt, die wirtschaftlichen Folgen des Spekulationsgeschäfts in eigene Bücher zu nehmen, und sei es nur, dass dieser dritte Marktteilnehmer – und dies ist ja gerade das spekulative Element – eine andere Meinung im Hinblick auf die Eintrittswahrscheinlichkeit bestimmter zukünftiger Faktoren hat, als der Anleger und mit ihm das beratende Bankhaus.

101 Dabei ist der Kläger noch nicht einmal verpflichtet, im Wege seiner Sachverhaltsdarlegung die Behauptung aufzustellen, das Geschäft sei zu seinen Lasten strukturiert. Aus Sicht der Beklagten ist dieses Ergebnis mehr als unbefriedigend.

V. Lehman 1

BGH Urteil vom 27. September 2011 – XI ZR 182/10

1. Sachverhalt

102 Die Klägerin führte am 27. September 2007 ein Beratungsgespräch mit dem Mitarbeiter einer beklagten Sparkasse. Infolge dessen erwarb die Klägerin gemäß Wertpapierabrechnung vom 19.10.2007 zehn „Bull Express Garant" – Anleihen der Lehman Brothers Treasury Co. B.V. („Emittentin"), eine Tochtergesellschaft der US-amerikanischen Lehman Brothers Holdings Inc. Bei den Wertpapieren handelte es sich um Zertifikate, deren Rückzahlung in Abhängigkeit des Index Dow Jones EURO STOXX 50 erfolgen sollte. Durch einen Vergleich des Wertes des Index am anfänglichen Bewertungstag

---

[41] → § 14 Rn. 57 ff.
[42] Das ist die Veröffentlichung der Entscheidung zum CMS Spread Ladder Swap → Rn. 21 ff.

(19. Oktober 2007) mit dessen Schlusskurs am ersten Feststellungstag (26. Oktober 2009) bzw. am abschließenden Bewertungstag (19. Oktober 2011) sollten sich nach näherer Maßgabe der Zertifikatbedingungen Zeitpunkt und Höhe des Rückzahlbetrages ermitteln. Ggf. sollte neben der Kapitalrückzahlung ein Bonus in Höhe von 15 % bezüglich der prozentualen Kurssteigerung des Index geschuldet sein. In dem für den Kunden ungünstigsten Fall war die Rückzahlung des eingesetzten Kapitals ohne Ausgabeaufschlag und Bonus nach Ablauf der vierjährigen Gesamtlaufzeit vorgesehen. Die Muttergesellschaft, die Lehman Brothers Holdings Inc., hatte für die Rückzahlung der Zertifikate eine Garantie übernommen. Infolge der im September 2008 eintretenden Insolvenz der Muttergesellschaft, welche die Insolvenz der Emittentin nach sich zog, waren die Zertifikate weitgehend wertlos geworden.

Die beklagte Sparkasse hatte die Zertifikate von der Emittentin zu einem unter dem Nennwert liegenden Preis (Bonifikation von 2,75 %) erworben und sodann aus dem Eigenbestand zum Nennwert nebst Ausgabeaufschlag in Höhe von 1 % an die Klägerin veräußert. Diese wurde weder über die Bonifikation noch über die Tatsache explizit aufgeklärt, dass der Wertpapiererwerb vorliegend im Rahmen eines Festpreisgeschäfts und nicht eines Kommissionsgeschäfts erfolgen würde. Während des Beratungsgesprächs wurde die Klägerin aber über das allgemeine Bonitätsrisiko der Emittentin aufgeklärt, wobei diese im Zeitpunkt des Gesprächs ein hervorragendes Rating besaß, welches der Klägerin ebenfalls mitgeteilt wurde. Ein ausdrücklicher Hinweis auf das Nichteingreifen von Einlagensicherungssystemen erfolgte nicht. **103**

2. Hintergrund

Die zahllosen vor und nach der Finanzmarktkrise begebenen Zertifikate sollten im Grundsatz dazu dienen, den Anleger an der Wertentwicklung bestimmter Parameter, wie beispielsweise von Börsenindizes, aber auch jeglicher sonstiger Bezugsgrößen, teilhaben zu lassen, ohne dass dieser unmittelbar selbst in diese Zielobjekte investieren muss. Die Zertifikate sind – was die Zahlungsmodalitäten anbelangt – üblicherweise an die Wertentwicklung der Bezugsgröße gekoppelt. Um auch risikoscheuen Anlegern entgegenzukommen, sind viele Zertifikate mit einem Risikopuffer versehen, welcher – je nach Ausgestaltung – einen Kapitalerhalt auch bei für den Anleger negativer Entwicklung der Bezugsgröße ermöglichen soll. **104**

Gerade diese vermeintliche Sicherheit führt aber häufig zu Problemen: So werden Zertifikate Anlegern anempfohlen, welche von ihrer Risikobereitschaft niemals bereit gewesen wären, in die Bezugsgröße selbst zu investieren. Wenn sich herausstellt, dass sämtliche eingezogene Risikopuffer nicht greifen, muss sich die Rechtsprechung mit Fragestellungen beschäftigen, die durch Substanzverluste konservativ eingestellter Anleger aufgeworfen werden. **105**

3. Problemstellung

Die vorliegende Entscheidung ist kein „klassischer" Beratungshaftungsfall in Bezug auf Zertifikate. So ist der Schaden des Anlegers nicht dadurch entstanden, dass der vermeintlich sichere Risikopuffer gerissen ist. Vielmehr setzt die Problematik weitaus tiefer an: Der im Zeitpunkt der Anlageentscheidung von niemandem als realistisch eingeschätzte Fall der Insolvenz eines international tätigen renommierten Bankhauses führt dazu, dass – völlig losgelöst von der Wertentwicklung des Bezugsobjekts – der Anleihe- **106** schuldner selbst seinen versprochenen Zahlungen nicht nachkommt. Allein: Auf dieses Risiko war der Anleger hingewiesen worden.

107 Wie auch im Bereich der Rückvergütungsrechtsprechung des XI. Zivilsenats[43] fällt der Blick daher weg vom eigentlichen Zentrum der anleger- und objektgerechten Beratung zur sekundären Frage dezentraler Rahmenumstände, über die der Anleger im Nachhinein Aufklärung begehrt: Das Thema der Einlagensicherung einerseits[44], das Thema der internen Gewinnmargen der Bank andererseits.

108 Nun hatte der XI. Zivilsenat bereits vor dieser Entscheidung in einem obiter dictum zum Ausdruck gebracht, dass die Bank als Teilnehmer am Wirtschaftsverkehr nicht verpflichtet ist, über Gewinnmargen im Hinblick auf ihre eigenen Produkte aufzuklären[45]. Vorliegend standen aber nicht eigene Produkte der Vertriebsbank in Rede, sondern vielmehr Fremdprodukte, welche von der vorliegend beklagten Sparkasse als Festpreisgeschäft gewinnbringend „durchgehandelt" wurden. Zudem hatte der Anleger selbst eine direkte Vergütung an die Bank („Ausgabeaufschlag") geleistet.

4. Entscheidung

109 Die Berufungsinstanz hatte die Klage abgewiesen. Der XI. Zivilsenat teilt diese Rechtsauffassung.

110 Auch der vorliegende Beratungssachverhalt ist an den Grundsätzen der anleger- und objektgerechten Beratung zu messen, wobei Inhalt und Umfang der Beratungspflichten von den Umständen des Einzelfalls, nämlich dem Wissensstand, der Risikobereitschaft und dem Anlageziel des Kunden einerseits, der Konjunkturlage, der Entwicklung des Kapitalmarktes sowie spezieller Risiken und Besonderheiten des Anlageobjektes andererseits abhängen.

111 Eine Bank, welche Zertifikate in ihr Anlageprogramm aufgenommen und empfohlen hat, muss diese zuvor selbst mit banküblichem kritischem Sachverstand prüfen. Dies gilt auch hinsichtlich der Bonität der konkreten Emittentin bzw. einer Garantiegeberin, da dies für die Risikobeurteilung eines Zertifikats von maßgeblicher Bedeutung ist. So käme eine Haftung der Beklagten dann in Betracht, wenn bei einer derartigen Prüfung ein Risiko erkennbar geworden wäre, über das die Klägerin hätte aufgeklärt werden müssen.

112 Allerdings sind keinerlei Umstände festgestellt oder dargetan, wonach ein konkretes Insolvenzrisiko, sollte dieses im Zeitpunkt des Beratungsgesprächs Ende September 2007 bereits bestanden haben, für die Beklagte bei einer ordnungsgemäßen Prüfung erkennbar gewesen wäre. So waren die Bonitätsbewertungen der Garantiegeberin zeitweise so positiv, dass Zweifel an ihrer Zahlungsfähigkeit nicht aufkommen mussten.

113 Was die Aufklärung der Klägerin im Hinblick auf die generelle Abhängigkeit der Rückzahlung von der Bonität der Emittentin bzw. Garantiegeberin anbelangt, ist diese ebenfalls nicht zu beanstanden. So trägt der Anleger vorliegend nicht nur das Marktrisiko im Hinblick auf einen zu Grunde gelegten Basiswert, sondern darüber hinaus auch das Bonitätsrisiko des Emittenten. Selbst wenn sich der Basiswert also für den Anleger günstig entwickelt, wird das Zertifikat zum Verlustgeschäft, wenn der Emittent am Ende der Laufzeit den fälligen Rückzahlungsbetrag nicht aufbringen kann. Mithin

---

[43] → § 3 Rn. 40 ff.
[44] → § 2 Rn. 17 ff.
[45] XI ZR 33/10, → Rn. 45; ebenso der III. Zivilsenat in seiner Entscheidung vom 15.4.2010, → § 3 Rn. 80.

muss dem Anleger auch verdeutlicht werden, dass die Rückzahlung generell von der Bonität der jeweiligen Emittentin bzw. Garantiegeberin abhängt, auch wenn bezogen auf die konkrete Emittentin zum Zeitpunkt der Beratung keine Anhaltspunkte für eine drohende Zahlungsfähigkeit bestehen. Die Bank kann sich auch nicht dahingehend entlasten, als das theoretisch immer bestehende Insolvenzrisiko eines Schuldners allgemein bekannt und daher in der Regel nicht aufklärungsbedürftig ist. Selbst wenn dem durchschnittlichen Anleger allgemein bewusst ist, dass Unternehmen – auch Banken – zahlungsunfähig werden können, so heißt dies nicht, dass er sich auch bewusst ist, dass dieses Risiko mangels Bildung eines Sondervermögens mit Erwerb eines Zertifikats in Bezug auf die jeweilige Emittentin und Garantiegeberin vom Anleger zu tragen ist. Vorliegend wurde die Klägerin aber über die generelle Abhängigkeit der Rückzahlung des empfohlenen Zertifikats von der Bonität der Emittentin bzw. Garantiegeberin aufgeklärt, wobei der XI. Zivilsenat explizit festhält, dass eine derartige Aufklärung zur damaligen Zeit auch in mündlicher Form gegeben werden kann.

Wenn aber eine derartige Aufklärung erfolgt ist, ist die beratende Bank nicht verpflichtet, den Anleger darüber hinaus und zusätzlich auf das Nichteingreifen von Einlagensicherungssystemen im Hinblick auf die Kapitalanlage aufzuklären. Weiß der Kunde um die Möglichkeit eines Totalverlustes, kann er nicht gleichzeitig auf das Eingreifen einer Einlagensicherung vertrauen. **114**

Im Zentrum der Entscheidung stand sodann die Frage, ob die Beklagte zur Aufklärung über die mit dem Verkauf der Zertifikate verbundene Gewinnmarge verpflichtet ist. Der Senat lehnt eine derartige Aufklärung sowohl im Hinblick auf die Gewinnmarge als solche, wie auch im Hinblick auf die Tatsache des Erwerbs mittels Festpreisgeschäfts (und nicht mittels Kommissionsgeschäfts) ab. Der Senat wiederholt zunächst, dass eine Bank, die eigene Anlageprodukte empfiehlt, grundsätzlich nicht verpflichtet ist, darüber aufzuklären, dass sie mit diesen Produkten Gewinne erzielt; denn in einem solchen Fall ist es für den Kunden offensichtlich, dass die Bank eigene Gewinninteressen verfolgt, sodass darauf nicht gesondert hingewiesen werden muss. Nichts anderes gilt – so der Senat – wenn fremde Anlageprodukte im Wege des Eigengeschäfts zu einem über dem Einkaufspreis liegenden Preis veräußert werden. Dies liege daran, dass der Abwicklung eines Wertpapierkaufs im Wege des Eigengeschäfts das Kaufrecht zu Grunde liegt. Nach dieser gesetzgeberischen Grundentscheidung trifft die Bank als Verkäuferin der vom Anleger georderten Wertpapiere – anders als etwa den Kommissionär in Bezug auf die erhaltenen Provisionen – keine Pflicht zur Offenlegung der Gewinn- oder Handelsspanne. Der Preis des Deckungsgeschäfts muss dem Kunden nicht offenbart werden, da die Bank im Gegenzug auch keine Provisions- oder Aufwendungsersatzansprüche hat. Es fehlt mithin bereits an einem offen zu legenden Interessenkonflikt. **115**

Diese gesetzgeberische Grundentscheidung ist derart bedeutsam, dass sie auch im Rahmen des neben dem Kaufvertrag abgeschlossenen Beratungsvertrages zu beachten ist. Im Hinblick auf offensichtliche Umstände, wie das dem Kaufvertrag immanente Gewinninteresse der Bank als Verkäuferin, darf die Rechtslage nach Kaufvertrag nicht anders behandelt werden, als die Rechtslage nach Anlageberatungsvertrag. Was für den Kunden im Rahmen des Kaufvertrages offensichtlich ist, lässt innerhalb des Beratungsvertrages seine Schutzwürdigkeit entfallen. Die beratende Bank ist aufgrund des Beratungsvertrages mit dem Kunden auch nicht verpflichtet, diesen darüber zu informieren, dass der Zertifikateerwerb im Rahmen des Eigengeschäfts der Bank erfolgt. **116**

Dies gilt auch dann nicht, wenn – wie hier – die Zahlung eines Ausgabeaufschlages von 1 % mit einer versteckten Gewinnmarge kombiniert werde: Abgesehen davon, dass **117** die Beklagte vorliegend gar nicht den Eindruck erweckt hat, der Ausgabeaufschlag sei der einzige Posten, der zu einem Gewinn führe, besteht grundsätzlich keine Pflicht der beratenden Bank zur Aufklärung über Existenz, Höhe, Herkunft oder Zusammensetzung des mit einem empfohlenen Produkt erwirtschafteten Gewinns, auch wenn der Anleger selbst dafür eine direkte Vergütung an die Bank entrichtet.

118 Abschließend äußerte sich der XI. Zivilsenat zu der erforderlichen Risikoaufklärung des konkreten Produkts in Anbetracht des Zertifikate-Charakters: Wenn – wie hier – der Klägerin die Funktionsweise des Zertifikats erläutert wurde, war das spekulative Element der Anlage für die Klägerin erkennbar. Dass bei einem derart strukturierten Produkt die Erwartungen der Emittentin auf der einen und des Anlegers auf der anderen Seite gegenläufig sind, ist für jeden Anleger ersichtlich, so der XI. Zivilsenat. Die beratende Bank ist auch nicht verpflichtet, der Klägerin darzustellen, wie „hinreichend wahrscheinlich" bzw. „hinreichend sicher" ein auf oder über dem Niveau des anfänglichen Bewertungsstichtages stehender Kurs sein würde. Hierbei handelte es sich nämlich ersichtlich um eine von zahlreichen Unwägbarkeiten beeinflusste Prognose, die vom Berater ex-ante gerade nicht erbracht werden kann.

119 Der BGH bestätigte mithin die klageabweisende Entscheidung des Oberlandesgerichts.

5. Fazit

120 Dogmatisch überzeugend ist der Ansatzpunkt des XI. Zivilsenats, sich vom Gedanken eines aufklärungspflichtigen Interessenkonflikts der „Beraterbank" im Hinblick auf deren Gewinnerzielungsabsicht zu lösen. Zutreffender Weise kann allein diese Absicht nicht von vorne herein als konfliktbegründend angesehen werden; es würde dies weit über den Bereich der Finanzdienstleistungen hinaus auch jegliche sonstige Dienstleistungstätigkeit, insbesondere der Freiberufler erfassen; bei derartigen Tätigkeiten hat aber bislang niemand in der Gewinnerzielungsabsicht ein Merkmal erkannt, welches interessenkonfliktbegründend wirkt. Dies gilt beim Festpreisgeschäft (Kauf) auch dann, wenn der Anleger zusätzlich eine direkte Vergütung an die Bank bezahlt.

121 Soweit die genannte Entscheidung mit Spannung wegen der Beantwortung der Frage nach Aufklärungspflichten im Hinblick auf die Bonität des Bankhauses Lehman erwartet wurde, enttäuschte diese die Anlegerinteressen, wobei die Entscheidung insoweit allerdings Einzelfallcharakter aufweist. So steht diesbezüglich nunmehr lediglich fest, dass eine Aufklärungspflicht jedenfalls bis zum September 2007 im Hinblick auf Bonitätsrisiken nicht bestand. Was Sachverhalte anbelangt, welche sich nach diesem Zeitpunkt verwirklichten, bleibt die weitere Entwicklung der Rechtsprechung abzuwarten[46].

---

[46] Zuletzt Lehman 6, → § 2 Rn. 95 ff.

VI. Lehman 2

BGH Urteil vom 26. Juni 2012 – XI ZR 316/11

1. Sachverhalt[47]

Die Klägerin nimmt eine beklagte Bank aus abgetretenem Recht ihres Ehemannes wegen Anlageberatungsfehlern in Zusammenhang mit dem Erwerb von Zertifikaten der zwischenzeitlich insolvent gewordenen Lehman Brothers Treasury Co. B. V. in Anspruch.

Der Anleger hatte im Februar 2007 mit einem Mitarbeiter der beklagten Bank ein Beratungsgespräch geführt, aufgrund dessen am 7. Februar 2007 für insgesamt 17.145,01 EUR 17 Stück „G."-Anleihen der vorerwähnten Emittentin erworben wurden. Die Beklagte erhielt von der Emittentin eines Vertriebsprovision in Höhe von 3,5 %, die sie dem Anleger nicht offenbarte. Aufgrund der Feststellungen der Vorinstanz war unklar, ob die streitgegenständlichen Zertifikate im Wege des Festpreisgeschäfts oder aber auf der Grundlage eines Geschäftsbesorgungsvertrages als Kommissionärin an den Anleger veräußert wurden. Die Rückzahlung der Zertifikate sollte in Abhängigkeit von der Entwicklung dreier Aktienindizes während dreier aufeinander folgender Beobachtungszeiträume erfolgen. Für den Fall, dass keiner der drei Indizes im Verlaufe dieser Beobachtungszeiträume um 40 % oder mehr fiel, sollte der Anleger an drei einzelnen Feststellungs- bzw. Bewertungsstichtagen jeweils eine Bonuszahlung von 8,75 % des angelegten Betrages erhalten. Sofern keiner der drei Indizes während der gesamten Laufzeit die Barriere von 60 % seines jeweiligen Ausgangswertes berührte oder unterschritt, war zudem die Rückzahlung des Nominalbetrages des Zertifikats bei dessen Endfälligkeit am 13. Mai 2010 vorgesehen. Sollten hingegen alle drei Indizes an einem der ersten beiden Feststellungstage (6. Mai 2008, 6. Mai 2009) oberhalb ihres jeweiligen Ausgangsniveaus notieren, war das Zertifikat sofort, das heißt vorzeitig zur Rückzahlung fällig. Weitere Zertifikatebedingungen sind vorliegend nicht von Bedeutung. Durch die Insolvenz der Emittentin wurden die Anleihen weitgehend wertlos.

2. Hintergrund

Wer sich nach der ersten Lehman-Entscheidung[48] Hoffnungen gemacht hatte, der BGH werde in seiner zweiten Serie von Lehman-Entscheidungen Gelegenheit haben, zu inhaltlichen Beratungsthemen im Hinblick auf die Finanzkrise und die hierdurch verursachte Wertlosigkeit der in Rede stehenden Zertifikateerwerbe Stellung zu beziehen, sah sich auch durch die zweite Serie von Lehman-Entscheidungen enttäuscht. Sowohl in dem hier streitgegenständlichen Sachverhalt, wie in den Sachverhalten der Parallelentscheidungen waren Beratungsgespräche aus dem Februar 2007 streitgegenständlich, mithin noch lange vor dem Zeitpunkt der Beratungsgespräche der ersten Lehman-Entscheidung. In den tatsächlichen Feststellungen der Oberlandesgerichte finden sich keinerlei Bezugnahmen auf vorgebliche Aufklärungsdefizite in materieller Hinsicht; streitgegenständlich war allein die Frage, inwieweit Vergütungsinteressen der beratenden Bank Aufklärungspflichtverletzungen auslösen.

---

[47] Siehe auch die drei Parallelentscheidungen vom selben Tage, XI ZR 259/11, XI ZR 355/11, XI ZR 356/11.
[48] → Rn. 102 ff.

3. Problemstellung

125   Der BGH hatte in der ersten Lehman-Entscheidung eine Sachverhaltskonstellation zu entscheiden gehabt, welche einen Erwerb des streitgegenständlichen Papiers aus dem Eigenbestand im Wege des Eigengeschäfts als Festpreisgeschäft (Kaufvertrag) zum Gegenstand hatte. In dieser Entscheidung hielt der XI. Senat in aller nur wünschenswerten Deutlichkeit fest, dass bei derartigen Eigengeschäften, auch soweit sie nicht eigene Produkte, sondern Fremdprodukte betreffen, eine Aufklärungspflicht über Gewinnmargen einer Bank nicht besteht. Bei dieser Abwicklung fehlt es nämlich an einem vergleichbaren, offen zu legenden Interessenkonflikt der beratenden Bank. Dies gilt auch dann, wenn der Anleger selbst eine Vergütung an die Bank leistet.

126   Vorliegend war dagegen nach den tatsächlichen Feststellungen der Tatsachengerichte nicht auszuschließen, dass der Anleger nicht etwa im Wege des Eigengeschäfts, sondern im Wege des Kommissionsgeschäfts die streitgegenständlichen Papiere erhalten hatte. Gebot diese Alternative der technischen Abwicklung des in Rede stehenden Erwerbs bei Fremdprodukten eine anderweitige Beurteilung im Hinblick auf Aufklärungspflichten der beratenden Bank, oder verblieb es dabei, dass die Rechtsprechung zu echten Rückvergütungen[49] keine Anwendung findet? Spielt es eine Rolle, dass der Anleger selbst keine direkte Vergütung an die Bank leistete?

4. Entscheidung

127   Der XI. Senat bestätigte zunächst seine aus der Entscheidung Lehman 1 bekannte Rechtsauffassung, wonach eine Bank bei Vereinbarung von Festpreisgeschäften mit ihren Kunden – unabhängig davon, ob es sich um die Veräußerung eigener Produkte der beratenden Bank oder aber fremder Anlageprodukte handelt – nicht verpflichtet ist, darauf hinzuweisen, dass sie eigene Gewinninteressen verfolgt.

128   Im Falle der Vereinbarung eines Festpreisgeschäftes ist nämlich diese Verfolgung eigener Gewinninteressen für den Anleger offenkundig; ein Umstand, der für den Kunden im Rahmen des Kaufvertrages offensichtlich ist, lässt innerhalb des Beratungsvertrages seine Schutzwürdigkeit entfallen. Dabei ist die Art und Weise des von der Bank getätigten Deckungsgeschäfts, das heißt die von der Bank im Verhältnis zum Emittenten gewählte rechtliche Gestaltung, für die Anlageentscheidung des Kunden unmaßgeblich. Denkbar ist daher, dass die Bank die empfohlenen Produkte bereits zu einem geringeren Einkaufspreis in ihren Eigenbestand übernommen hat; denkbar ist aber auch, dass die Bank davon ausgeht, sich nach dem Geschäftsabschluss mit dem Kunden im Rahmen des Deckungsgeschäfts günstiger eindecken zu können. Auch kommt ein Tätigwerden der Bank im Auftrag des Emittenten gegen Vertriebsprovision in Frage, welches ebenfalls keine Aufklärungspflicht gegenüber dem Kunden auslöst. Die beratende Bank ist aufgrund des Beratungsvertrages auch nicht verpflichtet, den Kunden darüber zu informieren, dass der Zertifikaterwerb im Wege des Eigengeschäfts erfolgt und deswegen die Bank den Kunden nicht über ihre Gewinninteressen zu informieren hat.

129   Sodann musste sich der XI. Senat mit der nach den tatsächlichen Feststellungen des Berufungsgerichts nicht auszuschließenden Sachverhaltsvariante befassen, wonach zwischen den Parteien ein Kommissionsgeschäft vereinbart worden war. Der BGH verwies diesbezüglich zunächst auf seine Rechtsprechung zu echten Rückvergütungen, wonach eine Aufklärungspflicht einer Bank dann besteht, wenn hinter dem Rücken des Anle-

---

[49] → § 3 Rn. 9 ff.

gers an die Bank Provisionen aus offen ausgewiesenen Ausgabeaufschlägen, Verwaltungsgebühren oder sonstigen Vertriebskostenblöcken gezahlt werden. Der Anleger könne in diesem Fall nämlich das besondere Interesse der beratenden Bank an der Empfehlung gerade dieses Produkts nicht erkennen.

Der XI. Senat führt weiter aus, dass vorliegend für den Fall, dass zwischen den Parteien ein Kommissionsgeschäft vereinbart worden war, eine aufklärungspflichtige echte Rückvergütung in diesem Sinne aber nicht vorliegt: Aus der Wertpapierabrechnung sei lediglich ein fest an die Beklagte zu zahlender Betrag in Höhe von 1.008,53 EUR ersichtlich (Kurswert des Papiers am betreffenden Tag), nicht aber eine sonstige regelmäßig umsatzabhängige Provision, aus der an die Beklagte Rückflüsse stattgefunden hätten. 130

Abschließend äußerte sich der BGH zur Frage, ob denn aus einem Kommissionsgeschäft eine Aufklärungspflicht der Beklagten über die von der Emittentin an sie unmittelbar gezahlte Provision entstanden ist: Der BGH lässt zunächst offen, ob die vorliegend an die Bank fließende Provision an den Kunden gem. §§ 666, 667 BGB und § 384 Abs. 2 HGB herauszugeben ist. Selbst wenn dem so sein sollte – so der BGH in dieser Entscheidung – lässt allein eine etwaige Herausgabe- und Rechenschaftspflicht nicht die Annahme zu, die beratende Bank verletze ihren Beratungsvertrag, wenn sie den Anleger über Erhalt und Höhe dieser Provision nicht aufklärt. Wenn der Anleger nämlich – wie hier – für die Beschaffung der Wertpapiere weder eine Kommissionsgebühr noch sonstige Aufschläge an die Bank zu entrichten hat, so stellt sich die Abwicklung aus seiner Sicht in wirtschaftlicher Hinsicht nicht anders dar, als bei dem vorstehend beschriebenen Eigengeschäft der Bank. Bei wertender Betrachtungsweise muss also eine Gleichbehandlung beider Geschäfte erfolgen, zumal es häufig dem Zufall überlassen sei, welche Form der Abwicklung (Kommission oder Festpreisgeschäft) gewählt wird. 131

5. Fazit

In dieser Entscheidung löst sich der BGH weiter von der Frage der Interessenkollision in Person der beratenden Bank im Hinblick auf deren Vergütungen und stellt völlig zutreffend und erstmals in dieser Deutlichkeit auf die wirtschaftliche Betrachtungsweise einer derartigen Wertpapierabwicklung aus Sicht des allein maßgeblichen Kunden ab. Völlig korrekt verweist der BGH darauf, dass es aus Sicht des Kunden keinen Unterschied mache, ob ein derartiger Erwerb im Wege des Festpreis- oder Kommissionsgeschäfts erfolge, da die „Technik" dieser Abwicklung häufig sogar dem Zufall überlassen ist. Allerdings beschränkte der BGH diese Sichtweise auf Konstellationen, in denen der Kunde selbst keine direkte Vergütung an die Bank entrichtet.[50] 132

Hier den Zufall darüber entscheiden zu lassen, ob der Anleger eine ihm nicht genehme Wertpapiertransaktion aus formalen Gründen unter Bezugnahme auf das vorgebliche Gewinninteresse der beratenden Bank wieder rückabzuwickeln vermag, oder nicht, wäre verfehlt, so der BGH. Gleichzeitig räumte der BGH stillschweigend mit einer Begründungserwägung auf und hielt an dieser nicht mehr fest, welche im Bereich der Beraterhaftung bei echten Rückvergütungen für großes Aufsehen und Rechtsunsicherheit sorgte[51]. 133

---

[50] Zu diesem Fall → § 3 Rn. 125.
[51] Siehe auch zur dritten Serie der Lehman-Entscheidungen und den Konsequenzen des Aufgebens der Begründungserwägung für die Haftung bei echten Rückvergütungen → § 3 Rn. 127.

134 Die sich inhaltlich allein korrekterweise stellende Frage nach einer Aufklärungsbedürftigkeit des Kunden im Hinblick auf Bonitätsrisiken des Emittenten einerseits, der Konstruktion der Zahlungspflicht der Emittenten im Hinblick auf die Zertifikatebedingungen andererseits sowie schließlich der Anlegergerechtigkeit der erworbenen Papiere konnte auf Basis der Feststellungen der Tatsachengerichte leider nicht beantwortet werden.

VII. Aktienspekulation am 11. September 2001

OLG Frankfurt am Main Urteil vom 18. Dezember 2008 – 16 U 112/07[52]

1. Sachverhalt

135 Die Klägerin klagt aus abgetretenem Recht ihres Lebensgefährten sowie zweier Gesellschaften, deren Geschäftsführer und Alleingesellschafter der Zedent bzw. sie selbst waren. Sie nimmt die Beklagte auf Zahlung von Schadensersatz in Folge einer behaupteten ungerechtfertigten „Zwangsglattstellung" offener Positionen der Zedenten nach einem „margin call" im Rahmen von Börsentermingeschäften in Anspruch.

136 Der Zedent, welcher Bauingenieur und Verwalter eines eigenen Immobilienvermögens war, stand seit 1991 in Geschäftsbeziehungen zur beklagten Bank und führte seit 1998 private Termingeschäfte durch. Am 31. August 2000 vereinbarten die Parteien eine „Margin-Vereinbarung", in welcher ua der folgende Passus enthalten ist:

> „Bei Fortbestehen einer Margin-Auslastung von über 100 % behält sich die Bank das Recht einer Zwangsglattstellung aller offener Positionen am darauffolgenden Handelstag vor. Im Einzelfall, zB wegen der Schnelligkeit, mit der sich die Marktpreise am Terminmarkt verändern können, kann eine Glattstellung bereits innerhalb weniger Stunden erfolgen. Die Glattstellungsbefugnis besteht auch dann, wenn die Bank den Kunden nicht erreichen kann."

137 Als Sicherheit stand der Beklagten ua ein Wertpapierdepot des Zedenten mit US-Aktien zur Verfügung, deren Kurswert am 17. September 2001 ca. 313.000,00 EUR betrug. Am 12. September 2001 telefonierte der Zedent mit der Beklagten im Hinblick auf eine Veräußerung der US-amerikanischen Aktien; eine solche war nicht möglich, da die Börse in New York in Folge der Anschläge auf das World Trade Center geschlossen blieb. Die Beklagte bewertete diese Aktien bei der Sicherheitenberechnung mit 40 % ihres letzten Börsenwertes. Die zeitliche Abfolge verhielt sich diesbezüglich wie folgt:
11.9.2001 Anschläge auf das World Trade Center in New York und nachfolgende Schließung der Börse in New York
12. September 2001 Telefonat des Zedenten mit dem Zeugen, in dem es um den Verkauf der amerikanischen Aktien ging
17. September 2001 Wiedereröffnung der New Yorker Börse
19. September 2001 Erster margin call – abgewendet durch die Stellung zusätzlicher Sicherheiten seitens des Zedenten
20. September 2001 Erneuter – streitgegenständlicher – margin call

138 Die Parteien kamen in der Folgezeit nicht wieder auf die Veräußerung dieser Aktien zurück.

---

[52] Die Nichtzulassungsbeschwerde gegen dieses Urteil wurde vom BGH am 16.3.2010, Az: XI ZR 25/09 verworfen.

§ 4. Derivate, Zertifikate, Hedgefonds etc.

Am 19. September 2001 erhielt der Zedent einen margin call und leistete Sicherheiten. Nach diesen Maßnahmen stand bei der Berechnung der Beklagten noch ein zusätzlicher Bedarf in Höhe von 83.000,00 EUR offen; die Beklagte bewertete – einer internen Mail zu Folge – den margin call gleichwohl als erfüllt, weil in den Berechnungen auch zwei sehr weit aus dem Geld liegende Optionen enthalten waren. 139

Am 20. September 2001 erhielt der Zedent einen weiteren margin call über einen Betrag von ca. 780.000,00 EUR; dieser margin call enthielt den Hinweis „heute erster Tag". Im Anschluss an ein Telefonat mit dem zuständigen Sachbearbeiter der Beklagten erbrachte der Zedent weitere Sicherheiten im Gegenwert von 595.000,00 EUR. 140

Am 21. September 2001 morgens kam es zu einem weiteren Telefonat zwischen dem Zedenten und einem Bankmitarbeiter. Letzterer wies darauf hin, dass er einen Betrag in Höhe von 1,5 Mio. EUR als weitere Sicherheit benötige, die umgehend als Avis von einer anderen Bank kommen sollten. Der Zedent erklärte, dass er eine Zusage hierzu noch nicht bis zur Marktöffnung, sondern erst nach einer ersten Marktbeobachtung geben könne; auf ausdrückliche Nachfrage erklärte er, dass er auf jeden Fall im Büro erreichbar sei. 141

Um 10.55 Uhr sandte die Beklagte einen weiteren margin call per Telefax und kündigte eine Glattstellung der Konten für den Fall an, dass bis 11.30 Uhr kein Rückruf erfolge. Versuche, den Zedenten telefonisch zu erreichen, blieben erfolglos. Als der Zedent um 14.00 Uhr in sein Büro zurückkehrte, fand er die Nachricht der Beklagten von 13.51 Uhr vor, nach der eine Glattstellung der Konten erfolgt war. 142

Hätte die Beklagte die Geschäfte an diesem Tage nicht glattgestellt sondern in der abgeschlossenen Form bis zur Endfälligkeit weiter laufen lassen, hätte der Kunde hieraus einen Gewinn von ca. 7,7 Mio. EUR erzielt, da die Börsenkurse beginnend am Montag, den 24. September 2001 wieder anzogen. Dieser Betrag wird von der Beklagten als Schadenersatz begehrt. 143

2. Hintergrund

Die Anschläge auf das World Trade Center in New York vernichteten weltweit immense Vermögenswerte. Gleichgültig, ob derart externe Eingriffe in das Wirtschaftssystem, oder aber aus den betroffenen Märkten bzw. unternehmenintern herrührende Ursachen[53] extreme Kursrutsche auslösen, die sich im Anschluss daran stellende Frage ist immer identisch: Trägt die Verantwortlichkeit für die fehlgeschlagene Spekulationserwartung der Anleger selbst, oder gelingt es, diese Verantwortlichkeit auf Dritte, beratende Unternehmen, abzuwälzen? 144

Die vorliegend in Rede stehende „nackte" Spekulation auf die künftige Entwicklung von Börsenkursen mittels Börsentermingeschäften jedweder Art ist der Extremfall des Gewinnstreben eines Bankkunden. Anders, als im Bereich der in vorstehendem Abschnitt[54] beschriebenen Swap-Geschäfte, gibt es vorliegend aber ein sehr einfaches Instrument, welches dem Anleger die von diesem eingegangenen Risiken bereits dem Grunde nach in seinem eigenen Vermögen vor Augen führt: So ist dieser kraft sog. „Margin-Anforderungen" gehalten, die zur etwa erforderlichen Bedienung von in seinem Portfolio aufgebauten, sich künftig etwa realisierenden Risiken benötigten wirtschaftlichen Gegenwerte zur Verfügung zu stellen. 145

---

[53] Siehe beispielsweise die Vorgänge rund um EM-TV anlässlich des Zusammenbruchs des Neuen Marktes 2001.
[54] → Rn. 21 ff.

3. Problemstellung

146　Der vorliegende Rechtstreit wurde ausgelöst durch die Tatsache, dass die ohne Zustimmung des Kunden, mithin unfreiwillig erfolgte Glattstellung zum nachgerade ungünstigsten Zeitpunkt erfolgte. Schon am nächsten Börsentag war eine Entspannung eingetreten, welche – bei unterstelltem unverändertem Fortgang der Geschäfte – im Vermögen des Kunden zu erheblichen Gewinnen geführt hätte.

147　Vor diesem Hintergrund war Gegenstand des Rechtstreits ein Dreifacher:

148　Zum einen musste die Frage nach Sinn und Zweck der Sicherheitenstellung beantwortet werden: Erfolgt eine solche ausschließlich im Anlegerinteresse, sodass dieser befugt ist, auf diesen „Schutz" zu verzichten, oder erfolgt eine solche zumindest auch zum Schutze des Vertragspartners des Kunden, nämlich der Bank, im Hinblick auf die Sicherstellung der Bedienbarkeit der vom Kunden eingegangenen Risiken?

149　Des Weiteren stellte sich die Frage nach der korrekten Bewertungsmethodik sowie diesbezüglich etwa gebotener eigener Maßnahmen der Bank. So hatte diese ja in der Vergangenheit trotz Nichterfüllung eines margin calls die Geschäfte weiterlaufen lassen. Auch behauptete der Zedent, mittels Ausführung eines Kaufauftrages betreffend US-Amerikanische Aktien wäre ein Gegenwert realisiert worden, welcher über den Bewertungsansätzen der Bank gelegen hätte. Schließlich hätte ausgereicht, nicht etwa sämtliche Geschäfte glattzustellen, sondern nur Geschäfte in einem Umfang, welche zu einer Deckung der noch offenen Risiken durch die ja vorhandenen Sicherheiten geführt hätte.

150　Letztendlich musste sich das Gericht mit den vertraglichen Grundlagen betreffend die Glattstellungsbefugnis und deren Auslegung befassen. Setzten diese zwingend voraus, dass ein „erster Tag" verstrichen war, ohne dass der Kunde eine an diesen gestellte Margin-Anforderung erfüllte, oder waren durch die betreffende vertragliche Vereinbarung Befugnisse der Bank zur Glattstellung begründet worden, welche auch am „ersten Tag" griffen, sodass sich die Frage nach einer Nichterfüllung des margin calls an einem Handelstag nicht stellen würde.

4. Entscheidung

151　Das Landgericht hatte die Klage abgewiesen; der 16. Zivilsenat des Oberlandesgerichts Frankfurt am Main bestätigte diese Entscheidung.

152　Der Senat verweist zunächst auf das Prozedere, welches den vertraglichen Vereinbarungen zwischen Bank und Kunde im Falle einer Auslastung einer Margin-Linie zu entnehmen ist. So führt eine 80 %ige Auslastung der Linie automatisch zu einer Warnmitteilung sowie zu dem Hinweis, dass bei einer 100 %igen Auslastung eine Zwangsliquidation des Kontos erfolgen könne; bei einer 100 %igen Margin-Auslastung solle dem Kunden durch die Mitarbeiter der Beklagten telefonisch die Gelegenheit gegeben werden, im Regelfall bis zum Börsenschluss desselben Handelstages margin-reduzierende Maßnahmen zu ergreifen.

153　Bei Fortbestehen einer Margin-Auslastung ist die Bank nach dem Vertrag berechtigt, das Wertpapierkonto des Zedenten glattzustellen.

154　Der 16. Zivilsenat lässt ausdrücklich offen, ob eine Glattstellungsbefugnis der Bank auch bereits am „Tag 1", nämlich unter den weiteren in der Vereinbarung enthaltenen Bestimmungen (entsprechend hohe Volatilität der Märkte/Papiere oder Nichterreichbarkeit des Kunden) besteht.

§ 4. Derivate, Zertifikate, Hedgefonds etc.

Vorliegend hätte die Beklagte nämlich nicht am „Tag 1", dem 20. September 2001, sondern erst am Tag 2 gehandelt und den Kunden darüber informiert, dass zum zweiten Tag in Folge die Summe der hinterlegten Sicherheiten nicht ausgereicht habe. 155

Wenn die Beklagte noch am 19. September 2001 zwei Positionen aus der Sicherheitenberechnung herausgenommen habe und diesbezüglich einen margin call als erfüllt angesehen hatte, obwohl die von der Bank berechneten Erfordernisse an sich nicht gegeben waren, widersprach dies den zwischen den Parteien vertraglich vereinbarten Regelungen. Aus einer kulanten Regelung im Einzelfall vermag der Kunde aber nicht eine schlüssige Änderung der diesbezüglichen vertraglich bindenden Vereinbarungen herzuleiten. 156

Was den unterlassenen Verkauf US-amerikanischer Aktien betrifft, ergibt sich aus der zeitlichen Abfolge, dass das Telefonat zwischen Zedent und Bankmitarbeiter als unmittelbare Reaktion auf die Geschehnisse in New York des 11. September 2001 und die sich daraus ergebende verständliche Unsicherheit des Zedenten hinsichtlich der weiteren Entwicklung amerikanischer Wertpapiere zu begreifen ist. Die Frage, ob ein erteilter Verkaufsauftrag, welcher in Folge Schließung der Börsen nicht ausgeführt werden kann, am Ablauf des betreffenden Tages verfällt oder aber wirksam bleibt und ausgeführt werden muss, sobald die Börsen wieder öffnen, musste vom Senat nicht beantwortet werden: Da der Zedent in der Folgezeit auf den vorgeblich erteilten, aber nicht ausgeführten Verkaufsauftrag nicht zurückkam, lässt dies aus Sicht des Senats den alleinigen Schluss darauf zu, dass es dem Zedenten auf den Verkauf der in Rede stehenden Aktien gerade nicht ankam, zumal er auch eine Abrechnung über den Verkauf dieser Aktien nicht erhielt und er sich an die Beklagte sowohl beim margin call vom 19. September, als auch beim margin call vom 20. September 2001 diesbezüglich nochmals im Hinblick auf die Ausführung eines etwaigen Verkaufsauftrages hätte vergewissern können, wäre ein solcher tatsächlich erteilt worden. 157

Der Senat ist des Weiteren der Auffassung, dass in die Betrachtung der Schutzzweck der vorgeblich verletzten Pflicht einzubeziehen ist: Hätte die Beklagte tatsächlich einen Verkaufsauftrag nicht ausgeführt, könne diese nur dahingehend schadenersatzpflichtig sein, als durch den unterlassenen Verkaufsauftrag sich die Kurse bei den betreffenden Aktien für den Kunden negativer entwickelt hätten. Der Schaden, der dadurch entsteht, dass bei einer künftigen Margin-Berechnung ein niedrigerer Wert dieser Aktien einfließt, anstelle des Wertes, der bei einem Verkauf erzielt worden wäre, liegt hingegen außerhalb des Schutzzwecks der verletzten Pflicht. 158

Letztendlich sieht sich der Senat in Übereinstimmung mit dem OLG Köln, wonach durch eine Zwangsliquidation auch der Kunde vor weiteren Verlusten, gerade auch im Falle des Fehlens entsprechender Sicherheiten, bewahrt werde, sodass ein Wertpapierdienstleistungsunternehmen auch im Kundeninteresse zur zwangsweisen Glattstellung verpflichtet sein kann[55]. 159

5. Fazit

Wie so häufig ist es auch vorliegend hilfreich, die Kehrseite der Medaille zu betrachten. Unterstellt, die Beklagte hätte bei Berechnung der vom Kunden zu stellenden Sicherheiten Nachlässigkeiten an den Tag gelegt oder aber trotz korrekter Berechnung nicht darauf bestanden, vom Kunden weitergehende Sicherheiten zu verlangen, son- 160

---

[55] OLG Köln ZIP 2001, 1139.

dern eine unzureichende Sicherheitenstellung als Basis für die Fortdauer der Termingeschäfte akzeptiert und weiter unterstellt, die Börsen hätten sich in den folgenden Tagen nicht etwa erholt, sondern wären weiter abgestürzt: Der Kunde wäre der erste gewesen, welcher die mangels Glattstellung in seinem Vermögen weiter angefallenen Verluste von sich gewiesen und diesbezüglich Verantwortlichkeiten bei der nachlässigen Bank gesucht hätte.

161 Letztendlich tritt in der genannten Entscheidung die Ambivalenz der Margin-Anforderungen deutlich zu Tage: Selbstverständlich ist in erster Linie der Vertragspartner des Kunden davor zu schützen, dass der Kunde die von diesem vertraglich eingegangenen Risiken nicht zu bedienen vermag. Gleichzeitig führt die Sicherheitenstellung aber auch dem Kunden deutlich vor Augen, welche unkalkulierbaren Risiken sich aufgrund der von diesem getätigten Geschäfte in seinem Vermögen angesammelt haben.

162 Dass das Gericht hier eine exakte Befolgung der zwischen den Parteien vertraglich niedergelegten „Spielregeln" im allseitigen Interesse für geboten erachtet, ist angemessen und geradezu beruhigend.

VIII. Barclays/Kiener

BGH Urteil vom 15.7.2014 – XI ZR 100/13

1. Sachverhalt

163 Die Klägerin begehrt von der beklagten Geschäftsbank mit dem Sitz in London Schadenersatz wegen der Emission von Inhaberschuldverschreibungen.

164 Die Beklagte emittierte am 31. März 2006 in einer (Sammel-)Urkunde verbriefte, auf den Inhaber lautende Schuldverschreibungen im Nennwert von jeweils EUR 1.000,00 auf Basis eines Prospekts sowie eines Konditionenblatts. Diese „X 1 Global Index Zertifikate" waren am 29. Februar 2016 zur Rückzahlung fällig; die Höhe der Rückzahlung sollte von der Entwicklung eines Referenzindexes, des „X 1 Global Euro Referenzindex", abhängen, welcher die Wertentwicklung einer „K. Ltd." mit Sitz in British Virgin Islands widerspiegelte (Dach-Fonds). Dieser Dach-Fonds sollte laut Konditionenblatt seinerseits in bis zu 40 Zielfonds investieren; Investmentmanagerin war die X. GmbH mit Sitz in Deutschland, welche im Rahmen einer umfangreichen Due Diligence durch die Beklagte überprüft worden war. In den Anhängen E und F des Konditionenblatts folgten Hinweise, dass die Beklagte auf Anfrage eines von ihr anerkannten institutionellen Geschäftspartners unter der Voraussetzung gewöhnlicher Marktverhältnisse einen liquiden Sekundärmarkt für die Schuldverschreibungen unterhalten werde; es folgten Ausführungen dazu, wie die Beklagte im Falle einer vorzeitigen Einreichung zur Rückzahlung vorgehen werde.

165 Die Beklagte setzte Anfang Dezember 2008 den von ihr unterhaltenen Sekundärmarkt aus.

166 Der Kläger hatte am 4. April 2006 über eine in Luxemburg ansässige „E. SA." 19.735 Schuldverschreibungen zu einem Gesamtpreis von EUR 29.924,58 erworben. Der vom Kläger mit Schreiben vom 27. April 2009 an die E. SA. erteilte Auftrag, die von ihm gehaltenen Schuldverschreibungen zum nächstmöglichen Termin zu verkaufen, wurde nicht mehr ausgeführt; der Dach-Fonds ist aufgrund krimineller Machenschaften eines leitenden Mitarbeiters der Investmentmanagerin insolvent und wird seit 2009 liquidiert.

Der Kläger begehrt von der beklagten Emissionsbank Schadensersatz in Höhe des zum 27. April 2009 in seinen Depotauszügen angegebenen Wertes der Schuldverschreibungen in Höhe von EUR 34.328,92 zuzüglich Zinsen und Ersatz vorgerichtlicher Rechtsanwaltskosten. Das Berufungsgericht hat unter Zurückweisung des Rechtsmittels gegen die vollständig klageabweisende Entscheidung des Landgerichts im Übrigen die Beklagte zur Zahlung von EUR 14.962,29 Zug um Zug gegen Übertragung eines Teils der Schuldverschreibungen verurteilt und die Revision zugelassen. Im Laufe des Revisionsverfahrens machte das Landgericht Frankfurt am Main am 4. Oktober 2013 im Klageregister einen Vorlagebeschluss vom 27. September 2013 bekannt, in dem es dem Oberlandesgericht Frankfurt am Main verschiedene „Feststellungsziele zum Zwecke eines Musterentscheids" vorgelegt hat. Es begehrt ua die Feststellung, zwischen den Erwerbern der hier streitgegenständlichen Schuldverschreibungen und der Beklagten sei „ein Vertrag ‚zustande' " gekommen, welcher Ansprüche der Erwerber aus schuldhafter Pflichtverletzung begründe. Das OLG Frankfurt am Main hat am 13.6.2014 einen Beschluss vom 11.6.2014[56] bekannt gemacht, mit dem es einen Musterkläger bestimmt hat. 167

2. Hintergrund

Die Barclays Bank, eine britische Großbank, hatte die hier streitgegenständlichen „X 1-Zertifikate" aufgelegt. Diese Zertifikate sollten – wie im Sachverhalt geschildert – die Wertentwicklung eines Hedgefonds-Portfolios widerspiegeln; die Auswahl der jeweiligen Zielfonds sollte auf einem System basieren, das Herr Helmut Kiener entwickelt hatte. Kiener wurde im Juli 2011 wegen seines betrügerischen Systems vom Landgericht Würzburg zu einer geradezu drastischen Freiheitsstrafe von zehn Jahren acht Monaten verurteilt. 168

In Rede steht in dem zivilgerichtlichen Verfahren gegen die Barclays Bank im Wesentlichen die Frage, ob die Bank ausreichend geprüft hatte, wie Herr Kiener das Geld verwaltet hatte. Das vom BGH erwähnte Musterverfahren vor dem OLG Frankfurt wurde mit Musterentscheid vom 22.4.2015 zurückgewiesen[57]. 169

3. Problemstellung

Vorliegend in Rede stehen neben zivilprozessualen Problemen, basierend auf dem KapMuG-Musterverfahren, materiell-rechtliche Probleme, welche sämtlich um die Anspruchsgrundlage zu Lasten der Emissionsbank kreisen. Gibt es direkte vertragliche Ansprüche zwischen der beklagten Emissionsbank und den Anlegern, welche zu vorvertraglichen Aufklärungspflichten führen? Werden derartige Vertragsverhältnisse verneint, welche sonstigen Anspruchsgrundlagen kämen in Anbetracht der in Rede stehenden fehlerhaften Anlegerinformationen in Betracht? Wie ist der Zweiterwerber derartiger Papiere gegen betrügerische Machenschaften eines Investmentmanagers geschützt? 170

---

[56] Aktenzeichen 23 KAP 1/13.
[57] AG 2015, 674.

4. Entscheidung

171 Der BGH beschäftigt sich zunächst mit zivilprozessualen Fragen; Anlass ist die Tatsache, dass das OLG Frankfurt am Main mit der Klärung einer Rechtsfrage im Musterverfahren befasst war, sodass eine Aussetzung des Revisionsverfahrens nach § 8 Abs. 1 S. 1 KapMuG in Rede steht. Der BGH ist der Auffassung, dass eine derartige Aussetzung von Amts wegen nicht statthaft ist. Er erklärt dies mit dem Ziel der Zulassung von Rechtsfragen als Gegenstand eines Musterverfahrens: Es soll eine höchstrichterliche Klärung solcher Fragen herbeigeführt werden, die eine Vielzahl von Einzelfällen betreffen. Diesem Ziel liefe es aber zuwider, wenn gerade der zur Klärung derartiger Fragen in letzter Instanz berufene BGH verpflichtet wäre, Individualverfahren auszusetzen und eine Entscheidung des OLG abzuwarten. Zudem ist vorliegend ein Anspruch aus Verletzung vorvertraglicher Rücksichtnahmepflichten in Rede stehend, welcher keinen hinreichenden Bezug zu einer falschen, irreführenden oder unterlassenen öffentlichen Kapitalmarktinformation im Sinne des § 1 KapMuG besitzt.

172 Der BGH setzt sich sodann ausschließlich mit der Frage auseinander, welche Ansprüche dem Grunde nach dem Kläger gegen die Beklagte zustehen könnten und verneint diese sämtlich:

173 Der BGH unterstellt zunächst, dass es zwischen den Parteien des Rechtsstreits im Hinblick auf die streitgegenständlichen Papiere keinen unmittelbaren Begebungsvertrag gibt, sodass es an jeder Grundlage für einen Anspruch des Klägers aus dem Gesichtspunkt einer vorvertraglichen Schutzwirkung des Begebungsvertrages zu seinen Gunsten fehlt[58].

174 Ein gesetzliches Schuldverhältnis lehnt der BGH ebenso ab. Allein die Kundgabe von Informationen einer international tätigen Bank in einem der Emission von Schuldverschreibungen zugrunde liegenden Basisprospekt nebst Konditionenblatt führt nicht zum Entstehen eines gesetzlichen Schuldverhältnisses, aus dem Prüfpflichten zu Gunsten des Klägers resultieren würden. Diese Kundgabe führt auch nicht in Anlehnung an die Grundsätze einer Testathaftung zu Ansprüchen des Klägers gegen die emittierende Bank, wobei beide Aspekte allenfalls an das Deliktsrecht anknüpfen könnten, so der BGH.

175 Eine sonstige besondere berufliche oder wirtschaftliche Stellung vermag, wenn zur Veröffentlichung eines Prospektes weitere Umstände nicht hinzutreten, allenfalls ein typisiertes Vertrauen als Garant für einen Prospekt begründen; dieses Vertrauen, welches dem Grunde nach zu Prospekthaftungsansprüchen im engeren Sinne führen könnte, bedarf keiner näheren Klärung, so der BGH, da Prospekthaftungsansprüche jedenfalls verjährt wären.

176 Aus §§ 793, 311, 241 Abs. 2, 280 BGB folgen keine Ansprüche des Klägers, weil er mit dem Erwerb der Schuldverschreibungen nicht zugleich auch Inhaber von etwaigen (vom BGH nicht zu prüfenden) Schadenersatzansprüchen des Ersterwerbers gegen die Beklagte geworden ist. Nach deutschem Schuldrecht ist nämlich der zweite und weitere Inhaber einer Schuldverschreibung nicht automatisch Inhaber eines Anspruchs des Ersterwerbers aufgrund einer vorvertraglichen Pflichtverletzung; Ansprüche, die der Kläger aus einem Fehlverhalten der Beklagten im Vorfeld der Emission herleiten will und die

---

[58] Auf Anlegeranwaltsportalen findet sich diesbezüglich der Hinweis, dass ein Strafverfahren gegen die verantwortlichen Personen der Beklagten wegen Prozessbetruges in die Wege geleitet worden sei; dem Autor fehlen nähere Informationen hierzu. *Thelen* BKR 2016, 12 ff. äußert sich hierzu ebenfalls nicht.

daher vor Erwerb der Schuldverschreibungen durch den Kläger beim Ersterwerb entstanden sind, werden – sofern sie nicht ihrerseits aufgrund gesonderten Rechtsgeschäfts mitübertragen werden – nicht per se mit dem Forderungsrecht erworben.

5. Fazit

Vorliegend steht – wie so häufig in diesem Buch – die Frage im Zentrum der Aufmerksamkeit, inwieweit Kapitalanlegern ein effektiver Drittschutz zu gewähren ist. Hier streift der BGH zwar prospekthaftungsrechtliche Vorschriften, lässt diese in Anbetracht des Verjährungssachverhalts aber links liegen. Es ist systemimmanent, dass nach Ablauf bestimmter Verjährungsfristen Kapitalanleger schutzlos gelassen werden. Dass dies unbefriedigend ist, wenn auf der einen Seite eine international tätige Großbank, auf der anderen Seite ein zum Betrüger mutierter Psychologe in Rede stehen, mag sein; letztendlich ist die Entscheidung aber die Ausprägung des römischen Grundsatzes casum sentit dominus. 177

IX. Phoenix

BGH Urteil vom 5. November 2013 – XI ZR 13/13[59]

1. Sachverhalt

Die Klägerinnen nehmen die beklagte Entschädigungseinrichtung der Wertpapierhandelsunternehmen (EdW) auf Entschädigung nach dem Einlagensicherungs- und Anlegerentschädigungsgesetz (EAEG) in Anspruch. 178

Die Klägerin zu 1) beteiligte sich im Juli 1995 und August 2004 mit einem Anlagebetrag von insgesamt 8.590,82 EUR (Konto D5) einschließlich Agio an einer von der Phoenix Kapitaldienst GmbH im eigenen Namen und für gemeinsame Rechnung der Anleger verwalteten Kollektivanlage, dem sogenannten „Phoenix Managed Account". Im August 1995 beteiligten sich ferner beide Klägerinnen gemeinschaftlich mit einem Anlagebetrag von 5.470,82 EUR (Konto D1) an demselben Account. 179

Nach Ziff. 1.4 der in den Geschäftsbesorgungsvertrag einbezogenen Allgemeinen Geschäftsbedingungen war Gegenstand des Accounts die Anlage der Kundengelder in „Termingeschäften (Futures und Optionen) für gemeinsame Rechnung zu Spekulationszwecken mit Vorrang von Stillhaltergeschäften". 180

Die Phoenix GmbH war bis Ende 1997 auf dem sogenannten Grauen Kapitalmarkt tätig. Ab dem 1. Januar 1998 wurde sie als Wertpapierhandelsbank eingestuft und der Aufsicht des Bundesaufsichtsamtes für den Wertpapierhandel unterstellt. Um eingetretene Verluste zu verschleiern, bewertete die Phoenix GmbH die für das Phoenix Managed Account eingegangenen Verpflichtungen aus den Termingeschäften nicht mehr mit dem aktuellen Marktwert, sondern mit „Null", um zu verschleiern, dass Verluste eingetreten waren. Ab 1997 legte die Phoenix GmbH nur noch einen geringen Teil der von ihren Kunden vereinnahmten Gelder vertragsgemäß in Termingeschäften an; ein Großteil der Gelder wurde dagegen im Wege eines „Schneeballsystems" für Zahlungen an Altanleger und für die laufenden Geschäfts- und Betriebskosten verwendet. Die Klägerin zu 1) erhielt Auszahlungen über insgesamt 5.090,34 EUR. Monatliche 181

---

[59] Siehe auch die Parallelentscheidungen vom selben Tag XI ZR 14/13, XI ZR 18/13, XI ZR 19/13, XI ZR 25/13 und XI ZR 34/13.

Kontoauszüge, welche den Anlegern übermittelt wurden, spiegelten den tatsächlichen Handelsverlauf nicht wieder.

182 Am 15. März 2005 stellte die Bundesanstalt für Finanzdienstleistungsaufsicht den Entschädigungsfall fest; über das Vermögen der Phoenix GmbH wurde am 1. Juli 2005 das Insolvenzverfahren eröffnet.

183 Der Insolvenzverwalter ermittelte auf der Grundlage der von der Beklagten überprüften Berechnungen ausgehend vom rekonstruierten, tatsächlichen Handelsverlauf des Phoenix Managed Account unter Abzug der Handelsverluste einen Endbetrag in Höhe von 815,27 EUR für das Konto D5, einen Endbetrag in Höhe von 1.924,83 EUR für das Konto D1.

184 Mit der Klage verlangen die Klägerinnen von der Beklagten die Zahlung von 90 % ihrer jeweiligen Anlagesumme ohne Agio nebst Rechtshängigkeitszinsen. Sie meinen, dass die Handelsverluste nicht hätten abgezogen werden dürfen.

2. Hintergrund

185 Der Tod des Unternehmensgründers Dieter Breitkreuz bei einem Flugzeugabsturz im Jahr 2004 führte binnen weniger Monate zum Zusammenbruch des Schneeballsystems der Phoenix Kapitaldienst GmbH. Es erwies sich, dass das Phoenix Managed Account, welches mit einem Versprechen von ca. 10 % konstanter Jahresrendite beworben wurde, nur dadurch am Leben erhalten werden konnte, dass Auszahlungen an Altkunden aus neuen Einlagen bezahlt wurden. Als die Anlagestrategie schon nach kurzer Zeit Verluste gezeitigt hatte, ging Phoenix zu gefälschten Abrechnungen mittels Luftbuchungen über; auch Briefbögen mit angeblichen Saldenbestätigungen eines Londoner Brokers waren Fälschungen.

3. Problemstellung

186 Anleger, die in Europa Wertpapierdienstleistungen in Anspruch nehmen, sind seit 1997 durch die Richtlinie über die Entschädigung der Anleger (Richtlinie 97/9/EG) geschützt. Diese Richtlinie gewährleistet eine Entschädigung in Fällen, in denen ein Wertpapierhandelsunternehmen nicht mehr in der Lage ist, Gelder zurückzuzahlen oder Finanzinstrumente zurückzugeben, die es für Rechnung eines Kunden hält. Mit dem Einlagensicherungs- und Anlegerentschädigungsgesetz ist diese Richtlinie in der Bundesrepublik Deutschland in 1998 umgesetzt worden. Kreditinstitute, die keine Einlagenkreditinstitute sind, sowie Finanzdienstleistungsinstitute und Kapitalanlagegesellschaften werden der EdW gemäß § 1 Abs. 1 Nr. 2, 3 und 4 EAEG zugeordnet.

187 Der Anleger hat einen unmittelbaren Entschädigungsanspruch gegen die EdW, welcher sich nach dem Wert der Forderung aus Wertpapiergeschäften bei Eintritt des Entschädigungsfalles richtet; dieser ist der Höhe nach begrenzt auf 90 % der Forderung, höchstens jedoch 20.000,00 EUR. Bei Berechnung der Höhe wird der Marktwert der Finanzinstrumente bei Eintritt des Entschädigungsfalles zugrunde gelegt. Wie war aber mit Verlusten umzugehen, welche vorliegend mittels Einrichtung des Schneeballsystems versteckt wurden?

4. Entscheidung

Der XI. Zivilsenat des BGH hatte sich in dieser Entscheidung nur noch mit der Frage zu befassen, ob die Beklagte von ihr berechnete Handelsverluste in Abzug bringen durfte.

Bei Bemessung des Entschädigungsanspruches der Klägerinnen aus § 3 Abs. 1, § 4 Abs. 1 EAEG ist zunächst zu prüfen, ob die Phoenix GmbH eine Verbindlichkeit gegenüber den Klägern aus Wertpapiergeschäften begründet hat. Verbindlichkeiten aus Wertpapiergeschäften in diesem Sinne sind Verpflichtungen eines Instituts zur Rückzahlung von Geldern, die Anlegern entweder aus Wertpapiergeschäften geschuldet werden oder gehören und die für deren Rechnung im Zusammenhang mit Wertpapiergeschäften gehalten werden. Auch wenn – wie hier – Anlagegelder gar nicht in Wertpapiergeschäfte investiert wurden, sondern vertragswidrig verwendet wurden, handelt es sich um derartige Gelder, die dem Anleger gehören und für dessen Rechnung im Zusammenhang mit Wertpapiergeschäften gehalten werden; das EAEG bezweckt nämlich gerade auch den Schutz des Anlegers vor solchen Vertragsverletzungen, die den Anspruch des Kunden auf Rückzahlung der eingezahlten, aber vertragswidrig verwendeten Gelder vereiteln, so der BGH.

Dies bedeutet aber nicht, dass tatsächliche Handelsverluste von den Entschädigungsansprüchen der Anleger etwa nicht abzuziehen wären. Aus § 1 Abs. 4 S. 1 EAEG, § 3 Abs. 1, § 4 Abs. 1 EAEG ergibt sich zwar nicht unmittelbar, dass derartige Verluste nicht entschädigungspflichtig sind: Der Herausgabeanspruch des einzelnen Anlegers gegen die Phoenix GmbH aus § 675 Abs. 1, 667 Fall 1 BGB verpflichtet den Beauftragten oder Geschäftsbesorger zwar grundsätzlich zur Zurückzahlung von zur Auftragsausführung erhaltener Gelder. Von dieser Verpflichtung wird der Geschäftsbesorger frei, wenn bzw. soweit er Gelder auftragsgemäß weitergeleitet oder bestimmungsgemäß verbraucht hat. Etwas anderes gilt dann, wenn der Beauftragte oder Geschäftsbesorger seinen vertraglichen Verpflichtungen dem Anleger gegenüber nicht nachgekommen ist, etwa wenn er – wie hier – in betrügerischer Weise neue Anleger wirbt; hieran muss sich die Phoenix GmbH auch nach Insolvenzeröffnung festhalten lassen. Dies führt dazu, dass sich im Rechtsverhältnis zum Insolvenzverwalter der Phoenix GmbH die Anleger darauf berufen können, dass (wegen des Betrugsfalles) ihr Anspruch auf Rückzahlung nach dem Grundsatz von Treu und Glauben (§ 242 BGB) nicht um die Verluste aus den wenigen noch getätigten Anlagegeschäften vermindert werden darf[60].

Im Rechtsverhältnis zwischen Anleger und Entschädigungseinrichtung muss der Schutzzweck des EAEG aber besondere Berücksichtigung finden: Danach sollen in den Schutzbereich der Norm nur solche Verpflichtungen aus Wertpapiergeschäften fallen, die zu den vertraglichen Hauptleistungspflichten gehören, nicht dagegen beispielsweise Schadenersatzansprüche aus Beratungsfehlern[61]. Verluste aus der Anlage, welche rekonstruiert wurden, sind also abzuziehen, soweit diese nicht durch Unterschlagung oder Veruntreuung entstanden sind.

Abschließend äußert sich der BGH zur Frage der inhaltlichen Richtigkeit der Bemessung der Handelsverluste auf Basis der Berechnungen der Beklagten. Das diesbezügliche einfache Bestreiten der Klägerseite ist nicht ausreichend; nach den allgemeinen Grundsätzen zur Darlegungs- und Beweislast hat nämlich der Anleger die Höhe des

---

[60] BGH vom 9. Dezember 2010, IX ZR 60/10.
[61] Unter Bezugnahme auf Bundestagsdrucksache 13/10188, S. 16.

von ihm geltend gemachten Entschädigungsanspruches darzulegen und ggf. zu beweisen. Zwar kann sich der Anleger zunächst auf die Darstellung der von ihm erbrachten Einzahlungen (ohne Agio) und der an ihn geleisteten Auszahlungen beschränken. Hat die Entschädigungseinrichtung dann aber unter Ausschöpfung der ihr zur Verfügung stehenden Ermittlungsmöglichkeiten die dem einzelnen Anleger zustehende Entschädigungssumme detailliert und nachvollziehbar berechnet, kommt dem Anleger gemäß § 138 Abs. 2 ZPO eine gesteigerte Darlegungslast zu, wenn er diese Berechnung angreifen möchte. Ein bloß einfaches oder nur pauschal auf das gesamte Rechenwerk bezogenes Bestreiten ist unbeachtlich.

5. Fazit

193   In Folge des Betrugsfalls der Phoenix Kapitaldienst GmbH hatte die EdW an Anleger Entschädigungen in Höhe von nahezu 300.000.000,00 EUR auszuzahlen. Ein in dieser Größenordnung nicht für vorstellbar gehaltener Entschädigungsfall weckt naturgemäß Begehrlichkeiten der Anleger, welche in ihrer Erwartungshaltung, das eingezahlte Geld jedenfalls zu 90 % zurückzuerhalten, durch diese Entscheidung enttäuscht werden. Während im Verhältnis zum Insolvenzverwalter die genannten Handelsverluste keine Berücksichtigung fanden, da hier der Einwand der Haftung für fehlerhafte Kapitalanlagen Berücksichtigung findet, hat vorliegend der BGH im Direktverhältnis zwischen Anleger und EdW eine Reduzierung der Erwartungshaltung durchgesetzt.

194   Die EdW ist also nicht für tatsächliche Verluste aus der Anlage verantwortlich, auch wenn diese rekonstruiert werden mussten.

X. Ausblick

195   Die Rechtsprechung insbesondere des XI. Zivilsenats ist sehr häufig als „großer Bruder"[62] zu verstehen, welche dazu beitragen soll, unterlegene Marktteilnehmer dort zu schützen, wo gesetzliche Vorschriften einen effektiven Schutz (noch) nicht bieten. In der Tat ist es so, dass der Kreativität der Banken im Hinblick auf die Entwicklung neuer, komplexer Finanzprodukte an sich keine Grenzen gesetzt sind. Wird eine funktionierende Marketing-Maschinerie angeworfen, gelingt es nicht selten, derartige Produkte „an den Mann zu bringen", wobei selbst Kommunalvertreter jegliche öffentlich-rechtliche Korsette abstreifen, um an Gewinnchancen zu partizipieren[63]. Bei allem Verständnis dafür, dass die Rechtsprechung hier in schadenersatzrechtlicher Hinsicht Generalprävention betreiben möchte und ohnehin nur ein Bruchteil geschädigter Marktteilnehmer tatsächlich und rechtzeitig[64] den Weg vor die Gerichte antritt, muss dennoch darauf geachtet werden, Sorgfalts- und Aufklärungspflichten nicht zu überspannen.

---

[62] Nicht im orwell'schen Sinne, sondern im Sinne der aus den Schulhöfen bekannten Unterstützung von Streitparteien durch familiäre Bande.
[63] Siehe hierzu die zahlreichen Entscheidungen kommunale Swaps betreffend, siehe die Sachverständigen-Anhörung im Finanzausschuss des Deutschen Bundestages vom 6.4.2011; → Rn. 72 ff.
[64] Da auch auf derartige Geschäfte der Jahre 2007 und 2008 die kenntnisunabhängige Verjährungsfrist des § 37a WpHG Anwendung findet, → § 14 Rn. 19 ff.

§ 4. Derivate, Zertifikate, Hedgefonds etc.

Häufig mutet die anlegerfreundliche Rechtsprechung für diesen geradezu entmündigend an, was im Ergebnis zur Folge hat, dass dem Kunden – selbst wenn er wollte – kreative Finanzmarktinstrumente verschlossen bleiben. **196**

Gerade die Spekulation von Kommunen und Wirtschaftsunternehmen mittels Derivaten müsste richtigerweise die Frage aufwerfen, ob nicht der Vorwurf den Organen dieser Unternehmen gemacht werden muss, Firmenvermögen ohne Rücksicht auf jedenfalls erkennbare Risiken zu verspekulieren. **197**

§ 5. Vermögensverwaltung, Anlagevermittlung und Execution Only

I. Einführung

Die in diesem Abschnitt zusammengefassten Vertragsbeziehungen zwischen Kunde und Finanzdienstleister können – was die Allokation der Verantwortlichkeit im Hinblick auf das Gelingen der Kapitalanlage anbelangt – nicht unterschiedlicher sein. Neben der in den vorangegangenen Kapiteln besprochenen Anlageberatung sind es die hier zu beleuchtenden weiteren Grundtypen der Vertragsbeziehung zwischen Kunde und Finanzdienstleister, welche sich sowohl in der Praxis des Wirtschaftslebens, als auch daraus resultierend in der Gerichtspraxis und schließlich in gesetzlichen Vorschriften herausgebildet haben.

Auch wenn der Schwerpunkt insbesondere der höchstrichterlichen Rechtsprechung nach wie vor im Bereich der Anlageberatung liegt, sind Kundenreklamationen und daraus folgend haftungsrechtliche Fragestellungen in sämtlichen vier Vertragstypen vertreten, wobei man eine Abgrenzung sinnvollerweise nach dem Grad der Verantwortlichkeit der jeweiligen Vertragspartner vornimmt:

Bei der Vermögensverwaltung delegiert der Kunde regelmäßig die konkrete Anlageentscheidung an den Vermögensverwalter und gibt diesem lediglich Vorgaben für die Ausübung des Verwalterermessens; die konkrete Anlageentscheidung wird demgegenüber nicht vom Kunden getroffen. Bei der Anlageberatung obliegt es dem Kunden, auf Basis einer anleger- und objektgerechten Beratung seine Anlageentscheidung zu treffen, wie dargestellt. Der Bereich der Anlagevermittlung reduziert die Pflichten des Finanzdienstleisters weiter, da dort nicht etwa fachkundige Bewertungen im Hinblick auf für den Kunden geeignete Finanzprodukte geschuldet werden, sondern nur vollständige und richtige Information betreffend einzelne vom Vermittler ausgewählte Investitionsmöglichkeiten. Die Execution Only schließlich reduziert die Tätigkeit des Finanzdienstleisters auf schlichte technische Abwicklungsfragen; ein Kunde, welcher genau weiß, was wann zu welchem Preis und in welcher Stückzahl er erwerben oder veräußern möchte, wendet sich an einen Dritten mit der Bitte um Erbringung von Dienstleistungen zum Zwecke des Gelingens der technischen Abwicklung der Transaktion.

1. Die Vermögensverwaltung

Wer sich mit den Grundsätzen der anleger- und objektgerechten Beratung bei der Anlageberatung befasst und diese verinnerlicht hat, vermag auf den ersten Blick keine Gemeinsamkeiten zwischen den Vertragspflichten des Anlageberaters und des Vermögensverwalters zu erkennen. Der Berater bereitet eigenverantwortliche Kundenentscheidungen durch „kluge Ratschläge" vor, während der Verwalter dem Kunden die „Qual der Wahl" der Anlageentscheidung abnimmt. Bei der Anlageberatung entscheidet der Kunde, wann er welchen Teil seines Vermögens in welche Finanzprodukte investiert und desinvestiert, während bei der Vermögensverwaltung – unabhängig davon, ob dies für zahllose Verwaltungskunden gleichförmig oder für einzelne (insbesondere

Groß-)Kunden individuell erfolgt – dem Kunden diese Entscheidung von seinem Vertragspartner abgenommen wird.

5   Dennoch hat sich in der Praxis ein System herausgebildet, welches dem Verwalter eine konkrete Richtschnur im Hinblick auf die Ausübung seines Verwalterermessens an die Hand gibt: Die Entscheidungen des Verwalters bindende Kundenrichtlinien im Hinblick auf die Depotzusammensetzung, die Risikostreuung und sonstige Anlagepräferenzen schränken den Verwalter in seiner Entscheidungsfreiheit ein und wirken auf eine Investition des Kundenvermögens zum Zwecke der Verwirklichung der Anlageziele des Kunden hin.

6   Exakt dies verbindet die rechtlichen Grundgedanken im Rahmen der Anlageberatung mit denjenigen der Vermögensverwaltung: Während bei der Anlageberatung jede einzelne vom Kunden zu treffende eigenverantwortliche Anlageentscheidung durch anlage- und objektgerechte Beratung vorzubereiten ist, findet im Rahmen der Vermögensverwaltung ein ähnliches Gespräch zumindest ein einziges Mal vor Beginn der Verwaltertätigkeit statt: Auch hier ist es Aufgabe des Finanzdienstleisters, die Anlageziele, die Risikobereitschaft und gegebenenfalls das Vorwissen des Kunden zu erfragen; auch hier ist es Aufgabe des Verwalters, dem Kunden – jedenfalls in Grundzügen – die Auswirkungen der vom Kunden gesteckten Richtschnur zu offenbaren; auch hier muss der Kunde in die Lage versetzt werden, sachgerechte, seinen Anlagezielen und seiner Risikobereitschaft entsprechende Ermessensrichtlinien aufzustellen, welche sich allerdings nicht auf ein Einzelinvestment, sondern auf die Allokation des gesamten der Vermögensverwaltung unterliegenden Vermögens beziehen.

7   Letztendlich wird bei der Vermögensverwaltung mithin das Anlagegespräch zu Beginn der Verwaltung für eine ganze Reihe nachfolgender Vermögenstransaktionen geführt, während bei der Anlageberatung dasselbe Gespräch wiederholt für jede einzelne Transaktion zu führen ist. Ausgehend von dieser Grundkonstellation lassen sich haftungsrelevante Pflichtverletzungen des Verwalters in vier Bereiche gliedern:

8   Vorwürfe gegen den Verwalter, was die Festlegung der Ermessensrichtlinien durch den Kunden anbelangt: Wurden hier zu Beginn der Vertragsbeziehung vom Verwalter Risiken verheimlicht, mithin eine Ermessensrichtlinie aufgestellt, welche den tatsächlichen Kundenbedürfnissen gar nicht entsprach? Vorwürfe, welche die Ausübung der Verwaltertätigkeit betreffen: Hat sich die Vermögensallokation im Rahmen der Vorgaben des Kunden gehalten? Sodann Vorwürfe, welche die Reaktion des Verwalters auf das Börsengeschehen betreffen: Entsprachen Investition und Desinvestition dem „State of the art" oder hat der Verwalter hier Versäumnisse an den Tag gelegt, insbesondere eigene Gebühreninteressen an häufiger Depotumschichtung über Kundeninteressen gestellt[1]. Schließlich Vorwürfe betreffend die Information des Kunden durch den Verwalter: Hätte der Kunde bei rechtzeitiger, vollständiger und richtiger Information in die Verwaltungstätigkeit des Verwalters schadensreduzierend oder -minimierend eingegriffen?

9   Die in diesem Abschnitt darzustellende Entscheidung befasst sich zum einen mit Pflichtverletzungen des Verwalters, zum anderen mit Alternativberechnungen im Hinblick auf das Ergebnis der Kapitalanlage.

---

[1] Vorwurf des sog. „Churning", → § 3 Rn. 38.

2. Die Anlagevermittlung

Der III. Zivilsenat charakterisiert den Anlagevermittlungsvertrag regelmäßig als Auskunftsvertrag[2]. 10

Im Rechtsverhältnis zum Kapitalsuchenden (zB Fondsgesellschaft) oder einem größeren Vertriebsunternehmen wird der Anlagevermittler häufig als selbständiger Handelsvertreter eingeschaltet, der seine Provision für die erfolgreiche Vermittlung der Kapitalanlage von seinem Auftraggeber, nicht aber vom Anleger erhält. Dies führt dazu, dass der Anlagevermittler mit dem Anlageinteressenten jedenfalls zunächst in keinerlei Vertragsbeziehung tritt. 11

Allerdings wird der Anlagevermittler mit den Mitteln der Auslegung[3] in eine vertragliche Position zum Anleger gebracht[4], da insbesondere der III. Zivilsenat des BGH in ständiger Rechtsprechung davon ausgeht, dass im Rahmen der Anlagevermittlung zwischen dem Anlageinteressenten und dem Anlagevermittler ein Auskunftsvertrag mit Haftungsfolgen zumindest stillschweigend dann zu Stande kommt, wenn der Interessent deutlich macht, dass er auf eine bestimmte Anlageentscheidung bezogen die besonderen Kenntnisse und Verbindungen des Vermittlers in Anspruch nehmen will und der Anlagevermittler sodann die gewünschte Tätigkeit beginnt[5]. 12

Diese Rechtsprechung erinnert an diejenige, welche das Zustandekommen eines Anlageberatungsvertrages beschreibt[6]. Eine vertragliche Beziehung zum Anleger wird sich somit bei ordnungsgemäßer Berufsausübung nicht vermeiden lassen. Von wesentlicher Bedeutung ist daher, welche Pflichten dem Anlagevermittler gegenüber dem Anleger aufzuerlegen sind und wie anhand dieser Vertragspflichten das Anlagevermittlungsverhältnis vom Anlageberatungsverhältnis abzugrenzen ist: 13

Ebenso wie der Berater ist der Vermittler zu richtiger und vollständiger Information über diejenigen Umstände verpflichtet, die für den Anlageentschluss des Interessenten von besonderer Bedeutung sind. Da des Weiteren der Vermittler ohne eigene Kenntnisse nur schwer in der Lage sein wird, die von ihm vertriebene Anlage sachkundig zu bewerben, muss sich der Vermittler selbst ein Bild über die Wirtschaftlichkeit der Anlage machen und daher eine sog. „Plausibilitätskontrolle" vornehmen[7]. Diese muss die Frage beantworten, ob ein etwa der Anlage zu Grunde liegender Prospekt ein schlüssiges Gesamtbild über das Beteiligungsobjekt gibt; auch muss der Vermittler – soweit dies mit zumutbarem Aufwand möglich ist – prüfen, ob die im Prospekt enthaltenen Angaben sachlich richtig und vollständig sind. Da der Anlagevermittler gerade kein professioneller Prospektgutachter ist[8], dürfen an diesen die Anforderungen nicht überspannt werden; dennoch sollten diesem Ungereimtheiten und innere Widersprüche eines Prospektes eher ins Auge fallen, als dem Anleger selbst. 14

Letztendlich zieht der III. Zivilsenat die Grenzen der Ermittlungs- und Aufklärungspflichten des Vermittlers auch danach, wie dieser im Markt auftritt. Je mehr Vertrauen der Vermittler im Markt durch Selbstdarstellung seiner Kompetenzen in Anspruch nimmt, desto höhere Anforderungen werden an dessen Kenntnisse gestellt. Der III. Zi- 15

---

[2] Siehe zuletzt RiBGH *Dörr* WM 2010, 533.
[3] *Dörr* WM 2010, 533.
[4] Um nicht zu sagen: „gezwungen".
[5] BGH vom 19.10.2006, III ZR 122/05.
[6] → § 1 Rn. 40.
[7] → Rn. 76.
[8] Siehe § 9 Die Haftung des Prospektgutachters.

I. Einführung

vilsenat eröffnet dem Vermittler lediglich eine Hintertür dann, wenn dieser entgegen seinem Auftreten im Markt seine doch nur unzureichenden Kenntnisse dem Anleger gegenüber vor Anlageentscheidung offenbart, um einer Haftung zu entgehen; dass der Vermittler dies im konkreten Fall nicht getan hat, ist ein im Nachhinein dem Vermittler gegenüber häufig erhobener Vorwurf. Seine eigene Inkompetenz einem Kunden gegenüber freimütig einzuräumen, ist in der Tat kein alltäglicher Vorgang.

16 Auch wenn Gerichte häufig offen lassen, ob ein Vertrag als Anlagevermittlungs- oder Anlageberatungsvertrag einzuordnen ist, ist die korrekte Einordnung in zahlreichen Haftungsfällen von streitentscheidender Bedeutung. Als Grundsatz muss festgehalten werden, dass die Beraterpflichten weiter gehen, als diejenigen des schlichten Vermittlers, da von dem Berater gerade nicht nur die Mitteilung von Tatsachen erwartet wird, sondern auch deren fachkundige Bewertung. Bei einem Beratungsvertrag ist der Anlageberater zu mehr als nur zu einer Plausibilitätsprüfung verpflichtet; er hat eine Anlage, die er empfehlen will, mit üblichem kritischen Sachverstand zu prüfen und insbesondere vorhandene Veröffentlichungen in der Wirtschaftspresse auszuwerten und den Anleger über negative Berichte zu informieren[9].

17 Festzuhalten bleibt, dass diese weitergehenden Pflichten vor allem für diejenigen Vermittler gefährlich werden können, die sich als Berater bezeichnen und insoweit für eine Beratungskompetenz Vertrauen in Anspruch nehmen[10]. Eine Bank dagegen ist ohnehin regelmäßig Anlageberaterin und nicht lediglich Anlagevermittlerin[11]. Sie hat von ihr übergebene Prospektmaterialien mit banküblichem kritischem Sachverstand zu prüfen[12].

3. Execution Only

18 Ausgelöst durch die „Do-It-Yourself-Welle" wurde auch im Bereich der Retail-Banken ein Geschäftsmodell entwickelt, welches durch den technischen Fortschritt der Computerindustrie sowie schließlich des Internet das kostengünstige Halten von Wertpapieren sowie die Abwicklung von Wertpapiertransaktionen ermöglicht. Es ist hier nicht davon die Rede, dass Anlageberatungsdienstleistungen mittels Robotern oder auf andere Weise standardisiert online abgerufen werden können; es geht vielmehr lediglich um technischen Support.

19 In diesem Bereich versteht es sich eigentlich von selbst, dass die Bank weder eine inhaltliche Prüfung von Kapitalanlagen schuldet, noch Anlageempfehlungen, Warnungen oder gar Bewertungen in rechtlich verbindlicher Weise abgegeben werden.

20 Nicht verwunderlich ist dennoch, dass auch in diesem Bereich Fragen nach der Haftung gestellt werden, welche nachfolgend beschrieben werden.

---

[9] Siehe § 2 III; siehe auch bereits die „Bond-Entscheidung" → § 1 Rn. 28 ff.
[10] Die besondere Schwierigkeit der Abgrenzung zwischen Anlageberatung und Anlagevermittlung stellte Dörr auch auf dem 7. Tag des Bank- und Kapitalmarktrechts am 18.11.2010 in München heraus.
[11] BGH vom 7.10.2008, XI ZR 89/07.
[12] → § 6 Rn. 78.

II. Vermögensverwalter und Anlagerichtlinien

BGH Urteil vom 2. Mai 2002 – III ZR 100/01

1. Sachverhalt

Der Kläger beauftragte die Beklagte, ein international tätiges Finanzdienstleistungsunternehmen, im März 1997, sein den Dienstleistungen der Beklagten unterliegendes Vermögen ausschließlich in Aktien anzulegen.

Die Parteien schlossen einen schriftlichen Vermögensverwaltungsvertrag, welcher im Hinblick auf die Vermögensanlage die folgende Konzeption enthielt:

„Konservativ, Wachstum, 5 % Aktienoptionen (Gewinne aus Optionsgeschäften können reinvestiert werden)."

Die Parteien vereinbarten im Übrigen, dass der Kläger zur Zahlung einer Erfolgsprämie in Höhe von 25 % des jährlichen Wertzuwachses, der über 40 % des Eigenkapitals hinausging, verpflichtet war.

Der Kläger eröffnete am 21. April 1997 bei der Beklagten ein Anlagekonto mit einem Guthaben von US-Dollar 215.671,00. Die Beklagte investierte vorwiegend in Aktien, die an der NASDAQ notiert wurden, kaufte im Übrigen für den Kläger Optionen.

Mit Schreiben des Klägers an die Beklagte vom 30. August 1997 zog dieser ein „Zwischenfazit", wobei der Kläger eine vertragswidrige Ausweitung der Quote bei Aktienoptionen erkannt hatte. Mit Schreiben vom 9. September 1997 teilte der Kläger an die Beklagte mit, dass er „in den ersten sechs Wochen ihrer Betreuung sehr zufrieden" gewesen sei.

Als der Kläger am 6. April 1998 den Vermögensverwaltungsvertrag gekündigt hatte, errechnete die Beklagte zum 24. April 1998 einen Depotbestand von (nur noch) 147.645,77 US-Dollar, wovon sie dem Kläger US-Dollar 130.639,15 zurückzahlte.

Der Kläger wirft der Beklagten vor, sie hätte abredewidrig mehr als 5 % des Aktienkapitals in Optionen angelegt und zudem hochspekulative Nebenwerte erworben, soweit Aktienerwerbe stattfanden.

Hätte die Beklagte demgegenüber 95 % des Anlagekapitals in konservativ-wachstumsorientierte Aktien angelegt, hätte der Kläger nicht nur keinen Verlust erlitten, sondern darauf sogar einen Zuwachs von 56 % erzielt. Er begehrt von der Beklagten den Ersatz des verloren gegangenen Kapitals nebst entgangenem Gewinn.

2. Hintergrund

Es war in den 90er Jahren des vergangenen Jahrhunderts ein häufig zu verzeichnendes Bild, wonach deutsche Anleger in der Erwartung hoher Kursgewinne ihr Vermögen in US-amerikanischen Aktien investierten. Sehr häufig waren dabei sog. „Hoffnungswerte" ausgewählt worden, welche in kleinsten Stückelungen („Penny Stocks") vertrieben wurden verbunden mit der Erwartung, dass durchschnittlich von drei Zielobjekten sich jedenfalls eines deutlich überproportional entwickeln und mithin die Verluste aus den beiden anderen Investments mehr als aufwiegen würde.

Wenn – wie hier – eine derartige Investition im Rahmen eines Vermögensverwaltungsvertrages stattfand, waren dem Verwalter im Hinblick auf vorgeblich unterlassene Aufklärungspflichten betreffend einzelne Aktienpositionen keine Vorwürfe zu machen, da dieser eine objektgerechte Beratung gar nicht schuldete.

31   Es stellte sich demgegenüber lediglich die Frage nach der ordnungsgemäßen Ausübung des Verwalterermessens, welche wiederum von den zwischen Anleger und Kunde vereinbarten Verwalter-Ermessensrichtlinien einerseits, den Verwaltungsentscheidungen andererseits abhing.

3. Problemstellung

32   Der Kunde, welcher sich im Rahmen seiner Kapitalanlage für die Vermögensverwaltung entscheidet, tut dies (und entrichtet ein hierfür vorgesehenes Entgelt) im Regelfall gerade deshalb, weil er eine Beschäftigung mit einzelnen zum Zwecke der Kapitalanlage angebotenen Finanzinstrumenten ablehnt. Ein derartiger Kunde möchte sich mit Chancen und Risiken, Vorzügen und Nachteilen einzelner Investments gerade nicht befassen und delegiert deshalb nicht nur seine Anlageentscheidung, sondern auch die inhaltliche Beschäftigung mit den genannten Investments auf den Verwalter.

33   Eine derartige Situation führt in letzter Konsequenz zwangsläufig dazu, dass auch die das Verwalterermessen bindenden Verwaltungsrichtlinien entsprechend weit und unpräzise formuliert werden. In einem solchen Fall ist es für den Anleger im Nachhinein sehr schwierig, Schadenersatzansprüche unter Bezugnahme auf die Missachtung weit gefasster Richtlinien darzulegen und gegebenenfalls zu beweisen.

34   Im vorliegenden Fall ist im Hinblick auf die inhaltliche Präzisierung und die damit verbundene Einschränkung des Ermessensspielraums ein höherer Grad erreicht worden, als in dem soeben beschriebenen Fall. Dennoch beschränkt sich die Festlegung dieses Ermessensspielraumes im Grundsatz auf drei Worte nebst einer Prozentangabe.

35   Das erkennende Gericht musste mithin zum einen bewerten, ob die in Rede stehenden Investitionen überhaupt dem vom Kunden vorgegebenen Anlageziel entsprachen, oder nicht. Sodann war das erkennende Gericht gehalten, festzustellen, ob denn der Verwalter rein rechnerisch die mittels Anlagerichtlinien vorgegebenen Quoten eingehalten hatte. Schließlich würde für den Fall des Nachweises einer Pflichtverletzung zu beurteilen sein, ob und in welcher Höhe das vom Kunden vorgetragene Alternativszenario im Hinblick auf die Entwicklung seines Vermögens schadensersatzrechtlich relevant ist.

4. Entscheidung

36   Der III. Zivilsenat legt seiner Entscheidung die Grundsätze der Haftung des Vermögensverwalters zu Grunde, prüft mithin, ob die Entscheidungsfreiheit des Vermögensverwalters bindende Ermessensrichtlinien eingehalten wurden, oder nicht.

37   Er setzt sich diesbezüglich zunächst mit der Frage auseinander, ob die Aktieninvestitionen das vertraglich vorgegebene Ziel „konservativ, Wachstum" erfüllten: Der III. Zivilsenat weist darauf hin, dass die an der Börsenplattform NASDAQ gehandelten Aktien überwiegend Technologiewerte seien, welche schon im Ansatz gerade nicht als konservativ eingeordnet werden könnten. Hinzu kommen weitere Aktienkäufe an der New Yorker Börse (New York Stock Exchange), welche ebenfalls nicht als konservativ zu beurteilen seien. Vor diesem Hintergrund habe der Vermögensverwalter seine Vertragspflichten gegenüber dem Kläger verletzt.

38   Hinzu kommt die vom Senat ebenfalls zugunsten des Klägers beantwortete Frage, ob auch eine numerische Beschränkung, das Aktienkapital in Aktienoptionen zu investieren, verletzt worden ist: Den Klammerzusatz „Gewinne aus Optionsgeschäften können

reinvestiert werden" interpretiert der Senat so, dass die 5 %ige Grenze nur im Hinblick auf dasjenige Kapital eingehalten werden muss, welches zu Beginn vorhanden war, sodass Gewinne aus den Optionsgeschäften frei reinvestiert werden durften. Diese Schwelle wurde vom Verwalter allerdings von Beginn an überschritten.

Was das Überschreiten der Quote anbelangt, muss sich – so der III. Zivilsenat – der Kläger aber daran festhalten lassen, dass er diese erkannte und in Kenntnis der Quotenüberschreitung ausdrücklich billigte. Stillschweigend wurde damit eine Änderung der Anlagerichtlinien vereinbart, welche auch rückwirkend möglich ist. Allerdings entnimmt der Senat den Äußerungen des Klägers eine derartige Billigung lediglich für die Vergangenheit, nicht aber für die Zukunft, sodass es im Hinblick auf Verwalterentscheidungen außerhalb des gebilligten Zeitraums auf die eng gesteckten Verwalterrichtlinien des Verwaltungsvertrages ankommt. **39**

Der III. Zivilsenat verweist weiter darauf, dass eine derartige nachträgliche Änderung der Verwalterermessensrichtlinien lediglich auf die Frage der Quote der Aktienoptionen beschränkt ist, da dem Kläger die überwiegend an der NASDAQ erfolgenden Investitionen im damaligen Zeitpunkt gerade nicht bekannt waren. Daher kann nicht davon ausgegangen werden, dass der Kläger im Nachhinein allgemein eine Abkehr von der vertraglichen Anlagestrategie hin zu einer spekulativen Strategie hätte vereinbaren wollen. **40**

Der III. Zivilsenat setzt sich sodann mit der Frage auseinander, welche Schadensberechnung anzustellen ist. Der Kläger kann nur verlangen, so gestellt zu werden, wie er gestanden hätte, wenn die Beklagte während der ersten sechs Wochen des Vertrages den tatsächlich von ihr nicht für Aktienoptionen verwandten Teil des Anlagekapitals und danach 95 % des Anlagekapitals nach der vereinbarten (konservativ, Wachstum) Anlagestrategie in Aktien investiert hätte. Bei einer derartigen Schadensbemessung kommt den deutschen Zivilgerichten ein Doppeltes zu Gute: Zum einen sachverständige Hilfe mittels eines gerichtlich bestellten Gutachters, zum anderen die Möglichkeit zur Schadensschätzung nach §§ 252 BGB, 287 ZPO. Allerdings ist auch eine derartige Schadensermittlung höchstrichterlich überprüfbar; dabei muss der Tatrichter bei aller Abstrahierung durch die Befugnis zur Schadensschätzung so konkret an den Absichten des Anlegers festhalten, wie nur möglich. Zugunsten des Anlegers fällt vorliegend ins Gewicht, dass das von diesem in Bezug genommene Börsenjahr (April 1997 bis April 1998) ein für den Anleger außerordentlich gutes Börsenjahr war, sodass der Anleger auch beanspruchen kann, diese überdurchschnittliche Börsenkursentwicklung seiner Schadensberechnung zu Grunde zu legen. Andererseits geht es nicht an, für die Wertentwicklung die Kursentwicklung eines Aktienfonds heranzuziehen, wenn – wie hier – die Investition in Einzelaktien im Rahmen eines Einzeldepots vereinbart war. Dabei wird nämlich – so der III. Zivilsenat – zugunsten des Anlegers außer Betracht gelassen, dass ein Fonds aufgrund seines größeren Anlagekapitals anders diversifizieren und damit Risiken ausgleichen könne, als ein Einzeldepot; hinzu kommt, dass ein Fonds aufgrund seiner starken Marktmacht günstigere Bedingungen beim An- und Verkauf der Wertpapiere durchzusetzen vermag, als der einzelne Anleger. **41**

Im Ergebnis verwies der Senat die Angelegenheit an das Berufungsgericht, nicht ohne der dortigen Beklagten noch einen „Denkzettel" zu geben: Sollte das Berufungsgericht bei seiner Schadensermittlung nicht die geltend gemachte Klagesumme erreichen, müsse geprüft werden, ob in Anbetracht des (so wörtlich) „unsystematischen Herumgezockes" mit dem Ziel der Spesenschinderei der Vorwurf des Churning zuträfe, **42** was zu einer Schadenersatzberechtigung nach § 826 BGB wegen vorsätzlich sittenwidriger Schädigung führe.

5. Fazit

43 Vergleicht man die Anzahl der höchstrichterlichen Entscheidungen im Bereich der Anlageberatung mit denjenigen, welche zu Vermögensverwaltern ergangen sind, ist geradezu überraschend, welch selten dem höchsten deutschen Zivilgericht Vorwürfe gegen Vermögensverwalter zur Beurteilung überlassen werden. Die wenigen seitens des Bundesgerichtshofes entschiedenen Fälle betreffen vorwiegend zum einen strafrechtlich relevante Sachverhalte wie denjenigen der Spesenreiterei (Churning), aber auch sonstige Sachverhalte in Zusammenhang mit Vergütungen des Vermögensverwalters[13].

44 Der aus der „klassischen Anlegerreklamation" bekannte Sachverhalt der nicht im Kundeninteresse erfolgenden Investition, da Anlageziele und Risikobereitschaft des Kunden durch die Investition missachtet worden waren, ist höchstrichterlich dagegen dünn gesät.

45 Dies mag zum einen daran liegen, dass die Schadensberechnung in Vermögensverwalter-Haftungsfällen im Regelfall einen ganzen Korb von Anlageentscheidungen umfasst, welche aufgrund ihrer Diversifizierung sehr viel häufiger schadensausgleichend anfallen, als beim Einzelinvestment, sodass die Geltendmachung von Regressansprüchen unterbleibt. Zum anderen geben gerade flexible Verwalterrichtlinien sehr viel seltener Anlass, eindeutige Pflichtverletzungen zugunsten des Anlegers nachzuweisen, als die sehr viel engeren Kriterien einer anleger- und objektgerechten Beratung.

46 Letztendlich werden es im Bereich der Vermögensverwaltung die eindeutigen Fälle sein, welche vor Gericht entschieden werden; diese wiederum finden selten den Weg durch drei Instanzen bis zum Bundesgerichtshof.

III. Anlagevermittler und Innenprovisionen

BGH Urteil vom 12. Februar 2004 – III ZR 359/02

1. Sachverhalt

47 Der Kläger zeichnete am 1. Dezember 1996 und 13. Juni 1997 als Kommanditist mit einer Einlage von je DM 80.000,00 zzgl. 5 % Agio Beteiligungen an sog. „Grundrenditefonds" 1 und 2. Diese Kapitalanlagen waren dem Kläger durch die Beklagte unter Verwendung der von den Objektgesellschaften herausgegebenen Prospekte vermittelt worden. Beide Fonds sollten in Gewerbeimmobilien investieren.

48 Der Kläger behauptet, beide Immobilienfonds befänden sich in einer katastrophalen wirtschaftlichen Lage, da die tatsächlichen Mieteinnahmen für die Gewerbeeinheiten in erheblichem Umfang hinter den zugesagten Mieten zurückgeblieben waren.

49 In den Prospekten waren die Kaufpreise der in Rede stehenden Grundstücke korrekt ausgewiesen. Des Weiteren war im Prospekt des Fonds 2 darauf hingewiesen worden, dass die Beklagte von den Verkäufern der Gewerbeeinheiten eine Vergütung (Werbekostenzuschuss) erhalte; deren Höhe wurde nicht genannt.

---

[13] → § 3 Rn. 22 ff.

Tatsächlich hatte die Beklagte bei dem Fonds 1 über ein Generalübernehmerunternehmen Kosten der Eigenkapitalbeschaffung von insgesamt 20 % zzgl. des im Prospekt genannten Agios von 5 % erhalten, wobei die genannten 20 % im Prospekt keinerlei Erwähnung fanden. Bei Fonds 2 waren im Prospekt 5 % Agio sowie 6 % Eigenkapitalbeschaffungskosten erwähnt; tatsächlich hat die Beklagte insb. vom Veräußerer der Fondsimmobilien weitere 14 % erhalten. Insgesamt flossen also auch beim Fonds 2 an die Beklagte 25 % des Kapitals (einschließlich Agio). 50

2. Hintergrund

Die Tatsache, dass für den Vertrieb von Anteilen an geschlossenen Beteiligungen Kosten anfallen müssen, welche jedenfalls mittelbar vom Anleger zu bezahlen sind, ist Allgemeinwissen und vom Zweck der jeweiligen Fondsgesellschaft unabhängig. Ebenso gilt für jede Fondsgesellschaft, dass ohne eine Vergütung des Eigenkapitalvertriebs eine Verwirklichung des Gesellschaftszwecks unmöglich ist. Die Rechtsprechung hatte sich dennoch wiederholt mit der Beantwortung grundsätzlicher Fragestellungen der Vergütung des Vertriebes durch Innenprovisionen und Rückvergütungen zu befassen gehabt[14]. Zum einen stellt sich die Frage, ob seitens des Vertriebsunternehmens ein aufklärungspflichtiger Interessenkonflikt entsteht, wenn an dieses verdeckt umsatzabhängig Beträge aus dem „offenausgewiesenen Vertriebskostenblock" zurückfließen, sodass das Institut zu einer centgenauen Anlegeraufklärung verpflichtet ist[15]. Von derartigen echten Rückvergütungen ist jedenfalls bis zum 1.8.2014[16] die Behandlung von „Innenprovisionen" zu unterscheiden, welche versteckt in Investitionsvorgängen des Fonds enthalten sind; diesbezüglich wird eine Aufklärungspflicht dann angenommen, wenn diese Provision bestimmte Größenordnungen übersteigt[17], weil dann die Werthaltigkeit der Anlegerinvestitionen betroffen ist. 51

3. Problemstellung

Neben der Frage der Abgrenzung der Tätigkeit der Beklagten als Anlagevermittlerin von derjenigen eines Anlageberaters stand im Zentrum der vorliegenden Entscheidung die Frage, ob und gegebenenfalls bei Überschreiten welcher Größenordnung bei Immobilienfonds die Bezahlung von Innenprovisionen im Prospektmaterial ausgewiesen werden muss. 52

Das Berufungsgericht war diesbezüglich der Meinung, dass eine Aufklärung über den Erhalt von Innenprovisionen nur dann angezeigt sei, wenn die Gesellschaften, zu deren Gunsten die Provisionen gezahlt würden, mit der Initiatorenseite wirtschaftlich, kapitalmäßig und persönlich verflochten seien, da anderenfalls ein „Verstecken" einer derartigen Provision im Grundstückskaufpreis selten sei; jedenfalls kann der Preis in Anbetracht der Bekanntgabe im Prospekt durch den Anleger im Hinblick auf die Angemessenheit überprüft werden, wenn dies für den jeweiligen Anleger von Interesse ist. 53

In der Tat ist die Verwendung des Fondsvermögens für sog. „weiche Kosten", welche im Regelfall zunächst verloren sind und erst durch eine positive Entwicklung des mit 54

---

[14] Siehe § 3 Die Haftung für Vergütungen.
[15] Siehe zu einer derartigen Pflicht jedenfalls von Bankhäusern → § 3 Rn. 40 ff.
[16] → § 3 Rn. 169.
[17] BGH vom 19.7.2011, XI ZR 191/10 unter Verweis auf die vorliegend zu besprechende Entscheidung.

dem Fondsvermögen zu erwerbenden Vermögensgegenstandes wieder aufgeholt werden müssen, für den Anleger besonders bedeutsam. Andererseits ist es Allgemeinwissen, dass der Fondsvertrieb ohne eine entsprechende Vergütung nicht stattfindet. Werden weiche Kosten offen ausgewiesen, kann der Anleger deren Angemessenheit überprüfen; werden diese aber in Anschaffungskosten „versteckt", ist eine Beurteilung der Angemessenheit schwieriger.

55 Aufgabe der Rechtsprechung war es vorliegend, eine angemessene, vermittelnde Auffassung zwischen der erforderlichen Anlegeraufklärung einerseits, der entbehrlichen – weil Allgemeingut verkörpernden – Überinformation andererseits herauszuarbeiten.

4. Entscheidung

56 Der III. Zivilsenat billigte zunächst die seitens des Berufungsgerichts angestellte Einordnung der Beklagten als Anlagevermittlerin. Diese sei schon nach dem Vortrag des Klägers nicht als unabhängige Beraterin aufgetreten, sondern lediglich als Werberin für das zu vermittelnde Kommanditkapital der Fondsgesellschaften. Auch hatte die Beklagte das unternehmerische Konzept der Gewerbezentren nicht etwa selbständig bewertet, sondern auch nach dem Vortrag des Klägers insoweit allein auf den Prospekt verwiesen, sodass dem Anleger gegenüber ausreichend deutlich gemacht wurde, dass die Beklagte nur die Rolle der Anlegervermittlerin habe übernehmen wollen.

57 Auch die Anlagevermittlerin treffen aber im Hinblick auf das Prospektmaterial, auf welches diese verweist, Prüfungspflichten. So ist der Anlagevermittler im Rahmen des zwischen ihm und dem Anlageinteressenten stillschweigend zustande gekommenen Vertrages auf Auskunftserteilung zu richtiger und vollständiger Information über alle tatsächlichen Umstände verpflichtet, die für den Anlageinteressenten von besonderer Bedeutung sind. Vertreibt er die Anlage anhand eines Prospekts, so muss er, um seiner Auskunftspflicht nachzukommen, im Rahmen einer geschuldeten Plausibilitätsprüfung den Prospekt jedenfalls darauf hin überprüfen, ob dieser ein in sich schlüssiges Gesamtbild über das Beteiligungsobjekt gibt. Ferner hat er zu prüfen, ob die darin enthaltenen Informationen – soweit er das mit zumutbarem Aufwand zu überprüfen in der Lage ist – sachlich vollständig und richtig sind[18].

58 Der III. Zivilsenat definiert zunächst Innenprovisionen als „Vergütungen, die der Veräußerer an eine von ihm beauftragte Vertriebsgesellschaft zahlt". Er führt sodann aus, dass die Frage, ob und unter welchen Voraussetzungen derartige Vergütungen in einem Prospekt ausgewiesen werden müssen, zum Zeitpunkt der Entscheidung höchstrichterlich noch nicht geklärt war.

59 Nach Auffassung des III. Senat besteht eine Pflicht zur Ausweisung von Innenprovisionen bei dem Vertrieb von geschlossenen Immobilienfonds zwar nicht in jedem Fall, wohl aber ab einer gewissen Größenordnung derartiger Provisionen. Insbesondere bei einer aus Immobilien bestehenden Vermögensanlage können sich nämlich aus der Existenz und der Höhe solcher Innenprovisionen Rückschlüsse auf eine geringere Werthaltigkeit des Objekts und die Rentabilität der Anlage ergeben. Zwar begründet der Umstand, dass bei dem Käufer eine Fehlvorstellung über die Werthaltigkeit des erworbenen Renditeobjekts entstehen kann, für sich selbst gewonnen dann noch keine Offenbarungspflicht, wenn die Höhe der Provision zu einem Kaufpreis führt, der – in den Grenzen der Sittenwidrigkeit und des Wuchers – den objektiven Wert der Immobilie

---

[18] Siehe zu den diesbezüglichen Prüfpflichten bei der Anlageberatung → § 6 Rn. 78.

erheblich übersteigt; dies gelte aber dann nicht, der Aufklärungsbedarf für den Anlageinteressenten sei mithin typischerweise größer, wenn und soweit das Anlagemodell vom Anbieter oder vom Vertreiber mittels eines Prospekts vorgestellt wird. Gerade Anlagemodelle, wie geschlossene Immobilienfonds, seien nämlich dadurch gekennzeichnet, dass die zur Akquisition verwendeten Prospekte naturgemäß allgemein dahin ausgerichtet seien, die angebotenen Anlagen als besonders werthaltig und rentabel herauszustellen. Solche Prospekte erwecken also den Anschein, dass der Preis der Anlage in einem angemessenen Verhältnis zu den vom Veräußerer für sie erbrachten sachlichen Leistungen steht. Dies schließt zugleich die Vorstellung aus, in dem Gesamtaufwand (Preis) könnten so außergewöhnliche Gewinnspannen entweder für den Veräußerer oder aber Vergütungen für den Vertreiber (letztere in Form von Innenprovisionen) stecken, dass die Werthaltigkeit und Rentabilität der Anlage von vorneherein in Frage gestellt sein könnte.

Hinzu kommt, dass der Anleger eine nähere Prüfung der Werthaltigkeit bei derart komplexen Vorhaben, wie Immobilienfonds, kaum vornehmen könne, sodass er besonders schutzwürdig sei. 60

Der Senat musste sich sodann die Frage stellen, ab welcher Größenordnung ein Abfluss der genannten Art aufklärungsbedürftig ist, weil durch die Größenordnung typischerweise die Werthaltigkeit und Rentabilität der Anlage – so der Senat – von vorneherein in Frage gestellt sein könnte. Der Senat ist diesbezüglich der Auffassung, dass der Anleger über einen Abfluss jedenfalls dann unterrichtet werden muss, wenn er 15 % überschreitet. Ist dies der Fall und wird dieser Abfluss im Prospekt nicht vollständig und richtig aufgeführt, ist der Prospekt unvollständig und irreführend. 61

Vorliegend waren die in Rede stehenden Zahlungen weder im Prospekt für den Fonds 1, noch im Prospekt 2 in ausreichendem Maße aufgedeckt. 62

5. Fazit

Der III. Zivilsenat nimmt in vorliegendem Rechtsstreit in einer Grundsatzentscheidung mit Augenmaß eine typisierende Betrachtungsweise zur Frage der Aufklärungspflicht über versteckte „weiche Kosten" in Prospekten bei Immobilienfonds vor. 63

In Fortentwicklung der bisherigen Rechtsprechung insbesondere zu Grundstückskäufen wird die Eigenverantwortlichkeit des Investors hochgehalten; gerade bei Käufen stellt sich die Frage nach dem Wert einer Sache häufig zu Unrecht, wird dieser Wert doch durch den Preis bemessen, den ein Käufer für den Erwerb zu bezahlen bereit ist. 64

Diese Eigenverantwortlichkeit endet aber dann, wenn der Investor darauf angewiesen ist, seine Anlageentscheidung durch vollständiges und richtiges Prospektmaterial zu treffen und die dortigen Angaben für ihn nur schwerlich selbst zu überprüfen sind. Völlig zu Recht geht der III. Zivilsenat daher von einer Aufklärungspflicht im Prospektmaterial aus, wobei er auch die Tatsache ins Gewicht fallen lässt, dass ohne eine Vergütung des Vertriebs ein Erwerb der Beteiligung gar nicht möglich wäre. Der Senat trägt auch der Tatsache Rechnung, dass dieser Vertrieb nicht nur offen in Form von Außenprovisionen (Agio bzw. sonstigen Vertriebskosten), sondern auch verdeckt in Form von Innenprovisionen aus dem Fondsvermögen selbst vergütet worden ist. Eine aufklärungspflichtige, weil den Erfolg der Anlage von vorneherein beeinträchtigende, Quote hält der Senat erst ab einer Grenze von 15 % der verdeckten Kosten für aufklärungsbedürftig; völlig unerheblich ist, wer Empfänger dieser Innenprovision ist. 65

66 Es ist dies eine sachgerechte Abgrenzung; es ist allerdings darauf hinzuweisen, dass der XI. Zivilsenat[19] zwischenzeitlich den Graben zwischen echten Rückvergütungen und Innenprovisionen jedenfalls für diejenigen Haftungssubjekte, für die er zuständig ist, eingerissen hat. Abzuwarten bleibt, ob der III. Zivilsenat sich dem anschließt.

IV. Anlagevermittler und Prospektübergabe

BGH Urteil vom 12. Juli 2007 – III ZR 145/06

1. Sachverhalt

67 Der Kläger trat im Jahre 1987 auf Empfehlung des Beklagten dem geschlossenen Immobilienfonds Berlin-Spandau B. bei, welcher in Form einer Gesellschaft bürgerlichen Rechts aufgelegt worden war. Er zeichnete einen Anteil in Höhe von DM 100.000,00 nebst 5 % Agio; das Bauvorhaben wurde durchgeführt und im Jahre 1989 fertig gestellt.

68 Im Prospekt findet sich ein Hinweis, wonach der Gesellschaftsanteil jederzeit veräußerlich ist.

69 Der Kläger behauptet, der Beklagte habe diesen seinerzeit nicht hinreichend über die Risiken der Beteiligung an dem Fonds aufgeklärt; diese bestünden zum einen in der persönlichen Haftung als Gesellschafter einer Gesellschaft bürgerlichen Rechts gegenüber Außengläubigern nebst Zwangsvollstreckungsunterwerfung, ferner das Risiko etwaiger Nachschusspflichten aufgrund der Konstruktion in Rechtsform einer Gesellschaft des bürgerlichen Rechts. Des Weiteren sei die Beteiligung jedenfalls tatsächlich nicht fungibel, da für die Veräußerung der Beteiligung weder ein offizieller noch ein inoffizieller Markt zur Verfügung steht.

70 Zwei Wochen vor der Zeichnungserklärung hatte der Beklagte dem Kläger den Prospekt mit der Erklärung ausgehändigt, dass sich dieser die Unterlagen in Ruhe durchlesen solle, da er sich später noch entscheiden könne, ob er damit einverstanden sei. Der weitere Gesprächsinhalt insbesondere nach Lektüre des Prospekts durch den Anleger ist zwischen den Parteien zum Teil streitig.

2. Hintergrund

71 Die Investition in den Berliner Immobilienmarkt mittels Gesellschaften bürgerlichen Rechts in Form von Publikumsgesellschaften beschäftigte die höchstrichterliche Rechtsprechung in mannigfaltiger Weise[20]. Der steuerliche Vorteil, welchen eine derartige Beteiligungsform im Gegensatz zur nur beschränkt steuerstundenden Wirkung eines Beitritts zu einer Kommanditgesellschaft bringt, korrespondiert mit der Haftungsgefahr, welche mit dem Eingehen einer derartigen Beteiligung verbunden ist und die es angemessen erscheinen lässt, einem derartigen Gesellschafter, weil Unternehmer, höhere Steuervorteile zuzubilligen. Erhielt der Anleger von seinem Anlagevermittler diesbezüglich einen Beteiligungsprospekt, ist dieser in der glücklichen Lage, den Prospekt jedenfalls im Nachhinein aufmerksam zu studieren, um etwaige Fehler herauszuarbeiten (was bei Prospektauflage in den Anfängen derartiger Beteiligungsmodelle Ende der 80er Jahre nicht unwahrscheinlich ist) und seinen Gesprächspartner hierfür haftbar zu machen.

---

[19] → § 3 Rn. 169 ff.
[20] → § 6 Rn. 69 ff. und 113 ff.

§ 5. Vermögensverwaltung, Anlagevermittlung und Execution Only

Verbleibt es demgegenüber beim schlichten Vier-Augen-Gespräch, wird der Anleger 72
im Hinblick auf Aufklärungsdefizite oftmals beweisfällig bleiben.

3. Problemstellung

Es wurde bereits darauf verwiesen, dass die Aufklärungspflichten, welche einem 73
„schlichten" Anlagevermittler obliegen, sich erheblich von den Anforderungen unterscheiden, die an einen Anlageberater gestellt werden. Dies gilt insbesondere dann, wenn sich der Anlagevermittler nicht etwa eigener Unterlagen oder mündlicher Aufklärungshinweise im Hinblick auf ein Anlageobjekt bedient, sondern Prospektmaterial verwendet, welches ihm von dritter Seite zur Verfügung gestellt wurde. Zu beurteilen ist, ob der Anlagevermittler, welcher sich lediglich auf dieses Prospektmaterial bezieht, seine gegenüber dem Anleger bestehenden Pflichten erfüllt, oder nicht. Dies gilt insbesondere für den Fall, dass der Vermittler eine inhaltliche Prüfung des Prospektes nicht vorgenommen hat, ohne dies dem Anleger gegenüber offen zu legen.

4. Entscheidung

Der III. Zivilsenat übernimmt zunächst bei Bestimmung der Anspruchsgrundlage 74
ungeprüft die Rechtsauffassung des Berufungsgerichts, wonach das zwischen den Parteien bestehende Vertragsverhältnis als Anlagevermittlungs- und nicht als Anlageberatungsvertrag einzustufen ist. Ausgehend hiervon schuldete der Beklagte dem Kläger eine richtige und vollständige Information über diejenigen tatsächlichen Umstände, die für den Anlageentschluss des Interessenten von besonderer Bedeutung waren, wobei es als Mittel der Aufklärung genügen kann, wenn dem Anlageinteressenten statt einer mündlichen Aufklärung im Rahmen des Vertragsanbahnungsgesprächs ein Prospekt über die Kapitalanlagen überreicht wird. Hinzu tritt aber, dass der Prospekt nach Form und Inhalt geeignet ist, die nötigen Informationen wahrheitsgemäß und verständlich zu vermitteln, sofern dieser Prospekt dem Anlageinteressenten so rechtzeitig vor Vertragsschluss übergeben wird, dass sein Inhalt noch zur Kenntnis genommen werden kann. Dies war vorliegend der Fall.

Sodann stellte der III. Zivilsenat die Frage, ob die vom Kläger behaupteten Prospekt- 75
fehler zuträfen, oder nicht. Er legte sich mit Ausnahme des Aspekts der Fungibilität der Beteiligung dahingehend fest, dass Prospektfehler nicht ersichtlich sind. Im Bereich der Veräußerbarkeit des Gesellschaftsanteils konnte der III. Zivilsenat offenlassen, ob er einen Prospektfehler erkennen würde, oder nicht; der Senat löste den Problemkreis vielmehr unter Bezugnahme auf die einem Anlagevermittler im Hinblick auf die Plausibilitätskontrolle eines Prospektes obliegenden nur beschränkten Pflichten.

Hier grenzt der Senat sehr deutlich die Anforderungen an den Anlageberater von 76
denjenigen des Anlagevermittlers ab: Der Anlageberater ist grundsätzlich gehalten, den Anleger bei Eingehung einer Beteiligung an einem geschlossenen Immobilienfonds in Rechtsform einer Personengesellschaft darauf hinzuweisen, dass die Veräußerung eines solchen Anteils in Ermangelung eines entsprechenden Markts nur sehr eingeschränkt möglich ist[21]. Dies gilt hingegen beim Anlagevermittler nicht, da der Anlagevermittler etwaige Unvollständigkeiten des Prospektes bei der Beschreibung von Sachverhalten,

---

[21] Urt. v. 18.1.2007 – III ZR 44/06, vgl. Entscheidungen, die es nicht in dieses Buch geschafft haben.

die gerade nicht zum Kernbereich des Anlagekonzeptes zählen, bei seiner gebotenen Plausibilitätskontrolle des Prospektes nicht erkennen muss.

77   Die Plausibilitätskontrolle des Anlagevermittlers bezieht sich mithin nur auf den Kernbereich, nicht aber auf Randbereiche des Anlagekonzeptes; die Frage der Fungibilität fällt aus Sicht des III. Zivilsenates in den genannten Randbereich.

78   Da der Vermittler einen solchen Fehler bei geschuldeter Prüfung nicht hätte erkennen müssen, kam es auch nicht darauf an, ob der Anlagevermittler die geschuldete Plausibilitätskontrolle tatsächlich durchgeführt hatte, oder nicht.

79   Der Rechtsstreit musste mithin nur noch die Frage beantworten, ob der Vermittler etwa im mündlichen Gespräch schriftliche Aufklärungshinweise, welche im Prospekt in vollständiger und richtiger Form enthalten waren, entwertete, oder nicht[22]. Der klägerische Vorwurf ging vorliegend aber nicht dahin, der Beklagte hätte eine derartige Entwertung schriftlicher Risikohinweise vorgenommen. Der Kläger warf dem Vermittler vielmehr vor, er hätte die im Prospekt enthaltenen schriftlichen Risikohinweise mündlich wiedergegeben und dabei versäumt, den Kläger noch ausführlicher und eingehender über die Nachteile einer Gesellschafterstellung bürgerlichen Rechts zu informieren. In einem solchen Fall haftet der Anlagevermittler – so der III. Zivilsenat – aber nicht. Wenn der Prospekt vollständige und richtige Risikoaufklärungshinweise enthält, der Vermittler mündlich auf diese Hinweise Bezug nimmt und den Anleger im Übrigen darauf verweist, sich die Unterlagen in Ruhe durchzulesen und später zu entscheiden, fällt es grundsätzlich in den eigenen Verantwortungsbereich des Interessenten, wenn er diese Risikohinweise im Anlageprospekt nicht zur Kenntnis nimmt oder für ausreichend erachtet und nicht konkret weitere Fragen stellt, die sodann unter Umständen falsch beantwortet werden.

80   Vor diesem Hintergrund entschied der III. Zivilsenat zugunsten des Vermittlers.

5. Fazit

81   In dieser Entscheidung werden vom III. Zivilsenat eine ganze Reihe von grundlegenden Regeln für die Abgrenzung der Eigenverantwortlichkeit der Anlegerentscheidung einerseits, der Aufklärungspflichten eines Vermittlers andererseits aufgestellt.

82   Ausgangspunkt ist der vom Vermittler ausgehändigte Prospekt. Dieser muss vom Vermittler auf Plausibilität hin untersucht werden; das Unterlassen einer Plausibilitätsprüfung ist dann nicht kausal für die fehlerhafte Anlageentscheidung, wenn der Prospekt inhaltlich vollständig und richtig ist. Der Vermittler vermag sich auf den richtigen Prospekt hin zu beziehen und jegliche mündlichen Aufklärungshinweise zu unterlassen, sofern er nur dafür Sorge getragen hat, dass der Anleger den Prospekt rechtzeitig vor Anlageentscheidung übergeben erhielt. Daneben werden vom Vermittler jedenfalls ungefragt keinerlei mündliche Aufklärungshinweise gefordert, sofern dieser nicht – als gleichsam verkaufsfördernde Maßnahme – von sich aus schriftliche und richtige Aufklärungshinweise entwertet, weil zerredet.

83   Kommt demgegenüber unrichtiges Prospektmaterial zum Einsatz, stellt sich die Frage, ob der Prospektfehler gemessen an den Anforderungen, welche an die Plausibilitätskontrolle des Vermittlers zu stellen sind, zu entdecken gewesen wäre. Dies ist bei Fehlern aus dem Kernbereich des Anlagekonzepts der Fall, bei sonstigen nicht.

---

[22] Für den Anlageberater BGH vom 14.4.2011 – III ZR 27/10 vgl. Entscheidungen, die es nicht in dieses Buch geschafft haben.

V. Execution Only 1

BGH Urteil vom 19. März 2013 – XI ZR 431/11

1. Sachverhalt

Die Klägerin begehrt von der beklagten Direktbank Schadenersatz wegen behaupteter fehlerhafter Anlageberatung eines Drittunternehmens. Die Klägerin hatte sich nicht aus eigenem Antrieb an die Direktbank gewandt, sondern war vom Anlageberatungsunternehmen dorthin verwiesen worden. Am Tag der Eröffnung eines „Depotkontos" bei der Direktbank unterzeichnete die Klägerin eine Transaktionsvollmacht zugunsten des Beratungsunternehmens.

Im Kontoeröffnungsantrag vom 16. Dezember 2004 heißt es auf S. 14:

„5. Ich bin mir bewusst, dass die D. AG lediglich ihre gesetzlichen Aufklärungs- und Erkundigungspflichten und meine Aufträge erfüllt. Ich weiß, dass die D. AG weder Empfehlungen für den Kauf oder Verkauf von Wertpapieren gibt noch eine Beratung bietet."

In der Transaktionsvollmacht, welche dem Beratungsunternehmen eingeräumt war, heißt es weiter:

„1. Der Vermögensverwalter haftet für seine Beratungsleistung nach Maßgabe der gesetzlichen und vertraglichen Bestimmungen. Ansprechpartner des Depotkonto-Inhabers für derartige Beratungsleistungen ist ausschließlich der Vermögensverwalter.
2. Der Vermögensverwalter wird im Zusammenhang mit der Vermögensanlage nicht im Auftrag der D. tätig, ist auch nicht deren Vertreter und besitzt auch keine Vollmacht zur Abgabe irgendwelcher Erklärungen für die D..
[…] Zum Abschluss und zur Durchführung von Finanztermingeschäften zulasten des Depotkontos bedarf es einer vorherigen Aufklärung aller Depotkonto-Inhaber über die mit solchen Geschäften verbundenen Risiken mittels des entsprechenden D.-Formulars."

Nach ersten Wertpapiertransaktionen, welche auf Empfehlung des beratenden Instituts über die Direktbank abgewickelt wurden, tätigte die Klägerin in der Zeit vom 29. Januar 2007 bis 1. Dezember 2008 zahlreiche Käufe von Inhaber-Teilschuldverschreibungen, Inhaber-Aktien und Genussscheinen im Nennwert von insgesamt 49.898,00 EUR. Die Investitionen führten zu einem Verlust von mehr als 90 % des eingesetzten Kapitals.

2. Hintergrund

Die Frage nach dem richtigen Haftungsadressaten bei der Haftung bei Kapitalanlagen zieht sich wie ein roter Faden durch dieses Werk. Sehr häufig – so auch in der vorliegenden Sachverhaltskonstellation – ist es so, dass der unproblematische, direkte Weg der schadensverursachenden Vertragspflichtverletzung aus wirtschaftlichen Gründen verstellt ist, wie vorliegend durch die Insolvenzantragstellung des „kundennäheren Unternehmens"[23].

---

[23] So wörtlich vorliegend der XI. Zivilsenat in den amtlichen Leitsätzen, lit. b)

90 Eine Dreiecks- oder Vierckskonstellation zwischen dem Anleger einerseits und den weiteren an einem „Kapitalanlageprodukt" beteiligten Unternehmen mit unterschiedlichen vertraglichen Vereinbarungen und hieraus resultierenden Vertragspflichten ist nicht die Ausnahme, sondern der Regelfall. Regressansprüche zwischen den diversen Finanzdienstleistern untereinander, welche häufig im Wege der Streitverkündung in den Anlegerreklamationsrechtstreit hineingezogen werden, sind erst im zweiten Schritt zu prüfen. Primär stellt sich die Frage nach der Haftungsverantwortlichkeit des Haftungsadressaten gegenüber dem Anleger, wie auch vorliegend.

91 Dass die Regresskette durch Insolvenzen unterbrochen wird, ist im Wirtschaftsleben nichts Ungewöhnliches; in der vorliegenden Sachverhaltskonstellation einer Direktbank als Marktteilnehmer, welche ausdrücklich allein sogenannte Execution Only-Dienstleistungen als „Discount-Brokerin" anbietet, tritt die Insolvenzproblematik aber deshalb besonders häufig auf, als gerade kleine und mittlere Finanzdienstleistungsunternehmen, welche selbst keine Konto- und Depotführung anbieten, sich der Dienste derartiger Direktbanken zur Abwicklung ihrer Anlageempfehlungen versichern und dem Anleger anraten, diese Dienste in Anspruch zu nehmen.

92 Dass eine entsprechend reduzierte Finanzdienstleistung der Direktbank gegenüber dem Anleger zwingend auch mit entsprechend reduzierten Vergütungen einhergeht, kommt dem Anleger bei ordnungsgemäßer Vertragsabwicklung zugute. Dass Anleger dennoch im Falle des Fehlschlagens ihrer Kapitalanlage versuchen, das – noch – leistungsfähige Discount-Broker-Institut in Anspruch zu nehmen, verwundert nicht.

3. Problemstellung

93 Zu Beginn des Rechtsstreits, als der Anleger sowohl die Direktbank, wie das anlageberatende Finanzdienstleistungsinstitut als Gesamtschuldner in Anspruch nahm, zeigte sich die rechtliche Problematik, welche letztlich der XI. Zivilsenat zu lösen hatte, noch nicht: Jedes der beiden Institute hatte seine Vertragspflichten gegenüber dem Anleger zu erfüllen und würde bei nachgewiesener schadensverursachender schuldhafter Nichterfüllung auf Schadenersatz haften.

94 Als aber im Laufe des Rechtsstreits das „kundennähere Unternehmen" in die Insolvenz ging und sodann aus dem Rechtsstreit ausschied, musste der Anleger alles daran setzen, die Vertragspflichten der mitbeklagten Direktbank so weit als möglich auszuweiten, Zurechnungsnormen – wie § 278 BGB – zur Anwendung zu bringen, eigene Pflichtversäumnisse der Direktbank – ggf. im Wege der Nebenpflichtverletzung – herauszuarbeiten und schließlich als „Rettungsanker" das Rechtsinstitut des „institutionalisierten Zusammenwirkens[24]" zu bemühen, um Versäumnisse des in Insolvenz befindlichen Finanzdienstleistungsunternehmens für die Geltendmachung von Ansprüchen gegen die Direktbank fruchtbar zu machen.

4. Entscheidung

95 Der XI. Senat setzte sich zunächst ausführlich mit der Frage auseinander, welche Hauptpflichten denn das zwischen den Parteien (Anleger und Direktbank) abgeschlossene Vertragsverhältnis besitzt. Wie in diesem Buch bereits häufiger dargestellt[25], ist die Rechtsprechung mit der Annahme eines Anlageberatungsrechtsverhältnisses schnell bei

---

[24] → § 13 Rn. 44.
[25] Beginnend bereits bei dem ersten „Klassiker", der Bond-Entscheidung, → § 1 Rn. 40.

§ 5. Vermögensverwaltung, Anlagevermittlung und Execution Only

der Hand: Tritt ein Anlageinteressent an eine Bank oder Anlageberater einer Bank an einen Kunden heran, um über die Anlage eines Geldbetrages beraten zu werden bzw. zu beraten, liegt darin ein stillschweigendes Angebot zum Abschluss eines Beratungsvertrages, welches wiederum stillschweigend durch die Aufnahme des Beratungsgesprächs angenommen wird. Der BGH spricht aber vorliegend zugunsten der Direktbanken ein deutliches Wort: Ein stillschweigend geschlossener Beratungsvertrag kommt dann nicht in Betracht, wenn – wie es Discount-Broker bzw. Direktbanken üblicherweise tun – bereits bei Aufnahme der Geschäftsbeziehung erklärt wird, dass sich die Bank nur an gut informierte und erfahrene Anleger wendet und nur zur Aufklärung durch Übersendung von Informationsbroschüren, nicht aber durch individuelle Hinweise bereit ist. Wenn ein Anleger der Bank in Kenntnis dessen ohne individuelles Aufklärungsbegehren Orders erteilt oder mit dieser Bank Verträge abschließt, bringt er damit deutlich zum Ausdruck, dass er weitere Informationen durch diese Bank nicht benötigt.

In Übereinstimmung mit diesen Vertragserklärungen hat die beklagte Direktbank auch keinerlei eigene Beratungsdienstleistungen an den Kläger erbracht. In weiterer Konsequenz schuldet die beklagte Direktbank gegenüber dem Kunden mithin keinerlei Anlageberatungsdienstleistungen. 96

Wenn diese Hauptpflicht aber in diesem Sinne konkretisiert ist, vermag auch eine Zurechnung etwaiger Beratungspflichtverletzungen durch das tatsächlich anlageberatende Institut über § 278 BGB nicht stattzufinden. Die Mitarbeiter der anlageberatenden Bank waren mangels eigener Beratungspflicht der Direktbank nicht in deren Pflichtenkreis tätig. Wenn der Mitarbeiter der anlageberatenden Bank nach den unmissverständlichen und von der Klägerin unterzeichneten Dokumenten ausschließlich für das beratende Unternehmen tätig war, scheidet eine Zurechnung dessen Fehlverhaltens an die Direktbank aus. 97

Der BGH musste sich sodann mit der Frage befassen, ob denn die Direktbank verpflichtet sei, die anlageberatende Bank zu überwachen: In aller nur wünschenswerten Deutlichkeit führt der BGH aus, dass es keinerlei Verpflichtung der Direktbank gibt, sich zu vergewissern, dass die Kunden tatsächlich ordnungsgemäß informiert werden und das an sie herangetragene Wertpapiergeschäft den Risikoangaben entspricht. 98

Der BGH befasst sich sodann mit weiteren Nebenpflichten der Direktbank aus dem Vertragsverhältnis zum Anleger: Er stellt als Grundsatz fest, dass bei gestaffelter Einschaltung mehrerer Wertpapierdienstleistungsunternehmen grundsätzlich nur das kundennähere Unternehmen zur Befragung des Anlegers hinsichtlich seiner Erfahrungen, Kenntnisse, Anlageziele und finanziellen Verhältnisse verpflichtet ist. Eine Pflicht zur Überwachung des vorgeschalteten Beratungsunternehmens besteht daher in der Regel auch insoweit nicht. Vielmehr darf sich das Orders entgegennehmende Wertpapierdienstleistungsunternehmen darauf verlassen, dass Empfehlungen in Bezug auf Wertpapierdienstleistungen von dem anderen Wertpapierdienstleistungsunternehmen im Einklang mit den gesetzlichen Vorschriften gegeben wurden. Eine Warnpflicht kann nur dann bestehen, wenn der Discount-Broker die tatsächliche Fehlberatung des Kunden entweder positiv kennt oder diese Fehlberatung aufgrund massiver Verdachtsmomente objektiv evident ist. 99

Der BGH hatte sich schließlich mit der Frage zu befassen, ob zugunsten des Anlegers hier Darlegungs- oder Beweislasterleichterungen greifen, wie sie aus der Rechtsfigur des institutionalisierten Zusammenwirkens bekannt sind: Diese Rechtsfigur ist auf die vorliegende Sachverhaltskonstellation aber nicht anwendbar, so der BGH. 100

101 Da die Tatsacheninstanzen aber einem konkreten Beweisangebot der Klägerin zur positiven Kenntnis der beklagten Direktbank von der unterstellt systematischen Falschberatung der Anleger durch einen konkret benannten Zeugen (Anlageberater) nicht nachgegangen war, hob der BGH die klageabweisende Entscheidung des OLG auf und verwies die Angelegenheit zur Nachholung der Beweisaufnahme an das OLG zurück.

5. Fazit

102 In diesem Buch ist sehr häufig von einem angemessenen Verhältnis zwischen Leistung und Gegenleistung die Rede, welches auch dazu führen müsse, haftungsrechtliche Fragen bereits im Grundsatz richtig zu lösen.

103 Eine derartige Konstellation ist auch bei der hier in Rede stehenden Vertragsbeziehung gegeben: Ein Kunde, welcher aus Gründen der Kostenersparnis lediglich technische Abwicklungshilfen in Anspruch nimmt, wird durch die gesetzliche Regelung, welche ein Abfragen seiner Erfahrungen sowie eine schriftliche Basisaufklärung vorsieht, bereits mehr geschützt, als er erwarten konnte. Verfehlt wäre es, aus dieser Grundaufklärung weitergehende individualisierte Pflichten abzuleiten, welche im Extremfalle dazu führen würden, dass das beklagte Unternehmen selbst eigene Erkundigungen über diejenigen Wertpapiere anstellen müsste, deren Kaufabwicklung sie gegenüber ihrem Kunden schuldet. Gerade dass in einem solchem Falle die Bank das Gebot der unverzüglichen Ausführung eines Kundenauftrages nicht erfüllen könnte (der Kunde wendet sich ja nicht nur aus Kostengründen, sondern auch aus Gründen der Schnelligkeit seiner Auftragsabwicklung an ein derartiges Institut) belegt, dass der BGH mit seiner Entscheidung die Verantwortungssphären trennscharf und richtig abgrenzte.

104 Eine ausführliche und individuelle Kundeninformation würde daher nicht nur der durch die Vergütungssituation umrissenen Interessenlage zwischen Kunden und Bank widersprechen, sie würde auch dem vertragsimmanenten Gebot der Schnelligkeit der Auftragsabwicklung im Wege stehen.

VI. Execution Only 2

BGH Urteil vom 12. November 2013 – XI ZR 312/12

1. Sachverhalt

105 Zwischen den Klägern und der beklagten Direktbank bestand ein sogenanntes „Zins-Plus-Konto". Dabei handelte es sich um ein Tagesgeldkonto mit einer jährlichen Verzinsung der Einlage von 4,5%, das zwingend mit einem Depotvertrag zur etwaigen Einbuchung von Wertpapieren verbunden war. Der Zins von 4, 5% p. a. lag über dem Marktzins. Die Eröffnung dieses Konto beantragten die Kläger am 14. November 2006 über ein zwischenzeitlich insolventes Wertpapierhandelshaus; zwischen der beklagten Direktbank und dem Wertpapierhandelshaus bestand eine Vereinbarung, wonach im Innenverhältnis die Beklagte lediglich den Marktzins auf die Kundeneinlage zu zahlen hatte, während das Wertpapierhandelshaus die jeweilige Differenz zwischen diesem Marktzins und den den Kunden versprochenen 4,5% p. a. zu leisten hatte. Die Kläger tätigten Wertpapierkäufe auf telefonische Beratung durch Mitarbeiter der Wertpapierhandelsbank.

§ 5. Vermögensverwaltung, Anlagevermittlung und Execution Only

Im Kontoeröffnungsantrag zwischen den Klägern und der beklagten Direktbank vom 14. November 2006 heißt es auszugsweise:

„V. Ausschluss der Anlageberatung
Die N.N.-Bank erfüllt lediglich ihre gesetzlichen Aufklärungs- und Erkundigungspflichten und führt Aufträge aus. Die N.N.-Bank spricht weder Empfehlungen für den Kauf oder Verkauf von Wertpapieren aus, noch bietet die Bank Beratungsleistungen."

Am selben Tag räumten die Kläger dem Wertpapierhandelshaus eine „Transaktionsvollmacht" ein, in der es heißt:

„1. Ausschluss der Anlageberatung durch die N.N.-Bank; keine Prüfung von Transaktionen des/der Bevollmächtigten.
(…) Auf Beratungsleistungen und Anlageentscheidungen des/der Bevollmächtigten hat die N.N.-Bank keinen Einfluss; die im Rahmen der Rechtsbeziehung Kunde/Bevollmächtigte/r gemachten Angaben und Vorgaben kennt die N.N.-Bank regelmäßig nicht. Die N.N.-Bank kontrolliert daher nicht die Einhaltung von Anlagevorgaben des/der Kunden gegenüber der/den Bevollmächtigten. Die N.N.-Bank ist an Anlageentscheidungen und Vermögensdispositionen nicht beteiligt; sie kann die Einhaltung von Vereinbarungen zur Art und Weise der Vermögensanlage nicht überprüfen. (…)
3. Rechtstellung des/der Bevollmächtigten
Der/die Bevollmächtigte ist nicht zur Abgabe von Erklärungen im Namen der N.N.-Bank berechtigt; er/sie wird nicht im Auftrag der N.N.-Bank tätig."

Die Kläger verlangen im Wege des Schadenersatzes von der Direktbank Zahlung von EUR 19.405,85 (Anschaffungskosten für Wertpapiere abzüglich erhaltener Ausschüttungen) sowie entgangene Anlagezinsen Zug um Zug gegen Übertragung der auf telefonische Beratung durch Mitarbeiter des Wertpapierhandelshauses erworbenen Papiere.

2. Hintergrund

Die zweite höchstrichterliche Entscheidung in Bezug auf Fehlinvestments von Anlegern mit einer Direktbank als gewünschter Haftungsadressat innerhalb von nicht einmal neun Monaten zeigt zum einen, wie weit verbreitet das – kostengünstige – Direktbank-Modell zwischenzeitlich ist. Zum anderen zeigt dies aber auch, wie stark das Bedürfnis geschädigter Anleger ist, bonitätsstarke Haftungsadressaten gerade im Bereich der Direktbank-Investitionen zu finden, welche für vorgebliche Fehlleistungen natürlicher Personen (im Regelfall: Berater) einzustehen haben.

Der BGH hatte also binnen kurzer Zeit zum zweiten Mal Gelegenheit, seine Position in dieser Hinsicht klarzumachen.

Dass dies anhand eines Urteils des berüchtigten „Kotschy-Senats" in München erfolgen durfte[26], verlieh diesem Fall eine besondere Pikanterie.

3. Problemstellung

Das Berufungsgericht rechnete die Anlageberatungsdienstleistungen des Mitarbeiters des Wertpapierhandelshauses der beklagten Direktbank nach § 278 BGB zu, da die Direktbank im eigenen Vergütungsinteresse die Wertpapierhandelsbank mit der Zuführung von Kommissionsaufträgen aus einem aufklärungs- und beratungsbedürftigen Kommitentenkreis betraut habe. Da es vollständig dem Dritten überlassen blieb, den

---

[26] 5. Zivilsenat des Oberlandesgerichts München unter dem Vorsitz von Guido Kotschy bis 31.10.2015.

Auftrag für das jeweilige Kommissionsgeschäft vorzubesprechen, sei wirtschaftlich von einer Auslagerung der Aufklärungs- und Beratungsleistung auszugehen, welche sich die Direktbank mithin zurechnen lassen muss.

113 Aus Sicht des OLG nicht ins Gewicht fällt dem gegenüber die ausdrückliche Festlegung des Vertragsinhalts zwischen Bank und Kunde, die Tatsache, dass die Direktbank das „kundenfernere" Unternehmen war sowie die aufsichtsrechtliche Norm des § 31e WpHG.

114 Diese Gemengelage aufzuklären, war Aufgabe des XI. Zivilsenats in vorliegender Entscheidung.

4. Entscheidung

115 Der BGH rekurriert zunächst auf seine ständige Rechtsprechung zur stillschweigenden Anbahnung eines Anlageberatungsvertrages. Diese Rechtsprechung gilt dann nicht, wenn eine Bank – wie es Discount-Broker bzw. Direktbanken üblicherweise tun – bereits bei Aufnahme der Geschäftsbeziehung erklärt, sich nur an gut informierte und erfahrene Anleger zu wenden und zur Aufklärung nur in pauschalisierter Form, beispielsweise durch die Übersendung von Informationsbroschüren mit der Post, nicht aber in individualisierter Form, durch Einzelhinweise bereit zu sein. Erteilt ein Anleger in Kenntnis dessen der Bank eine gezielte Order, ohne dass er an diese Bank ein Aufklärungsbegehren richtet, erklärt er damit gleichzeitig konkludent, dass er durch diese Bank weitere Informationen gerade nicht benötigt[27].

116 Vorliegend hatte die beklagte Direktbank ausdrücklich und für die Kläger auch erkennbar allein sogenannte „Execution only-Dienstleistungen" als „Discount-Brokerin" angeboten; dies schließt die Annahme eigener Beratungspflichten aus einem Beratungsvertrag aus.

117 Wenn aber – so der BGH – eine Beratungspflicht nicht besteht, können auch Beratungsdienstleistungen von Mitarbeitern des Wertpapierhandelshauses der Direktbank nicht über § 278 BGB zugerechnet werden. Mangels eigener Beratungspflicht der Beklagten waren diese Mitarbeiter gerade nicht im Pflichtenkreis der Beklagten tätig.

118 Hieran ändern auch die Sonderkonditionen nichts, welche auf dem Tagesgeldkonto den Kunden gewährt wurden, obwohl dies der eigentliche Geschäftsbetrieb der Beklagten nicht bedurft hätte. Weder eine geplante Zufuhr von Kunden durch das Wertpapierhandelshaus an eine Direktbank, noch die planmäßige Inanspruchnahme von Beratungsleistungen seitens des Wertpapierhandelshauses, um letztlich provisionsauslösende Wertpapiergeschäfte bei der Direktbank zu tätigen, führen dazu, dass die Beklagte das (so wörtlich) „Geschäftsmodell der Discount-Broker verlassen und sich auf das Geschäftsfeld der beratungsabhängigen Wertpapiertätigkeit begeben hat". Hiergegen spricht schon der eindeutige Vertragswortlaut der jeweiligen Aufgabenverteilung zwischen den beiden Unternehmen sowie die Tatsache, dass der Kläger auch einzig und allein gegenüber dem Wertpapierhandelshaus Angaben zu seiner Anlagestrategie sowie zu Kenntnissen und Erfahrungen tätigte, so der BGH.

119 Abschließend erwägt der BGH noch zwei alternative Ansätze für eine Haftung der Direktbank:

120 Er erteilt zunächst der Auffassung des OLG eine Absage, wonach das Wertpapierhandelshaus und die Beklagte als Gesellschaft bürgerlichen Rechts anzusehen seien, sodass

---

[27] Der Senat bezieht sich hier auf sein Urteil vom 19.3.2013 → Rn. 85 ff.

die Beklagte für Beratungsfehler der Mitarbeiter des Wertpapierhandelshauses gemäß §§ 128, 129 HGB analog hafte; die beiden Unternehmen waren hier nicht gemeinsam als Außengesellschaft am Rechtsverkehr aufgetreten (rechtsfähige Einheit), sondern getrennt nach Aufgabenbereichen. Rechtsbeziehungen bestanden daher alleine zwischen den Klägern einerseits und der Wertpapierhandelsbank (Beratungsvertrag) bzw. den Klägern und der Beklagten (Depotvertrag, Kommissionsgeschäfte) andererseits. Hieran ändern auch interne Provisionsteilungen zwischen den beiden Unternehmen nichts.

Allerdings könnte das „kundenfernere Unternehmen" (Direktbank) ausnahmsweise dann bei gestaffelter Einschaltung mehrerer Wertpapierdienstleistungsunternehmen den Anlegern wegen Verletzung einer Warnpflicht als Nebenpflicht (§ 241 Abs. 2 BGB) verantwortlich sein, wenn der Discount-Broker eine tatsächliche Fehlberatung des Kunden bei dem konkret in Auftrag gegebenen Wertpapiergeschäft positiv kannte; dem gleichzustellen wäre eine objektive Evidenz aufgrund massiver Verdachtsmomente[28]. Eine nur fahrlässige Unterlassung einer Prüfung, ob das Wertpapierhandelshaus die dieser obliegenden Informationspflichten ordnungsgemäß erfüllt hat, oder nicht, führt dagegen nicht zum Entstehen einer Warnpflicht gegenüber dem Kunden. 121

5. Fazit

Der BGH führt seine Rechtsprechung bei gestaffelter Einschaltung mehrerer selbständiger Wertpapierdienstleister konsequent fort und hält an der Unterscheidung zwischen kundennäherem und kundenfernerem Unternehmen fest. Er lehnt insoweit eine gegenseitige Überwachungspflicht ebenso konsequent ab, wie er mit der Unterstellung des Berufungsgerichts aufräumt, in derartigen Sachverhaltskonstellationen seien gegenseitige Haftungen über den Gedanken einer Gesellschaft bürgerlichen Rechts anzunehmen. 122

Weiter konsequent kommen Warnpflichten nur, aber auch gerade dann in Betracht, wenn ein Unternehmen die konkrete Fehlberatung des Kunden positiv kennt. Es ist dies eine sachgerechte Verteilung der jeweiligen vertraglichen Aufgabenkreise. 123

VII. Ausblick

Die künftige Entwicklung der Haftung der in vorliegendem Abschnitt beschriebenen Haftungsadressaten ist derzeit offen. 124

Was die Haftung des Vermögensverwalters anbelangt, wird sich zugunsten des Verwalters die durch die Schuldrechtsreform eingeführte kenntnisabhängige Verjährung auswirken, da auf diesen die vormals geltende kurze Verjährungsfrist des § 37a WpHG keine Anwendung fand. 125

Die Haftung der Direktbanken im Rahmen des Execution Only wird sich – wenn überhaupt – nur noch um die Frage drehen, ob eine Bank mit einem derartigen Geschäftsmodell verpflichtet ist, seine Kunden über Vergütungen von dritter Seite aufzuklären. Nur unklar ist die Rechtslage in Bezug auf online geführte standardisierte Anlageberatungsdienstleistungen. 126

Die größten Spielräume „nach oben wie nach unten" sind nach wie vor im Bereich der Vermittlertätigkeit zu erwarten 127

---

[28] Der BGH verweist insoweit erneut auf sein Urteil vom 19.3.2013 → Rn. 85 ff.

VII. Ausblick

128 Hier bleiben die weiteren Entwicklungen abzuwarten, zumal der Gesetzgeber mit dem am 1. Januar 2013 in Kraft getretenen Gesetz zur Novellierung des Finanzanlagenvermittler- und Vermögensanlagenrechts die Anforderungen an die gewerbliche Vermittlung von Finanzanlagen erhöht und neue Berufszugangsregelungen geschaffen hat. Neben der persönlichen Zuverlässigkeit hat der Vermittler eine Berufshaftpflichtversicherung nachzuweisen, ein Umstand, der haftungsrechtliche Begehrlichkeiten eines Anlegers auf der Suche nach bonitätsstarken Haftungsadressaten wecken wird.

§ 6. Die Prospektfehler von Investmentvermögen

Literatur:
Aurich, Der wesentliche Prospektfehler nach KAGB und VermAnlG, GWR 2016, 23 ff.

I. Einführung

Ähnlich, wie im Bereich der Haftung des Anlageberaters, haben sich die Zivilgerichte auch hier bei der Beurteilung kapitalanlagerechtlicher Haftungssachverhalte nicht nur mit der kontinuierlichen Fortentwicklung der höchstrichterlichen Rechtsprechung, sondern auch mit der Inkraftsetzung und Veränderung gesetzlicher Vorschriften zu befassen. Hier wie dort findet sich aber das Phänomen, dass die Untermauerung grundlegender Haftungsvoraussetzungen nicht etwa auf den Gesetzgeber zurückgeht, sondern durch die Rechtsprechung vorgegeben wurde, welche sodann vom Gesetzgeber bestätigt und nur zum Teil modifiziert wurde. Vor diesem Hintergrund bleiben die durch die Rechtsprechung herausgearbeiteten Haftungsgrundsätze ungeachtet der Fortschritte des Gesetzgebers im Bereich geschlossener Beteiligungen nach wie vor unverändert anwendbar. 1

1. Prospektfehler im Sinne dieses Kapitels

Während Prospektfehler in kapitalanlagerechtlichen Haftungsverfahren der vergangenen 20 Jahre eine zentrale Rolle einnahmen, war die Dürftigkeit der diesbezüglichen gesetzlichen Regelung erstaunlich; dies gilt jedenfalls für solche Fehler, welche in einem Prospekt enthalten sind, der nicht Grundlage zur Zulassung von Wertpapieren zum Börsenhandel ist. 2

Durch die Einfügung eines neuen Abschnitts III a in das Verkaufsprospektgesetz, welcher ab dem 1. Juli 2005 Anwendung fand[1], wurde erstmals eine Prospektpflicht auch für Anteile an geschlossenen Fonds gesetzlich statuiert[2]. Dies ist verbunden mit einer erstmals eingeführten spezialgesetzlichen Prospekthaftung auch für Prospekte in Bezug auf geschlossene Fonds[3]. Die Vorschriften wurden durch das am 4. Juli 2013 verabschiedete Kapitalanlagegesetzbuch ersetzt[4]. 3

Gegenstand der Betrachtung in diesem Abschnitt sind ausschließlich die zahllosen mit Prospektunterlagen Anlegern anempfohlenen Anteile an geschlossenen Beteiligungen des vormaligen „Grauen Kapitalmarktes"[5], welche zumeist in Rechtsform einer Kommanditgesellschaft, aber auch als Gesellschaften bürgerlichen Rechts aufgelegt wurden. Am häufigsten werden derartige geschlossene Beteiligungen zum Zwecke der Anlegerinvestition in Immobilien, Medien, Schiffe, verschiedenste Inves- 4

---

[1] Vgl. die ausführliche Übergangsvorschrift in § 18 Abs. 2 VerkProspG.
[2] Siehe § 8 f Abs. 1 Satz 1 VerkProspG.
[3] Siehe § 13 VerkProspG mit Verweis auf die börsengesetzliche Prospekthaftung in §§ 44 bis 47 BörsG.
[4] Zu den prospekthaftungsrechtlichen Vorschriften → § 7 Rn. 3 ff.
[5] Heute Alternative Investmentfonds (AIF) nach § 1 III KAGB.

I. Einführung

titionsgüter mittels Leasingmodellen und Modelle zur Förderung alternativer Energien aufgelegt.

2. „Staatliche Förderung" geschlossener Beteiligungen

5   Der enorme Boom, welchen die Branche mit der Konzeptionierung geschlossener Beteiligungen in den vergangenen 20 Jahren erlebte, wäre undenkbar ohne staatliche Hilfestellung. Von besonderer Bedeutung in Zusammenhang mit diesen Beteiligungen war bzw. ist nämlich regelmäßig eine staatliche Förderung im weitesten Sinne. Ausgehend von den Investitionen in den neuen Bundesländern nach der „Wende" über Steuersparmodelle in Zusammenhang der Auflage von Medienfonds mit dem Schwerpunkt in den Jahren 2000 bis 2005 bis hin zur Förderung alternativer Energien waren es jeweils Anreize über die eigentlich ertragbringende Investition des Fondsvermögens hinaus, welche dazu dienen sollten, Anleger zur Einzahlung in den jeweiligen Fonds zu gewinnen[6].

6   Diese Besonderheit ist es, welche häufig auftretende Probleme in Zusammenhang mit der Anlegerinformation durch Prospektmaterial erst verursacht: Um die erwünschten steuerlichen Wirkungen erzielen zu können, ist unabdingbar, dass der Anleger als einkommensteuerlicher Unternehmer angesehen werden kann, welcher sowohl Mitunternehmerinitiative, als auch Mitunternehmerrisiko trägt. Die Gefahr des Verlustes der Einlage muss wiederum Hand in Hand gehen mit der Darstellung entsprechender Verlustrisiken im Prospekt. Andererseits wirkt sich jegliche Darstellung von Verlustrisiken unter Marketinggesichtspunkten nachteilhaft für den Vertrieb der Beteiligung aus. So sind den Verlustrisiken im Prospektmaterial Chancen gegenüber zu stellen, wobei auf ein ausgewogenes Verhältnis zwischen Chancen und Risiken zu achten ist[7]. Diese Grundlagen sind es, welche wesentliche Bedeutung für die Beurteilung der Prospektfehlerhaftigkeit haben, wobei besonders problembehaftet ist, wenn die erwartete Förderung ausbleibt: Sei es, dass die Steuerbehörden die Konzeption nicht anerkennen, sie es, dass der Staat die sonstige Förderung des Fondskonzeptes nicht oder nicht für die gesamte Fondslaufzeit aufrecht erhält, in jedem Falle stellt sich die Frage nach der Vollständigkeit und Richtigkeit der Anlegerinformation im Prospekt.

3. Gesetzliche Regelung der Prospektvollständigkeit und -richtigkeit

7   Gesetzliche Anforderungen, welche sich mit den Inhalten von Prospekten in Bezug auf Investitionen im Grauen Kapitalmarktes befassen, sind vergleichsweise jung. Da Anteile an einer Personengesellschaft weder über die Börse gehandelt werden sollen, noch als Wertpapiere im Sinne der bankrechtlichen Vorschriften gelten, richtete sich das Augenmerk auf die wenigen noch in Kraft befindlichen Abschnitte des Verkaufsprospektgesetzes und dort insbesondere der sich mit dem Prospektinhalt befassende § 8 g welcher lautete:

> „Der Verkaufsprospekt muss alle tatsächlichen und rechtlichen Angaben enthalten, die notwendig sind, um dem Publikum eine zutreffende Beurteilung des Emittenten und der Vermögensanlagen [...] zu ermöglichen. Ferner ist in dem Prospekt an herausgehobener Stelle ausdrücklich ein Hinweis aufzunehmen, dass die inhaltliche Richtigkeit der im Prospekt gemachten Angaben nicht Gegenstand der Prüfung des Prospekts durch die Bundesanstalt für Finanzdienstleistungsaufsicht (Bundesanstalt) ist."

---

[6] Legendär ist das Bonmot über deutsche Ärzte, welche gerne 2,– EUR bezahlen, um 1,– EUR an Steuern zu sparen.

[7] Siehe hierzu die besonders schön vom III. Zivilsenat des BGH herausgearbeitete Betrachtung beim Medienfonds Vif Babelsberger GmbH & Co Dritte KG, nachfolgend → Rn. 36 ff.

§ 6. Die Prospektfehler von Investmentvermögen

Ab dem 22. Juli 2013 regeln §§ 268, 269 KAGB iVm § 165 KAGB den Inhalt von Verkaufsprospekten ausführlicher. So wird die Generalklausel, wonach im Prospekt die Angaben enthalten sein müssen, die erforderlich sind, damit sich der Anleger über die ihm angebotene Anlage und insbesondere die damit verbundenen Risiken ein begründetes Urteil bilden kann, mithin der Verkaufsprospekt redlich und eindeutig und nicht irreführend sein muss, um sonstige konkrete Mindestangaben ergänzt; allein § 165 Abs. 2 zählt 39 Unterabschnitte auf, welche gemäß § 269 fast ausnahmslos auch auf geschlossene inländische Publikumsfonds Anwendung finden; zusätzlich schreiben § 269 Abs. 2 und 3 weitere Informationen vor, welche in den Verkaufsprospekt aufzunehmen sind. 8

Auch wenn nunmehr zahllose enumerativ vom Gesetzgeber aufgezählte Teilaspekte die Vollständigkeit eines Prospekts ausmachen, wird in Zukunft weiterhin – wie in diesem Abschnitt zu zeigen sein wird – die haftungsrechtliche Frage nach der Übereinstimmung des veröffentlichten Prospektmaterials mit den gesetzlichen Vorgaben eine zentrale Rolle spielen. Auch werden in Zukunft bei der Beurteilung des tatsächlichen Iststandes mit dem gesetzlichen Sollstand in kapitalanlagerechtlichen Haftungsverfahren die höchstrichterlichen Entscheidungen deutscher Zivilgerichte eine immer gewichtigere Bedeutung haben, zumal auch die umfangreichste enumerative Aufzählung in den gesetzlichen Vorschriften für eine Vielzahl von Praxisfällen gelten muss und gerade die in diesem Abschnitt besprochenen Grundsatzentscheidungen Fragestellungen klären, welche auch bei Lektüre des KAGB aus sich heraus nicht treffsicher beantwortet werden können. 9

4. Der Prüfungsmaßstab

Dies leitet über zur Frage, nach welchem Maßstab die Vollständigkeit und Richtigkeit von Prospektmaterial im Einzelnen zu beurteilen ist. Sowohl Gesetzgeber[8] als auch das Institut der Wirtschaftsprüfer[9], aber auch die höchstrichterliche Rechtsprechung behelfen sich zunächst mit generalklauselartigen, abstrakten Formulierungen, welche den Prüfungsmaßstab umreißen, der an den Prospektinhalt anzulegen ist. Die näheren Einzelheiten festzulegen bedeutet demgegenüber, eine Vielzahl von Sachverhaltsvarianten und dazugehörige Informationen, Prognosen und Werturteile abzuarbeiten und zu beurteilen. 10

Als wegweisend lassen sich einige verallgemeinernde Aussagen treffen, welche für die Beurteilung der Prospektfehlerhaftigkeit von besonderer Bedeutung sind: 11

Ausgangspunkt ist die im Prospekt enthaltene einzelne Formulierung (mithin jedes einzelne Wort), die Zeitangabe, in welcher die Information formuliert ist sowie (und gerade auch) das, was an Informationen weggelassen wird, mithin nicht formuliert ist. Hierbei ist der Prospekt gründlich und präzise „wortwörtlich" zu sezieren, da gerade die höchstrichterliche Rechtsprechung sehr häufig „haarspalterisch" an einzelnen Ausdrücken die Fehlerhaftigkeit bzw. Fehlerfreiheit eines Prospektes festmacht. 12

Sodann ist die Information in dem systematischen Zusammenhang zu lesen, in welchem diese gegeben wird. Werden etwa gegebene Risikohinweise dadurch wieder relativiert, dass Gegenmaßnahmen angekündigt werden? Werden Risiken lediglich plakativ zu Beginn des Prospektes erwähnt und tauchen an anderer Stelle, an der sich der Prospekt mit den Risiken im Einzelnen befasst, nicht mehr auf? Wird dem Leser durch 13

---
[8] → Rn. 7 ff.
[9] → § 9 Rn. 4 ff.

die Verwendung eines bestimmten tempus suggeriert, dass bestimmte Maßnahmen bereits vorliegen, welche tatsächlich erst in der Zukunft ergriffen werden sollen? Handelt es sich bei Berechnungen um Prognosen oder aber um bezifferte Beschränkungen des mit der Beteiligung verbundenen Verlustrisikos? Werden im Prospekt abgeschlossene oder abzuschließende Verträge richtig wiedergegeben oder in ihrer rechtlichen bzw. wirtschaftlichen Auswirkung geschönt?

14   Bei Beurteilung wirtschaftlicher Prognosen kann gar nicht feinsinnig genug unterschieden werden zwischen solchen, welche Renditeerwartungen betreffen und solchen, welche Verlustrisiken zum Ausdruck bringen. Erstere dürfen durchaus mit gewissem Optimismus angestellt werden, solange diese nur auf tragfähiger Grundlage aufgestellt wurden. Letztere dagegen müssen vorsichtig und mit der gebotenen Deutlichkeit formuliert sein, insbesondere dann, wenn „Worst-Case-Szenarien" maximale Verlustrisiken zum Ausdruck bringen sollen.

15   Welchen Eindruck vermitteln fehlende Risikohinweise bzw. Informationen? Hat der Prospektherausgeber bestimmte Risiken (insbesondere steuerlicher, aber auch vertragsrechtlicher Natur) nur allgemein beschrieben, weil im Zeitpunkt der Prospektherausgabe der zu einem späteren Zeitpunkt von der Finanzverwaltung bzw. einem Vertragspartner aufgegriffene Teilaspekt nicht vorhersehbar war, mithin ein konkretes Risiko nicht ersichtlich war? Oder werden bestimmte Informationen nicht oder nur in allgemeiner Form gegeben, um den Anleger nicht zu verunsichern, sondern seinen Investitionsentschluss zu stärken, obwohl konkrete Risiken bereits absehbar und mithin zu formulieren gewesen waren?

5. Prospektfehler und Haftung

16   Die in vorliegendem Abschnitt behandelten Prospektfehler begründen in erster Linie eine Haftung der durch die Rechtsfigur der Prospekthaftung (im engeren wie im weiteren Sinne) ins Auge gefassten Haftungsadressaten[10].

17   Daneben hat die Beurteilung der Fehlerfreiheit bzw. Fehlerhaftigkeit von Prospektmaterialien aber sehr weitreichende Auswirkungen auf eine ganze Reihe sonstiger Haftungsansprüche geschädigter Anleger: Anlageberater und Anlagevermittler können mit der Begründung in Anspruch genommen werden, sich fehlerhafte Prospektaussagen zu eigen gemacht bzw. Prospekte nicht auf Plausibilität oder inhaltliche Richtigkeit geprüft zu haben[11]. Prospektgutachter können mit der Begründung in Anspruch genommen werden, ihre Pflichten aus dem Gutachtensvertrag verletzt zu haben, welcher Schutzwirkung zugunsten des Anlegers entfaltet[12]. Deliktische Anspruchsgrundlagen, wie diejenige des Kapitalanlagebetrugs[13] als Schutzgesetz setzen ebenfalls zwingend auf fehlerhaften Prospektangaben auf[14].

6. Die Entscheidungen der Zivilgerichte

18   Die Grundkonzeption dieses Buches fußt auf einer Auswahl von aus Sicht des Autors wesentlichen Entscheidungen im Bereich der Haftung für fehlerhafte Kapitalanlagen.

---

[10] Siehe § 7 Die Haftungsadressaten für Prospektfehler im engeren Sinne und § 8 Die Haftung des Gründungsgesellschafters und des Treuhänders.
[11] → § 2 Rn. 51 ff. und § 5 Rn. 76 ff.
[12] → § 9 Rn. 37 ff.
[13] § 264 a StGB iVm § 823 II BGB.
[14] → § 13 Rn. 15 ff.

Ganz besonders gilt dieses Prinzip der subjektiven Auswahl im Bereich der Prospektfehler: So zahllos, wie die in Verkehr gebrachten Prospekte geschlossener Beteiligungen sind, so unüberschaubar sind die aus den Prospektformulierungen im Einzelnen abzuleitenden Prospektfehler. Es ist ein glücklicher Zufall, wenn der im konkreten Fall gerügte Prospektfehler höchstrichterlich bereits entschieden ist.

Dennoch wurde versucht, eine repräsentative Auswahl von höchstrichterlich beurteilten Prospektfehlern aus dem Bereich geschlossener Beteiligungen zu treffen, welche zum einen der Tatsache Rechnung trägt, dass Medienfonds und Immobilienfonds besonderes Gewicht bei der Anzahl der deutschen Gerichten unterbreiteten Haftungsverfahren besitzen; zum anderen wurde Wert darauf gelegt, ein breites Spektrum an inhaltlichen Prospektfehlern abzubilden, welche die in vorstehendem Abschnitt dargestellten allgemeinen Grundsätze „am praktischen Fall" erleben lassen. 19

II. Worst-Case-Szenario

BGH Urteil vom 14. Juni 2007 – III ZR 125/06[15]

1. Sachverhalt

Der Kläger zeichnete am 5. November 2000 eine Kommanditeinlage über 100.000,00 DM zzgl. 5.000,00 DM Agio an dem Filmfonds Vif Babelsberger Filmproduktion GmbH & Co. Dritte KG (im Folgenden auch „Vif Dritte"). Gegenstand der Gesellschaft war die Produktion von Filmen für Fernsehen und Kino sowie die Verwertung dieser Filmrechte. Bei dem Medienfonds handelt es sich um einen echten operativen Medienfonds, bei dem die für den Anleger zu erwirtschaftende Rendite vom wirtschaftlichen Erfolg der zu produzierenden Filme abhängt. 20

Um das wirtschaftliche Risiko für den Anleger zu reduzieren, wurden seitens des Prospektherausgebers Sicherungsmaßnahmen in Aussicht gestellt. Eine wesentliche Komponente war dabei der Abschluss von Erlösausfallversicherungen. Im Prospekt heißt es diesbezüglich: 21

„RISIKOABSICHERUNG
Zur Absicherung der Risiken wurde eine Reihe von Vorsichtsmaßnahmen getroffen. Unter anderem:
[...]
Erlös-Versicherung (sichert den Rückfluss von mindestens 75 % der Nettoproduktionskosten ab)."

An anderer Stelle heißt es: 22

„ERLÖS-AUSFALLVERSICHERUNG
Die Gesellschaft wird für die von ihr in Co-Produktionen investierten Mittel in der Regel bei einer Versicherung mit guter Bonität für jede Co-Produktion eine gesonderte Erlös-Versicherung abschließen, soweit nicht gleichwertige alternative Sicherheiten zur Verfügung stehen (zB Vorverkäufe). Versichert werden bezogen auf die einzelnen Co-Produktionen 75 % der von der Gesellschaft in die betreffende Co-Produktion investierten Netto-Mittel. Erreichen die der Gesellschaft zurückfließenden Erlöse aus der Verwertung sämtlicher co-produzierten Filme bis zum Ablauf von 36 Monaten ab Ablieferung des Filmwerks („Verwertungszeitraum") insgesamt nicht den Betrag des versicherten Risikos, so zahlt die

---

[15] Siehe hierzu sowie zu den beiden Parallelverfahren vom selben Tag die Mitteilung der Pressestelle des Bundesgerichtshofes Nr. 74/2007, BGH III ZR 185/05 und BGH III ZR 300/05. Siehe zu weiteren Sachverhaltsaspekten dieses Fonds und deren rechtlicher Problematik → § 7 Rn. 15 ff., → § 9 Rn. 60 ff. und → § 13 Rn. 15 ff. und 124 ff.

II. Worst-Case-Szenario

Versicherung die Differenz zwischen der versicherten Summe, dh 75 % der Netto-Produktionsinvestitionen, und den bis dahin eingegangenen Netto-Vertriebserlösen."

23 Auf Seite 38 des Prospektes ist im Abschnitt „Risiken" ein „Worst-Case-Szenario" dargestellt, welches mit folgenden Worten beschrieben wird:

„Zusammenfassend bleibt festzuhalten, dass der Erfolg der Gesellschaft im Wesentlichen vom Verwertungserfolg der Produktionen bestimmt wird. Daher wurde nachfolgend ein Worst-Case-Szenario entwickelt unter der Annahme, dass es den Produktionen nicht gelingt, wenigstens 75 % der Netto-Produktionskosten einzuspielen, somit also die Versicherung leisten muss. Das Vermögensverlustrisiko des Anlegers wird nach Ansicht des Prospektherausgebers in diesem ungünstigen Falle auf ein Maximum von ca. 21,6 % beschränkt (Basis 105 %, vgl. nachfolgende Tabelle)."

24 In der Folgezeit weigerte sich der Erlösausfallversicherer, das britische Unternehmen Royal & Sun Alliance, bei ihr gemeldete Versicherungsfälle zu regulieren, da mit diesem Unternehmen zwar ein Rahmenabkommen betreffend mehrere Medienfondsgesellschaften, nicht aber eine Einzelpolicierung der von der Fondsgesellschaft zu produzierenden Filme vorgenommen worden sei. Ein Vergleich mit der Versicherungsgesellschaft führte zu einem Zufluss bei der Fondsgesellschaft in Höhe nur eines Bruchteils der prospektierten Erlöse.

25 Landgericht und Oberlandesgericht hatten die auf behauptete Mängel des Prospektes gestützte Klage abgewiesen.

2. Hintergrund

26 Streitigkeiten aus und in Zusammenhang mit der Fondsgesellschaft Vif Dritte richten sich gegen zahlreiche Anspruchsadressaten: Betroffen sind zum einen die Vertriebsbanken[16], sodann der Prospektgutachter[17] sowie schließlich eine als Dienstleister fungierende weitere internationale Großbank mit der Behauptung, diese sei als „Hintermann" für den Prospektinhalt verantwortlich[18].

27 Von zentraler Bedeutung im Hinblick auf sämtliche Haftungsadressaten[19] ist die Beantwortung der Frage, ob die Prospektangaben die für einen Beitrittsinteressenten relevanten Umstände, die für seine Entschließung von wesentlicher Bedeutung sind oder sein können, sachlich richtig und vollständig enthalten[20].

28 Die deutschlandweit von Anlegern gegen die genannten Haftungsadressaten eingereichten Klagen hatten mithin sämtlich die genannte Hürde der Prospektunrichtigkeit zu nehmen, wobei der Schwerpunkt der Vorwürfe gegen die Prospektrichtigkeit im Bereich des Erlösausfallversicherungsschutzes und des hieraus abgeleiteten Maximalrisikos für den jeweiligen Anleger lag.

29 Erstaunlicherweise waren sich in diesem Punkt aber sämtliche deutschlandweit mit der Angelegenheit befasste oberlandesgerichtliche Senate und nahezu sämtliche Kammern der Landgerichte[21] dahingehend einig, dass ein Prospektfehler nicht ersichtlich

---

[16] 2. Auflage, § 2 Rn. 61 ff.
[17] → § 9 Rn. 60 ff.
[18] → § 7 Rn. 15 ff.
[19] Auch die Vertriebsbanken ließen sich zur Frage der Anlegeraufklärung im Wesentlichen dahingehend ein, dass dem Anleger gegenüber keine vom Prospekt etwa abweichende Angaben gemacht worden waren.
[20] Ständige Rechtsprechung des Bundesgerichtshofes zB vom 6.2.2006, II ZR 329/04.
[21] Eine abweichende Auffassung zur Prospektunrichtigkeit vertraten – zumindest zeitweise – lediglich die 12. und die 22. Zivilkammer des Landgerichts München I.

sei. Mit Spannung wurde daher die vom III. Zivilsenat des Bundesgerichtshofes auf den 14. Juni 2007 angesetzte mündliche Verhandlung erwartet[22]. Ein Rechtsanwalt beim Bundesgerichtshof nahm diese deutschlandweit vertretene einhellige Rechtsmeinung der Tatsachengerichte zur Frage der Prospektfehlerhaftigkeit zum Anlass, dem III. Zivilsenat im Termin zur mündlichen Verhandlung die Befugnis abzusprechen, die Frage der Prospektrichtigkeit selbst zu beurteilen: Wenn – wie hier – nahezu sämtliche Tatsachenrichter einhellig der Rechtsauffassung sind, dass ein Prospekt die für die Anlageentscheidung des Anlegers erforderlichen Angaben vollständig und richtig enthält, handelt es sich hierbei – so der Rechtsanwalt beim BGH – um eine nicht revisible, von den Tatsacheninstanzen abschließend zu beurteilende Frage; an diese Beurteilung sei der III. Zivilsenat gebunden, da die Tatsachengerichte nichts anderes getan hätten, als die ständige Rechtsprechung des BGH im konkreten Einzelfall umzusetzen.

Der Bundesgerichtshof folge diesem Argument nicht. **30**

3. Problemstellung

Zentrale Frage der Anlegerinformation im Hinblick auf den Fonds Vif Dritte war die Beurteilung des mit der Investition verbundenen Verlustrisikos. Der Prospekt hatte an zentraler Stelle zu Beginn und deutlich hervorgehoben dem Anleger vermittelt, dass die Filmproduktion eine unternehmerische Tätigkeit darstelle, welche grundsätzlich mit einem Totalverlustrisiko verbunden ist. Der Film wurde als das „Öl des 21. Jahrhunderts" bezeichnet, was sowohl für die Gewinnchancen, als auch für das Verlustrisiko gelte. **31**

Sodann wurde im Prospekt ein Sicherheitsnetz beschrieben, welches aus präzise definierten Kriterien für das Tätigen einer Investition, aus einem Konzept von Versicherungen und aus einer breiten Risikostreuung bestand. **32**

Zwei Dinge waren es, welche in der diesbezüglichen Diskussion um Prospektfehler eine zentrale Rolle spielten: **33**

Zum einen die Frage, ob nach dem Fondskonzept im Zeitpunkt der Zeichnung bereits Erlösausfallversicherungsschutz bestehen sollte, oder nicht. Der Prospekt verwendete diesbezüglich verschiedene tempi, aus denen zum Teil ersichtlich war, dass Versicherungen erst künftig zum Abschluss gelangen würden, man aber auch hätte verstehen können, dass Versicherungen bereits abgeschlossen worden sein sollen. Bei kritischer Betrachtung war naheliegender, dass ein zu versichernder Film[23] erst dann versichert werden kann, wenn sämtliche Parameter des Filmes (nämlich erwartete Produktionskosten, Verteilung der Produktionskosten auf einzelne Kostenstellen, zu engagierende Schauspieler, Erlösschätzungen national und international etc.) festlegen, wobei dies – aus dem Prospekt ersichtlich – im Zeitpunkt der Zeichnung noch nicht der Fall war. So war ausgeschlossen, dass eine derartige Einzelpolicierung im Zeitpunkt der Zeichnung bereits erfolgt ist[24]. **34**

---

[22] In diesem Termin wurden neben dem hier beschriebenen Rechtsstreit noch zwei weitere Parallelverfahren behandelt, → § 9 Rn. 60 ff.

[23] Ähnlich wie ein Kfz, welches erst versichert werden kann, wenn alle Ausstattungsmerkmale feststehen.

[24] Auch der Prospektgutachter gab zur Frage des Erlösausfallversicherungsschutzes keinerlei Einschätzung ab, da im Zeitpunkt der Prospektbegutachtung die Versicherungsverträge noch nicht abgeschlossen waren, → § 9 Rn. 64 ff.

II. Worst-Case-Szenario

35 Zweiter Schwerpunkt der Diskussionen war das „aus Sicht des Prospektherausgebers" für den Anleger prognostizierte Worst-Case-Szenario, welches auf der „Einnahmenseite" den Hinweis enthält: „Gegebenenfalls Versicherungserlöse". War dies zu so verstehen, dass es für den Fall des Ausfalles der Versicherungsleistung noch „schlechter laufen" könnte, sodass diese Prognose eben gerade kein Worst-Case-Szenario darstellt sondern ein Totalverlustrisiko bestand, wie im Prospekt eingangs erwähnt? Oder durfte der Anleger darauf vertrauen, dass er mit seiner Einlage kein vollständiges, sondern nur ein anteiliges Verlustrisiko einging.

4. Entscheidung

36 Der Prospekt über ein Beteiligungsangebot, der für einen Beitrittsinteressenten im allgemeinen die einzige Unterrichtungsmöglichkeit darstellt, hat den Anleger über alle Umstände, die für seine Entschließung von wesentlicher Bedeutung sind (oder sein können), sachlich richtig und vollständig zu unterrichten. Ob ein Prospekt unrichtig oder unvollständig ist, ist nicht allein anhand wiedergegebenen Einzeltatsachen, sondern nach dem Gesamtbild zu beurteilen, das er von den Verhältnissen des Unternehmens vermittelt. Dabei dürfen die Prospektverantwortlichen allerdings eine sorgfältige und eingehende Lektüre des Prospekts bei den Anlegern voraussetzen, so der III. Zivilsenat.

37 Der III. Zivilsenat begründet sodann ausführlich und unter Bezugnahme auf einzelne im Prospekt verwendete Worte und Zeitangaben, dass nach seiner Auffassung entgegen sämtlicher Vorinstanzen der Prospekt fehlerbehaftet ist: Aus Sicht des III. Zivilsenats drängt sich nämlich für einen durchschnittlichen Anleger der Gesamteindruck auf, dass dieser mit seiner Beteiligung gerade kein Totalverlustrisiko eingehe.

38 Der III. Zivilsenat begründet dies damit, dass für den Anleger (ausgehend von verschiedenen Einzelaussagen des Prospektes zu den Risiken des Filmfonds) eine positive Grundstimmung die Oberhand gewinne, die das Gesamtbild eines insgesamt nur begrenzten wirtschaftlichen Risikos vermittle.

39 Im Hinblick auf den Zeitpunkt des Abschlusses der Versicherungen folgt der III. Zivilsenat zwar dem Berufungsgericht. Der Anleger konnte bei verständiger Würdigung des Prospektinhaltes nicht erwarten, dass eine Erlösausfallversicherung bereits im Zeitpunkt seiner Anlageentscheidung abgeschlossen war. Auch wenn es auf S. 7 des Prospektes heißt, dass zur Absicherung der Risiken eine Reihe von Vorsichtsmaßnahmen getroffen „wurden", wird dies auf S. 10 des Prospektes im Abschnitt „Investitionskriterien" und im dortigen Unterabschnitt „Erlösausfallversicherung" näher behandelt und klargestellt, dass die Gesellschaft für die von ihr investierten Mittel in der Regel bei einer Versicherung mit guter Bonität für jede Co-Produktion eine gesonderte Erlösversicherung abschließen „wird". Ergänzend verweist der III. Zivilsenat auf die Bezugnahme auf § 9 und § 19 des im Prospekt abgedruckten Gesellschaftsvertrages. Aus deren Lektüre ergibt sich noch einmal, dass die persönlich haftende Gesellschafterin sicherzustellen habe, dass für jede Filmproduktion eine Erlösausfallversicherung abzuschließen ist, mithin diese erst künftig abgeschlossen werde.

40 Daraus sei für den Anleger ersichtlich, dass diese Sicherungsmaßnahmen erst nach Beitrittsentscheidung des Anlegers beachtet werden müssen; der III. Zivilsenat macht deutlich, dass für den Fall, dass derartige Sicherungsmaßnahmen nach Beitrittsentscheidung nicht beachtet werden würden, dies nicht zu einer Prospektunrichtigkeit führt; allenfalls kann die Fondsgesellschaft bei der Geschäftsführung hinsichtlich Manage-

mentfehlern Regress nehmen. Dies ist aber kein Umstand, welcher dem Anleger den Ersatz des Zeichnungsschadens gutbringt.

Der III. Zivilsenat befasst sich sodann mit dem Gesamteindruck, den die Erlösausfall- 41
versicherung als zentrales Sicherungsmittel im Prospekt vermittelt. Der Blick fällt in diesem Zusammenhang auf die als „Worst-Case-Szenario" bezeichnete Restrisikobetrachtung, welche nicht etwa „nur" im Abschnitt der Renditeprognosen, sondern im Bereich der ausführlichen Darstellung der Risiken der Beteiligung enthalten ist. Nach Berücksichtigung eines persönlichen Steuersatzes in Höhe von 51 % bzw. 48,5 % gelangt diese Betrachtung „nach Ansicht des Prospektherausgebers in diesem ungünstigsten Fall" in der Tat auf ein Maximum von nur 21,6 %. Der III. Zivilsenat vermisst an dieser Stelle eine Wiederholung des auf S. 7 des Prospektes enthaltenen Hinweises auf das Totalverlustrisiko. Der III. Zivilsenat ist nämlich der Auffassung, dass im Rahmen des Worst-Case-Szenario erneut darauf hätte hingewiesen werden müssen, dass im Extremfall das eingesetzte Kapital vollständig verloren ist, wenn das Worst-Case-Szenario im Abschnitt „Risiken der Beteiligung" abgebildet ist und dort für den Betrachter eine Art Resumeé darstelle. Zwar ist das Worst-Case-Szenario seinerseits auch unter die Prämisse der „gegebenenfalls zu generierenden" Versicherungserlöse gestellt; dennoch ist aus Sicht des Senats der an dieser Stelle vorherrschende, die Risiken gleichsam zusammenfassende Eindruck nicht etwa derjenige des zu Beginn des Prospektes aufgezeigten Totalverlustrisikos, sondern vielmehr derjenige der Risikobegrenzung, der Prospekt mithin fehlerhaft.

5. Fazit

Die sehr ausführliche Entscheidung des III. Zivilsenats lenkt das Augenmerk auf zwei 42
sehr wesentliche Aspekte bei der Beurteilung von Prospektfehlern:

Zum einen „zerlegt" der III. Zivilsenat den Prospektinhalt buchstäblich in seine 43
Bestandteile und vergräbt sich – wie ein Anleger, dessen sorgfältige und eingehende Lektüre des Prospektes erwartet werden darf – in die Auslegung einzelner Worte, den Vergleich verschiedener verwendeter Begriffe sowie den Vergleich verschiedener verwendeter Zeiten. In einer mosaikartigen Zusammenschau all dieser Betrachtungsergebnisse versucht der III. Zivilsenat sodann zu einer Wertung zu gelangen, ob nämlich der daraus entwickelte Gesamteindruck für den Anleger ein richtiges oder unrichtiges Bild der Investition vermittelt. Allein: Die Tatsache, dass vor Befassung des III. Zivilsenats mit dem Prospekt zahllose Berufsrichter, sei es der Oberlandesgerichte, sei es der Landgerichte, zu einem entgegengesetzten Ergebnis gelangten, stimmt nachdenklich: Kann es richtig sein, dass den Prospekthaftungsverantwortlichen Haftungsrisiken im dreistelligen Millionenbereich aufgebürdet werden, wenn erst eine Abwägung des Gesamteindrucks des Prospektinhalts in III. Instanz zum Ergebnis gelangt, dass ein Anleger nicht ausreichend informiert wird? Da – wie die nachfolgenden Tatsachenentscheidungen zeigten – ein sinnvolles Korrektiv über den Verschuldensmaßstab zugunsten der Prospektverantwortlichen nicht stattfand, begründet der III. Zivilsenat hier im Ergebnis eine Gefährdungshaftung. Ähnlich dem Kraftfahrzeugführer im Straßenverkehr wird dem Marktteilnehmer, nämlich dem Herausgeber eines Prospektes, ein unkalkulierbares Haftungsrisiko untergeschoben.

Noch ein weiterer Aspekt ist von zentraler Bedeutung für die Beurteilung von Pros- 44
pektfehlern: So grenzt der III. Zivilsenat des Bundesgerichtshofes Prospektfehler sehr deutlich von Managementfehlern ab, welche zwar möglicherweise Haftungsansprüche

der Fondsgesellschaft gegen den Geschäftsführer, nicht aber Schadenersatzansprüche des Anlegers auf Ersatz des Zeichnungsschadens, mithin Rückabwicklung der Beteiligung auslösen können. Es ist dies ein sehr wichtiger Aspekt: Jede Konzeption, welche in einem Prospekt abgebildet ist, muss unterstellen, dass sich die Geschäftsführung bei Umsetzung der Konzeption prospektgemäß verhält. Tut die Geschäftsleitung dies nicht, ist nicht der Prospekt, sondern die Dienstleistung der Geschäftsführung fehlerhaft. In einem derartigen Fall stehen keine Prospektfehler, sondern Managementfehler in Rede, für die das Management seitens des Auftraggebers, nämlich der Fondsgesellschaft zur Rechenschaft zu ziehen ist. Nur in Ausnahmefällen vermag sich ein derartiger Managementfehler zu einem Prospektfehler zu verdichten: Dies ist nur dann der Fall, wenn der Prospektherausgeber mit dem geheimen Vorbehalt dem Anleger gegenüber eine Konzeption vorstellt, welche in dieser Form von vorneherein nicht umzusetzen ist. In einem derartigen Fall werden regelmäßig aber auch deliktische Anspruchsgrundlagen erfüllt sein[25].

III. Abweichung vom Investitionsplan

BGH Urteil vom 29. Mai 2008 – III ZR 59/07

1. Sachverhalt[26]

45   Der Kläger erwarb am 4. Dezember 1999 eine Beteiligung an der CINERENTA Gesellschaft für Internationale Filmproduktion mbH & Co. Dritte Medienbeteiligungs KG (im Folgendem „Cinerenta 3") in Höhe von DM 50.000,00 zzgl. 5% Agio. Bei der Fondsgesellschaft handelt es sich um einen operativen Medienfonds, welcher seine Erträgnisse aus der Verwertung der Produktion von Spielfilmen für Kino und Fernsehen erwirtschaften sollte. Zur Begrenzung des wirtschaftlichen Risikos aus der Filmvermarktung war vorgesehen, dass für einen Anteil von 80% der Produktionskosten Erlösausfallversicherungen abgeschlossen werden sollten. Der Versicherer, die NEIS, erwies sich aber nach Eintritt der Versicherungsfälle als zahlungsunfähig[27].

46   Der Prospekt sah vor, dass für die Vermittlung des Eigenkapitals neben dem vom Anleger zu bezahlenden Aufgeld (Agio) von 5% weitere 7% des Fondsvermögens verwendet werden. Direkt in die Filmproduktion sollten lt. Prospekt und Gesellschaftsvertrag Mittel in Höhe von 78,36% der Anlegergelder fließen. Daneben sah der Gesellschaftsvertrag „Weichkosten" vor, welche neben der genannten Eigenkapitalbeschaffungsvergütung von 7% auch in einem Budgetanteil von ebenfalls 7% für die Bereiche „Konzeption, Werbung, Prospekt, Gründung" bestanden. Sowohl für die Eigenkapitalvermittlung, wie für diese Aufgabenerfüllung war die Komplementärin zuständig, welche Dritte mit den beschriebenen Leistungen betrauen durfte.

47   Mit der Vermittlung des Eigenkapitals war die Investor- und Treuhand Beratungsgesellschaft mbH beauftragt worden; ein Gesellschafter der Komplementärin, Herr O., war an der Investor- und Treuhand Beratungsgesellschaft mbH beteiligt und deren Geschäftsführer.

---

[25] → § 13 Rn. 15 ff.
[26] Siehe zu weiteren Sachverhaltsaspekten dieses Verfahrens und deren rechtlicher Problematik → § 8 Rn. 5 ff.
[27] Es handelt sich um denselben Erlösausfallversicherer, welcher in den Apollo-Fällen ausgewählt wurde, → § 13 Rn. 79 ff.

Nach dem in der Revisionsinstanz zu unterstellenden Vortrag des Klägers[28] war an 48
die Investor- und Treuhand Beratungsgesellschaft mbH nicht nur das 5 %ige Agio und
die 7 %ige Vermittlungsprovisionen, sondern jeweils 20 % der Beteiligungssumme eines
von ihr geworbenen Anlegers gezahlt worden. Im Hinblick auf den Fonds Cinerenta 3
hatte die Investor- und Treuhand Beratungsgesellschaft mbH 36,02 % der Beteiligungssumme akquiriert.

Im Prospekt fand sich zwar der Hinweis darauf, dass Herr O. „Gesellschafter mit An- 49
teilen von mehr als 25 %" an der Komplementärin ist. Des Weiteren enthält der Prospekt im Hinblick auf die Eigenkapitalvermittlung folgenden Hinweis:

„Die CINERENTA GmbH[29] hat sich im Eigenkapitalvermittlungsvertrag verpflichtet, der Gesellschaft Zeichnungskapital zu vermitteln. Für ihre Vermittlungstätigkeit erhält sie eine Vergütung in Höhe von 7,0 % des Zeichnungskapitals sowie das Agio, fällig jeweils anteilig 15 Tage nach dem Beitritt der Anleger. Sie ist berechtigt, Untervermittlungsaufträge zu erteilen."

Weder Herr O. noch die Investor- und Treuhand Beratungsgesellschaft mbH sind 50
aber im Prospekt über das vorstehend Beschriebene hinaus erwähnt.

2. Hintergrund

Die etwa zeitgleich mit den Anlegerreklamationen des Medienfonds Vif Babelsberger 51
Filmproduktion GmbH & Co. Dritte KG[30] auftretende Welle der Anlegerreklamationen betreffend die Cinerenta-Fonds[31] fußte auf im Wesentlichen ähnlichen wirtschaftlichen Grundlagen: Hier wie dort waren operative Medienfonds vom Ergebnis der von
der Fondsgesellschaft zu produzierenden Filme abhängig. Hier wie dort sollten die Risiken im Bereich der Generierung eines positiven Ertrages durch den Abschluss sog. Erlösausfallversicherungen abgemildert werden. Hier wie dort trat die jeweils ausgewählte
Versicherung aber nicht in prospektiertem Umfang für Erlösausfälle ein, sodass die jeweiligen Fonds in wirtschaftliche Schwierigkeiten gerieten.

Vor diesem Hintergrund ist nicht verwunderlich, wenn die Vorwürfe, welche die 52
Anleger im Hinblick auf das Prospektmaterial zunächst erhoben, im Wesentlichen
gleichlautend waren: Diese bezogen sich auf die Darstellung des mit der Anlage verbundenen Risikos, wobei diese Vorwürfe dem III. Zivilsenat Gelegenheit gaben, die
Prospektformulierungen bei der Cinerenta-Fonds von denjenigen des Fonds Vif
Babelsberger Filmproduktion GmbH & Co. Dritte KG abzugrenzen. Hinzu traten
Schwierigkeiten der Cinerenta-Fonds bei der steuerlichen Anerkennung der mit der
Investition verbundenen Verluste im Jahr der Zeichnung; diesbezüglich traten Ermittler
von Staatsanwaltschaft und Steuerfahndung auf den Plan[32].

Ähnlich, wie bei dem Fonds Vif Babelsberger Filmproduktion GmbH & Co. Dritte 53
KG, war es schließlich so, dass Anleger jahrelang vergeblich ihren Weg durch die Instanzen gingen und erst spät Gehör fanden: In den Cinerenta-Fällen nahmen allerdings die

---

[28] Siehe zu dem in der Folgezeit von den Parteien zu diesen Sachverhaltsaspekten weiter präzisierten Vortrag und dessen rechtlicher Behandlung → § 7 Rn. 61 f.
[29] Richtig: CINERENTA Gesellschaft für Internationale Filmproduktion mbH.
[30] → Rn. 20 ff.
[31] Es wurden insgesamt fünf Cinerenta-Fonds platziert, wobei der Name auf ein Produktionsunternehmen zurückgeht, welches bereits zu Beginn der 80er Jahre Hollywood-Produktionen finanzierte.
[32] Einer der erhobenen Vorwürfe war die Behauptung eines US-amerikanischen Managers, er sei gezwungen worden, Verträge rückzudatieren.

III. Abweichung vom Investitionsplan

vorgenannten Ermittlungsmaßnahmen den Anlegeranwälten die Arbeit ab. Im Zuge der umfangreichen Beschlagnahmen wurden Unterlagen entdeckt[33], welche belegen sollten, dass das Prospektmaterial in lange Zeit nicht beanstandeten Bereichen möglicherweise Unvollständigkeiten oder Unrichtigkeiten aufwies.

54 Dies zu beurteilen, war Gegenstand der hier zu besprechenden Entscheidung des III. Zivilsenats des Bundesgerichtshofes.

3. Problemstellung

55 Erstmals in II. Instanz wurde vorliegend von dem Anleger eine Prospektunrichtigkeit in Bezug auf zwei zusammenhängende Aspekte vorgetragen, welche allerdings das zur Entscheidung berufende Oberlandesgericht[34] nicht überzeugten:

56 Es war zum einen die Tatsachenbehauptung, dass die Komplementärin der Fondsgesellschaft die ihrer Disposition obliegenden sog. „Weichkosten" übermäßig zugunsten eines Vertriebsunternehmens abdisponierte, mithin über die im Prospekt vorgesehenen Eigenkapitalvermittlungskosten von insgesamt 12% weitergehende Finanzmittel in Höhe von insgesamt behaupteten 20% in den Eigenkapitalvertrieb investierte.

57 Zum anderen war entscheidungserheblich die im Prospekt nicht aufgedeckte, von den Klägern als relevant erachtete Tatsache, dass eine an dem genannten Vertriebsunternehmen als geschäftsführender Gesellschafter beteiligte natürliche Person zugleich auch Gesellschafter der Komplementärin war.

58 Neben diesen beiden zentralen inhaltlichen Vorwürfen gegen den Prospekt sind die Entscheidungen des III. Zivilsenats betreffend Cinerenta auch bedeutsam für die Frage des Haftungsadressaten in Bezug auf Prospektfehler[35].

4. Entscheidung

59 Der III. Zivilsenat setzte sich in diesem Rechtsstreit mit einer Reihe – behaupteter – Prospektfehler auseinander, welche sowohl für den Medienfondsbereich, aber auch für den Bereich des Vertriebs sonstiger geschlossener Beteiligungen von erheblicher Bedeutung sind[36]. Die Fehler betrafen die Bereiche der Risikodarstellung („Worst-Case-Szenario"), des Abweichens vom Investitionsplan im Bereich der Weichkosten sowie der Verflechtungssachverhalte.

60 Der III. Zivilsenat grenzte in Bezug auf die Risikodarstellung das Prospektmaterial, welches bei Cinerenta Verwendung fand, von den Formulierungen im Prospekt Vif Babelsberger Filmproduktion GmbH & Co. Dritte KG ab. Hier wie dort war der Vorwurf erhoben worden, die Darstellung von Chancen und Risiken sei im Prospekt in Bezug auf den Abschluss von Erlösausfallversicherungen nicht vollständig und richtig. Ebenso, wie im Prospektmaterial der Vif Babelsberger Filmproduktion GmbH & Co. Dritte KG, wurden in dem Prospektmaterial betreffend Cinerenta 3 Berechnungen verwendet, welche eine „maximale Kapitalbindung/Wortcase" zum Ausdruck bringen, wobei

---

[33] Und Anlegeranwälten im Wege der Akteneinsicht zugänglich gemacht.
[34] OLG München vom 22.1.2007 – 17 U 4537/06.
[35] → § 7 Rn. 59 ff.
[36] Zudem handelte es sich bei dieser Entscheidung um die erste grundlegende zugunsten der Anleger ausgefallene Standortbestimmung des III. Zivilsenates des Bundesgerichtshofes in den zahllosen Cinerenta-Fällen. So wies der III. Senat eine Klage gegen den Treuhänder und Mittelverwendungskontrolleur mit Urteil vom 22.3.2007 noch ab, → § 10 Rn. 26 ff.

§ 6. Die Prospektfehler von Investmentvermögen

diese Berechnung zu einem maximalen Verlustrisiko von ca. 20 % gelangt, obwohl die Anleger tatsächlich wesentlich mehr Geld verloren.

Der III. Zivilsenat sah einen wesentlichen Unterschied im Prospekt Cinerenta 3 zum **61** Fonds Vif Dritte[37] darin, dass das Berechnungsbeispiel hier – was die systematische Stellung anbelangt – nicht derart in den Vordergrund gestellt wird, dass es etwa die bestehenden Risiken gleichsam zusammenfasst. Vielmehr werde dem Anleger im Prospekt an mehreren Stellen deutlich gemacht, dass Risiken bestehen, welche über das genannte Berechnungsbeispiel hinausgehen. Dass im gesamten Prospekt nicht ein einziges Mal deutlich auf das Vorhandensein des Totalverlustrisikos für die Einlage des Anlegers hingewiesen wird, stört den III. Zivilsenat indes nicht. Für ausreichend erachtet wird, wenn dem Anleger verdeutlicht wird, dass es für dessen Vermögensentwicklung noch schlimmer kommen könne, als im „worst case" berechnet.

Der III. Zivilsenat setzt sich sodann mit der Frage auseinander – unterstellt, der klä- **62** gerische Vortrag träfe zu – ob der Prospekt vollständig und richtig im Hinblick auf die 20 %ige Beanspruchung einer Vertriebsprovision durch die Investor- und Treuhand Beratungsgesellschaft mbH ist. Der III. Zivilsenat verweist zunächst darauf, dass Ausgangspunkt für die Beurteilung der Prospektfehlerhaftigkeit der Investitionsplan ist, auf dessen Grundlage der Gesellschaftszweck verwirklicht werden soll. Von besonderer Bedeutung ist diesbezüglich zunächst die Tatsache, dass das für den eigentlichen Zweck der Fondsgesellschaft (Filmproduktion) vorgesehene Volumen in Höhe von 78,36 % des Kapitals tatsächlich und prospektkonform in diese geflossen war. Dies war aus Sicht des Berufungsgerichts ausreichend. Wenn daneben im Bereich der sog. „Weichkosten" seitens der Komplementärin nicht prospektkonforme „Umschichtungen" vereinbart worden waren, welche aber das für die Produktionskosten und den Erwerb von Filmrechten vorgesehene Investitionsvolumen nicht verringerten, sei dies kein relevanter Prospektfehler, so der 17. Zivilsenat des OLG München.

Dem widersprach der III. Zivilsenat mit einer überzeugenden und geradezu verblüf- **63** fend einfachen Begründung: Wenn prospektierte „weiche Kosten" tatsächlich (unter Begünstigung eines Vertriebsunternehmens) gar nicht aufgewandt werden, waren diese Kosten entweder gar nicht erforderlich, mithin im Prospekt überhöht angesetzt, oder aber erforderlich, sodass deren Nichtbedienung die Realisierung des Fondskonzepts gefährden, jedenfalls verschlechtern würde. In beiden Fällen liegt mithin aus Sicht des III. Zivilsenats ein Prospektfehler vor[38]. Der Senat führt weiter aus, dass gerade der Beitritt zu einem Medienfonds angesichts der dort[39] für den Anleger bestehenden hohen Risiken mit einer exakten Bezifferung der „Weichkosten" vorbereitet werden muss, da diese weichen Kosten ja aus Sicht des Anlegers ohnehin von vornherein verloren sein würden. Der Senat erteilt insbesondere dem Argument eine Absage, die Komplementärin hätte nach dem Prospektmaterialien über diese Mittel frei verfügen dürfen. Der Senat hebt die Bedeutung des Investitionsplans für die Anlegerentscheidung heraus und macht deutlich, dass der Anleger mit seinem Beitritt nur einer Regelung zustimme, nach der in einer sehr ausdifferenzierten Weise über die Verwendung der Mittel befunden wird. Diese Regelung werde ihres Sinngehalts entleert, wenn man sie so deuten

---

[37] In expliziter Abgrenzung zu seinen Entscheidungen vom 14.6.2007, siehe BGH aaO, Rn. 12.
[38] Da dies bereits im Zeitpunkt der Prospektherausgabe feststand, lag auch nicht etwa ein Managementfehler der Realisierungsphase vor, für den nur die Fondsgesellschaft aktivlegitimiert wäre, sondern ein Prospektfehler.
[39] In Abgrenzung zu einem Immobilienfonds, so der BGH.

III. Abweichung vom Investitionsplan

wollte, dass lediglich die Verwendung von 78,36% für die Produktionskosten und den Erwerb von Filmrechten sichergestellt werden müsse, während im Übrigen der Komplementärin im Hinblick auf die Verwendung der Mittel freie Hand gelassen werde. Der III. Zivilsenat erachtet den Prospekt mithin im Hinblick auf die beabsichtigte Abweichung von den Prozentsätzen der Weichkosten, wie im Investitionsplan vorgesehen, für fehlerhaft.

64 Der Senat stellte sich schließlich die Frage, ob ein Prospektfehler auch im Hinblick auf persönliche Verflechtungen vorliegt. Der Senat nimmt diesbezüglich auf die ständige Rechtsprechung des Bundesgerichtshofes Bezug, wonach ein Prospekt wesentliche kapitalmäßige und personelle Verflechtungen zwischen einerseits der Komplementär-GmbH, ihren Geschäftsführern und beherrschenden Gesellschaftern und andererseits den Unternehmen sowie deren Geschäftsführern und beherrschenden Gesellschaftern aufzudecken hat, in deren Hand die Beteiligungsgesellschaft nach dem Emissionsprospekt die durchzuführenden Vorhaben ganz oder wesentlich gelegt hat[40]. Wenn – wie hier – eine natürliche Person mehr als 25% an der Komplementärin hält, er andererseits an einem Unternehmen maßgeblich beteiligt ist, welches 36,02% der Beteiligungssumme des betroffenen Fonds akquiriert, so ist dies ein im Prospekt offenlegungspflichtiger Vorgang. Auch insoweit liegt ein Prospektfehler vor, da dieser zwar die Beteiligung des Gesellschafters, Herrn O., an der Komplementärin, nicht aber dessen Funktionen bei der Investor- und Treuhand Beratungsgesellschaft mbH aufdeckte.

65 Der BGH hob mithin das Urteil des Oberlandesgerichts auf und verwies die Sache an das Berufungsgericht zurück, um weitere notwendige Tatsachenfeststellungen nachzuholen.

5. Fazit

66 Der III. Zivilsenat entwickelt die von ihm im Hinblick auf das „Worst-Case-Szenario" aufgestellten Grundsätze in vorliegender Entscheidung sachgerecht weiter. Während in der Entscheidung betreffend den Fonds Vif Dritte der Begriff des Totalverlustrisikos im Prospekt enthalten war, aber durch eine falsche Restrisikobetrachtung relativiert wurde[41], fehlt dieser Begriff bei Cinerenta, ohne dass der BGH dies ausdrücklich moniert; die unzutreffende Restrisikobetrachtung wiederum lässt der III. Zivilsenat durchgehen, da aus dem Prospekt ersichtlich sei, dass der dort ausgerechnete worst case nicht notwendig für den Anleger der schlechteste Fall sein würde.

67 Er setzt sich des Weiteren ausführlich und dezidiert mit der besonders sensiblen Frage der „Weichkosten" auseinander und grenzt die Beantwortung dieser Frage deutlich von der Behandlung bei Immobilienfondsfällen[42] ab; er erwartet ein enges Festhalten am Investitionsplan und rechtfertigt dies damit, dass die Filmproduktion ein besonders risikoreiches Vorhaben sei, welches „anders als im Immobilienfondsbereich" keine Substanzwerte schafft.

68 Schließlich entwickelt der Senat auch die Rechtsprechung zur Frage der Aufdeckung personeller Verflechtungen sachgerecht fort. Offen bleibt in dieser Entscheidung diesbezüglich allerdings ein wesentlicher Aspekt: Ist über personelle Verflechtungen nur dann aufzuklären, wenn die Verflechtung zugleich eine konkrete Vermögensgefährdung

---

[40] Vgl. zuletzt BGH II ZR 160/02 vom 7.4.2003.
[41] Prospektfehler!
[42] → Rn. 69 ff., → Rn. 113 ff. und → § 5 Rn. 47 ff. Zu der Darstellung von Vertriebsprovisionen in einem Immobilienfondsprospekt, Rechtsstand 1993 → § 3 Rn. 86 ff.

zu Lasten des Anlegers mit sich bringt, oder bedeutet die personelle Verflechtung per se eine abstrakte Vermögensgefährdung des Anlegers, über welche in jedem Falle aufzuklären ist? In der genannten Cinerenta-Sachverhaltskonstellation bestand nicht nur eine konkrete Gefahr, sondern eine sogar eingetretene Schädigung der Vermögensinteressen der Anleger dadurch, dass zu Lasten sonstiger weicher Kosten Vertriebsvergütungen abdisponiert wurden, welche Unternehmen zu Gute kommen, hinsichtlich derer aufklärungspflichtige Verflechtungssachverhalte in persönlicher Hinsicht vorlagen. Es würde allerdings zu weit gehen, ohne jegliche konkrete Vermögensgefährdung die Aufdeckung von jeglichen personellen Verflechtungen zu beanspruchen. Wenn keinerlei konkrete Anhaltspunkte dafür vorliegen, dass persönliche Verflechtungssachverhalte für das Fondsvermögen und mithin mittelbar den Anleger von Nachteil sind, muss bereits ein Aufklärungsdefizit zu Lasten des Anlegers verneint werden, so darf die Vollständigkeit und Richtigkeit des Prospektes nicht in Abrede gestellt werden. Die Alternative, dem Prospektfehler die Relevanz (erst) im Rahmen der Kausalitätsprüfung des Fehlers für die Anlageentscheidung abzusprechen, führt angesichts der Vermutung der Kausalität zugunsten des Anlegers zu einer ungerechtfertigten Verschiebung der Beweislast zu Lasten des Haftungsadressaten.

IV. Optimistische Prognose

BGH Urteil vom 27. Oktober 2009 – XI ZR 337/08

1. Sachverhalt

Der Kläger nimmt die beklagte Bank auf Schadensersatz wegen fehlerhafter Anlageberatung in Anspruch. Er erwarb auf Empfehlung der Bank am 15. Dezember 1994 eine Kommanditbeteiligung in Höhe von DM 600.000,00 an einem geschlossenen Immobilienfonds, dessen Gesellschaftszweck in der Errichtung und Vermietung zweier Geschäftshäuser in Berlin bestand. Vor dem Beratungsgespräch übersandte die Beklagte dem Kläger den Emissionsprospekt der Fondsgesellschaft. Die Beklagte bot dem Kläger zur Teilfinanzierung seiner Beteiligung ein Darlehen an, das der Kläger in Anspruch nahm. 69

Da die Mieteinnahmen aufgrund erheblicher Leerstände hinter den Erwartungen zurückblieben und sich auch eine von der Verkäufern der Immobilie für die ersten fünf Jahre übernommene Mietgarantie zunächst nicht realisieren ließ, geriet die Fondsgesellschaft in finanzielle Schwierigkeiten. 70

Der Kläger ist der Auffassung, die Beklagte habe ihn nicht ausreichend über die Risiken der Anlage aufgeklärt. Der Prospekt sei mangelhaft, da die Prognoserechnung und die Erfolgsprognose aus damaliger Sicht kaufmännisch nicht vertretbar gewesen seien. 71

In den Tatsacheninstanzen wurde ein Sachverständigengutachten eingeholt, welches zu folgendem Ergebnis kam: Die Prognosen seien im September 1994 und mithin zu einem Zeitpunkt erstellt worden, als der Markt für Gewerbeimmobilien in Berlin von einer besonderen Dynamik geprägt war. Auf Grundlage der vom Sachverständigen ausgewerteten Literatur hätte in Anbetracht der Unsicherheit der allgemeinen Lage, des langen Prognosezeitraums von 20 Jahren und des Umstandes, dass solvente Mieter noch nicht gefunden worden seien, nicht ein Mietausfall in Höhe von (nur) 2%, sondern ein Mietausfall in Höhe von mindestens 4% einkalkuliert werden müssen. Der Sachverständige bezeichnete aus damaliger Sicht angesichts der Euphorie der Nach- 72

IV. Optimistische Prognose

wendezeit und der zuzugestehenden Schätzbreite die Ansetzung von 2% Mietausfall allerdings als „nicht abwegig".

73 Der Kläger trägt weiter vor, dass der Prospekt nicht auf das Risiko eines Totalverlustes hingewiesen habe. Dies müsse bei einem Immobilienfonds jedenfalls dann erfolgen, wenn dessen Fremdkapitalquote – wie hier – bei mehr als 50% liege.

2. Hintergrund

74 Immobilieninvestitionen in den neuen Bundesländern in den Jahren nach der Wende erfüllten häufig die in sie gesteckten Erwartungen nicht. Dies lag selbstverständlich zum Teil an den Investoren selbst, welche – motiviert durch großzügige „Steuergeschenke" – Investitionen nicht mit der gebotenen Sorgfalt vorbereiteten. Zum Teil wurden mittels „Drückerkolonnen" Anteile an geschlossenen Fonds in kleinster Stückelung an unerfahrene Anleger vertrieben, welche auf die blumigen Versprechungen blühender Landschaften im Osten herein fielen[43]. Der vorliegende Fall liegt gleichsam in der Mitte: In Rede steht nicht etwa ein Private Placement, welches individuell auf den jeweiligen Investor zugeschnitten ist und dessen Rahmenbedingungen unter Einschaltung eigener Steuerberater, Wirtschaftsprüfer und Anwälte des Investors geprüft wurden; vielmehr handelt es sich um eine mittels Prospektmaterial an eine Vielzahl von Anlegern vertriebene geschlossene Beteiligung, auch wenn der vom Anleger konkret gezeichnete Anteil ein durchaus stattliches Volumen aufwies.

3. Problemstellung

75 Auch wenn vorliegend ein Beratungsvertrag mit einer Bank in Rede stand, welche die vom Anleger zu zeichnende Beteiligung teilweise selbst finanzierte, ist Schwerpunkt der Entscheidung des XI. Zivilsenats nicht etwa die Frage der anleger- und objektgerechten Beratung anhand der einer Bank gegenüber dem Anleger obliegenden individuellen Aufklärungspflichten.

76 Da die Beteiligung mittels Prospektmaterial vertrieben wurde, setzt sich der XI. Zivilsenat in dieser Entscheidung vielmehr in erster Linie mit der Frage auseinander, ob der dem Anleger (rechtzeitig) übergebene Prospekt inhaltlich vollständig und richtig ist. Der Bundesgerichtshof hat bei Beurteilung dieser Frage nicht den Maßstab des konkret individuell seitens des Bankhauses angesprochenen Anlegers heranzuziehen, sondern vielmehr – da sich das Prospektmaterial an eine breite Vielzahl von Interessenten richtet – den objektivierten Maßstab des durchschnittlichen, verständigen Anlegers, welcher den ihm rechtzeitig übergebenen Prospekt auch inhaltlich zur Kenntnis nimmt.

77 Der Schwerpunkt der Entscheidung des XI. Zivilsenats liegt diesbezüglich auf zwei behaupteten Prospektfehlern: Zum einen geht es um Beantwortung der Frage, ob bei Immobilienfonds zwingend ein Hinweis auf das Totalverlustrisiko im Prospekt enthalten sein muss. Zum anderen geht es um die richterliche Kontrolle einer vom Prospektherausgeber angestellten Prognose auf Vollständigkeit und Richtigkeit.

4. Entscheidung

78 Der XI. Zivilsenat konnte im Ergebnis Prospektfehler nicht erkennen und entschied in der Sache selbst zugunsten der Bank. Er stellt sich eingangs seiner Urteilsgründe die

---

[43] → § 13 Rn. 35 ff.

Frage, in welchem Verhältnis die vom Anleger gerügten Prospektfehler zur Beratungsverantwortlichkeit der beklagten Bank stehen. Unter Bezugnahme auf seine Rechtsprechung arbeitet er diesbezüglich folgenden wesentlichen Grundsatz heraus, welcher wegen seiner Bedeutung wörtlich zitiert werden soll:

„Es (das Berufungsgericht) hat verkannt, dass sich die aus einem Beratungsvertrag ergebende Pflicht zur objektgerechten Beratung nicht darauf beschränkt, einen über die Kapitalanlage herausgegebenen Prospekt lediglich auf seine innere Schlüssigkeit hin zu überprüfen. Die Prüfung auf Schlüssigkeit und innere Plausibilität kann im Rahmen eines Anlagevermittlungsvertrages ausreichend sein, wenn ein Anlageprodukt ohne Beratung vertrieben wird. Der Berater schuldet dagegen nicht nur eine zutreffende, vollständige und verständliche Mitteilung von Tatsachen, sondern darüber hinaus auch eine fachmännische Bewertung, um eine dem Anleger und der Anlage gerecht werdende Empfehlung abgeben zu können. Die Bank hat daher eine Anlage, die sie empfehlen will, zuvor mit banküblichem kritischen Sachverstand zu prüfen[44]."

Der XI. Zivilsenat legt sodann selbst „banküblichen, kritischen Sachverstand" an den Tag, um die Prüfung des Prospektmaterials im Hinblick auf Prospektfehler vorzunehmen.

Was die klägerische Behauptung anbelangt, das Mietausfallrisiko sei im Prospekt unrealistisch niedrig mit nur 2 % und nicht, wie es angemessen gewesen wäre, mit 4 % der zu erwartenden Mieterträge in Ansatz gebracht worden, führt der XI. Zivilsenat aus: Zu den Umständen, über die der Prospekt ein zutreffendes und vollständiges Bild zu vermitteln hat, gehören auch die für die Anlageentscheidung wesentlichen Prognosen über die voraussichtliche künftige Entwicklung des Anlageobjekts. Jedoch übernimmt der Prospektherausgeber grundsätzlich keine Gewähr dafür, dass die von ihm prognostizierte Entwicklung tatsächlich eintritt. Das Risiko, dass sich eine Anlageentscheidung im Nachhinein als falsch erweist, trägt der Anleger. Allerdings müssen Prognosen im Prospekt durch Tatsachen gestützt werden und aus der Ex-ante-Betrachtung vertretbar sein, wobei diese Prognosen nach den im Zeitpunkt der Prospektveröffentlichung gegebenen Verhältnissen und unter Berücksichtigung der sich abzeichnenden Risiken zu erstellen sind.

Der gerichtlich bestellte Sachverständige gelangte zum Ergebnis, dass der Ansatz des Mietausfallwagnisses in Höhe von – nur – 2 % aufgrund der zuzugestehenden Schätzbreite und der Euphorie der Nachwendezeit aus damaliger Sicht vertretbar gewesen war. Der XI. Zivilsenat ist der Auffassung, dass ein Prospekt über die Vertretbarkeitsprüfung hinausgehende Risikoabschläge, die der einer Prognose notwendig immer innewohnenden Unsicherheit Rechnung tragen sollen, gerade nicht erforderlich sind.

Der Prospektherausgeber darf vielmehr der Prognose einer zukünftigen Entwicklung durchaus eine optimistische Erwartung zu Grunde legen, solange die die Erwartung rechtfertigenden Tatsachen sorgfältig ermittelt sind und die darauf gestützte Prognose der künftigen Entwicklung aus damaliger Sicht vertretbar war.

Vor diesem Hintergrund bedurfte es auch keines separaten Hinweises darauf, dass der Berliner Büroimmobilienmarkt im Zeitpunkt der Prospekterstellung von einer besonderen Dynamik geprägt war (Neuentwicklung der Stadtbereiche im Zentrum Berlins, erwarteter Umzug zahlreicher Bundesbehörden und Auslandsvertretungen, erwarteter starker Anstieg der Bevölkerungszahl und des Bürobedarfs). Der BGH verweist mit geradezu entwaffnender Offenheit darauf, dass Prognosen, welche zum Zeitpunkt ihrer Erstellung vertretbar sind, immer mit dem Risiko einer abweichenden negativen Ent-

---

[44] BGH aaO, Rn. 15.

IV. Optimistische Prognose

84 wicklung behaftet sind, so wie sich die Entwicklung der Rentabilität jeglicher Kapitalanlage gerade nicht mit Sicherheit voraussagen lässt. Dies gehört zum Allgemeinwissen und bedarf keiner besonderen Aufklärung durch die beratende Bank.

84 Der XI. Zivilsenat stellt sich sodann die Frage, ob im Prospekt eines geschlossenen Immobilienfonds, welcher zu mehr als 50 % fremdfinanziert ist, der Hinweis auf ein Totalverlustrisiko enthalten sein muss. Der XI. Zivilsenat grenzt hier seine Rechtsprechung wiederum von der Rechtsprechung des III. Zivilsenats zu Medienfonds ab[45]. Anders, als bei einem Filmfonds, bei dem der Misserfolg der Produktion unmittelbar einen entsprechenden Verlust des eingebrachten Kapitals nach sich ziehen dürfte (so wörtlich der XI. Zivilsenat), steht bei einem Immobilienfonds selbst bei unzureichendem Mietertrag den Verbindlichkeiten der Gesellschaft zunächst der Sachwert der Immobilie gegenüber. Zu einem Totalverlust des Anlagebetrages kann es also bei einem Immobilienfonds erst dann kommen, wenn die Verbindlichkeiten der Fondsgesellschaft den Wert der Immobilie vollständig aufzehren. Auch wenn ein teilweise fremdfinanzierter Fonds zusätzlich Zins- und Tilgungsleistungen zu erbringen hat und im Falle der Verwertung der Fondsimmobilie das Risiko besteht, dass der Erlös hinter den Kreditverbindlichkeiten zurückbleibt, ergebe sich hieraus aus Sicht des XI. Zivilsenats gerade kein Risiko, auf das der Anleger hätte gesondert hingewiesen werden müssen.

85 Solange der Anteil der Fremdfinanzierung des Fonds und die damit verbundenen Belastungen im Prospekt zutreffend dargestellt sind, sind die sich daraus ergebenden Risiken allgemeiner Natur und regelmäßig bekannt, mithin nicht aufklärungsbedürftig. Einen Hinweis auf ein Totalverlustrisiko der Einlage des Anlegers bedarf es mithin hier nicht.

5. Fazit

86 Das Urteil setzt sich mit zwei sehr wesentlichen, häufig gerügten Prospektfehlern auseinander und löst die Fragestellungen mit Augenmaß interessengerecht.

87 Im Hinblick auf Prognosen des wirtschaftlichen Ertrages und deren Risiken hält der XI. Zivilsenat in aller nur wünschenswerten Deutlichkeit fest, dass es selbst in Deutschland keine Pflicht zu Pessimismus gibt. Prognosen dürfen optimistisch sein, solange sie auf fundierten Tatsachen aufsetzen. Dass Prognosen einem Risiko unterliegen, versteht sich von selbst, sodass von den prognostizierten Zahlen nicht wegen deren Prognosecharakters zwingend weitere Risikoabschläge vorgenommen werden müssen. Das Risiko, dass sich eine Kapitalanlage nicht entsprechend den Erwartungen entwickelt, ist allgemein bekannt.

88 Von besonderer Bedeutung im Hinblick auf die Abgrenzung von Prospekten betreffend Immobilienfonds einerseits, Medienfonds andererseits ist die Tatsache, dass bei Immobilienfonds ein Totalverlustrisiko unwahrscheinlich ist und auf ein solches mithin auch nicht hingewiesen werden muss. Dies gilt auch bei Fremdfinanzierung, da wiederum Allgemeingut ist, dass eine Immobilie im zwangsweisen Veräußerungsfall ggf. unter Wert und mithin gerade einmal in Höhe der offenen Darlehensvaluten nebst Zinsen abgegeben werden könnte. Dass bei Medienfonds zwingend die Formulierung eines Hinweises auf ein Totalverlustrisiko Verwendung finden muss, ist aber auch dieser Entscheidung nicht zu entnehmen.

---

[45] Und verweist diesbezüglich auf die Urteile vom 14.6.2007 in der ersten Serie Vif Dritte, → Rn. 20 ff. Dort enthielt der Prospekt einen Hinweis auf das Totalverlustrisiko.

Diese Entscheidung trägt dazu bei, eine Überregulierung im Hinblick auf Risiken zu 89
vermeiden und den Blick auf wesentliche, für den Anleger relevante Tatsachen zu richten.

V. Einschreiten der BaFin

BGH Urteil vom 7. Dezember 2009 – II ZR 15/08

1. Sachverhalt[46]

Der Kläger, dem zuvor ein Exemplar des Prospektes[47] ausgehändigt worden war, beteiligte sich am 23. August /2. September 2004 mit einer Einlage in Höhe von 10.010,00 EUR an der geschlossenen Beteiligung in Firma „MSF Master Star Fund Deutsche Vermögensfonds I AG & Co. KG." 90

Gegenstand des Fonds war die Verfolgung einer Anlagestrategie mit vier Investitionsbereichen („Portfolios"), nämlich den Schwerpunkten Immobilien in Höhe von 12,6 %, Private Equity in Höhe von 16,2 %, Wertpapiere (in- und ausländische Aktien) in Höhe von 46,1 % sowie Alternative Investments (Hedgefonds) in Höhe von 25,1 %. 91

Zu Beginn der Geschäftätigkeit in 2004 und 2005 sollte „schwerpunktmäßig" im Rahmen des Portfolios „Private Equity" in eine Kommanditbeteiligung an der MI INVICTUM GmbH & Co. KG (nachfolgend „INVICTUM") investiert werden. 92

Der Prospekt enthielt diesbezüglich folgenden Hinweis: 93

„Die INVITUM GmbH & Co. KG plant, eine neue Vertriebsorganisation aufzubauen, die den Anforderungen der Versicherungsvermittler-Richtlinie 2002/92/EU vom 9. Dezember 2002 entspricht. In 2004 wird das Unternehmen schwerpunktmäßig diesen Vertriebsaufbau durchführen, dh eine geplante Anzahl von rund 2.500 Vertriebsmitarbeitern verpflichten und Schulungen sowie Werbemaßnahmen durchführen. Die Vertriebsmitarbeiter (freie Maklervertreter gem. § 84 ff. HGB) sollen in den von der INVICTUM vermittelten Produktionsbereichen exklusiv für die INVICTUM tätig werden.

[...]

Insoweit ist ein Rekrutierungs- und Schulungsvertrag für die Anwerbung von exklusiv für die INVICTUM tätigen Vertriebsmitarbeitern und deren fachlicher Schulung zur Erfüllung der Voraussetzungen der Versicherungsvermittler-Richtlinie abgeschlossen. Zum Leistungsinhalt dieses Vertrages zählt auch die Beratung bei der Entwicklung einer nachhaltig erfolgreichen Vertriebsstrategie einschließlich eines hochwirksamen Vertriebssteuerungs- und Koordinationssystems und dessen Implementierung. Grundlage für die Vergütung der Leistungen nach diesem Vertrag ist die Zuführung, Schulung und Integration von 2.500 exklusiven Vertriebsmitarbeitern."

Nach dem tatsächlich abgeschlossenen Vertrag sollten die Vertriebsmitarbeiter – jedenfalls zunächst – nicht ausschließlich für die INVICTUM tätig sein. 94

Mit Schreiben vom 26. Oktober 2004 wandte sich die Bundesanstalt für Finanzdienstleistungsaufsicht (BaFin) an die Fondsgesellschaft und äußerte darin die Auffassung, die Fondsgesellschaft betreibe mit ihrem Fondskonzept ein unerlaubtes Finanzkommissionsgeschäft im Sinne von § 1 Abs. 1 Satz 2 Nr. 4 KWG. Mit Schreiben vom 15. Juni 2005 untersagte die BaFin dem Fonds die weitere Geschäftstätigkeit mit dieser 95

---

[46] Zu weiteren Streitigkeiten aus und in Zusammenhang mit dem Fonds Master Star Fund vgl. das Sachverzeichnis.
[47] Beim Fonds Master Star Fund wurden Prospekte in zwei verschiedenen Fassungen verwendet: Der am 17.3.2004 Veröffentlichte war Gegenstand der Zeichnung des Klägers in vorliegendem Rechtsstreit. Ein weiterer, inhaltlich geänderter Prospekt wurde am 27.10.2004 veröffentlicht.

Begründung. Im Verfahren des einstweiligen Rechtsschutzes vertrat das Verwaltungsgericht Frankfurt am Main die Auffassung, der Fonds betreibe ohne die erforderliche Erlaubnis gewerbsmäßig Bankgeschäfte in Form des Investmentgeschäfts.

96 Über das Vermögen der Fondsgesellschaft wurde das Insolvenzverfahren eröffnet.

2. Hintergrund

97 Behördliches Einschreiten gegen die Fondskonzeption bei geschlossenen Beteiligungen findet sich üblicherweise im Rahmen zweier Problemkreise:

98 Der erste Bereich betrifft die steuerliche Konzeption des Fonds. Gerade im Medienfondsbereich füllt die Tatsache der Nichtanerkennung der steuerlichen Konzeption durch die Betriebsprüfung, häufig kombiniert mit Ermittlungsverfahren der Steuerfahndung und/oder der Staatsanwaltschaft deutschlandweit Gerichtsakten[48]. Derartige behördliche Maßnahmen sind in den in Rede stehenden Prospekten häufig jedenfalls dahingehend vorweggenommen, als der Anleger darauf hingewiesen wird, dass eine endgültige Anerkennung der steuerlichen Konzeption noch aussteht, Betriebsprüfungsrisiken bestehen und mithin vom Prospektherausgeber nicht sicher prognostiziert werden kann, ob die steuerliche Konzeption des Fonds tatsächlich vor den Finanzbehörden bzw. -gerichten Bestand haben wird[49]. In diesem Bereich behördlicher Widerstände gegen Fondskonzepte findet sich mithin in den Prospekten jedenfalls regelmäßig ein grundsätzlicher Risikohinweis[50]. Die zwischen Anleger und Prospektverantwortlichem diesbezüglich im Hinblick auf die Vollständigkeit und Richtigkeit der Prospekte diskutierte Frage beschränkt sich zumeist darauf, ob das konkrete Risiko, dass die Behörden die Fondskonzeption nicht anerkennen würden, im Zeitpunkt der Prospektveröffentlichung bereits bekannt oder jedenfalls erkennbar war, sodass unter Umständen ein lediglich allgemein gehaltener Hinweis auf die unklare und unsichere steuerliche Rechtslage nicht ausreichen würde.

99 Von dieser Form des behördlichen Einschreitens zu unterscheiden ist demgegenüber eine Konstellation, wie sie vorliegend dem Fondsmanagement seitens der Aufsichtsbehörden unterbreitet wurde: Gleichsam aus dem nichts und mitten in der Platzierungsphase des Fonds vertrat die Aufsichtsbehörde die Rechtsauffassung, dass das Fondskonzept aufsichtsrechtliche Relevanz hätte, da eine gesetzlich für dieses Konzept vorgesehene Genehmigung bislang nicht erteilt sei. Gerade die Unvorhersehbarkeit eines derartigen behördlichen Einschreitens führt dazu, dass diese Konstellation in den Prospekten üblicherweise nicht, auch nicht ansatzweise, Erwähnung findet[51].

---

[48] Siehe zB im Zusammenhang mit den Cinerenta-Fonds, den Fonds VIP 3 und 4 sowie jüngst betreffend sonstigen Medienfonds mit sog. Defeasance-Struktur → Rn. 138 ff.

[49] Die Unsicherheit lag bei Medienfonds in Anbetracht des von den Bundesländern einheitlich beabsichtigten Medienerlasses daran, dass die Finanzverwaltung in Anbetracht der Vorarbeiten zu diesem Medienerlass im Regelfall keine verbindlichen Auskünfte zur Konzeption von Medienfonds mehr erteilte.

[50] Welcher allerdings dann nicht ausreichend ist, wenn den Initiatoren strafrechtlich relevante Sachverhalte in Zusammenhang mit der steuerlichen Erklärung der Fondsgesellschaften vorgeworfen wird und diese Sachverhalte auf den Zeitpunkt der Prospektveröffentlichung zurückwirken.

[51] Der Fondprospekt, Stand 27.10.2004, welcher nicht Gegenstand des vorliegenden Rechtstreits war, aber nach erstmaligem Anschreiben der Behörde veröffentlicht worden war, enthielt denn auch einen Risikohinweis im Hinblick auf die Rechtsauffassung der Behörde.

3. Problemstellung

Der II. Zivilsenat des Bundesgerichtshofes hatte sich in vorliegender Entscheidung 100
mit Rechtsfragen im Hinblick auf zwei vorgebliche Prospektfehler zu befassen gehabt.

Zum einen musste sich das höchste deutsche Zivilgericht darüber im Klaren werden, 101
ob die von der BaFin vertretene Rechtsauffassung, das Fondskonzept verstoße gegen das
KWG, richtig war, oder nicht. In Anbetracht der Insolvenz der Fondsgesellschaft wurde
nämlich der Verwaltungsrechtsweg im Hinblick auf diese Rechtsfrage nicht weiter verfolgt. Sollte der II. Zivilsenat zu dem Ergebnis gelangen, dass eine Rechtswidrigkeit des
Fondskonzepts gegeben war, wäre die Annahme eines Prospektfehlers unausweichlich
gewesen. Soweit der II. Zivilsenat demgegenüber diese Frage verneinen würde, würde
sich die Anschlussfrage stellen, ob dennoch der Prospekt einen Risikohinweis im Hinblick auf ein mögliches – allerdings in der Sache rechtswidriges – Einschreiten der Aufsichtsbehörde hätte enthalten müssen.

Daneben stand in Rede, welche Intensität und Genauigkeit der Prospektinhalt im 102
Hinblick auf Verträge an den Tag legen muss, welche nicht etwa von der Fondsgesellschaft selbst, sondern von einem dritten Unternehmen abgeschlossen wurden, in welches die Fondsgesellschaft einen Teil ihres Vermögens (vorliegend neben sonstigen aus
den Rückflüssen des INVICTUM-Investments zu finanzierenden Private Equity Beteiligungen insgesamt nicht mehr als 16,2%) investieren würde. Der Bundesgerichtshof
musste der Frage nachgehen, ob ein derartiger Vertrag überhaupt im Prospekt Erwähnung finden musste; hiervon zu unterscheiden ist des Weiteren die Frage, mit welcher
Informationstiefe – wenn ein derartiger Vertrag im Prospekt Erwähnung findet – dieser
Vertrag wiedergegeben werden muss. Schließlich stellte sich die Frage, ob vorliegend
der tatsächlich abgeschlossene Vertrag den Prospektangaben entsprach, oder nicht.

4. Entscheidung

Der Bundesgerichtshof befasste sich zunächst mit dem Einschreiten der BaFin und 103
der diesbezüglichen Spezialmaterie des KWG. Unter Verweis auf zahlreiche Entscheidungen des Bundesverwaltungsgerichts ist der II. Zivilsenat der Rechtsauffassung, dass
die Fondsgesellschaft kein Finanzkommissionsgeschäft im Sinne von § 1 Abs. 1 Satz 2
Nr. 4 KWG besorgte. Zwar würde in der Fondsgesellschaft mittelbar für Rechnung
der Anleger einen Handel mit Finanzinstrumenten betrieben; dies sei aber kein Kommissionsgeschäft im Sinne der § 383 ff. HGB. § 1 Abs. 1 Satz 2 Nr. 4 KWG biete auch
keinen allgemeinen Auffangtatbestand für derartige Anlagemodelle. Die Rechtsauffassung der BaFin erwies sich mithin als falsch.

Der II. Zivilsenat untersuchte sodann die Hilfserwägung, welche vor den Verwal- 104
tungsgerichten im Rahmen des einstweiligen Rechtsschutzes vertreten worden war:
Die Geschäftstätigkeit des Fonds als Investmentgeschäft im Sinne von § 1 Abs. 1 Satz 2
Nr. 6 KWG einzuordnen, hätte aber zur Voraussetzung gehabt, dass es sich um ein Unternehmen in Rechtsform einer Kapitalgesellschaft handelte. Dem ist die vorliegend in
Rede stehende Kommanditgesellschaft aber nicht gleichzusetzen, selbst dann nicht,
wenn die Geschäftsführung durch eine juristische Person ausgeübt wird.

Der II. Zivilsenat verwarf mithin sowohl die Rechtsauffassung der Aufsichtsbehörde, 105
als auch die Rechtsauffassung des Verwaltungsgerichts im Rahmen des einstweiligen
Rechtsschutzes; die Verwaltungsmaßnahmen, welche die Fondsgesellschaft in die Insolvenz führten, erwiesen sich – jedenfalls aus Sicht des höchsten deutschen Zivilgerichts –
als rechtswidrig.

V. Einschreiten der BaFin

106 Die sich daran anschließende Frage, ob der Prospekt einen Risikohinweis im Hinblick auf ein grundsätzlich denkbares, aber im konkreten Fall rechtswidriges Einschreiten der Aufsichtsbehörde hätte enthalten müssen, wurde vom II. Zivilsenat gar nicht erst gestellt. Er ging offenbar als selbstverständlich davon aus, dass konkrete Anhaltspunkte für ein zu befürchtendes rechtswidriges Verwaltungshandeln nicht vorlagen; dass Beamte irren können und mithin Unternehmen mit rechtswidrigen Bescheiden verfolgen, ist Allgemeinwissen, sodass auf dieses allgemeine Lebensrisiko des Anlegers im Prospekt nicht gesondert hingewiesen werden muss.

107 Der II. Zivilsenat setzte sich sodann mit der Frage auseinander, ob ein Prospektfehler darin zu sehen ist, dass der von dem Beteiligungsunternehmen abzuschließende Rekrutierungsvertrag im Prospekt etwa unrichtig dargestellt ist. Der BGH stellt zunächst den Grundsatz auf, dass zu den für die Anlageentscheidung bedeutsamen Umständen nicht nur solche gehören, welche die Fondsgesellschaft und die von dieser abzuschließenden Verträge selbst unmittelbar betreffen. Zu derartigen Umständen gehört – so der II. Zivilsenat – auch die Darstellung des Geschäftsmodells eines dritten Unternehmens sowie die damit verbundenen Chancen und Risiken, wenn die Anlagegesellschaft im Wesentlichen in eine Beteiligung an einem solchen dritten Unternehmen investiert. Dass dies neben anderen Unternehmensbeteiligungen in der Summe lediglich 16,2 % des Fondsvermögens ausmachen würde, führt aus Sicht des II. Zivilsenats nicht zu einer Unwesentlichkeit dieser Beteiligung: Er begründete dies unter Bezugnahme darauf, dass das Fondsvermögen in den ersten Jahren (nämlich 2004 und 2005) im Wesentlichen ausschließlich in eine derartige Beteiligung investiert werden sollte.

108 Zur Darstellung des Geschäftsmodells dieses dritten Unternehmens zählt aus Sicht des II. Zivilsenats auch die vollständige und richtige Wiedergabe des Inhalts von Verträgen dieses dritten Unternehmens, wenn diese Verträge für den Aufbau des Geschäftsmodells dieses Unternehmens von besonderer Bedeutung waren. Der II. Zivilsenat blickt diesbezüglich auf den Unternehmensgegenstand des Beteiligungsunternehmens: Da dort der Aufbau eines Vertriebes von Finanzprodukten durch zu schulende Mitarbeiter geplant worden war, war für das Gelingen dieses unternehmerischen Vorhabens[52] die Frage von besonderer Bedeutung, ob die zu schulenden Vertriebsmitarbeiter Produkte sonstiger Unternehmen, oder ausschließlich Produkte dieses Unternehmens vertreiben durften.

109 Der II. Zivilsenat prüfte den Prospektinhalt sodann Wort für Wort im Hinblick auf die Darstellung des vom Beteiligungsunternehmen abgeschlossenen Vertrages: Während im Prospekt zum einen davon die Rede ist, dass die Vertriebsmitarbeiter exklusiv tätig werden „sollen", heißt es an anderer Stelle, dass ein Rekrutierungs- und Schulungsvertrag für die Anwerbung von exklusiv tätigen Vertriebsmitarbeitern bereits abgeschlossen „ist". Wenn die tatsächliche Planung des Beteiligungsunternehmens mithin beinhaltete, den Vertriebsmitarbeitern jedenfalls für eine Übergangszeit den Vertrieb von Konkurrenzprodukten zu gestatten (und der diesbezügliche Vertrag auch diesen Inhalt hatte), gibt der Prospektinhalt das Geschäftsmodell des Beteiligungsunternehmens unrichtig wieder. Der Bundesgerichtshof hob die entgegenstehende Entscheidung des Oberlandesgerichts auf und entschied in der Sache zugunsten des Anlegers.

---

[52] Und den Unternehmenswert selbst, wie ein im Rahmen des Prozesses eingeführtes Sachverständigengutachten bestätigen sollte.

5. Fazit

Die Entscheidung des II. Zivilsenates führt mit erstaunlicher Deutlichkeit zu dem Ergebnis, dass ein rechtswidriges behördliches Einschreiten Anlegergelder in Millionenhöhe vernichtet hat. 110

Allerdings werden hieraus keinerlei Haftungsfolgen zugunsten des Anlegers abgeleitet, da derartige Sachverhalte dem allgemeinen Lebensrisiko zuzuordnen sind, vor denen nicht explizit gewarnt werden muss. Es ist dies eine begrüßenswerte Linie, welche an die Eigenverantwortung des Anlegers und die gebotene Professionalität der Aufsichtsbehörde appelliert. 111

Im Hinblick auf Beteiligungsunternehmen der Fondsgesellschaft stellt der II. Zivilsenat demgegenüber an die Prospektmaterialien hohe Anforderungen. Selbst wenn die Investition in ein Beteiligungsunternehmen nach dem Investitionsplan von untergeordneter Bedeutung ist, sind die für dieses Unternehmen wesentlichen Verträge eindeutig im Prospekt darzustellen; dies gilt jedenfalls für den Fall, dass das Fondsvermögen zu Beginn der Fondslaufzeit im Schwerpunkt in dieses Unternehmen investiert werden soll. 112

VI. Mietgarantie

BGH Urteil vom 23. April 2012 – II ZR 211/09

1. Sachverhalt

Der Kläger beteiligte sich im September 1996 mittelbar über eine Treuhandkommanditistin mit einem Betrag von DM 500.000,00 zuzüglich DM 25.000,00 Agio an dem geschlossenen Immobilienfonds „B. mbH & Co. Immobilienverwaltungs KG – LBB Fonds 5". Er begehrt mit seiner Klage von den Beklagten im Wesentlichen die Rückabwicklung der Beteiligung und den Ersatz entgangener Steuervorteile und Zinsen. 113

Die Klage richtet sich zum einen gegen die geschäftsführende Gründungskommanditistin und Prospektherausgeberin des Fonds, zum anderen gegen die in der Investitionsphase als Treuhandbank auftretende Mittelverwendungskontrolleurin des von den Fondszeichnern eingebrachten Eigenkapitals. Ihr Name war im Prospekt mehrfach an prominenter Stelle (zB auf dem Deckblatt) genannt; sie war aus dem Prospekt deutlich erkennbar mit den Anlegern vertraglich über eine Treuhandvereinbarung mit dem Zweck der Mittelverwendungskontrolle in der Investitionsphase verbunden. 114

Der Kläger macht eine Reihe von Prospektmängeln geltend: 115

Ausgangspunkt ist, dass ca. 2/3 der Nutzfläche des Fonds einem auf 25 Jahre abgeschlossenen Generalmietvertrag unterlagen, ca. 1/3 der Nutzfläche des Fonds einer Mietgarantie. Leerstandsbedingte Nebenkosten fallen beim Generalmietvertrag dem Generalmieter zu, bei den der Mietgarantie unterfallenden Flächen entstand zwischen Fonds und Mietgarantin Streit; ein von letzterer am 1.6.2004 eingeholtes Rechtsgutachten gelangte zum Ergebnis, die Nebenkosten nicht schulden zu müssen[53]. 116

Auf den Seiten 1 und 3 des Prospektes heißt es: 117

„100 % der Generalmiete p.a. sind durch einen 25-jährigen Generalmietvertrag […] gesichert."

---

[53] Siehe zu diesem Teilaspekt des Sachverhalts BGH vom 23. Oktober 2012, II ZR 294/11.

118 Auch bei der Beschreibung der einzelnen Fondsimmobilien auf Seiten 6 ff. des Prospektes ist jeweils nur von der Sicherung durch den „Generalmietvertrag" die Rede.

119 Bei der Einzelerläuterung „Generalmietvertrag" auf Seite 45 heißt es, dass die Gesellschaft für die gesamte im Objekt- und Mietspiegel ausgewiesene Nutzfläche von 203.209,14 qm einen Generalmietvertrag abgeschlossen hat, der für die nach dem Wohnungsbauförderungsgesetz errichteten Wohnungen in Form eines Mietgarantievertrages ausgestaltet ist. Weiter heißt es dort, dass die Nebenkostenregelungen sich nach den Untermietverträgen richten würden.

120 Eine klägerische Darlegung, wie hoch das wirtschaftliche Risiko der leerstandsbedingten Nebenkosten der Mietgarantieflächen im Einzelnen zu bemessen ist, erfolgte nicht; die Beklagte verwies darauf, dass sich das in Rede stehende Risiko nicht relevant verwirklicht haben.

2. Hintergrund

121 Vorliegende Sachverhaltskonstellation ist ein weiteres Beispiel dafür, wie die Beantwortung der Frage nach einem Prospektfehler weder auf Basis der im streitgegenständlichen Zeitpunkt geltenden Rechtslage, noch durch Inkrafttreten des KAGB beantwortet werden kann.

122 Wie so häufig steht im Brennpunkt der Auseinandersetzung die Erwirtschaftung von Erträgen aus dem Fondsvermögen. Ähnlich, wie bei echten operativen Medienfonds, ist es bei Immobilienfonds von zentraler Bedeutung für die Investitionsentscheidung des Anlegers, welche Einnahmen fix bzw. prognostiziert mit dem Fondsvermögen erwirtschaftet werden[54].

123 Ähnlich, wie in der Angelegenheit Master Star Fund[55] geht es vorliegend um den Inhalt von Verträgen, welche im Hinblick auf Investitionsobjekte des Fonds abgeschlossen wurden.

124 Dass diese Verträge – soweit sie wesentlich sind – im Prospekt vollständig und richtig abgebildet werden müssen, hat sich in der Rechtsprechung insbesondere des II. Zivilsenats verfestigt.

3. Problemstellung

125 Wie an vorliegendem Sachverhalt sehr schön nachzuvollziehen, treten im Leben einer Fondsgesellschaft nach Abschluss der Investitionsphase häufig Sachverhaltsaspekte auf, welche so bei Erstellung des Prospekts nicht bedacht worden waren. Im Hinblick auf einen Großteil des Fondsvermögens war klar, dass leerstandsbedingte Nebenkosten den Fonds nicht belasten würden. Allerdings umfasste das Fondsvermögen auch Wohnungen, welche nach dem Wohnungsbauförderungsgesetz errichtet waren; diesbezüglich fanden vertragliche Regelungen im Hinblick auf eine Mietgarantie Anwendung, welche inhaltlich vom Generalmietvertrag abwichen. Anders als im Bereich des Generalmietvertrages ließ die Mietgarantie unterschiedliche rechtliche Standpunkte zu, wie insbesondere durch die Mietgarantin durch Einholung des Rechtsgutachtens vom 1. Juni 2004 dokumentiert.

126 Fraglich ist, ob diese unterschiedliche Behandlung im Prospekt ausreichend abgebildet wurde.

---

[54] Siehe zur optimistischen Prognose bei Immobilienfonds → Rn. 69 ff.
[55] Vgl. das Sachverzeichnis.

4. Entscheidung

Der BGH befasst sich zunächst mit der Haftung der beklagten geschäftsführenden Gründungskommanditistin. Er hebt hervor, dass es für die rechtliche Beurteilung keinen Unterschied macht, ob der Kläger nur über einen Treuhänder der Fondsgesellschaft beigetreten ist, oder dieser Direktkommanditist ist. Er verweist darauf, dass bei einem Beitritt zu einer Gesellschaft, der sich durch Vertragsschluss mit den übrigen Gesellschaftern vollzieht, vorvertragliche Beziehungen zwischen Gründungsgesellschaftern und auch den über einen Treuhänder beitretenden Kommanditisten ergeben, jedenfalls dann, wenn der Treugeber nach dem Gesellschaftsvertrag wie ein unmittelbar beigetretener Kommanditist behandelt werden soll. Vor diesem Hintergrund bestehen grundsätzlich Prospekthaftungsansprüche im weiteren Sinne zwischen der Gründungsgesellschafterin und dem Kläger.

Sodann stellt sich dem BGH die Frage, ob der hier in Rede stehende Emissionsprospekt fehlerhaft ist. Der BGH führt aus, dass dann, wenn der wirtschaftliche Anlageerfolg eines geschlossenen Immobilienfonds allein auf der nachhaltigen Erzielung von Einnahmen aus der Vermietung oder Verpachtung von Anlageobjekten beruht, im Anlageprospekt deutlich auf mögliche, der Erreichbarkeit dieser Einnahmen entgegenstehende Umstände und sich hieraus für den Anleger ergebende Risiken hinzuweisen hat. Der Prospekt klärt vorliegend – so der BGH – nicht zutreffend über die Risikoverteilung hinsichtlich der leerstandsbedingten Nebenkosten auf, soweit Mietflächen nicht unter den Generalmietvertrag fielen. Die Begriffe „Generalmietvertrag" und „Mietgarantie" werden im Prospekt stets unterschiedslos nebeneinander verwendet, so der BGH. Dies musste beim Anleger den Eindruck erwecken, die durch die Verträge gewährleistete Mietsicherheit sei bei beiden Vertragsarten deckungsgleich. Ob das tatsächlich der Fall ist, oder ob sich die Mietgarantin zu Recht unter Bezug auf das von ihr eingeholte Rechtsgutachten auf den Standpunkt stellt, die Nebenkosten nicht zu schulden, ist nicht entscheidungserheblich, so der BGH. Der Prospekt war nämlich insoweit in jedem Fall unrichtig, weil die Übernahme der umlagefähigen Nebenkosten durch die Mietgarantin in dem Vertragswerk jedenfalls nur unzureichend umgesetzt war[56]. Wenn sich die Mietgarantin später auf den Standpunkt stellen konnte, im Rahmen der Mietgarantie nicht zum Ausgleich leerstandsbedingter Nebenkosten verpflichtet zu sein, regelte der Mietgarantievertrag die Übernahme der leerstandsfähigen Nebenkosten jedenfalls insoweit nicht hinreichend deutlich. Die Anlageinteressenten wurden auf die Gefahr einer gegenteiligen Auslegung des Vertrages durch die Mietgarantin mithin im Prospekt nicht ausreichend hingewiesen.

Dieser Prospektfehler ist auch erheblich; dass der Fonds bei den Mietgarantieverträgen mit leerstandsbedingten Nebenkosten belastet werden konnte, ist ein die Werthaltigkeit der Anlage entscheidend beeinflussender Faktor. Dies musste der Kläger auch nicht näher darlegen, da es der Lebenserfahrung des II. Senats entspricht, dass die Mietnebenkosten regelmäßig einen nicht unerheblichen Teil der Miete ausmachen.

Für diesen Prospektfehler haftet die beklagte Gründungskommanditistin dem Kläger gegenüber.

Der II. Zivilsenat befasste sich sodann nochmals ausführlich mit der Haftung der mitbeklagten Bank, welche mit den Anlegern vertraglich über eine Treuhandvereinbarung mit dem Zweck der Mittelverwendungskontrolle in der Investitionsphase verbunden

---

[56] Siehe zu diesem Teilaspekt des Sachverhalts BGH II ZR 294/11.

war („Einzahlungstreuhänderin"). Der BGH führte zunächst aus, dass derjenige aus Prospekthaftung im weiteren Sinne[57] haftet, der Vertragspartner eines Anlegers geworden ist oder hätte werden sollen. Ein für den Vertragspartner auftretender Vertreter, Vermittler oder Sachwalter kann nur dann selbst in Anspruch genommen werden, wenn er in besonderem Maße Vertrauen für sich in Anspruch genommen hat oder er ein unmittelbares eigenes wirtschaftliches Interesse am Abschluss des Geschäfts hat.

132   Der II. Senat lenkt den Blick sodann auf die Treuhandvereinbarung mit dem Zweck der Mittelverwendungskontrolle in der Investitionsphase und hält lapidar fest, dass die beklagte Bank als Einzahlungstreuhänderin gerade nicht verpflichtet war, Anleger auf unrichtige Prospektangaben hinzuweisen. Die schlichte Entgegennahme von Einlagegeldern und deren Weiterleitung an die Fondsgesellschaft ohne persönlichen Kontakt zu den jeweiligen Anlegern und ohne dass sich ein Treuhandvertrag – etwa zur Entlastung des Handelsregisters – auf die gesamte Gesellschafterstellung des Beitretenden bezieht, führt nicht zu Aufklärungs- oder Warnpflichten im Hinblick auf Prospektunrichtigkeiten.

133   Ein besonderes Vertrauen, welches zu einer vertragsähnlichen Haftung führt, wurde ebenfalls nicht in Anspruch genommen.

5. Fazit

134   Vorliegende Entscheidung zeigt, wie weitreichend die Anforderungen des BGH an die richtige und vollständige Darstellung der zum Zwecke der Realisierung des Investitionsvorhabens abzuschließenden Verträge gediehen sind.

135   Vorliegend war zwischen den Parteien erst nach Einwerben der Anlegergelder Streit über die Auslegung eines Vertrages entstanden. Während sich der Fonds auf den Standpunkt stellte, die Verträge seien so auszulegen, wie in den Prospekten korrekt dargelegt, suchte der Mietgarant ein juristisches „Schlupfloch", in dem er vorgeblich unklare Regelungen zu seinen Gunsten auslegte.

136   Nun hätte man auf dem Standpunkt stehen können, dass es nicht nur gerichtsbekannt, sondern auch für jeden Anleger offenkundig ist, dass es im Wirtschaftsleben kontinuierlich zu Streitigkeiten über die Auslegung von Verträgen kommt. Der BGH hält derartige Risiken dennoch für prospektierungspflichtig; nur „als offensichtlich haltlos" zurückzuweisende Ideen von juristischen Interessenvertretern im Hinblick auf die vertragliche Auslegung einzelner Verträge müssen im Prospekt keine Erwähnung finden.

137   Diese Entscheidung lässt weiterhin große Spielräume zu Gunsten der Anleger entstehen, sich auf Prospektfehlerhaftigkeit zu berufen.

VII. Defeasance-Struktur

BGH Beschluss vom 29. Juli 2014 – II ZB 1/12

1. Sachverhalt[58]

138   Die Musterklägerin beteiligte sich über eine Treuhandkommanditistin im Jahr 2004 an der „Film & Entertainment VIP Medienfonds 4 GmbH & Co. KG.

---

[57] Siehe § 8 Die Haftung des Gründungsgesellschafters und des Treuhänders.
[58] Siehe zur Parallelentscheidung vom selben Tag betreffend den Musterentscheid zu VIP 3 BGH II ZB 30/12, vgl. Entscheidungen, die es nicht in dieses Buch geschafft haben.

Gegenstand der Fondsgesellschaft war die weltweite Entwicklung und Produktion, Coproduktion, Verwertung und Vermarktung sowie der weltweite Vertrieb von Kino-, Fernseh- und Musikproduktionen. Die Fondsgesellschaft sollte nach dem Prospekt sogenannte unechte Auftragsproduktionen an Produktionsdienstleister vergeben, wofür insgesamt ca. 87,2 % der Einlagen ohne Agio aufgewandt werden sollten. Der Fonds sollte als Hersteller der Filme anzusehen sein, mit der Folge, dass diese Filme als selbstgeschaffene, immaterielle Wirtschaftsgüter des Anlagevermögens galten und damit zur damaligen Zeit nicht aktivierbar waren. Die Herstellungskosten sollten mithin nach § 5 Abs. 2 EStG als sofort abziehbare Betriebsausgaben gelten. **139**

Die Verwertung der Rechte an den jeweiligen Produktionen sollte durch die Fondsgesellschaft einem sogenannten „Lizenznehmer" überlassen werden, welcher sich im Gegenzug ua zur Leistung einer Schlusszahlung verpflichten sollte (Fälligkeit spätestens 30. November 2014). Diese Schlusszahlungsverpflichtung des Lizenznehmers sollte von der sogenannten „Defeasance-Bank", die Musterbeklagte zu 2), gegen Zahlung eines Schuldübernahmeentgelts vom Lizenznehmer an diese befreiend übernommen werden. Die vertragsgemäße Verwendung und Auszahlung des Kommanditkapitals durften von einer Steuerberatungsgesellschaft als unabhängige Mittelverwendungskontrolleurin nur dann freigegeben werden, wenn 115 % des Kommanditkapitals ohne Agio durch eine Bankgarantie oder eine Garantie mit vergleichbarer Sicherheit abgesichert waren. **140**

Laut Prospekt sollte die Kommanditeinlage der Anleger zu 54,5 % nebst 5 % Agio aus eigenen Mitteln und zu 45,5 % aus einem Darlehen der Defeasance-Bank (Musterbeklagte zu 2)) finanziert werden (obligatorische Fremdfinanzierung). Dieses Darlehen sollte bei einer Laufzeit bis zum 30.11.2014 mit 7,475 % p. a. verzinst und zum Laufzeitende einschließlich Zinsen in einem Betrag zurückgezahlt werden, wobei die Rückzahlung aus den durch die Schuldübernahme abgesicherten Schlusszahlungen vorgesehen war. **141**

Im Zeitpunkt der Prospektherausgabe war der Musterbeklagte zu 1) Geschäftsführer der VIP Vermögensberatung GmbH, die Initiatorin, Geschäftsbesorgerin und Prospektherausgeberin des Fonds. Er war auch Mitgeschäftsführer der Komplementärgesellschaft der Fondsgesellschaft sowie Vorstand einer für die Anlegerbetreuung und Eigenkapitalvermittlung zuständigen Aktiengesellschaft. **142**

Der Fonds zahlte die für die Filmproduktion bestimmten Mittel an die jeweiligen Produktionsdienstleister, welche hiervon den zur Deckung des Schuldübernahmeentgelts erforderlichen Anteil von ca. 80 % an den Lizenznehmer weiterleiteten; der Lizenznehmer erfüllte damit seine Verpflichtungen gegenüber der schuldübernommenen Bank auf Zahlung des Schuldübernahmeentgelts. Die Zahlungen erfolgten zeitgleich auf der Grundlage abgestimmter Aufträge (sogenannter Fund-Flow-Memos) von Konten, die sämtlich von den Beteiligten bei der Defeasance-Bank (Musterbeklagte zu 2)) eingerichtet waren. **140**

Die Rechtsbeschwerde der Musterbeklagten richtet sich gegen eine Musterentscheid des KapMuG-Senats des Oberlandesgerichts München vom 30. Dezember 2011[59], in welchem Prospektfehler sowohl im Bereich des steuerlichen Anerkennungsrisikos als auch zur irreführenden Bezeichnung der Schuldübernahme als „Garantie" festgestellt wurden; sowohl der Musterbeklagte zu 1), wie die Musterbeklagte zu 2) wurden als Prospektverantwortliche im engeren Sinne angesehen. **144**

---

[59] KapMuG 1/07.

2. Hintergrund

145 Die gegen Ende der 90er Jahre bis ca. in das Jahr 2005 hinein im Milliardenbereich aufgelegten Medienfonds deutscher Emissionshäuser mit dem Zweck ua der Film(Co) produktion in den USA, aber auch in Berlin-Babelsberg und in den Bavaria-Studios in Grünwald bei München, hatten auf der „Ausgabeseite" der Fondsgelder sämtlich eines gemeinsam: Das Verbot der Aktivierung selbstgeschaffener immaterieller Wirtschaftsgüter des Anlagevermögens führte dazu, dass sowohl die Weichkosten, wie der in die Produktion der Filme selbst gesteckte Aufwand im Jahr der Zahlung vollumfänglich verloren, mithin als Bilanzverlust anzusehen war. In der Rechtsform der Kommanditgesellschaft schlug dieser Verlust im Wege der gesonderten einheitlichen Gewinnfeststellung auf jeden einzelnen Anleger in voller Höhe durch und minderte in selber Höhe dessen steuerpflichtiges Einkommen, was zu einer Steuerersparnis – je nach Steuersatz – von mehr als 50% der geleisteten Einlage führen konnte (ggf. noch gehebelt durch eine – zum Teil obligatorische – Fremdfinanzierung, was den Steuervorteil in Bezug auf den Eigenkapitaleinsatz weiter vergrößerte). Die Bestrebungen deutscher Finanzbehörden insbesondere in den sogenannten Medienerlassen, hier Missbrauch zu vermeiden und Gestaltungen mehr und mehr zu beschneiden, bezog sich denn auch auf diese sogenannte „Ausgabeseite", mithin auf die Produzenteneigenschaft des Fonds (obwohl die Filme tatsächlich in Hollywood hergestellt wurden), umsatzsteuerliche Problematiken etc.

146 Die Einnahmenseite dieser Fonds war dagegen sehr unterschiedlich gestaltet: Zum Teil waren echte operative Medienfonds in Rede stehend, welche voll und ganz vom Erfolg der produzierten Filme im Kino bzw. Fernsehen abhängig waren (und bei denen die Anleger üblicherweise auch das höchste wirtschaftliche Risiko trugen). Zum Teil waren Fonds mit Versicherungskonzepten angeboten worden[60], bei welchen das „Floppen" einzelner Filme einen Versicherungsfall darstellen sollte, sodass der jeweilige Erlösausfallversicherer verpflichtet war, der Fondsgesellschaft einen Teil des erwarteten Erlöses wieder gutzubringen[61]. Auf der Einnahmenseite wurde aber auch noch eine dritte, aus sonstigen leasingähnlichen Fondskonstrukten bekannte, von den Finanzbehörden anerkannte und in der Praxis bewährte Konstruktion verwendet: Die sogenannte „Defeasance-Struktur". Bei dieser Erlösvariante verwertet der Fonds die von ihm produzierten Filme nicht auf eigenes Risiko, sondern sucht sich einen sogenannten „Lizenznehmer", welcher seinerseits die Filme vermarktet. Der Lizenznehmer garantiert der Fondsgesellschaft ein bestimmtes Mindestentgelt und darf einen insoweit von ihm erwirtschafteten Ertrag nebst Gewinnbestandteilen selbst vereinnahmen. Übererlöse werden zwischen Lizenznehmer und Fonds nach bestimmten Quoten verteilt. Der Lizenznehmer verspricht dem Fonds also einen bestimmten Mindesterlös, welcher zu bezahlen ist – gleichgültig, ob der Lizenznehmer aus den Filmrechten auch nur einen einzigen Euro (oder Dollar) erlöst, oder nicht. Diese Lizenzzahlung ist allerdings auf das Laufzeitende des Fonds hinausgeschoben, was deren Fälligkeit anbelangt, sodass für die Anleger zwei wirtschaftliche Risiken auftreten: Zum einen das Bonitätsrisiko des Lizenznehmers, zum anderen die Schwierigkeiten in der Rechtsdurchsetzung, insbesondere bei Lizenznehmern, welche im Ausland ansässig sind. Um diese Risiken zu minimieren, hat es sich eingebürgert, sogenannte „Defeasance-Banken" in das Konzept

---

[60] Siehe zB Vif Dritte, Cinerenta 1 bis 5, Apollo 1 bis 5, Stichworte im Sachverzeichnis.
[61] Dass dieses Konstrukt am wenigsten funktionierte, zeigt die immense Vielzahl der in diesem Buch diesbezüglich beschriebenen höchstrichterlichen Entscheidungen.

einzubinden, welche die Schuld des Lizenznehmers nicht etwa nur als Bürge oder Garant absichern, sondern diese Schuld sogar vollständig befreiend übernehmen. Diese befreiende Schuldübernahme wird von der Bank allerdings nur dann dem Fonds gegenüber erklärt werden, wenn der Lizenznehmer an diese ein Schuldübernahmeentgelt bezahlt, welches in den abgezinsten Zahlungsverpflichtungen aus dem Lizenzvertrag gegenüber der Fondsgesellschaft nebst Gewinnbestandteilen der Bank besteht. Viele Fondskonzepte sahen vor, dass Anlegergelder erst abdisponiert werden dürfen, wenn eine entsprechende Schuldübernahmeerklärung der Defeasance-Bank (idealerweise mit Sitz in Deutschland, um hier bei der Durchsetzung der Ansprüche keine Probleme zu haben) vorliegt; die Defeasance-Bank wird diese Schuldübernahmeerklärung aber nur abgeben, wenn der Lizenznehmer seinerseits das Schuldübernahmeentgelt beglichen hat. Es kann somit – je nach wirtschaftlicher Leistungsfähigkeit des Lizenznehmers – dazu kommen, dass dieser Liquiditätsbedarf im Hinblick auf das zu bezahlende Schuldübernahmeentgelt anmeldet. Da umgekehrt die bereits im Jahr der Zeichnung zur Erlangung des hundertprozentigen Betriebsausgabenabzuges an den Produktionsdienstleister von der Fondsgesellschaft zu bezahlenden Produktionskosten bei diesem (noch) nicht benötigt werden, um die Filmproduktion und sämtliche damit im Zusammenhang stehenden Kosten zu tragen, da diese Beträge oft erst sukzessive im Laufe der jeweiligen Produktion fällig werden, ist beim Produktionsdienstleister ein Liquiditätsüberschuss vorhanden. Es kann sich daher anbieten (insbesondere dann, wenn es sich bei Produktionsdienstleister und Lizenznehmer um Konzernunternehmen handelt), dem Lizenznehmer im Wege der sogenannten „Intercompany-Loan" Liquidität zur Verfügung zu stellen, um den Liquiditätsbedarf im Hinblick auf das zu bezahlende Schuldübernahmeentgelt zu decken.

Die Finanzverwaltung hatte den Fonds VIP 3 und 4 die steuerliche Anerkennung im Rahmen einer Betriebsprüfung mit der Begründung versagt, es läge eine missbräuchliche Gestaltung im Sinne von § 42 Abs. 1 AO vor. Tatsächlich seien 80% der für die Filmproduktion vorgesehen Mittel nicht etwa in die Filmproduktion geflossen, sondern festgeldähnlich bei der Defeasance-Bank für die Fondsgesellschaft hinterlegt worden. Damit sei dieser Betrag auch nicht als sofort abzugsfähige Betriebsausgabe anzusehen. Der Musterbeklagte zu 1) wurde rechtskräftig wegen Steuerhinterziehung im dreistelligen Millionenbereich zu einer langjährigen Freiheitsstrafe verurteilt. 147

Die Ergebnisse der Betriebsprüfung führten dazu, dass deutschlandweit eine immense Vielzahl von Medienfonds mit Defeasance-Struktur untersucht, deren steuerliche Anerkennungsfähigkeit in Frage gestellt, ergangene anerkennende Steuerbescheide aufgehoben und zu Lasten der Anleger Steuern fällig gestellt wurden. Dies löste eine Lawine an Anlegerreklamationen aus, welche bislang noch nicht vollständig von den deutschen Zivilgerichten verarbeitet ist. Eine Vergleichbarkeit dieser Fondskonstruktionen von Drittanbietern mit den Fondskonstruktionen VIP 3 und 4 wurde aber von der Finanzverwaltung in der Folgezeit, insbesondere auch nach finanzgerichtlichen Urteilen, wiederum in Abrede gestellt und die Verluste im Erstjahr größtenteils wieder anerkannt. 148

3. Problemstellung

Die Problemstellung des vorliegenden Falles liegt in dem vorerwähnten Liquiditätsbedarf des wirtschaftlich schwachen Lizenznehmers. Die weitere Problemstellung liegt in einem Zirkelschluss, welcher darin besteht, dass die Fondsgelder erst abdisponiert werden dürfen, wenn eine Schuldübernahmeerklärung der Defeasance-Bank vorliegt, 149 die Defeasance-Bank ihre Schuldübernahmeerklärung aber erst mit Anweisung des Schuldübernahmeentgelts wirksam werden lassen kann, wobei das Geld erst angewiesen werden darf, wenn die Schuldübernahmeerklärung vorliegt etc. In der konkreten Sachverhaltskonstellation war es weiter so, dass sämtliche diesbezügliche Konten bei der Defeasance-Bank geführt wurden und die Überweisungen zeitnah ausgeführt wurden, wobei man sich über die nach den Verträgen vorgesehene Reihenfolge der Zahlungen hinwegsetzte, um vorgenannten Zirkelschluss zu durchbrechen. Es tat dies der Geschäftsführer (Musterbeklagte zu 1)) aus eigenem Antrieb und in eigener Verantwortung.

150 Weitere Kernpunkte des Musterverfahrens waren die Problematik der Bezeichnung der Fonds als „Garantiefonds" sowie die Frage der Prospektverantwortlichkeit im engeren Sinne der Defeasance-Bank in der vorstehend dargestellten Sachverhaltsvariante (obligatorische Fremdfinanzierung durch die Defeasance-Bank).

4. Entscheidung

151 Der BGH setzte sich zunächst mit der Frage auseinander, ob das steuerliche Anerkennungsrisiko im Prospekt fehlerhaft dargestellt ist, oder nicht. Anders, als das Oberlandesgericht, teilt der BGH die Auffassung der Musterkläger nicht, es hätte eines besonderen Hinweises auf ein steuerliches Anerkennungsrisiko geben müssen, weil damit gerechnet werden musste, dass die an den jeweiligen Produktionsdienstleister gezahlten Produktionskosten von den Finanzbehörden möglicherweise nicht als sofort abziehbare Betriebsausgaben anerkannt werden, soweit diese vom Produktionsdienstleister an den Lizenznehmer zur Deckung des Schuldübernahmeentgeltes an die Defeasance-Bank weitergeleitet wurden. Zwar muss der Anleger auch auf Risiken der steuerlichen Anerkennungsfähigkeit des konkreten Anlagemodells hingewiesen werden; er muss aber nur über solche Risiken aufgeklärt werden, mit deren Verwirklichung ernsthaft zu rechnen ist oder die nicht nur ganz entfernt liegen. Entgegen der Auffassung des OLG bestand die Gefahr der Beurteilung der Gestaltung als unangemessen nicht deshalb, weil die Fondsgesellschaft im Umfang der garantierten Schlusszahlung kein unternehmerisches Risiko eingegangen ist und in Folge der Absicherung erheblich geminderte Ertragsaussichten bestanden haben. Den geminderten Gewinnaussichten steht die höhere Sicherheit gegenüber, sodass ein wirtschaftlicher Zweck nicht etwa ausgeschlossen und eine Absicherung nicht unangemessen war. Unterstellt, die Auffassung des OLG träfe zu, wäre jegliche Defeasance-Struktur generell dem Vorwurf eines Umgehungsgeschäftes ausgesetzt, so der BGH. Für diese Sichtweise finden sich aber weder in der steuerlichen Literatur Anhaltspunkte, noch war ernsthaft bei Erstellung des Prospekts damit zu rechnen, dass die Finanzbehörden eine solche Sichtweise einnehmen würden, so der BGH.

152 Dies gilt auch dann nicht, wenn – bei wirtschaftlicher Betrachtung – zugrunde gelegt wird, dass das Fondskapital zu 80% nicht für die Deckung der Herstellungskosten der Filmproduktion eingesetzt wurde, sondern diese Mittel vom Produktionsdienstleister an den Lizenznehmer zur Deckung des Schuldübernahmeentgelts weitergeleitet wurden. Da diese Gestaltung der Absicherung der Kapitalanleger diente, wie vorstehend dargestellt, unterlag diese einem wirtschaftlich vernünftigen Zweck und diente nicht ausschließlich der Steuerersparnis.

153 Der BGH schloss sich aber der Rechtsauffassung des OLG dahingehend an, als die Verwendung des Begriffs „Garantiefonds" beim Anleger falsche Vorstellungen über seine Beteiligung erweckt. Der Prospekt ist – so der BGH – dahingehend fehlerhaft,

als dort von der Absicherung des Kommanditkapitals und nicht – wie tatsächlich – von der Absicherung einer Forderung des Fonds gegen den Lizenznehmer die Rede ist. Es wird also der Eindruck einer unmittelbaren Absicherung der Einlage des Anlegers erweckt, wobei die in den Eckpunkten beschriebene Form der Absicherung nach den späteren Erläuterungen im Prospekt gar nicht gewährleistet ist. Die Warnhinweise des Prospekts sind also nicht geeignet, für den durchschnittlichen Anleger hinreichend klarzustellen, dass entgegen der schlagwortartigen Darstellung an anderen Stellen des Prospektes im Ergebnis gerade keine Absicherung des Kommanditkapitals vorhanden ist.

Letztlich musste sich der BGH auch mit der Frage auseinandersetzen, ob die Musterbeklagte zu 2) als Defeasance-Bank prospektverantwortlich im engeren Sinne ist. Während der Musterbeklagte zu 1) für die Prospektfehler Verantwortung zu übernehmen hat und hier auch schuldhaft handelte, wobei diesbezüglich die Verschuldensform der Fahrlässigkeit ausreichend ist und das Verschulden diesbezüglich vermutet wird, ist eine Prospektverantwortlichkeit im engeren Sinne der Musterbeklagten zu 2) nach den bisherigen Tatsachenfeststellungen nicht gegeben. **154**

Diese ist keine Garantin[62], da sie im Prospekt weder als Sachverständige vertrauensbegründende Erklärungen abgegeben hat, noch eine Mitwirkung an der Prospektgestaltung auf andere Weise nach außen in Erscheinung getreten ist. **155**

Sie ist aber auch nicht sogenannter „Hintermann"[63], da weder die Stellung als Defeasance-Bank, noch die Stellung als obligatorische Darlehensgeberin einen maßgeblichen Einfluss der Musterbeklagten zu 2) auf das Geschäftsgebaren der Fondsgesellschaft mit sich bringt. Die einem Projektbeteiligten zugebilligten wirtschaftlichen Vorteile können nur dann für einen maßgeblichen Einfluss auf die Konzeption eines Fonds sprechen, wenn Anhaltspunkte offenbar werden, dass solche nicht im Verhandlungswege erzielt wurden, sondern auf der einseitigen Einflussnahme des Projektbeteiligten bei der Gestaltung der Fondskonzeption beruhen. Dies ist vorliegend nicht festgestellt. **156**

Der Musterentscheid wurde insoweit in Teilen aufgehoben und die Sache zur erneuten Entscheidung zurückverwiesen. **157**

5. Fazit

Der II. Zivilsenat des BGH stutzte vorliegend die anlegerfreundliche Musterentscheidung des KapMuG-Senats des OLG München deutlich zurück. Es betraf dies sowohl den Kernvorwurf einer zum Zeitpunkt der Prospekterstellung erkennbaren steuerschädlichen Gestaltung, wie die Frage einer Prospektverantwortlichkeit der Defeasance-Bank. Die Frage nach dem „Geldkreislauf" und dessen Darstellung im Prospekt wurde über die vorstehend dargestellten Entscheidungsgründe hinaus in dieser Entscheidung betreffend VIP 4 nicht näher problematisiert und im Hinblick auf die Prospektinhalte gerade nicht als fehlerhaft herausgestellt. Der II. Senat befasst sich allerdings in seinem Beschluss vom selben Tag zum Musterentscheid betreffend VIP 3 mit der Frage der Darstellung der Zahlungsströme im Prospekt unter dem Stichwort „Geldkreislauf" und hält hier die anlegerfreundliche Rechtsprechung des KapMuG-Senats des OLG München aufrecht[64]. Es ist dies entweder ein Widerspruch der beiden an diesem Tag veröffentlichten Entscheidungen; es mag aber auch die Rechtsprechung des BGH so zu verstehen sein, dass der II. Senat zwar die Prospektinhalte im Hinblick auf **158**

---

[62] → § 7 Rn. 81 ff.
[63] → § 7 Rn. 15–80.
[64] II ZB 30/12, Entscheidungen, die es nicht in dieses Buch geschafft haben.

die steuerlichen Risiken gutheißt, im Hinblick auf die wirtschaftlichen Zahlungsflüsse aber auf einen Prospektfehler erkennt; dies mit wirtschaftlichen Erwägungen zu rechtfertigen, ist in Anbetracht der Absicherung der Anleger durch die Schuldübernahmeerklärung der Defeasance-Bank nicht nachvollziehbar. Auf eine weitere Aufklärung der Rechtsprechung des BGH insbesondere bei Medienfonds mit Defeasance-Strukturen, welche von der extremen Konstellation der VIP-Fonds abweichen, darf man gespannt sein[65].

VIII. Telekom, 3. Börsengang

BGH Beschluss vom 21. Oktober 2014 – XI ZB 12/12

1. Sachverhalt

159   Die Deutsche Telekom AG wurde in Vollzug der Postreform II am 20. Dezember 1994 aus dem Teilsondervermögen Telekom der früheren Deutschen Bundespost gegründet und am 2. Januar 1995 in das Handelsregister eingetragen. In der Abschlussbilanz des Teilsondervermögens Telekom zum 31. Dezember 1994 war das Immobilienvermögen mit DM 22,944 Mrd. ausgewiesen. Zum Zwecke der Erstellung der Eröffnungsbilanz der Deutschen Telekom AG wurde das Immobilienvermögen zum 1. Januar 1995 neu zu Verkehrswerten mit DM 35,675 Mrd. bewertet. Dabei wurden nicht sämtliche der mehr als 12.000 Grundstücke mit etwa 32.000 baulichen Anlagen einzeln bewertet, sondern nur solche, die individuelle Besonderheiten aufwiesen. Ab dem 01.01.1993 erworbene Grundstücke wurden zu tatsächlichen Anschaffungskosten angesetzt. Grundstücke, die sich noch im Vermögenszuordnungsverfahren befanden, wurden mit einem Erinnerungswert von DM 1,00 bewertet; die übrigen Grundstücke und Gebäude wurden abhängig von Lage und Nutzung in verschiedene Gruppen (Cluster) aufgeteilt und unter Ziehung von Stichproben zu durchschnittlichen Bodenpreisen und Herstellungskosten nach einem sogenannten Clusterverfahren bewertet.

160   Der so ermittelte Ansatz zu Verkehrswerten wurde in die Eröffnungsbilanz übernommen und in den Folgebilanzen unter Bildung von Rückstellungen für nicht mehr benötigte Immobilien in Höhe von insgesamt EUR 226 Mio. bis in das Jahr 2000 fortgeschrieben.

161   Der Buchwert des gesamten Immobilienvermögens des Konzerns der Musterbeklagten wird im Prospekt zum 31. Dezember 1999 mit EUR 17,2 Mrd., auf unkonsolidierter Grundlage mit EUR 16,3 Mrd. angegeben. Im Abschnitt „Darstellung und Analyse der wirtschaftlichen Entwicklung – ausgewählte Trends und Entwicklungen mit Auswirkungen auf die Deutsche Telekom" wird unter der Zwischenüberschrift „Grundstücke und Gebäude" auf S. 42 auszugsweise folgendes ausgeführt:

„Das Immobilienvermögen der Deutschen Telekom wurde zum 1. Januar 1995 zum Verkehrswert neu bewertet, wie im Anhang zum Konzernabschluss unter „Grundlagen der Bilanzierung – Bilanzierung und Bewertung" beschrieben. 1997 hat die Deutsche Telekom Rückstellungen in Höhe von 205 Millio-

---

[65] Siehe auch BGH III ZR 264/14, vgl. Entscheidungen, die es nicht in dieses Buch geschafft haben; bei diesem Medienfonds unterstellte das OLG aber den Parteien den Vortrag einer Zahlung des Schuldübernahmeentgelts an die Defeasance-Bank unmittelbar durch den Produktionsdienstleister (also Dreieck, anstelle Viereck) und missachtete diesbezüglich den beiderseitigen Parteivortrag. Das Urteil wurde aus diesem Grunde vom BGH aufgehoben und zurückverwiesen.

nen € für mögliche Verluste im Zusammenhang mit der Veräußerung von nicht mehr für ihre Geschäftstätigkeit genutzten Immobilien gebildet. Eine weitere Abschreibung wurde im Jahr 1998 als Ergebnis der laufenden Überprüfung aller betriebsnotwendigen Immobilien durch die Gesellschaft vorgenommen. 1999 wurde die 1997 gebildete Rückstellung um 21 Millionen € erhöht. Der Gesamtbuchwert des Grundbesitzes der Deutschen Telekom betrug zum 31. Dezember 1999 insgesamt 17,2 Milliarden €.

Da die Deutsche Telekom über ein beträchtliches Immobilienvermögen verfügt und sie langfristig von einem sinkenden Bedarf für einige ihrer Immobilien ausgeht, gehört die Entwicklung des deutschen Immobilienmarkts ebenso wie die laufende Prüfung der Erforderlichkeit einzelner Grundstücke für ihren Geschäftsbetrieb zu den wesentlichen Faktoren, die das Ergebnis der Deutschen Telekom in den nächsten Jahren beeinflussen können. Bei einem Verkauf von Immobilien werden entsprechende Gewinne oder Verluste realisiert."

Weiter heißt es im Abschnitt „Geschäftstätigkeit" unter der Zwischenüberschrift **162** „Grundbesitz und technische Einrichtungen" auf Seite 116:

„Wegen der Konsolidierung von verschiedenen Tätigkeitsbereichen, des Abschlusses der Umstellung auf digitale Vermittlungsstellen im Dezember 1997 und der laufenden Personalreduzierung erwartet die Deutsche Telekom, dass ein wesentlicher Teil der eigenen oder gemieteten Grundstücke und Gebäude in der Zukunft für ihr Kerngeschäft nicht mehr benötigt wird. 1997 hat die Deutsche Telekom begonnen, nicht benötigte Grundstücke zu identifizieren und ihren Verkauf oder ihre Vermietung einzuleiten. […]"

Außerdem wird im Konzernanhang des Prospekts unter der Zwischenüberschrift **163** „Bilanzierung und Bewertung" auf Seite F-14 erläutert:

„In der Eröffnungsbilanz der Deutschen Telekom AG wurden in Ausübung des durch die Postreform II gewährten Wahlrechts die am 1. Januar 1995 auf die Deutsche Telekom AG übergegangenen Vermögensgegenstände des Sachanlagevermögens mit ihren Verkehrswerten angesetzt. Dabei wurden wegen ihrer Nähe zum Bewertungsstichtag bei den ab 1. Januar 1993 zugegangenen Sachanlagen deren Restbuchwerte zum 31. Dezember 1994 als künftige Anschaffungs- und Herstellungskosten zum Ansatz gebracht. Die Restnutzungsdauer und die Abschreibungsmethode für diese Vermögensgegenstände werden unverändert fortgeführt. Die in der Eröffnungsbilanz angesetzten Werte gelten seitdem als die Anschaffungs- bzw. Herstellungskosten dieser Sachanlagen."

Einen Hinweis darauf, dass das Immobilienvermögen überwiegend unter Einsatz des **164** Clusterverfahrens bewertet worden war, enthält der Prospekt nicht.

Die Deutsche Telekom AG hielt zudem eine Beteiligung an der Sprint Corporation, **165** Kansas City, welche im Jahr 1996 für rund EUR 1,6 Mrd. erworben wurde. Wegen einer Haltefrist war eine Veräußerung an Dritte bis zum Jahr 2001 ausgeschlossen. Es lag ein Kaufangebot der MCI WorldCom i.H.v. EUR 9,8 Mrd. vor. Im Jahr 1999 übertrug die Deutsche Telekom AG die Anteile konzernintern zu diesem Wert auf die ihr zu 100% gehörende NAB Nord Amerika Beteiligungs-Holding, Bonn. Innerhalb des Konzerns war dieser Vorgang erfolgsneutral, während er bei der Deutschen Telekom AG einen Buchgewinn in Höhe von EUR 8,239 Mrd. auslöste.

Im Juli 2000 wurde bekannt, dass die Übernahme durch die US-amerikanische Te- **166** lefongesellschaft gescheitert war, sodass in der Folgezeit die Aktien erheblich an Wert verloren.

Die Deutsche Telekom AG musste im Jahresabschluss für das Jahr 2000 eine Wertbe- **167** richtigung ihrer Beteiligung in Höhe von EUR 6,6653 Mrd. vornehmen; im Jahr 2001 wurden die Aktien schließlich zu einem Preis von (nur) EUR 3,4 Mrd. veräußert.

Im Prospekt heißt es diesbezüglich: **168**

„[…] Im Jahr 1999 konnte die Deutsche Telekom einen Buchgewinn in Höhe von ca. 8,2 Milliarden € aufgrund des innerhalb der Deutschen Telekom Gruppe getätigten Verkaufs ihrer Anteile an S. realisieren. Dieser Gewinn trug wesentlich zu dem Jahresüberschuss in Höhe von 9,7 Milliarden € auf nicht-

VIII. Telekom, 3. Börsengang

konsolidierter Basis bei. Dieser innerhalb der Deutschen Telekom Gruppe getätigte Verkauf hatte keine Auswirkungen auf den Konzernabschluss. Der Jahresüberschuss der Deutschen Telekom auf konsolidierter Basis belief sich auf 1,3 Milliarden €."

169   Darüber hinaus wird auf Seite 103 im Abschnitt „Auflösung der Zusammenarbeit mit F. und S." erläutert:

„[…] Die Deutsche Telekom geht davon aus, dass sie ihre Anteile an S. (oder die Anteile an M., die sie im Falle des Erwerbs von S. durch M. erhalten würde) abhängig von den jeweiligen Marktbedingungen und nach Maßgabe rechtlicher und vertraglicher Beschränkungen, veräußern wird. Die Deutsche Telekom kann nicht zusichern, dass oder, im Fall von S., zu welchem Preis oder zu welchen Preisen ein Verkauf ihrer Anteile an S. oder M. zustande kommt."

170   Im Konzernanhang des Prospektes wird auf Seite F-64 unter der Zwischenüberschrift „Jahresabschluss der Deutschen Telekom AG" ergänzend ausgeführt:

„Die Übertragung der Anteile an der S. Corp., Kansas, innerhalb des Konzerns führte zu Erträgen in Höhe von 8,2 Mrd. €. Dadurch konnte das Ergebnis vor Steuern auf 11,2 Mrd. € gesteigert werden."

171   Zudem enthält der Prospekt zur Verantwortlichkeit für den Prospektinhalt auf Seite 3 im Abschnitt „Allgemeine Informationen" folgende Angaben:

„Die Deutsche Telekom AG und die am Ende dieses Verkaufsprospekts („Prospekt") aufgeführten Banken übernehmen im Rahmen des Wertpapier-Verkaufsprospektgesetzes in Verbindung mit § 45 Börsengesetz die Verantwortung für den Inhalt des Prospekts und erklären hiermit, dass ihres Wissens die Angaben in diesem Prospekt richtig und keine wesentlichen Umstände ausgelassen sind."

172   Weiter heißt es auf Seite 7 des Prospektes:

„Dieser Prospekt bezieht sich auf Aktien der Deutschen Telekom AG, die im Rahmen eines globalen Angebots angeboten werden, das aus einem öffentlichen Angebot für Privatanleger in fünfzehn europäischen Ländern (…), öffentlichen Angeboten für Privatanleger in den Vereinigten Staaten von Amerika (…), Kanada und Japan sowie aus einem weltweiten Angebot für institutionelle Anleger im Rahmen von Privatplatzierungen oder öffentlichen Angeboten besteht. Die KfW ist Verkäuferin aller 20 Millionen Aktien, die im Rahmen des globalen Angebots angeboten werden."

2. Hintergrund

173   Es ist das – bemessen nach der Anzahl der Kläger – bislang größte Verfahren geschädigter Kapitalanleger (17.000) vor deutschen Gerichten. Der sogenannte „Dritte Börsengang" der Deutschen Telekom AG im Jahre 2000 führte zu einer weltweiten Veräußerung von mehr als 200 Mio. bereits platzierter auf den Namen lautender Stückaktien im Wege eines öffentlichen Angebots. Die Deutsche Telekom AG übernahm die erneute öffentliche Platzierung der Aktien und gab zu diesem Zweck am 26. Mai 2000 einen mit „Verkaufsprospekt" überschriebenen Prospekt heraus, der durch mehrere Nachträge ergänzt wurde.

174   Es ist ein gigantisches Unterfangen, im Prospektmaterial ein derart umfangreiches und komplexes Gebilde, wie die Deutsche Telekom AG, vollständig und richtig abzubilden, sodass dieser Prospekt bei Streitigkeiten, welche – wie hier – im Regelfall erst mehr als ein Jahrzehnt nach Zeichnung (erstmals) einer höchstrichterlichen Klärung unterfallen, der richterlichen Inhaltskontrolle standhält. Das OLG Frankfurt am Main vertrat in seinem Beschluss vom 16.05.2012 allerdings die Auffassung, dass der Prospekt fehlerfrei ist. Mit Spannung wurde daher in der Öffentlichkeit, in den juristischen Fachkreisen und vor allem aber auch auf den beiden Seiten der jeweiligen Prozessparteien erwartet, wie der XI. Senat des BGH diese seine letzte bedeutende Entscheidung

vor Ausscheiden des nunmehr ehemaligen Vorsitzenden, Ulrich Wiechers, fällen und begründen würde.

Der 85-seitige Beschluss vom 21. Oktober 2014, veröffentlicht erst am 11.12.2014, beantwortet eine Fülle von Rechtsfragen und verweist die Sache zur erneuten Verhandlung und Entscheidung an das OLG Frankfurt am Main zurück. 175

In der öffentlichen Wahrnehmung wird dieser Beschluss als im Grundsatz zu Gunsten der Anleger ausfallend bewertet; passionierte Anlegerschützer sprechen sogar von einem „rechtshistorischen Etappensieg". Tatsächlich sind jedenfalls die zu materiellen Prospektfehlern ergangenen Ausführungen des BGH derart spezifisch auf das Unternehmen der hier streitgegenständlichen Telekom zugeschnitten, dass es schwer fällt, hier verallgemeinerungsfähige Gedanken zu identifizieren. 176

3. Problemstellung

Die vom BGH in dem Beschluss beantworteten Rechtsfragen lassen sich in vier große Gruppen einteilen: 177

Zunächst hatte sich der BGH mit zivilprozessualen Fragestellungen zu befassen, welche durch das eigens für dieses Massenverfahren vom Gesetzgeber mit Wirkung ab dem 1.11.2005 ins Leben gerufene Kapitalanlegermusterverfahrensgesetz aufgeworfen werden. Sodann war die Frage zu klären, welche materiellen Prospekthaftungsvorschriften auf einen im Jahr 2000 freiwillig erstellten Wertpapierverkaufsprospekt Anwendung finden, wenn dieser der Umplatzierung bereits an der Börse gehandelter Wertpapiere dient. Die einzelnen vom BGH sodann behandelten Prospektfehler betreffen die Bewertung von Immobilienbesitz sowie die Behandlung von Beteiligungsunternehmen im Konzern. Schließlich ist verfahrensgegenständlich die Verjährungsthematik, wobei vorliegend zum einen das Sonderproblem der massenhaften Verjährungshemmung durch die Einleitung von Güteverfahren gemäß § 204 Abs. 1 Nr. 4 BGB, zum anderen der zivilprozessuale Streitgegenstandsbegriff der Prospektunrichtigkeit in Rede steht. 178

4. Entscheidung

Der Musterkläger führte in seiner Beschwerdebegründung einen mutigen Angriff: Er hielt den Beschluss des OLG Frankfurt am Main bereits deshalb für gesetzwidrig, weil dieser keinen ausreichenden Tatbestand enthalte. Erwartungsgemäß folgte der XI. Senat dieser Sichtweise nicht, da er anderenfalls sich die Gelegenheit hätte entgehen lassen, selbst inhaltliche Ausführungen zur Prospektfehlerhaftigkeit des dritten Börsengangs der Telekom zu Papier zu bringen. 179

Der BGH führt aus, dass ein angegriffener Musterentscheid den Anforderungen an eine ordnungsgemäße Begründung dann genügt, wenn er ausreichende tatsächliche Feststellungen enthält, sodass das Rechtsbeschwerdegericht zu einer rechtlichen Prüfung dieser tatsächlichen Feststellungen in der Lage ist. Erforderlich sei, dass der angegriffene Beschluss den Sach- und Streitstand, über den entschieden wird, wiedergibt und die Anträge erkennen lässt. Die Angriffe des Musterklägers beziehen sich vor allem auf die zu knappe und vermeintlich oberflächliche Sachverhaltsdarstellung. 180

Selbst für ein Urteil im Sinne von § 313 Abs. 2 ZPO genüge eine nur knappe Darstellung der wesentlichen Sachverhaltsaspekte, wobei das Urteil wegen der weiteren Einzelheiten des Sach- und Streitstandes auf die Akten Bezug nehmen darf; dies sei auch im Musterverfahren entsprechend möglich. Wenn – wie hier – das Oberlandesgericht in seinem Musterentscheid den Sachverhalt zunächst zusammenfasst, sodann um- 181 fassend die Anträge der Beteiligten wiedergibt, dann wiederum ergänzend auf den Tatbestand und die Begründung des Vorlagebeschlusses verweist, welcher seinerseits den Sachverhalt zusammenfasst und das maßgebliche Vorbringen der Beteiligten zu den einzelnen Streitpunkten referiert und wenn zudem das OLG in den Entscheidungsgründen Streitpunkt für Streitpunkt abarbeitet, wobei es konkret auf die jeweiligen Schriftsätze der Beteiligten Bezug nimmt, wird der relevante Sachverhalt und insbesondere auch die relevanten Prospektstellen ausreichend wiedergegeben.

182 Dies befähigt den BGH als Rechtsbeschwerdegericht, auf Basis ausreichender tatsächlicher Feststellungen eine rechtliche Prüfung vorzunehmen.

183 Der BGH hatte auch Anlass, sich mit den Anforderungen an den Inhalt eines Rechtsbeschwerdeantrages zu befassen. Grund war die Rüge der Musterbeklagten, wonach dieser Antrag lediglich auf Aufhebung des Musterentscheids und Feststellung gerichtet war, dass der Prospekt der Musterbeklagten fehlerhaft ist und sich Ansprüche hieraus und/oder im Zusammenhang hiermit ergeben könnten; die einzelnen begehrten Feststellungen zu den jeweils angegriffenen Streitpunkten als solche waren im gestellten Antrag nicht konkret bezeichnet worden.

184 Der BGH verweist diesbezüglich auf § 575 Abs. 3 Nr. 1 ZPO und führt aus, dass die genaue Benennung der angegriffenen Teile des Musterentscheids, die aufgehoben oder abgeändert werden sollen, im Beschwerdeantrag selbst enthalten sein muss. Dies deshalb, da auch die Reichweite der Rechtskraft eines Musterentscheids sich nicht etwa aus einem im Vorlagebeschluss allgemein formulierten Feststellungsziel ergibt, sondern nur diejenigen Aussagen des Oberlandesgerichts in Rechtskraft erwachsen, die es zu den einzelnen Fragen des Vorlagebeschlusses, den sogenannten Streitpunkten, traf. Vorliegend erfüllte der Rechtsbeschwerdeantrag diese vom BGH präzisierten Voraussetzungen also nicht.

185 Der BGH ließ es sich aber dennoch nicht nehmen, sich inhaltlich zum Telekom-Beschluss des OLG Frankfurt am Main zu äußern und ließ die 17.000 Kläger des dritten Börsengangs nicht dadurch im Stich, dass er die Rechtsbeschwerde als unzulässig verwarf; er griff den Beschwerdeführern nämlich dadurch unter die Arme, dass er das Fehlen eines ordnungsgemäß formulierten Rechtsbeschwerdeantrages dann als unschädlich positioniert, wenn sich – wie im Regelfall – aus der Rechtsbeschwerdebegründung ergibt, welche einzelnen Streitpunkte des Musterbescheides angegriffen sind. Ersichtlich seien die beiden Prospektfehler der angeblich fehlerhaften Immobilienbewertung einerseits, des Abwertungsbedarfes eines Beteiligungsunternehmens andererseits, streitgegenständlich. Der BGH geht aber noch weiter: Auch wenn die Rechtsbeschwerde nicht einmal in der Begründung darauf verweist, umfasst sie dennoch auch Folgefragen zu Prospektfehlern, wie etwa zum Verschulden, zur Kausalität und zu einer Haftung aus Delikt, weil das Oberlandesgericht diese Fragen im vorliegenden Fall ja mangels Feststellung eines Prospektfehlers gar nicht beantworten musste.

186 Bevor sich der BGH mit Prospektfehlern in inhaltlicher Hinsicht befassen durfte, musste zunächst einmal die Frage geklärt werden, auf Basis welchen Prüfungsmaßstabes hier die Beurteilung der Vollständigkeit und Richtigkeit von Prospektmaterial zu erfolgen hatte. War vorliegend eine spezialgesetzliche Prospekthaftung einschlägig, oder würde etwa die allgemeine richterrechtliche Prospekthaftung im engeren Sinne greifen?

187 Aus Sicht des BGH ist diese Frage durchaus von entscheidungserheblicher Bedeutung: So ist die auf den „Grauen Kapitalmarkt" bezogene bürgerlich-rechtliche Prospekthaftung im engeren Sinne eine schärfere Haftung, wie beispielsweise diejenige nach § 13 Verkaufsprospektgesetz aF iVm §§ 45 ff. BörsG aF. Nähere Ausführungen zu

§ 6. Die Prospektfehler von Investmentvermögen

den Unterschieden im Einzelnen sowie eine Beantwortung der Frage, wie die gerügten Prospektfehler denn bei Anwendung der allgemeinen bürgerlich-rechtlichen Prospekthaftung im engeren Sinne beurteilt worden wären, finden sich dort aber nicht. Die Unterschiede betreffen ja nicht nur den unterschiedlichen Prospektbegriff, den unterschiedlichen Adressatenkreis für die Beurteilung der Prospektrichtigkeit, sondern auch den Kreis der Haftenden, den unterschiedlichen Verschuldensmaßstab bei der Haftung sowie Kausalitätsfragen.

Grund für die Unsicherheit war deshalb gegeben, da die Aktien, welche vorliegend durch den Prospekt öffentlich angeboten worden waren, bereits im Rahmen früherer Börsengänge an der Börse zugelassen worden waren. Der vorliegend in Rede stehende Prospekt war damit gerade kein Börsenzulassungsprospekt im Sinne von § 36 Abs. 3 Nr. 2 BörsG a.F. Börsenrechtlich wäre für eine – wie vorliegend – Umplatzierung bereits zugelassener Aktien gar kein neuer Prospekt erforderlich gewesen. Öffentliche Zweitplatzierungen zum Börsenhandel bereits zugelassener Aktien fielen im Zeitpunkt der Prospekterstellung im Jahr 2000 auch nicht unter das Verkaufsprospektgesetz; eine derartige Prospektpflicht wurde vielmehr erst mit Inkrafttreten des § 3 Abs. 1 WpPG zum 1. Juli 2005 neu geschaffen. Wenn das OLG Frankfurt am Main demgegenüber der Auffassung war, der vorliegend in Rede stehende „Altfall" einer öffentlichen Zweitplatzierung sei unter das Verkaufsprospektgesetz gefallen, ist dies unzutreffend. 188

Der BGH geht aber dennoch von einer Anwendung der gesetzlichen Prospekthaftung aus. Er verweist explizit darauf, dass bei einer öffentlichen Umplatzierung bereits zum Börsenhandel zugelassener Aktien vor dem 1. Juli 2005 eine Haftungslücke vorhanden ist. Diese ist nicht etwa durch die allgemeine bürgerlich-rechtliche Prospekthaftung im engeren Sinne zu schließen, sondern durch die entsprechende Anwendung der spezialgesetzlichen Prospekthaftung gemäß § 13 des VerkProspG aF iVm §§ 45 ff. BörsG a.F. analog. Dies deshalb, da die bürgerlich-rechtliche Prospekthaftung im engeren Sinne ihren Ursprung und klassischen Anwendungsbereich im früher gar nicht gesetzlich geregelten „Grauen Kapitalmarkt" hat. Das Börsengesetz und/oder das Verkaufsprospektgesetz regeln dagegen grundsätzlich den auch hier streitgegenständlichen Fall der zum Börsenhandel zuzulassenden Aktien, auch wenn die Umplatzierung im Einzelfall von der Prospektpflicht befreit war. 189

Im Ergebnis müssen sich die gerügten Prospektfehler mithin an den Maßstäben des § 13 Abs. 1 S. 1 VerkProspG aF iVm § 45 Abs. 1 S. 1 BörsG aF messen lassen, d. h. der Prospekt ist nur dann fehlerhaft, wenn für die Beurteilung der veräußerten Aktien wesentliche Angaben unrichtig oder unvollständig sind. 190

Rechtsstreitigkeiten, in denen Schadenersatzansprüche auf vertraglicher Grundlage (culpa in contrahendo, § 241 Abs. 2, § 311 Abs. 2 und 3 BGB), auch aus sogenannter Prospekthaftung im weiteren Sinne, geltend gemacht werden, können dagegen von vorneherein nicht Gegenstand eines Musterverfahrens nach KapMuG sein; der BGH hob die gegenteilige Auffassung des OLG Frankfurt am Main insoweit auf. 191

Auch wenn es sich vorliegend nicht um das Kerngeschäft der Deutschen Telekom AG handelte, zählt das Immobilienvermögen zu denjenigen Bilanzpositionen, die für die Beurteilung der Vermögenslage dieses Unternehmens von wesentlicher Bedeutung sind; dies gilt insbesondere deshalb, weil die Immobilien vorliegend knapp die Hälfte des Eigenkapitals des Unternehmens ausmachten. Zwar sind für den Wert einer Anlage und den Erfolg einer Anlageentscheidung in erster Linie das operative Geschäft und die Wettbewerbsfähigkeit eines Unternehmens maßgeblich; der Wert des Immobilienvermögens ist aber von Bedeutung für die Ermittlung der Eigenkapitalquote als wichtige 192 betriebswirtschaftliche Kennziffer zur Beurteilung der Kreditwürdigkeit des Unternehmens sowie für die Krisenanfälligkeit eines derartigen Unternehmens. Der BGH geht nunmehr noch einen Schritt weiter, als das OLG Frankfurt am Main. So muss ein Prospekt nicht nur den Wert des Immobilienvermögens zutreffend ausweisen, sondern im Einzelfall auch den gewählten Bewertungsansatz oder das angewandte Bewertungsverfahren, wenn deren Kenntnis zur sachgerechten Einschätzung der Belastbarkeit des angegebenen Immobilienwertes erforderlich ist.

193   Vorliegend steht das sogenannte „Clusterverfahren" in Rede. Der BGH ist sowohl der Auffassung, dass die Anwendung des Clusterverfahrens nach handelsrechtlichen Bilanzvorschriften zulässig war; der BGH hält die Deutsche Telekom AG des Weiteren auch nicht für verpflichtet, im Prospekt offenzulegen, dass die Grundstücke bei Erstellung der Eröffnungsbilanz überwiegend unter Anwendung des Clusterverfahrens bewertet worden sind. Zur Begründung verweist der BGH auf ein Doppeltes: Zum einen war die Clusterbewertung rechtlich zulässig; zum anderen weist jedes Bewertungsverfahren Schätzungenauigkeiten auf, sodass das Clusterverfahren nicht zu stets ungünstigeren Ergebnissen führt, als sonstige Verfahren.

194   Insoweit sind also keinerlei Prospektfehler ersichtlich.

195   Der BGH lässt insoweit zunächst völlig offen, ob der Adressatenkreis für die Beurteilung der Prospektrichtigkeit in diesem Punkt derjenige eines börsenkundigen Anlegers ist, oder ob diesbezüglich auf einen (Klein-)Anleger abzustellen ist. Aus Sicht des BGH ist der Prospekt selbst für einen bilanzkundigen Anleger bei der gebotenen sorgfältigen und eingehenden Lektüre des gesamten Prospekts falsch, da nicht ersichtlich ist, dass die Deutsche Telekom AG die Aktien an der Sprint Corporation nicht etwa bereits verkauft, sondern nur im Wege der Sacheinlage auf eine hundertprozentige Konzerntochter übertragen hat (sogenannte Umhängung). Durch die Übertragung trägt die Deutsche Telekom AG weiterhin das volle Risiko eines Kursverlustes mit allen dividendenrelevanten Abschreibungsrisiken.

196   Mehrfach ist im Prospekt darauf verwiesen worden, dass die Deutsche Telekom-Gruppe einen Buchgewinn aus dem Verkauf ihrer Anteile realisieren konnte. Das Wort „Verkauf" steht hier im Vordergrund – so der BGH. Damit verbindet der Adressatenkreis des Prospekts den Erhalt einer Kaufpreiszahlung bzw. den Erwerb einer Kaufpreisforderung.

197   Dieser Eindruck wird auch nicht dadurch zerstört, dass der Verkauf „innerhalb des Konzerns" zu einem „Buchgewinn" führte; diese Prospektformulierungen machen dem Leser nicht klar, dass die Deutsche Telekom AG weiterhin das Preisrisiko der Aktien trug; aus diesen Formulierungen lässt sich gerade nicht ableiten, ob der durch die Veräußerung erzielte Ertrag einen in der weiteren Entwicklung „unsicheren", mit erheblichen Abschreibungsrisiken belasteten höheren Beteiligungsbuchwert als Konsequenz hat, oder ob ein bereits endgültig erzielter höherer Kassen- oder Forderungsbestand vorliegt.

198   Wenn an anderer Stelle darauf verwiesen wird, dass die Deutsche Telekom AG nicht zusichern könne, zu welchem Preis ein Verkauf ihrer Anteile an der Sprint Corporation erfolge, reicht auch dies nicht aus: So findet sich dieser Abschnitt im Hinweis „Geschäftstätigkeit der Deutschen Telekom", betrifft mithin die Deutsche Telekom AG und ihre konsolidierten Tochtergesellschaften. Dass mit der „Deutschen Telekom" in diesem Kontext die AG selbst gemeint ist und daher diese möglicherweise den gesamten Veräußerungsverlust zu tragen hat, geht aus diesem Zusammenhang nicht hervor.

Dieses Risiko war für den Anleger aber in Anbetracht des Umfangs des übertragenen 199
Aktienpakets in Höhe von EUR 9,8 Mrd. wesentlich, so der BGH. Daran ändert auch
nichts, dass ein mitteilungsbedürftiger Abwertungsbedarf des Aktienpakets bis zum Ablauf der Zeichnungsfrist richtigerweise nicht gegeben war.

Von besonderer, allgemein gültiger Bedeutung sind die Ausführungen des XI. Senats 200
zu verjährungsrechtlichen Fragestellungen.

Der Senat schickt voran, dass bei sämtlichen vorliegend in Rede stehenden Verjäh- 201
rungsfragen feinsinnig differenziert werden muss, ob eine solche allgemein gültig
beantwortet werden kann (dann im Musterverfahren statthaft), oder nur im Einzelfall
getroffen werden kann (dann im Musterverfahren nicht statthaft). Der BGH hält die
Streitpunkte „Zustellung demnächst", „Nachfragepflicht bei Überlastung der ÖRA",
„Allgemeines Verweigerungsschreiben an die ÖRA", sowie „Rechtsmissbräuchliche
Nutzung des ÖRA-Verfahrens" für nicht statthaft im KapMuG-Verfahren und äußert
sich mithin hierzu in seinem Beschluss nicht.

Eindeutig positioniert er sich demgegenüber dahingehend, dass die Ad-hoc-Mit- 202
teilung der Deutschen Telekom AG vom 21. Januar 2001 die kenntnisabhängige Verjährung nicht bereits anlaufen ließ. Sodann äußert sich der BGH zu zwei zentralen
verjährungsrechtlichen Fragen:

Der BGH hält zunächst fest, dass § 204 Abs. 1 Nr. 4 BGB nicht dahingehend auszu- 203
legen ist, dass lediglich obligatorische Güteverfahren verjährungshemmende Wirkung
hätten; die Bedenken der Rechtsbeschwerde, ob das ÖRA-Verfahren seine Funktion
im kapitalmarktrechtlichen Massenverfahren erfüllen kann, könne nicht dazu führen,
den eindeutigen Wortlaut des § 204 Abs. 1 Nr. 4 BGB teleologisch zu reduzieren, so
der BGH. Danach kann ein Güteantrag gerade auch bei einer fakultativ eingerichteten
Gütestelle eingereicht und die Verjährung hierdurch gehemmt werden.

Die Hemmung der Verjährung durch Einreichung des Güteantrags endet sodann frü- 204
hestens sechs Monate nach Beendigung des Güteverfahrens durch Abschluss eines Vergleichs, die Rücknahme des Güteantrags oder durch Einstellung des Verfahrens wegen
Scheiterns des Einigungsversuchs.

Des Weiteren positioniert sich der BGH zur Frage der Verjährungshemmung bei 205
Prospektfehlern durchaus anlegerfreundlich. So hatte das Oberlandesgericht noch
angenommen, dass Ansprüche dann verjährt sind, soweit einzelne Prospektfehler – bei
isolierter Betrachtung – erst nach Ablauf der Verjährungsfrist für die betreffenden Ansprüche in die Ausgangsverfahren eingeführt werden.

Der BGH hält demgegenüber fest, dass von der Hemmungswirkung einer Klage der 206
prozessuale Anspruch und damit der Streitgegenstand insgesamt erfasst wird; bei einer
Prospekthaftungsklage sind dies alle Ansprüche wegen Prospektfehlern, da es sich insoweit um einen einheitlichen Lebenssachverhalt handelt. Die im Prospekt enthaltenen
unrichtigen oder unvollständigen Angaben sind keine selbständigen Geschehensabläufe,
sondern Bestandteile des einheitlich zu beurteilenden Erwerbs von Aktien auf Grundlage des Prospekts. Dies gilt völlig unabhängig davon, ob der Prospektfehler in der
Klage bereits geltend gemacht worden ist, oder nicht. Die Verjährung ist mithin gehemmt auch für solche Prospektfehler, die erst nach Klageerhebung in den Prozess eingeführt werden.

Dies leitet über zur Frage, wie dieser Teilaspekt bei Hemmung der Verjährung durch 207
ein Mahn- oder Güteverfahren zu beantworten ist. Für die Hemmung der Verjährung
durch Rechtsverfolgung ist ebenfalls generell der prozessuale Anspruch maßgeblich.
Den Anforderungen an die erforderliche Individualisierung des geltend gemachten An-

spruchs wird dabei durch die Angabe des Zeitpunktes des Erwerbs der Aktien unter Benennung des angeblich fehlerhaften Prospekts genügt. Der Benennung der einzelnen Prospektfehler im Antrag bedarf es demgegenüber nicht, so der BGH. Den Prospektverantwortlichen wird nämlich auch ohne die Benennung einzelner vermeintlicher Prospektfehler die Beurteilung ermöglicht, ob er sich gegen den Anspruch zur Wehr setzen will, oder nicht.

208 Wenn demgegenüber Güteanträge erst nach Ablauf der absoluten Verjährung bei der ÖRA eingehen (vorliegend 27. Mai 2003), kann diese Verjährung nicht mehr gehemmt werden.

5. Fazit

209 Der BGH widersteht in dem hier besprochenen Beschluss der Versuchung, den Telekom-Musterentscheid des OLG Frankfurt am Main ohne eigene inhaltliche Prüfung zu halten bzw. zu kippen, was in Anbetracht der KapMuG-spezifischen zivilprozessualen Streitpunkte der Parteien möglich gewesen wäre.

210 Der BGH äußert sich sehr dezidiert zu den beiden Hauptstreitpunkten im Bereich der Prospektfehler und gibt dem Prospektersteller im Bereich der Immobilienbewertung sachgerechte Freiheiten; hohe Anforderungen stellt er demgegenüber an die Vollständigkeit und Richtigkeit der Darstellung der Risiken aus Beteiligungsbesitz und öffnet hier dem OLG Frankfurt am Main Spielräume, erheblichen Schadenersatzansprüchen der 17.000 geschädigten Anleger den Boden zu bereiten. Dabei darf aber nicht übersehen werden, dass diese Prospektfehler auf den besonderen Eigenheiten der Unternehmensstruktur der Deutschen Telekom AG beruhen und nicht ohne weiteres auf andere Emissionsprospekte übertragbar sind.

211 Von erheblicher allgemein gültiger Bedeutung sind demgegenüber die Ausführungen zu Verjährungsfragen, insbesondere bei Einleitung von Güteverfahren. Hier werden zu Gunsten der Anleger (letztendlich auch zu Gunsten der Anlegeranwälte) Maßstäbe gesetzt, welche in ihrer Großzügigkeit durchaus erstaunen.

IX. Ausblick

212 Wie die vorstehend dargestellten Entscheidungen zeigen, sind nur sehr wenige Urteile zur Prospektrichtigkeit bzw. -fehlerhaftigkeit plakativ und eindeutig. In fast allen Fällen gleicht die Beurteilung der Prospektfehlerhaftigkeit der Arbeit eines Archäologen, welcher mühsam verschiedenste Teilaspekte des ihn interessierenden Ganzen zusammenträgt, um am Ende ein mehr oder weniger vollständiges Bild dessen zu erlangen, was dem Betrachter vorgestellt werden soll.

213 Bei den einzelnen zusammenzutragenden und zu untersuchenden „Stücken" handelt es sich – so die höchstrichterliche Rechtsprechung – um einzelne Wörter, die systematische Stellung, den Eindruck, welcher die Verwendung eines bestimmten tempus mit sich bringt sowie die Tatsache, dass an bestimmten Stellen Stücke fehlen, welche die Rechtsprechung dort erwartet hätte.

214 Vor diesem Hintergrund wird es auch künftig trotz Verfeinerung der diesbezüglichen Rechtsprechung, trotz immenser Steigerung der Haftungsgefahren durch Etablierung einer kapitalanlagerechtlichen Streitkultur und trotz gesetzgeberischer Versuche, Klarheit zu schaffen, immer mehr Streitfragen geben, welche vor Gericht ausgetragen werden.

§ 6. Die Prospektfehler von Investmentvermögen

Festzuhalten bleibt, dass die aufwendige Suche nach Prospektfehlern häufig auch mit einer intensiven Durchleuchtung des tatsächlichen Sachverhaltes verbunden ist. Oftmals beruht das Auffinden von Prospektfehlern auf Zufällen. Dass hier ein arbeitsteiliges Miteinander von Ermittlungsbehörden und Anlegeranwälten zu verzeichnen ist, ist im Interesse gerechter, weil richtiger Urteile zu begrüßen. Bestrebungen der Anlegeranwälte, Ermittlungsbehörden durch fadenscheinige Strafanzeigen vor ihren Karren spannen zu wollen, sind demgegenüber strikt abzulehnen. **215**

Fest steht jedenfalls, dass in keinem Bereich der Haftung für fehlerhafte Kapitalanlage größere Risiken zu verzeichnen sind, als im Bereich der Aufgabenstellung, vollständige und richtige Prospekte zu verfassen und zu veröffentlichen. Der Versuch, für derartige Formulierungen nicht in die Verantwortung genommen zu werden, ist nur allzu menschlich und verständlich. In den folgenden Kapiteln ist mithin darzulegen, welche Haftungsadressaten für Prospektfehler einzustehen haben und welche Chancen- und Risikoverteilung in haftungsrechtlicher Hinsicht im Hinblick auf einzelne Haftungsadressaten zu beachten ist. **216**

§ 7. Die Haftungsadressaten für Prospektfehler im engeren Sinne

Literatur:
Schlitt, Haftungsadressaten der Prospekthaftung nach KAGB und VermAnlG, Rechtsfragen rund um notleidende Fonds, Schriftenreihe der bankrechtlichen Vereinigung, Band 36, 2015, 75 ff.

I. Einführung

Während im vorherigen Abschnitt inhaltliche Prospektfehler in Bezug auf Investmentvermögen herausgearbeitet wurden, geht es in vorliegendem Abschnitt um die Frage, welche Personen im Hinblick auf derartige Prospektfehler auf der Grundlage der Prospekthaftung im engeren Sinne in Anspruch genommen werden können. 1

Von besonderem Interesse sind dabei naturgemäß diejenigen potentiell Beklagten, welche nicht schon im Prospekt als verantwortlich bezeichnet werden, sondern hinter oder neben denjenigen Unternehmen stehen, welche freiwillig Haftungsverantwortung tragen. Gerade in diesen Bereichen ist die Rechtsprechung und nachfolgend auch der Gesetzgeber äußerst erfinderisch. 2

1. Die Prospekthaftung

Zunächst soll ein kurzer Blick auf die Grundlagen der Prospekthaftung geworfen werden: 3

Die Prospekthaftung in Zusammenhang mit geschlossenen Beteiligungen war lange Jahre eine rein richterrechtliche; es betrifft dies insbesondere die zahllosen geschlossenen Beteiligungen, welche einerseits im Immobiliensektor anlässlich der Wende Investitionsziele in den neuen Bundesländern suchten, andererseits mit Schwerpunkt in den Jahren 1998 bis 2005 deutsches Geld nach Hollywood zum Zwecke der Filmproduktion trugen. 4

Der Gesetzgeber hat für geschlossene Beteiligungen erst mit Wirkung ab dem 1. Juli 2005 reagiert und im Ergebnis die bereits existierende Rechtsprechung in Gesetzestext gegossen: Wenn in der Vergangenheit richterrechtlich in Analogie zu bereits existierenden gesetzlichen Vorschriften (vor allem die börsengesetzliche Prospekthaftung) Ansprüche der Anleger begründet wurden, verwies das Gesetz explizit auf die §§ 44 bis 47 BörsG. Seit dem 22. Juli 2013 gilt das inhaltsähnliche spezialgesetzliche Haftungsregime des § 306 KAGB.[1] 5

---

[1] Wobei umstritten und höchstrichterlich noch ungeklärt ist, ob die richterrechtliche Prospekthaftung im engeren Sinne künftig noch neben § 306 KAGB Anwendung findet. Da nach der hier vertretenen Auffassung ein sachlicher Unterschied nicht besteht, vielmehr § 306 KAGB im Sinne der bisherigen richterrechtlichen Prospekthaftung im engeren Sinne auszulegen ist, besteht für eine Parallelität der Anwendung kein Bedürfnis.

I. Einführung

2. Prospekthaftung im engeren und Prospekthaftung im weiteren Sinne

6   Die Rechtsprechung hat bei Entwicklung ihrer Grundsätze zwei Varianten unterschieden, welche wiederum vom jeweiligen Haftungsadressaten und dessen Kontakten zum Anleger abhingen: Kommt der Anleger mit dem Haftungsadressaten anlässlich der Begründung seiner Beteiligung in rechtsgeschäftlichen Kontakt[2], entsteht zwischen den Parteien ein vorvertragliches Vertrauensschuldverhältnis[3]; auf Basis dieses Vertrauensschuldverhältnisses können zu Lasten des Haftungsadressaten vorvertragliche Aufklärungspflichten auch in Bezug auf Prospektmaterialien und -inhalte begründet werden, ohne dass diesbezüglich eine Analogie zu sonstigen gesetzlichen Vorschriften notwendig wäre. Es ergibt sich schon aus dem allgemeinen Schuldrecht und ist geltende Gesetzeslage, dass ein künftiger Vertragspartner vorvertragliche Aufklärungspflichten im Hinblick auf den anderen Vertragspartner zu erfüllen hat. Derartige Haftungskonstellationen, welche auf der culpa in contrahendo begründet sind und einen Kontakt der Parteien im Hinblick auf eine künftige vertragliche Vereinbarung voraussetzen[4], werden als Prospekthaftung im weiteren Sinne bezeichnet.

7   Daneben – und dies ist die eigentlich reizvolle Aufgabe – entwickelte die Rechtsprechung zugunsten des Anlegers Anspruchsgrundlagen, welche nicht bestünden, gäbe es diese Rechtsprechung nicht. Der Grundgedanke ist einfach: Wer zum Zwecke der Zeichnung einer geschlossenen Beteiligung Prospektmaterial verfasst, dieses in Verkehr bringt oder sonst einen relevanten Beitrag zur Prospekterstellung leistet[5], schafft mit diesen Prospektmaterialien die Gefahr, dass ein Anleger mit dem Prospekt in Berührung kommt, diesen inhaltlich zur Kenntnis nimmt, kausal Vertrauen auf Prospektinhalte investiert und mithin durch Fehler im Prospekt in die Irre geführt wird, da er eine Beteiligung zeichnet, die er bei vollständiger und richtiger Aufklärung nicht erworben hätte.

8   Schlagwortartig ausgedrückt geht es bei der Prospekthaftung im engeren Sinne um die Prospekterstellung, bei der Prospekthaftung im weiteren Sinne um die Prospektverwendung.

9   Dabei ist es so, dass nicht etwa durch die Prospekterstellung konkretes Vertrauen durch den persönlichen Kontakt zwischen Anleger und Haftungsadressaten erweckt wird; vielmehr wird das Vertrauen abstrakt auf das Endprodukt (Prospekt) investiert, wobei diese abstrakte Vertrauensinvestition mittelbar auch die handelnden Personen mit umfasst, ohne dass diese konkret in die Überlegungen des Anlegers einbezogen sein müssten oder mit diesem gar in Kontakt standen. Der Anleger muss diese Haftungsadressaten im Zeitpunkt der Zeichnung noch nicht einmal kennen. Diese vom Bundesgerichtshof neu eingeführte Anspruchsgrundlage wird als Prospekthaftung im engeren Sinne bezeichnet und wurde mittels Analogie zu bereits bestehenden, in den Gesetzen verankerten prospekthaftungsrechtlichen Vorschriften dogmatisch begründet[6]. Ob ein Bedürfnis besteht, diese Rechtsprechungsgrundsätze künftig selbständig neben

---

[2] Wie zB mit einem Treuhänder, welcher künftig die Beteiligung für ihn halten wird.
[3] Culpa in contrahendo, heute §§ 311 II iVm 280 I, 241 II BGB; siehe zuletzt BGH II ZR 9/12, vgl. § 8 Die Haftung des Gründungsgesellschafters und des Treuhänders.
[4] Wobei dieser Kontakt selbstverständlich auch durch Erfüllungsgehilfen im Sinne von § 278 BGB vermittelt werden kann.
[5] → Rn. 10 ff.
[6] Siehe hierzu §§ 44 BörsG, 127 InvG, seit dem 1.7.2005 in Bezug auf geschlossene Beteiligungen nunmehr explizit § 13 VerkProspG. Seit 22.7.2013 gilt § 306 KAGB.

§ 306 KAGB noch anzuwenden, ist derzeit umstritten; jedenfalls dienen diese zur sachgerechten Auslegung der künftig zur Anwendung gelangenden spezialgesetzlichen Vorschriften der Prospekthaftung im engeren Sinne.

3. Die Haftungsadressaten der Prospekthaftung im engeren Sinne

Selbstverständlich ist, dass für den Prospekt zunächst einmal diejenigen Personen Verantwortung übernehmen müssen, welche im Prospekt selbst als für die Prospektherausgabe verantwortlich bezeichnet werden. Des Weiteren obliegt eine solche Verantwortlichkeit denjenigen, welche offensichtlich als Gründer, Initiatoren oder Gestalter der künftigen Gesellschaft fungiert haben. Diese Personen stehen bildlich „in erster Reihe" des Projektes und müssen daher auch die Risiken der Prospekthaftung schultern. 10

Gerade weil aber die Prospekthaftung ein scharfes Schwert in den Händen der Anleger ist, ist die Versuchung groß, vermögenslose Unternehmen in die erste Reihe zu stellen und diesen das Prospekthaftungsrisiko aufzubürden. 11

Es verstand sich daher von selbst, dass die Entwicklung der prospekthaftungsrechtlichen Rechtsprechung nicht in der besagten ersten Reihe stehen bleiben konnte. Die Rechtsprechung hat den Blick daher auf weitere Bereiche gerichtet und – allerdings unter bestimmten Voraussetzungen – auch sog. Hintermänner und Garanten als prospektverantwortlich ins Auge gefasst; dies wird in den nachfolgend zu besprechenden Entscheidungen näher ausgeführt. § 306 KAGB sieht eine Garantenhaftung wohl nicht mehr vor. 12

4. Verjährung

Ins Zentrum jeglicher Entscheidung in Zusammenhang mit Prospekthaftungsansprüchen wurde in erster Linie die Verjährungsfrage gerückt. Auch hier muss allerdings unterschieden werden: Prospekthaftungsansprüche im weiteren Sinne sind solche des allgemeinen Schuldrechts des BGB, verjähren mithin nach „altem Verjährungsrecht" mit der Maximalfrist von 30 Jahren, nach neuerem Recht innerhalb von zehn Jahren bzw. drei Jahren seit Kenntnis bzw. grob fahrlässiger Unkenntnis der anspruchsbegründenden Sachverhalte und stellen mithin kein besonderes Problem dar, da die diesbezüglichen Fristen zugunsten des Anspruchstellers komfortabel laufen. 13

Problembehaftet war demgegenüber die Frage, wie mit der Prospekthaftung im engeren Sinne zu verfahren ist. Die Rechtsprechung war hier konsequent; in Anbetracht des dogmatischen Ansatzpunktes der Analogie zu spezialgesetzlichen Vorschriften hatte auch eine Analogie zu den dortigen Verjährungsvorschriften stattzufinden[7]. Dies führte dazu, dass häufig in höchstrichterlicher Rechtsprechung Rechtsfragen zur Prospekthaftung im engeren Sinne offen bleiben konnten, da in Anbetracht der durchdringenden Verjährungseinrede eine ausführliche Beschäftigung mit der Haftung dem Grunde nach unterbleibt. Die spezialgesetzlichen Vorschriften beinhalteten nämlich – im Interesse des Rechtsfriedens – sehr kurze Verjährungsfristen, welche sich kenntnisunabhängig auf drei Jahre nach Beitritt oder sechs Monate/ein Jahr ab Kenntnis des Prospektmangels[8] 14

---

[7] So auch seit 1.7.2005 die für geschlossene Beteiligungen eingeführte spezialgesetzliche Vorschrift in § 13 VerkProspG mit Verweis auf die Verjährungsregelungen im Börsengesetz.
[8] Bis 30.6.2002 sechs Monate, danach ein Jahr.

belaufen. Hiermit hat es seit dem 22. Juli 2013 ein Ende: Die neue Prospekthaftung im engeren Sinne verjährt in Übereinstimmung mit dem durch die Schuldrechtsreform neugeregelten allgemeinen Verjährungsrecht.

II. Hintermann aufgrund Eigeninitiative

BGH Urteil vom 14. Juni 2007 – III ZR 125/06[9]

1. Sachverhalt[10]

15 Der Kläger zeichnete am 5. November 2000 eine Kommanditeinlage über DM 100.000,00 zzgl. DM 5.000,00 Agio an dem Filmfonds Vif Babelsberger Filmproduktion GmbH & Co. Dritte KG (in Folgendem auch „Vif Dritte"). Die Fondsgesellschaft geriet im Jahr 2002 in eine wirtschaftliche Schieflage, ua da Erlösausfallversicherungen für aufgenommene Produktionen nicht abgeschlossen waren.

16 Im Prospekt ist eine Gesellschaft mit beschränkter Haftung in Firma „Vif Medienkonzeptions GmbH" als für die Prospektherausgabe verantwortlich bezeichnet.

17 Zwischen der Fondsgesellschaft und der Vif Medienkonzeptions GmbH wurde am 9./10. Oktober 2000 ein Vertrag unterzeichnet, wonach letztere mit der Konzeption eines Investoren-Modells zur Einwerbung des erforderlichen Eigenkapitals und mit der Konzeption, textlichen Redaktion, grafischen Gestaltung und Herstellung eines Beteiligungsprospekts beauftragt worden war; sie durfte zur Erfüllung ihrer vertraglichen Pflicht Dritte einschalten.

18 Die Beklagte, die I. Gesellschaft für Beteiligungen mbH, ist die Tochter einer internationalen Großbank.

19 Im Hinblick auf die Aufgaben der Beklagten finden sich im Prospekt folgende Hinweise:

„Ziffer 3.4.3
BERATUNG DER GESELLSCHAFT
Die I. Gesellschaft für Beteiligungen mbH wurde von der Produktionsgesellschaft mit der Beratung bei der Auswahl und Heranziehung potentieller Vertragspartner sowie der Optimierung des gesamten Vertragswerks, unter Einbeziehung externer Fachleute, beauftragt. Sie erhält dafür eine einmalige vom Platzierungserfolg abhängige Vergütung, die 1,8 % des Investitionsvolumens beträgt. Die Vergütung ist im Investitions- und Finanzierungsplan ausgewiesen.
Ziffer 3.4.4
VERTRIEBSKOORDINATION
Die I. Gesellschaft für Beteiligungen mbH wurde von der Produktionsgesellschaft mit der gesamten Koordination des Eigenkapitalvertriebs beauftragt. Darüberhinaus überwacht sie als Einzahlungstreuhänder den Einzug und den Transfer der Investorengelder an die Produktionsgesellschaft sowie Vertriebspartner. Sie erhält dafür eine einmalige vom Platzierungserfolg abhängige Vergütung in Höhe von 9,8 % des Investitionsvolumens, die im Investitions- und Finanzierungsplan ausgewiesen ist."

20 Mit Vertrag vom 19./22. Mai 2000 war die Beklagte mit der Vermittlung des Eigenkapitals betraut worden, wofür sie eine Provision in Höhe von 9,8 % der Kommanditeinlage sowie das Agio in Höhe von 5 % erhalten sollte.

---

[9] Siehe hierzu auch die Mitteilung der Pressestelle des Bundesgerichtshofes Nr. 74/2007.
[10] Siehe zu weiteren Sachverhaltsaspekten dieses Verfahrens und deren rechtlicher Problematik → § 6 Rn. 20 ff. und → § 13 Rn. 15 ff.

Mit der Vif Medienkonzeptions GmbH schloss sie einen undatierten Vertrag, nach 21
welchem sie gegen eine Vergütung von 0,35 % des eingeworbenen Kommanditkapitals
einen Prospektentwurf zur Einwerbung von Eigenkapital erstellen sollte. Sie erteilte
einer Wirtschaftsprüfungsgesellschaft[11] den Auftrag, den Prospekt zu begutachten,
obwohl der zwischen der Fondsgesellschaft und der Vif Medienkonzeptions GmbH geschlossene Vertrag vorsah, dass die Fondsgesellschaft selbst eine entsprechende Prospektbegutachtung in Auftrag geben sollte.

Gegenüber Vertriebspartnern übernahm die Beklagte neben der Fondsgesellschaft die 22
Haftung für die Richtigkeit und Vollständigkeit der von ihr zur Verfügung gestellten
Unterlagen, Daten und Fakten, insbesondere für die Richtigkeit und Vollständigkeit
des Fondsprospekts, und verpflichtete sich zu deren Freistellung von Haftungsansprüchen für den Fall der Unrichtigkeit, Unvollständigkeit oder irreführender Wirkungen
des Prospekts. In Korrespondenz mit Dritten findet sich die Erklärung, die Beklagte
habe den Fonds „aufgelegt".

2. Hintergrund

Der streitgegenständliche Sachverhalt belegt, dass die in erster Reihe stehenden Haf- 23
tungsadressaten der Prospekthaftung im engeren Sinne häufig nicht den von Gesetz und
Rechtsprechung intendierten Zweck erfüllen, eine Vollständigkeit und Richtigkeit des
Prospektmaterials durch die Androhung weitreichender Haftungsfolgen zu gewährleisten[12].

Insbesondere, wenn – wie hier – die Prospektherausgeberin eine Gesellschaft mit be- 24
schränkter Haftung mit einem Stammkapital in Höhe von (nur) DM 50.000,00 ist, verbieten sich Anlegerklagen gegen diese Gesellschaft aus wirtschaftlichen Erwägungen
von vorneherein.

Andererseits war vorliegend auch an eine Geltendmachung von Haftungsansprüchen 25
mittels Prospekthaftung im weiteren Sinne nicht mit Erfolg zu denken, da der rechtsgeschäftliche Kontakt der Anleger anlässlich der Zeichnung zu einer Treuhänderin stattfand, welche ihrerseits lediglich mit einem Stammkapital von DM 50.000,00 ausgestattet war.

Die Klagen der Anleger in Zusammenhang mit dem Fonds Vif Dritte richteten sich 26
mithin zum einen gegen die zahlreichen Vertriebsbanken, zum anderen gegen die Prospektgutachterin[13]. Es blieb dem Anleger daneben die Tochtergesellschaft einer internationalen Großbank in Folge ihrer übernommenen Funktionen verbunden mit der
Hoffnung, dass diese Großbank es aus geschäftspolitischen Erwägungen heraus nicht
wagen würde, diese ihre mit ebenfalls nur DM 100.000,00 ausgestattete Tochtergesellschaft in die Insolvenz zu treiben[14].

---

[11] Siehe zur Haftung dieser Gesellschaft gegenüber dem Anleger → § 9 Rn. 60 ff.
[12] Sog. Präventivfunktion der Haftung.
[13] Wobei der III. Zivilsenat des Bundesgerichtshofes anlässlich seiner Serie von Entscheidungen zum Fonds Vif Dritte sehr enge Voraussetzungen für den Einbezug des Anlegers in den Schutzbereich des Gutachtensauftrages steckte; den Prospektgutachter sah er vorliegend auch nicht als prospektverantwortlich an, → § 9 Rn. 73.
[14] Die Gesellschaft existiert nach wie vor, auch wenn sich ihre Firma zwischenzeitlich geändert hat.

3. Problemstellung

27 Die Rechtsprechung des Bundesgerichtshofes war in der Vergangenheit sehr zurückhaltend, wenn es darum ging, Unternehmen als prospektverantwortlich anzusehen, welche lediglich Dienstleistungen im Hinblick auf den Prospekt erbracht hatten.

28 So hat der Bundesgerichtshof die bloße Mitwirkung an der Herausgabe des Prospektes oder an dessen Gestaltung ebenso wenig als ausreichend erachtet, wie die nur in Teilbereichen ausgeübte Einflussnahme[15].

29 Auch vorliegend war es so, dass sich die Beklagte unter Bezugnahme auf ihre nur dienstleistende Tätigkeit heftigst gegen eine Verantwortlichkeit für den Prospekt verwahrte, wobei ihr von zahlreichen Gerichten in den Tatsacheninstanzen dahingehend Recht gegeben wurde, als die Beklagte aus deren Sicht nicht passivlegitimiert war[16]. Auch im vorliegenden Verfahren hatte das Oberlandesgericht die Klage gegen die Beklagte abgewiesen.

4. Entscheidung

30 Der III. Zivilsenat fasst zunächst die ständige Rechtsprechung des Bundesgerichtshofes zusammen, wonach neben den Gründern, Initiatoren und Gestaltern der Gesellschaft als sog. Hintermänner alle sonstigen Personen Prospektverantwortung zu tragen haben, die hinter der Gesellschaft stehen und auf ihr Geschäftsgebaren oder die Gestaltung des konkreten Modells besonderen Einfluss ausüben. Diese Hintermänner tragen neben den in erster Reihe stehenden „Vordermännern" Mitverantwortung für den Prospekt und sind dem Anleger gegenüber nach den von der Rechtsprechung entwickelten prospekthaftungsrechtlichen Grundsätzen im engeren Sinne verantwortlich.

31 Anders, als bei der Prospekthaftung im weiteren Sinne[17], kommt es für die Haftung des Hintermanns gerade nicht darauf an, ob dessen Einflussnahme ganz oder teilweise nach außen in Erscheinung getreten ist, oder nicht. Der Anleger muss mithin nicht konkret Vertrauen auf die Initiative eines Hintermanns investieren, sondern lediglich auf das Ergebnis von dessen Initiative, nämlich den Prospekt.

32 Der III. Zivilsenat betont sodann, dass bei der Prospekthaftung im engeren Sinne vertragliche oder persönliche vorvertragliche Beziehungen zum Zwecke der Anbahnung eines Vertragsverhältnisses zwischen dem Anleger und dem Haftungsadressaten nicht zustande kommen, sodass Anknüpfungspunkt für eine derartige Haftung ausschließlich der Einfluss auf die Gesellschaft bei der Initiierung des in Frage stehenden Projekts ist. Als in diesem Sinn Verantwortliche kommen in erster Linie Geschäftsführer und Mehrheitsgesellschafter in Betracht, weil diese die Geschicke der Initiatorengesellschaft bestimmen. Der III. Zivilsenat verweist auf die Rechtsprechung des Bundesgerichtshofes der Vergangenheit, wonach auch schon mit ähnlichem Einfluss versehene Personen (etwa ein Generalbevollmächtigter und der Leiter einer für die Baubetreuung zuständigen Planungsgemeinschaft) der Prospekthaftung unterworfen worden waren. Ohne Belang sei, welche rechtliche Ausgestaltung die wahrgenommenen Funktionen mit sich brächten, da einzig und allein das tatsächliche Innehaben einer Schlüsselfunktion im

---

[15] Siehe hierzu zB BGHZ 79, 337 sowie Urt. v. 31.3.1992, XI ZR 70/91, NJW-RR 1992, 879, 883.

[16] Diejenigen – wenigen – Gerichte, welche sich für eine Prospektverantwortlichkeit der Beklagten aussprachen, gingen in der Sache davon aus, dass ein Prospektfehler nicht vorlag, → § 6 Rn. 29.

[17] Und unter Umständen auch anders, als bei der sog. Garantenhaftung, → Rn. 81 ff.

Rahmen einer Leitungsgruppe ausschlaggebend sei; dies im jeweiligen Fall festzustellen, ist – so der III. Zivilsenat – eine im Wesentlichen tatrichterliche Aufgabe.

Der III. Zivilsenat subsumierte sodann die ihm bislang von den Parteien vorgetragenen Sachverhaltsaspekte und fasste als wesentlich für die Beurteilung der Hintermanneigenschaft des beklagten Unternehmens zusammen, was folgt: 33

Die Beklagte hatte zahlreiche Funktionen in Zusammenhang mit der Auflegung dieses Medienfonds inne, nämlich Beratungstätigkeiten, Eigenkapitalvermittlung, Fertigung des Prospektentwurfs, Beauftragung des Prospektgutachtens, Haftung gegenüber Vertriebspartnern für die Richtigkeit und Vollständigkeit der zur Verfügung gestellten Unterlagen, insbesondere des Prospekts, sowie die Funktion als Einzahlungstreuhänderin. 34

Ausdrücklich darauf zu verweisen ist – so der III. Zivilsenat – dass jedes einzelne der genannten Elemente für sich gesehen nicht ausreicht, um den für die Verantwortlichkeit des Hintermanns erforderlichen bestimmenden Einfluss auf die Initiierung des Projekts zu belegen. Doch liegt hier eine Verbindung mehrerer wesentlicher Tätigkeiten vor, welche zunächst einmal auf eine erhebliche Einwirkung in tatsächlicher Hinsicht hinweist. Sodann treten Umstände hinzu, welche indiziell dafür sprechen, dass die Beklagte in Bezug auf die Erstellung des Prospekts nicht etwa nur darauf beschränkt war, Vorarbeiten für die Prospektherausgeberin zu leisten, nämlich insbesondere die Beauftragung der Prospektbegutachtung durch die Beklagte sowie die Tatsache, dass die Vif Medienkonzeptions GmbH (die eigentliche Prospektherausgeberin) von der Fondsgesellschaft vertraglich mit Übernahme der Prospekthaftungsverantwortung erst zu einem Zeitpunkt beauftragt worden war, als der Prospekt längst erstellt und begutachtet war. 35

Auch die weiter abgeschlossenen Verträge sprechen – so der III. Zivilsenat – „gegen eine normale geschäftsmäßige Behandlung", zumal die Beklagte in einigen Presseveröffentlichungen und Korrespondenz sich selbst dahingehend positioniert habe, sie hätte den Fonds „aufgelegt". 36

Der III. Zivilsenat sah sich dennoch nicht willens oder in der Lage, die Angelegenheit selbst zu entscheiden. So hatte nämlich die Beklagte Beweis dafür angetreten, dass sie auf die Gestaltung des Prospekts gerade keinen bestimmenden Einfluss gehabt hätte. Der Kläger habe demgegenüber vorgetragen, die im Prospekt als Herausgeberin genannte Vif Medienkonzeption GmbH sei eigens zu diesem Zweck aus einem GmbH-Mantel entwickelt worden, um an die Stelle der Beklagten als Prospektherausgeberin zu treten. Die Angelegenheit wurde zur weiteren Sachaufklärung an den oberlandesgerichtlichen Senat zurückverwiesen. 37

Die OLG-Senate gingen in der Folgezeit überwiegend von einer Hintermanneigenschaft der beklagten Tochtergesellschaft einer international tätigen Bank aus. Der BGH hatte sich mit der Rolle der Beklagten nochmals anlässlich der Beurteilung einer Haftung nach §§ 823 II BGB iVm 264 a StGB bzw. § 826 BGB zu befassen.[18] 38

5. Fazit

Die Ausführungen des III. Zivilsenats zur Hintermanneigenschaft kraft Initiative lesen sich wie ein Lehrbuch. Obwohl – oder gerade weil – dem III. Zivilsenat nicht sämtliche für die Beurteilung des Sachverhalts wesentliche Aspekte bereits in der zivilprozessual gebotenen Gründlichkeit vorlagen, arbeitet dieser Kriterien heraus, welche vorliegen 39

---

[18] → § 13 Rn. 15 ff. und 124 ff.

müssen, um die – hohen – Hürden einer Verantwortlichkeit des Hintermanns überwinden zu können:

40 Es kann dies ein Mosaik von Sachverhaltsaspekten sein, welches erst in der Gesamtschau zusammengenommen die Verantwortlichkeit begründet. Von Bedeutung ist zum einen eine erhebliche Einwirkung in tatsächlicher Hinsicht. Von Bedeutung ist des Weiteren, wenn die Parteien dieses tatsächliche Einwirken in einen rechtlichen Rahmen kleiden, welcher nicht mit einer „normalen geschäftsmäßigen Behandlung" übereinstimmt.

41 Letztendlich bringt der III. Zivilsenat den Problemkreis unter Bezugnahme auf den klägerischen Vortrag wie folgt auf den Punkt: Wer beabsichtigt, Anlegerkapital mittels Prospektmaterial für geschlossene Beteiligungen einzuwerben, muss auch Verantwortung für das von ihm initiierte Prospektmaterial übernehmen. Versucht er sich hierbei hinter vermögenslosen Feigenblättern zu verstecken, wobei dieses Versteckspiel anhand der tatsächlich verwirklichten Sachverhalte zu beurteilen ist, muss die Rechtsprechung durchgreifen und denjenigen Personen Haftungsverantwortlichkeit auferlegen, welche ihre Energie in die Verwirklichung des fehlerhaften Prospektmaterials steckten.

42 Dass der III. Zivilsenat hier wiederum den Ball an die Tatsacheninstanzen zurückspielt und diesen auferlegt, die maßgeblichen Sachverhalte im Rahmen der zivilprozessualen Spielregeln auszuermitteln, um sodann diese seine Rechtsprechung umzusetzen, versteht sich von selbst.

43 Zusammenfassend war es in vorliegender Entscheidung die rein tatsächliche Einflussnahme des Hintermanns auf die Initiierung der geschlossenen Beteiligung, welche ausschlaggebend für die Prospektverantwortlichkeit war; dass diese tatsächliche Einflussnahme über Dienstleistungsverträge rechtlich abgesichert wurde, änderte an diesem Ergebnis nichts, zumal der Bundesgerichtshof in der Ausgestaltung dieser Verträge ein unübliches Geschäftsgebaren erkannte.

III. Hintermann aufgrund Verflechtung 1

BGH Urteil vom 7. Dezember 2009 – II ZR 15/08

1. Sachverhalt[19]

44 Der Kläger beteiligte sich über einen Treuhänder an der „MSF Master Star Fund Deutsche Vermögensfonds I AG & Co. KG". Komplementärin war die DPM Deutsche Portfolio Management AG; der Beklagte, Herr G., war stellvertretender Vorsitzender des Aufsichtsrates der Komplementärin.

45 Emissions-Dienstleistungsgesellschaft war die DVM Deutsche Vertriebsmarketing AG, welche ua für die Platzierung des Kommanditkapitals sowie die Verwaltung der Treugeber und den Vertrieb zuständig war. Der Beklagte war Aufsichtsratsvorsitzender dieser Aktiengesellschaft.

46 Alleinige Aktionärin sowohl der Komplementärin, als auch der Emissions-Dienstleistungsgesellschaft war die DA Deutsche Anlagen AG, Berlin; der Beklagte war deren Vorstand und hielt über eine Holding-GmbH durchgerechnet ¼ der Aktien der DA Deutsche Anlagen AG.

---

[19] Zu weiteren Sachverhaltsaspekten dieser Entscheidung und deren rechtlicher Problematik → § 6 Rn. 90 ff.

§ 7. Die Haftungsadressaten für Prospektfehler im engeren Sinne

Im Abschnitt „Die Verflechtungen", heißt es im Prospekt[20]: **47**

„Zwischen der DPM Deutsche Portfolio Management AG und der DVM Deutsche Vertriebsmarketing AG bestehen personelle Verflechtungen. Die Aufsichtsratsmitglieder der DPM Deutsche Portfolio Management AG, Dr. Michael-Andreas Butz, Matthias Ginsberg und Wighard Härdtl sind zugleich Aufsichtsratsmitglieder der DVM Deutsche Vertriebsmarketing AG."

In einem Schreiben an Vertriebsmitarbeiter vom 9. Dezember 2005 bezeichnete sich der Beklagte ausdrücklich als zu den Initiatoren zählend. **48**

2. Hintergrund

Die rechtliche Aufarbeitung der Sachverhaltskomplexe in Zusammenhang mit dem Fonds Master Star Fund betrifft zahllose Rechtsprobleme, welche im Bereich der Prospektfehlerhaftigkeit einerseits[21], im Bereich der Prospektbegutachtung und Mittelverwendungskontrolle andererseits sowie im Bereich sonstiger Haftungsadressaten[22] angesiedelt sind. **49**

Von besonderer Bedeutung ist, dass die Anleger anlässlich ihrer Zeichnung an dem genannten Fonds sehr häufig natürliche Personen als Haftungsadressaten ins Auge fassten, wobei die hier in Rede stehenden Anspruchsgrundlagen mangels Inanspruchnahme besonderen persönlichen Vertrauens durch diese natürlichen Personen[23] entweder deliktischer Natur waren, oder aber mittels Analogie zu spezialgesetzlich normierten Haftungsgrundlagen[24] entwickelt werden mussten. **50**

3. Problemstellung

Der II. Zivilsenat sah sich mit einer Sachverhaltskonstellation befasst, welche sich von der vorstehend dem III. Zivilsenat vorliegenden Situation[25] grundsätzlich unterschied: Die zu Lasten des Haftungsadressaten vorgetragenen Aspekte bezogen sich nicht etwa auf eine tatsächliche Einflussnahme dieser Person auf die Initiierung des Fonds, sondern bezogen sich einzig und allein auf eine abstrakte Einflussnahmemöglichkeit, welche dem Beklagten durch die von diesem inne gehabten gesellschaftsrechtlichen Beteiligungen einerseits, dessen Organstellungen andererseits vermittelt wurde. Eine konkrete Beeinträchtigung durch für den Anleger ungünstige Ausnutzung dieser Einflussnahmemöglichkeit wurde nicht vorgetragen. **51**

Dabei müssen die folgenden Aspekte gedanklich voneinander getrennt werden: Die Hintermanneigenschaft hängt häufig mit Verflechtungssachverhalten aufgrund gesellschaftsrechtlicher Beteiligung zusammen. Diese Verflechtungssachverhalte sind entweder im Prospekt korrekt geschildert, oder nicht. Sie können einen Prospektfehler darstellen, wenn diese im Prospekt nicht vollständig und richtig aufgedeckt sind[26]. Hiervon zu unterscheiden ist demgegenüber die Beurteilung der Prospekthaftungsverant- **52**

---

[20] Zum Fonds MSF Master Star Fund Deutsche Vermögensfonds I AG & Co. KG existieren zwei Prospekte; vorliegend ist der Prospekt Stand 17.3.2004 streitgegenständlich.
[21] → § 6 Rn. 90 ff.
[22] Vgl. § 8 Rn. 84 ff. der ersten Auflage, → § 13 Rn. 69 ff.
[23] Was gegebenenfalls eine Haftung dieser natürlichen Personen auf Basis der culpa in contrahendo ermöglicht hätte, obwohl die Vertragsverhältnisse mit von diesen vertretenen juristischen Personen zu Stande gebracht wurden.
[24] Prospekthaftung im engeren Sinne.
[25] → Rn. 15 ff.
[26] Siehe hierzu die Sachverhaltskonstellation unter → Rn. 59 ff.

wortlichkeit des Hintermanns. Diese setzt gerade nicht voraus, dass die Funktionen, welche die Hintermanneigenschaft begründen, im Prospekt etwa nicht richtig oder nicht vollständig erwähnt sind. Im Gegenteil: Erwähnt der Prospekt die zahlreichen Funktionen bzw. Tätigkeiten, wird es dem Anleger häufig leichter fallen, den betreffenden Haftungsadressaten als Prospekthaftenden zu identifizieren und zivilprozessual in die Enge zu treiben[27]. Die Schilderung im Prospekt ist also für die materiellrechtliche Verantwortlichkeit des Hintermanns völlig unerheblich. Allerdings kann dem Hintermann in einem solchen, im Prospekt korrekt geschilderten Fall nicht die Hintermanneigenschaft per se zum Vorwurf gemacht werden; vielmehr ist erforderlich, dass daneben ein relevanter Prospektfehler dargelegt und bewiesen wird, für welchen der Hintermann sodann die Prospekthaftungsverantwortlichkeit trägt.

4. Entscheidung

53 Der II. Zivilsenat fasst zunächst die Grundsätze der ständigen Rechtsprechung des Bundesgerichtshofes zur Hintermannhaftung zusammen und betont den wesentlichen Aspekt, wonach Hintermänner bei Prospekthaftung im engeren Sinne nicht nach außen in Erscheinung treten müssen. Diese Sachverhalte, welche zur Hintermanneigenschaft führen, können im Verborgenen bleiben.

54 Aus Sicht des II. Zivilsenats entscheidend ist zum einen, ob der Beklagte aufgrund seiner gesellschaftsrechtlichen Beteiligung an den hinter der Fondsgesellschaft stehenden Gesellschaften eine so einflussreiche Stellung inne hatte, dass keine Entscheidungen gegen seinen Willen getroffen werden konnten. Der II. Zivilsenat lässt mithin die Blockademöglichkeit kraft gesellschaftsrechtlicher Stellung ausreichend; er fordert demgegenüber nicht etwa, dass der Hintermann die von diesem beabsichtigten Entscheidungen kraft seiner Stimmenmehrheit alleine durchsetzen kann.

55 Sodann verwies der II. Zivilsenat darauf, dass der Beklagte über die durch seine Beteiligung vermittelte starke Stellung hinaus deshalb besonderen Einfluss hatte, da er in den hinter der Anlagegesellschaft stehenden Gesellschaften Organ war und so mittelbar auch die Geschicke der Anlagegesellschaft selbst habe leiten können. Dabei ist nicht erforderlich, dass diese Organposition eine operative in der Geschäftsführungsgesellschaft des Fonds ist, der Senat lässt dort eine Aufsichtsposition ausreichen. Der II. Zivilsenat nahm durchaus auch zur Kenntnis, dass es neben dem Beklagten weitere Personen gab, welche die Geschicke lenkten oder jedenfalls die Möglichkeit hierzu hatten; er beantwortete dies lapidar mit dem Hinweis darauf, dass die Verantwortlichkeit des Beklagten nicht deshalb entfällt, wenn es neben ihm weitere Hintermänner gab, sodass unerheblich ist, wenn er nicht als einziger hinter der Anlagegesellschaft stand.

56 Der II. Zivilsenat verwies abschließend darauf, dass der Beklagte sich selbst in einer einflussreichen Stellung sah, da er in einem Schreiben an Vertriebsmitarbeiter sich ausdrücklich als Initiator bezeichnete.

57 Der II. Zivilsenat entschied in der Sache zugunsten des Anlegers, da er Prospektfehler erkannte, welche sich auf die Investition des Fondsvermögens bezogen[28].

---

[27] Siehe hierzu zB die Entscheidung unter → Rn. 15 ff.
[28] → § 6 Rn. 107 ff.

5. Fazit

Die Entscheidung des II. Zivilsenats ist von besonderer Bedeutung. So hält dieser fest, dass allein die Tatsache einer gesellschaftsrechtlichen Blockademöglichkeit verbunden mit zahlreichen kontrollierenden Organstellungen ausreichend sei, um eine Prospekthaftungsverantwortlichkeit als Hintermann auferlegt zu erhalten. Dem Anleger muss weder der Nachweis gelingen, dass der Hintermann die Geschicke der Gesellschaft tatsächlich lenkte, noch ist der Nachweis erforderlich, dass durch diese Verflechtung wirtschaftliches Vermögen der Fondsgesellschaft zugunsten des Hintermanns oder sonst zu Lasten der Anleger abdisponiert wurde. Die Verantwortlichkeit des Hintermanns bezieht sich auf den vollständigen Prospektinhalt; dies gilt unabhängig davon, ob die gesellschaftsrechtliche Konstellation im Prospekt richtig abgebildet ist, oder nicht. Auch diese Entscheidung zeigt, dass das Stichwort „Vertrieb" ausreicht, um beim BGH sämtliche Warnlampen aufleuchten zu lassen.

IV. Hintermann aufgrund Verflechtung 2

BGH Urteil vom 15. Juli 2010 – III ZR 321/08

1. Sachverhalt

Der Kläger beteiligte sich am 24. November 1999 mit DM 50.000,00 zzgl. 5 % Agio an der CINERENTA Gesellschaft für Internationale Filmproduktion mbH & Co. Dritte Medienbeteiligungs KG.

Der Beklagte hielt an der Komplementärin der Fondsgesellschaft eine Mehrheitsbeteiligung von 60 %. Des Weiteren war der Beklagte Geschäftsführer und Gesellschafter der Investor- und Treuhand Beratungsgesellschaft mbH, die für die von ihr vermittelten Anleger Provisionen von 20 % der Einlage erhalten sollte und so stark in die Verwirklichung des Vorhabens eingebunden war, dass sie mit 36,02 % einen erheblichen Teil der Anleger für diesen Fonds einwarb.

Prospektgemäß waren Mittel für die Eigenkapitalvermittlung in Höhe von 7 % zzgl. 5 % Agio vorgesehen gewesen; die Zusatzvergütung der Investor- und Treuhand Beratungsgesellschaft mbH wurde aus einem anderen Budget der Weichkosten entnommen, welcher die Bereiche „Konzeption, Werbung, Prospekt, Gründung" betraf.

Neben der Einbindung der Investor- und Treuhand Beratungsgesellschaft mbH in den Vertrieb war diese – so jedenfalls der Vortrag der Beklagten – mit Werbemaßnahmen beauftragt worden, weil sie über die in der Filmbranche erforderlichen Kontakte verfüge habe und daher die Fondsbeteiligungen wesentlich öffentlichkeits- und medienwirksamer habe bewerben können, als die Komplementärin selbst. Die Komplementärin habe weder über das erforderliche eigene Personal, noch über das für die werbliche Einführung des Fondsprodukts erforderliche Kapital noch über ein der Investor- und Treuhand Beratungsgesellschaft mbH vergleichbares know how verfügt. Für die Entwicklung des Vorhabens kam es daher von Beginn an entscheidend darauf an, dass die mit der Konzeptionierung des Fonds verbundene Werbung wie die anderen in dieser Budgetposition enthaltenen Aufgaben den Boden für eine erfolgreiche Vermittlung und Installierung der Beteiligungsgesellschaft bereiteten, um die angestrebten Investitionsmaßnahmen ordnungsgemäß durchführen zu können.

IV. Hintermann aufgrund Verflechtung 2

63 Im Prospekt fand sich zwar der Hinweis darauf, dass Herr O. „Gesellschafter mit Anteilen von mehr als 25 %" an der Komplementärin ist. Des Weiteren enthält der Prospekt im Hinblick auf die Eigenkapitalvermittlung folgenden Hinweis:

„Die CINERENTA GmbH[29] hat sich im Eigenkapitalvermittlungsvertrag verpflichtet, der Gesellschaft Zeichnungskapital zu vermitteln. Für ihre Vermittlungstätigkeit erhält sie eine Vergütung in Höhe von 7,0 % des Zeichnungskapitals sowie das Agio, fällig jeweils anteilig 15 Tage nach dem Beitritt der Anleger. Sie ist berechtigt, Untervermittlungsaufträge zu erteilen."

64 Weder Herr O. noch die Investor- und Treuhand Beratungsgesellschaft mbH sind aber im Prospekt über das vorstehend Beschriebene hinaus erwähnt.

2. Hintergrund

65 Die Rechtsprechung des III. Zivilsenats zu den CINERENTA-Fonds ist in erster Linie als Meilenstein im Hinblick auf zahlreiche Prospektfehler geschlossener Beteiligungen zu begreifen, welche die Bereiche des mit der Beteiligung eingegangenen Risikos (Fehlschlagen des Erlösausfallversicherungsschutzes), der Verwendung der Weichkosten zugunsten der Investor- und Treuhand Beratungsgesellschaft mbH, aber auch der Verflechtungssachverhalte in Person des hier beschriebenen Beklagten betrifft[30]. Dabei muss – um es zu wiederholen – die Rechtsfrage der inhaltlichen Richtigkeit eines Prospekts in Anbetracht der Verflechtung strikt von der Frage der Verantwortlichkeit eines Haftungsadressaten aufgrund der Verflechtung unterschieden werden. Die Verflechtung an sich führt zur Prospekthaftungsverantwortlichkeit. Der Prospektfehler kann sodann entweder in der fehlerhaften Darstellung der Verflechtungssachverhalte im Prospekt oder aber im Bereich sonstiger Prospektunrichtigkeiten liegen, für die der Hintermann einzustehen hat.

66 Die immense Zahl von Entscheidungen des Bundesgerichtshofes in Sachen CINERENTA[31] erklärt sich aber auch aus der Tatsache, dass der III. Zivilsenat zahlreiche komplexe Rechtsprobleme in Zusammenhang mit den Haftungsadressaten zu beantworten hatte und die Anlegeranwälte die maßgeblichen Sachverhaltsaspekte erst sukzessive, scheibchenweise vor Gericht brachten.

67 Wie sogleich darzustellen sein wird, haben insbesondere die genannten Prospektfehler der Einschaltung der Investor- und Treuhand Beratungsgesellschaft mbH seitens der Komplementärin als „Untervermittler" in den Eigenkapitalvermittlungsvertrag der Komplementärin sowie die Tatsache der Beteiligung des Beklagten sowohl an der Komplementärin, als auch an der Investor- und Treuhand Beratungsgesellschaft mbH erhebliche haftungsrechtliche Auswirkungen.

3. Problemstellung

68 Die Ausgangssituation in der vorliegenden Entscheidung des III. Zivilsenates hatte wiederum vollständig umgekehrte Vorzeichen zur Ausgangssituation der vom III. Zivilsenat am 14. Juni 2007 entschiedenen Konstellation[32]:

---

[29] Richtig: CINERENTA Gesellschaft für Internationale Filmproduktion mbH.
[30] → § 6 Rn. 45 ff.
[31] Insgesamt liegen bis zum heutigen Tag mehr als 100 Entscheidungen des Bundesgerichtshofes aus und in Zusammenhang mit den CINERENTA-Sachverhaltskomplexen vor.
[32] → Rn. 15 ff.

§ 7. Die Haftungsadressaten für Prospektfehler im engeren Sinne

In der dortigen Entscheidung gelang es den Anlegeranwälten, zahllose Sachverhalts- **69** mosaiksteine zusammenzutragen, welche die tatsächliche Einflussnahme der dortigen Beklagten auf die Initiierung der geschlossenen Beteiligung belegten. Diese Einflussnahme in tatsächlicher Hinsicht sollte durch Dienstleistungsverträge rechtlich abgesichert werden, welche aus Sicht des III. Zivilsenats als unübliches Geschäftsgebaren kein Gehör fanden und mithin die Rolle der dortigen Beklagten als Prospektverantwortliche nicht in Abrede stellen konnten.

Hier war es demgegenüber so, dass im Hinblick auf die aktive Einflussnahme durch **70** den Beklagten auf die Fondsgesellschaft keinerlei Sachverhaltsaspekte nachgewiesen waren. Einzig und allein die Tatsache, dass dieser in rechtlicher Hinsicht 60 % an der Komplementärin hielt und dieser – ebenfalls in rechtlicher Hinsicht – Geschäftsführer und Gesellschafter der Investor- und Treuhand Beratungsgesellschaft mbH war, welche von der Komplementärin als Untervermittlerin im Hinblick auf den Eigenkapitalvertrieb einerseits, als Werbepartner andererseits eingeschaltet worden war, sodass dieser insgesamt 20 % des Eigenkapitals zuflossen, musste für die Beurteilung des III. Zivilsenats ausreichen, ob diese den Beklagten als Prospekthaftungsadressaten ansah, oder nicht.

4. Entscheidung

Der III. Zivilsenat befasste sich auch in dieser Entscheidung zunächst auf der Ebene **71** des Prospektfehlers mit personellen und kapitalmäßigen Verflechtungen zwischen einerseits der Komplementär-GmbH und andererseits den Unternehmen, Geschäftsführern und beherrschenden Gesellschaftern, in deren Hand die Beteiligungsgesellschaft die nach dem Emissionsprospekt durchzuführenden Vorhaben ganz oder wesentlich gelegt hat sowie der diesem Personenkreis gewährten Sonderzuwendungen oder Sondervorteile.

Der III. Zivilsenat stellt heraus, dass im Prospekt eine Aufklärung des Anlegers über **72** die Rolle der Investor- und Treuhand Beratungsgesellschaft mbH im Hinblick auf zwei Gesichtspunkte hätte erfolgen müssen: Zum einen war der Beklagte in der Lage, bestimmenden Einfluss auf die Komplementärin (sowohl in ihrer Eigenschaft als Geschäftsführerin, als auch in ihrer Eigenschaft als mit bestimmten Aufgaben der Fondsgesellschaft betrautes Drittunternehmen) auszuüben; zum anderen war er Geschäftsführer und Gesellschafter der Investor- und Treuhand Beratungsgesellschaft mbH, die extrem stark in die Verwirklichung des Fondsvorhabens eingebunden war.

Der III. Zivilsenat betont, dass im Prospekt hierzu jegliche Angaben fehlen, sodass **73** selbst eine Angemessenheit der Vergütung der Investor- und Treuhand Beratungsgesellschaft mbH an einem Prospektfehler nichts ändern würde.

Im Hinblick auf die Person des Beklagten musste sich der III. Zivilsenat sodann die **74** Frage stellen, ob dieser in Anbetracht der abstrakten Einflussnahmemöglichkeit, welche ihm seine gesellschaftsrechtliche Beteiligung an der Komplementärin einerseits, seine Stellung als geschäftsführender Gesellschafter bei einem für die Verwirklichung des Fondsvorhabens wesentlichen Drittunternehmen andererseits vermittelte, Prospekthaftungsadressat einer Prospekthaftung im engeren Sinne sein könne. Prospekthaftung im engeren Sinne deshalb, da zwischen dem Beklagten persönlich und den Anlegern unmittelbar kein vorvertragliches Vertrauensschuldverhältnis begründet wurde, welches Prospekthaftungsansprüche im weiteren Sinne basierend auf der culpa in contrahendo erlaubte.

75 Hier hatte der III. Zivilsenat aber eine andere, für Anlegerreklamationen basierend auf der Prospekthaftung im engeren Sinne sehr wesentliche Hürde zu beachten: Prospekthaftungsansprüche im engeren Sinne verjährten in Analogie zu den spezialgesetzlich geregelten Vorschriften der Prospekthaftung spätestens drei Jahre nach dem Beitritt, wobei es sich bei dieser Verjährungsfrist um eine kenntnisunabhängig laufende Frist handelte[33].

76 Der III. Zivlsenat ist vorliegend der Auffassung, dass im Hinblick auf die erörterten Verflechtungen und Einflussmöglichkeiten des Beklagten sowohl auf die Komplementärin, als auch auf ein für die Realisierung des Fondskonzepts wesentliches Unternehmen Prospekthaftungsverantwortlichkeit des Beklagten zumindest „denkbar" wären. Allerdings musste sich der III. Zivilsenat diesbezüglich nicht festlegen, da die – kenntnisunabhängige – Verjährungsfrist bereits abgelaufen war. Er ließ die Rechtsfrage daher im Ergebnis offen.

5. Fazit

77 Der III. Zivilsenat entwickelt vorliegend seine Hintermannrechtsprechung mit Fingerspitzengefühl weiter.

78 Tatbestandsmerkmal sind zum einen die unstreitig gegebenen gesellschaftsrechtlichen Beteiligungen des Beklagten an der Komplementärin einerseits, einem für die Realisierung des Fondsvorhabens wesentlichen Unternehmen andererseits. Aus diesen rein rechtlichen Verflechtungen resultieren zum anderen bloße Möglichkeiten der Einflussnahme durch den Beklagten; der III. Zivilsenat hat sich nicht festgelegt, ob er diese Möglichkeiten alleine für ausreichend erachtet, oder eine Prospekthaftungsverantwortlichkeit nur dann annimmt, wenn dem Beklagten nachgewiesen wird, dass er die Einflussmöglichkeiten auch tatsächlich und in negativem Sinne ausgeübt hat, mithin für die Anleger schädigenden Einfluss genommen hat.

79 Zwar haben erhebliche Vermögensverschiebungen zwischen Fondsgesellschaft und beherrschtem Unternehmen stattgefunden, hat die Einflussmöglichkeit mithin dazu geführt, dass der Haftungsadressat als Gesellschafter des Drittunternehmens wirtschaftlich in erheblichem Maße von der Realisierung des Fondskonzepts profitiert hat. Dennoch legt sich der III. Zivilsenat nicht fest, ob eine derart konkrete Vermögensverschiebung Tatbestandsmerkmal einer Prospekthaftungsverantwortung kraft Verflechtung ist, oder lediglich Ausfluss, mithin wirtschaftliches Ergebnis des Verflechtungstatbestandes. Mit anderen Worten: Reicht eine aus der Verflechtung sich ergebende abstrakte Gefährdung des Anlegervermögens, oder muss eine derartige Gefährdung konkret nachgewiesen bzw. tatsächlich eingetreten sein?

80 Die Weiterentwicklung der Rechtsprechung des III. Zivilsenats ist begrüßenswert, auch wenn nach wie vor zahlreiche Fragen betreffend die Hintermanneigenschaft offen sind.

---

[33] Weitergehend → § 14 Rn. 3 ff. Siehe nunmehr den nach allgemeinem Verjährungsrecht verjährenden § 306 KAGB.

V. Garantenstellung: Finanzierungs-Bank

BGH Urteil vom 27. Januar 2004 – XI ZR 37/03

1. Sachverhalt

Die Parteien streiten über Ansprüche in Zusammenhang mit einem von dem Beklagten bei der klagenden Bank aufgenommenen und von dieser gekündigten Realkredit. Der Beklagte wurde im Jahr 1992 von einem Anlagevermittler geworben, zwecks Steuerersparnis ohne Eigenkapital ein Appartement nebst Pkw-Stellplatz in einem noch zu errichtenden Boardinghouse zu erwerben. Bei dem Objekt handelte es sich um eine in Wohnungseigentum aufgeteilte Anlage, die über eine von den Miteigentümern gemeinsam beauftragte Pächterin hotelähnlich betrieben werden und dem längeren Aufenthalt von Gästen dienen sollte. In dem für den Vertrieb der Appartements erstellten Prospekt war die klagende Bank namentlich als diejenige benannt, die die Objektfinanzierung übernommen hatte. An anderer Stelle des Prospekts wurde darauf hingewiesen, dass die „bauzwischenfinanzierende Bank" eine zusätzliche Mittelverwendungskontrolle übernommen habe. Dazu wurde im Prospekt aus einem Schreiben der Klägerin wörtlich zitiert, in dem diese ua bestätigt, für die Käufer des Projekts Treuhandkonten zu führen sowie eine Mittelverwendungskontrolle durchzuführen und die Kaufpreiszahlungen der Erwerber erst nach Fälligkeit freizugeben. 81

Der Beklagte, ein 31 Jahre alter Flugzeugmechaniker mit einem monatlichen Nettoeinkommen von DM 2.700,00, erwarb das Appartement nebst Tiefgaragenstellplatz zu einem Gesamtkaufpreis von DM 160.784,39 und schloss zur Finanzierung mit der Klägerin einen Vertrag über ein Annuitätendarlehen in Höhe von DM 143.694,10 ab, das vereinbarungsgemäß durch Grundschulden abgesichert wurde. 82

Die erste Pächterin des Boardinghouses stellte nach fünfmonatigem Betrieb die Pachtzahlungen ein und wurde insolvent. Auch die Bauträgerin fiel in Konkurs. Die Pachteinnahmen blieben erheblich hinter den Erwartungen zurück. Die Klägerin kündigte das Darlehen zum 4. Februar 1998. 83

2. Hintergrund

Auch der vorliegend streitgegenständliche Sachverhalt ist ein „klassisches Beispiel" des Vertriebs von Immobilien an Kleinverdiener zum Zwecke der Steuerersparnis in den 90er Jahren des vorherigen Jahrhunderts[34]. Das „kundennähere Unternehmen"[35], nämlich der Anlagevermittler, wurde nicht in den Rechtsstreit einbezogen[36]. Die Entscheidung des XI. Zivilsenats befasst sich in ihren Schwerpunkten ausführlichst mit den „üblichen" Problemfeldern eines kreditfinanzierten Immobilienerwerbs. 84

Nach ständiger Rechtsprechung des Bundesgerichtshofes wird der im Rahmen von Bauherren-, Bauträger- oder Erwerbermodellen auftretende Vermittler als Erfüllungsgehilfe im Pflichtenkreis der in den Vertrieb nicht eingeschalteten Bank nur insoweit tätig, als sein Verhalten den Bereich der Anbahnung des Kreditvertrages betrifft; falsche Erklärungen des Vermittlers zum Wert des Objekts bzw. zur monatlichen Belastung des Anlegers betreffen – so der XI. Zivilsenat – nicht den Darlehensvertrag sondern die 85

---

[34] Siehe zu dieser Sachverhaltskonstellation → § 13 Rn. 35 ff.
[35] Siehe BGH XI ZR 431/11, → § 5 Rn. 89.
[36] Ob dies Bonitätsgesichtspunkte hatte, lässt sich den Entscheidungsgründen nicht entnehmen.

Rentabilität des Anlagegeschäfts und damit nicht den Pflichtenkreis der finanzierenden Bank.

86   Einwendungsdurchgriffe nach Verbraucherkreditgesetz bzw. nach den aus § 242 BGB hergeleiteten Grundsätzen zum verbundenen Geschäft lehnt der XI. Zivilsenat ebenfalls ab. Auch das Haustürwiderrufsgesetz hilft dem Anleger vorliegend nicht weiter.

87   Damit waren es lediglich prospekthaftungsrechtliche Ansprüche, welche dem Anleger als letztes mögliches Verteidigungsmittel zustanden.

3. Problemstellung

88   Die Klägerin zählte nicht zu dem Personenkreis, welcher nach gefestigter Rechtsprechung des Bundesgerichtshofes als Herausgeber des Prospektes oder sonst für die Prospekterstellung verantwortlich (nämlich insbesondere die das Management bildenden Initiatoren, Gestalter und Gründer einer Publikumskommanditgesellschaft) angesehen wird.

89   Allerdings war in der Rechtsprechung des Bundesgerichtshofes seit jeher anerkannt, dass der Prospekthaftung im engeren Sinne auch diejenigen Personen unterliegen, die mit Rücksicht auf ihre allgemein anerkannte und hervorgehobene berufliche oder wirtschaftliche Stellung oder aber ihre Eigenschaft als berufsmäßige Sachkenner eine Garantenstellung einnehmen, sofern sie durch ihr nach außen in Erscheinung tretendes Mitwirken am Emissionsprospekt einen besonderen, zusätzlichen Vertrauenstatbestand schaffen und Erklärungen abgeben[37]. Anders, als der Hintermann, muss der Garant nach außen auftreten, also erkennbar sein; des Weiteren haftet er nicht wie der Hintermann für den gesamten Prospektinhalt, sondern nur für die Prospektteile, auf die sich die Garantenstellung bezieht. Auch wenn die Einstandspflicht von Garanten auf die ihnen selbst zuzurechnenden Prospektaussagen beschränkt ist, wäre es doch für den vorliegend in Rede stehenden Anleger von Vorteil gewesen, hätte der XI. Zivilsenat die Bank in Anbetracht der vorliegenden Sachverhaltskonstellation als Garant in dem genannten Sinne angesehen.

90   Die Vorzeichen hierfür standen günstig: Die Bank war namentlich mit ihren Funktionen im Prospekt erwähnt. Es war eine Erklärung der Bank im Prospekt abgedruckt, welche Bezug auf das Anlageobjekt hatte. Die Bank hatte durch die ausgebrachte Finanzierung ein erhebliches wirtschaftliches Eigeninteresse am Erwerb der Beteiligung durch den Anleger.

4. Entscheidung

91   Der XI. Zivilsenat machte sich seine Entscheidung leicht.

92   Zwar zählt die klagende Bank grundsätzlich zu einem Personenkreis, dessen berufliche Sachkunde und persönliche Zuverlässigkeit die Grundlage für eine entsprechende Vertrauenshaftung bilden kann. Der XI. Zivilsenat nimmt explizit Bezug auf ein vom II. Zivilsenat ergangenes Urteil, in welchem eine Bank als Prospekthaftungsadressat angesehen wurde[38]. Der XI. Zivilsenat ist aber der Auffassung, dass vorliegend eine alleine entscheidende Mitwirkung der Bank an der Prospektgestaltung nicht nach außen her-

---

[37] Siehe hierzu auch BGH vom 14.6.2007, III ZR 125/06 zu einer den Prospekt begutachtenden Wirtschaftsprüfungsgesellschaft als Garantin (dort verneint) → § 9 Rn. 72 f.
[38] BGH-Urt. v. 14.1.1985 – II ZR 41/84; WM 1985, 533; dort war die Bank allerdings Treuhandkommanditistin und Mitherausgeberin des Prospektes.

vorgetreten sei. Für eine derartige Mitwirkung an der Prospektgestaltung reicht nämlich – so der XI. Zivilsenat – nicht aus, dass die Klägerin als diejenige Bank, die die Objektfinanzierung übernommen hat, namentlich benannt wird. Auch reicht der Umstand nicht aus, dass die Bank damit einverstanden war, ein von ihr stammendes Schreiben als ein solches der „bauzwischenfinanzierenden Bank" im Verkaufsprospekt abzudrucken.

Vielmehr hätte der Anleger nur dann auf eine Ankündigung im Prospekt vertrauen 93 können, wenn das Kreditinstitut die Übernahme der Gesamtverantwortung für den Erfolg des Projektes in Aussicht gestellt hätte. Dies lässt sich dem im Prospekt abgedruckten Schreiben aber gerade nicht entnehmen. Im Schreiben sei nämlich nur die Ankündigung enthalten, die Prüfung der Voraussetzungen für die Freigabe von Anlegergeldern zu übernehmen. Dies reiche nicht aus, um die Bank als Garant aufgrund einer besonderen beruflichen und wirtschaftlichen Stellung bzw. aufgrund ihrer Fachkunde in die Prospekthaftung mit einzubeziehen.

Vor diesem Hintergrund hob der XI. Zivilsenat die entgegenstehende Entscheidung 94 des Oberlandesgerichts auf und verwies die Sache wegen weiterer Sachverhaltsaufklärung nach Haustürwiderrufsgesetz an das Berufungsgericht zurück.

5. Fazit

So scharf das prospekthaftungsrechtliche Schwert in den Händen derjenigen Anleger 95 ist, welche innerhalb der engen Verjährungsfristen ihre Ansprüche mit der gebotenen Substanz anmelden, so hoch ist die Hürde, welche überwunden werden muss, um Garanten aufgrund ihrer berufsmäßigen Sachkunde zu Haftungsadressaten im Sinne der Prospekthaftung im engeren Sinne zu machen.

Gerade die vorliegende Entscheidung zeigt, welch hohe Anforderungen der XI. Zi- 96 vilsenat an die Darlegung einer Garantenstellung knüpft. Weder die namentliche Nennung, noch die wörtliche Wiedergabe eines die Funktionen der Bank darlegenden eigenen Schreibens der Bank, noch das erhebliche wirtschaftliche Eigeninteresse der Bank reichen hierfür aus. Vielmehr muss nachgewiesen werden, dass der Garant tatsächlich selbst inhaltlich am Emissionsprospekt mitgewirkt hat und dieses Mitwirken auch nach außen in Erscheinung getreten ist.

Nicht verwunderlich ist, dass der XI. Zivilsenat nach einer „Intervention" des Euro- 97 päischen Gerichtshofs in Sachen Schrottimmobilien neue Wege suchte, den dortigen Anlegern unter die Arme zu greifen[39].

VI. Garantenstellung: Spitzenpolitiker

BGH Urteil vom 17. November 2011 – III ZR 103/10

1. Sachverhalt[40]

Die Kläger zeichneten am 7. Oktober 2004 über einen Treuhänder Anteile am ge- 98 schlossenen Fonds „MSF Master Star Fund Deutsche Vermögensfonds I AG & Co. KG" (nachfolgend auch „MSF"). Die Bundesanstalt für Finanzdienstleistungsaufsicht

---
[39] → § 13 Rn. 35 ff.
[40] Zu weiteren Entscheidungen im Zusammenhang mit dem MSF Master Star Fund Deutsche Vermögensfonds I AG & Co. KG vgl. die Hinweise im Sachverzeichnis.

VI. Garantenstellung: Spitzenpolitiker

untersagte mit sofort vollziehbarem Bescheid vom 15. Juni 2005 der Fondsgesellschaft ihre geschäftliche Tätigkeit unter Bezugnahme auf § 32 KWG. Über das Vermögen der Gesellschaft wurde das Insolvenzverfahren eröffnet.

99   Einer der mehreren Beklagten ist mittlerweile emeritierter Inhaber eines rechtswissenschaftlichen Lehrstuhls der Ludwig-Maximilians-Universität München und ehemaliger Bundesminister. Dieser hatte sich im Frühjahr 2004 bereit erklärt, als Vorsitzender des Beirates der DA Deutsche Anlagen AG, der einzigen Gesellschafterin der Komplementär-AG, zu fungieren[41].

100   Die Komplementär-AG gab zum Zwecke der Anlegerwerbung zwei Emissionsprospekte[42] heraus; das Beteiligungsunternehmen und die „Partner des Beteiligungskonzeptes" sind auf den Seiten 59 bis 64 des Emissionsprospektes dargestellt. Der Beklagte ist dort ebenso wenig erwähnt, wie die Existenz eines Beirats in der DA Deutsche Anlagen AG.

101   Neben dieser Prospektunterlage existiert eine 80 Seiten umfassende Produktinformation („Hochglanzbroschüre"), in der die Fondsgesellschaft, deren Anlagestrategie in den einzelnen Portfolios, beispielhafte Berechnungen sowie natürliche Personen vorgestellt werden, welche in Zusammenhang mit der Fondsgesellschaft stehen. Auf den Seiten 26 und 27 ist der Beklagte als Vorsitzender des Beirates der DA Deutsche Anlagen AG, Berlin, bezeichnet und mit einem ganzseitigen Foto abgebildet. Dieser wird dort zitiert wie folgt:

„Die Verlässlichkeit einer Anlage erhält einen neuen Stellenwert."

„Wir wissen, wie wichtig es heute für jeden Menschen ist, frühzeitig eine private Vorsorge anzustreben. Die richtige Entscheidung zu fällen, ist nicht leicht und bedarf einer gründlichen Prüfung mit allen fachlichen und gesetzlichen Aspekten.

Sicherheit und Vertrauen sind auf dem Kapitalmarkt keine Selbstverständlichkeit mehr. Nach Finanzskandalen und unsicheren Börsenzeiten erhält die Verlässlichkeit einer Anlage einen neuen Stellenwert für den Verbraucher. Wir verstehen uns als kompetenter Wegbegleiter unserer Unternehmen gerade im Hinblick auf die Förderung der Kontakte mit Politik und Wirtschaft. Dabei setzen wir uns für die Realisierung der Ziele der Geschäftsleitung ein."

102   Daneben existiert ein Sonderdruck der Finanzzeitschrift „Cash" 4/2004, überschrieben mit „Pole Position für den Deutsche Vermögensfonds I". In dieser Unterlage ist der Beklagte neben anderen Personen Interview-Partner und wird dort als Vorsitzender des Beirates der DA Deutsche Anlagen AG, als Bundesminister der Verteidigung a. D. sowie als Inhaber des Lehrstuhls für Staats- und Verwaltungsrecht, Verwaltungslehre und Finanzrecht vorgestellt. Im Interview heißt es:

„Meine Forderung an das Management der Deutschen Anlagen AG für meine Mitwirkung als Vorsitzender des Beirats war: Durchgehende Qualitätssicherung für jeden einzelnen Anleger. Dazu Kompetenz, Kontrolle und Transparenz für das Konzept und die handelnden Personen des Fonds. Das haben wir geschafft. Mich hat die Beachtung aller denkbaren Anlegerschutzregelungen, die das Fondskonzept auszeichnet, beeindruckt."

103   In einem weiteren Zeitungsartikel war der Beklagte als „renommierter Verfassungsrechtler und Ex-Bundesminister" mit Bild vorgestellt worden und wird dort wie folgt zitiert:

„Die Rente war bereits zu Zeiten, in denen sie noch sicher genannt wurde, nicht mehr sicher. [...] Die Menschen müssen mehr Eigenverantwortung übernehmen. [...] Es müssen solide Alternativen auf-

---

[41] Siehe zu den verschiedenen Gesellschaften des MSF-Komplexes → Rn. 44 ff.
[42] Vom 17.3.2004 – der streitgegenständlichen Zeichnung zugrundeliegend – und 27.10.2004.

gezeigt werden, wie man aus eigener Anstrengung und finanzieller Möglichkeit für eine sichere Zukunft vorsorgen kann. Erst nach einer genauen Prüfung der Strukturen und der Personen habe ich meine persönliche Mitwirkung und Unterstützung zugesagt. Denn wir wissen, dass es in der Vergangenheit im Fondsgeschäft nicht überall gut gelaufen ist. Deshalb musste ein Konzept entwickelt werden, das nicht nur Renditen offeriert, sondern voll durchkontrolliert ist und von unabhängigen und erfahrenen Persönlichkeiten geleitet wird. Dies ist der DA überzeugend gelungen."

Auf der letzten Seite der „Hochglanzbroschüre" ist der Hinweis enthalten, dass diese nicht den Emissionsprospekt darstelle; die Presseartikel waren redaktionell erkennbar von Dritten verfasst worden. 104

Die Kläger machen geltend, das Geschäftsmodell der MSF sei im Emissionsprospekt unzutreffend dargestellt worden. Der Beklagte verweist darauf, dass er als Beiratsvorsitzender der Konzerndachgesellschaft keine operative oder organschaftliche Funktion ausgeübt und auch keinen Einfluss auf den Inhalt des Emissionsprospekts genommen habe; er habe auch schon Anfang August 2004 seine Beiratstätigkeit beendet. 105

2. Hintergrund

Der Haftungsadressat des „Garanten" im Rahmen der Prospekthaftung im engeren Sinne war in den letzten Jahren mehr und mehr in den Hintergrund gerückt worden. Grund dafür war die Tatsache, dass natürliche Personen als potentielle Haftungsadressaten entweder bereits als „Vorderleute" unmittelbar prospektverantwortlich, oder aber als „Hintermänner" aufgrund Initiative bzw. persönlicher oder wirtschaftlicher Verflechtungen prospektverantwortlich waren[43]. 106

Natürliche und juristische Personen, welche aufgrund ihrer besonderen Qualifikation oder Sachkunde taugliche Subjekte einer Garantenstellung hätten werden können, hielten sich im Hinblick auf ihre namentliche Nennung in Prospektmaterialien mehr und mehr[44] zurück. Vor diesem Hintergrund sind jüngere höchstrichterliche Entscheidungen, welche auf dem Grundgedanken der Garantenstellung fußen, selten. 107

3. Problemstellung

Der BGH musste sich in vorliegender Entscheidung mit einem doppelten Problemkreis befassen. 108

Zunächst einmal bot diese Entscheidung Gelegenheit, sich mit der Frage auseinander zu setzen, welche begrifflichen Anforderungen an Prospektmaterial zu stellen sind. Vorliegend gab es ja „Langprospekte", welche von einem Prospektgutachter nach IDW-Standard geprüft, mit juristischen Vertragstexten versehen und Beitrittsformularen ausgestattet waren. Daneben existierten aber „Reklamebroschüren", wie die genannte Hochglanzbroschüre einerseits, Zeitungsinterviews andererseits. Die Besonderheit des vorliegenden Falles lag darin, dass der Haftungsadressat zwar in diesen „Reklamebroschüren", nicht aber im Langprospekt Erwähnung fand. Entscheidungserheblich war mithin die Beurteilung dieser Werbemittel im Hinblick auf den Prospektbegriff. 109

Sodann musste der III. Senat die Frage beantworten, ob denn der Beklagte tauglicher Haftungsadressat im Sinne der Prospekthaftung im engeren Sinne ist, oder nicht. Dieser zog sich darauf zurück, dass er zum einen im Zeitpunkt der Zeichnung gar nicht mehr für das Unternehmen tätig war, zum anderen keinerlei organschaftliche, unmittelbar die Geschäftsleitung des Fonds beeinflussende Tätigkeit übernommen hatte. 110

---

[43] → Rn. 15–80.
[44] Häufig auch unter Bezugnahme auf „standesrechtliche Gründe".

4. Entscheidung

111 Der BGH entschied den vorliegenden Sachverhalt in beiden wesentlichen Fragestellungen zugunsten des Anlegers:

112 Er beginnt mit einer Zusammenstellung der denkbaren rechtlichen Erwägungen, kraft derer der Beklagte vorliegend Haftungsadressat einer Prospekthaftung im engeren Sinne sein könnte. Der BGH lehnt eine Haftung als sogenannter „Hintermann" ab, da allein die Position eines Beiratsmitglieds oder -vorsitzenden ohne Hinzutreten weiterer Umstände nicht den Schluss auf einen maßgeblichen Einfluss auf das Geschäftsgebaren oder die Gestaltung des konkreten Anlagemodells zulassen. Beratungsfunktionen bzw. Überwachungsfunktionen als solche sind aus Sicht des III. Senats nicht ausreichend.

113 Allerdings unterliegen der Prospekthaftung im engeren Sinne alle diejenigen, die mit Rücksicht auf ihre allgemein anerkannte und hervorgehobene berufliche und wirtschaftliche Stellung oder ihre Eigenschaft als berufsmäßige Sachkenner eine Garantenstellung einnehmen, sofern sie durch nach außen in Erscheinung tretendes Mitwirken am Emissionsprospekt einen besonderen, zusätzlichen Vertrauenstatbestand schaffen und Erklärungen abgeben. Dieser Vertrauenstatbestand muss sich aus dem Prospekt ergeben, sofern nicht die Mitwirkung an der Prospektgestaltung auf andere Weise nach außen hervorgetreten ist. In inhaltlicher Hinsicht ist eine Haftung auf die den Garanten selbst zuzurechnenden Prospektaussagen beschränkt.

114 Der BGH formuliert sodann seinen maßgeblichen Prospektbegriff: Prospekt in diesem Sinne ist jede marktbezogene schriftliche Erklärung, die für die Beurteilung der angebotenen Anlage erhebliche Angaben enthält oder den Anschein eines solchen Inhalts erweckt. Sie muss dabei tatsächlich oder zumindest dem von ihr vermittelten Eindruck nach den Anspruch erheben, eine das Publikum umfassend informierende Beschreibung der Anlage zu sein.

115 Der BGH subsumiert sodann den streitgegenständlichen Sachverhalt unter diese beiden Aspekte:

116 Die gemeinsam mit dem Emissionsprospekt herausgegebene „Produktinformation" (Hochglanzbroschüre) und die als Sonderdrucke ebenfalls gezielt zusammen mit dem Prospekt vertriebenen beiden Presseartikel sind – so der BGH – bei der gebotenen Gesamtbetrachtung sämtlich Bestandteile eines Anlageprospekts. Unerheblich ist, dass diese Schriftstücke nicht körperlich miteinander verbunden sind; auch ist es nicht von Belang, wenn auf der letzten Seite der „Produktinformation" ein Hinweis enthalten ist, dass diese nicht den Emissionsprospekt darstelle. Die Hochglanzborschüre als leicht lesbares Werk vervollständigte den Langprospekt; zudem vermittelte sie – anders als etwa ein Flyer oder ein Infobrief – bereits für sich genommen den Eindruck einer umfassenden, informierenden Beschreibung der Anlage und genügt damit schon allein der Definition eines Prospekts im Rechtssinn. Wenn in dieser Information am Ende der Hinweis enthalten ist, dass diese nicht den Emissionsprospekt darstelle, wendet der BGH dieses Argument sogar gegen den Beklagten: Allein die Tatsache, dass eine solche klarstellende Mitteilung geboten war, verdeutlicht, dass schon aus Sicht des Verfassers hier die Gefahr der Verwechselung mit dem Langprospekt gegeben war. Ergänzt werde diese Produktinformation durch die beiden Zeitungsartikel, welche die Angaben des Beklagten zu seiner Funktion, seinem Einfluss auf die Muttergesellschaft der Fondsgesellschaft und seine positive Einschätzung der beworbenen Anlageprodukte, insbesondere hinsichtlich ihrer Verlässlichkeit, vervollständigen.

Sodann wurde dem Beklagten aufgrund seines beruflichen Hintergrundes und seiner 117
Fachkunde sowie in Folge der Zeitschrifteninterviews die Stellung eines Prospektverantwortlichen zugeschrieben. Der Beklagte, welcher mit seinen Äußerungen sich über die üblichen Kompetenzen eines Sonderfachmanns deutlich (so der BGH) hinausgehend eines Einflusses auf die Gestaltung des Anlagekonzepts berühmte, nahm durch seinen Werdegang und Beruf besonderes Vertrauen in seine Integrität, Objektivität und Fachkompetenz in Anspruch. Diese Aussagen des Beklagten gehen inhaltlich erheblich darüber hinaus, sich als bloßen Beiratsvorsitzenden vorzustellen. Zudem erweckte der Beklagte den Anschein, er setze sich besonders für die Belange der einzelnen Anleger ein, da er eine zusätzliche, von ihm ausgehende Gewähr für die Sicherheit der Investition und das Gelingen des Anlagegeschäfts biete.

Der durchschnittliche Anleger konnte also davon ausgehen, dass der Beklagte über 118
die erforderliche Seriosität, die Fachkompetenz zur Beurteilung der Anlage und das notwendige Durchsetzungsvermögen zur Erfüllung der seinen Angaben zufolge gestellten Forderungen verfügte. Die in dem Prospektbestandteil diesbezüglich enthaltenen Angaben des Beklagten dürften wiederum nach bisherigem Sach- und Streitstand einer hinreichenden tatsächlichen Grundlage entbehrt haben. Es bestehen schon Zweifel, so der BGH, daran, ob der Beklagte in der Werbung für sich reklamierte Kompetenzen angesichts seines nur beschränkten Aufgabenbereichs im Beirat der Konzernmutter in Zusammenhang mit der Anlage tatsächlich hätte einbringen können. Auch sei offen, ob der Beklagte die nicht näher bezeichneten Aspekte in der Qualitätssicherung und der Sicherheit der Anlage tatsächlich geprüft habe.

Dies aufzuklären war Aufgabe der Tatsacheninstanzen ebenso, wie die Frage, ob der 119
Beklagte diesen Einsatz seiner Aussagen und seiner Vita zu Werbezwecken kannte und jedenfalls zunächst auch billigte.

Abschließend verwies der BGH darauf, dass es für die Haftung des Beklagten keine 120
Rolle spiele, ob er im August 2004, also noch vor Zeichnung, seine Beiratstätigkeit bereits beendet habe. Die Aussage des Beklagten begründeten nämlich die in die Zukunft gerichtete Erwartung, er werde weiterhin die Belange der Anleger berücksichtigen und wahren sowie die Belange der Fondsgesellschaft bei seinen Kontakten zu Politik und Wirtschaft vertreten. So habe er in einem Zeitungsinterview darauf verwiesen, dass er selbst für wenigstens zwei Jahre verantwortlich im Beirat tätig sei.

5. Fazit

Die Entscheidung verbreitete sich „wie Donnerhall" in der kapitalanlagerechtlichen 121
Haftungswelt. Nicht nur die Zusammenschau des Prospektes mit weiteren, insbesondere nicht der Prospektgutachtenstätigkeit unterliegenden Werbematerialien war neu und zukunftsweisend; auch die Tatsache, dass ein weit vom operativen Geschäftsfeld der Fondsgesellschaft entfernter Politiker nur aufgrund seines „guten Namens" in die Haftungsverantwortlichkeit gelangen sollte, ist erstaunlich.

Letztendlich geht der III. Zivilsenat aber konsequent einen inhaltlich richtigen Weg: 122
Welchen anderen Grund kann es für die namentliche Nennung einer derartigen Person in einem Anlagekonzept geben, als denjenigen, Vertrauen der Anleger zu gewinnen? Dieses Vertrauen darf nicht dadurch enttäuscht werden, dass pressewirksam Reklameaussagen zitiert werden, welche mit der Realität nicht übereinstimmten. Dies weiter nachzuverfolgen ist Aufgabe der Tatsachengerichte.

123 Unterstellt, die nunmehrige spezialgesetzliche Regelung der Prospekthaftung in § 306 KAGB verdrängt die vormalige Rechtsprechung der Prospekthaftung im engeren Sinne, stellt sich aber die Frage, inwieweit der Garant noch tauglicher Haftungsadressat der Prospekthaftung im engeren Sinne ist. So ist namentlich § 306 KAGB lediglich zu Lasten der Verwaltungsgesellschaft, der sonstigen explizit im Verkaufsprospekt Verantwortung übernehmenden Haftungsadressaten, der Hintermänner („oder von denen der Erlass des Verkaufsprospektes ausgeht") sowie der gewerbsmäßigen Verkäufer der Anteile im eigenen Namen anwendbar. Schon in der Vergangenheit war es so, dass der Garant ja nicht für den Gesamtprospekt, sondern nur für diejenigen Prospektteile Verantwortung zu tragen hatte, welche sich auf die Garantenstellung bezogen. Sowohl nach Wortlaut, wie Systematik des § 306 KAGB fällt der Garant künftig mithin nicht mehr unter die (nunmehr spezialgesetzlich geregelte) Prospekthaftung im engeren Sinne; eine Gefahr der Garantenhaftung setzt mithin voraus, dass die vormalige richterrechtliche Prospekthaftung im engeren Sinne weiter Geltung beansprucht. Dies wird die Rechtsprechung erst noch entscheiden müssen.

VII. Ausblick

124 Prospekthaftende im engeren wie im weiteren Sinne sind ebenso zahlreich, wie die von der Rechtsprechung entdeckten und diesen Haftungsadressaten zur Last gelegten Prospektfehler. Trotz aller gesetzgeberischer Maßnahmen, die staatliche Aufsicht über den Grauen Kapitalmarktes zu intensivieren, wird es letztendlich auch in Zukunft das scharfe Schwert der schadenersatzrechtlichen Inanspruchnahme der Haftungsadressaten sein, welches dazu führt, die Anlegerinformation durch vollständige und richtige Prospekte auf hohem Niveau zu halten.

125 Dass letztendlich derjenige Haftungsverantwortung zu übernehmen hat, welcher wirtschaftlich von der Auflage und dem Inverkehrbringen geschlossener Beteiligungen profitiert, scheint auch die Rechtsprechung – zumindest mittelbar – als Kriterium erkannt zu haben, welches anzulegen ist, wenn eine angemessene Verteilung des Haftungsrisikos zwischen Anleger einerseits, Haftungsadressat andererseits bedacht wird.

126 Nicht anders ist es zu verstehen, wenn sich die Hintermannrechtsprechung von den Buchstaben des Prospektes zur Frage der Prospektverantwortlichkeit löst und nach dritten Personen oder Unternehmen sucht, welche die geschlossene Beteiligung initiiert haben[45]. Dennoch führt die bei weitem nicht adäquate Mindestausstattung von Gesellschaften mit beschränkter Haftung, welche als Prospekthaftungsadressaten im engeren wie im weiteren Sinne in Betracht kommen, dazu, dass selbst erfolgreich titulierte Anlegeransprüche im Ergebnis ins Leere laufen.

127 Wie erfinderisch demgegenüber deutsche Gerichte mit der Frage der Prospektfehlerhaftigkeit umgehen, wurde an anderer Stelle beschrieben[46]; vor dem Hintergrund einer enorm hohen Haftungswahrscheinlichkeit bei nicht prospektgemäßem Verlauf der Investition ist es daher nicht verwunderlich, wenn potentielle Haftungsadressaten versuchen, ihre wirtschaftliche Existenz in größtmöglichem Maße abzuschotten.

---

[45] Wobei im Wirtschaftssystem des Kapitalismus davon ausgegangen wird, dass Initiative auch gleichbedeutend ist mit unternehmerischem Ertrag, jedenfalls einer Chance hierauf.
[46] Siehe § 6 Die Prospektfehler von Investmentvermögen.

§ 8. Die Haftung des Gründungsgesellschafters und des Treuhänders

I. Einführung

Anders, als bei der typisierten Vertrauenshaftung für das Inverkehrbringen eines Prospekts[1] beschäftigen wir uns in diesem Abschnitt mit der Prospekthaftung im weiteren Sinne. Während es bei ersterer um eine Haftung für die Prospekterstellung geht, ist letztere eine Haftung für die Prospektverwendung. Dabei muss berücksichtigt werden, dass hier nicht etwa spezifisch besondere Haftungsvorschriften des Bereiches der Haftung bei Kapitalanlagen in Rede stehen. Es geht vielmehr schlicht und ergreifend um Aufklärungspflichten eines Vertragspartners gegenüber einem anderen Vertragspartner, welcher beabsichtigt, mit diesem in vertraglichen Kontakt zu treten[2]. 1

Es ist hierbei allerdings zu unterscheiden: Der Gründungsgesellschafter war bereits mit sonstigen (ebenfalls Gründungs-)Gesellschaftern in vertraglicher Beziehung, etwa weil er ein Investmentvermögen in Rechtsform einer GmbH & Co. KG mit zwei oder mehreren Gesellschaftern ins Leben gerufen hat. Dieses Vehikel existiert also bereits, noch bevor die klassische Zielgruppe des Kapitalanlagevertriebs, nämlich die einzelnen Anleger „ins Boot geholt werden". Dieses „ins Boot holen" konnte nun wiederum in zweierlei Hinsicht geschehen: Zum einen dahingehend, dass der jeweils beitretende Gesellschafter (Anleger) Direktkommanditist wird, was mit einem Aufscheinen seiner Kommanditistenstellung im Wege der Registerpublizität auch gegenüber Dritten einhergeht. Für diejenigen Anleger, welche derartige Publizität nicht wollen, aber auch m die Handelsregister zu entlasten, finden und fanden sich Treuhänder[3], welche anstelle des beitretenden Anlegers bereits Gesellschafter sind und bleiben, sodass der Anleger im Außenverhältnis als Gesellschafter nicht aufscheint. Im Innenverhältnis wird er aber wie ein Gesellschafter behandelt, was nach Maßgabe des mit dem Treuhänder abzuschließenden Treuhandvertrages im Regelfall formularmäßig für eine Vielzahl von Anlegern entsprechend vereinbart wird. 2

In beiden Komponenten ist es nun aber so, dass unmittelbare vertragliche Beziehungen zum Anleger zustande gebracht werden, sei es gesellschaftsvertraglicher Natur, sei es in Form eines Treuhandvertrages. Auf Basis dieser Verträge hat dann aber der Gründungsgesellschafter bzw. Treugeber vorvertragliche Aufklärungspflichten gegenüber dem neu beitretenden Anleger zu erfüllen, welche in diesem Abschnitt beschrieben werden. 3

Abschließend sei an dieser Stelle noch darauf verwiesen, dass es durchaus eine Rolle spielen kann, ob die in Rede stehende Vertragspflicht diejenige eines Treuhänders oder diejenige eines Gesellschafters ist; es kann dies zum einen im Bereich der Haftungsbegründung Fragestellungen nach der Reichweite der Aufklärungspflichten und daraus 4

---

[1] Prospekthaftung im engeren Sinne, jetzt § 306 KAGB, → § 7 Rn. 3 ff.
[2] Culpa in contrahendo bzw. heute § 311 Abs. 2 Ziff. 1 BGB.
[3] meist Berufsträgergesellschaften, etwa Wirtschaftsprüfungsgesellschaften, Steuerberatungsgesellschaften oder Rechtsanwaltskanzleien, was wiederum zahlreiche speziell auf diese Berufsgruppen zugeschnittene Sonderprobleme mit sich bringt, zB Rn. 22 ff.

resultierend auch den Kreis der über § 278 BGB zuzurechnenden Erfüllungsgehilfen auslösen; wird auf eine Haftung erkannt und handelt es sich diesbezüglich um eine Berufsträgergesellschaft, kann dies zum anderen verjährungsrechtliche Sonderfragen stellen[4]; schließlich kann die Unterscheidung die Folgefrage nach dem deckungsrechtlichen Haftpflichtversicherungsschutz auslösen, da zahlreiche Haftpflichtversicherer dazu übergegangen sind, gesellschaftsrechtliche Aufklärungspflichten als nicht vom Berufshaftpflichtversicherungsschutz umfasste Tätigkeiten anzusehen[5].

II. Gründungsgesellschafterin und Mittelverwendungskontrolleurin

BGH Urteil vom 29. Mai 2008 – III ZR 59/07

1. Sachverhalt[6]

5   Der Kläger erwarb eine Beteiligung an der CINERENTA Gesellschaft für Internationale Filmproduktion mbH & Co. Dritte Medienbeteiligungs KG (im Folgenden auch Cinerenta 3) in Höhe von DM 50.000,00 zzgl. 5 % Agio. Er unterzeichnete eine mit „Beitrittsvereinbarung" überschriebene formularmäßige Erklärung am 4. Dezember 1999. Der Beitritt sollte – dem von der Komplementärin der Beteiligungsgesellschaft herausgegebenen Prospekt entsprechend – über die Beklagte, eine Wirtschaftsprüfungsgesellschaft als Treuhandkommanditistin nach einem im Prospektteil B abgedruckten Vertragsmuster „Treuhandvertrag und Mittelverwendungskontrolle" vorgenommen werden; die Gegenzeichnung durch die Beklagte erfolgte am 9. Dezember 1999. Die Beklagte wurde im Prospekt in der Rubrik „Partner" als Gründungsgesellschafterin bezeichnet. Sie gab am 14. Dezember 1999 erste Mittel ua an Vertriebsunternehmen frei.

6   Der Kläger hat ua einen Prospektmangel und eine Aufklärungspflichtverletzung darin gesehen, dass er nicht über Provisionszahlungen in Höhe von 20 % an die Investor- und Treuhand Beratungsgesellschaft mbH unterrichtet worden sei. Nach § 14 Abs. 3 Satz 1 des Treuhandvertrages verjähren Schadensersatzansprüche gegen die Treuhandkommanditistin – gleich aus welchem Rechtsgrund – etwa auch aus der Verletzung von Pflichten bei Vertragsverhandlungen – fünf Jahre nach ihrer Entstehung, soweit nicht kraft Gesetzes eine kürzere Verjährung gilt. Der Kläger hatte die fünfjährige Frist nicht rechtzeitig gewahrt, die Beklagte Verjährung eingewandt.

2. Hintergrund

7   Die kurzen Verjährungsfristen, welche in der börsengesetzlichen Prospekthaftung zu Lasten des Anlegers greifen und welche über die in Analogie hierzu entwickelte Prospekthaftung im engeren Sinne auch zu Lasten der Anleger geschlossener Beteiligungen angewandt wurden[7], erwiesen sich für den rechtsuchenden Anleger oftmals als hinderlich.

---

[4] → 14 Rn. 37 ff.
[5] → BGH Beschl. v. 10.12.2014 – IV ZR 110/14.
[6] Zu weiteren Sachverhaltsaspekten dieses Verfahrens und deren rechtlicher Problematik → § 6 Rn. 45 ff.
[7] → 7 Rn. 13 ff.

Wesentlich naheliegender ist es daher, sich wegen behaupteter Prospektfehler an un- 8
mittelbare Vertragspartner zu wenden, mit denen Dienstleistungsverträge im Hinblick
auf die anempfohlene Beteiligung bestanden. Allerdings meldete die hier mitverklagte
Investor- und Treuhand Beratungsgesellschaft mbH, mit welcher ein Vermittlungsvert-
ragsverhältnis bestand, aus dem Aufklärungspflichten hätten hergeleitet werden können,
im Laufe des Rechtsstreits Insolvenz an.

Die Rechtsprechung hatte das Dilemma der kurzen prospekthaftungsrechtlichen 9
Fristen schon früh erkannt und mithin die Rechtsfigur der Prospekthaftung im weiteren Sinne entwickelt, welche auf Basis der Rechtsfigur der culpa in contrahendo den
Haftungsadressaten Verantwortlichkeiten für Prospektfehler auferlegt, die im Rahmen
der Anbahnung eines Vertragsverhältnisses nicht richtig gestellt wurden.

Im Ergebnis wurden so vertragliche bzw. vertragsähnliche Schadensersatzansprüche 10
auf Ersatz des Zeichnungsschadens gegenüber zwei Haftungsadressaten begründet: Gegenüber dem Vermittlungsunternehmen einerseits, gegenüber der künftigen Treuhänderin (und vorliegend auch Mittelverwendungskontrolleurin) andererseits. Dass diese
vorliegend auch noch Gründungsgesellschafterin war, führt neben Treuhand und Mittelverwendungskontrolle zu einer dritten vertraglichen Haftungsgrundlage.

3. Problemstellung

Im Grundsatz sind es drei Problemkreise, welche von der Rechtsprechung im Zu- 11
sammenhang mit der Prospekthaftung im weiteren Sinne gelöst werden mussten:

Zum einen stellte sich die Frage nach der Person des Haftungsadressaten vor dem 12
Hintergrund, als der Beitritt zu Publikumskommanditgesellschaften in Anbetracht der
enormen Zahl von Anlegern, welche innerhalb kürzester Zeit als Gesellschafter gewonnen werden mussten, formalisiert und entpersonalisiert stattzufinden hatte. Der persönliche Kontakt des Anlegers beschränkte sich im Wesentlichen auf die Mitarbeiter von
Vertriebsunternehmen, welche regelmäßig aber nicht als Haftungsadressaten der Prospekthaftung im weiteren Sinne eine Rolle spielen. Den Kreis der Haftungsadressaten
zu definieren, war die erste zu lösende Aufgabe.

Sodann stellte sich die Frage, ob diese Haftungsadressaten für den gesamten Prospekt 13
Verantwortung zu übernehmen haben, oder diese Verantwortung auf Teilbereiche des
Prospektes begrenzt ist[8]; auch stellt sich die Frage, ob zu Lasten des Haftungsadressaten
Nachforschungspflichten im Hinblick auf Prospektunrichtigkeiten bestehen. Im Hinblick auf die Vorwerfbarkeit einer Aufklärungspflichtverletzung stellte sich die Frage,
ob zu Lasten der Treuhänderin Sachverhaltsaspekte Anwendung finden dürfen, die ihr
in ihrer Eigenschaft als Mittelverwendungskontrolleurin bekannt wurden.

Schließlich musste die Problematik bedacht werden, dass zugunsten zahlreicher Haf- 14
tungsadressaten der Prospekthaftung im weiteren Sinne spezialgesetzlich angeordnete
kurze Verjährungsfristen in Rede standen, welche auf die übliche Berufstätigkeit dieser
Haftungsadressaten zurückzuführen ist[9]. Lässt die Rechtsprechung diese kurzen Verjährungsvorschriften durchgreifen, gibt sie zahlreichen Zeichnern geschlossener Beteiligungen Steine statt Brot. Umso kniffeliger wurde die Problematik dann, wenn – wie
hier – der zwischen Haftungsadressat und Anleger geschlossene Vertrag diese spezialgesetzlich geregelte Verjährungsfrist wiederholt.

---

[8] So die Prospekthaftung im engeren Sinne zu Lasten der Garanten, → § 7 Rn. 81 ff.
[9] Siehe die Verjährungsvorschriften in §§ 51b BRAO, 68 StBerG, 51a WPO, jeweils alte Fassung; → § 14 Rn. 8.

15 Vorwegzuschicken ist, dass in den einschlägigen Entscheidungen des Bundesgerichtshofes zur Haftung einer Treuhandkommanditistin gegenüber beitretenden Anlegern zu einer Publikums-KG meist nicht klar zwischen der Haftung als Treuhänderin und der Haftung als Gründungskommanditistin unterschieden wird. Richtigerweise muss der den Prospekthaftenden im engeren Sinne deutlich näher stehende Gründungsgesellschafter weitreichendere Aufklärungspflichten haben, als der lediglich zum Zwecke der Entlastung der Handelsregister eingesetzte Treuhandkommanditist. Hier muss die Rechtsprechung des BGH noch wesentlich feinsinniger differenzieren.

4. Entscheidung

16 Der III. Zivilsenat löst in der genannten Entscheidung sämtliche drei angesprochene Problemfelder lehrbuchartig und – um dies vorweg zu schicken – jeweils im Sinne des betroffenen Anlegers.

17 Der III. Zivilsenat teilt zunächst die Rechtsauffassung des Berufungsgerichts, wonach Ansprüche gegen die Beklagte auf Grundlage der Prospekthaftung im engeren Sinne verjährt sind, wobei er ausdrücklich offen lässt, ob die Beklagte allein aufgrund ihrer Stellung als Gründungskommanditistin und Treuhandkommanditistin prospektverantwortlich ist.

18 Zu Recht – so der III. Zivilsenat – prüfe das Berufungsgericht allerdings auch, ob Ansprüche des Anlegers wegen eines Verschuldens bei Vertragsverhandlungen entstanden sind. Die Tatsache, dass die Beklagte eine Rolle als Treuhandkommanditistin einnimmt, führt aus Sicht des III. Zivilsenats dazu, dass diese die Pflicht treffen kann, „ihre" künftigen Treugeber über alle wesentlichen Punkte aufzuklären, die für die zu übernehmende mittelbare Beteiligung von Bedeutung waren. Insbesondere ist die Beklagte verpflichtet, die Anleger über ihr bekannte regelwidrige Auffälligkeiten zu informieren. Diese sind insbesondere dann anzunehmen, wenn für den Anleger wesentliche Sachverhalte nicht in Übereinstimmung mit den Prospektmaterialien stehen und sich dies mithin auch nicht aus der Lektüre des Emissionsprospekts erschließt.

19 Der III. Zivilsenat setzte sich sodann mit der Frage auseinander, ob eine derartige Pflicht resultierend aus den Grundgedanken des Verschuldens bei Vertragsverhandlungen zu Lasten der Beklagten vorliegend etwa deshalb nicht angenommen werden dürfe, weil die Beklagte mit den Anlegern gerade nicht in einen persönlichen Kontakt trat. Tatsächlich war es so, dass die Beklagte ihre Aufgabe als die einer bloßen Abwicklungs- und Beteiligungstreuhänderin verstand und der tatsächliche Ablauf sich auch so verhielt. Die Tätigkeit war ein formelles „Massengeschäft", ohne auf individuelle Besonderheiten des jeweiligen Anlegers einzugehen. Für den III. Zivilsenat ist dieser Aspekt allerdings unerheblich: Er beschränkt sich in seiner Rechtsdogmatik darauf, dass sich der Beitritt des Anlegers durch Abschluss eines Treuhandvertrages zwischen der Beklagten und dem Treugeber vollzieht; ohne tatsächlich – wenn auch formale – Mitwirkung der beklagten Treuhandkommanditistin war mithin – so der III. Zivilsenat – der Beitritt des Anlegers nicht möglich. Selbst diejenigen Kommanditisten, welche sich bei den CINERENTA-Fonds als Direktkommanditisten ins Handelsregister eintragen ließen, erwarben zunächst einmal eine mittelbare Beteiligung über die Beklagte.

20 Damit hatte der III. Zivilsenat zwei Fragen geklärt: Zum einen besteht eine Haftungsverantwortlichkeit der Treuhandkommanditisten dem Grunde nach gegenüber jedem Anleger, gleichgültig, ob mit diesem ein persönlicher Kontakt stattfindet, oder nicht. Sodann beschränkt der III. Zivilsenat die Verantwortlichkeit der Beklagten aber

§ 8. Die Haftung des Gründungsgesellschafters und des Treuhänders

in inhaltlicher Hinsicht auf ihr bekannte regelwidrige Auffälligkeiten und statuiert mithin gerade keine Nachforschungspflicht.

Was diese Kenntnis von regelwidrigen Auffälligkeiten anbelangt, nimmt der III. Zivilsenat auf Kenntnisse Bezug, welche die Beklagte in ihrer Eigenschaft als Mittelverwendungskontrolleurin hatte. So verweist der Senat darauf, dass die Beklagte in dieser Eigenschaft am 14. Dezember 1999 die ersten Mittel freigegeben hätte, wobei diesbezüglich Provisionsanteile für die Investor- und Treuhand Beratungsgesellschaft mbH berücksichtigt worden sind. Aus dieser Mittelfreigabe leitet der III. Zivilsenat ab, dass der Beklagten die Sonderbehandlung dieser Gesellschaft offenbar bekannt war. Aus Sicht des III. Zivilsenats „spricht daher alles dafür, dass sie diese Kenntnis auch fünf Tage zuvor bereits hatte, als sie das Angebot des Klägers auf Abschluss eines Treuhandvertrages unterzeichnete." Wenn dem aber so war, dann hätte die Treuhänderin den Kläger über diesen Umstand, der nach dem „nächstliegenden Verständnis mit den Prospektangaben nicht in Einklang stand", informieren müssen. 21

Schließlich setzte sich der III. Zivilsenat mit der von der Beklagten erhobenen Verjährungseinrede auseinander. Sowohl die auf die Beklagte anwendbare gesetzliche Vorschrift des § 51a WPO, als auch der Formularvertrag sahen eine Verjährung innerhalb von fünf Jahren nach ihrer Entstehung vor. Die Klage wurde erst im Jahr 2005 erhoben. 22

Der III. Zivilsenat bestätigte zunächst, dass auf Schadenersatzansprüche gegen den Treuhandkommanditisten einer Publikumskommanditgesellschaft wegen eines Verschuldens bei den Beitrittsverhandlungen die regelmäßige Verjährungsfrist anzuwenden ist, welche im vorliegenden Fall 30 Jahre betrug. Die besonderen Verjährungsbestimmungen für Berufsträger finden weder auf Wirtschaftsprüfer, noch auf Steuerberater Anwendung, wenn diese im Rahmen einer Treuhandtätigkeit in Zusammenhang mit einer geschlossenen Beteiligung ihre vorvertraglichen Aufklärungspflichten verletzen. 23

Sodann war die Frage zu beurteilen, ob zu Lasten des Anlegers die vertraglich vorgesehene Verjährungsfrist zur Anwendung kommt. Der III. Zivilsenat zitiert diesbezüglich zunächst seine Rechtsprechung zu den berufsrechtlichen Verjährungsfristen, welche nicht nur Zweckmäßigkeitserwägungen entsprächen, sondern auf einem Gerechtigkeitsgebot beruhen. Das Interesse des Auftraggebers, Ansprüche aus Mängeln der Leistung noch längere Zeit nach Durchführung des Auftrags geltend machen zu können, tritt aus Gerechtigkeitsgründen hinter dem Interesse des Leistenden zurück, eine baldige Klarstellung der gegenseitigen Beziehungen erwarten zu dürfen[10]. Obwohl der III. Zivilsenat eine unmittelbare Anwendung des § 51a WPO auf das Vertragsverhältnis zum Anleger für nicht geboten erachtet, erkennt er doch, dass die von der beklagten Wirtschaftsprüfungsgesellschaft nach dem Treuhandvertrag geschuldete Tätigkeit einen hinreichend engen Bezug zu den Pflichten hat, die zum Inhalt ihrer Tätigkeit nach § 2 Abs. 3 Ziff. 3 WPO gehören. Der III. Zivilsenat äußert mithin keine grundsätzlichen Bedenken gegen eine Akzeptanz dieser Verjährungsregelung in dem Treuhandvertrag. 24

Der Bundesgerichtshof hält die Verjährungsbestimmung aber nach § 11 Nr. 1 AGB-Gesetz[11] für unwirksam; so hätte die Verjährungsbestimmung Ansprüche unberührt lassen müssen, welche auf einer grob fahrlässigen Vertragsverletzung des Verwenders oder 25

---

[10] BGHZ 97, 21, 25.
[11] Jetzt § 309 Ziff. 7 BGB.

auf einer vorsätzlichen und grob fahrlässigen Vertragsverletzung eines gesetzlichen Vertreters oder Erfüllungsgehilfen des Verwenders beruhen. Da diese Unterausnahme in der Vertragsbestimmung nicht enthalten war, drang die Beklagte mit ihrer Verjährungseinrede nicht durch.

5. Fazit

26   Treuhänder geschlossener Beteiligungen unterliegen deutlichen Haftungsrisiken. Mit den Prospekthaftenden im engeren Sinne verbindet sie die Tatsache, dass sie im Hinblick auf bekannte regelwidrige Auffälligkeiten Aufklärungsverantwortung zu übernehmen haben. Die vormaligen verjährungsrechtlichen Privilegien der Prospekthaftenden im engeren Sinne im Hinblick auf den kenntnisunabhängigen dreijährigen Fristenlauf nach altem Recht vermögen sie demgegenüber nicht in Anspruch zu nehmen. Vor diesem Kontext ist nicht verwunderlich, wenn die Treuhandkommanditisten Zielscheibe zahlloser Anlegerreklamationen sowohl im Medienfonds- wie im Immobilienfondsbereich geworden sind. Dennoch ist die wirtschaftliche Sinnhaftigkeit eines derartigen Vorgehens fraglich: Die häufig in Rechtsform einer Gesellschaft mit beschränkter Haftung etablierten Treuhänder besitzen selbst kaum Haftungsmasse, um die zahllosen Anlegerreklamationen zu befriedigen. Dass Berufshaftpflichtversicherer sehr häufig gründlich prüfen werden, ob eine Einstandspflicht besteht, ist nur verständlich, zumal wenn im Insolvenzfalle des Treuhänders die Unterbrechungswirkung des § 240 ZPO die Angelegenheit zusätzlich verzögert. Dass dem Anleger hier neben dem kapitalanlagerechtlichen Prozessrisiko ein weiteres versicherungsrechtliches Risiko aufgebürdet wird, sollte gründlich bedacht werden, ehe vorschnell Haftungsklagen gegen Treuhandgesellschaften vom Zaun gebrochen werden.

III. Gründungsgesellschafterin und Vermittlerverschulden

BGH Urteil vom 14. Mai 2012 – II ZR 69/12

1. Sachverhalt

27   Die Klägerin macht aus eigenem und abgetretenem Recht ihres Ehemannes Schadenersatzansprüche gegen eine Treuhänderin und Gründungsgesellschafterin eines geschlossenen Immobilienfonds, eine Wirtschaftsprüfungsgesellschaft, geltend. Die Klägerin und ihr Ehemann zeichneten am 9. Oktober 1996 Anteile an der DFO GmbH & Co. 1. Deutschlandfonds KG und beauftragten die Beklagte als Treuhänderin, eine Beteiligung an dem Fonds als Treuhandkommanditistin in Höhe einer Gesamteinlage von DM 100.000,00 zu begründen und zur Finanzierung zuzüglich des Agios ein Darlehen zu den jeweils gültigen Konditionen bei finanzierenden Kreditinstituten aufzunehmen.

28   Der Zeichnung war ein Anlagevermittlungssachverhalt[12] vorangegangen. Die Anleger lassen vortragen, der Vermittler hätte sie unzutreffend dahingehend informiert, dass die Anlage „eine gute Rentenanlage, die todsicher eine gute Rendite erwirtschaften würde und keinerlei Risiken aufweise" sei.

29   Die Beklagte war mit dem Vertrieb der Fondsbeteiligung nicht befasst gewesen; laut Prospekt war für den Vertrieb und die Vertriebskoordination ausschließlich eine Fa.

---

[12] Zur Anlagevermittlung → § 5 Rn. 47 ff.

Eureka Finanzanalyse und Vermögensplanung GmbH zuständig. Die Beauftragung von Vermittlungsgesellschaften bzw. von selbständigen Anlagevermittlern erfolgte ausschließlich durch die Eureka Finanzanalyse und Vermögensplanung GmbH in eigenem Namen. Die Beklagte hatte weder rechtlichen noch tatsächlichen Einfluss auf die Vertriebskoordination und die Auswahl und/oder Überwachung der von dieser eingeschalteten Anlagevermittler.

Auf Seite 17 des Fondsprospekts hieß es unter der Rubrik „Hinweise zu Chancen und Risiken": 30

„Der Erfolg der Beteiligung an einer Grundbesitzgesellschaft ist abhängig vom wirtschaftlichen Erfolg des Unternehmens, an dem sich der Anleger beteiligt. Der wirtschaftliche Erfolg wird beeinflusst von einer Reihe nicht vorhersehbarer und damit nicht kalkulierbarer Faktoren, wie zum Beispiel Markt- und Zinsentwicklung, binnenkonjunkturelle und weltwirtschaftliche Schwankungen, politische Einflüsse, Naturkatastrophen etc. (…).
Eine Gewähr für das Erreichen der wirtschaftlichen und steuerlichen Ziele und Erwartungen des Anlegers kann es nicht geben."

Im Prospekt finden sich weitere Risikohinweise. 31

Im streitgegenständlichen Treuhandvertrag heißt es in § 10 Ziff. 2: 32

„Der Anspruch des Treugebers auf Schadensersatz – gleich aus welchem Rechtsgrunde, auch aus der Verletzung von Pflichten bei den Vertragsverhandlungen – verjährt in drei Jahren von dem Zeitpunkt an, in dem der Anspruch entstanden ist, soweit er nicht kraft Gesetzes einer kürzeren Verjährung unterliegt."

Klage wurde erst im Laufe des Jahres 2007 erhoben. 33

2. Hintergrund

Die vorliegende Sachverhaltskonstellation beschreibt ein in der Praxis häufig auftretendes Phänomen: Zum Zwecke der Entlastung der Handelsregister und der erleichterten Abwicklung der Anlegerverwaltung bei Publikums-KG's wird eine Fondsgesellschaft unter Zuhilfenahme eines Treuhandkommanditisten (zumeist Gründungsgesellschafter) errichtet. Dieser Gründungsgesellschafter ist häufig eine Wirtschaftsprüfungsgesellschaft oder sonstige Berufsträgergesellschaft mit beschränkter Haftung. Als solche begründet sie mit jedem einzelnen Anleger zwingend anlässlich des Beitritts ein individuelles, unmittelbares Rechtsverhältnis. Die Treuhänderin ist aber über diesen Aufgabenkreis hinaus mit dem Einwerben von Anlegern nicht befasst. Diese Aufgabe obliegt vielmehr der Emittentin, welche sich diesbezüglich häufig Drittunternehmen, nicht selten eben des sogenannten „Strukturvertriebs" bedient. 34

3. Problemstellung

In der vorliegenden Sachverhaltskonstellation treten im Regelfall drei Problemkreise auf: Die Verantwortlichkeit des Gründungsgesellschafters bzw. Treuhänders für Prospektinhalte[13], die rechtliche Wirksamkeit von Treuhändervollmachten[14] sowie die Frage der Zurechnung des Vermittlerverschuldens nach § 278 BGB.[15] 35

Des Weiteren stellt sich regelmäßig die Frage nach der Verjährung in Rede stehender Ersatzansprüche, sei es auf Basis von Vertragsklauseln[16], sei es auf Basis berufsspezifischer 36

---

[13] → Rn. 5 ff.
[14] → § 11 Rn. 66 ff.
[15] Siehe vorliegende sowie die nachfolgende Entscheidung.
[16] Siehe die vorliegende Entscheidung.

Verjährungsvorschriften[17], sei es aufgrund grob fahrlässiger Unkenntnis eines Schadenersatzanspruches nach neuem Verjährungsrecht[18].

4. Entscheidung

37 Der BGH setzt sich zunächst mit dem Pflichtenkreis der Beklagten als Gründungsgesellschafterin auseinander. Als solche hatte die Beklagte – so der II. Zivilsenat – die Pflicht, einem Beitrittsinteressenten für seine Beitrittsentscheidung ein zutreffendes Bild über das Beteiligungsobjekt zu vermitteln und ihn über alle Umstände, die für seine Anlageentscheidung von wesentlicher Bedeutung sind oder sein können, insbesondere über die mit der angebotenen speziellen Beteiligungsform verbundenen Nachteile und Risiken, zutreffend, verständlich und vollständig aufzuklären.

38 Der BGH nimmt sodann Bezug auf die Tatsache, dass sich der Gründungsgesellschafter zu den vertraglichen Verhandlungen über einen Beitritt eines Vertriebs bedient und diesem oder von diesem eingeschalteten Untervermittlern die vorstehend erwähnte geschuldete Aufklärung der Beitrittsinteressenten überlässt. In diesem Fall haftet aber der Gründungsgesellschafter über § 278 BGB für unrichtige oder unzureichende Angaben der Untervermittler; er muss sich das Fehlverhalten solcher Personen zurechnen lassen. Dass die Beklagte nach dem Prospekt nicht selbst für den Vertrieb der Anlage zuständig war, sondern der Vertrieb Aufgabe der Eureka Finanzanalyse und Vermögensplanung GmbH war, ändert an der Zurechnung nichts; wenn nach dem im Prospekt genannten Konzept die Beitrittsinteressenten nicht selbst durch die Beklagte, sondern über eine Vertriebsgesellschaft geworben werden, überträgt die Beklagte damit die Verhandlungen mit den Beitrittsinteressenten und deren Aufklärung auf diese und hat für deren Fehlverhalten einzustehen.

39 Die Zurechnung dieses Fehlverhaltens wird auch nicht dadurch unterbrochen, dass der Prospekt hinreichende Aufklärungshinweise enthält. Auch ein solcher Prospekt ist kein Freibrief, Risiken abweichend hiervon darzustellen und mit Erklärungen ein Bild zu zeichnen, das die Hinweise im Prospekt für die Entscheidung des Anlegers entwertet oder mindert[19]. Nach § 278 BGB haftet die Beklagte für Pflichtverletzung eines Erfüllungsgehilfen auch dann, wenn der Erfüllungsgehilfe etwa von Weisungen abweicht, solange sein Handeln noch im Zusammenhang mit den ihm übertragenen Aufgaben steht. Unzutreffende Erklärungen des Vermittlers geschahen vorliegend im Zusammenhang mit einer der Beklagten als Gründungsgesellschafterin übertragenen und dieser zukommenden Aufgabe, die Beitrittsinteressenten über die Nachteile und Risiken der Beteiligung aufzuklären, auch wenn diesen untersagt gewesen sein sollte, vom Prospekt etwa abweichende Angaben zu machen.

40 Für den BGH stellte sich abschließend die Frage nach der Verjährung der streitgegenständlichen Ansprüche. Der BGH nahm zunächst Bezug auf die Verkürzung der Verjährungsfrist in § 10 Ziff. 2 des Treuhandvertrages; die dort enthaltene Klausel ist – so der BGH – aufgrund der Verkürzung der Verjährung für Schadensersatzansprüche aus dem Gesellschaftsverhältnis auf weniger als fünf Jahre unwirksam[20].

---

[17] § 51a WPO aF, § 68 StBerG aF, § 51b BRAO aF.
[18] → ausführlich § 14 Rn. 8.
[19] → § 5 Rn. 79.
[20] → Rn. 24 f.

§ 8. Die Haftung des Gründungsgesellschafters und des Treuhänders

Die sehr viel schwieriger zu beantwortende Frage nach dem Eingreifen der berufs- **41** spezifischen Verjährungsvorschrift des § 51a WPO[21] wurde vom BGH wie folgt gelöst: Vorliegend schuldet die beklagte Berufsträgerin Schadenersatz nicht wegen der Verletzung berufsspezifischer Beratungs- und/oder Aufklärungspflichten, sondern wegen unzureichender Aufklärung als Gründungsgesellschafterin im Zusammenhang mit dem Beitritt von Anlegern. Schadenersatzansprüche, die ein Gesellschafter einer Kommanditgesellschaft gegenüber einem anderen Gesellschafter wegen der Verletzung gesellschaftsrechtlicher Pflichten geltend macht, verjähren aber nach allgemeinen Regeln und nicht nach berufsspezifischen Spezialnormen.

Abschließend folgt der Senat der Rechtsprechung des III. Senats, wonach die Nicht- **42** lektüre des Prospektes keinen Beginn der allgemeinen Verjährungsfristen aufgrund grob fahrlässiger Unkenntnis begründet[22].

5. Fazit

Die für viele Kapitalanlagerechtler überraschende Entscheidung bürdet Gründungs- **43** gesellschaftern erhebliche Haftungsrisiken auf. Im Regelfall ist es so, dass diese keinen unmittelbaren Einfluss auf Vertriebsunternehmen und deren Untervertriebe haben. Deren Aufgabenkreis beschränkt sich auf die in der Folgezeit stattfindenden Aufgabenstellungen im Hinblick auf die Beteiligungsverwaltung. Die wirtschaftliche Verantwortung für das Einwerben der Anlegergelder trägt ohnehin der Emittent bzw. dessen „Hinterleute".

Indem nunmehr individuelle kundenbezogene Aufklärungshinweise durch Berater **44** bzw. Vermittler dem Gründungsgesellschafter zugerechnet werden, wird ein Verantwortungskreis initiiert, welcher weit über die bislang anerkannte Verantwortlichkeit für wesentliche Prospektunrichtigkeiten hinausgeht. Wenn man diese Verantwortlichkeit im Rahmen des abstrakt und „für Jedermann" formulierten Prospektmaterials noch anerkennen mag, ist eine individuelle anleger- und objektgerechte Aufklärung vom Gründungsgesellschafter einer geschlossenen Beteiligung gerade nicht zu erwarten. Die diesbezüglich seitens des II. Senats vorgenommene Zurechnung über § 278 BGB muss mithin eng verstanden und von den Gerichten künftig mit Augenmaß angewandt werden. Dies gilt umso mehr dann, wenn der Prospekt selbst richtig ist und dem Vertrieb abweichende Erklärungen hiervon untersagt wurden.

IV. Treuhänderin und vorbestrafter Fondsgeschäftsführer

BGH Urteil vom 9. Juli 2013 – II ZR 9/12

1. Sachverhalt

Der Kläger beteiligte sich mit Beitrittserklärungen vom 15. Oktober 2004 und 3. Mai **45** 2005 mittelbar über eine Steuerberatungsgesellschaft als Treuhänderin an einer „Prozesskostenfonds" GmbH & Co. KG. Gründungskommanditistin der Fondsgesellschaft und Geschäftsbesorgerin war eine Aktiengesellschaft; deren Vorstandsvorsitzender, zugleich Geschäftsführer der Komplementärin der Fondsgesellschaft, war laut Bundeszentralregister 23 mal vorbestraft; gegen diesen wurde am 18. Februar 2009 Anklage wegen

---

[21] Für den Mittelverwendungskontrolleur → § 14 Rn. 37 ff.
[22] → § 14 Rn. 107 ff.

mehrfacher Untreue und Urkundsdelikten erhoben. Die Anwerbung von Anlegern erfolgte durch die Komplementärin.

46 Das Angebot zum Abschluss des Treuhandvertrages gab der Anleger aufgrund eines Prospekts durch Unterzeichnung einer vorformulierten Beitrittserklärung ab. Angenommen wurde die Beitrittserklärung jeweils von der Treuhänderin und der Fondsgesellschaft. Überflüssig zu erwähnen, dass der Prospekt die Vorstrafen des Vorstands nicht beschreibt.

47 Der Kläger ist der Auffassung, dass er über die Vorstrafen von der Treuhänderin hätte informiert werden müssen.

48 Die beklagte Treuhänderin war mit einem eigenen Anteil an der Fondsgesellschaft beteiligt; gem. § 6 des Gesellschaftsvertrages und § 8 des Treuhandvertrages sollten die Anleger im Innenverhältnis so gestellt werden, als ob sie unmittelbare Gesellschafter wären.

2. Hintergrund

49 Die „schwarzen Schafe" aus dem „Grauen Kapitalmarktes" zu vertreiben, war und ist Aufgabenstellung von Strafverfolgungsbehörden, Finanzdienstleistungsaufsicht und nicht zuletzt der kapitalanlagerechtlichen Haftungsrechtsprechung. Wirtschaftliches Kernproblem des geschädigten Anlegers in dem Fall, dass dieser einem derart unseriösen Geschäftspartner aufgesessen ist, ist die Tatsache, dass – überspitzt formuliert – Prozesskostenhilfeanträge der Haupttäter gleichsam schutzschriftähnlich schon bei Gericht hinterlegt sind, noch bevor es dem Anlegeranwalt gelingt, Klage einzureichen.

50 Nicht nur der Insolvenzverwalter der Fondsgesellschaft, auch und gerade der auf seinem Zeichnungsschaden sitzen bleibende Anleger macht sich mithin auf die Suche nach sonstigen lohnenden Haftungsobjekten, welche häufig in Person der Berufsträgergesellschaften wesentlicher Bestandteil des Fondskonzepts sind[23].

3. Problemstellung

51 Die kapitalanlagerechtliche Haftungsrechtsprechung wartet bis zum heutigen Tage auf eine trennscharfe Abgrenzung der Haftungsgrundlage von Aufklärungspflichten, welche einem als Gesellschafter fungierenden Treuhänder gegenüber den beitretenden Anlegern auferlegt werden. Die häufig unter dem Schlagwort des „Gründungskommanditisten" postulierte (vor-) vertragliche Aufklärungspflicht als (künftiger) Mitgesellschafter aus dem Gesellschaftsverhältnis geht Hand in Hand mit einer entsprechend vertraglichen Aufklärungspflicht aus dem Treuhandverhältnis als künftiger Treugeber. Eine Differenzierung im Hinblick auf Inhalt und Reichweite dieser Pflicht fehlt ebenso, wie eine Berücksichtigung der jeweiligen Erkenntnisquellen für den Haftungsadressaten. Soll dieser aufklärungspflichtig nur im Hinblick auf ihm positiv bekannten Abweichungen der Realität vom prospektierten Sachverhalt sein, oder treffen diesen im Vorfeld der Aufklärungspflicht auch Nachforschungspflichten?

52 Nicht zuletzt ist bei Berufsträgergesellschaften zu berücksichtigen, dass eine Abgrenzung der jeweiligen Pflicht auch erhebliche Auswirkungen auf den Haftpflichtversicherungsschutz haben kann: Während gesellschaftsrechtliche Aufklärungspflichten im

---

[23] Stichwort: Registertreuhänder in Form von Wirtschaftsprüfungs- oder Steuerberatungsgesellschaften zum Zweck der Entlastung von Grundbuch und/oder Handelsregister

Regelfall dem Versicherungsschutz nicht unterliegen, ist die Treuhand und die diesbezügliche Pflichterfüllung eine berufsspezifische Tätigkeit[24].

Über das Vermögen der Steuerberatungsgesellschaft wurde im Laufe des Revisionsverfahrens das Insolvenzverfahren eröffnet[25]; Streitgegenstand ist mithin die Feststellung der Klageforderung zur Insolvenztabelle.

4. Entscheidung

Der II. Zivilsenat gibt in dieser Entscheidung dem hilfesuchenden Kapitalanlagerechtler, wie auch dem mit dem berufsversicherungsrechtlichen Deckungsrecht befassten Juristen auf den ersten Blick Steine, statt Brot.

So fasst der Senat zunächst zusammen, dass die Prospekthaftung im weiteren Sinne ein Anwendungsfall der Haftung für Verschulden bei Vertragsschluss ist, wonach demjenigen, der entweder selbst oder durch einen Verhandlungsgehilfen einen Vertragsschluss anbahnt, gewisse Schutz- und Aufklärungspflichten gegenüber seinem Verhandlungspartner obliegen, bei deren Verletzung er auf Schadenersatz haftet.

Der Senat führt sodann weiter aus, dass die Haftung aus Verschulden bei Vertragsschluss bei einem Beitritt zu einer Kommanditgesellschaft grundsätzlich die schon beigetretenen Gesellschafter trifft; denn der Aufnahmevertrag wird bei einer Personengesellschaft zwischen dem neu eintretenden Gesellschafter und allen Altgesellschaftern geschlossen.

Wenn bei einer Publikumsgesellschaft dem gegenüber ein Altgesellschafter nach der Gründung der Gesellschaft dieser rein kapitalistisch beigetreten ist und auf die Vertragsgestaltung und die Beitrittsverhandlungen und –abschlüsse erkennbar keinen Einfluss hatte, haftet dieser dem Anleger gegenüber nicht. Eine Haftung der kapitalgebenden Anleger untereinander findet insoweit also nicht statt.

Der BGH befasst sich sodann mit dem hier in Rede stehenden Sonderfall, nämlich der Tatsache, dass die Beklagte einerseits gerade nicht zu den Gründungskommanditisten der Fondsgesellschaft gehört. Er betont aber, dass sie andererseits schon Gesellschafterin war, als sich die ersten Anleger an der Fondsgesellschaft beteiligt hatten. Zudem hielt die Beklagte einen eigenen Anteil an der Gesellschaft, sodass sie nicht nur Treuhandgesellschafterin, sondern – so der BGH – „normale" Gesellschafterin war. Der BGH lässt an dieser Stelle ausdrücklich offen, ob ein Treuhandgesellschafter, der ausschließlich als solcher beteiligt ist, einem geringeren Pflichtenkatalog unterliegt. Unabhängig von der Frage, ob vorliegend die Beklagte tatsächlich auf die Gestaltung des Gesellschafts- und des Treuhandvertrages Einfluss genommen hat, war dies aufgrund ihrer Einbindung in die Gesellschaftsstruktur jedenfalls aus Sicht der Anleger nicht ausgeschlossen. Die Anleger mussten daher auch nicht davon ausgehen, dass die Beklagte zu ihrem Gesellschaftsbeitritt und ihrer Tätigkeit als Treuhänderin ausschließlich mit denjenigen Informationen gewonnen worden war, die sich aus dem Prospekt ergaben. Die Beklagte hatte nämlich – so der BGH – insoweit einen eigenen Handlungsspielraum. Die Beklagte ist also wie eine Gründungsgesellschafterin zu behandeln, obwohl sie keine solche ist. Dass der Kläger kein Direktkommanditist, sondern nur Treugeber wurde, ist unerheblich: In Anbetracht der Gleichbehandlung der Treuhänder zu echten Gesellschaftern im Innenverhältnis obliegt der Beklagten eine gesellschaftsrechtliche Aufklärungspflicht gegenüber allen Anlegern.

---

[24] Siehe hierzu zB § 2 Abs. 3 Ziff. 3 WPO.
[25] Was Rückschlüsse auf den Rechtstandpunkt des Haftpflichtversicherers zulässt.

59   In der Sache verweist der BGH darauf, dass die Beklagte auf die Vorstrafen hätte hinweisen müssen, da – so das Berufungsgericht – die abgeurteilten Straftaten nach Art und Schwere geeignet waren, ein Vertrauen der Anleger in die Zuverlässigkeit der betreffenden Person zu erschüttern. Die Fülle der Vorstrafen und der Umstand, dass sich der Haupttäter trotz zum Teil vollzogener Freiheitsstrafen nicht von der Begehung weiterer Straftaten hatte abhalten lassen, ist eine Information, die von ausschlaggebender Bedeutung für den Entschluss der Anleger war, ihr Geld gerade dieser Person anzuvertrauen, so der BGH. Ob die Beklagte positive Kenntnis von den Vorstrafen hatte, oder diese „nur" bei pflichtgemäßer Prüfung hätte erkennen können, ist vorliegend unerheblich; da die Beklagte die Komplementärin mit der Durchführung der Vertragsanbahnungen beauftragt hatte, ist deren Fehlverhalten, also die positive Kenntnis des Straftäters von seiner Historie, der Beklagten nach § 278 BGB zuzurechnen.

5. Fazit

60   Auch diese Entscheidung bestätigt die Verantwortlichkeit einer Gründungsgesellschafterin für den Vertrieb gemäß § 278 BGB. Auffällig ist in diesem Kontext, dass in den entschiedenen Sachverhaltskonstellationen[26] der Vertrieb nicht von seriösen, der Bankenaufsicht unterliegenden Großbanken, sondern durch mehr oder weniger „zwielichtige" Vermittler, bzw. Strukturvertriebsunternehmen durchgeführt wurde.

61   Unangebracht wäre, die strenge Aufgabenteilung, welche zwischen Gründungsgesellschafter und Treuhänder im Rahmen der Beteiligungsverwaltung einerseits, Großbanken im Wege des Eigenkapitalvertriebs andererseits besteht, durch eine Vermengung der jeweiligen Aufgabenkreise mittels § 278 BGB zu vermischen.

62   Jedenfalls dann, wenn der Vertrieb durch von der Bankenaufsicht unterliegenden Unternehmen durchgeführt wird, kann es nicht angehen, diese Unternehmen mittels § 278 BGB als Erfüllungsgehilfen des Gründungsgesellschafters anzusehen. Jedenfalls der Pflichtenkreis des „Nur-Treuhänders" muss entsprechend eingeschränkt werden, sodass eine Verantwortlichkeit für das Beratungsgespräch des Vertriebs gemäß § 278 BGB ausscheidet.

V. Ausblick

63   Nach wie vor bleiben Gründungsgesellschafter und Treuhänder beliebte Haftungsadressaten, obwohl unklar ist, wie deren Pflichtenkreise abzustecken sind. Dies weiterzuentwickeln, wird die Aufgabe der künftigen Rechtsprechung sein.

64   Ebenso wird sich zeigen, wie sich der Rechtstandpunkt bestimmter Berufshaftpflichtversicherer auf die Bereitschaft der Anlegervertreter auswirken wird, den Treuhänder als lohnenden Haftungsadressaten einzuordnen.

---

[26] Siehe diese Entscheidung sowie die vorstehend in → Rn. 27 ff. entschiedene Sachverhaltskonstellation.

§ 9. Die Haftung des Prospektgutachters

I. Einführung

Gutachterliche Expertise ist im deutschen Recht in Zusammenhang mit der Geltendmachung von Schadenersatzansprüchen im Regelfall dann problembehaftet, wenn es um die Beurteilung der Aktivlegitimation geht. Verlässt sich der Erwerber eines Vermögensgegenstandes auf ein Gutachtensergebnis, welches – wie im Regelfall – nicht durch den Erwerber, sondern durch den Veräußerer auf vertraglicher Grundlage ins Leben gerufen wurde[1], ist zu klären, ob dem Erwerber vertragliche Schadensersatzansprüche gegen den Gutachter zustehen.

Nicht anders ist es beim Erwerb einer geschlossenen Beteiligung: Auch hier verlässt sich ein Anleger auf Gutachtensinhalte bzw. -ergebnisse im Hinblick entweder auf die steuerliche Behandlung seines Erwerbs oder aber die Vollständigkeit und Richtigkeit der Erwerbsunterlagen (Prospekt); auch hier hat nicht der erwerbende Anleger das Gutachten in Auftrag gegeben, es im wirtschaftlichen Ergebnis aber bezahlt; auch hier schließlich bleiben dem Anleger in Richtung auf den Gutachter keine anderen rechtlichen Argumente eröffnet, als den Einbezug in den Gutachtensauftrag, will er den Gutachter erfolgreich auf Schadensersatz im Hinblick auf einen etwa erlittenen Zeichnungsschaden in Anspruch nehmen.

1. Grundsätzliche Bemerkungen

Treuhänder, Verwahrstelle, Prospektgutachter, Mittelverwendungskontrolleur, Jahresabschlussprüfer – die Tätigkeiten sind vielfältig, welche Wirtschaftsprüfungsgesellschaften in Zusammenhang mit der Auflage einer Fondsgesellschaft in Form eines Alternativen Investmentfonds übernehmen können. Die Mannigfaltigkeit dieser Tätigkeiten führt dazu, dass Wirtschaftsprüfungsgesellschaften häufig in die Schusslinie von Anlegerreklamationen geraten, wenn es darum geht, fehlgeschlagene Investments rückabzuwickeln. Dabei ist von besonderer Bedeutung, dass sämtliche genannte Tätigkeiten auf Grundlage eines schuldrechtlichen Vertrages erbracht werden; diese Vertragskonstellation schafft einen Anreiz, zugunsten der Anleger (vor)vertragliche Ansprüche gegen den Wirtschaftsprüfer auf Rückgängigmachung der Zeichnung, mithin Ersatz des Zeichnungsschadens, abzuleiten. Dies lässt die Erfolgsaussichten einer gerichtlichen Geltendmachung von Schadenersatzansprüchen im Vergleich zu Ansprüchen auf Basis der Prospekthaftung im engeren Sinne deutlich ansteigen: Es hatte dies in der Vergangenheit in erster Linie verjährungsrechtliche Gründe, da die Analogie zur spezialgesetzlichen Prospekthaftung auch eine Analogie zu den dortigen kurzen Verjährungsvorschriften mit sich brachte[2]. Häufig waren derartige Ansprüche mithin bereits verjährt, bevor der Anleger erkannte, dass die erworbene Beteiligung nicht seinen Vorstellungen

---

[1] Und dessen Aufwand im Regelfall in den Erwerbspreis eingerechnet, mithin vom Erwerber gezahlt wird.
[2] → § 7 Rn. 13 ff.; für Prospekte betreffend geschlossene Beteiligungen ergab sich dies aus § 13 VerkProspG; siehe zur vorherigen Rechtslage zB BGH vom 7.12.2009, Az II ZR 15/08.

I. Einführung

entsprach. Die Geltendmachung von (vor)vertraglichen Ansprüchen konnte diesbezüglich Abhilfe schaffen, wie in diesem Abschnitt zu zeigen sein wird[3].

2. Berufsübliche Standards

4   Sämtlichen Beteiligten an kapitalanlagerechtlichen Haftungsverfahren kommt zugute, dass die Tätigkeit des Prospektgutachters, sofern dieser – wie häufig – der Berufsgruppe der Wirtschaftsprüfer bzw. Wirtschaftsprüfungsgesellschaften angehört, in gewisser Weise standardisiert ist. Zwar gibt es im Hinblick auf den Inhalt der Tätigkeit des Prospektgutachters keine zwingenden gesetzlichen Vorgaben. Das Institut der Wirtschaftsprüfer in Deutschland e. V. mit Sitz in Düsseldorf[4] hat in Bezug auf die Tätigkeit als Prospektgutachter aber am 1. September 2000[5] den IDW-Standard S 4 „Grundsätze ordnungsmäßiger Beurteilung von Prospekten über öffentlich angebotene Kapitalanlagen" verabschiedet und mit Wirkung vom 18. Mai 2006 neugefasst. In den Vorbemerkungen wird darauf verwiesen, dass zwar gesetzlich normierte Anforderungen zum Inhalt von Börsenzulassungsprospekten und anderen Prospekten bestehen, der Gesetzgeber aber darüber hinaus keine Regelungen getroffen habe, welche die Prüfung der Angaben in Prospekten durch einen Wirtschaftsprüfer näher reglementieren.

5   Der Auftragsumfang über die Beurteilung von Prospekten kann also grundsätzlich zwischen Auftraggebern und Auftragnehmern frei vereinbart werden. Das IDW legte andererseits in dem genannten IDW-Standard die Berufsauffassung dar, nach der Wirtschaftsprüfer unbeschadet ihrer Eigenverantwortlichkeit Prospekte über Kapitalanlagen unter Bezugnahme auf den IDW-Standard beurteilen und hierüber ein Prospektgutachten erstellen sollen; Ziel des IDW-Standards ist es, gegenüber der Öffentlichkeit, aber auch den einzelnen Anlegern des Auftraggebers und den Zivilgerichten Gegenstand, Umfang und Grenzen eines solchen Prospektgutachtens zu verdeutlichen.

6   Der IDW-Standard S 4 hat daher eine doppelte Funktion: Zum einen legt er die Grundsätze dar, nach denen Wirtschaftsprüfer Verkaufsprospekte nach KAGB begutachten sollen; zum anderen verdeutlicht der Standard Gegenstand und Adressaten sowie Maßstab und Grenzen solcher Gutachten[6].

7   Wie dargestellt handelt es sich bei dem genannten IDW-Standard aber nicht um gesetzlich kodifizierte Anforderungen an die Vollständigkeit und Richtigkeit von Prospekten bzw. die Tätigkeit des Prospektgutachters.

8   Es muss daher feinsinnig differenziert werden: Die Anforderungen, welche an die Vollständigkeit und Richtigkeit von Prospekten gestellt werden, werden auf Basis der gesetzlichen Vorschriften von der Rechtsprechung, insbesondere derjenigen in kapitalanlagerechtlichen Haftungsverfahren, ermittelt[7]. Der IDW-Standard in seiner jeweils geltenden Fassung greift diese Vorgaben auf und setzt diese in Handlungsanweisungen

---

[3] Auch der Gesetzgeber hat dies erkannt und Prospekthaftungsansprüche in Zusammenhang mit Alternativen Investmentfonds mit großzügigeren Verjährungsfristen ausgestattet, → § 7 Rn. 14.

[4] Welches Wirtschaftsprüfer und Wirtschaftsprüfungsgesellschaften Deutschlands auf freiwilliger Basis in einem eingetragenen Verein bündelt.

[5] Dieser IDW-Standard ersetzte die Stellungnahme WFA 1/1987 „Grundsätze ordnungsmäßiger Durchführung von Prospektprüfungen" und besitzt nach wie vor Gültigkeit; eine Neufassung angesichts der gesetzgeberischen Erarbeitung des KAGB führt zum Entwurf IDW ES 4 Stand 31.8.2015.

[6] IDW ES 4 (Stand 31.8.2015), Rn. 3.

[7] Siehe § 6 Die Prospektfehler.

§ 9. Die Haftung des Prospektgutachters

für den Prospektgutachter um. Die Rechtsprechung wiederum holt sich aus den genannten Standards gegebenenfalls Anregungen im Hinblick auf die Festlegung der jeweiligen Sorgfaltsanforderungen die einzelnen Prospekte betreffend; die Rechtsprechung zu Prospektfehlern ist allerdings nicht an die Inhalte des IDW-Standards gebunden. Dies gilt uneingeschränkt im Hinblick auf die Vollständigkeit und Richtigkeit des Prospektmaterials selbst.

Was die davon zu unterscheidende Frage der Fehlerhaftigkeit des Prospektgutachtens 9 (nicht: des Prospekts!) anbelangt, gilt: Der Prospektgutachter legt in seinem Gutachtensauftrag die Maßstäbe vertraglich fest, welche seiner Begutachtung zu Grunde liegen. Verweist er diesbezüglich auf den genannten IDW-Standard S 4, so hat seine Tätigkeit den Anforderungen zu entsprechen, welche im IDW-Standard S 4 aufgestellt werden. Hält sich der Prospektgutachter streng an diese Anforderungen und erfüllt er diese vollumfänglich, ist auch die Rechtsprechung hieran gebunden. Trotz fehlerhaftem Prospekt kann das Gutachten nach Maßgabe des IDW S 4 fehlerfrei sein. Anders, als bei der Beurteilung des Prospektinhalts, haben die Zivilgerichte mithin bei Beurteilung der Fehlerhaftigkeit eines Prospektgutachtens ihre Maßstäbe an dem Inhalt des Gutachtenauftrages bzw. des IDW-Standards S 4 auszurichten und die Anforderungen an die auftragsgemäße/prospektgutachterliche Tätigkeit nach Maßgabe dieses Standards zu beurteilen. Ein Prospektfehler ist also nicht gleichzeitig ein Fehler des Prospektgutachtens.

3. Die Pflichten und die Haftung des Prospektgutachters gegenüber dem Auftraggeber nach altem Recht

Dies leitet über zur Frage, welche Anforderungen an die Tätigkeit des Prospektgutachters im Verhältnis zu seinem Auftraggeber zu stellen sind. Üblicherweise wird der Prospektgutachtensauftrag vom Herausgeber des Verkaufsprospektes erteilt[8]. Es ist aber auch zu beobachten, dass Auftraggebers des Prospektgutachtens die Fondsgesellschaft selbst oder aber ein drittes Unternehmen ist, welches zwar nicht Prospektherausgeber ist, aber dem Herausgeber im Hinblick auf die Erstellung des Prospektes Dienstleistungen angeboten hat[9]. Die nachfolgenden Gedanken orientieren sich an einem Gutachtensauftrag, welcher die Beurteilung des Prospekts in Gänze beinhaltet; auch dies ist nicht zwingend der Regelfall: So ist häufig zu beobachten, dass neben oder anstelle eines Prospektgutachtens in diesem Sinne Gutachten in Auftrag gegeben werden, welche lediglich die steuerliche Konzeption des jeweiligen Fonds zum Gegenstand haben; auch werden Gutachtensaufträge erteilt, welche im Vorfeld der Auflage eines Fonds die Gesamtkonzeption einer Prüfung unterziehen, ohne dass diesem Auftrag ein bereits konkret und im einzelner formulierter Prospekt zu Grunde liegt[10].

Die Rechtsprechung insbesondere des III. Zivilsenats des Bundesgerichtshofes hatte 11 sich im Jahr 2007 dezidiert mit der Frage auseinander zu setzen gehabt, welchen Sinn und Zweck ein Prospektgutachten üblicherweise verfolgt. Der III. Zivilsenat führt hierzu aus:

„Aufgabe der Prospektbeurteilung ist vor allem eine nähere Prüfung und Darlegung, ob der Prospekt die aus der Sicht des verständigen und durchschnittlich vorsichtigen Anlegers für eine Anlageentschei-

---
[8] Siehe hierzu auch Rn. 22 IDW S 4, Stand 18.5.2006. IDW ES 4, Stand 31.8.2015, Rn. 9.
[9] So beispielsweise bei dem Fonds Vif Babelsberger Filmproduktion GmbH & Co. Dritte KG, → Rn. 60 ff.
[10] Siehe hierzu zB die Film & Entertainment VIP Medienfonds 3 GmbH & Co. KG/ Film & Entertainment VIP Medienfonds 4 GmbH & Co. KG.

I. Einführung

dung erheblichen Angaben mit hinreichender Sicherheit vollständig und richtig enthält und ob diese Angaben klar, eindeutig und verständlich gemacht werden[11]."

12   Der III. Zivilsenat führt in einem weiteren Urteil vom selben Tag diesbezüglich aus, dass sich der Gutachter gegenüber seinem Auftraggeber, der die Prüfung des Prospekts zu dem Zweck vornehmen lassen wird, um Prospekthaftungsansprüche gegenüber den Anlegern wegen eines unrichtigen Prospekts zu vermeiden, schadenersatzpflichtig mache[12]. Dies gilt selbstverständlich nur dann, wenn dem Prospektgutachter Pflichtverletzungen vorzuwerfen sind (siehe sogleich).

13   Auf den Punkt gebracht besteht Sinn und Zweck der Prospektbegutachtung folglich nach der Rechtsprechung des III. Zivilsenats des BGH darin, zu prüfen und darzulegen, ob die Prospektangaben mit hinreichender Sicherheit für den Durchschnittsanleger vollständig und richtig sind, wobei diese Angaben klar, eindeutig und verständlich gemacht werden müssen; enthält der Prospekt diese Angaben nicht und sind dem Prospektgutachter nach den an das Gutachten zu stellenden vertraglichen Anforderungen diesbezüglich Pflichtverletzungen vorzuwerfen, drohen Schadenersatzansprüche des Auftraggebers.

14   Was sind nun aber die Anforderungen, welche an die Tätigkeit des Prospektgutachters im Hinblick auf die Vollständigkeit und Richtigkeit des Prospektmaterials im Einzelnen zu stellen sind? Klar und eindeutig ist in diesem Zusammenhang zunächst, dass es sich bei dem Prospektgutachter nicht etwa um einen Versicherer des Prospektherausgebers handelt; der Gutachter garantiert ebensowenig die Vollständigkeit und Richtigkeit des Prospektes, wie dieser zu garantieren vermag, dass Dritte (insbesondere Anleger) nicht etwa versuchen werden, den Prospektherausgeber wegen vorgeblicher Mängel des Prospektmaterials zivilrechtlich (oder auch strafrechtlich) zur Verantwortung zu ziehen.

15   Der IDW-Standard S 4 legt die an das Gutachten zu stellenden Anforderungen diesbezüglich sehr ausführlich und präzise dar[13]. Die Anforderungen, welche der IDW-Standard S 4 an die Tätigkeit des Prospektgutachters im Hinblick auf das Gutachten stellt, sind im genannten IDW-Standard gleichsam vor die Klammer gezogen, da diese für jeden zu beurteilenden Verkaufsprospekt unisono gelten:

16   Vorangestellt wird, dass eine Prospektbeurteilung durch Wirtschaftsprüfer keine Gewähr für den Eintritt des wirtschaftlichen Erfolgs und der steuerlichen Auswirkungen der Vermögensanlage bieten kann, da diese von unsicheren künftigen Entwicklungen abhängen[14]. Der Prospektgutachter vermag also weder ein Gelingen der Investition in wirtschaftlicher, noch in steuerlicher Hinsicht zu garantieren.

17   Des Weiteren schränkt der IDW-Standard S 4 die Anforderungen an das Prospektgutachten dahingehend ein, dass Unrichtigkeiten und Verstöße gegen das Gebot der Vollständigkeit, Richtigkeit und Klarheit des Verkaufsprospektes nur mit „hinreichender Sicherheit" erkannt werden müssen. Diese Einschränkung wird damit begründet,

---

[11] BGH Urt. v. 14.6.2007 – III ZR 300/05, Rn. 19.
[12] BGH Urt. v. 14.6.2007, III ZR 125/06, Rn. 27.
[13] Nochmals muss betont werden, dass der IDW-Standard S 4 die Zivilgerichte zwar nicht im Hinblick auf die Frage der Vollständigkeit und Richtigkeit eines Verkaufsprospektes bindet; dies obliegt der eigenständigen Beurteilung der Zivilgerichte. Im Hinblick auf die Frage der Fehlerhaftigkeit des Prospektgutachtens demgegenüber sind die Zivilgerichte dann an die Vorgaben des IDW S 4 gebunden, wenn der Prospektgutachter seinen Auftrag unter Bezugnahme auf den IDW-Standard S 4 angeboten und das Gutachten nach Maßgabe dieser Anforderungen erstellt hat.
[14] IDW-Standard S 4 vom 18. 5. 2006, Rn. 10.

dass zum einen das Prospektgutachten nicht darauf ausgerichtet ist, deliktisches Handeln oder kollusives Zusammenwirken zwischen Auftraggeber und einem Dritten aufzudecken; zum anderen lassen sich Erwartungen über künftige Verhältnisse (Marktentwicklungen) sowie auch die künftige Erfüllung von Vertragspflichten durch den Anbieter oder Dritte nicht mit Sicherheit, sondern nur als wahrscheinlich beurteilen; schließlich kann es mündliche Nebenabreden zu bestehenden Verträgen oder aus öffentlichen Registern oder vorgelegten Dokumenten nicht ersichtliche Sachverhaltsaspekte geben, welche vom Wirtschaftsprüfer nicht berücksichtigt werden können[15].

Eine weitere Einschränkung der Prospektbegutachtung findet sich dahingehend, als die Prospektbeurteilung nach IDW S 4 nicht darauf ausgerichtet ist, solche Unrichtigkeiten und Verstöße festzustellen, die sich auf die Vollständigkeit, Richtigkeit und Klarheit des Verkaufsprospektes nicht wesentlich auswirken[16]. 18

Es bleibt an dieser Stelle mithin folgendes Zwischenergebnis festzuhalten: 19

Der Prospektgutachter garantiert weder die Vollständigkeit und Richtigkeit eines Verkaufsprospektes, noch muss dieser sicherstellen, dass dessen Auftraggeber von Anlegern nicht mit Erfolg gerichtlich auf Schadenersatz wegen fehlerhaften Prospektmaterials in Anspruch genommen wird. Der Gutachter ist nur gehalten, mit hinreichender Sicherheit festzustellen, ob in den Verkaufsprospekten die für die Anlageentscheidung erheblichen, wesentlichen Angaben vollständig und richtig enthalten sind und ob diese Angaben gedanklich geordnet, eindeutig und verständlich gemacht werden. 20

4. Die Pflichten und die Haftung des Prospektgutachters gegenüber dem Auftraggeber nach KAGB

Wie dargestellt, war bei Drucklegung dieses Buches der Entwurf eines IDW-Standards Grundsätze ordnungsmäßiger Begutachtung von Verkaufsprospekten und wesentlichen Anlegerinformationen von Alternativen Investmentfonds (IDW ES 4) mit Stand 31.8.2015 veröffentlicht worden. Dieser Standard soll die Begutachtung von Verkaufsprospekten (und zugehörigen wesentlichen Anlegerinformationen) über inländische Alternative Investmentfonds nach KAGB, die sich insbesondere an Privatanleger richten (sogenannte Publikums-AIF), regeln. 21

Als Besonderheit des neuen Rechts ist zu berücksichtigen, dass gemäß § 316 Abs. 2 KAGB nunmehr die BaFin im Rahmen des gesetzlich vorgesehenen Anzeigeverfahrens ua prüft, ob der ihr übermittelte Verkaufsprospekt vollständig ist (formale Vollständigkeit), wobei die Aufnahme des Vertriebs untersagt werden kann, wenn ein Publikums-AIF oder die KVG gegen die Vorschriften des KAGB verstoßen. Gegenstand der Begutachtung durch einen Wirtschaftsprüfer ist erst derjenige Prospekt, auf dessen Basis die BaFin den beabsichtigten Vertrieb für statthaft erklärt hat. Der Wirtschaftsprüfer hat also aufgrund des gesetzlich geregelten Vertriebszulassungsverfahrens nunmehr – und dies ist eine Neuerung gegenüber dem alten Recht – von der formalen Vollständigkeit des Verkaufsprospekts auszugehen. Durch den Wirtschaftsprüfer werden daher nach neuem Recht auftragsgemäß weder die formale Vollständigkeit noch eine materielle Vollständigkeit des Verkaufsprospekts begutachtet; der Wirtschaftsprüfer beurteilt vielmehr nur noch die Richtigkeit, Nachvollziehbarkeit und die Klarheit der Angaben im Verkaufsprospekt. 22

---

[15] Siehe zu diesen Einschränkungen IDW-Standard S 4 vom 18.5.2006, Rn. 13 bis 15.
[16] IDW-Standard S 4 vom 18.5.2006, Rn. 16.

I. Einführung

23 Dies leitet über zur Frage des (neuen) Adressatenkreises des Gutachtens. Anders, als zu vormaliger Zeit, ist der Adressatenkreis des Gutachtens nunmehr ausschließlich der Prospektherausgeber[17]. Als Prospektherausgeber ist eine vom Initiator abhängige KVG regelmäßig Auftraggeber; sie beauftragt im Rahmen ihrer Qualitätssicherung Wirtschaftsprüfer mit derartigen Gutachten, um sich bei der Erfüllung ihrer Sorgfaltspflichten als Prospektverantwortlicher sachverständige Unterstützung zu verschaffen. Der Anleger ist dagegen nicht Adressat eines Gutachtens im Sinne dieses IDW-Standards; der Standard empfiehlt, darauf im Gutachten ausdrücklich hinzuweisen[18].

5 Der Prospektgutachter und Dritte, insbesondere Anleger

24 Das Rechtsverhältnis zwischen Anleger und Prospektgutachter steht kraft Natur der Sache immer dann im Zentrum der Überlegungen, wenn die in Rede stehende Anlegerinvestition nicht den erhofften Erfolg verspricht, sei es, dass dies wirtschaftliche Gründe, sei es dass dies steuerrechtliche Gründe hat. Nicht von ungefähr werden im IDW-Standard S 4[19] gerade diese beiden Aspekte an prominenter Stelle hervorgehoben; dass die Prospektbeurteilung durch den Wirtschaftsprüfer keine Gewähr für den Eintritt des wirtschaftlichen Erfolgs und der steuerlichen Auswirkungen der Vermögensanlage bieten kann, ist offensichtlich. Die Vorwürfe, welche von Anlegern im Hinblick auf das diesen zur Verfügung gestellte Prospektmaterial sowie die das Prospektmaterial inhaltlich prüfenden Prospektgutachten erhoben werden, werden daher auch regelmäßig mit einer anderen Argumentationskette aufgebaut: Bei Fehlschlagen der Kapitalanlage bzw. Nichteintritt des wirtschaftlichen Erfolgs und der steuerlichen Auswirkungen haben sich Risiken verwirklicht, welche in der gebotenen Deutlichkeit im Prospektmaterial hätten abgebildet sein müssen, da diese Risiken im Zeitpunkt der Zeichnung bereits erkennbar waren. Unterlässt der Prospekt dies und stellt dies das Prospektgutachten auch nicht richtig, ist ein Ansatzpunkt für eine Haftung des Prospektgutachters gefunden.

25 Die meist diskutierte und von der Rechtsprechung in diesem Kontext auch sehr weit entwickelte Fragestellung befasst sich aber nicht so sehr mit den Gutachtensfehlern in inhaltlicher Hinsicht, sondern mit den Voraussetzungen, welche gegeben sein müssen, um unmittelbare Ansprüche des Anlegers gegen den Prospektgutachter zuzulassen.

26 Die Ansatzpunkte sind vielfältig: Der Prospektgutachter könnte selbst als prospektverantwortlich angesehen werden, sodass der einzelne Anleger Ansprüche gegen den Prospektgutachter[20] selbst in den Fällen zu behaupten vermag, in denen vertragliche Ansprüche zwischen Anleger und Prospektgutachter nicht bestehen[21]. Der Anleger könnte des Weiteren danach streben, in den Schutzbereich des Gutachtensauftrages einbezogen zu sein mit der Folge, seinen Zeichnungsschaden ersetzt zu verlangen, sofern dem Prospektgutachter in dessen Gutachten eine Prospektunrichtigkeit vorwerfbar nicht auffiel. Des Weiteren könnte der Anleger darauf hinarbeiten, selbst eine unmittelbare Vertragsbeziehung zum Prospektgutachter etwa in Form eines Auskunftsvertrages zu begründen, um hier Vertragspflichtverletzungen des Gutachters aus eigenem vertraglichen Recht geltend zu machen. Schließlich – und diese Bestrebungen sind häufiger,

---

[17] §§ 164 Abs. 1, 268 Abs. 1 KAGB; IDW ES 4 (Stand 31.8.2015), Rn. 9.
[18] IDW ES 4 (Stand 31.8.2015), Rn. 10.
[19] Ebenso IDW ES 4 (Stand 31.8.2015), Rn. 17.
[20] Aus Prospekthaftung im engeren Sinne.
[21] → Rn. 72 f.

§ 9. Die Haftung des Prospektgutachters

als gedacht – bleibt der Vorwurf einer vorsätzlichen Schädigung des Anlegers durch den Prospektgutachter, sei es als Teilnehmer eines Kapitalanlagebetruges, sei es im Wege der vorsätzlichen sittenwidrigen Schädigung nach § 826 BGB.

Wie sich die Rechtsprechung im Hinblick auf diese Varianten einer Anspruchsberechtigung des Anlegers gegenüber dem Prospektgutachter entwickelt hat, wird nachfolgend im Einzelnen darzustellen sein. Der IDW ES 4 (Stand 31.8.2015) hält daher für die Zukunft ausdrücklich fest, dass der Anleger nicht Adressat des Gutachtens ist[22] 27

6. Die Auskunftsvereinbarung

Der IDW-Standard S 4 sieht vor, dass das Prospektgutachten ernsthaften Anlageinteressenten auf Anforderung vom Prospektgutachter zur Verfügung gestellt werden kann, wobei diesbezüglich zwischen Anlageinteressent und Prospektgutachter eine Auskunftsvereinbarung abzuschließen ist[23]. Dies wirft mehrere Fragen auf: Führt der Abschluss einer derartigen Auskunftsvereinbarung dazu, dass die Grundsätze, welche vom Bundesgerichtshof zur Frage des Einbezuges in den Schutzbereich des Gutachtensauftrages aufgestellt wurden, aufgeweicht werden, da nunmehr Anspruchsgrundlage nicht etwa die Verletzung des Gutachtensauftrages, sondern die Verletzung des Auskunftsvertrages ist? Welche Sorgfaltsanforderungen gelten bei der Erfüllung dieses Auskunftsvertrages; gelten hier in Anbetracht der Unentgeltlichkeit des Auftrages zwischen Gutachter und Anleger etwa geringere Anforderungen; kann sich der Wirtschaftsprüfer gegenüber dem Anleger sogar vollständig freizeichnen und wäre eine solche Freizeichnung AGB-widrig? Besteht Haftpflichtversicherungsschutz für die Erfüllung eines derartigen Auskunftsvertrages zwischen Prospektgutachter und Anleger, oder genießt der Gutachter Haftpflichtversicherungsschutz nur bei Verletzung des Gutachtensauftrages? 28

Sodann stellt sich die Frage, welche Konsequenz die Vereinbarung eines derartigen Auskunftsvertrages nicht nur zwischen Prospektgutachter und Anleger, sondern auch zwischen Prospektgutachter und Vertriebsunternehmen hat: Ist es angezeigt, dass derartige Auskunftsvereinbarungen zwischen den jeweiligen Vertriebsunternehmen und dem Prospektgutachter geschlossen werden? Was passiert bei der Weitergabe dieser Gutachten an Untervertriebe? Ist eine direkte Haftung zwischen Vertrieb und Prospektgutachter angezeigt oder kann der Vertrieb insoweit auf das „Haftungsdreieck" verwiesen werden; dies würde bedeuten, dass sich der Vertrieb zunächst bei dem Vertragspartner seines Vertriebsvertrages (Emittent; ggf. Hauptvertrieb) schadlos halten muss, wobei dieser wiederum gegen den Prospektgutachter ggf. auf Basis des Prospektgutachtensauftrages Rückgriffsansprüche hätte. 29

In diesem Bereich sind zahllose Haftungsfragen ungeklärt und werden auch nicht durch die nachfolgend beschriebene Rechtsprechung gelöst. Der IDW ES 4 (Stand 31.8.2015) sieht daher den Abschluss einer Auskunftsvereinbarung nicht mehr vor. Auch die Weitergabe des Gutachtens an den Vertrieb soll keine Direktansprüche des Vertriebs gegen den Prospektgutachter begründen[24]. Ausdrücklich sieht daher der neue IDW ES 4 vor, dass der Auftraggeber zwar mit dem Wirtschaftsprüfer vereinbaren kann, dass der Wirtschaftsprüfer einer Weitergabe des Gutachtens an gewerblich tätige Geschäftspartner (dh also den Vertrieb) zustimmt; es ist aber weiter geregelt, dass trotz Weitergabe der Dritte weder eigene vertragliche Ansprüche direkt gegen den Wirt- 30

---

[22] IDW ES 4 (Stand 31.8.2015), Rn. 10.
[23] Siehe IDW S 4 Rn. 25.
[24] IDW ES 4 (Stand: 31.8.2015), Rn. 25.

schaftsprüfer erhalten soll, noch dieser in den Schutzbereich des Gutachtensauftrags einbezogen ist. Die Weitergabe erfolgt vielmehr ausschließlich im Auftrag des Auftraggebers auf Basis des Gutachtensauftrages; der Standard empfiehlt, dass deshalb in der Vertriebsvereinbarung zwischen dem Auftraggeber und dem Dritten (Vertriebspartner) geregelt wird, dass keinerlei Direktansprüche des Dritten gegen den Wirtschaftsprüfer im Hinblick auf das Gutachten bestehen, wobei der Standard weiter empfiehlt, dass sich der Wirtschaftsprüfer dies auch direkt durch den Dritten bestätigen lässt.

Es bleibt zu hoffen, dass über diesen Weg nunmehr Dritthaftungsrisiken vermieden werden, da der jeweilige Anspruchsteller auf die jeweilige Vertragskette (Anleger – Vertrieb – Emittent – Prospektgutachter) verwiesen wird.

7. Mehrfachfunktionen und deren Auswirkungen auf die Haftung

31   Wirtschaftsprüfungsgesellschaften sind im Rahmen der Auflage einer geschlossenen Beteiligung taugliche Vertragspartner im Hinblick auf eine Fülle von Funktionen: Diese können Gründungsgesellschafter bzw. Treuhandkommanditisten, Mittelverwendungskontrolleure, Jahresabschlussprüfer, Steuerberater der Fondsgesellschaft, oder aber eben der genannte Prospektgutachter sein.

32   Hält man sich diese Fülle denkbarer Tätigkeiten vor Augen, fällt der Blick zwingend auf das in den §§ 43 Abs. 1 und 49 WPO enthaltene Gebot der Unabhängigkeit.

33   Demzufolge heißt es auch in Rn. 18 des IDW-Standards S 4 vom 18. Mai 2006[25]:

„Wirtschaftsprüfer dürfen einen Auftrag zur Prospektbeurteilung nur annehmen, wenn sie unabhängig sind und keine Besorgnis der Befangenheit besteht."

34   In dem genannten Standard wird die Frage der Unabhängigkeit im Hinblick auf Mehrfachfunktionen des Wirtschaftsprüfers sodann wie folgt umrissen: Die Unabhängigkeit ist dann nicht gewahrt, wenn der Wirtschaftsprüfer vor Begutachtung des Prospektes an Teilen der Konzeption der Vermögensanlage (zB steuerliche Konzeption) oder an Angaben des Verkaufsprospektes mitgewirkt hat.

35   Es ist dies ein uralter Gedanke, wonach der Prüfer nicht zugleich auch Ersteller der zu prüfenden Arbeit sein darf. Es ist daher unzweifelhaft richtig, dass der Prospektgutachter nicht etwa selbst den Prospekt verfasst haben darf, den dieser sodann begutachtet; andererseits ist die Unabhängigkeit aber dann nicht tangiert, wenn im Rahmen der Prospektbegutachtung Fehler des Prospektes festgestellt werden, diese Fehler dem Auftraggeber mitgeteilt werden, woraufhin der Auftraggeber die Fehler bei der Erstellung einer abschließend zu beurteilenden Fassung des Verkaufsprospektes korrigiert[26]. Da – lt. IDW S 4 – auch die Mitwirkung an der steuerlichen Konzeption die Unabhängigkeit des Prospektgutachters gefährdet, werden üblicherweise bei geschlossenen Beteiligungen die Steuerkonzeption einerseits, das Prospektgutachten andererseits von unterschiedlichen Wirtschaftsprüfungsgesellschaften gefertigt. Die Unabhängigkeit gerade auch vom Auftraggeber des Prospektgutachtens wird noch dadurch unterstrichen, dass sich der Auftraggeber verpflichten muss, alle Angaben, die in dem Verkaufsprospekt enthalten sind, nachzuweisen und eine Vorlagepflicht bzw. ein Auskunftsrecht des Wirtschaftsprüfers im Sinne von § 320 HGB zu akzeptieren sowie mittels einer sog. Vollständigkeitserklärung zu versichern, dass der Auftraggeber dieser Pflicht auch tatsächlich nachkam[27].

---

[25] Ebenso IDW ES 4 (Stand 31.8.2015), Rn. 19.
[26] So ausdrücklich IDW S 4 vom 18.5.2006, Rn. 18.
[27] IDW-Standard S 4 vom 18.5.2006, Rn. 23. Ebenso IDW ES 4 (Stand 31.8.2015), Rn. 23.

§ 9. Die Haftung des Prospektgutachters

Eine Beeinträchtigung der Unabhängigkeit des Prospektgutachters wird aber weder in **36** dem genannten IDW-Standard, noch in der Rechtsprechung darin gesehen, dass der Prospektgutachter neben bzw. nach Abschluss des Prospektgutachtens weitere Tätigkeiten für die Fondsgesellschaft übernimmt, sei es als Mittelverwendungskontrolleur, sei es als Jahresabschlussprüfer. Sehr häufig ist es so, dass der Prospektgutachter mehrere derartige Tätigkeiten ausübte[28]; ins Zentrum der Überlegungen im Hinblick auf Pflichtwidrigkeiten der Wirtschaftsprüfungsgesellschaft wird in diesem Kontext nicht die Tatsache der Mehrfachfunktion als solche, sondern vielmehr die Tatsache gestellt, dass die Wirtschaftsprüfungsgesellschaft Erkenntnisse aus einer Funktion bei Schlechterfüllung ihrer Pflichten in einer anderen Funktion missachtet hat. Muss beispielsweise ein Prospektgutachter Sachverhaltsaspekte berücksichtigen, welche ihm bei einer Mittelverwendungskontrolltätigkeit eines Vorgängerfonds aufgefallen sind? Muss der Mittelverwendungskontrolleur Versäumnisse, welche dieser als Prospektgutachter an den Tag legte, bei Mittelverwendungskontrolle wiedergutmachen? Mit diesen Sachverhaltsaspekten einer Mehrfachfunktion hat sich die nachfolgend[29] zu besprechende Rechtsprechung zu befassen.

II. Vertrag mit Schutzwirkung zu Gunsten des Anlegers

BGH Urteil vom 8. Juni 2004 – X ZR 283/02

1. Sachverhalt

Der Kläger verlangt von einer beklagten Wirtschaftsprüfungsgesellschaft Schadensersatz wegen Begutachtung von Angaben des Prospektes. Der Prospekt warb für den Beitritt des Klägers zu einer geschlossenen Beteiligung in Rechtsform einer Kommanditgesellschaft, welcher der Kläger am 1. Dezember 1994 als Treugeber beitrat. **37**

Der Fonds sollte Abwasserentsorgungssysteme für mehrere Gemeinden finanzieren, wobei der Entsorgungsvertrag zwischen Fondsgesellschaft und dem Abwasserzweckverband der Gemeinden feste Ausschüttungen über eine Laufzeit von 25 Jahren garantieren würde. **38**

Im Prospekt enthalten war ein Abschnitt mit der Überschrift „Prospektprüfung", in welchem es heißt: **39**

„Wir haben eine Wirtschaftsprüfungsgesellschaft mit der Prüfung des vorliegenden Prospektes beauftragt. Sobald der Bericht über diese Prüfung fertig gestellt ist, sind wir bereit, diesen jedem ernsthaften Interessenten auf Anfrage zur Verfügung zu stellen."

Im Gutachten der beklagten Wirtschaftsprüfungsgesellschaft vom 23. November 1993 heißt es: **40**

„Als Ergebnis unserer Prüfung können wir zusammenfassend feststellen, dass die Angaben des Prospekts vollständig und richtig sind entsprechend den uns vorgelegten Verträgen und Vertragsentwürfen und den uns erteilten Auskünften. Tatsachen sind zutreffend dargestellt, getroffene Annahmen sind plausibel und glaubhaft und Folgerungen sind aus den Tatsachen oder Annahmen rechnerisch und sachlich richtig entwickelt."

---

[28] Siehe zB bei den geschlossenen Fonds MSF Master Star Fund, Falk Zinsfonds, Apollo Media GmbH und Co. KG 1 bis 5, Vif Babelsberger Filmproduktion GmbH & Co. Dritte KG sowie Cinerenta; vgl. Sachverzeichnis.
[29] Sowohl in diesem Abschnitt, als auch in § 10 Die Haftung des Mittelverwendungskontrolleurs. Siehe auch → § 8 Rn. 5 ff. zum Gründungsgesellschafter mit Mehrfachfunktionen.

II. Vertrag mit Schutzwirkung zu Gunsten des Anlegers

41 Tatsächlich war die Abwasserentsorgungsanlage überdimensioniert, da sich anstelle der in der Konzeption vorgesehenen 16 Gemeinden lediglich sieben Gemeinden dem Abwasserzweckverband anschlossen. Die erwarteten Zuwendungen und Darlehen der öffentlichen Hand blieben aus.

42 Der Kläger ist der Auffassung, die Wirtschaftsprüfungsgesellschaft hätte die geäußerte Erwartung öffentlicher Fördermittel überprüfen und die aufgrund der geringen Zahl teilnehmender Gemeinden gegebene Unschlüssigkeit und Unwirtschaftlichkeit des Gesamtkonzeptes erkennen müssen.

43 Ein Mahnbescheid gegen die Beklagte wurde (erst) am 20. November 1998 beantragt.

2. Hintergrund

44 Anlegerreklamationen in Zusammenhang mit – unterbliebener – Förderung durch die öffentliche Hand beschäftigten deutsche Gericht in jüngerer Zeit häufig und in mannigfaltigen Konstellationen. Von großem öffentlichem Interesse waren diesbezüglich in erster Linie die regelmäßig in Rechtsform einer Gesellschaft des bürgerlichen Rechts errichteten geschlossenen Fonds, welche in sozial geförderten Wohnungsbau in Berlin investierten. Der dortigen Investition lag die im Prospekt geäußerte Annahme zu Grunde, die für einen bestimmten Zeitraum zugesagte Förderung werde auch nach Ablauf dieses Erstförderzeitraums weiter aufrecht erhalten. Eine ähnliche Situation ist bei Fondsgesellschaften zu verzeichnen, welche ihr Konzept darauf ausgerichtet haben, Fördermittel je zu errichtender Abwasseraufbereitungsanlage zu erhalten; im Nachhinein stellte sich heraus, dass die zu fördernden Anlagen im Rechtssinne als eine einzige Anlage anzusehen sind und mithin Fördermittel auch nur ein einziges Mal gewährt werden.

45 Die vorliegende Sachverhaltskonstellation enthält beide vorgenannte Elemente: Zum einen war die Gesamtkonzeption in Anbetracht der wenigen tatsächlich teilnehmenden Gemeinden überdimensioniert und mithin von vorneherein unwirtschaftlich; zum anderen blieben erwartete öffentliche Fördermittel und Zuschüsse aus.

46 Die Besonderheit bei derartigen Konstellationen liegt häufig darin, dass lange Zeiträume zwischen Zeichnung der Anleger und Aufdeckung der Fehlerhaftigkeit der Konzeption bzw. des Ausbleibens der erwarteten Fördermittel liegen. Es gilt, diese Zeitdauer kritisch im Hinblick auf potentielle Haftungsadressaten zu prüfen und rechtliche Unterschiede im Hinblick auf die Einredefreiheit potenzieller Ansprüche in verjährungsrechtlicher Hinsicht herauszuarbeiten[30].

3. Problemstellung

47 Der Kläger des vorliegenden Rechtstreits hatte weder das die Beteiligung vermittelnde Vertriebsunternehmen, noch den Prospektherausgeber, sondern die den Prospekt begutachtende Wirtschaftsprüfungsgesellschaft als Haftungsadressaten herangezogen. Dabei war im Ausgangspunkt festzuhalten, dass ein unmittelbares vertragliches Rechtsverhältnis zwischen dem Anleger und dem Prospektgutachter nicht bestand. Für den Anleger waren daher gegen die Wirtschaftsprüfungsgesellschaft zunächst einmal deliktische Ansprüche zu prüfen, deren Tatbestandsmerkmale aber vom beschriebenen Sachverhalt nicht erfüllt sind. Daneben wäre denkbar, die Wirtschaftsprüfungsgesell-

---

[30] Siehe § 14 Die Verjährung.

schaft in Folge ihrer Prospektgutachtenstätigkeit als Prospekthaftende im engeren Sinne[31] anzusehen, sodass dem Kläger die in Analogie zur börsengesetzlichen Prospekthaftung entwickelte Rechtsfigur gegen die beklagte Wirtschaftsprüfungsgesellschaft zustehen könnte, auch ohne dass zwischen Anleger und Wirtschaftsprüfungsgesellschaft ein Rechtsverhältnis nachgewiesen werden muss, welches der Culpa in contrahendo ähnlich ist[32].

Schließlich könnte versucht werden, den Kläger in den Schutzbereich eines fremden Vertrages mit dem Ziel einzubeziehen, den Haftungsadressaten wegen Verletzung von Aufklärungspflichten gegenüber dem Kläger im Hinblick auf den dem Kläger erwachsenen Zeichnungsschaden schadenersatzpflichtig zu machen; als einzig derartiger Vertrag ist der Gutachtensauftrag ersichtlich, welcher von der beklagten Wirtschaftsprüfungsgesellschaft abgeschlossen wurde. Ein Auskunftsvertrag unmittelbar zwischen Prospektgutachter und Anleger spielt dagegen in der haftungsrechtlichen Rechtsprechung (noch) keine Rolle.

4. Entscheidung

Mittels dieser Entscheidung vom 8. Juni 2004 legte der X. Zivilsenat des BGH den Grundstein für vertragliche Haftungsansprüche des Anlegers gegenüber dem Prospektgutachter, welcher in der Folge Wellen von Anlegeransprüchen gegen Prospektgutachter auslösen sollte.

Dabei musste sich der X. Zivilsenat nicht festlegen, ob in der konkreten Sachverhaltskonstellation die Voraussetzungen gegeben sind, welche dazu führen, dass die Wirtschaftsprüfungsgesellschaft als Garant im Sinne der prospekthaftungsrechtlichen Rechtsprechung anzusehen ist[33]. Denn jedenfalls greifen bei der Rechtsfigur der Prospekthaftung im engeren Sinne auch die – kurzen – Verjährungsvorschriften aus den Spezialgesetzen, deren Analogie Haftungsansprüche zugunsten des Anlegers begründet. Da der Mahnbescheid länger als drei Jahre nach Zeichnung beantragt wurde, stand fest, dass Prospekthaftungsansprüche im engeren Sinne vorliegend bereits verjährt waren[34].

Der X. Zivilsenat verfiel sodann auf einen Rechtsgedanken, welcher in dieser Form in den Tatsacheninstanzen weder von den Parteien, noch von den Gerichten bedacht wurde, aber dennoch gem. § 546 ZPO in der Revisionsinstanz Anwendung finden kann: Der X. Zivilsenat prüft mit geradezu lehrbuchartiger Gründlichkeit die Frage, ob der Anleger in den Schutzbereich des Prospektgutachtensauftrages einbezogen sein kann. Es ist dies eine für den Anleger deshalb wesentlich komfortablere Rechtsposition, als der bis zum 31. Dezember 2003 in Kraft befindliche § 51a WPO eine fünfjährige Verjährungsfrist vorsah, welche vorliegend noch nicht abgelaufen war; dass bei Anwendung der fünfjährigen Verjährungsfrist die Wirtschaftsprüfungsgesellschaft schärfer hafte, als der Initiator, sei – so der X. Zivilsenat – der berufsspezifischen Verjährungsfrist von Wirtschaftsprüfungsgesellschaften geschuldet, welche daher auch nicht an kurze prospekthaftungsrechtliche Verjährungsvorschriften angeglichen werden müsse.

---

[31] → § 7 Rn. 81 ff. zum Garanten.
[32] In diesem Fall die sog. Prospekthaftung in weiterem Sinne, → § 7 Rn. 6 ff.
[33] → § 7 Rn. 81 ff.
[34] Die Sonderkonstellation sog. „Bauherrenmodelle", welche vom VIII. Zivilsenat des BGH zur Annahme der dreißigjährigen Regelverjährung führte, siehe zB BGHZ 126, 166, ist aus Sicht des X. Zivilsenats auf vorliegende Sachverhaltskonstellation nicht übertragbar.

II. Vertrag mit Schutzwirkung zu Gunsten des Anlegers

52 In den zentralen Aussagen des Urteils befasst sich der X. Zivilsenat mit folgendem zentralen Aspekt: Ist der Anleger als „Dritter" schutzbedürftig im Sinne der ständigen Rechtsprechung des Bundesgerichtshofes[35]? Werden Ansprüche aus Vertrag mit Schutzwirkung zugunsten Dritter also durch Prospekthaftungsansprüche ausgeschlossen?

53 Diese Schutzbedürftigkeit fehlt dann, wenn der Geschädigte eigene vertragliche Ansprüche hat, welche denselben oder einen gleichwertigen Inhalt haben wie diejenigen, die er auf dem Weg über seine Einbeziehung in den Schutzbereich des zwischen Dritten geschlossenen Vertrages durchsetzen will. Auf Basis der dem X. Zivilsenat unterbreiteten Sachverhaltskonstellation waren derartige Ansprüche lediglich Schadensersatzansprüche aus Prospekthaftung, welche der Anleger gegen die Initiatorin hätte geltend machen können. Der X. Zivilsenat führt mit zahlreichen dogmatischen Überlegungen aus, dass eine Gleichwertigkeit eines Vertragsanspruchs gegen den Prospektgutachter einerseits, eines Prospekthaftungsanspruchs gegen den Initiator andererseits nicht gegeben sei, da die beiden Rechtsinstitute unterschiedliche Zielrichtungen hätten: Bei der Prospekthaftung handelt es sich um eine Haftung für die Vollständigkeit und Richtigkeit von Werbeaussagen. Die Haftung des Prospektgutachters demgegenüber beruhe auf dem besonderen Vertrauen, das der berufliche Experte aufgrund der von diesem erwarteten beruflichen Sachkunde und persönlichen Zuverlässigkeit in Anspruch nimmt. Der Wirtschaftsprüfer hafte bei fehlerhafter Begutachtung der Prospektangaben aus Sicht des X. Zivilsenats nicht etwa nur für die Richtigkeit der Prospektangaben, sondern dafür, dass er diesen Angaben durch seinen Prüfbericht Unbedenklichkeit bescheinigt und Glaubwürdigkeit verleiht. Dadurch werde die von dem fehlerhaften Prospekt ausgehende Gefahr für den Anlageinteressenten erhöht.

54 Dass sich der Anspruch aus Vertrag mit Schutzwirkung zugunsten Dritter und der Prospekthaftungsanspruch in Person eines Geschädigten nicht wechselseitig ausschließen, sondern nebeneinander Bestand haben können, liege – so der X. Zivilsenat – daran, dass die Prospekthaftung den Kapitalanleger schützt, welcher über das Risiko möglicher Anlagen wahrheitsgemäß und vollständig aufgeklärt werden muss. Daneben kann der Anleger aber auch aktivlegitimiert im Hinblick auf Ansprüche sein, welche dadurch entstehen, dass er durch Schlechtleistung der Wirtschaftsprüfungsgesellschaft im Rahmen des Prospektgutachtensvertrages gefährdet werde.

55 Der X. Zivilsenat hob die klagabweisenden Entscheidungen der Tatsachengerichte auf und verwies den Rechtsstreit zur weiteren Entscheidung zurück.

5. Fazit

56 Der Ansatz des X. Zivilsenates des Bundesgerichtshofes ist dogmatisch folgerichtig und eröffnete in der Zukunft sowohl den Tatsachengerichten, als auch dem Bundesgerichtshof[36] Gelegenheit, die Voraussetzungen näher herauszuarbeiten, welche vorliegen müssen, dass dem Anleger tatsächlich Ansprüche gegen den Prospektgutachter wegen Einbezugs in den Gutachtensauftrag zustehen. Von besonderer Bedeutung ist die Entscheidung des X. Zivilsenats deshalb, da hier erstmals die ständige Rechtsprechung des Bundesgerichtshofes zum Einbezug in den Schutzbereich eines fremden Vertrages auf das Rechtsverhältnis zwischen Anleger und Prospektgutachter bei geschlossenen Beteiligungen angewandt und höchstrichterlich durchdacht wurde.

---

[35] Zuletzt X ZR 104/94 vom 2.7.1996.
[36] → Rn. 60 ff.

Der X. Zivilsenat klammert allerdings einen Teilaspekt völlig aus, welcher bei konsequenter Anwendung der von diesem geprüften Grundsätze den Einbezug in den Schutzbereich mangels Schutzbedürftigkeit ausschließt[37]:

So werden geschlossene Beteiligungen üblicherweise seitens Anlageberater bzw. -vermittler vertrieben. Dem Anleger steht diesbezüglich ein eigener vertraglicher Schadensersatzanspruch wegen Schlechtleistung gegen den Berater bzw. Vermittler zu, sofern dieser im Hinblick auf das Investitionsobjekt schuldhaft Falschangaben gegenüber dem Anleger tätigte[38]. Ebenso, wie der Prospektgutachter, hat der Anlageberater bzw. Vermittler nämlich die Prospektangaben einer von diesem vertriebenen geschlossenen Beteiligung nicht ungefragt zu übernehmen, sondern einer inhaltlichen Prüfung zu unterziehen[39]. Unterlässt er dies, ist er dem Anleger gegenüber wegen Vertragspflichtverletzung schadenersatzpflichtig. Dieser vertragliche Haftungsanspruch fußt auf denselben Grundlagen, welche dem Prospektgutachter bei Prospektbeurteilung obliegen. Fehlerhafte Angaben im Hinblick auf das Investitionsobjekt werden von einem beruflichen Sachkenner dem Anleger gegenüber nicht korrigiert, sodass dieser eine Investition tätigt, welche nicht seinen Vorstellungen entspricht. Dieser inhaltsgleiche eigene vertragliche Anspruch des Anlegers gegenüber seinem Vertragspartner lässt die Schutzbedürftigkeit des Anlegers entfallen, sodass es nicht angeht, diesen daneben in den Schutzbereich eines fremden Vertrages einzubeziehen[40].

Die nachfolgend darzustellende Entwicklung der Rechtsprechung des III. Zivilsenats zum Einbezug des Anlegers in den Gutachtensauftrag hat hiervon losgelöst dafür gesorgt, dass den Anlegerklagen aus einem anderen Rechtsgrund vielfach der Erfolg versagt bleiben muss.

III. Vif Dritte

BGH Urteil vom 14. Juni 2007 – III ZR 300/05[41]

1. Sachverhalt

Der Kläger zeichnete am 16. November 2000 mittels Einschaltung einer Treuhänderin eine Kommanditeinlage über DM 100.000,00 an dem Filmfonds Vif Babelsberger Filmproduktion GmbH & Co. Dritte KG.

Bei dem Filmfonds handelte es sich um einen echten operativen Medienfonds, dessen Rendite vom Erfolg der von der Fondsgesellschaft zu produzierenden Filme abhing. Allerdings war im Prospekt ein Sicherheitsnetz beschrieben worden, welches ua den Abschluss von Erlösausfallversicherungen vorsah. Diese sollten die wirtschaftliche Erfolglosigkeit der zu produzierenden Filme absichern mit der Folge, dass aus Sicht des Prospektherausgebers das für den Anleger bestehende Risiko (gegebenenfalls nach Zahlung von Versicherungserlösen) auf 21,6 % der Einlage des Anlegers beschränkt sei.

---

[37] Siehe hierzu das Urteil des OLG München vom 26.11.2007, Az. 21 U 5633/04 (rechtskräftig).
[38] → § 5 Rn. 67 ff.
[39] → § 5 Rn. 74 ff.
[40] So OLG München vom 26.11.2007, Az. 21 U 5633/04 (rechtskräftig).
[41] Siehe auch die beiden weiteren am 14.6.2007 verkündeten Urteile zum selben Fonds Az. III ZR 185/05 und III ZR 125/06, → § 6 Rn. 20 ff.

III. Vif Dritte

62 Die beklagte Wirtschaftsprüfungsgesellschaft hatte ein Prospektgutachten erstellt. Der Prospekt kündigte die Begutachtung an, ohne die Wirtschaftsprüfungsgesellschaft namentlich zu nennen, und teilte mit, dass dieses Gutachten ernsthaften Interessenten auf Anforderung zur Verfügung gestellt werde.

63 Wörtlich heißt es diesbezüglich im Prospekt:

> „Eine namhafte Wirtschaftsprüfungsgesellschaft ist mit der Beurteilung des Prospekts beauftragt worden und wird über das Ergebnis einen Bericht erstellen. Der Bericht wird nach Fertigstellung den von den Vertriebspartnern vorgeschlagenen ernsthaften Interessenten auf Anforderung zur Verfügung gestellt."

64 Das Gutachten äußerte sich zur Frage des Versicherungsschutzes nicht, da die zu begutachtenden Erlösausfallversicherungsverträge – so das Gutachten – im Zeitpunkt der Begutachtung noch nicht abgeschlossen waren. Allerdings ließ das Gutachten das im Prospekt als „Worst Case Szenario" bezeichnete Verlustrisiko des Anlegers in Höhe von 21,6 % der Einlage unbeanstandet.

65 Der Kläger ließ sich das Prospektgutachten durch den Vermittler eine Woche vor Zeichnung seiner Beteiligung übersenden.

2. Hintergrund

66 Der Bundesgerichtshof hatte mit seinen Serien von Entscheidungen betreffend den Fonds Vif Dritte Gelegenheit, eine Reihe ungeklärter Probleme aus und in Zusammenhang mit der Haftung im Rahmen geschlossener Beteiligungen zu klären: Zum einen stellte sich die komplexe Frage, inwieweit eine internationale Großbank, welche lediglich als Dienstleister im Rahmen der Auflage der geschlossenen Beteiligung verpflichtet worden war, als Hintermann im Sinne der Rechtsprechung des Bundesgerichtshofes als prospektverantwortlich angesehen werden kann[42].

67 Zum anderen stellte sich die Frage nach inhaltlichen Prospektfehlern:

68 Der III. Zivilsenat stellte sich hier mit seiner Rechtsauffassung gegen sämtliche mit der Angelegenheit deutschlandweit befasste oberlandesgerichtliche Senate und nahezu sämtliche mit der Angelegenheit befasste deutsche Landgerichte und gelangte zur Rechtsauffassung, dass die Darstellung des Worst-Case-Szenario fehlerbehaftet ist[43]. Dies habe seinen Grund in der systematischen Stellung des Szenarios im Rahmen der Risikohinweise.

69 Der III. Zivilsenat hatte schließlich mit der Serie von Entscheidungen zur Vif Dritten Gelegenheit, die vom X. Zivilsenat ins Leben gerufene Haftung des Prospektgutachters basierend auf dem Rechtsgedanken des Einbezuges in den Schutzbereich des Gutachtensauftrages fortzuentwickeln, zu verfeinern und ungeklärte Zweifelsfragen zu diskutieren.

3. Problemstellung

70 Wie dargestellt, hatten sich in den Tatsacheninstanzen die mit der Angelegenheit befassten Gerichte nahezu ausschließlich gegen eine Fehlerhaftigkeit des von der Beklagten begutachteten Prospektes ausgesprochen. Vor diesem Hintergrund waren Rechtsfragen betreffend die Haftung der Wirtschaftsprüfungsgesellschaft in den Tatsacheninstanzen nicht zu entscheiden gewesen. In den Tatsacheninstanzen war seitens

---

[42] → § 7 Rn. 15 ff.
[43] → § 6 Rn. 20 ff.

der beklagten Wirtschaftsprüfungsgesellschaft argumentiert worden, dass diese im Hinblick auf den Versicherungsschutz der Produktionen nur ein eingeschränktes Gutachtensmandat inne hatte, da im Zeitpunkt der Begutachtung die abzuschließenden Versicherungsverträge noch nicht abgeschlossen waren und dies im Gutachten auch deutlich genug zum Ausdruck kam. Auch der Prospekt selbst – so der Gutachter – brachte in ausreichender Deutlichkeit zum Ausdruck, dass ein Abschluss der Versicherungsverträge im Zeitpunkt der Zeichnung noch nicht gegeben war.

Welche Sachverhaltsaspekte demgegenüber für die Beurteilung der Frage des Einbezugs des Anlegers in den Prospektgutachtensauftrag von Relevanz sind, war am 14. Juni 2007 nicht absehbar gewesen. Die Sachverhaltsvarianten in den zahllosen deutschlandweit zu Gericht gegebenen Reklamationsfällen waren auch höchst unterschiedlich: In den seltensten Fällen hatte der Anleger – so wie hier der Kläger – das Gutachten vor Zeichnung selbst angefordert und zur Kenntnis genommen. In vielen Fällen hatte der Vertriebsmitarbeiter lediglich davon gesprochen, dass es ein „beanstandungsfreies Prospektgutachten" gibt[44]. Der III. Zivilsenat hatte hier Gelegenheit, „Licht ins Dunkel" zu bringen.

4. Entscheidung

Der III. Zivilsenat setzte sich in den beiden Parallelverfahren des selben Tages[45] zunächst ausführlich und dezidiert mit der Frage auseinander, ob eine als Prospektgutachter fungierende Wirtschaftsprüfungsgesellschaft tatsächlich tauglicher Garant im Sinne der Prospekthaftung im engeren Sinne sein kann[46]. Der III. Zivilsenat verwies diesbezüglich auf die ständige Rechtsprechung des Bundesgerichtshofes, wonach der Prospekthaftung im engeren Sinne auch diejenigen Haftungsadressaten unterliegen, die mit Rücksicht auf ihre allgemein anerkannte und hervorgehobene berufliche und wirtschaftliche Stellung oder ihre Eigenschaft als berufsmäßige Sachkenner eine Garantenstellung einnehmen, sofern diese einen besonderen, zusätzlichen Vertrauenstatbestand dadurch schaffen, dass sie am Emissionsprospekt mitwirken und Erklärungen abgeben. Erforderlich ist für eine derartige Haftung aber, dass dieses Mitwirken nach außen in Erscheinung tritt[47].

Den konkreten Sachverhalt subsumiert der III. Zivilsenat dahingehend, dass der Prospekt vorliegend keine derartigen Erklärungen enthalte, an die eine Haftung wegen typisierten Vertrauens angeknüpft werden könne. Der – abstrakte – Hinweis auf die Beurteilung des Prospektes durch eine namhafte Wirtschaftsprüfungsgesellschaft für sich genommen verdeutliche lediglich, dass die Prospektherausgeber der Meinung sind, eine Prüfung des Prospektes nicht scheuen zu müssen. Da der Prospekt aber lediglich ankündigt, dass ein Prospektgutachten erstellt werden wird, welches Anlageinteressenten zur Verfügung gestellt werden soll, die entsprechende „Unbedenklichkeitserklärung" der Wirtschaftsprüfungsgesellschaft im Prospekt jedoch gerade nicht enthalten war, kommt eine Haftung des Prospektgutachters als Garant im Sinne der Prospekthaftung im engeren Sinne nicht in Betracht; dies gilt selbst dann – so der Senat – wenn der

---

[44] So die Sachverhaltskonstellation in den beiden weiteren Entscheidungen vom 14.6.2007 mit den Aktenzeichen III ZR 185/05 und III ZR 125/06.
[45] III ZR 185/05 und III ZR 125/06.
[46] → § 7 Rn. 81 ff.
[47] Der III. Zivilsenat verweist diesbezüglich auf sein Urteil vom 15. Dezember 2005, III ZR 424/04.

Gutachter sein Gutachten im Zeitpunkt der Beitrittsentscheidung des Anlegers bereits fertig gestellt haben sollte.

74 Der III. Zivilsenat führt sodann die Rechtsprechung des X. Zivilsenats[48] zum Einbezug des Anlegers in den Prospektgutachtensvertrag und dessen Verletzung durch die Wirtschaftsprüfungsgesellschaft fort. Der Senat hielt zunächst eine Verletzung des Prospektgutachtensvertrages durch die beklagte Wirtschaftsprüfungsgesellschaft für nicht ausgeschlossen[49].

75 Er legte sodann näher fest, welche spezifischen Besonderheiten im Verhältnis zwischen Prospektgutachter und Anleger vorliegen müssen, damit der Anleger mit Erfolg vorzutragen vermag, er sei in den Schutzbereich des Prospektgutachtensvertrages einbezogen. So enthalte der Prospekt den Hinweis darauf, dass das Gutachten ernsthaften Interessenten auf Anforderung zur Verfügung gestellt wird, um Grundlage für die Anlageentscheidung der Anleger zu werden. Dem Prospektgutachter war mithin bekannt, dass der Prospektgutachtensauftrag zu dem Zweck erteilt worden war, den Anleger für eine Beteiligung zu gewinnen.

76 Diese Kenntnis des Gutachters alleine genüge aber nicht, um jegliche Fondsanleger in den Schutzbereich des Gutachtensauftrages einzubeziehen. Vielmehr muss neben dieser Komponente auf Seiten des Gutachters auch eine weitere Komponente auf Seiten des Anlegers hinzukommen, wobei je nach konkreter Sachverhaltskonstellation feinsinnig zu differenzieren ist.

77 Erforderlich ist nach der Rechtsprechung des III. Zivilsenats nämlich, dass der Anleger von dem Gutachten Gebrauch macht. Nur wenn der Anleger nachweist, dass durch das Gebrauchmachen Vertrauen auf den Inhalt des Gutachtens investiert wurde, ist es angezeigt, den Anleger in den Schutzbereich des Gutachtensvertrages einzubeziehen.

78 Die nähere Ausgestaltung dieses „Gebrauchmachens" war am 14. Juni 2007 dadurch beeinträchtigt, als lediglich zwei Sachverhaltskonstellationen zur Entscheidung anstanden: In den Parallelverfahren[50] hatte der Anleger darauf vertraut, dass der Vertriebsmitarbeiter, welcher die Beteiligung empfahl, ihm vom Vorliegen eines beanstandungsfreien Prospektgutachtens berichtete. In einem derartigen Fall mache der Anleger aber nicht selbst von diesem Gutachten Gebrauch, sondern lediglich von den Angaben des Vertriebsmitarbeiters, wobei sogar offen war, ob dieser Vertriebsmitarbeiter das Gutachten inhaltlich zur Kenntnis genommen hatte, oder sich wiederum auf Angaben eines Dritten verlassen hatte. Dieser Anleger ist mithin in den Schutzbereich des Gutachtensauftrages nicht einbezogen.

79 Wenn aber – wie hier – sich der Anleger das Prospektgutachten geraume Zeit vor Zeichnung seiner Beteiligung selbst übersenden ließ und zudem nachweise[51], dass das Gutachten für seine Anlageentscheidung ausschlaggebend gewesen sei und die Tatsacheninstanz schließlich zur Auffassung gelange, dass der Prospektgutachter bei Begutachtung eine Pflichtverletzung begangen habe, haftet der Prospektgutachter auf Rückabwicklung der Beteiligung.

---

[48] → Rn. 37 ff.
[49] Er hob in dem genannten Fall die entgegenstehende Entscheidung auf und verwies die Sache zur weiteren Entscheidung an das OLG zurück, musste sich diesbezüglich mangels Entscheidungsreife also nicht festlegen.
[50] III ZR 185/05 und III ZR 125/06.
[51] Auch diesbezüglich verwies der III. Zivilsenat die Angelegenheit an die Tatsacheninstanzen zurück.

Zusammenfassend formuliert der III. Zivilsenat in den beiden Parallelverfahren des- 80
selben Tages[52] : Für die Erstreckung der Schutzwirkung und die Haftung nach den
Grundsätzen des Vertrages mit Schutzwirkung zugunsten Dritter kommt es im Bereich
der Expertenhaftung entscheidend darauf an, dass der Anleger von dem Gutachten Gebrauch macht und hierdurch ein Vertrauen des Anlegers erzeugt und auf seinen Wil-
lensentschluss Einfluss genommen wird.

5. Fazit

Der III. Zivilsenat des Bundesgerichtshofes entwickelte in drei Entscheidungen am 81
14. Juni 2007 die Grundsätze fort, welche gegeben sein müssen, damit der Anleger
mit Erfolg behaupten kann, in den Schutzbereich des Gutachtensauftrages einbezogen
zu sein. Grundvoraussetzung ist der Hinweis im Prospekt, wonach ein Gutachten erstellt werde, welches dem Anleger auf Anforderung zur Verfügung gestellt werde. Dies
ist erforderlich, um die Erkennbarkeit für den Gutachter sicherzustellen. Sodann formulierte der III. Zivilsenat, dass der Anleger vom Gutachten auch tatsächlich vor
Zeichnung Gebrauch machen müsse, was der Fall sei, wenn er es anfordere und inhaltlich zur Kenntnis nehme; derjenige Anleger, welcher lediglich auf die Angaben des
Vertriebsmitarbeiters einer Vertriebsorganisation vertraue, wonach das im Prospekt
erwähnte, tatsächlich erstattete Gutachten „beanstandungsfrei" sei, mithin keine Prospektfehler aufgedeckt hätte, ist gegenüber dem Prospektgutachter nicht aktivlegitimiert.
Der III. Zivilsenat geht in diesem Fall davon aus, dass nicht etwa lediglich die Kausalität
zwischen fehlerhafter Begutachtung und Anlageentscheidung des Anlegers fehle, sondern diese Anleger schon gar nicht in den Schutzbereich des Prospektgutachtensauftrages einbezogen sind[53].

IV. Wertpapierprospekt

BGH Urteil vom 24. April 2014 – III ZR 156/13

1. Sachverhalt

Die T. AG legte im Jahr 2007 zwecks Ausgabe von Namensaktien einen Wertpapier- 82
prospekt auf. Auf den Seiten 53 bis 59 waren Planrechnungen für die folgenden fünf
Jahre mit daraus ersichtlichen Gewinnprognosen und Gewinnschätzungen enthalten.
Die Beklagte wurde im März 2007 von der T. AG beauftragt, die Rechnungslegungs-
grundlagen der Gewinnprognosen und Gewinnschätzungen gemäß EG-Verordnung
Nr. 809/2004 in Verbindung mit Wertpapierprospektgesetz zu prüfen. Der Prüfbericht
vom 25. April 2007, welcher im Prospekt veröffentlich ist, endete mit der zusammen-
fassenden Feststellung, dass die Gewinnprognosen und Gewinnschätzungen in Übereinstimmung mit den angegebenen Grundlagen ordnungsgemäß aufgestellt worden seien
und dass diese Grundlagen in Einklang mit den Rechnungslegungsstrategien der Gesellschaft stünden (Prospekt, Seiten 60 bis 62).

Der Ehemann der Klägerin, welche aus abgetretenem Recht gegen die Wirtschafts- 83
prüfungsgesellschaft vorging, zeichnete im Juli 2007 eine Beteiligung an der T. AG zum

---

[52] III ZR 185/05 und III ZR 125/06.
[53] So der III. Zivilsenat ausdrücklich in den Parallelverfahren III ZR 185/05 und III ZR 125/06.

IV. Wertpapierprospekt

Nennwert von EUR 9.000,00; in der Folgezeigt kam es aber nicht zur Eintragung der Kapitalerhöhung, im Zuge derer die Aktien emittiert werden sollten. Der Zedent hat die entsprechenden Aktien bis zum Tag der letzten mündlichen Verhandlung nicht erhalten; die T. AG ist insolvent.

84 Das Berufungsgericht gelangte zur tatsächlichen Erkenntnis, dass die Prognose der Dividendenausschüttung mit § 269 S. 2 HGB a.F. unvereinbar gewesen sei, was aufgrund durchgeführter Beweisaufnahme auch kausal für die Anlageentscheidung des Zedenten geworden war.

2. Hintergrund

85 Seit den Urteilen des BGH in der Angelegenheit Vif Dritte[54] war es um die Dritthaftung von Wirtschaftsprüfungsgesellschaften gegenüber Anlegern im Zusammenhang mit Prospektgutachten vergleichsweise ruhig geworden. Der Grund lag darin, dass der III. Zivilsenat des BGH sehr hohe Hürden für den Einbezug des Anlegers in den Schutzbereich des Gutachtensauftrages aufstellte. So sollte nur derjenige Anleger in den Schutzbereich des Gutachtensauftrages einbezogen sein, welcher das fehlerhafte Gutachten selbst inhaltlich zur Kenntnis nahm. Die Kenntnisnahme des Prospektes reichte diesbezüglich ebenso wenig, wie das Vertrauen auf die Aussage eines Vertriebsmitarbeiters, es läge ein beanstandungsfreies Prospektgutachten vor[55]. Mit dem vorliegend vom BGH entschiedenen Fall gelangt erstmals wieder ein Direktanspruch des Anlegers gegen einen Gutachter im Hinblick auf dessen Prüfergebnis ins Blickfeld der Öffentlichkeit.

3. Problemstellung

86 Der Gesetzgeber hatte im HGB für gesetzliche Pflichtprüfungen die Dritthaftungsrisiken eingeschränkt und gemäß § 323 Abs. 1 S. 3 HGB potentielle Anspruchsteller auf die zu prüfende Gesellschaft selbst sowie verbundene Unternehmen beschränkt. Die häufigste Sachverhaltskonstellation in diesem Zusammenhang, nämlich die Geltendmachung von Dritthaftungsansprüchen durch Banken des zu prüfenden Unternehmens, welche gemäß § 18 KWG verpflichtet sind, sich geprüfte Bilanzen vorlegen zu lassen, wurde vom BGH zurückhaltend beurteilt[56]. Vorliegend geht es nicht um die Haftung eines Abschlussprüfers und auch nicht um die Haftung eines Prospektgutachters. Es geht vielmehr um die Dritthaftung eines Wirtschaftsprüfers, welcher einen Teil eines Wertpapierprospektes, nämlich Gewinnprognosen und Schätzungen im Hinblick auf deren Aufstellung, Übereinstimmung mit angegebenen Grundlagen sowie Rechnungslegungsstrategien der Gesellschaft zu prüfen hat. Die Besonderheit ist, dass das Arbeitsergebnis im Prospekt selbst abgedruckt ist, sodass der Anleger, welcher den Prospekt in Händen hält, gleichzeitig auch Vertrauen auf das Testat investieren kann, ohne etwa – wie beim Prospektgutachten – eine separate Unterlage anfordern zu müssen.

4. Entscheidung

87 Der BGH setzt sich zunächst mit der Frage auseinander, ob der Anleger in den Schutzbereich des Prüfvertrages einbezogen ist. Er nimmt ausführlich Bezug auf die

---

[54] → Rn. 60 ff.
[55] Näheres unter → Rn. 78 ff.
[56] BGH Urt. v. 6.4.2006 – III ZR 256/04.

Herleitung seiner Rechtsprechung[57]. In Bezug auf Wirtschaftsprüfungsgesellschaften führt der BGH sodann aus, dass diese über eine besondere, vom Staat anerkannte Sachkunde verfügen und in dieser Eigenschaft gutachterliche Stellungnahmen abgeben, sodass deren Stellungnahmen aufgrund dieser Sachkunde und der insoweit erwarteten Unabhängigkeit, Gewissenhaftigkeit und Unparteilichkeit – insbesondere bei Prüfaufträgen – von besonderer Bedeutung sind. Dass hier eine etwaige Gegenläufigkeit der Interessen des Auftraggebers einerseits, des Dritten andererseits vorhanden ist, steht einer Einbeziehung nicht entgegen. Der Verfasser ist nämlich verpflichtet, diese seine Ausarbeitung objektiv nach bestem Wissen und Gewissen zu erstellen und auch dem Dritten gegenüber dafür einzustehen. Voraussetzung ist also lediglich, dass eine von Sachkunde geprägte Stellungnahme oder Begutachtung den Zweck hat, das Vertrauen eines Dritten zu erwecken und – für den Sachkundigen hinreichend erkennbar – Grundlage einer Entscheidung mit wirtschaftlichen Folgen zu werden; allerdings muss der Kreis der Einbezogenen auf solche Dritte beschränkt sein, in deren Interesse die Leistung des Schuldners nach der ausdrücklichen oder stillschweigenden Vereinbarung der Parteien zumindest auch erbracht werden soll, da das Anliegen berücksichtigt werden muss, das Haftungsrisiko für den Schuldner kalkulierbar zu halten. Dieser soll die Möglichkeit haben, sein Risiko bei Vertragsschluss einzuschätzen und ggf. zu versichern; er soll nicht für Schäden einstehen müssen, wenn ihm dies nach Treu und Glauben und unter Berücksichtigung des Vertragszwecks nicht zugemutet werden kann.

Das Testat der Beklagten begründet eine solche Haftung, so der BGH. Dass die Weitergabe des Testats an Dritte beabsichtigt war, da dieses in den Prospekt aufgenommen wurde und die Verwendung des Prospekts bei der Zeichnung von Aktien durch Anleger vorgenommen werden sollte, war im vorliegenden Fall gerade Sinn und Zweck und daher Grundlage des Auftrages. Der BGH verweist diesbezüglich auf § 7 WpPG iVm. Art. 3 und Anh. I Nr. 13.2 der EG-Verordnung Nr. 809/2004. Entschließt sich ein Emittent, in dem Prospekt eine Gewinnprognose oder eine Gewinnschätzung aufzunehmen, muss im Prospekt auch ein Bericht enthalten sein, der von unabhängigen Buchprüfern oder Abschlussprüfern erstellt wurde und in dem festgestellt wird, dass die Prognose oder die Schätzung nach Meinung der unabhängigen Buchprüfer oder Abschlussprüfer auf der angegebenen Grundlage ordnungsgemäß erstellt wurde und dass die Rechnungsgrundlage mit den Rechnungslegungsstrategien des Emittenten konsistent ist. Die Tätigkeit der Beklagten diente also gerade der Erfüllung des effektiven Anlegerschutzes mittels vollständiger und zutreffender Information. Da die Beklagte wissen musste, dass der nach § 3 WpPG zu veröffentlichende Wertpapierprospekt und damit auch ihr Prüfbericht Anlegern im Vorfeld des Erwerbs der auszugebenden Namensaktien als Informationsgrundlage zur Verfügung gestellt werden würde, konnten sich die Parteien dieses Prüfauftrages auch nicht darüber einig sein, dass dieser Bericht nicht weitergegeben werden solle. **88**

Soweit eine derartige Regelung[58] in allgemeinen Auftragsbedingungen für Wirtschaftsprüfer und Wirtschaftsprüfungsgesellschaften vom 1. Januar 2002 (Nr. 7 Abs. 1) enthalten ist, welche im Prospekt auf den Seiten 72 und 73 abgedruckt sind, erfassen diese gerade nicht einen Fall wie den vorliegenden, in dem sich der Prüfer gerade vertraglich verpflichtet, eine zur Veröffentlichung in einem Prospekt bestimmte Bewertung zu Gunsten künftiger Anleger abzugeben. Hinzu kommt, dass sich in dem **89**

---

[57] „Wohl und Wehe", zB BGH X ZR 104/94, BGHZ 133, 168, 170 ff.
[58] Keine Weitergabe an Dritte ohne Zustimmung des Wirtschaftsprüfers.

"Bericht über die Prüfung des Prospekts über Aktien" gerade Ausführungen über die Haftung der Beklagten befinden, wobei diese nach dem Text ausdrücklich auch „im Verhältnis zu Dritten" gelten sollen; wäre dem gegenüber eine Dritthaftung von Vornherein ausgeschlossen, würden diese Ausführungen zur Dritthaftung gar keinen Sinn ergeben, so der BGH.

90 Mithin ist aus Sicht des Wirtschaftsprüfers das Gesamtrisiko durch die zu zeichnende Gesamtkapitalsumme beschrieben, begrenzt und mithin auch versicherbar; die entsprechende Prämie hätte in die Vergütung der Beklagten einkalkuliert werden müssen.

91 Die Schutzbedürftigkeit des Anlegers entfällt auch nicht durch potentielle Prospekthaftungsansprüche gegenüber der T. AG. Das Schutzbedürfnis des Dritten ist nur dann nicht gegeben, wenn diesem eigene vertragliche Ansprüche – gleich gegen wen – zustehen, die denselben oder zumindest einen gleichwertigen Inhalt haben. Sonstige vertragliche Dies ist vorliegend nicht der Fall; Ansprüche aus Prospekthaftung sind gerade nicht gleichwertig[59]. Sonstige vertragliche Ansprüche des Anlegers sind nicht ersichtlich.

92 Letztendlich ist auch der gesamte Zeichnungsschaden von der beklagten Wirtschaftsprüfungsgesellschaft zu ersetzen, nicht etwa nur die Haftung auf eine etwaige geringere Gewinnausschüttung beschränkt (Zurechnungszusammenhang zwischen Pflichtverletzung und geltend gemachtem Schaden). Da die Gewinnprognosen eines aktienausgebenden Unternehmens regelmäßig für den Anleger und dessen Anlageentscheidung von grundlegender Bedeutung sind, steht das gesetzlich vorgeschriebene Testat in Verbindung mit dessen Veröffentlichung im Prospekt erkennbar auch aus Sicht des Wirtschaftsprüfers zentral inmitten der Anlageentscheidung des Kunden. Der Schaden liegt mithin bereits im Erwerb der Anlage, ohne dass es darauf ankommt, aus welchen Gründen diese später wertlos geworden ist. Mithin ist auch der volle Zeichnungsschaden zu ersetzen, nicht etwa lediglich eine geringere oder unterbliebene Gewinnerwartung.

93 Da der Anleger schließlich nicht grob fahrlässig die Unrichtigkeit des Testats verkannt hat, ist der Anspruch auch nicht verjährt; es würde dem Sinn und Zweck des streitgegenständlichen Testats nämlich zuwider laufen, wenn man dem Anleger eine eigenständige rechtliche Überprüfung der testierten Gewinnprognosen auferlegen oder eine solche Rechtskenntnis unterstellen würde.

5. Fazit

94 Die vorliegende Entscheidung hat in der Öffentlichkeit großes Aufsehen erregt. Zum einen ist dies der Tatsache geschuldet, dass der BGH eine Dritthaftungsbeschränkung in den IDW-AAB für den streitgegenständlichen Sachverhalt nicht anerkennen will. Zum anderen zieht der BGH den Kreis der potentiell ersatzfähigen Schäden sehr weit: Es ist die Gesamtsumme des einzuwerbenden Kapitals, nicht etwa die – in den IDW-AAB üblicherweise verwendete – Beschränkung einer Gesamthaftsumme auf 4 bzw. 5 Mio. EUR.

95 Wie der Vorsitzende Schlick auf einer Veranstaltung allerdings mitteilte, kann in gewissen Teilbereichen Entwarnung gegeben werden: So ist in konsequenter Weiterentwicklung der Entscheidung des BGH vom 14.6.2007[60] nur derjenige Anleger in den

---

[59] Unter Bezugnahme auf BGH vom 8. Juni 2004 – X ZR 283/02 → Rn. 37 ff.
[60] → Rn. 60 ff.

Schutzbereich des Testats einbezogen, welcher nachweist, den Prospekt auch tatsächlich vor Zeichnung in Händen gehalten und das Testat gelesen zu haben. Ob der BGH diese strenge Linie allerdings bei späteren Folgeentscheidungen beibehält, wird sich zeigen.[61]

V. Ausblick

Für die erfolgreiche Geltendmachung von Anlegeransprüchen gegenüber Prospektgutachtern muss ein weiter Weg beschritten werden.

Schon die Aktivlegitimation ist mit sehr hohen, zu überwindenden Hürden versehen, da prospekthaftungsrechtliche Ansprüche den Prospektgutachter regelmäßig nicht treffen und vertragliche bzw. vertragsähnliche Ansprüche nur in den seltenen Fällen erfolgversprechend erhoben werden können, in denen sich der Anleger das Prospektgutachten vor Zeichnung hat körperlich aushändigen lassen und nachweisen kann, die vorgeblich fehlerhaften Ausführungen des Gutachters inhaltlich zur Kenntnis genommen zu haben. Auch kann der Gutachter die Weitergabe von seiner Zustimmung im Einzelfall abhängig machen.

Sodann muss ein Gericht davon überzeugt werden, dass der zu begutachtende Prospekt einen relevanten Fehler aufweist, welcher für die Anlageentscheidung des konkreten Anlegers ursächlich geworden ist. Die Fehlerhaftigkeit des Prospektes alleine bedeutet aber nicht gleichzeitig auch die Fehlerhaftigkeit des Prospektgutachtens; auch spricht keinerlei Vermutung etwa der Gestalt für den Anleger, dass ein Prospektfehler einen Fehler des Prospektgutachters indiziert.

Vielmehr hat nach Maßgabe der konkreten Vereinbarungen zwischen Prospektgutachter und Auftraggeber eine Untersuchung der Gutachtenstätigkeit zu erfolgen. Soweit das Gutachten selbst auf die Prospektunrichtigkeit oder einen eingeschränkten Prüfungsumfang des Gutachters in dem beanstandeten Punkt hinweist, scheiden Schadensersatzansprüche aus.

Aber auch alle sonstigen Einwendungen aus dem Rechtsverhältnis zwischen Auftraggeber und Gutachter muss sich der Anleger entgegen halten lassen, da der dogmatische Weg über den Einbezug in den Schutzbereich eines fremden Vertrages diesen nicht besser stellen kann als den Auftraggeber[62].

---

[61] Siehe die Rechtsprechung zur „Prospekthaftung ohne Prospekt" → § 11 Rn. 16 ff.
[62] § 334 BGB analog.

§ 10. Die Haftung des Mittelverwendungskontrolleurs

Literatur:
Schultheiß, Die Dritthaftung von Wirtschaftsprüfern nach dem KAGB, BKR 2015, 133 ff.

I. Einführung

Die Inanspruchnahme des Mittelverwendungskontrolleurs durch den einzelnen Anleger auf Ersatz des Zeichnungsschadens ist eine Modeerscheinung des beginnenden 21. Jahrhunderts. Warn- und Aufklärungspflichten werden im Hinblick auf die unterschiedlichsten Aspekte der Begründung einer geschlossenen Beteiligung durch den Anleger konstruiert und von der Rechtsprechung beurteilt. Diese sollen den unzureichenden Inhalt der Kontrolle, die formalen Aspekte des einzurichtenden oder bereits eingerichteten Kontos oder überlegenes Sonderwissen aufgrund sonstiger Tätigkeiten des Kontrolleurs betreffen, um nur einige Vorwürfe zu nennen. Dabei gerät oftmals aus den Augen, dass der Kontrolleur primär der Fondsgesellschaft und damit mittelbar jedem einzelnen Anleger in gesamthänderischer Verbundenheit verpflichtet ist. Dies aber nicht zu dem Zweck, Zeichnungsschäden zu ersetzen und damit einzelnen Anlegern ungerechtfertigte Sondervorteile zukommen zu lassen, sondern das gesamte Fondsvermögen vor ungerechtfertigten Abdispositionen durch die Geschäftsleitung zu schützen. Allein in diesem Bereich kommen Schadensersatzleistungen auch sämtlichen Anlegern zugute. 1

1. Mittel-Verwendungs-Kontrolle

Wie die Zerlegung des Begriffs der Mittelverwendungskontrolle in seine Bestandteile zeigt, geht es vorliegend darum, rechtliche Verantwortlichkeiten einer dritten Person für die ordnungsgemäße Verwendung von Finanzmitteln zu begründen, welche von einer Partei einer anderen Partei zu einem bestimmten Zweck zur Verfügung gestellt werden. 2

Kapitalanlagerechtliche Sachverhalte, welche zu einer Haftung des Mittelverwendungskontrolleurs führen, finden sich üblicherweise im Bereich geschlossener Beteiligungen bei Publikumsfonds. Dort stellt eine Vielzahl von Anlegern der Fondsgeschäftsführung Finanzmittel zur Verfügung, ohne dass diese Anleger selbst etwa bereit oder in der Lage wären, die ordnungsgemäße Mittelverwendung hinreichend nachzuvollziehen. Die Fondsgeschäftsführung ihrerseits wirbt um das Vertrauen der Anleger; wenn diese einen unabhängigen Dritten präsentieren, welcher sicherstellen soll, dass eine zweckwidrige Verwendung des Fondsvermögens unterbleibt, wird der Vertrauensvorschuss auf breitere Schultern verteilt. 3

Eine derartige Mittelverwendungskontrolle findet sich üblicherweise in zwei Formen: Sie kann sowohl im Sinne der sog. Mittelfreigabe, als auch im Sinne einer nachträglichen Mittelverwendungskontrolle etabliert werden. Während die Mittelfreigabe[1] 4

---

[1] Siehe hierzu die nachfolgend zu beschreibenden Sachverhalte bei Cinerenta → Rn. 26 ff. und Falk Zinsfonds → Rn. 53 ff.

I. Einführung

voraussetzt, dass die freizugebenden Gelder auf einem Konto eingezahlt werden, über welches die Fondsgeschäftsführung nur bei Mitwirkung des Mittelverwendungskontrolleurs zu disponieren vermag, lässt die nachträgliche Mittelverwendungskontrolle[2] die Dispositionsbefugnis der Geschäftsführung per se unberührt; allerdings werden – häufig erst im Zusammenhang mit Jahresabschlussprüfungstätigkeiten – die verwendeten Gelder nachträglich auf die Korrektheit der Zahlungsflüsse hin überprüft, was zum einen für die Geschäftsleitung ein sog. Entdeckungsrisiko (und damit einhergehend die Präventivfunktion der Mittelverwendungskontrolle), zum anderen die Chance der Wiedererlangung zweckwidrig verwendeter Gelder mittels Geltendmachung von Ersatzansprüchen gegenüber Dritten beinhaltet.

5   Aus Vorstehendem wird deutlich, dass der Mittelverwendungskontrolleur idealerweise von Berufs wegen mit der Prüfung von Geschäftsvorfällen betraut sein sollte, sodass gerade der Berufsträger des Wirtschaftsprüfers bzw. der Wirtschaftsprüfungsgesellschaft sehr häufig als Mittelverwendungskontrolleur geschlossener Beteiligungen herangezogen wird.

6   Dies wiederum führt dazu, dass der Wirtschaftsprüfer bzw. die Wirtschaftsprüfungsgesellschaft ein vermeintlich lohnender Haftungsadressat von Ansprüchen sowohl der Fondsgesellschaft, als auch der Anleger zu sein scheint: Sowohl die Bonität der Wirtschaftsprüfungsgesellschaft, als auch eine dahinterstehende Berufshaftpflichtversicherung bieten scheinbar verlockende Gewähr dafür, dass ein mühsam für den Anleger erstrittener Titel auch tatsächlich erfüllt wird[3].

2. Aktivlegitimation

7   Die Haftung des Mittelverwendungskontrolleurs ist eine vertragliche oder vorvertragliche, selten eine deliktische[4]. Die Sachverhaltsaspekte, welche dazu führen sollen, dass ein Haftungsadressat nach Prospekthaftungsgesichtspunkten haftet[5], spielten in der höchstrichterlichen Rechtsprechung zu Lasten des Mittelverwendungskontrolleurs keine Rolle[6]. Die vertragliche und vorvertragliche Konstellation war vor Inkrafttreten des KAGB für den Anspruchsteller im Regelfall günstiger, da dort die kurzen prospekthaftungsrechtlichen Verjährungsfristen nicht zum Tragen kamen, während es dem Anleger unbenommen war, Vertragspflichtverletzungen des Mittelverwendungskontrolleurs aus Prospektfehlern abzuleiten.

8   Somit stellt sich die entscheidende Frage, wem gegenüber der Mittelverwendungskontrolleur vertraglichen oder vorvertraglichen Ansprüchen ausgesetzt ist. Es ist dies eine individuell zu prüfende und zu beantwortende Frage; die höchstrichterliche Rechtsprechung hierzu hatte sich mit unterschiedlichsten Sachverhaltskonstellationen zu befassen gehabt.

---

[2] Siehe hierzu den Sachverhalt bei Vif Babelsberger Filmproduktion GmbH & Co. Dritte KG → § 6 Rn. 20 ff.
[3] Auch wenn in den nachfolgend unter II. geschilderten Cinerenta-Sachverhaltskonstellationen der dortige Haftpflichtversicherer seine Einstandspflicht ablehnte; so auch der Versicherer in den Falk Zinsfonds-Fällen, → Rn. 53 ff.
[4] → § 13 Rn. 79 ff.
[5] Siehe hierzu insbesondere die Entwicklung der Rechtsprechung zum Hintermann und Garanten in § 7 Die Haftungsadressaten für Prospektfehler im engeren Sinne.
[6] Siehe sämtliche nachfolgend zu besprechende Entscheidungen.

Diese Rechtsprechung bleibt jedenfalls nicht beim Vertragspartner selbst stehen; auch 9
wenn ein Mittelverwendungskontrollvertrag nicht mit dem jeweiligen Anleger, sondern
(in erster Linie) mit der Fondsgesellschaft geschlossen ist, können vertragliche Haftungsansprüche der Anleger über die Rechtsfiguren des echten Vertrages zugunsten Dritter[7]
oder den Einbezug in den Schutzbereich eines fremden Vertrages[8] gegeben sein. Dass
daneben für deliktische Haftungsansprüche dennoch ein Bedürfnis entstehen kann,
wird nachfolgend gezeigt werden[9].

3. Mittelverwendungskontrolle und Zeichnungsschaden

Führt man sich vor Augen, dass ureigenste Aufgabe der Mittelverwendungskontrolle 10
die Verhinderung der zweckwidrigen Abdisposition (eines Teils) der geleisteten Einlage
des Anlegers ist, wäre die konsequente Sanktion einer etwaigen Pflichtverletzung des
Mittelverwendungskontrolleurs darin zu sehen, dem Fondsvermögen (und damit mittelbar quotal dem Anleger) diesen fehlenden – weil zweckwidrig verwendeten – Teil
des Gesellschaftsvermögens im Wege des Schadenersatzes wieder zu erstatten. In der
Tat sind derartige Haftungsverfahren zu beobachten[10]. Die Fülle der an die Gerichte
herangetragenen Haftungsverfahren geht aber einen völlig anderen Weg: Sei es, dass
dem einzelnen Anleger für die Geltendmachung von Ansprüchen betreffend das
Fondsvermögen die Klagebefugnis fehlt, sei es, dass sich eine eigene Schadensposition
im Vermögen des einzelnen Anlegers in Anbetracht seiner Beteiligung am Gesamtgesellschaftsvermögen nicht ohne Weiteres berechnen lässt, die Vielzahl der gegen Mittelverwendungskontrolleure erhobenen Klagen befasst sich mit dem Begehren, der Kontrolleur möge die vom Anleger geleistete Einlage (gegebenenfalls Zug um Zug gegen
Abtretung der Gesellschaftsbeteiligung) nebst Renditeerwartung des Anlegers (aus dem
Gedanken des entgangenen Gewinns, § 252 BGB) an diesen rückerstatten (sog. Zeichnungsschaden).

Dieser Ansatz überrascht zunächst einmal im Hinblick auf die zeitliche Abfolge (so- 11
dass es an der Kausalität einer etwaigen Pflichtverletzung des Mittelverwendungskontrolleurs für den Zeichnungsschaden fehlen würde): So setzt die Mittelverwendungskontrolle ja erst nach Einzahlung der Einlage im Hinblick auf eine Abdisposition der
einbezahlten Gelder ein. Pflichtverletzungen des Mittelverwendungskontrolleurs in
diesem Bereich waren also nicht kausal für die Zeichnung und Leistung der Einlage
seitens des Anlegers; im Gegenteil: Erst die Erbringung der Einlage durch den Anleger
versetzt den Mittelverwendungskontrolleur in die Lage, im Hinblick auf diese einbezahlte Einlage des Anlegers seine Pflicht zu tun (oder Pflichtverletzungen an den Tag
zu legen).

Des Weiteren stellt sich die Frage der Ersatzfähigkeit dieses Schadens nach dem 12
Schutzzweck der verletzten Norm: Wie dargestellt, ist Sinn und Zweck der Mittelverwendungskontrolle, zu verhindern, dass einbezahlte Gelder gesellschaftszweckwidrig
verwendet werden. Es ist hingegen nicht Sinn und Zweck der Mittelverwendungskon-

---

[7] Siehe nachfolgend die Rechtsprechung → Rn. 66.
[8] Wobei sich insoweit die Frage stellt, ob der Vorwurf einer culpa in contrahendo eines Vertrages mit Schutzwirkung zugunsten Dritter auf Ersatz des Zeichnungsschadens dogmatisch überhaupt zu rechtfertigen ist.
[9] → § 13 Rn. 79 ff.
[10] Vergleiche zB Urteil des OLG München vom 11.2.2010, Az. 23 U 2414/09 (rechtskräftig); 1. Auflage, § 8 Rn. 84 ff.

trolle, dafür zu sorgen, das Gesellschaftsvermögen zu vermindern, indem Eigenkapital erst gar nicht einbezahlt wird, da Anleger davon abzuhalten wären, der Fondsgesellschaft beizutreten.

13   Dass die Rechtsprechung dennoch auch in diesem Bereich kunstvolle Differenzierungen und Lösungsmöglichkeiten anbietet, wird nachfolgend zu zeigen sein.

4. Pflichten aus dem Mittelverwendungskontrollvertrag

14   Von besonderer Bedeutung im Hinblick auf die vorvertragliche und vertragliche Haftung des Mittelverwendungskontrolleurs ist die Beantwortung der Frage nach Inhalt und Umfang der dem Mittelverwendungskontrolleur obliegenden Pflichten.

15   Ausgangspunkt ist die im Mittelverwendungskontrollvertrag vorgesehene vertragliche Hauptpflicht, welche bei den unterschiedlichen Formen der Mittelkontrolle stets darauf gerichtet ist, zu prüfen, ob die Geschäftsführung die eingeworbenen Mittel in Übereinstimmung mit den vertraglichen Vorgaben verwendet. Schon im Hinblick auf diese Hauptpflicht finden sich aber die unterschiedlichsten Differenzierungen in den Mittelverwendungskontrollverträgen: Zum Teil erstreckt sich die Mittelverwendungskontrolle nicht auf sämtliche von der Geschäftsleitung zu verantwortende Ausgaben, sondern betrifft nur bestimmte – entweder im Einzelnen bezeichnete oder abstrakt abgegrenzte – Zahlungsvorgänge. Zum Teil finden sich Hinweise darauf, dass zwar eine formale, nicht aber inhaltliche Kontrolle der Sinnhaftigkeit von Investitionen der Fondsgesellschaft stattzufinden hat. Zum Teil ermöglicht der Vertrag eine Mittelfreigabe entweder auf Basis formaler Freigabevoraussetzungen oder aber auf der Grundlage einer inhaltlichen Ermessensabwägung.

16   Auch wenn sich die Rechtsprechung zum Teil mit der ordnungsgemäßen Erfüllung dieser Hauptpflichten durch den Mittelverwendungskontrolleur befasst, ist die sehr viel interessantere Aufgabenstellung diejenige, ob und in welchem Umfange neben den Hauptpflichten des Vertrages (ungeschriebene) Nebenpflichten (insbesondere Warnpflichten) des Mittelverwendungskontrolleurs bestehen, bei deren Verletzung dieser schadenersatzpflichtig wird.

17   Die Besonderheit in diesen Sachverhaltskonstellationen liegt häufig darin, dass die in Rede stehenden Fragestellungen bei Abschluss des Mittelverwendungskontrollvertrages von den Vertragsparteien gar nicht vorhergesehen worden waren, anderenfalls sie im Vertrag eine explizite Regelung erfahren hätten (oder die Initiatoren die gesamte Fondskonzeption danach ausgerichtet hätten). Da die Fragen nach Bestand und Umfang solcher Nebenpflichten häufig in zeitlicher Koinzidenz mit dem Einwerben von Anlegergeldern aufgeworfen werden und einer unverzüglichen Beantwortung bedürfen, ist es umso erstaunlicher, wie die Rechtsprechung mit diesen Problemfeldern umgeht: In einer analytischen Ex-post-Betrachtung wird die hohe zeitliche und inhaltliche Anspannung, welcher der Mittelverwendungskontrolleur in der jeweiligen Situation unterliegt, nicht (mehr) nachvollzogen; so werden Nebenpflichten und deren korrekte Erfüllung konstruiert, welche so vom betroffenen Mittelverwendungskontrolleur gar nicht geleistet werden konnten.

18   Die näheren Einzelheiten finden sich in den nachfolgenden Entscheidungen.

5. Mehrfachfunktionen

19   Sehr häufig ist festzustellen, dass der betroffene Wirtschaftsprüfer bzw. die Wirtschaftsprüfungsgesellschaft seine/ihre Tätigkeit nicht darauf beschränkt, eine Mittelver-

wendungskontrolltätigkeit auszuüben. Vielmehr ist dieser häufig zugleich Treuhänder der Beteiligung, Prospektgutachter und/oder Jahresabschlussprüfer.

In diesem Zusammenhang stellt sich die Frage, ob eine derartige Mehrfachfunktion haftungsrechtliche Folge nach sich zieht. Diesbezüglich ist zu unterscheiden: 20

Die höchstrichterliche Rechtsprechung hat zu Lasten des Mittelverwendungskontrolleurs eine Vielfalt der übernommenen Aufgaben zur Begründung eines vorvertraglichen Vertrauensschuldverhältnisses gegenüber dem jeweiligen Anleger einerseits, zur Intensivierung der dem Mittelverwendungskontrolleur diesbezüglich obliegenden Pflichten andererseits herangezogen[11]. Daraus kann aber nicht der generelle Schluss abgeleitet werden, dass eine Vervielfachung der Tätigkeit zwingend auch eine Vervielfachung der Haftungsrisiken gegenüber dem Anleger nach sich ziehen muss; vielmehr hat sowohl die Frage nach der Begründung eines vorvertraglichen Vertrauensschuldverhältnisses als auch die Frage nach der Festlegung des jeweils bestehenden Pflichtenkreises strikt am Inhalt derjenigen Tätigkeit anzusetzen, deren Verletzung vom Anleger gerügt wird. Nur wenn dem Mittelverwendungskontrolleur vorgeworfen werden kann, aus einer vorangehenden oder parallel stattfindenden Tätigkeit besondere Erkenntnisse gewonnen zu haben, welche für die Erfüllung der Pflichten auch und gerade in dem in Rede stehenden Rechtsverhältnis der Mittelverwendungskontrolle von Bedeutung sind, ist angezeigt, kraft dieses Querverweises höhere Anforderungen an die Mittelverwendungskontrolle zu stellen, als dies bei einem ausschließlich die Mittelverwendungskontrolle innehabenden Haftungsadressaten der Fall wäre. 21

Der pauschale Ansatz einer Haftung „kraft vorhergehendem Tun" ist demgegenüber strikt abzulehnen. 22

Der Mittelverwendungskontrolleur unterliegt insbesondere auch keinem Interessenkonflikt, sofern er vor Mittelverwendungskontrolle auch die Tätigkeit eines Prospektgutachters inne gehabt hat; dies soll nach einer vereinzelten Stimme in der Rechtsprechung[12] deshalb eine Interessenkollision bedeuten, da der Prospektgutachter bei Erstellung dieses Gutachtens „im Boot" des Prospektherausgebers, bei Mittelverwendungskontrolle dagegen auf der Seite der Anleger befindlich sei; der Mittelverwendungskontrolleur müsse deshalb auf eine vorangegangene Prospektgutachtenstätigkeit hinweisen. 23

Ein derartiger Ansatz verkennt den Pflichtenkreis des Prospektgutachters[13] und ist daher nicht korrekt. Prospektgutachten und Mittelverwendungskontrolle dienen beide dem Zweck, die seitens der Anleger aufgebrachten Finanzmittel einer anleger- und objektgerechten Allokation zuzuführen und greifen mithin – vergleichbar zwei Puzzleteilen – ineinander. Während der Prospektgutachter dafür Sorge trägt, den Anleger im Hinblick auf dessen Anlegentscheidung mit vollständigen und richtigen Prospektmaterialien zu versorgen, mithin vor Einzahlung der Einlage des Anlegers Informationsdefizite zu vermeiden und dazu beizutragen, dass die Investition die vom Anleger verfolgten Ziele nicht verfehlt, schließt sich die Tätigkeit des Mittelverwendungskontrolleurs nahtlos ab dem Zeitpunkt an die vorangegangene Tätigkeit an, zu dem sich der Anleger der Verfügungsbefugnis über seine Einlage entäußert, da er diese „in fremde Hände" gegeben hat. Nunmehr ist es Aufgabe des Mittelverwen- 24

---

[11] → Rn. 75.
[12] So der 5. Zivilsenat des OLG München mit im Ergebnis zugunsten des Mittelverwendungskontrolleurs entschiedenem Urteil vom 21.12.2010, Az. 5 U 3408/10 (rechtskräftig).
[13] Siehe zur Mehrfachfunktion des Prospektgutachters auch → § 9 Rn. 31 ff.

dungskontrolleurs, entsprechend seiner vertraglichen Vorgaben dazu beizutragen, dass die vom Anleger investierten Gelder entsprechend dem prospektierten Investitionszweck verwendet werden. Vor diesem Hintergrund besteht nicht etwa ein Interessengegensatz beider Tätigkeiten, sondern vielmehr ein Interessengleichlauf.

25 Der Ansatz einer Auflösung des Interessenkonfliktes durch Aufklärung widerspricht im Übrigen nunmehr herrschenden elementarsten Grundsätzen der Prospektbegutachtung: Während der Mittelverwendungskontrollvertrag üblicherweise einschließlich der Person des Mittelverwendungskontrolleurs in den Prospektmaterialien abgedruckt ist, verbieten die berufsüblichen Standards, dass das Prospektgutachten (geschweige denn der Prospektgutachter) im Prospekt erwähnt wird[14]. Würde dem Anleger mithin der genannte Interessenkonflikt dahingehend offen gelegt, dass der Mittelverwendungskontrolleur das Vorhandensein des Prospektgutachtens und die Identität des Prospektgutachters aufdeckt, würde dies gegen den genannten Grundsatz verstoßen, wonach Hinweise auf diese Tätigkeit zu unterlassen sind. Die einzig konsequente Reaktion wäre demzufolge, dem Mittelverwendungskontrolleur zu untersagen, vorangegangene Prospektgutachtenstätigkeiten auszuüben; ein derartig gesetzlich nicht normiertes Berufsverbot würde aber nicht mit dem Grundgesetz vereinbar sein und prohibitiv wirken.

II. Cinerenta

BGH Urteil vom 22. März 2007 – III ZR 98/06

1. Sachverhalt

26 Gegenstand des Rechtsstreits ist eine Beteiligung eines Anlegers an einem Medienfonds in Rechtsform einer GmbH & Co. KG (dort: Beteiligungen an der Cinerenta II und Cinerenta IV)[15]. Der Kläger erwarb die Beteiligungen am 20. Dezember 1998 und 3. März 1999 (Cinerenta II) sowie am 30. Dezember 2000 (Cinerenta IV).

27 Der Rechtsstreit richtet sich gegen eine Wirtschaftsprüfungsgesellschaft mit dem Ziel der Rückabwicklung der Beteiligungen im Wege des Schadenersatzes.

28 Auf Basis von Prospektunterlagen, welche jeweils von der persönlich haftenden Gesellschafterin der Anlagegesellschaft herausgegeben worden waren und welchen Formularen der von den Beteiligten abzuschließenden Verträge beigefügt waren, beteiligten sich Anleger an der Kommanditgesellschaft. Nach Wahl der Anleger erfolgte die Beteiligung entweder als Direktkommanditist oder aber mittels Einschaltung der Wirtschaftsprüfungsgesellschaft als Treuhänderin (der Kläger dieses Rechtsstreits war jeweils Treugeber), wobei auch in der erstgenannten Alternative ein Durchgangserwerb über den Treuhänder stattfand.

29 In beiden Alternativen schloss der Anleger mit der Wirtschaftsprüfungsgesellschaft unmittelbar einen Mittelverwendungskontrollvertrag; die Fondsgesellschaft selbst war nicht Vertragspartner des Mittelverwendungskontrollvertrages.

---

[14] Siehe IDW Standard S 4: Grundsätze ordnungsmäßiger Beurteilung von Verkaufsprospekten über öffentlich angebotene Vermögensanlagen, Stand 18.5.2006, Rn. 23.

[15] Eine vergleichbare Problematik stellt sich auch beim Fonds Cinerenta III; zu den sonstigen kapitalanlagerechtlichen Rechtsfragen, welche die deutschen Gerichte in Zusammenhang mit den Cinerenta-Medienfonds befassen, siehe die Hinweise im Sachverzeichnis.

§ 10. Die Haftung des Mittelverwendungskontrolleurs

Die Mittelverwendungskontrolle erfolgte im Wege der sog. Mittelfreigabe[16] und enthielt ua die folgenden Bestimmungen: **30**

„§ 1 Gegenstand des Mittelverwendungskontrollvertrages
1. Die Mittelverwendungskontrolleurin wird beauftragt, eine Mittelverwendungskontrolle der von den Anlegern zu leistenden Einlagen in dem in diesem Vertrag näher bestimmten Umfang durchzuführen.
2. Die Aufgaben und Rechte der Mittelverwendungskontrolleurin bestimmen sich nach diesem Vertrag. Weitere Pflichten übernimmt die Mittelverwendungskontrolleurin nicht. Insbesondere prüft sie nicht die Verwirklichung oder Verwirklichbarkeit des Gesellschaftszwecks der Gesellschaft, der jeweiligen Koproduzentin oder der Koproduktionsgemeinschaft, die Wirksamkeit und Rechtsfolgen der von der Gesellschaft abgeschlossenen Verträge, insbesondere des Kooperationsvertrages, die Wirtschaftlichkeit der von der Gesellschaft, der jeweiligen Koproduzentin bzw. der Koproduktionsgemeinschaft durchgeführten Investitionen, die Bonität der Personen bzw. Unternehmen, an die die Mittel entsprechend den Bestimmungen dieses Vertrages weitergeleitet werden sowie die Werthaltigkeit der gegenüber der Gesellschaft, der jeweiligen Koproduzentin bzw. der Koproduktionsgemeinschaft erbrachten Leistungen. [...]
§ 2 Aufgaben der Mittelverwendungskontrolleurin/Mittelfreigabe/ Risiken aus vorzeitiger Mittelfreigabe
1. Die Mittelverwendungskontrolleurin hat die von den Treugebern an die Treuhandkommanditistin geleisteten Einlagen inkl. Agio nach Maßgabe dieses Vertrages freizugeben, sofern und soweit die Gesellschaft die Zustimmung zur Produktion des jeweiligen Projektes im Rahmen der Koproduktionsgemeinschaft schriftlich gegenüber der Mittelverwendungskontrolleurin erteilt hat. Die Mittelverwendungskontrolleurin überprüft hierbei nicht, ob die in dem Kooperationsvertrag im Einzelnen geregelten Voraussetzungen eingehalten sind und die Mittel tatsächlich entsprechend den vorgegebenen Budgets verwendet werden.
2. Die Mittelverwendungskontrolleurin darf die eingegangenen Zahlungen der Treugeber erst dann zur weiteren Verwendung durch die Gesellschaft freigeben, wenn
a. der Treuhandvertrag zwischen der Treuhandkommanditistin und dem Treugeber sowie der Mittelverwendungskontrollvertrag zwischen der Mittelverwendungskontrolleurin und dem Treugeber wirksam zustande gekommen und nicht wieder (zB durch Widerruf oder Rücktritt vom Vertrag) aufgelöst sind und
b. die besonderen Voraussetzungen gem. § 2 Abs. 3, Abs. 4 und Abs. 5 dieses Vertrages vorliegen.
3. Die Mittelverwendungskontrolleurin gibt die mit der Gründung der Gesellschaft zusammenhängenden sowie folgende Gebühren, nämlich: [...] jeweils bezogen auf den Zeichnungsbetrag des einzelnen Treugebers nach Ablauf der auf der Beitrittsvereinbarung vorgesehenen Widerrufsfrist und Einzahlung von 30 % der gezeichneten Einlage sowie des Agios durch den Treugeber auf das Anderkonto frei. [...]
4. Die Mittelfreigabe für die Produktion von Filmprojekten auf ein von der C. und der jeweiligen Koproduzentin eröffnetes Konto oder auf Weisung der C. unmittelbar auf ein Konto eines Vertragspartners erfolgt in Abhängigkeit von dem jeweiligen Projekt nur bei Vorliegen folgender zusätzlicher Voraussetzungen:
i. Vorlage eines Produktionsvertrages bzw. Koproduktionsvertrages zwischen der C. und dem jeweiligen Koproduzenten, der den folgenden Voraussetzungen nicht entgegensteht.
ii. Vorlage eines von den Beteiligten, die eine Garantie oder Kreditzusage gegeben oder übernommen haben, gebilligten Produktionskostenbudgets;
iii. Vorlage einer Fertigstellungsgarantie (Completion-Bond) eines Major Studios, einer Versicherungsgesellschaft oder einer Completion-Bond-Gesellschaft;
iv. Finanzierungsnachweis über die Erbringung der Einlage durch den jeweiligen Koproduzenten oder Nachweis, dass die Erbringung der Einlage sichergestellt ist;
v. Vorlage einer Auszahlungsgarantie eines Kreditinstitutes, einer Versicherungsgesellschaft oder eines Major-Studios, die die Rückführung von mindestens 80 % des Anteils der Gesellschaft an den Produktionskosten entsprechend dem Produktionskostenbudget spätestens 24 Monate nach Lieferung des Films sicherstellt. Hierzu genügt die Vorlage einer entsprechenden Verpflichtungserklärung eines Kreditinstitutes, einer Versicherungsgesellschaft oder eines Major-Studios, etwa in Form einer Versicherungspolice oder einer Garantieübernahmeerklärung, auch wenn die endgültige Übernahme der Verpflichtung durch die Garanten noch unter Bedingungen steht [...]"

---

[16] → Rn. 4.

31   Zahlreiche Anleger waren der Auffassung, die Beklagte habe ihre Pflichten aus dem Vertrag verletzt; jedenfalls hätte sie die Anleger auf einen nur eingeschränkten Pflichtenkreis explizit hinweisen müssen.

2. Hintergrund

32   Die deutschen Gerichte, welche mit der Problematik von Medienfonds befasst sind, unterscheiden zwei Grundtypen von Fondskonzepten: Zum einen operative Medienfonds, deren Ertrag ausschließlich und unmittelbar vom wirtschaftlichen Erfolg der zu produzierenden Filme abhängt; in dieser Sachverhaltskonstellation wurde von zahlreichen Anbietern versucht, das mit der Filmproduktion und -verwertung verbundene Risiko mittels Erlösausfallversicherungsschutz abzumildern[17]. Zum anderen Fondskonstruktionen, welche vorsahen, dass die Rechte an den zu produzierenden Filmen für einen bestimmen Verwertungszeitraum einem Lizenznehmer überlassen wurden, welcher eine garantierte Mindestvergütung in Höhe eines bestimmten Prozentsatzes der Produktionskosten schuldete; darüber hinausgehende variable Lizenzzahlungen würden nach bestimmten Sätzen zwischen Fondsgesellschaft und Lizenznehmer verteilt; das Bonitätsrisiko des Lizenznehmers wurde dadurch vermieden, dass die gegenüber der Fondsgesellschaft bestehende Schuld im Hinblick auf die garantierte Lizenzzahlung durch eine Bank im Wege der befreienden Schuldübernahme übernommen wurde (sog. Defeasance-Struktur).

33   Beiden Modellen ist gemeinsam, dass im Interesse der Gesamtheit der Anleger neben und zusätzlich zur Jahresabschlussprüfung eine effiziente Kontrolle sowohl der abfließenden Gelder als auch – jedenfalls bei variablen ergebnisabhängigen Zuflüssen an die Fondsgesellschaft – der Erträge durch eine unabhängige dritte Person stattzufinden hat.

3. Problemstellung

34   Es ist ein schwieriges Unterfangen, den Mittelverwendungskontrolleur seitens des Anlegers unmittelbar als Haftungsadressat auf Ersatz des Zeichnungsschadens in Anspruch zu nehmen. Regelmäßig ist Vertragspartner des Mittelverwendungskontrollvertrages die Fondsgesellschaft selbst, sodass die Aktivlegitimation eine für den Anleger schwer zu überwindende Hürde ist. Sodann ist der Anleger gehalten, eine relevante Pflichtverletzung des Mittelverwendungskontrolleurs darzulegen und gegebenenfalls zu beweisen. Schließlich muss die Pflichtverletzung in zeitlicher Hinsicht vor der Zeichnung liegen.

35   Die Besonderheit in den Cinerenta-Sachverhaltskonstellationen ist demgegenüber, dass die Aktivlegitimation des Anlegers (auch im Hinblick auf dessen Zeichnungsschaden) unstreitig gegeben ist: Dort schloss die beklagte Wirtschaftsprüfungsgesellschaft mit tausenden Anlegern unmittelbare inhaltsgleiche Mittelverwendungskontrollverträge ab. Technisch war dies deshalb möglich, da die Wirtschaftsprüfungsgesellschaft auch Treuhänder für die zu zeichnende Beteiligung war, mithin ohnehin anlässlich der Zeichnungen ein unmittelbarer rechtsgeschäftlicher Kontakt zwischen Anleger und Wirtschaftsprüfungsgesellschaft stattzufinden hatte.

---

[17] Diese Fondsgesellschaften befassten denn auch zuhauf die deutschen Gerichte, siehe insbesondere die Fonds Cinerenta, Apollo, Vif Babelsberger Dritte, siehe die Hinweise im Sachverzeichnis.

Was die zweite Hürde anbelangt, nämlich die Darlegung einer relevanten Pflichtverletzung des Mittelverwendungskontrolleurs, ist das Herausarbeiten betroffener Pflichtenkreise von großer Bedeutung; die aus dem allgemeinen Schuldrecht bekannte Problematik des Bestehens von Haupt- und Nebenpflichten wurde vorliegend um folgende Besonderheit ergänzt: 36

Sollte es so sein, dass die hier vertraglich vereinbarte Mittelverwendungskontrolle nicht etwa eine materielle Kontrolle einzelner zu tätigender Zahlungen, sondern lediglich eine formale Belegprüfung war, ist der Mittelverwendungskontrolleur dann verpflichtet, den Anleger ausdrücklich auf diese nur eingeschränkte Kontrollfunktion seiner Tätigkeit hinzuweisen? Muss der Mittelverwendungskontrolleur mithin den Anleger vor dem Abschluss dieses Vertrages mit ihm selbst warnen oder ihn jedenfalls über die nur eingeschränkte Reichweite der Schutzfunktion aufklären? 37

Der klägerische Ansatz scheint auf den ersten Blick mit gewisser Genialität versehen zu sein: 38

Entweder führt die Auslegung des Mittelverwendungskontrollvertrages dazu, dass die dem Kontrolleur obliegenden Haupt- und Nebenpflichten einen weiten Umfang erhalten; in diesem Falle ist die Chance groß, dass der Mittelverwendungskontrolleur bei Erfüllung dieser Pflichten auch schon vor Zeichnung[18] des betreffenden Anlegers Fehler gemacht hat und den Anleger diesbezüglich hätte aufklären müssen. Sollte die Auslegung des Vertrages demgegenüber dazu führen, dass die vertraglich übernommenen Haupt- und Nebenpflichten nur einen engen, formalen Inhalt besitzen, dringt der Anleger mit seinem Vorwurf durch, der Mittelverwendungskontrolleur hätte diesen vor Abschluss des Vertrages darüber in Kenntnis setzen müssen, dass der Pflichtenkreis ein beschränkter ist. 39

4. Entscheidung

Der BGH erteilte beiden Varianten eine Absage und hob die den Mittelverwendungskontrolleur verurteilende oberlandesgerichtliche Entscheidung auf: 40

Da der Anleger die Rückabwicklung seiner Beteiligung, mithin den sog. Zeichnungsschaden, begehrte, war von den Gerichten die Anspruchsgrundlage der Culpa in contrahendo (jetzt: § 280 Abs. 1 BGB iVm § 311 Abs. 2 BGB) zu prüfen. Die Tatsache, dass der Mittelverwendungskontrolleur die Beteiligungsgespräche nicht durch eigene Mitarbeiter führte, sondern der Anleger vielmehr durch einen Anlagevermittler betreut wurde, welcher die Beteiligungsgespräche abwickelte und die hieraus sich ergebende Rechtsfrage, ob das Verhalten dieses Vermittlers dem Mittelverwendungskontrolleur überhaupt nach § 278 BGB zugerechnet werden kann, da der Vermittler sich diesbezüglich in einem vorvertraglichen Pflichtenkreis des Mittelverwendungskontrolleurs hätte bewegen müssen, wird vom BGH weder gestellt, noch kommentiert. Er geht vielmehr entweder stillschweigend von der Anwendung des § 278 BGB aus, oder aber legt der Wirtschaftsprüfungsgesellschaft, vertreten durch deren Organe, § 31 BGB, eigenes pflichtwidriges Unterlassen zur Last. 41

Der BGH setzt sich in der Sache sodann zunächst mit den Bestimmungen des Mittelverwendungskontrollvertrages sowie Sinn und Zweck der Mittelverwendungskontrolle auseinander und hält diesbezüglich folgendes fest: 42

---

[18] Gegebenenfalls bei einem Vorgängerfonds, wenn der Nachweis gelingt, dass sich identische Verfehlungen auch beim streitgegenständlichen Fonds fortsetzen würden.

43 Der Mittelverwendungskontrolleur war lediglich verpflichtet, die Mittelverwendungskontrolle nach den im Vertrag festgelegten „formalen" Kriterien durchzuführen. Eine Prüfung der Bonität der Partner der Anlagegesellschaft einschließlich der Bonität eines in Aussicht genommenen Erlösausfallversicherers[19] war nach dem Wortlaut des Vertrages nicht geschuldet. Auch eine Gesamtschau sämtlicher Klauseln des Vertrages führt nur dazu, dass die Beklagte mit berufsüblicher Sorgfalt zu prüfen hatte, ob die im Vertrag im einzelnen genannten Voraussetzungen für eine Mittelfreigabe vorlagen; soweit dies bestimmte rechtsgeschäftliche Erklärungen Dritter waren (etwa Zahlungsgarantien und/oder -zusagen) hatte die Beklagte nach dem Wissensstand und „mit dem rechtlichen und wirtschaftlichen Durchblick", der von einem Wirtschaftsprüfer erwartet werden konnte, die ihr vorgelegten Unterlagen darauf zu prüfen, ob sie ordnungsgemäße, in sich schlüssige, rechtsgeschäftliche Erklärungen enthielten.

44 Im Übrigen durfte sich die Wirtschaftsprüfungsgesellschaft diesbezüglich aber darauf verlassen, dass sich die Fondsgesellschaft seriöse Geschäftspartner ausgesucht hatte. Sie brauchte deshalb den rechtlichen und wirtschaftlichen Verhältnissen dieser Firmen nicht näher nachzugehen; etwas anderes kann nur dann gelten, wenn diesbezügliche Bedenken und Vorbehalte in Wirtschaftskreisen bereits aufgekommen waren oder sich der Beklagten sonst aufgedrängt hatten. Dies war aber nicht der Fall. Der Senat gelangte somit zu einer engen, formalen Auslegung der Kontrollbestimmungen verbunden mit der Tatsache, dass dem Kontrolleur eine Verletzung dieser formalen Pflichten auch nicht vorgeworfen werden konnte.

45 Der BGH beantwortete sodann die Frage, ob der Mittelverwendungskontrolleur verpflichtet gewesen war, die Anleger in Bezug auf den Umfang und die Grenzen der ihr als Mittelverwendungskontrolleurin vertraglich obliegenden (engen) Prüfung vor Zeichnung der Beteiligung hinzuweisen oder zu warnen:

46 Der BGH ist der Auffassung, dass auch bei Vertragsschlüssen, welche – wie hier – mittels Prospekten tausendfach vollzogen werden, dem Grunde nach vorvertragliche Aufklärungs- und Hinweispflichten zu Lasten des Mittelverwendungskontrolleurs bestehen. Zur Begründung führt der BGH die Tatsache an, dass vorliegend der Mittelverwendungskontrolleur zugleich auch Treuhandkommanditist war, mithin die Begründung der Beteiligung einen unmittelbaren vertraglichen Kontakt zwischen Anleger und Wirtschaftsprüfer mit sich bringt[20].

47 Der BGH ist aber weiter der Auffassung, dass der durchschnittliche Anlageinteressent verpflichtet ist, die diesen betreffende zukünftige Vertragslage anhand der ihm mit dem Anlageprospekt vorgelegten Vertragstexte selbst durchzuarbeiten oder -arbeiten zu lassen und sich mit dem Inhalt vertraut zu machen. Es ist ein allgemeiner Grundsatz des Bürgerlichen Gesetzbuches, dass eine Erläuterungsverpflichtung der sich in Vertragsverhandlungen befindlichen Partei gegenüber der anderen Partei, dieser den Inhalt und Sinn eines vorgeschlagenen – für einen verständigen Leser ohne weiteres verständlichen – Vertragstextes nahe zu bringen, im Regelfall nicht besteht.

48 Besondere Umstände, welche gebieten würden, eine derartige Pflicht vorliegend ausnahmsweise zu begründen, sind nicht schon der Tatsache geschuldet, dass es sich um

---

[19] Vorliegend die New England Insurance Society, deren mutmaßliches Schneeballsystem auch die Fonds Apollo-Media zu Fall brachte → § 13 Rn. 79 ff.
[20] Zur Fortentwicklung dieser Rechtsprechung siehe nachfolgend die Falk Zinsfonds-Entscheidung unter → Rn. 53, in welcher vorvertragliche Pflichten auch dann angenommen werden, wenn eine unmittelbare vertragliche Kontaktaufnahme nicht erfolgt.

einen Publikumsfonds (geschlossene Beteiligung) handelt. Auch die Tatsache, dass die Tätigkeit der Beklagten als „Mittelverwendungskontrolle" bezeichnet wird, führt nicht dazu, dass der Anleger in Sicherheit gewiegt und davor gewarnt werden muss, einen Vertrag mit dem genannten Inhalt abzuschließen. Im Gegenteil: Begriffe wie „Mittelverwendungskontrolle" oder „effektive Kontrolle der Mittelverwendung" deuten vielmehr auf kompliziertere wirtschaftliche Vorgänge hin, welche in Zusammenhang mit Anlagemodellen der vorliegenden Art unter Verwendung komplexer Vertragsgeflechte zunächst einmal ohne konkreten Inhalt sind; diese bedürfen erkennbar der näheren Ausfüllung durch Einzelbestimmungen, welche der Anleger als Vertragspartner eben mittels Lesen (und gegebenenfalls Nachfragen) zur Kenntnis nehmen müsse.

Etwas anderes kann möglicherweise nur dann gelten, wenn die im Vertrag im einzelnen vorgesehenen Überprüfungsakte von vorne herein „ineffektiv" waren. Der BGH setzt sich mit dem Ablauf inhaltlich auseinander und kommt zum Ergebnis, dass die dort erwähnten Schritte sinnvoll waren. 49

Der BGH hob die verurteilende Entscheidung des Oberlandesgerichts auf und verwies die Sache zurück, da die sonstigen Vorwürfe in Zusammenhang mit den Cinerenta-Sachverhaltskomplexen vom Berufungsgericht zu prüfen waren[21]. 50

5. Fazit

Der BGH erteilte den zunächst stringent und logisch erscheinenden Ansätzen der Klage gegen den Mittelverwendungskontrolleur zu Recht eine deutliche Absage. Er betont die im Bürgerlichen Gesetzbuch verankerte Eigenverantwortlichkeit des Anlegers gerade auch bei komplexen Vertragswerken und Konstellationen, wobei die Effektivität der Mittelverwendungskontrolle nicht zwingend mit einer Kapitalerhaltungsgarantie gleichzusetzen ist. 51

Der BGH übersieht nicht, dass gerade Beteiligungen an Medienfonds häufig steuergetrieben und daher – so auch hier – zu Zeitpunkten eingegangen werden, welche eine gelassene und angemessene Befassung mit Inhalten umfangreicher Prospektmaterialien nicht erlauben (siehe die Beitritte 20. und 30. Dezember). Er zwingt den Anleger andererseits – und dies macht die Entscheidung so sachgerecht – die ihm vorgelegten Vertragstexte hinreichend deutlich zu erfassen. Das Datum der Zeichnung allein sieht der Bundesgerichtshof diesbezüglich noch nicht einmal als Indiz dafür, dass eine inhaltliche Auseinandersetzung mit den vorgelegten Prospekten nicht erfolgen konnte[22]. 52

III. Falk Zinsfonds

BGH Urteil vom 19. November 2009 – III ZR 109/08

1. Sachverhalt

Die Kläger sind Anleger einer geschlossenen Beteiligung in Rechtsform einer Gesellschaft bürgerlichen Rechts. Die Beteiligung wurde am 16. Juni 2004 rechtswirksam. Der Falk Zinsfonds wurde im Jahr 2003 vom Emissionshaus Falk Capital aufgelegt; die 53

---

[21] Vgl. das Sachverzeichnis.
[22] Siehe zu dem Komplex der Problematik der inhaltlichen Kenntnisnahme der Prospektunterlagen, 2. Auflage, § 2 Rn. 69.

III. Falk Zinsfonds

Gelder des Zinsfonds sollten dazu benutzt werden, die Immobilien der Falk-Gruppe zu finanzieren.

54 Die Anlage wurde anhand eines Emissionsprospektes vertrieben, in welchem es unter der Überschrift „Steuerliche Beratung, Mittelverwendungskontrolle" heißt, wie folgt:

„Ein unabhängiger Wirtschaftsprüfer übernimmt die gesamte laufende steuerliche Beratung der Fonds-Gesellschaft und vertritt diese beim zuständigen Finanzamt. Die Mittelverwendungskontrolle wird von einem unabhängigen Wirtschaftsprüfer durchgeführt. Aus standesrechtlichen Gründen darf der Vertragspartner nicht öffentlich genannt werden.
Der Mittelverwendungskontrolleur sowie der mit der laufenden Steuerberatung Beauftragte stehen in geschäftlichen Beziehungen zu Unternehmen der FALK-CAPITAL-GRUPPE."[23]

55 Der Mittelverwendungskontrollvertrag zwischen der Fondsgesellschaft und dem Wirtschaftsprüfer – im Prospekt abgedruckt – enthielt ua folgende Regelungen:

„§ 1 Sonderkonto
1. Die Fonds-Gesellschaft richtet ein Sonderkonto bei einem Kreditinstitut ein, über das sie nur gemeinsam mit dem Beauftragten verfügen kann („Sonderkonto"). Auf das Sonderkonto sind die Gesellschaftereinlagen einzuzahlen und die von der Fonds-Gesellschaft ausgereichten Darlehen zu tilgen.
[...]
§ 4 Haftung
1. Dieser Vertrag wird als Vertrag zugunsten Dritter, und zwar zugunsten aller Gesellschafter abgeschlossen. Die Gesellschafter können aus diesem Vertrag eigene Rechte herleiten.
2. Schadensersatzansprüche gegen den Beauftragten können nur geltend gemacht werden, wenn die Fonds-Gesellschaft oder die Gesellschafter nicht auf andere Weise Ersatz zu erlangen vermögen.
[...]"

56 Der Vertrag mit dem beklagten Mittelverwendungskontrolleur wurde Mitte März 2003 abgeschlossen. Derselbe Wirtschaftsprüfer erstellte im April 2004 ein Prospektgutachten. Für das Sonderkonto, auf das die Anleger ihre Gesellschaftereinlagen einzahlten, war er gesamtvertretungsberechtigt. Drei der geschäftsführenden Gesellschafter waren demgegenüber zunächst einzeln zeichnungsbefugt. Die Fonds-Gesellschaft befindet sich seit Ende des Jahres 2005 in Liquidation.

57 Die Kläger begehren von dem beklagten Wirtschaftsprüfer im Wege des Schadensersatzes ua die Rückzahlung der von ihnen geleisteten Einlagen abzüglich der aus der Liquidation erhaltenen Beträge Zug um Zug gegen Abtretung des weiteren Liquidationserlöses sowie die Feststellung der Verpflichtung des Beklagten, sie von Ansprüchen aus der Beteiligung freizustellen.

2. Hintergrund

58 Die Entscheidung zur Haftung des Mittelverwendungskontrolleurs einer geschlossenen Beteiligung gegenüber dem einzelnen Anleger ohne zwangsläufig unmittelbaren Kontakt ist ein Meilenstein in der Entwicklung der (vor)vertraglichen Haftung des Mittelverwendungskontrollers auf Ersatz des Zeichnungsschadens. Der BGH setzte sich über eine Phalanx entgegenstehender Entscheidungen zahlreicher oberlandesgerichtlicher Senate hinweg und äußert sich in einem Parallelverfahren auch ausführlich zur Unwirksamkeit der im Mittelverwendungskontrollvertrag enthaltenen Subsidiaritätsklausel der Haftung[24].

---

[23] Prospekt S. 21.
[24] BGH vom 19.11.2009, III ZR 108/08 unter Bezugnahme auf § 309 Nr. 7 b BGB zu § 4 (2) des Vertrages, siehe Wortlaut unter → Rn. 55.

§ 10. Die Haftung des Mittelverwendungskontrolleurs

Der beklagte Wirtschaftsprüfer war eine natürliche Person und wurde – so dessen 59
Einlassung in den Tatsacheninstanzen – im Hinblick auf die vorgebliche Und-Zeichnungsberechtigung von der Geschäftsleitung mit einer „dreisten Lüge bedient".

3. Problemstellung

Die Problematik des vorliegenden Falles liegt darin, dass die einzig erfolgversprechende Rechtsgrundlage für den begehrten Ersatz des Zeichnungsschadens Zug um Zug gegen Übertragung der beim Anleger noch vorhandenen Rechte aus der Beteiligung vertraglichen bzw. vorvertraglichen Ursprungs ist. 60

Dies richtet den Blick zwingend auf die Dienstleistungsfunktionen, welche der 61
Wirtschaftsprüfer in der konkreten Sachverhaltskonstellation übernommen hatte. Neben der Mittelverwendungskontrolle hatte der Wirtschaftsprüfer ein Prospektgutachten gefertigt[25]. Dies war für den BGH aber nicht relevant. Daneben war der Wirtschaftsprüfer – und dies ist der wesentliche Unterschied zu der Cinerenta-Sachverhaltskonstellation[26] – gerade nicht in das Zustandekommen der Beteiligung des Anlegers an der Fondsgesellschaft eingeschaltet. Es war also gerade nicht so, dass zwischen Mittelverwendungskontrolleur und beitrittswilligem Anleger (so der BGH) „zwangsläufig" ein unmittelbarer Kontakt anlässlich der Begründung der Beteiligung zu Stande gebracht werden musste, etwa weil der Mittelverwendungskontrollvertrag unmittelbar zwischen Anleger und Mittelverwendungskontrolleur geschlossen werden sollte oder aber der Mittelverwendungskontrolleur zugleich auch als Treuhänder der Beteiligung fungieren sollte[27]. Ein derart zwingender unmittelbarer vertraglicher Kontakt zwischen Mittelverwendungskontrolleur und Anleger, welcher es dem Mittelverwendungskontrolleur erlaubt hätte, durch schlichte Nicht-Gegenzeichnung des mit dem Anleger abzuschließenden Vertrages (sei es des Mittelverwendungskontrollvertrages, sei es des Treuhandvertrages) den Vertragsschluss und damit auch dem Beitritt[28] zu verhindern, war vorliegend mithin nicht gegeben.

Andererseits war der Mittelverwendungskontrollvertrag ausweislich seines ausdrücklichen Wortlautes nicht etwa nur auf die Fondsgesellschaft als dessen Vertragspartner beschränkt gewesen, sondern sollte ausdrücklich ein echter Vertrag zugunsten Dritter sein, mithin zugunsten aller Gesellschafter eigene unmittelbare Primärleistungsansprüche (und in Folge deren Verletzung auch Sekundärleistungsansprüche) begründen. 62

Die vom Bundesgerichtshof in der genannten Entscheidung zu beantwortende Frage 63
lautete, ob in einer derartigen Sachverhaltskonstellation dem Dritten, zu begünstigenden Vertragspartner eigene vorvertragliche Ansprüche aus culpa in contrahendo (Aufklärungs- bzw. Warnpflichten) zufallen würden, sodass der Dritte (hier: der Anleger) im Falle einer schuldhaften Pflichtverletzung des Mittelverwendungskontrolleurs vor Beitritt des Anlegers berechtigt war, im Wege des Schadenersatzes die Einlage zurückzuerhalten.

Der BGH musste sich zudem mit der Frage der inhaltlichen Reichweite der Pflichten 64
aus dem Mittelverwendungskontrollvertrag befassen: So war nach dem Parteivortrag

---

[25] Zur Problematik der Haftung des Prospektgutachters gegenüber dem Anleger → § 9 Rn. 24 ff.
[26] → Rn. 26 ff.
[27] So, wie in der Cinerenta-Sachverhaltskonstellation, → Rn. 26 ff.
[28] Tritt der Anleger bei, obwohl der Mittelverwendungskontrolleur den mit ihm zu schließenden Vertrag nicht gegengezeichnet, gibt der Anleger zu erkennen, dass eine effektive Mittelverwendungskontrolle für diesen nicht relevant war.

III. Falk Zinsfonds

nämlich offen geblieben, ob die ohne Mitwirkung des Mittelverwendungskontrolleurs über das Konto dispositionsbefugte Geschäftsleitung in 2003 Verfügungen vorgenommen hatte, welche der Mittelverwendungskontrolleur nach dem Kontrollvertrag hätte verhindern müssen. Besteht also ein Anspruch des Anlegers auf Warnung dahingehend, dass diesem bereits die abstrakte Gefahr einer zweckwidrigen Verwendung von Gesellschaftsvermögen mangels Und-Zeichnungsberechtigung vor Beitritt mitgeteilt werden musste?

4. Entscheidung

65   Das Berufungsgericht lehnte eine Haftung des Mittelverwendungskontrolleurs für vorvertragliche Pflichtverletzungen schon deshalb ab, da aus dessen Sicht ein vorvertragliches Vertrauensschuldverhältnis zwischen Mittelverwendungskontrolleur und Anleger nicht bestünde. Anders der BGH:

66   Nachdem der BGH zunächst in vorliegendem Fall eine prospekthaftungsrechtliche Hintermanneigenschaft und Garantstellung des Mittelverwendungskontrolleurs verneinte[29], setzt er sich sodann mit Schadenersatzansprüchen nach § 280 Abs. 1 BGB wegen Verletzung von Pflichten auseinander, die aufgrund des zugunsten der Anleger im Sinne von § 328 BGB geschlossenen Vertrages über die Mittelverwendungskontrolle bestanden.

67   Der BGH ist der Auffassung, dass nach dem Inhalt des Mittelverwendungskontrollvertrages das Sonderkonto nicht nur im Innenverhältnis, sondern auch gegenüber dem kontoführenden Bankhaus so einzurichten gewesen ist, dass nicht ohne Mitwirkung des Mittelverwendungskontrolleurs darüber verfügt werden konnte (echte Mittelfreigabe).

68   Der BGH ist des Weiteren der Auffassung, dass aus Sinn und Zweck des Mittelverwendungskontrollvertrages zwingend folge, dass der Mittelverwendungskontrolleur verpflichtet war, die Einhaltung dieser vertraglich vorausgesetzten Zeichnungsbefugnisse für das Sonderkonto nachzuprüfen.

69   Der BGH nahm dabei auf die besondere vom Wirtschaftsprüfer übernommene Funktion Bezug, welche darin bestand, die Anleger davor zu schützen, dass die geschäftsführenden Gesellschafter Zahlungen aus dem Sonderkonto vornehmen, ohne dass die im Mittelverwendungskontrollvertrag im einzelnen geregelten Zahlungsvoraussetzungen auch tatsächlich vorlagen. Nur eine gemeinsame Zeichnungsberechtigung konnte diesen Zweck erfüllen, sodass diese Zeichnungsberechtigung vom Wirtschaftsprüfer auch zu Beginn seiner Tätigkeit nachzuprüfen gewesen sei.

70   Der BGH setzt sich an dieser Stelle gründlich mit der Reichweite der Pflichten des Mittelverwendungskontrolleurs in inhaltlicher Hinsicht auseinander. Er bleibt nicht lediglich beim geschriebenen Wortlaut der in Rede stehenden Hauptpflichten stehen, sondern hält den Mittelverwendungskontrolleur über den Wortlaut hinaus für verpflichtet, zu kontrollieren, ob die Voraussetzungen des zu installierenden Kontrollsystems (Und-Zeichnungsberechtigung) auch tatsächlich gelegt wurden. Nur wenn dieses Kontrollsystem überhaupt korrekt eingerichtet worden sei, würde der Mittelverwendungskontrolleur mittels Kontrolle der an diesen herangetragenen Überweisungsvorgänge seine Aufgabe überhaupt erfüllen können. Weiterhin lässt der BGH es auch nicht ausreichen, wenn der Mittelverwendungskontrolleur seinen Vertragspartner, nämlich die Geschäftsleitung, nach der Einrichtung befragt und von dieser eine „dreiste Lüge"

---

[29] Siehe zum Garanten → § 7 Rn. 81 ff.

erhält; der BGH ist vielmehr der Auffassung, dass der Mittelverwendungskontrolleur dieser grundlegenden Fragestellung weiter nachzugehen hat, beispielsweise durch Vorlage von Dokumenten seitens der Geschäftsleitung oder aber Versicherungen der Bank[30].

Was den Prüfungszeitpunkt anbelangt, hielt der BGH den Wirtschaftsprüfer „naturgemäß" für verpflichtet, die ordnungsgemäße Einrichtung des Kontos sicherzustellen, bevor die Anleger Beteiligungen zeichneten und Zahlungen auf ihre Einlagen leisteten. Hieraus folge aber auch, dass den Mittelverwendungskontrolleur vorvertragliche Pflichten gegenüber den (künftigen) Anlegern trafen; dies sei auch darin begründet, dass potentielle Anleger, die sich für den Zinsfonds interessierten, bei der gebotenen typisierenden Betrachtungsweise darauf vertrauten, dass der Beklagte die Mittelverwendungskontrolle gemäß den Vertragsbedingungen von Beginn an ins Werk gesetzt hatte. 71

Da die Kläger in der vorliegenden Sachverhaltskonstellation erst im Jahr 2004 zeichneten, während die Gesellschaft bereits geraume Zeit tätig war, ohne dass der Mittelverwendungskontrolleur seinen Verpflichtungen nachgekommen war, war nicht auszuschließen, dass es bereits vor dem klägerischen Beitritt dem Mittelverwendungskontrollvertrag widersprechende Auszahlungen von dem Sonderkonto gegeben hatte. Hierauf hätte der Beklagte die Anleger hinweisen müssen. 72

Der BGH fordert für die Schlüssigkeit der Klage auch nicht etwa, dass der Anleger darlegt und beweist, dass es tatsächlich während der Dauer der Einzel-Zeichnungsberechtigung der Geschäftsleitung zu Abdispositionen gekommen war, welche der Mittelverwendungskontrolleur nach dem geschlossenen Vertrag hätte verhindern müssen. Der BGH lässt also die abstrakte Gefahr, dass es zu vertragswidrigen Verfügungen gekommen war, ausreichen, um dem Mittelverwendungskontrolleur entsprechende Warnpflichten gegenüber dem einzelnen Anleger aufzuerlegen. 73

Dies leitet über zur Problematik, dass – anders als bei einer zwingenden unmittelbaren vertraglichen Kontaktaufnahme zwischen Mittelverwendungskontrolleur und Anleger – vorliegend ein Schutz der Anleger vor einer negativen Vermögensdisposition durch schlichtes Nicht-Gegenzeichnen von Verträgen seitens des Mittelverwendungskontrolleurs nicht möglich war. 74

Der Bundesgerichtshof ist in Kenntnis dieser besonderen Problematik aber der Rechtsauffassung, dass dem Wirtschaftsprüfer dennoch zumutbare und hinreichend erfolgversprechende Mittel zur Verfügung gestanden hatten, den Beitritt der Anleger zu verhindern, auch wenn dies (so wörtlich) „durchaus mit Mühen verbunden gewesen wäre". So hätte er insbesondere den Vertrieb und notfalls die Fachpresse über die unterbliebene Mittelverwendungskontrolle informieren können. Da dem Wirtschaftsprüfer aus Sicht des BGH eine zentrale und umfassende, für den Gesamterfolg wesentliche Rolle in dem Investitionskonzept zukam, sei es auch angemessen, diesem eine öffentliche Warnung aufzuerlegen und ihn im Falle einer Missachtung gegenüber jedem einzelnen Anleger für den Zeichnungsschaden haften zu lassen. 75

5. Fazit

Der Bundesgerichtshof bewegt sich mit dieser Entscheidung im Grenzbereich der (vor)vertraglichen Verantwortlichkeit eines Mittelverwendungskontrolleurs gegenüber 76

---

[30] Sofern diese dem Mittelverwendungskontrolleur diesbezüglich überhaupt auskunftsverpflichtet ist.

dem Anleger. Zwar mag richtig sein, dass der Mittelverwendungskontrollvertrag in der konkreten Sachverhaltskonstellation Primärleistungsansprüche des einzelnen Anlegers gegen den Mittelverwendungskontrolleur im Sinne eines echten Vertrages zugunsten Dritter auf ordnungsgemäße Erfüllung der übernommenen vertraglichen Verpflichtungen besaß. Auch ist weiter richtig, dass nicht nur der Fonds als eigentlicher Vertragspartner des Mittelverwendungskontrolleurs, sondern auch jeder einzelne Anleger einen im Vermögen des Fonds etwa erwachsenden Schaden (resultierend aus der zweckwidrigen Verwendung der Mittel) aufgrund eigener Anspruchsberechtigung gegenüber dem Wirtschaftsprüfer zu liquidieren vermag; gerichtet ist dieser Schadenersatzanspruch aber lediglich auf die Zahlung zweckwidrig abdisponierter Gelder zurück in das Fondsvermögen. Sowohl Primär- wie Sekundäransprüche des Dritten können nur darauf gerichtet sein, das Fondsvermögen zu schützen und zu erhalten.

77 Der Bundesgerichtshof dehnt vorliegend die Haftung aber weiter aus: So verpflichtet er den Mittelverwendungskontrolleur, einen Zustand herzustellen, welcher bestünde, wenn die in Rede stehenden Gelder gar nicht in das Fondsvermögen, mithin in die Obhut des Mittelverwendungskontrolleurs gelangt wären. Nicht die Bündelung des Fondsvermögens und der Einsatz der gesammelten Einlagen im Sinne des gesellschaftsvertraglich vorgesehenen Zwecks, sondern die Verringerung des Fondsvermögens durch Warnung der Anleger wird durch die Entscheidung des Bundesgerichtshofes postuliert. Dabei ist für den BGH völlig unerheblich, ob es tatsächlich zu vertragswidrigen Dispositionen kam oder nicht.

78 Dies entspricht weder dem Mittelverwendungskontrollvertrag, noch dem Interesse der Gesamtheit der Anleger, die vertraglich versprochen hatten, die einzusammelnden Gelder dem Gesellschaftszweck zuzuführen, auf den sich sämtliche Anleger verständigt haben.

79 Gleichgültig, ob man den in Rede stehenden Problemkreis dogmatisch als Haupt- oder Nebenpflicht der Mittelverwendungskontrolle einordnet, bleibt festzuhalten, dass der BGH in der genannten Entscheidung die Pflichten des Mittelverwendungskontrolleurs weit über das geschriebene Maß hinaus inhaltlich ausweitet. Andererseits bleibt festzuhalten, dass dieses Maß sich auf absolute „Basics" erstreckt, nämlich die korrekte Errichtung des Kontrollsystems als solche, ohne die die sich daran anschließende Einzelkontrolle überhaupt keinen Sinn macht.

80 Es bleibt zu hoffen, dass der Bundesgerichtshof dem hier eingeschlagenen Weg nicht bedenkenlos weiter folgt, sondern Warnpflichten sachgerecht eingrenzt.

IV. MBP

BGH Urteil vom 11. April 2013 – III ZR 80/12

1. Sachverhalt

81 Der Kläger macht gegen eine beklagte Wirtschaftsprüfungsgesellschaft in deren Eigenschaft als Mittelverwendungskontrolleurin sowie gegen den Geschäftsführer der Komplementärgesellschaft des Medienfondsunternehmens „MBP Internationale Medienbeteiligungs-, Film- und TV-Produktionsgesellschaft mbH & Co. KG" Schadenersatzansprüche wegen Zeichnung einer treuhänderisch gehaltenen Kommanditbeteiligung über DM 170.000,00 zuzüglich 5 % Agio geltend. Der Kläger zeichnete die Anteile am 27. Dezember 2000. Im Emissionsprospekt, aus dem sich unter anderem

die Mittelverwendungskontrolle durch eine international tätige Wirtschaftsprüfungsgesellschaft ergab, deren Firma „aus standesrechtlichen Gründen" nicht genannt wurde, ist der Mittelverwendungskontrollvertrag abgedruckt; die Mittelfreigabevoraussetzungen gem. § 4 des Vertrages lauten wie folgt:

„1. Der Mittelverwendungskontrolleur wird, soweit die auf dem Anderkonto I vorhandenen Mittel ausreichen, die für die Realisierung der jeweiligen Projekte erforderlichen Mittel auf einem gesonderten Produktionskonto bereitstellen. Der Mittelverwendungskontrolleur hat für jedes einzelne Projekt ein gesondertes Anderkonto (nachfolgend: „Produktionskonto") einzurichten, das als „Produktionskonto" unter Hinzufügung des Projektarbeitstitels zu bezeichnen ist. ...
...
5.1 Die Freigabe der auf einem Produktionskonto verfügbaren Produktionsmittel zur Zahlung von Produktionskosten zur Herstellung von Kino- und Fernsehfilmen darf nur erfolgen, wenn eine fällige Forderung gegen die MBP KG II aufgrund eines Co-Produktions- oder eines Auftragsproduktionsvertrages besteht.
...
6. Die Freigabe der ersten Rate darf nur erfolgen, wenn
a) die MBP KG II folgende Unterlagen übergeben hat:
aa) unterzeichneter Vertrag über eine unechte Auftragsproduktion sowie abgeschlossener Co-Produktionsvertrag;
ab) Nachweis einer Fertigstellungsgarantie durch Vorlage entsprechender Unterlagen oder Bestätigungserklärungen oder eines Letter of Commitment einer Completion Bond Gesellschaft;
ac) Vorlage von Kopien der Versicherungspolicen der abgeschlossenen Ausfall-, Negativ- bzw. Datenträgerversicherung;
...
11.1 Der Mittelverwendungskontrolleur kann nach pflichtgemäßem Ermessen fällige Beträge für Produktionen auch auszahlen, wenn für die fälligen Beträge ein oder mehrere Nachweise nach diesem Vertrag noch nicht vorliegen und die Auszahlung erforderlich ist und/oder dazu dient, die Einstellung der Produktion und/oder finanzielle Schäden von der MBP KG II und/oder ihren Gesellschaftern abzuwenden.
11.2 Dem Mittelverwendungskontrolleur ist vor Auszahlung eine schriftliche Erklärung des Co-Produzenten der MBP KG II oder des unechten Auftragsproduzenten vorzulegen, die den Eintritt entscheidungsrelevanter Tatsachen iSv. § 4 Ziff. 11.1 dieses Vertrages darlegt. Diese Erklärung ist vom Mittelverwendungskontrolleur auf Plausibilität zu prüfen, im Übrigen gilt § 3 Ziff. 5 dieses Vertrages."

Der Mittelverwendungskontrollvertrag war zwischen der Fondsgesellschaft, der Treuhänderin und der beklagten Wirtschaftsprüfungsgesellschaft abgeschlossen worden. **82**

Der beklagte Geschäftsführer hatte eine Vorgänger- sowie eine Nachfolger-Medienbeteiligungs- und Produktionsgesellschaft initiiert, als deren Geschäftsführer die jeweiligen Komplementär-GmbH's geleitet und die nämliche Wirtschaftsprüfungsgesellschaft mit der jeweiligen Mittelverwendungskontrolle beauftragt. **83**

Der klägerische Vorwurf geht dahin, dass die beiden Beklagten einvernehmlich die Mittelfreigabe nicht nach Maßgabe der im Einzelnen im Vertrag vorgesehenen Freigabevoraussetzungen, sondern jeweils über die Ermessensklausel abgewickelt hätten, wobei die gem. § 4 Ziff. 11.2 vorgesehenen Bestätigungen Dritter im Hinblick auf den „Notfall" nicht vorgelegen hätten. Grund dafür sei unter anderem gewesen, dass in der tatsächlichen Abwicklung der Filmproduktionen die erste zu bezahlende Rate jeweils bereits fällig gewesen sei, ohne dass die im Mittelverwendungskontrollvertrag vorgesehenen Freigabevoraussetzungen, insbesondere Versicherungspolicen, bereits vorliegen hätten können. **84**

Die beklagte Wirtschaftsprüfungsgesellschaft beruft sich unter anderem auf § 51a WPO aF. **85**

2. Hintergrund

86 Mit den Medienfonds MBP I und II sowie dem Nachfolgefonds MBP NY 121 sind es erneut echte operative Medienfondsgesellschaften, welche Zivilgerichte bis in die dritte Instanz hinein beschäftigen; auch war es vorliegend nicht etwa ein gesellschaftszweckwidriges Abdisponieren von Anlegergeldern, welche den wirtschaftlichen Misserfolg der jeweiligen Fondsgesellschaft verursachte. Vielmehr waren die für die Filmproduktion vorgesehenen Mittel vollumfänglich in die zu produzierenden Filme geflossen, die in Rede stehenden Filme auch tatsächlich hergestellt und die aus den Filmen resultierenden geistigen Eigentumsrechte vollumfänglich den Fondsgesellschaften zugewiesen worden. Lediglich die wirtschaftliche Erfolglosigkeit der Produktionen mangels Akzeptanz der in Rede stehenden Filme im jeweiligen Markt führte dazu, dass sich die Anlegerrenditeerwartungen nicht realisieren ließen, mithin das im Prospekt erwähnte Mitunternehmerrisiko eintrat.

87 Ähnlich, wie in der Falk Zinsfonds-Entscheidung[31], nahmen Anleger vorgebliche konstruktive Mängel der in Rede stehenden Mittelverwendungskontrolle zum Anlass, den Versuch der Rückabwicklung ihrer Beteiligung im Wege der Geltendmachung des Zeichnungsschadens vor die Gerichte zu tragen.

3. Problemstellung

88 Aufklärungs- und Warnpflichten des Mittelverwendungskontrolleurs gegenüber dem Anleger vor dessen Zeichnung (mithin Ansprüche des Anlegers gegen den Mittelverwendungskontrolleur auf Ersatz des Zeichnungsschadens) waren seit der Falk Zinsfonds-Entscheidung[32] in aller Munde. Die vermeintlich bonitätsstarken, weil mit berufsspezifischem Haftpflichtversicherungsschutz eines Wirtschaftsprüfers oder einer Wirtschaftsprüfungsgesellschaft versehen Haftungsadressaten verbunden mit der Häufigkeit einer Mittelverwendungskontrolle bei zahllosen geschlossenen Beteiligungen ließ die deutschen Gerichte kontinuierlich die Frage beantworten, ob denn die Grundsätze, die der BGH in der Falk Zinsfonds-Entscheidung für die dortige Sonderkonstellation aufgestellt hatte, auch auf hiervon abweichende Sachverhaltskonstellationen Anwendung finden würden.

89 Dabei musste bei der Prüfung vorvertraglicher Ansprüche zunächst die dogmatische Klippe umschifft werden, wonach häufig nicht der Anleger selbst unmittelbare Vertragspartei des Mittelverwendungskontrollvertrages war, sondern lediglich die Fondsgesellschaft, in der vorliegend streitgegenständlichen Konstellation auch der Treuhänder. War der Anleger hier in den Schutzbereich des Mittelverwendungskontrollvertrages einzubeziehen? Oder mangelt es an der Schutzbedürftigkeit des Anlegers, da dieser ja eigene inhaltsgleiche vertragliche Ansprüche beispielsweise gegen den Treuhänder der Beteiligung besitzt, was den Einbezug des Anlegers in den Schutzbereich eines fremden Vertrages ausschließt[33]? Selbst wenn man den Anleger als schutzbedürftig in diesem Sinne ansieht, stellt sich die weitere dogmatische Frage, ob denn in einer derartigen Konstellation nicht lediglich vertragliche Sekundäransprüche wegen etwaiger Schlechtleistung eröffnet sind, die wiederum dann aber nicht etwa den Ersatz des Zeichnungsschadens, sondern lediglich einen Anspruch auf Schadloshaltung des Gesellschaftsver-

---

[31] → Rn. 53 ff.
[32] → Rn. 53 ff.
[33] → § 8 Rn. 45 ff.

mögens beinhalten würden. Oder gibt es die Rechtsfigur einer culpa in contrahendo eines Vertrages mit Schutzwirkung zugunsten Dritter? Nur eine solche Annahme würde nämlich das begehrte Ziel des Anlegers erreichen, eine Rückabwicklung der Beteiligung Zug um Zug gegen Erstattung der Einlage zuzubilligen.

Schließlich stellt sich die inhaltliche Frage, in welcher Sachverhaltskonstellation denn eine Warnpflicht im Hinblick auf beitretende Anleger eröffnet sein würde: In der Falk Zinsfonds-Entscheidung funktionierte die Mittelverwendungskontrolle von Beginn an überhaupt nicht, da dort das als Kontrollobjekt vorgesehene Konto mit gemeinsamer Zeichnungsberechtigung seitens der Geschäftsleitung nicht eröffnet wurde[34]. Hier geht der Vorwurf demgegenüber dahin, dass Mittelfreigaben vermehrt über eine mögliche Alternative des Mittelverwendungskontrollvertrages (Ermessensbestimmung) erfolgt seien, welche aber nur in Ausnahmefällen hätte benutzt werden dürfen. Der 20. Zivilsenat des Oberlandesgerichts München brachte es in seiner Entscheidung in der Vorinstanz der hier streitgegenständlichen BGH-Entscheidung auf den Punkt: Er formulierte, dass eine Aufklärungs- und Warnpflicht nur dann gegeben ist, wenn nicht lediglich das „Wie", sondern das „Ob" der Mittelverwendungskontrolle in Rede steht. Durchführungsmängel, auch wenn diese häufig auftraten, beträfen nicht das Ob, sondern lediglich das Wie, würden also – wenn überhaupt – Ansprüche der unmittelbaren Vertragspartner des Mittelverwendungskontrolleurs auf Schadloshaltung des Gesellschaftsvermögens begründen, nicht aber eine Rückabwicklung der Beteiligung im Wege des Zeichnungsschadens. 90

4. Entscheidung

Der BGH hält zunächst fest, dass vorliegend vertragliche Ansprüche des Anlegers gegen den beklagten Mittelverwendungskontrolleur – unabhängig von deren Voraussetzungen im Übrigen – verjährt sind, § 51a WPO[35]. Von dieser Verjährungsfrist nicht umfasst sind allerdings deliktische Ansprüche des Klägers gegen beide Beklagte; nach dem bisherigen Sach- und Streitstand – so der BGH – könne eine deliktische Haftung der beklagten Mittelverwendungskontrolleurin nicht ausgeschlossen werden. Diese ist als bloße Mittelverwendungskontrolleurin aber nicht prospektverantwortlich; auch hat der Kläger nicht dargetan, dass sie potentiellen Anlegern gegenüber falsche Angaben gemacht habe. Allerdings komme in Betracht, dass Mitarbeiter der Beklagten zu 1) als Teilnehmer an den deliktischen Handlungen des mitbeklagten Geschäftsführers mitgewirkt haben, sodass Ansprüche gemäß §§ 823 Abs. 2 BGB iVm 264a, 27 StGB, 826 BGB gegeben seien; die beklagte Mittelverwendungskontrolleurin würde für solche Handlungen gem. § 31 oder § 831 BGB haftbar sein. 91

Im Einzelnen: 92

In Richtung auf den mitbeklagten Geschäftsführer der Komplementärin hält der III. Zivilsenat fest, dass gem. § 264a Abs. 1 Nr. 1 StGB dieser dafür verantwortlich ist, dass im Zusammenhang mit dem Vertrieb von Beteiligungen in Prospekten keine nachteiligen Tatsachen verschwiegen werden. Dies umfasst auch solche Fälle, in denen die Unrichtigkeit erst zu einem späteren Zeitpunkt erkannt wird (Aktualisierungspflicht). Sodann führt der BGH aus, dass zu den für den Erwerbsentschluss erheblichen Umstän- 93

---

[34] Der Mittelverwendungskontrolleur war dort – so sein Vortrag – von der Geschäftsleitung mit einer „dreisten Lüge" abgespeist worden.
[35] Siehe hierzu die Parallelentscheidung desselben Tages, BGH III ZR 79/12, → § 14 Rn. 37 ff.

den bei dem vorliegend in Rede stehenden Fonds auch die Wirksamkeit der im Prospekt wiedergegebenen Mittelverwendungskontrolle zählt. Wenn diese Kontrolle entweder aufgrund einer den praktischen Bedürfnissen oder aber den Geschäftsgebräuchen der Filmbranche nicht hinreichend Rechnung tragenden vertraglichen Ausgestaltung nur dann funktionieren konnte, wenn „großflächig" auf Ermessensklauseln zurückgegriffen wird, stellt dies einen offenbarungspflichtigen Umstand dar. Gleiches gilt dann, wenn sich eine tatsächliche Handhabung dergestalt etabliert hätte, dass die formalen Voraussetzungen für die Mittelfreigaben durch die Inanspruchnahme der Ermessensklausel fortlaufend und systematisch überspielt worden wären.

94 Wenn es so war, dass Anforderungen des Geschäftsführers bei der Mittelverwendungskontrolleurin zu Freigaben auf Basis der Ermessensregeln führten, welche im Verhältnis zu den übrigen Ausgaben unverhältnismäßig hoch waren, könnte eine systematische und damit offenbarungspflichtige Abweichung der tatsächlich ausgeführten von der prospektierten Mittelverwendungskontrolle vorgelegen haben. In diesem Falle gehe es – so der BGH – nicht mehr nur um das „Wie" dieser Kontrolle, sondern um das „Ob".

95 Hinzu tritt, wenn in § 4 Nr. 11.2 des Mittelverwendungskontrollvertrages Stellungnahmen von Co-Produzenten oder unechten Auftragsproduzenten verlangt werden, welche tatsächlich nicht vorlagen. Wenn der Kläger behauptet, dass diese erforderlichen Erklärungen regelgemäß gefehlt hätten, muss das Berufungsgericht einem diesbezüglich angetretenen Zeugenbeweis nachgehen.

96 Allerdings wird im Hinblick auf die beklagte Mittelverwendungskontrolleurin zu beachten sein, dass dieser ein doppelter Gehilfenvorsatz nachgewiesen werden muss. Dies sei aber nicht zu verwechseln mit einem „kollusiven Zusammenwirken" zwischen den Beklagten dahingehend, dass zwischen diesen eine systematisch vertragswidrige Handhabung der Mittelverwendungskontrolle verabredet wurde.

5. Fazit

97 Der BGH schreibt vorliegend seine aus der Falk Zinsfonds-Entscheidung[36] bekannte Linie an unerwarteter Stelle fort:

98 Auch wenn er in vorliegender Entscheidung keinerlei Ausführungen zu den (vor-)vertraglichen Aufklärungs- und Warnpflichten eines Mittelverwendungskontrolleurs gegenüber einem beitrittswilligen Anleger zu Papier bringt, äußert er sich dennoch über den „Umweg" der von den Tatsachengerichten zu prüfenden deliktischen Ansprüche zu diesem Problemkreis. Er teilt die Auffassung der Tatsachengerichte, wonach er in seiner Falk Zinsfonds-Entscheidung zum Ausdruck gebracht hat, dass Grundlage derartiger Aufklärungspflichten nicht etwa nur das „Wie" einer Mittelverwendungskontrolle, sondern lediglich das „Ob" einer Mittelverwendungskontrolle ist. Er bringt andererseits zum Ausdruck, dass eine tatsächliche Handhabung einer Mittelverwendungskontrolle, welche sich auf eine im Vertrag vorgesehene Ermessensklausel stützt, einem Nichtvorhandensein einer prospektierten Kontrolle dann gleichgesetzt werden kann, wenn das Ausnutzen der Ermessensklausel systematisch erfolgt und dadurch formale Voraussetzungen, die im Mittelverwendungskontrollvertrag für die Mittelfreigabe vorgesehen sind, umgangen werden.

---

[36] → Rn. 53 ff.

Dabei berücksichtigt der BGH allerdings folgenden Aspekt nicht: Die Freigabe von 99
Mitteln auf Basis einer Ermessensklausel stellt für den Mittelverwendungskontrolleur
sogar eine weitaus höhere Anforderung dar, als das schlicht formale Abzeichnen von
Belegen, die zur Mittelfreigabe vorliegen müssen. Wie die Ermessensklausel selbst zum
Ausdruck bringt, führt die Anforderung durch die Geschäftsleitung dazu, dass ein
komplexer Vorgang der Abwägung der beteiligten Interessen, nämlich der Interessen
der Anleger an fristgerechter Abdisposition der Gelder zu bestimmten Fälligkeitszeitpunkten einerseits, der Interessen der Anleger am ungeschmälerten Vorhandensein des
Fondsvermögen andererseits, sowie der Schäden für die Fondsgesellschaft aus einer
nicht fristgerechten Bedienung fälliger Verbindlichkeiten, abläuft.

Wenn in jedem Einzelfall eine derart komplexe Ermessensausübung durchgeführt 100
wurde, erbrachte der Mittelverwendungskontrolleur im Interesse der Anleger eine
weitaus höherwertigere, komplexere Dienstleistung, als der Anleger bei Prospektstudium erwarten konnte. Hinzu tritt, dass der Anleger vorliegend weder vortrug, noch
es den Tatsachen entsprach, dass Gelder tatsächlich gesellschaftszweckwidrig verwendet
worden waren.

Hier Geschäftsleitung und Mittelverwendungskontrolleur mittels § 264a StGB zu 101
kriminalisieren, ist sicherlich der falsche Weg.

V. Einzahlungstreuhänder

BGH Urteil vom 21. März 2013 – III ZR 260/11

1. Sachverhalt

Der Kläger ist Insolvenzverwalter der E. AG & Co. KG, über deren Vermögen im 102
Februar 2007 das Insolvenzverfahren eröffnet wurde. Bei der Schuldnerin handelt es
sich um eine Fondsgesellschaft, nach deren Prospekt u. a. das Leasing von Anlagegütern, insbesondere von Technologieprodukten, und das Leasing von Immobilien Gesellschaftszweck war.

In dem im Fondsprospekt abgedruckten, zwischen der Fondsgesellschaft und der Be- 103
klagten abgeschlossenen Vertrag über die Mittelverwendungskontrolle „zugunsten der
noch einzuwerbenden Kommanditisten, die sich nach Maßgabe der Beitrittserklärung
an der Gesellschaft beteiligen" finden sich folgende Regelungen:

„Präambel: Die Gesellschaft sucht Gesellschafter, die sich als Kommanditisten … beteiligen … Um
sicherzustellen, dass die Einzahlungen der Kommanditisten zweckgerichtet nach Maßgabe der im Prospekt beschriebenen Vorhaben verwendet werden, wird dieser Mittelverwendungskontrollvertrag vereinbart …

Soweit sich ein Anleger über den Treuhandkommanditisten … beteiligt, gilt dieser Vertrag entsprechend.

…
§ 2
1. Über das Konto kann die Gesellschaft nur zusammen mit dem Einzahlungstreuhänder verfügen. …
2. Zahlungen des Einzahlungstreuhänders vom Einzahlungskonto dürfen nur erfolgen, wenn
   a) dem Einzahlungstreuhänder eine ordnungsgemäß ausgefüllte und vom Zeichner unterschriebene
Beitrittserklärung vorliegt und die Gesellschaft diese schriftlich angenommen hat;
   …

> 3. Sind die vorstehenden Bedingungen erfüllt, ist der Einzahlungstreuhänder angewiesen, 18 % der Kommanditeinlage zuzüglich 5 % Agio an die Gesellschaft zur Deckung der Vorbereitungs- und Vertriebskosten freizugeben.
> 4. Im Übrigen erfolgt Freigabe, wenn die Gesellschaft
> a) entweder Leasingverträge mit Leasingnehmern von der Bonität, wie imi Prospekt beschrieben, vorlegt in dem zur Durchführung dieser Verträge erforderlichen Umfang
> § 3
> 1. Der Vertrag endet nach Ablauf der Einzahlungsphase und Auszahlung aller auf dem Konto eingegangenen Mittel inkl. etwaiger Guthabenzinsen.
> ...
> § 5
> 1. Dieser Vertrag gilt zugunsten der Zeichner, die mit Unterzeichnung der Beitrittserklärung den Vertrag über die Mittelverwendungskontrolle anerkannt haben. Eine Änderung des Vertrages kann nur einvernehmlich zwischen allen Anlegern, die noch Mittel auf dem Einzahlungskonto haben, und dem Einzahlungstreuhänder sowie der Gesellschaft erfolgen …"

104 Bis Ende 2005 traten der Schuldnerin Anleger mit unterschiedlichen Beteiligungssummen entweder als Direktkommanditisten oder über eine als Treuhänder fungierende Wirtschaftsprüfungsgesellschaft bei. Die Kommanditeinlagen nebst Agio wurden auf das im Mittelverwendungskontrollvertrag genannte Konto der Schuldnerin eingezahlt; über dieses Konto verfügte die Beklagte zusammen mit der Komplementärin mehr als 4,8 Mio. EUR ab, nachdem die Beklagte von der Schuldnerin Leasingverträge vorgelegt bekam, die zwischen der Komplementärin und den jeweiligen Leasingnehmern abgeschlossen worden waren.

105 Der Kläger erhob Klage auf Zahlung von 4.016.395,11 EUR und stützte sein Schadenersatzbegehren auf eine pflichtwidrige Freigabe eingezahlter Kommanditeinlagen vom Einzahlungskonto durch die Beklagte. Die Beklagte habe die Freigabe der Gelder nur bei Vorlage von Verträgen erklären dürfen, an welchen auch die Schuldnerin als Vertragspartnerin beteiligt gewesen sei. Da sich die eingezahlten Einlagen bei pflichtgemäßen Verhalten der Beklagten größtenteils noch auf dem Einzahlungskonto befänden, da lediglich Zahlungen in Höhe von insgesamt 715.445,00 EUR an die Kommanditisten und die Komplementärin einer ordnungsgemäßen Mittelverwendung entsprochen hätten, bestehe der Schaden in dem Abfluss der Gelder. Dieser Schaden sei im Wege der Naturalrestitution durch die Wiederauffüllung des Kontos der Schuldnerin in entsprechender Höhe auszugleichen.

106 In der Berufungsinstanz stellte der Kläger ausdrücklich klar, dass Gegenstand der Klage allein Schäden der Anleger selbst sind, nicht jedoch ein etwaiger Schaden der Fondsgesellschaft.

2. Hintergrund

107 Die in diesem Abschnitt besprochenen Entscheidungen hatten bislang sämtlich die Geltendmachung von Anlegeransprüchen auf Ersatz des Zeichnungsschadens durch die Anleger selbst zum Gegenstand.

108 In diesen Entscheidungen war zum einen streitig, ob den Anlegern selbst vertragliche Ansprüche auf Aufklärung bzw. Warnung zustehen und welche Pflichtwidrigkeiten der Mittelverwendungskontrolleur an den Tag legen muss, um seine Warnpflichten gegenüber dem Anleger vor Beitritt zu verletzen.

109 Die von Anlegern hier oftmals in großer Anzahl vor die Gerichte getragene Fragestellung auf Ersatz des Zeichnungsschadens ist von der des Weiteren vereinzelt anzutreffenden Fragestellung zu unterscheiden, ob denn etwa der Fondsgesellschaft selbst gegen ihren Vertragspartner, den Mittelverwendungskontrolleur, Ansprüche wegen Schlechtleistung zustehen; diese können entweder in der Rückzahlung des wegen Schlechterfüllung nicht oder nicht in voller Höhe geschuldeten Honorars bestehen, oder aber auf Rückerstattung pflichtwidrig abdisponierter Gelder gerichtet sein[37].

3. Problemstellung

Die vorliegende Sachverhaltskonstellation zeichnet sich durch einen besonderen, die beiden vorgenannten Aspekte miteinander kombinierenden Problemkreis aus: 110

So war der vorliegend in Rede stehende Vertrag ausdrücklich nicht als Vertrag zugunsten der Fondsgesellschaft, sondern als Vertrag zugunsten der noch einzuwerbenden Kommanditisten ausgestaltet. Der Schaden trat allerdings nur mittelbar im Vermögen dieser künftig beitretenden Kommanditisten ein, da der Insolvenzverwalter – richtigerweise – nicht etwa die Zeichnung der einzelnen künftigen Anleger, sondern die vorgeblich pflichtwidrige Abdisposition der in Rede stehenden Gelder aus dem Fondsvermögen als Schadensposition geltend machte. 111

Diese Gemengelage einer Anspruchsberechtigung in Person der einzelnen Anleger einerseits, einer Schadensrealisierung aber nicht unmittelbar in deren Vermögen, sondern im Vermögen der Fondsgesellschaft andererseits war vom BGH kritisch zu durchleuchten. Das Berufungsgericht[38] war der Auffassung, dass der Kläger nach § 335 BGB befugt sei, den Schadenersatzanspruch in Form einer Zahlung an sich zu verlangen; zwar könne beim Vertrag zu Gunsten Dritter der Versprechensempfänger grundsätzlich Ansprüche des begünstigten Dritten nur als Leistung an diesen geltend machen; da die Anleger vorliegend jedoch ohnehin nur einen Anspruch auf Wiederauffüllung des Kontos hätten, sei ihr Anspruch mit dem vom Kläger geltend gemachten Anspruch identisch. 112

4. Entscheidung

Der BGH unterstellt eine Pflichtverletzung der Beklagten und prüft ausschließlich, ob der Insolvenzverwalter als Rechtsnachfolger der Fondsgesellschaft von der Beklagten als Folge einer Verletzung des Mittelverwendungskontrollvertrages die Wiederauffüllung des Einzahlungskontos bzw. die Erstattung der von diesem Konto abgeflossenen Gelder verlangen kann. 113

Richtigerweise handelt es sich bei dem Mittelverwendungskontrollvertrag in der Form, wie vorliegend abgeschlossen, um einen Vertrag im Sinne des § 328 BGB zugunsten all derjenigen Anleger, die der Fondsgesellschaft entweder unmittelbar oder mittelbar als Kommanditisten beitreten. Ausweislich der Präambel des Mittelverwendungskontrollvertrages sollte dieser die Anleger gegen bestimmte unwirtschaftliche oder gar missbräuchliche Maßnahmen der Schuldnerin bzw. ihres geschäftsführenden Organs, der Komplementärin, schützen. 114

Ausgehend von diesem echten Vertrag zugunsten Dritter ist es aber so – so der BGH –, dass bei unterstellter Verletzung der Pflichten aus dem Mittelverwendungskontrollvertrag durch die Beklagte hieraus resultierende Schadenersatzansprüche der Anleger nicht auf Erstattung der vom Einzahlungskonto an die Schuldnerin freigegebenen 115

---

[37] Vergleiche hierzu OLG München vom 11.2.2010 – 23 U 2414/09 (rechtskräftig); 1. Auflage, § 8 Rn. 84 ff.
[38] Hanseatisches OLG.

V. Einzahlungstreuhänder

Geldbeträge an die (insolvente) Fondsgesellschaft gehen kann. Gegenstand eines derartigen Schadenersatzanspruchs kann allein der Ausgleich des individuellen Vermögensschadens des jeweiligen Anlegers durch Leistung an diesen sein. Soweit die Anteile der Anleger durch pflichtwidrige Abdisposition von Geldern der Fondsgesellschaft wirtschaftlich entwertet wurden, stehen diesen Anlegern grundsätzlich Schadenersatzansprüche auf Leistung an diese selbst zu, auch wenn dies nur ein mittelbarer Schaden ist.

116 Da der Mittelverwendungskontrollvertrag im ausschließlichen Interesse der Anleger geschlossen wurde, er mithin nicht dem Interesse der Schuldnerin diente, sondern gerade dem Schutz des Interesses der Kommanditisten gegenüber der Schuldnerin und deren Komplementärin, handelte es sich diesbezüglich um einen eigenständig zu bewertenden und gegenüber dem jeweiligen Kommanditisten auszugleichenden Schaden. Im Fall der Verletzung von dem Mittelverwendungskontrolleur ausschließlich gegenüber den Anlegern obliegenden Kontrollpflichten ist der hierdurch im Vermögen der Anleger entstandene Schaden daher auch dann durch Leistung unmittelbar an die geschädigten Anleger auszugleichen, wenn in Folge der vertragswidrigen Mittelverwendung zunächst auch ein Schaden im Vermögen der Fondsgesellschaft entstanden ist.

117 Es verbleibt also bei dem sich bereits aus dem Wortlaut der Norm eindeutig ergebende Grundsatz, dass das neben das Recht des Dritten tretende eigene Forderungsrecht des Versprechensempfängers gegen den Versprechenden ausschließlich auf Leistung an den Dritten geht, § 335 BGB.

118 Der BGH hob das entgegenstehende Urteil des Oberlandesgerichts auf und wies die Klage ab.

5. Fazit

119 Die vorliegende Konstellation ist eine überraschende: Mit großer Mühe, scharfsinniger gedanklicher Stringenz und Überzeugungskraft begründet der BGH, weshalb in der vorliegenden Sachverhaltskonstellation bei pflichtwidriger Abdisposition von Fondsgeldern dem Anleger ein eigener unmittelbarer Vermögensschaden entsteht, den dieser gegenüber dem Mittelverwendungskontrolleur bei der dort in Rede stehenden Vertragslage geltend machen kann.

120 Allein: Der einzelne Anleger war gar nicht Kläger dieses Rechtsstreits. Vielmehr sollten die Anlegerinteressen gebündelt in Person des Insolvenzverwalters den wirtschaftlich auch der Gesamtheit entstandenen Schaden geltend machen und der Schaden durch Leistung des Schädigers an diese Gesamtheit ausgeglichen werden.

121 In der Vergangenheit wurde oftmals versucht, diese Gesamtheit der Vermögensinteressen gebündelt in der Fondsgesellschaft als Argument dafür ins Feld zu führen, dass ein Ersatz des Zeichnungsschadens gegenüber dem einzelnen Anleger gerade nicht stattfinden kann, sondern der Mittelverwendungskontrolleur ausschließlich gegenüber seinem eigentlichen Vertragspartner, das heißt der Fondsgesellschaft, Verantwortung übernehmen muss.

122 Die vorliegend ungewöhnliche Konstruktion des in Rede stehenden Mittelverwendungskontrollvertrages führt aber dazu, dass im wirtschaftlichen Ergebnis eine Besserstellung der Gesamthand der Anleger unterbleibt, diese vielmehr auf die Geltendmachung ihres individuellen Schadens verwiesen werden, was wiederum einer einheitlichen Klärung der in Rede stehenden Schadensposition durch einen Kläger (Insolvenzverwalter) in einem Gerichtsverfahren im Wege steht.

Festgehalten werden muss aber, dass diese besondere Sachverhaltskonstellation auf der 123
Grundlage des vorliegend in Rede stehenden außergewöhnlichen Vertrages steht, mithin weder verallgemeinerungsfähig ist, noch Anlegeransprüchen direkt gegenüber dem Mittelverwendungskontrolleur in sonstigen Sachverhaltskonstellationen den Weg ebnet.

VI. Ausblick

Es überrascht nicht, mit welcher Intensität Anleger versuchen, ihre fehlgeschlagenen 124
Investments durch Inanspruchnahme des Mittelverwendungskontrolleurs rückabzuwickeln. Gerade die Tatsache, dass ein unabhängiger Dritter (sei es durch die Fondsgesellschaft, sei es unmittelbar durch die Anleger) beauftragt wird, Geldflüsse zu überwachen, suggeriert eine Erwartungshaltung, wonach das Investment ein in der Sache erfolgreiches sein würde.

Die Entwicklung der Rechtsprechung zum Problemkreis der Aktivlegitimation[39] 125
kann im Bereich der Zeichnungsschäden diesbezüglich nur mit großer Aufmerksamkeit betrachtet werden. So wird die Aktivlegitimation des Anlegers sowohl bei unmittelbaren vertraglichen Beziehungen, als auch bei echten Verträgen zugunsten Dritter selbst in den Fällen angenommen, in welchen rein tatsächlich eine Kontaktaufnahme zwischen Mittelverwendungskontrolleur und Anleger nicht stattfindet, der Mittelverwendungskontrolleur mithin nicht durch Verweigerung der Gegenzeichnung eines Vertrages dem Anleger seine Bedenken mitzuteilen vermag, sondern mit seinen Warnungen „auf die Presse" verwiesen wird. Mit Spannung ist auch auf Haftungsrisiken der Verwahrstelle nach KAGB zu blicken.

Ein weiterer Schwerpunkt der Rechtsprechungsentwicklung in Zusammenhang mit 126
der Mittelverwendungskontrolle ist die Präzisierung des Inhalts der dem Mittelverwendungskontrolleur obliegenden Verpflichtungen. Hier misst die Rechtsprechung – wie dargestellt – mit Augenmaß und versucht, im Interesse einer effizienten Sicherstellung der Ausgewogenheit der beiderseitigen Vertragspflichten unter Einbeziehung des Vertragstexts anhand der konkret vereinbarten Ist-Situation (und nicht einer idealisierten versicherungsartigen Soll-Kontrolle) Pflichtenkreise zu bestimmen. Dass hierbei der Blick nicht allein auf den Wortlaut, sondern auch auf Sinn und Zweck der jeweils vereinbarten Kontrolle fällt, entspricht den dogmatischen Grundgedanken des Bürgerlichen Gesetzbuches. Dass die Rechtsprechung allein aus der Tatsache der Investitionen in einen Publikumsfonds hier nicht dazu tendiert, Pflichten zu überspannen, ist bemerkenswert.

---

[39] Der II. Zivilsenat spricht demgegenüber dem Anleger die Aktivlegitimation gegenüber einem Einzahlungstreuhänder (Bankhaus) ab, → § 6 Rn. 131 ff.

§ 11. Sonderprobleme des Grauen Kapitalmarkts

I. Einführung

In diesem Abschnitt werden ergänzend zu den bereits beschriebenen Entscheidungen 1
einzelne, wesentliche Probleme erörtert, welche in Zusammenhang mit Haftungsfragen
bei Besuch des grauen Marktes häufig auftreten. Auch in diesem Abschnitt wird – wie
auch sonst in diesem Werk – nicht etwa der Anspruch auf Vollständigkeit erhoben. Gerade, um dem Informationsüberfluss entgegenzuwirken, werden in diesem Abschnitt
einige für die haftungsrechtliche Inanspruchnahme in Zusammenhang u. a. mit dem
Erwerb geschlossener Beteiligungen grundlegende Entscheidungen und deren Problemkreise erörtert, welche in den sonstigen Abschnitten dieses Werkes nicht die passende systematische Stellung gefunden haben, die aber trotzdem nicht unerwähnt bleiben dürfen. Diesen Entscheidungen sollen einige allgemeine Gedanken vorangestellt
werden.

1. „Viele Köche verderben den Brei"

Es ist die Crux eines jeden kapitalanlagerechtlichen Haftungsfalles: Die enorme Ent- 2
wicklung der Rechtsprechung verbunden mit zahllosen Unternehmern und Unternehmen, welche Dienstleistungen in Zusammenhang mit der Investition von Kapital eines
Anlegers erbringen, führt dazu, dass der Anleger, welcher sich gezwungen sieht, sein
fehlgeschlagenes Investment rückabzuwickeln, vor die „Qual der Wahl" gestellt wird.

Die prozesstaktische Überlegung, den „richtigen Haftungsadressaten" in Anspruch zu 3
nehmen, hängt von der Prüfung zahlloser rechtlicher und wirtschaftlicher Aspekte ab.
Dabei steigt mit jedem Prozessteilnehmer auf Passivseite das dem Anleger aufzubürdende Kostenrisiko im Falle des Unterliegens, zumal wenn sich jeder Haftungsadressat
von einem eigenen Anwalt vertreten lässt[1]. Daneben spielen Bonitätserwägungen, Verjährungsfragen sowie – natürlich – die Erfolgsaussichten einer Geltendmachung von
Schadenersatzansprüchen in materieller Hinsicht eine wesentliche Rolle. Aber auch
emotionale Aspekte können entscheidend sein, etwa die Genugtuung, einem ganz bestimmten Haftungsadressaten mittels Gerichtsentscheidung die Verantwortlichkeit für
eine fehlgeschlagene Kapitalanlage bescheinigt zu haben.

Eine weitere wesentliche Frage darf aber nicht aus den Augen verloren werden und 4
beschäftigt die Rechtsprechung in immer stärkeren Maße, wobei hier durchaus anlegerfreundliche Tendenzen zu erkennen sind: Es geht um die Abgrenzung der Verantwortungskreise mehrerer Haftungsadressaten, welche mit ihren Dienstleistungen Teilbereiche des Endprodukts erarbeitet haben, in welches der Anleger schließlich investiert.
Anders, als im Bereich des Produkthaftungsrechts, gibt es im Bereich der Anlegerinvestition keinen „Hersteller", welcher für sämtliche Produktfehler Gesamtverantwortung
trägt. Andererseits muss die Rechtsprechung vermeiden, dass potentielle Haftungsadressaten im Hinblick auf ihre nur beschränkte Verantwortung für das klägerische Invest-

---

[1] Zahlreiche Rechtsschutzversicherungen haben den Versuch unternommen, kapitalanlagerechtliche Sachverhalte nicht mehr oder nicht mehr vollständig zu versichern, → Rn. 137 ff.

ment mit dem Finger jeweils auf den anderen Haftungsadressaten zeigen, wobei der Anleger am Ende leer ausgeht.

5   Um dieser Sorge vorzubeugen hat die Rechtsprechung in vielen Bereichen eine Überlagerung von Pflichtenkreisen entwickelt, welche dazu führt, dass der Anlegerschutz nicht nur lückenlos, sondern sogar mehrfach gewährleistet ist. Zu nennen ist zum einen die Kontrollpflicht von Anlageberatern bzw. Vermittlern im Hinblick auf Prospektmaterial[2]; zu nennen ist zum anderen die Parallelverantwortung von Prospektherausgeber und Prospektgutachter[3]. Erwähnt werden soll schließlich die gesamtschuldnerische Haftung von Prospektherausgeber und Mittelverwendungskontrolleur auf Ersatz des Zeichnungsschadens[4]. Auch in vorliegendem Abschnitt wird eine grundlegende Entscheidung des II. Zivilsenats beschrieben, welche diesen Problemkreis betrifft[5].

2. Die langsam mahlenden Mühlen

6   In diesem Werk ist an zahlreichen Stellen darauf verwiesen worden, dass die Rechtsprechung haftungsrechtliche Verantwortlichkeiten erst lange Jahre nach Verwirklichung des streitgegenständlichen Sachverhalts herausgearbeitet hat. Zugleich ist dieser Rechtsprechung im Interesse des Anlegerschutzes aber zugute zu halten, dass diese großzügig mit dem Schutz der Anlegerinteressen vor dem Hintergrund umgeht, als Verjährungseinreden kunstvoll abgeschnitten werden[6]. Zudem hat in diesem Bereich der Gesetzgeber reagiert und die Verjährung der Prospekthaftung im engeren Sinne geradezu revolutionär reformiert[7].

7   Gerade die Investition im Bereich geschlossener Beteiligungen ist eine solche, deren Rentabilität sich nicht etwa kurzfristig an der Entwicklung messbarer Börsenkurse ablesen lässt. Im Gegenteil: Sachverhaltsaspekte, welche die Frage nach der Haftungsverantwortung aufwerfen, werden oftmals lange Jahre nach deren Entstehung bemerkt, kommuniziert oder von Seiten staatlicher Stellen in nicht prospektkonformer Art und Weise gewürdigt[8].

8   Im Hinblick auf die haftungsrechtliche Verantwortlichkeit stellt sich bei derartigen Sachverhaltskonstellationen aber häufig die Frage nach der subjektiven Vorwerfbarkeit (Verschuldensvorwurf) zu Lasten des Haftungsadressaten. Umso schöner wäre es deshalb, wenn der Anleger sich seiner vertraglich übernommenen Verantwortlichkeiten mit dem Argument entledigen könnte, ein Dritter, den er im Zuge des Beitritts zu einer geschlossenen Beteiligung mit weitreichenden Vollmachten ausgestattet hatte, hätte ihn nicht wirksam vertreten können und dieser Mangel der Vollmacht wirke auch dem Vertragspartner gegenüber, so dass eine rechtswirksame Verpflichtung des Anlegers, unliebsame Leistungen erbringen zu müssen, nicht besteht.

---

[2] → § 5 Rn. 77 und → § 6 Rn. 78.
[3] Siehe § 9.
[4] Zu diesem Sonderfall → § 10 Rn. 53 ff.
[5] → Rn. 16.
[6] → § 14 Rn. 95 ff.
[7] § 306 KAGB verjährt nunmehr nach allgemeinem Schuldrecht.
[8] Siehe zB die Kehrtwende der Finanzverwaltung aus dem Jahr 2007 betreffend Medienfonds mit Defeasance-Struktur, aufgelegt in den Jahren 2000 bis 2005; die Finanzverwaltung wiederum wurde erst durch Entscheid des Finanzgerichts München vom 8.4.2011 (Az: 1 K 3669/09) gestoppt; → § 3 Rn. 138 ff.

Ein Anhaltspunkt, Vollmachten anzugreifen, ist die Rechtsprechung zum Rechtsberatungsgesetz[9]; auch diesbezüglich soll in diesem Abschnitt eine bedeutsame Entscheidung des Bundesgerichtshofes gewürdigt werden.

3. Die Steuersparmodelle

Ein Unterfall derjenigen Sachverhalte, welche erst spät ins Blickfeld des jeweiligen Anlegers gelangen, sind Fonds mit steuerlichen Problemen. Wenn nämlich die fiskalische Behandlung von im Zeitpunkt der Zeichnung zugewiesenen Verlusten offen gehalten wurde und sich erst nach Jahren bei Durchführung einer Betriebsprüfung – gegebenenfalls auch erst nach langjährigen finanzgerichtlichen Prozessen – herausstellt, dass dem Anleger versprochene und zunächst gewährte Steuervorteile wieder zurückzugewähren und mit 6 % p. a. zu verzinsen sind, wird die Frage nach der Rückabwicklung der Beteiligung akut. In jüngerer Zeit wurde sehr häufig versucht, unerwartete steuerliche Behandlungen von Fonds oder gar branchenweiten Fondskonzeptionen zu Prospektfehlern zu erklären, um die Beteiligung zugunsten der Anleger rückabzuwickeln. Dies scheiterte häufig daran, dass die von der Steuerfahndung aufgegriffenen Sachverhalte Managementfehler und keine Prospektfehler darstellten[10]. Die von der breiten Öffentlichkeit in Augenschein genommene Problematik der Medienfonds mit Defeasance-Struktur stellte sich jedenfalls in der strafrechtlichen Verurteilung des Geschäftsführers der VIP Medienfonds ebenfalls nicht als Konzeptionsproblem, sondern als Umsetzungsfehler des Managements heraus[11].

Davon zu unterscheiden ist die Konstellation, in welcher die erwünschten steuerlichen Folgen beim Anleger eingetreten sind, dieser die Beteiligung aber aus anderen Gründen rückabzuwickeln vermag. Was ist in schadensersatzrechtlicher Hinsicht mit den Steuervorteilen anzustellen, welche ja die Vermögenssituation des Anlegers im Jahr der Zeichnung dahingehend positiv beeinflussten, als dieser – je nach Hebel – einen Großteil der zu leistenden Einlage durch den Entfall von Steuerzahlungen subventioniert erhielt. Welche haftungsrechtlichen Konsequenzen hat dies im Falle der Rückabwicklung der Beteiligung? Die hierzu ergangene Rechtsprechung soll ebenfalls in diesem Abschnitt kommentiert werden.

4. Das dem schlechten Geld hinterhergeworfene gute Geld

Gäbe es nicht mutige Anleger, welche willens und wirtschaftlich in der Lage sind, eine durch pflichtwidrige Informationen in ihrem Vermögen erlittene Einbuße im Wege des Schadenersatzes vor Gericht geltend zu machen, wäre dieses Buch niemals geschrieben worden. Die häufig anzutreffende Situation des „David gegen Goliath" wird nicht nur im Hinblick auf die wirtschaftliche Übermacht der Beklagtenseite deutlich: Während sich Anleger häufig vom Anwalt ihres Vertrauens auch in Kapitalanlagesachen vertreten lassen, arbeitet die Beklagtenseite üblicherweise mit hochspezialisierten Kanzleien, die ihre Argumentation textbausteinartig aus dem Computer schütteln.

---

[9] Ein nunmehr durch das Rechtsdienstleistungsgesetz deutlich weniger erfolgversprechender Ansatz.
[10] Siehe zB die Maßnahmen betreffend die Cinerenta-Fonds.
[11] Siehe hierzu die aufgelegten Medienfonds Film & Entertainment VIP Medienfonds 3 GmbH & Co. KG und Film & Entertainment VIP Medienfonds 4 GmbH & Co. KG.

13 Diese Konstellation hat dazu geführt, dass zahlreiche Rechtsschutzversicherungen kapitalanlagerechtliche Haftungsverfahren mit spitzen Fingern anfassen: Insbesondere dann, wenn mehrere Haftungsadressaten auf Beklagtenseite in Rede stehen, die sich jeweils individuell anwaltlich vertreten lassen, ist eine drohende Kostenlast zu berücksichtigen, welche dem nicht rechtsschutzversicherten Anleger häufig davon abhalten würde, seine Ansprüche gerichtlich geltend zu machen.

14 Manche Rechtsschutzversicherungen lassen sich von Anlegerkanzleien eine „second opinion" zu den Erfolgsaussichten einzureichender Klagen geben; zum Portfolio der Anlegeranwälte gehört es demgegenüber, die Rechtsschutzversicherung des eigenen Mandanten auf Deckung zu verklagen.

15 Ein erster Versuch, kapitalanlagerechtliche Haftungssachverhalte aus der Deckung zu nehmen, ist fehlgeschlagen, wie ebenfalls in diesem Ausschnitt zu zeigen sein wird.

II. Prospekthaftung ohne Prospekt

BGH Urteil vom 3. Dezember 2007 – II ZR 21/06

1. Sachverhalt

16 Der Kläger beteiligte sich im August 1999 mit einem auf den 2. Mai 1999 rückdatierten Zeichnungsschein als atypisch stiller Gesellschafter am sog. Unternehmenssegment VII der Securenta Göttinger Immobilienanlagen und Vermögensmanagement AG (im Folgenden auch „Securenta AG"). Vorstand der Securenta AG waren zum damaligen Zeitpunkt die Beklagten des Rechtsstreits. Die Gesellschaft, über deren Vermögen im Laufe des Rechtsstreits das Insolvenzverfahren eröffnet worden ist, befasste sich ua mit dem Erwerb, der Verwaltung und der Verwertung von Immobilien, Wertpapieren und Unternehmensbeteiligungen. Der Kläger hatte als Einlage DM 6.000,00 sofort und DM 96.000,00 in monatlichen Raten zu je DM 200,00 jeweils zzgl. 5% Agio zu bezahlen. Nach der 40jährigen Laufzeit des Gesellschaftsvertrages sollte das Auseinandersetzungsguthaben in einer Summe ausgezahlt werden. Das Vertragsangebot des Klägers wurde von der Securenta AG erst am 22. Dezember 1999 angenommen.

17 In dem rückdatierten Zeichnungsschein bestätigte der Kläger des Weiteren inhaltlich unzutreffend, den Emissionsprospekt Nr. 13.3 vom 1. August 1999 erhalten zu haben. Tatsächlich kannte der Kläger diesen Prospekt nicht; er war ihm auch nicht übergeben worden.

18 Im Emissionsprospekt wird eine Beteiligung einzelner Unternehmenssegmente der Securenta AG an einem Bankhaus in Rechtsform einer Kommanditgesellschaft auf Aktien sowie an der persönlich haftenden Gesellschafterin des Bankhauses in Rechtsform einer GmbH sowie an einem weiteren Bankhaus in Rechtsform einer Aktiengesellschaft erwähnt. Nicht erwähnt wird dagegen, dass einzelne Vorstandsmitglieder der Securenta AG zugleich Aktionäre eines der Bankhäuser waren, dass ein Bankhaus gem. Handelsregistereinträgen vom 31. August./2. September 1999 auf das andere Bankhaus verschmolzen worden war und dass die Securenta AG am 22. September 1999 mit dem verschmolzenen Bankhaus einen Verlustübernahmevertrag geschlossen hatte. Dieser Vertrag war aber nicht dem Unternehmenssegment VII, an dem sich der Kläger beteiligt hatte, sondern dem Unternehmenssegment II zuzuordnen, mit dem der Kläger unmittelbar nichts zu tun hatte.

Ebenso wenig wird erwähnt, dass sich die Securenta AG in früheren Verträgen mit 19
Anlegern (stillen Gesellschaftern) verpflichtet hatte, das jeweilige Auseinandersetzungsguthaben in Form einer Rente auszuzahlen, und dass ihr diese Rentenzahlung mit Bescheid des Bundesaufsichtsamtes für das Kreditwesen vom 22. Oktober 1999 untersagt worden ist.

Der Kläger hatte bereits vor Zeichnung seiner Beteiligung als atypisch stiller Gesell- 20
schafter am sog. Unternehmenssegment VII eine im Übrigen inhaltsgleiche Beteiligung am Unternehmenssegment VIII gezeichnet (und hierfür auch Einlagen geleistet), welches sodann aber nicht aufgelegt worden war; im Hinblick auf die Zeichnung am Unternehmenssegment VIII hatte er tatsächlich einen Prospekt erhalten, welcher aber nicht identisch ist mit dem für das Unternehmenssegment VII veröffentlichen Prospekt. Die für das Unternehmenssegment VIII geleisteten Einlagen wurden mit der für das Unternehmenssegment VII übernommenen Verpflichtung verrechnet.

Der Kläger verlangt von den Beklagten Rückerstattung seiner Einlage sowie Freistel- 21
lung von Verbindlichkeiten gegenüber der Securenta AG.

2. Hintergrund

Ähnlich, wie es dem Fonds MSF Master Star Fund Deutscher Vermögensfonds I AG 22
& Co. KG[12] erging, beeinflusste auch vorliegend aufsichtsbehördliches Handeln die Investition des Anlegers in eine geschlossene Beteiligung und letztendlich die von den Anlegern geführten Haftungsrechtstreite. Dabei war es vorliegend nicht etwa so, dass das Fondskonzept der sog. „Göttinger Gruppe" insgesamt auf dem Prüfstand gestanden hätte. Das Bundesaufsichtsamt für das Kreditwesen untersagte vielmehr lediglich eine Rückzahlungsmodalität der geleisteten Einlage. Betroffen waren hiervon Anleger, die ihre Beteiligung vor Wirksamwerden der klägerischen Beteiligung gezeichnet hatten; die Untersagungsverfügung des Bundesaufsichtsamtes für das Kreditwesen lag im Zeitpunkt des Wirksamwerdens des klägerischen Beitritts bereits vor. Allerdings kam es dem Kläger auf die untersagte Rückzahlungsmodalität gar nicht an; vielmehr hatte sich dieser damit bereit erklärt, das Auseinandersetzungsguthaben nicht als Rente, sondern in einer Summe erst nach der 40-jährigen (!) Laufzeit des Gesellschaftsvertrages ausgezahlt zu erhalten.

Ebenso, wie beim Master Star Fund, führte das aufsichtsbehördliche Einschreiten zur 23
Insolvenz des Beteiligungsunternehmens. Vorliegend hatten zahlreiche Anleger ihre Beteiligung in Folge der Untersagungsverfügung der Aufsichtsbehörde gekündigt, da ihnen die versprochene „Securente" nicht gewährt werden durfte.

3. Problemstellung

Die Besonderheit des vorliegend vom II. Zivilsenat zu entscheidenden Sachverhalts 24
liegt aber nicht in der Frage der Beurteilung der Prospektfehlerhaftigkeit. Vielmehr hatte sich der II. Zivilsenat im Rahmen der von diesem zu prüfenden Prospekthaftung im engeren Sinne[13] mit einem Grundpfeiler der Haftung in Zusammenhang mit dem Erwerb geschlossener Beteiligungen aufgrund vorgeblich fehlerhaften Prospektes zu befassen. So waren die Grundsätze der Prospekthaftung im engeren Sinne in Analogie zur spezialgesetzlich verankerten Prospekthaftung entwickelt worden. Im Rahmen der bör-

---

[12] → § 6 Rn. 90 ff.
[13] → § 7 Rn. 3 ff.

II. Prospekthaftung ohne Prospekt

sengesetzlichen Prospekthaftung war und ist es aber nicht erforderlich, dass der Anleger eine geschlossene Kausalkette, beginnend mit der Prospektveröffentlichung über die inhaltliche Zurkenntnisnahme des Prospektes hin zu einer kausalen Vertrauensinvestition auf Basis des fehlerhaften Prospektinhaltes nachweist. Im Rahmen der börsengesetzlichen Prospekthaftung ausreichend ist vielmehr ein Vortrag, welcher schlichtweg auf der Veröffentlichung eines Prospektes basiert; erwirbt der Anleger innerhalb von sechs Monaten nach erstmaliger Einführung der Wertpapiere diese, so wird vermutet, dass der Erwerb auf der sog. „Positiven Anlagegrundstimmung" basiert, sodass auch derjenige Anleger, welcher sich nicht in Besitz eines Börsenprospektes befindet, von dieser positiven Anlagegrundstimmung „mitgerissen" wird[14]. Es liegt diesbezüglich an den im Rahmen der börsengesetzlichen Prospekthaftung verantwortlichen Beklagten, welche eine etwa nicht vorhandene Kausalität darlegen und beweisen müssen[15].

25 Vorliegend hatte der Anleger einräumen müssen, zwar einen Prospekt, aber nicht den richtigen für die vorgesehene Tranche erhalten zu haben. Er hatte mithin Prospektunrichtigkeiten gerade nicht aus dem ihm ausgehändigten Prospekt entnehmen können.

26 Der II. Zivilsenat musste sich der Frage stellen, ob im Rahmen des Erwerbs einer stillen Beteiligung an einer Aktiengesellschaft das Prospektstudium zwingend als Anspruchsvoraussetzung anzusetzen war, oder nicht.

4. Entscheidung[16]

27 Der II. Zivilsenat beschäftigt sich zunächst mit den in Rede stehenden Anspruchsgrundlagen und bestätigt die Grundsätze der Prospekthaftung im engeren Sinne, wonach in Analogie zu der gesetzlich geregelten Prospekthaftung[17] im sog. Grauen Kapitalmarktes ein herausgegebener Emissionsprospekt dem Anlageinteressenten ein zutreffendes Bild von der angebotenen Kapitalbeteiligung vermitteln muss. Er ergänzt diesbezüglich, dass bei – wie hier: Abschluss eines Verlustübernahmevertrages und Zugang einer behördlichen Untersagungsmaßnahme – geänderten Umständen nach Herausgabe des Prospekts die Verantwortlichen durch Prospektberichtigung oder entsprechende Hinweise spätestens bei Abschluss des Beteiligungsvertrages Mitteilung zu machen haben.

28 Der II. Zivilsenat setzte sich sodann mit der Frage auseinander, ob der im Zeitpunkt der Abgabe der klägerischen, auf den Beitritt gerichteten Willenserklärung veröffentlichte Prospekt dahingehend unvollständig bzw. unrichtig ist, als dieser auf die bankrechtlichen Bedenken gegen die in zahlreichen Anlageverträgen vereinbarte ratierliche Auszahlung des Auseinandersetzungsguthabens hätte hinweisen müssen. Der II. Zivilsenat ist – anders, als in der Entscheidung betreffend den Fonds MSF Master Star Fund[18] – der Rechtsauffassung, dass offenbleiben kann, ob die von der Behörde geäußerten Bedenken objektiv begründet waren oder nicht. Ausreichend sei, dass an der Rechtmäßigkeit der „Securente" ernsthafte Zweifel bestanden; da schon diese Zweifel für eine Anlageentscheidung von Bedeutung sein konnten, hierauf hingewiesen werden musste, auch wenn die Rente im Ergebnis rechtmäßig gewesen wäre.

---

[14] Siehe hierzu § 44 Abs. 1 Satz 1 aE BörsG.
[15] Siehe hierzu § 45 II Nr. 1 BörsG.
[16] Siehe hierzu auch die Mitteilung der Pressestelle des Bundesgerichtshofes Nr. 183/2007.
[17] Der II. Zivilsenat verweist auf § 44 BörsG in Verbindung mit §§ 13, 8 f, g VerkProspG n. F.
[18] → § 6 Rn. 90 ff.

§ 11. Sonderprobleme des Grauen Kapitalmarkts

Der Senat führt sodann aus, dass diese Hinweispflicht nicht etwa nur gegenüber solchen Anlegern bestand, die die Rückzahlungsform der Securente wählten; auch solche Anleger, die – wie der Kläger – eine Auszahlung in einer Summe wünschten, mussten auf das Risiko hingewiesen werden. Dies erklärt sich daraus, dass durch die Rechtsauffassung der Behörde die naheliegende Möglichkeit entstanden war, dass sich zahlreiche Anleger unter Hinweis auf einen Aufklärungsmangel von ihrem Vertrag lösen und Rückzahlung der geleisteten Einlagen verlangen würden. Dies wiederum brachte die Gefahr mit sich, dass die Securenta AG in ernsthafte Zahlungsschwierigkeiten geraten würde, was – so der II. Zivilsenat – durch die mittlerweile erfolgte Insolvenzeröffnung auch bestätigt werde. Es handele sich bei den „Securente-Verträgen" um – so wörtlich der II. Zivilsenat – „Altlasten der Gesellschaft", welche für jegliche neue Anleger von erheblichem Interesse waren. 29

Da vorliegend ein Prospekt bereits veröffentlicht war, noch bevor die Untersagungsverfügung der Behörde einging, hätte der veröffentlichte Prospekt nachträglich diesbezüglich berichtigt werden müssen. 30

Der Senat befasste sich sodann mit den nicht erwähnten kapitalmäßigen Verflechtungen zwischen der Securenta AG und dem Kreditinstitut, wie im Sachverhalt erwähnt. 31

Auch insoweit geht der Senat von einem Prospektfehler aus, da die Verpflichtung aus dem Ergebnisabführungsvertrag hätte erwähnt werden müssen; dies gilt selbst dann, wenn nach den konkreten Planzahlen lediglich für das Jahr 1999 ein Verlust und für die Folgejahre steigende Gewinne erwartet werden konnten. Das mit einer Verlustübernahme verbundene, der Höhe nach unbegrenzte Risiko ist wesentlich gefährlicher, als das Risiko, lediglich ein investiertes Beteiligungskapital zu verlieren. Ob mit einer konkreten Inanspruchnahme aus dem Ergebnisabführungsvertrag zu rechnen war, sei unerheblich. Selbiges gilt für den Aspekt, dass der Ergebnisabführungsvertrag dem Unternehmenssegment II der Securenta AG zugeordnet war und nicht dem für die Beteiligung des Klägers maßgebenden Segment VII. Der II. Zivilsenat verwies darauf, dass zwar die gegebenenfalls anfallenden Verluste zunächst nur dem Segment II zu belasten waren; reichte aber das dort ausgewiesene Vermögen zur Deckung dieser Verluste nicht aus, musste das den anderen Segmenten zugewiesene Vermögen in Anspruch genommen werden, da die Securenta AG jedenfalls im Außenverhältnis nur einen einheitlichen Haftungsverbund darstelle. 32

Der II. Zivilsenat befasste sich sodann mit dem Kernproblem, nämlich der Frage, ob der Anleger vorliegend Ansprüche aus Prospekthaftung im engeren Sinne bei Erwerb einer Beteiligung des Grauen Kapitalmarktes auch dann geltend machen kann, wenn er den in Rede stehenden fehlerhaften Prospekt vor Zeichnung nach seinem eigenen Vortrag gar nicht erhalten und daher auch nicht inhaltlich zur Kenntnis genommen hat. 33

Der Senat verwies zunächst darauf, dass es zwar der Lebenserfahrung entspricht, dass ein Prospektfehler für die Anlageentscheidung ursächlich geworden ist, diese Vermutung allerdings widerlegt werden kann und widerlegt ist, wenn der Prospekt bei dem konkreten Vertragsschluss gar keine Verwendung gefunden hat. Eine Prospekthaftung ohne Verwendung des Prospektes kommt mithin nicht in Betracht. Es ist dies eine Frage der Kausalität eines Prospektfehlers für die Entscheidung des Kapitalanlegers. 34

Der II. Zivilsenat präzisiert sodann, wann nach seiner Meinung eine Verwendung des Prospekts bei Vertragsschluss in diesem Sinne vorliegt. Selbstverständlich ist dies dann der Fall, wenn der Anleger den Prospekt vor der Vertragsunterzeichnung ausgehändigt erhielt und ihn deshalb inhaltlich zur Kenntnis nehmen konnte. 35

36 Ausnahmsweise kann aber auch dann eine Prospektverwendung gegenüber dem Anleger angenommen werden, wenn dieser keine Einsichtnahme in die Prospektunterlage nachweist: Vorliegend erfolgte die Anwerbung von stillen Gesellschaftern der Securenta AG nämlich nach einem ganz besonderem Muster. So hatte die Securenta AG Vermittlungsgesellschaften beauftragt. Die Mitarbeiter dieser Vermittlungsgesellschaften wurden auf der Grundlage des jeweils gültigen Emissionsprospektes der Securenta AG geschult. In diesen Schulungsmaßnahmen waren die Mitarbeiter von vorneherin darauf festgelegt, die Anlage lediglich mit den Informationen aus dem Emissionsprospekt zu vertreiben. Den Mitarbeitern war untersagt, auf Risiken, die in dem Prospekt nicht erwähnt waren, hinzuweisen. Dies wurde bestärkt durch den Zeichnungsschein. Wenn dem aber so war, dann setzte sich der Prospektmangel in das Beratungsgespräch hinein fort und wirkte genauso, wie wenn dem Kläger der Prospekt rechtzeitig übergeben worden wäre, so der II. Zivilsenat.

37 Der II. Zivilsenat grenzte diese seine Rechtsprechung sodann von der Rechtsprechung des III. Zivilsenates betreffend die Haftung des Prospektgutachters[19] ab. Der Gutachter haftet nur, wenn der Anleger nachweist, das Gutachten auch angefordert zu haben; die Existenz des Gutachtens per se wirkt nicht haftungsbegründend, selbst wenn sich der Vertrieb des Gutachtensinhalts bedient. Dort habe der III. Zivilsenat aber über den Einbezug des Anlegers in den Prospektgutachtensauftrag, mithin eine vertragliche Haftung, entscheiden müssen; der Gutachter sei dort gerade kein Haftungsadressat der Prospekthaftung im engeren Sinne gewesen. Deshalb stehe die Rechtsprechung des III. Senats nicht im Widerspruch zur vorliegenden Entscheidung.

5. Fazit

38 Der II. Zivilsenat legt vorliegend zugunsten des Anlegers Maßstäbe an, welche dazu führen können, die sorgfältig herausgearbeiteten Grenzen zwischen einer schuldhaft pflichtwidrigen Haftung für kausal investiertes Vertrauen einerseits, einer schlichten Gefährdungshaftung andererseits einzureißen.

39 Auch wenn der II. Zivilsenat auf den Sonderfall verweist, wonach der Prospekt vorliegend entsprechend dem Vertriebskonzept der Anlagegesellschaft bestimmungsgemäß die Grundlage für die Unterrichtung der Anleger durch die Vermittler geworden ist (diese mithin den jeweils aktuellen Prospektinhalt sklavisch auswendig lernen mussten) und sich deshalb Prospektfehler genauso auswirken würden, als wäre der Prospekt dem Anlageinteressenten persönlich ausgehändigt worden, sind die vom II. Zivilsenat aus dem streitgegenständlichen Sonderfall abgeleiteten Haftungskriterien unscharf, schwammig und gefährlich.[20]

40 Letztendlich dient jeglicher Prospekt dazu, gerade auch Vermittler über das Anlageprodukt zu informieren; kein Vermittler wird selbst Argumente suchen, die ihm in schriftlich aufbereitetem Prospektmaterial bereits an die Hand gegeben wurden.

41 Die Besonderheit des vorliegenden Sachverhalts, nämlich die Restriktion des Vermittlers, der ähnlich einem Boten mündlich die schriftlich vorformulierten Prospekterklärungen des Prospektherausgebers an den Anleger übermittelt, hätte wesentlich deutlicher herausgestellt werden müssen.

---

[19] Urt. v. 14.6.2007, → § 9 Rn. 60 ff.
[20] Ebenso unscharf nunmehr § 306 Abs. 1 KAGB: „… derjenige, der auf Grund des Verkaufsprospekts Anteile oder Aktien gekauft hat …".

Festzuhalten bleibt, dass auch der II. Zivilsenat den Grundsatz anerkennt, wonach im 42
Bereich des Grauen Kapitalmarkts die erfolgreiche Geltendmachung von Prospekthaftungsansprüchen voraussetzt, dass der Anleger den Prospekt rechtzeitig vor seiner Zeichnung erhalten hat und diesen deshalb zur Grundlage seiner Anlageentscheidung machen konnte. Sofern dies widerlegt ist, mögen sonstige Haftungsadressaten in Anspruch genommen werden; Prospekthaftungsansprüche müssen in diesem Fall aber ausscheiden.

III. Zielgesellschaft als Haftungsobjekt

BGH Urteil vom 19. November 2013 – II ZR 383/12

1. Sachverhalt

Der Kläger nimmt die Beklagte im Wege der Prospekthaftung auf Ersatz seines 43
Zeichnungsschadens in Anspruch. Der Kläger beteiligte sich aufgrund eines Emissionsprospektes Stand 2001/2002 am 19. Dezember 2001 als atypisch stiller Gesellschafter an der Beklagten. Er zeichnete im Rahmen des Beteiligungsprogramms „Classic" eine Einlage in Höhe von DM 20.000,00 und im Rahmen des Beteiligungsprogrammes „Plus" eine weitere Einlage in Höhe von DM 20.000,00, jeweils zuzüglich 5 % Agio. Ausschüttungen erhielt er nie; die Erträge wurden im Rahmen des Beteiligungsprogramms „Plus" neu angelegt.

In § 1 Ziff. 2 des Gesellschaftsvertrages heißt es: 44

„Die Gesellschafter bilden zusammen mit dem Geschäftsinhaber eine sogenannte mehrgliedrige atypisch stille Gesellschaft. Das heißt, es besteht nur eine atypisch stille Gesellschaft zwischen dem Geschäftsinhaber und allen Gesellschaftern."

Der Kläger trug zahlreiche Prospekt- und Aufklärungsmängel vor. Insbesondere seien 45
die Risikohinweise unzureichend bzw. verharmlosend gewesen und begehrt daher die Rückabwicklung seiner Beteiligung durch Rückzahlung seiner Einlage Zug um Zug gegen Abtretung seiner Rechte aus dem Beteiligungsverhältnis.

2. Hintergrund

Anders, als im Bereich der geschlossenen Beteiligungen in Form der sogenannten 46
Publikumsgesellschaft als GbR oder Kommanditgesellschaft üblich, geht es vorliegend nicht um die Errichtung einer Personengesellschaft, welche Unternehmensträger der künftig mit den Anlegergeldern einzuwerbenden wirtschaftlichen Betätigung ist. Vielmehr beteiligten sich Anleger sukzessive an einem in Rechtsform einer juristischen Person (vorliegend: Aktiengesellschaft) bereits errichteten Unternehmens mittels Abschlusses jeweils sogenannter „zweigliedriger" stiller Gesellschaftsverträge.

Gegenstand des Unternehmens war das Betreiben des Leasinggeschäfts, insbesondere 47
im Bereich des Kfz-Leasing.

Ähnlich, wie bei der Errichtung einer Publikums-Kommanditgesellschaft, wurden 48
die Anleger durch Prospektmaterialien eingeworben, welche die Chancen und Risiken der jeweiligen Beteiligung darstellen sollten. Ähnlich, wie im Bereich vieler Publikumskommanditgesellschaften, entwickelte sich die Investition nicht in Übereinstimmung mit den Erwartungen der Anleger.

3. Problemstellung

49 Bei einer Publikumsgesellschaft in der Rechtsform einer Gesellschaft bürgerlichen Rechts oder einer Kommanditgesellschaft kann der Anleger bei einer mangelhaften Aufklärung über die Risiken und Chancen des Anlageprojekts nicht von dieser Publikumsgesellschaft selbst Schadenersatz oder Rückabwicklung seiner Gesellschaftsbeteiligung verlangen, weil die fehlerhafte Aufklärung dieser Gesellschaft nicht zugerechnet werden kann[21]. In diesem Fall ist Haftungsobjekt also nicht die Fondsgesellschaft, welcher der Anleger beigetreten ist; vielmehr kann er hier seine Beteiligung lediglich mit Wirkung für die Zukunft kündigen und ein entsprechendes Abfindungsguthaben zum Kündigungsstichtag verlangen, nicht aber Rückabwicklung seiner Beteiligung und Rückerstattung der Einlage; insoweit gelten die Grundsätze über die fehlerhafte Gesellschaft, wonach die in Vollzug gesetzte fehlerhafte Gesellschaft für die Vergangenheit als wirksam zu behandeln und lediglich mit Wirkung ex nunc kündbar ist. Der eintretende Gesellschafter hat in diesen Fällen Schadensersatzansprüche ausschließlich gegen die Initiatoren, gegen die Gründungsgesellschafter und sonst diejenigen, die für die Mängel seines Beitritts verantwortlich sind[22]. Vorliegend war die Sachverhaltskonstellation aber eine andere: So war der Kläger keiner Publikumsgesellschaft beigetreten; vielmehr hatte dieser sich ebenso wie zahllose weitere Gesellschafter als atypisch stiller Gesellschafter an der Beklagten in einem zweigliedrigen Rechtsverhältnis beteiligt.

50 Die vom BGH zu entscheidende Frage war mithin, ob auch insoweit Schadensersatzansprüche des Klägers gegen die beklagte Zielgesellschaft ausscheiden, oder diese als taugliches Haftungsobjekt uneingeschränkt zur Verfügung steht.

4. Entscheidung

51 Der Senat nimmt zunächst auf seine ständige Rechtsprechung Bezug, wonach die Grundsätze über die fehlerhafte Gesellschaft auch auf typische bzw. atypisch stille Gesellschaften anwendbar sind. Ein durch Zahlung der Einlage in Vollzug gesetztes fehlerhaftes Gesellschaftsverhältnis ist daher unabhängig von der individuellen Gestaltung des Einzelfalls regelmäßig nicht von Anfang an nichtig, sondern wegen etwaiger anfänglicher Mängel nur mit Wirkung für die Zukunft vernichtbar.

52 Diese rechtliche Anerkennung einer fehlerhaften Gesellschaft muss dann ihre Grenze finden, wo gewichtige Interessen der Allgemeinheit oder besonders schutzbedürftiger Personen entgegenstehen.

53 Diese Grundsätze haben – der II. Senat – auch Auswirkungen auf Ansprüche wegen Verletzung vorvertraglicher Aufklärungspflichten bei Abschluss des stillen Gesellschaftsvertrages. Im Rechtsverhältnis zwischen Anleger und Publikumszielgesellschaft bedeutet dies nach der grundsätzlichen Sichtweise des Senats[23], dass die Grundsätze über die fehlerhafte Gesellschaft eine rückwirkende Auflösung des Vertragsverhältnisses verbieten und bis zur Kündigung des Gesellschaftsverhältnisses der Durchsetzung eines auf Rückgewähr der Einlage gerichteten Schadensersatzanspruches aus vorvertraglichem Verschulden entgegenstehen.

---

[21] BGH vom 19.7.2004, II ZR 354/02
[22] Siehe § 7 Die Haftungsadressaten für Prospektfehler im engeren Sinne und § 8 Die Haftung des Gründungsgesellschafters und des Treuhänders.
[23] BGH II ZR 136/92, ZIP 1993, 1089.

Der BGH hat später aber bei einer nur zweigliedrigen stillen Gesellschaft solche 54
Schadenersatzansprüche auf Ersatz des Zeichnungsschadens zugelassen[24].

Vorliegend besteht die Besonderheit, dass – wie bei der vorstehend beschriebenen 55
reinen zweigliedrigen Gesellschaft – stille Beteiligungen einerseits im zweigliedrigen
Rechtsverhältnis begründet wurden, diese andererseits in ihrer Gesamtheit ähnlich einer
Publikumsgesellschaft ausgestaltet sind. Der BGH legt sich nunmehr dahingehend fest,
dass bei einer mehrgliedrigen stillen Gesellschaft die Grundsätze über die fehlerhafte
Gesellschaft zwar Anwendung finden, aber daneben ein Anspruch auf Ersatz des durch
den Abfindungsanspruch nicht ausgeglichenen Schadens möglich bleibt.

Der BGH stellt heraus, dass nach der vorliegenden Sachverhaltskonstellation nicht 56
lediglich eine Vielzahl voneinander unabhängiger, bloß zweigliedriger stiller Gesellschaftsverhältnisse zwischen den jeweiligen Anlegern besteht, sondern der stille Gesellschafter einer aus der Beklagten und allen übrigen stillen Gesellschaftern bestehenden
Publikumsgesellschaft beitritt. Deshalb darf der Ersatz des entstandenen Schadens auch
nicht im Wege der Rückabwicklung der Beteiligung erfolgen.

Die Konstellation unterscheidet sich also von der Inanspruchnahme von Initiatoren, 57
Gründungsgesellschaftern oder sonstigen Personen, die für die Mängel des Beitritts
eines stillen Gesellschafters zu einer stillen Gesellschaft verantwortlich sind.

Der Anleger kann also grundsätzlich nicht im Wege des Schadenersatzes die Rück- 58
gängigmachung seiner Beteiligung verlangen. Er ist vielmehr berechtigt, das stille Gesellschaftsverhältnis durch sofort wirksame Kündigung mit der Folge zu beenden, dass
ihm ein nach den gesellschaftsvertraglichen Regeln zu berechnender Abfindungsanspruch zusteht.

Daneben steht dem Anleger aber vorliegend ein auf einer Pflichtverletzung des Ge- 59
schäftsinhabers bei dem Beitritt des stillen Gesellschafters beruhender Schadenersatzanspruch zu, auf den sich der geschädigte Anleger seinen Abfindungsanspruch anrechnen
lassen muss. Er kann daher ausnahmsweise Ersatz eines den Abfindungsanspruch übersteigenden Schadens verlangen.

Insoweit muss aber eine weitere Einschränkung berücksichtigt werden: Wegen des 60
vorrangigen Interesses der Mitgesellschafter an einer geordneten Abwicklung darf dieser
Schadenersatzanspruch, welcher über den nach gesellschaftsrechtlichen Regeln berechneten Abfindungsanspruch hinausgeht, die gleichmäßige Befriedigung der Abfindungs-
oder Auseinandersetzungsansprüche der übrigen stillen Gesellschafter nicht gefährden.
Solange eine Schmälerung solcher Ansprüche anderer Anleger droht, ist der einzelne
Anleger an der Durchsetzung eines auf Pflichtverletzungen im Zusammenhang mit
dem Beitritt gestützten Schadenersatzanspruchs gegen den Geschäftsinhaber gehindert.
Eine solche Gefährdung droht dann nicht, wenn und soweit das Vermögen des Geschäftsinhabers im Zeitpunkt der Entscheidung über den Schadenersatzanspruch eines
einzelnen Anlegers sowohl die zu diesem Zeitpunkt bestehenden hypothetischen Abfindungs- oder Auseinandersetzungsansprüche aller stillen Gesellschafter, als auch den
Schadenersatzanspruch des betreffenden Anlegers deckt.

Der BGH baut dem Kläger sodann eine Brücke wie folgt: In der Erklärung eines 61
Gesellschafters, seinen Beitritt mit rückwirkender Kraft beseitigen zu wollen, kommt
in der Regel auch sein Wille zum Ausdruck, die Bindung an die Gesellschaft jedenfalls
mit sofortiger Wirkung für die Zukunft zu beenden. Dass der Kläger seinen Schadensersatzanspruch nicht unter Anrechnung eines etwaigen Abfindungsguthabens berechnet

---

[24] BGH vom 19.7.2004, II ZR 354/02.

hat, rechtfertigt eine Klageabweisung nicht, weil der Geschädigte nicht ohne Weiteres an eine von ihm ursprünglich gewählte Art der Schadensberechnung gebunden ist. Daher muss dem Kläger Gelegenheit gegeben werden, sein Klagevorbringen an die in den Vorinstanzen nicht erörterten, nunmehr vom BGH dargelegten rechtlichen Vorgaben anzupassen.

62   Ob und in welcher Höhe Ansprüche der anderen stillen Gesellschafter bestehen und aus dem Vermögen der Beklagten befriedigt werden können, steht nicht fest; dies müsste aber ggf. die Beklagte darlegen und beweisen, wenn sie sich gegen einen über den Abfindungsanspruch hinausgehenden Schadenersatzanspruch des Klägers damit verteidigen wollte, dieser sei wegen einer Gefährdung der Abfindungs- und Auseinandersetzungsansprüche der übrigen stillen Gesellschafter zumindest gegenwärtig nicht oder nicht in voller Höhe durchsetzbar.

5. Fazit

63   Wer auf Ebene der Instanzgerichte gehofft hatte, dass der Bundesgerichtshof vorliegend ein klares Wort im Hinblick auf die Zielgesellschaft als Adressatin von Klagen enttäuschter Anleger sprechen würde, sah sich enttäuscht.

64   Zwar mag der BGH dogmatisch einen korrekten Weg beschreiten, wenn er die Blockade der Schadenersatzansprüche auf Rückabwicklung durch die Grundsätze der fehlerhaften Gesellschaft nur insoweit zur Anwendung bringen will, als die Vermögenssituation der Zielgesellschaft dies erfordert. Mit den „Segelanweisungen" an die Tatsachengerichte, diese mögen beurteilen, ob das Vermögen des Geschäftsinhabers zur Befriedigung der (so wörtlich) „hypothetischen" Abfindungs- oder Auseinandersetzungsansprüche der anderen stillen Gesellschafter ausreicht, oder nicht, gibt der BGH den Tatsacheninstanzen wie den Parteivertretern aber Unmögliches an die Hand: Wie soll ein Anlegeranwalt vor Klageerhebung beurteilen, ob und wieviele weitere Gesellschafter Ansprüche auf Ersatz des Zeichnungsschadens gegen die Zielgesellschaft geltend machen werden, wie deren Vermögenssituation im Zeitpunkt der letzten mündlichen Verhandlung konkret aussieht und wie sich sodann die realen und hypothetischen Ansprüche des bzw. der Mandanten im Vergleich zu dieser Vermögenssituation verhalten?

65   Dass hier Regressklagen wegen fehlerhafter Beratung bei Geltendmachung von Haftungsansprüchen gegen den korrekten Haftungsadressaten Tür und Tor geöffnet werden, liegt auf der Hand. Letztendlich werden hier Zufallsentscheidungen der Tatsachengerichte provoziert.

IV. Vollmachten an Treuhänder

BGH Urteil vom 20. Januar 2009 – XI ZR 487/07

1. Sachverhalt

66   Die Parteien (Anleger und Bank) streiten über Ansprüche in Zusammenhang mit einem Verbraucherdarlehensvertrag zur Finanzierung einer Immobilienfondsbeteiligung.

67   Der Kläger, ein damals 51 Jahre alter Diplom-Ingenieur, und seine Ehefrau, eine 49 Jahre alte Lehrerin, wurden durch einen Vermittler geworben, sich an der Deutschen Beamten Vorsorge AG & Co. Deutschlandfonds KG zu beteiligen. Sie unterzeichneten

am 17. September 1997 ein als „Treuhandauftrag und Vollmacht" überschriebenes Formular, in dem sie die P. Treuhand GmbH Wirtschaftsprüfungsgesellschaft, die nicht über eine Erlaubnis nach Art. 1 § 1 RBerG verfügte, beauftragten, für sie als Treuhänderin die mittelbare Beteiligung an dem Fonds mit einer Gesamteinlage von DM 50.000,00 zzgl. 5 % Agio zu bewirken und zu deren Finanzierung ein Darlehen aufzunehmen, die Kreditmittel in Empfang zu nehmen und an die Fondsgesellschaft weiterzuleiten. Zugleich verpflichteten sie sich zur Sicherungsabtretung einer Risikolebensversicherung mit einer Versicherungssumme von mindestens 50 % der Darlehenssumme.

Der Zeichnungsschein enthält folgende von den Klägern gesondert unterschriebene und in Fettdruck gestaltete Erklärungen: 68

„Zur Durchführung des Treuhandauftrages erteile ich hiermit Vollmacht an die P. Treuhand GmbH Wirtschaftsprüfungsgesellschaft. Grundlagen sind der Verkaufsprospekt der Deutschen Beamten Vorsorge AG & Co. Deutschlandfonds KG mit Treuhand- und Gesellschaftsvertrag, den ich erhalten habe, sowie die Hinweise auf der Rückseite dieses Treuhandauftrages."

Auf der Rückseite befinden sich unter der Überschrift „Hinweise zum Treuhandauftrag" ua folgende Aussagen: 69

„Mit dem vorliegenden „Treuhandauftrag und Vollmacht" beauftragt und bevollmächtigt der Anleger den Treuhänder für ihn die im Treuhandvertrag vorgesehenen Verträge abzuschließen. [...] Soweit vom Anleger beauftragt, schließt der Treuhänder zur Finanzierung der Gesamteinlage zzgl. Nebenleistungen aufgrund der erteilten Vollmacht einen Darlehensvertrag ab und bestellt banklübliche Sicherheiten."

Abgesetzt am unteren Ende, aber durch einen Rahmen noch mit der Überschrift verbunden, ist folgende Erklärung abgedruckt: 70

„Die Einschaltung einer Wirtschaftsprüfungsgesellschaft als Abschluss-Treuhänder führt zu einer wesentlichen Vereinfachung der Vertragsabwicklung und stellt dem Anleger in allen Vertrags- und Verwaltungsangelegenheiten einen erfahrenen Ratgeber zur Seite."

Den Antrag auf Abschluss des Treuhandvertrags nahm die Treuhänderin am 9. Oktober 1997 an und schloss am 14./27. Oktober 1997 in Vertretung der Kläger mit der Beklagten einen Kreditvertrag über DM 53.300,00. 71

Die Angabe des Gesamtbetrages aller voraussichtlich von den Klägern zu erbringenden Leistungen fehlte in der Darlehensurkunde. Zur Sicherung der Ansprüche der Beklagten diente neben der Verpfändung des Fondsanteils die vom Kläger erklärte Abtretung einer Lebensversicherung. Die Kläger haben ua die Unwirksamkeit des Darlehensvertrages wegen Verstoßes gegen Art. 1 § 1 RBerG in Verbindung mit § 134 BGB sowie gem. § 6 Abs. 1 VerbrKrG[25] wegen fehlender Gesamtbetragsangabe geltend gemacht. Sie haben Rückzahlung der von ihnen erbrachten Zins- und Tilgungsleistungen sowie Rückübertragung der Rechte aus der Lebensversicherung Zug um Zug gegen Übertragung der Fondsbeteiligung verlangt und Feststellung begehrt, dass der Beklagten aus dem Darlehensvertrag keine Ansprüche gegen sie zustehen. Hilfsweise haben sie Neuberechnung der vereinbarten Teilzahlungen unter Zugrundelegung eines Zinssatzes von jährlich 4 % beantragt. 72

Seit dem 1. Juli 2008 wird diese rechtliche Problematik durch das Rechtsdienstleistungsgesetz entschärft; dennoch behält die Entscheidung jedenfalls für Altsachverhalte besondere Bedeutung. 73

---

[25] In der bis zum 30.9.2000 geltenden Fassung.

2. Hintergrund

74 Die Frage der Rechtswirksamkeit von Vollmachten, welche im Rahmen des Beitritts zu geschlossenen Beteiligungen erteilt wurden, ist eine tickende Zeitbombe. Dies gilt sowohl im Rechtsverhältnis zwischen Anleger und Fondsgesellschaft, als auch – in wirtschaftlicher Hinsicht nicht weniger bedeutsam – für das Rechtsverhältnis zwischen finanzierender Bank und Anleger in dessen Eigenschaft als Kreditnehmer. Die Rechtsfrage ist nicht zuletzt auch für den Bevollmächtigten selbst von Bedeutung, um nicht als Vertreter ohne Vertretungsmacht haftbar gemacht zu werden. Von besonderer Brisanz ist die Problematik, da häufig Fälle in Rede stehen, welche mehr als ein Jahrzehnt zurückliegen (Vollmacht aus dem Jahr 1997).

75 Auch der vorliegende Rechtsstreit zeigt, dass die Geltendmachung von Ansprüchen aufgrund Beratungspflichtverletzung gegen das die Beteiligung vermittelnde Unternehmen dem Anleger mangels Bonität dieses Unternehmens nicht weiterhalf. Er war mithin darauf angewiesen, seine Rechtsargumente vollumfänglich im Verhältnis zur finanzierenden Bank zu suchen.

3. Problemstellung

76 Die Kreditaufnahme zum Zwecke der Immobilieninvestition – sei es im Rahmen des Erwerbs eines Anteils an einer geschlossenen Beteiligung, sei es im Wege des Einzelinvestments – hat gerade in Zusammenhang mit Investitionen in den neuen Bundesländern[26] eine besondere Bedeutung in der Rechtsprechung erfahren[27]. In vorliegendem Rechtsstreit hatte sich der XI. Zivilsenat des Bundesgerichtshofes mit einer Besonderheit zu befassen, welche darin begründet lag, dass die Anleger das Darlehen nicht selbst, sondern durch einen Vertreter aufnehmen ließen, welcher die betreffenden Willenserklärungen aufgrund einer ihm anlässlich der Zeichnung erteilten Vollmacht im Namen des Anlegers abgab.

77 Der Angriff auf diese Vollmacht – sei es isoliert, sei es in Kombination mit einem Angriff auf den Treuhandvertrag, welcher Basis der Vollmacht war – ist als geschickter Schachzug zu bezeichnen, da sich hier die Frage nach einer vorwerfbaren Pflichtverletzung nicht stellt, sondern dies im Erfolgsfalle vertragliche Ansprüche der Bank gegen den Anleger kraft Gesetzes zum Erliegen bringen würde und die Bank auf bereicherungsrechtliche Rückabwicklungsansprüche verwiesen würde.

78 Ansatzpunkt war die Tatsache, dass vorliegend die Vollmacht einer juristischen Person erteilt worden war, welche zwar Wirtschaftsprüfungsgesellschaft, nicht aber zur Rechtsberatung zugelassen war.

79 In Weiterentwicklung seiner diesbezüglich bereits ergangenen Rechtsprechung traf der Senat vorliegend eine Grundsatzentscheidung zur Verwendung von Vollmachten im Rahmen geschlossener Beteiligungen.

4. Entscheidung

80 Der XI. Zivilsenat verwies auf seine gefestigte Rechtsprechung, wonach derjenige, der ausschließlich oder hauptsächlich die rechtliche Abwicklung eines Grundstückserwerbs oder Fondsbeitritts im Rahmen einer Steuersparmodells besorgt, der Erlaubnis nach Art. 1 § 1 RBerG bedarf. Ein ohne diese Erlaubnis abgeschlossener Treuhand-

---

[26] So auch ein Teil der Investitionen des hier streitgegenständlichen Deutschlandfonds.
[27] → § 13 Rn. 35 ff.

bzw. Geschäftsbesorgungsvertrag, der umfassende rechtliche Befugnisse und Pflichten des Auftragnehmers enthält, ist daher nichtig, wobei die Nichtigkeit nach dem Schutzgedanken des Gesetzes auch die dem Treuhänder/Geschäftsbesorger erteilte umfassende Vollmacht mit erfasst.

Dies setzt allerdings voraus, dass diese Vollmacht den Abschluss eines ganzen Bündels von Verträgen mit mannigfaltigem rechtlichem Beratungsbedarf zum Gegenstand hat. 81

Der XI. Zivilsenat grenzt diese Sachverhaltskonstellation sodann von dem Fall ab, dass die Ausnutzung der Vollmacht gerade nicht zu dem sog. „Bündel von Verträgen" führen würde, sondern sich lediglich darauf beschränkte, den Beitritt zur Fondsgesellschaft und die Aufnahme der Finanzierungsdarlehen zu bewirken. 82

Der XI. Zivilsenat gibt diesbezüglich nähere Kriterien an die Hand, welche eine Beurteilung erleichtern sollen: Zur Abgrenzung einer erlaubnisfreien Geschäftsbesorgung von einer erlaubnispflichtigen Rechtsbesorgung ist nämlich auf den Kern und den Schwerpunkt der Tätigkeit abzustellen, weil eine Besorgung fremder Geschäfte nicht nur mit wirtschaftlichen Belangen, sondern vielfach auch mit rechtlichen Vorgängen verknüpft ist. Es ist mithin danach zu unterscheiden, ob die Tätigkeit überwiegend auf wirtschaftlichem Gebiet liegt und die Wahrnehmung wirtschaftlicher Belange bezweckt oder ob die rechtliche Seite der Angelegenheit im Vordergrund steht und es wesentlich um die Klärung rechtlicher Verhältnisse geht. Der XI. Zivilsenat führt weiter aus, dass bei der insoweit vorzunehmenden Prüfung, ob eine angebotene Dienstleistung als Besorgung fremder Rechtsangelegenheit oder nur als kaufmännische Hilfeleistung einzuordnen ist, auch eine Rolle spiele, ob die Teiltätigkeit, welche sich etwa von einem sonstigen Berufsinhalt abgrenzen lässt, im Hinblick auf das Gemeinwohl verboten werden muss, oder nicht[28]. 83

Sodann werden vom XI. Zivilsenat die Grundsätze auf den vorliegend verwendeten Zeichnungsschein übertragen. Zunächst ist festzustellen, dass dieser keine abstrakte und umfassende Rechtsbesorgungsvollmacht enthält. Vielmehr ist die Treuhänderin lediglich mit dem Erwerb, der Verwaltung und der Abwicklung der Fondsbeteiligung einschließlich ihrer Finanzierung beauftragt worden. Der Schwerpunkt dieser Tätigkeit liegt – so der XI. Zivilsenat – nicht etwa auf rechtlichem, sondern auf wirtschaftlichem Gebiet; damit einher geht die Tatsache, dass die Geschäftsbesorgungstätigkeit gerade kein Bündel von Verträgen mit mannigfaltigem rechtlichem Beratungsbedarf zum Gegenstand hat, sondern lediglich die drei genannten Teilkomponenten Bewirkung des mittelbaren Beitritts zum Fonds, Verwaltung dieser Beteiligung und Aufnahme des Finanzierungsdarlehens. 84

Hieran ändert auch die Anpreisung am Ende der Hinweise zum Treuhandauftrag nichts, nach der die Treuhänderin den Klägern in allen Vertrags- und Verwaltungsangelegenheiten als erfahrener Ratgeber zur Seite gestellt wird. Mit einer solchen Formulierung hätten die Kläger nicht etwa einen Auftrag zur umfassenden Rechtsberatung erteilt; es sei vielmehr lediglich eine werbende Formulierung, welche keine rechtliche Bedeutung habe. 85

Der XI. Zivilsenat bestätigte abschließend die Rechtsauffassung des Berufungsgerichts, wonach der zunächst nach Verbraucherkreditgesetz nichtige Darlehensvertrag durch Auszahlung der Valuta gültig geworden und mit dem gesetzlichen Zinssatz von 4% p. a. zu verzinsen ist. 86

---

[28] Der XI. Zivilsenat verweist hier insbesondere auf die Entscheidung des Bundesverfassungsgerichts NJW 1998, 3481.

5. Fazit

87 Kein Anleger wird sich im Rahmen der Begründung seiner Beteiligung an dem in Rede stehenden geschlossenen Immobilienfonds ernsthaft Gedanken über die Reichweite und Rechtsnatur der „seinem" Treuhänder erteilten Vollmachten gemacht haben. Von Relevanz waren vielmehr andere Aspekte, wie Renditeerwartungen, die Sicherheit der Investition und eine eventuelle Steuerersparnis, nicht aber die Frage, ob der Bevollmächtigte Rechtsdienstleister oder Geschäftsbesorger des Anlegers war.

88 Die im Zuge der Begründung der Beteiligung erforderliche – und für den Anleger ja auch äußerst komfortable – Erteilung einer Vollmacht an den Treuhänder zum technischen Vollzug der vorab bereits festgelegten Beteiligungsmodalitäten war und ist ein schlicht formaler und nebensächlicher Akt.

89 Umso überraschender ist es, wenn gleichsam aus dem nichts sich die Chance eröffnet, den aufgedrängten Schutz des zum damaligen Zeitpunkt in Kraft befindlichen Rechtsberatungsgesetzes zum Angriff auf die erteilte Vollmacht zu nutzen, da der Bevollmächtigte eben „nur" eine Wirtschaftsprüfungsgesellschaft, nicht aber eine Rechtsanwaltsgesellschaft war.

90 Der XI. Zivilsenat hat die Frage des gebotenen Anlegerschutzes mit Augenmaß beantwortet und dabei versucht, Kriterien an die Hand zu geben, mittels welcher ähnlich gelagerte Fälle zuverlässig beantwortet werden können. Er hat dabei die immer stetigere Verrechtlichung unseres täglichen Lebens mit berücksichtigt und dabei allein diesen Aspekt nicht ausschlaggebend sein lassen.

91 Gerade die Langfristdarlehen verbunden mit einer oftmals erst jüngst entdeckten oder rechtlich aufgegriffenen Unzufriedenheit mit dem Investment[29] führen dazu, dass die Gerichte nunmehr rückblickend auf Vollmachten, welche vor mehr als zehn Jahren erteilt wurden, nach dem Schwerpunkt der jeweils in Auftrag gegebenen Tätigkeit zu suchen haben. Dass das Rechtsberatungsgesetz zwischenzeitlich mit Wirkung zum Ablauf des 30. Juni 2008 aufgehoben wurde, ändert an der Maßgeblichkeit dieser Rechtsprechung für Altsachverhalte nichts.

V. Steuervorteile des Anlegers

BGH Urteil vom 15. Juli 2010 – III ZR 336/08

1. Sachverhalt

92 Der Kläger erwarb durch auf Abschluss einer „Beitrittsvereinbarung" gerichtete Erklärungen vom 27. Februar 1999 und 18. August 1999 Beteiligungen an der CINERENTA Gesellschaft für Internationale Filmproduktion mbH & Co. Zweite Medienbeteiligungs KG in Höhe von insgesamt DM 150.000,00 ohne Agio und durch Erklärungen vom 10. Dezember 1999 und 5. Juni 2000 Beteiligungen an der CINERENTA Gesellschaft für Internationale Filmproduktion mbH & Co. Dritte Medienbeteiligungs KG in Höhe von insgesamt DM 150.000,00 ohne Agio.

93 Insgesamt erhielt der Kläger aus den Beteiligungen Ausschüttungen für den Fonds II in Höhe von 32 % und für den Fonds III in Höhe von 26,3 %.

---

[29] Siehe die Welle von Anlegerreklamationen betreffend die unter Regie von Herrn Thannhuber aufgelegten Immobilienfonds mehr als zehn Jahre nach der Zeichnung, so auch der streitgegenständliche Fall.

Erstinstanzlich hat der Kläger ua die Treuhandkommanditistin auf Rückzahlung der 94
eingezahlten Beträge unter Berücksichtigung der genannten Ausschüttungen jeweils
mit Zinsen Zug um Zug gegen Abtretung aller Ansprüche aus den Beteiligungen in
Anspruch genommen. Darüber hinaus hat er die Feststellung begehrt, dass die Beklagten ihm den Steuerschaden zu ersetzen hätten, der ihm durch eine etwaige nachträgliche Aberkennung von Verlustzuweisungen entstehe.

Nachdem das Landgericht die Klage abgewiesen hatte, hat der Kläger im Berufungs- 95
rechtszug beantragt, festzustellen, dass die Beklagten dem Kläger den Steuerschaden zu
ersetzen hätten, der ihm dadurch entstehe, dass er die Schadensersatzleistung im Jahr des
tatsächlichen Zuflusses zu versteuern habe.

2. Hintergrund

Es ist nicht wirklich vermessen, die Behauptung aufzustellen, dass der weit überwie- 96
gende Teil der in den vergangenen 20 Jahren im sog. „Grauen Kapitalmarkt" angebotenen geschlossenen Beteiligungen nur deshalb das Anlegerinteresse geweckt hatte, weil
neben der mit der Investition prognostizierten Rendite individuelle steuerliche Vorteile
des jeweiligen Anlegers versprochen[30] wurden. Dabei darf nicht vergessen werden (und
ist für die haftungsrechtliche Beurteilung auch sehr wesentlich), dass es bei diesen
„Steuersparmodellen" nicht etwa um eine langfristige, dauerhafte Vermeidung von
Einkommensteuer auf Ebene des Anlegers geht. Gleichgültig, ob die Steuervorteile
aus der Förderung von Investitionen in den neuen Bundesländern nach der Wende bei
Immobilienfonds, oder aber dem Aktivierungsverbot selbst hergestellter immaterieller
Wirtschaftsgüter des Anlagevermögens bei Medienfonds herrühren, war die Steuerfolge
für den Anleger im Regelfall dieselbe: Aufgrund seiner Beteiligung im Jahr der Zeichnung, gegebenenfalls noch in den Folgejahren, fielen diesem negative Einkünfte zu,
welche mit positiven Einkünften saldiert werden konnten, sodass sich im Ergebnis eine
Reduzierung der Steuerlast in diesen Veranlagungszeiträumen ergab. Welche Quote
dies in Relation zum eingesetzten Eigenkapital bedeutete und welche sonstigen Voraussetzungen vorliegen mussten, um dem jeweiligen Anleger diese Steuervorteile zuzubilligen, war ein jahrzehntelanger Kampf zwischen findigen Fondskonzeptionären einerseits, gesetzgeberischen Abwehrmaßnahmen andererseits. Dazwischen befand sich die
staatliche Ordnungsgewalt von Steuerfahndung und Finanzverwaltung, welche sich ihr
eigenes Bild der steuerlichen Soll- sowie der Ist-Situation machte.

Selbst wenn aber die in Rede stehende steuerliche Wirkung zugunsten des Anlegers 97
durch Zeichnung der jeweiligen Beteiligung erzielt wurde, bedeutete dies nicht etwa
eine Steuervermeidung, sondern im Regelfall lediglich eine Steuerverschiebung: So ist
es grundlegender Bestandteil des deutschen Steuersystems, die steuerrelevante Gewährung von Anfangsverlusten zu kompensieren. Dem Anleger zufließende positive Erträgnisse, sei es aus laufenden Einnahmen, sei es aus Veräußerung des Anteils bzw. eines
Aufgabegewinns, sind mit dem im Zeitpunkt der Realisierung geltenden Steuersatz zu
versehen, sodass die Gewährung steuerrelevanter Anfangsverluste über die Laufzeit ausgeglichen wird.

Nun mag es aber durchaus so sein, dass der Steuervorteil, welchen der Anleger im 98
Zeitpunkt der Zeichnung und in den Folgejahren erzielte, über das Maß der Steuerbelastung in den Jahren der einkommensteuerlichen Kompensation hinausging. Dies mag

---

[30] Und in zahllosen Fällen auch tatsächlich erzielt.

seinen Grund in einer Änderung der Steuersätze, einer anderen Progressionsstufe des Anlegers (Zeichnung im Zeitpunkt höchster beruflicher Produktivität, Rückfluss in der Phase der Altersbezüge) oder in sonstigen Änderungen der steuerlichen Rahmenbedingungen, ggf. auch in der Anwendung günstiger Steuersätze für den sog. „Aufgabegewinn" haben.

99 In Haftungsverfahren wird diese steuerliche Rechtsfrage nunmehr eine Frage des zivilrechtlichen Schadensbegriffs sowie der Darlegungs- und Substantiierungslast des Geschädigten.

3. Problemstellung

100 Es ist ein Grundsatz des deutschen Schadensrechts, dass bei Bemessung eines ersatzfähigen Schadens die reale Vermögenssituation des Geschädigten im Vergleich zur hypothetischen Vermögenssituation betrachtet werden muss, wobei selbstverständlich wertende Gesichtspunkte eine Rolle spielen. Sofern ein Schaden gerichtlich geltend gemacht wird, ist Stichtag für die in Rede stehende Betrachtungsweise der Tag der letzten mündlichen Verhandlung. Hinzu tritt die Möglichkeit des Zivilrichters, unter bestimmten Voraussetzungen Schadensschätzungen vorzunehmen[31].

101 Hat nun der Anleger einer geschlossenen Beteiligung aufgrund der Zeichnung in seinem Vermögen dadurch Vorteile erlangt, dass dieser ohne die Zeichnung anfallende Steuern nicht hatte bedienen müssen, ist rein rechnerisch dieser Vorteil zu Lasten des Geschädigten und zugunsten des Schädigers zu berücksichtigen. Sofern der Anleger mithin Rückerstattung seiner Einlage Zug um Zug gegen Übertragung der Beteiligung begehrt, wären rechnerisch nicht nur die zugunsten des Anlegers während Haltedauer der Beteiligung erfolgten Ausschüttungen, sondern auch die gewährten Steuervorteile in Abzug zu bringen.

102 Da allein der Anleger in der Lage ist, diese Steuervorteile anhand seiner individuellen persönlichen Verhältnisse zu berechnen und vorzutragen, sahen zahlreiche Gerichte die diesbezügliche Substantiierungslast beim Kläger: Eine Klage, welche dies nicht berücksichtigt, ist unschlüssig und wäre abzuweisen, da die mit der Klage vorgetragene Schadensberechnung nicht den gesetzlichen Vorschriften entspricht. Der Anleger wäre mithin nicht nur gehalten, Aufschlüsse über seine persönliche steuerliche Situation im Schadensersatzrechtstreit zuzulassen; er müsste des Weiteren durch die richtige Antragstellung dafür Sorge tragen, dass seine Vermögenssituation am Ende nach Ausgleich des Schadens durch den Schädiger tatsächlich ausgeglichen ist. Problembehaftet ist diesbezüglich nämlich die Tatsache, dass die Finanzbehörden die im Falle des Obsiegens dem Kläger zufließende teilweise Rückerstattung seiner Einlage ihrerseits als steuerpflichtigen Vorgang ansehen könnten, auf welchen der Kläger sodann nach Maßgabe des im Zeitpunkt des Zuflusses geltenden Steuerrechts und des auf den Kläger entfallenden Steuersatzes wiederum Steuern abzuführen hätte. Da dies im Zeitpunkt der letzten mündlichen Verhandlung aber noch nicht feststeht, vertraten viele Gerichte die Rechtsauffassung, der Kläger müsse diesbezüglich einen Feststellungsantrag geltend machen, wonach der Schädiger auch die auf die Schadenersatzleistung etwa anfallende Einkommensteuer zu bezahlen hat. Unterlässt der Kläger dies, ist er unter Umständen aus Verjährungsgesichtspunkten gehindert, den diesbezüglich anfallenden Schaden dem Schädiger gegenüber geltend zu machen[32].

---

[31] Vgl. § 287 ZPO.
[32] → § 14 Rn. 17.

Der Bundesgerichtshof hat nunmehr die Gelegenheit ergriffen, in dieser Angelegenheit ein Machtwort zu sprechen. 103

4. Entscheidung

Der III. Zivilsenat stellt zunächst allgemein schadensrechtliche Erwägungen auf Basis 104
der Lehre der „Vorteilsausgleichung" an. Danach sind Wegfall oder Minderung des Schadens nur insoweit zu berücksichtigen, als sie in einem adäquat-ursächlichen Zusammenhang zu dem schädigenden Ereignis stehen. Außerdem muss die Anrechnung dem Zweck des Schadensersatzes entsprechen und darf weder den Geschädigten unzumutbar belasten noch den Schädiger unbillig entlasten. Zu solchen auf den Schadenersatzanspruch eines Geschädigten anzurechnenden Vorteilen gehören grundsätzlich auch Steuern, die der Geschädigte in Folge der Schädigung erspart hat; der III. Zivilsenat verweist diesbezüglich auf ständige Rechtsprechung sowohl des VII. als auch seines eigenen Senats.

Sodann lenkt der Senat den Blick aber in die Zukunft: Bei der Betrachtung möglicher Steuervorteile muss auch berücksichtigt werden, ob dem Geschädigten aus der 105
Zuerkennung des Schadensersatzanspruchs und dessen Gestaltung steuerliche Nachteile erwachsen, sei es durch eine Nachforderung des Finanzamtes, sei es durch eine Besteuerung der Schadensersatzleistung. Unter Bezugnahme auf Urteile des Bundesfinanzhofes[33] führt der III. Senat aus, dass eine Schadenersatzleistung dann dem gewerblichen Bereich zugeordnet und als Betriebseinnahme versteuert werden muss, wenn sie in wirtschaftlichem Zusammenhang mit seiner Beteiligung an einer geschlossenen Beteiligung in Rechtsform einer KG steht.

Unter Bezugnahme auf § 287 ZPO führt der Senat aus, dass eine exakte Errechnung 106
von Steuervorteilen unter Gegenüberstellung der tatsächlichen mit einer hypothetischen Vermögenslage angesichts der vielfältigen Besonderheiten und Möglichkeiten der konkreten Besteuerung und ihrer unterschiedlichen Entwicklung in verschiedenen Besteuerungszeiträumen häufig einen unverhältnismäßigen Aufwand erfordere.

Der III. Zivilsenat widerspricht in diesem Urteil der Rechtsauffassung des Berufungsgerichts, wonach die Berücksichtigung erst zukünftiger Nachteile nicht dem Grundsatz 107
des Schadensrechts entspräche, da für die Schadensberechnung auf den Zeitpunkt der letzten mündlichen Verhandlung abzustellen ist. Der Bundesgerichtshof dreht die Argumentationskette vielmehr um: Er stellt die Frage, ob und inwieweit Steuervorteile des Geschädigten überhaupt auf seinen Schaden angerechnet werden dürfen. Zwar hat die Lösung des Berufungsgerichts den Vorteil, dass sich der Tatrichter im anhängigen Schadensersatzprozess darauf beschränken kann, die in der Regel bekannten, weil bereits realisierten Steuervorteile schadensmindernd zu berücksichtigen, während die Klärung der zu erwartenden Steuernachteile gegebenenfalls einem zweiten Prozess vorbehalten bleiben kann. Der III. Zivilsenat ist aber der Auffassung, dass eine derartige Handhabung zu einer nicht hinnehmbaren Erschwerung der Durchsetzung eines Schadensersatzanspruches für den Anleger führt.

Der III. Zivilsenat stellt mithin als Rechtsgrundsatz fest, dass eine nähere Substantiierung und Berechnung der bereits erzielten Steuervorteile durch den Anleger nur dann 108
erforderlich ist, wenn Anhaltspunkte für außergewöhnliche Steuervorteile bestehen, die dem Geschädigten auch unter Berücksichtigung der Steuerbarkeit der Ersatzleistung

---

[33] Bundessteuerblatt 1977 II, S. 220.

V. Steuervorteile des Anlegers

verbleiben. Für solche Umstände trägt aber nicht etwa der Geschädigte, sondern der Schädiger die Darlegungs- und Beweislast. Ist dies nicht der Fall, muss davon ausgegangen werden, dass sich die Steuervorteile bei Zeichnung und die Steuerbarkeit der Schadensersatzleistung wirtschaftlich mehr oder weniger aufheben, sodass die Steuervorteile schadensersatzrechtlich außer Betracht bleiben müssen.

109 Abschließend stellt der III. Zivilsenat die Frage, wann denn außergewöhnliche Vorteile vorliegen: Solche im Rahmen der Schadensberechnung anzusetzende, den Anspruch des Anlegers mindernde Vorteile sind – so der BGH – weder Tarifermäßigungen zugunsten des Geschädigten, noch eine allgemeine Absenkung der Steuersätze, noch die Tatsache, dass der Anleger wegen einer Verschlechterung seiner Einkommenssituation im Zeitpunkt der Ersatzleistung einer milderen Besteuerung unterliegt.

110 All diese steuerlichen Aspekte – so der III. Zivilsenat – sollen ausschließlich dem Steuerzahler, mithin dem Geschädigten, zu Gute kommen, dürfen aber den Schädiger nicht entlasten.

111 Zuletzt verweist der III. Zivilsenat darauf, dass diese seine Rechtsprechung nicht auf solche Fälle übertragen werden darf, in denen der Geschädigte Verlustzuweisungen erhalten hat, die sogar über seine Einlageleistungen hinaus gehen; in diesem Falle bedarf die Sachverhaltskonstellation einer näheren Prüfung und Berechnung.

5. Fazit

112 Der III. Zivilsenat erleichtert die Rechtsdurchsetzung von Schadensersatzansprüchen des Anlegers einer geschlossenen Beteiligung mit Steuersparpotential im Bereich der Schadensberechnung erheblich. Dies überrascht, zumal es dem Anleger ohne Weiteres möglich wäre, die angefallenen Steuervorteile darzulegen und unter Beweis zu stellen.

113 Genau genommen ist die Thematik der Steuervorteile bei Anlegerklagen durch diese Rechtsprechung vom Tisch: Nicht nur, dass der III. Zivilsenat kaum Raum für die Erzielung außergewöhnlicher Steuervorteile lässt, welche den Schädiger entlasten; hinzu kommt die Darlegungs- und Beweislast zu Lasten des Schädigers, welcher mangels Sachnähe zu einem derartigen Vortrag im Regelfall gar nicht in der Lage sein wird.

114 Auch wenn das Bestreben des III. Zivilsenats, die Gerichte durch die Vermeidung von Folgeprozessen zu entlasten, deutlich zu Tage tritt und dies auch wünschenswert ist, bleibt dennoch ein Störgefühl zurück: Der Anleger darf nicht nur die durch Zeichnung der mit unternehmerischem Risiko versehenen Beteiligung verbundenen steuerlichen Vorteile behalten, er erhält zugleich seinen Einsatz voll umfänglich zurück. Ob und in welcher Höhe die Schadensersatzleistung tatsächlich besteuert wird, ist für den Schadensersatzrechtsstreit unerheblich.

115 Dass eine derartige Sachverhaltskonstellation auch nicht mit den Grundgedanken des Einkommensteuerrechts vereinbar ist, wonach Steuervorteile sowohl das Eingehen von Mitunternehmerinitiative, als auch das Tragen eines Mitunternehmerrisikos voraussetzen, ist offenkundig. Entwickelt sich die Anlage erfolgreich, hat es hierbei sein Bewenden; geht sie schief, erhält der Anleger seinen Kapitaleinsatz und behält den Steuervorteil. Dennoch ist diese Rechtsprechung jedenfalls im Bereich derjenigen Verlustzuweisungsgesellschaften nunmehr zementiert, deren Verlustzuweisungen nicht über die geleistete Einlage hinausgehen.

VI. Anlegeradressdaten

BGH Urteil vom 5. Februar 2013 – II ZR 136/11

1. Sachverhalt

Die Beklagte zu 1) ist eine Publikumsgesellschaft in Form einer GmbH & Co. KG. **116** Gegenstand der Gesellschaft ist unter anderem die Entwicklung, Produktion, Verwertung und Vermarktung sowie der Vertrieb von Kino- und Fernsehproduktionen. Die Beklagte zu 2) ist geschäftsführende Gesellschafterin der Beklagten zu 1). Es existiert daneben eine Treuhandkommanditistin (T.-Beteiligungstreuhand GmbH), über die sich die Anleger an der Fondsgesellschaft beteiligen konnten; alternativ konnten sich die Anleger als Direktkommanditisten ins Handelsregister eintragen lassen. Der Kläger ist ein solcher Direktkommanditist mit einer Einlage in Höhe von 60.000,00 EUR.

Der Gesellschaftsvertrag der Beklagten zu 1) enthält unter anderem folgende Rege- **117** lungen:

§ 4
Rechtsstellung der treuhänderisch beteiligten Gesellschafter (Treugeber), Treuhandvergütung
1. …
2. Im Innenverhältnis der Gesellschafter untereinander und der Gesellschafter zu den Treugebern werden die Treugeber wie unmittelbar beteiligte Gesellschafter behandelt. Dies gilt insbesondere für die Stimmrechte (siehe § 12), die Beteiligung am Gesellschaftsvermögen, am Gewinn und Verlust, an einem Abfindungsguthaben, einen Liquidationserlös sowie für die Ausübung mitgliedschaftlicher Rechte und die Möglichkeit, ihre Treugeberstellung auf Dritte zu übertragen. Die Regelungen dieses Gesellschaftsvertrages gelten insoweit entsprechend für die Treugeber, auch wenn die Treugeber nicht ausdrücklich erwähnt sind.

§ 12
Gesellschafterbeschlüsse
1. Gesellschafterbeschlüsse werden nach Ermessen des geschäftsführenden Gesellschafters in Gesellschafterversammlungen oder im schriftlichen Umlaufverfahren gefasst. … Die Treugeber sind zur unmittelbaren Ausübung der auf ihren jeweiligen Beteiligungsanteil entfallenden Stimmrechte berechtigt. …
2. … Außerordentliche Gesellschafterversammlungen sind in den gesetzlich vorgeschriebenen Fällen sowie dann einzuberufen, wenn
 a) ein Quorum von 25 Prozent der Stimmen der Gesellschaft … dies verlangt. …
5. Jeder Gesellschafter kann bei Vorliegen eines wichtigen Grundes unter Benennung dieses Grundes und des Abstimmungspunktes eine außerordentliche Beschlussfassung von der Fondsgesellschaft verlangen. …

§ 16
Nachschlusspflicht, Wettbewerbsverbot, Verschwiegenheitspflicht, Kontrollrechte
…
4. Die Treugeber/Kommanditisten haben – ggf. nach entsprechender Bevollmächtigung durch den Treuhandkommanditisten, auf die jeder Treugeber einen Anspruch hat – die gesetzlichen Kontrollrechte der Kommanditisten (§ 166 HGB) …

§ 18
Datenschutz
Mit Annahme der Anteilsübernahmeerklärung wird die T. Beteiligungstreuhand GmbH die vom Treugeber/Kommanditisten in seiner Anteilsübernahmeerklärung getätigten Angaben gegebenenfalls auch mit sonstigen Angaben im unmittelbaren Zusammenhang mit der Beteiligung speichern. Anderen Personen als der Fondsgesellschaft, dem Treuhandkommanditisten, dem Verwalter der Fondsgesellschaft sowie dessen Gesellschafter, den Vertriebspartnern, Steuerberatern, Wirtschaftsprüfern und dem finanzierenden Kreditinstitut darf die T. Beteiligungstreuhand GmbH keine Auskünfte über die Beteiligung erteilen, soweit nicht der Treugeber/Kommanditist ausdrücklich schriftlich zugestimmt hat.

VI. Anlegeradressdaten

Der Treugeber/Kommanditist ist verpflichtet, etwaige Änderungen seiner in der Anteilsübernahmeerklärung getätigten Angaben der Fondsgesellschaft unverzüglich mitzuteilen."

118   Im Treuhandvertrag sind unter anderem folgende Regelungen enthalten:

§ 1
Abschluss und Gegenstand des Treuhandvertrages, Personen des Treugebers
2. ... Für das Verhältnis zwischen dem Treuhandkommanditisten und dem Treugeber gelten die Bestimmungen des Gesellschaftsvertrages der Fondsgesellschaft entsprechend, sofern nicht in diesem Treuhandvertrag abweichende Regelungen enthalten sind.
§ 4
Gesellschafterbeschlüsse der Fondsgesellschaft
1. Der Treugeber stimmt bei Beschlüssen der Fondsgesellschaft im Umlaufverfahren und in einer Gesellschafterversammlung selbst ab.

119   Der Kläger begehrt mit seiner Klage die Herausgabe von Namen und Anschriften seiner Mitkommanditisten sowie der an der Beklagten zu 1) beteiligten Treugeber.

2. Hintergrund

120   Dass Anlegeranwälte in Gesellschafterversammlungen von Publikumsgesellschaften werbewirksam auftreten und versuchen, mittels aggressiver Wortmeldungen Mandanten zu gewinnen, ist nichts Neues. Viele betreiben offen oder verdeckt „Anlegerschutzvereinigungen", mittels welcher gebündelt Regressansprüche geltend gemacht werden sollen.

121   Allerdings hat sich im Konstrukt der geschlossenen Beteiligungen ein Registertreuhänder als feste Größe etabliert, um zum einen das Handelsregister von Tausenden von Anlegern zu entlasten, zum anderen die Anonymität der Investoren zu wahren. Einen Überblick über die Identität der Anleger hat mithin lediglich dieser Treuhänder sowie die Geschäftsleitung der Fondsgesellschaft, welche die sogenannte „Anlegerverwaltung" betreiben.

122   Eine Adressliste zu erhalten, mittels welcher tausendfach Unzufriedenheit unter den Anlegern gesät werden kann, verbunden mit der besorgniserregenden Mitteilung, dass Verjährung drohe, ist einem Schatzfund gleichzusetzen.

3. Problemstellung

123   Selbstverständlich ist zunächst, das außenstehende Dritte keinen Anspruch auf Anlegeradressdaten haben. Auch wenn das Handelsregister an sich ein öffentliches Register ist, mithin jedermann zur Einsicht offen steht, wird in der vorliegenden Sachverhaltskonstellation mittels Registertreuhänder diese Registeröffentlichkeit gerade vermieden.

124   In rechtlicher Hinsicht tritt ein weiteres Moment hinzu: So ist unmittelbarer Vertragspartner der Komplementärin sowie der im Handelsregister eingetragenen Direktkommanditistin nur der Treuhänder; in dieses Rechtsverhältnis sind die übrigen Gesellschafter nur mittelbar durch jeweils bilateral mit dem Treuhänder abzuschließende Verträge eingebunden.

125   Der BGH hatte die Frage zu lösen, ob in dieser Konstellation dem einzelnen Gesellschafter Auskunftsrechte im Hinblick auf die Namen und Adressdaten der übrigen Treugeber zustehen und wie diesbezüglich mit der gerichtsbekannten Tatsache zu verfahren ist, dass Anlegeranwälte diese Daten zu Missbrauchszwecken einsetzen.[34]

---

[34] Siehe zur Wettbewerbswidrigkeit LG Bremen, Urt. v. 12.9.2013, Az. 9 O 868/13 (nicht rechtskräftig).

4. Entscheidung

Der BGH sprach dem Kläger gegen die Beklagten den geltend gemachten Auskunftsanspruch zu. 126

Er führt aus, dass dem Kläger aus seinem personengesellschaftsrechtlichen Mitgliedschaftsrecht ein Anspruch auf Auskunft über die Namen und Anschriften sowohl der Mitkommanditisten, wie der Treugeber als seinen Vertragspartnern zusteht. 127

Er verweist darauf, dass bei einem Gesellschaftsvertrag einer Personen- bzw. Personenhandelsgesellschaft das Recht, seinen Vertragspartner zu kennen, selbstverständlich ist; dies folgt als unentziehbares mitgliedschaftliches Recht aus dem durch den Gesellschaftsvertrag begründeten Vertragsverhältnis. 128

Dies gilt nicht nur für die Namen und Anschriften seiner gesellschaftsvertraglich mit ihm verbundenen Mitkommanditisten; der Kläger hat ebenso einen Anspruch auf Auskunft über die Namen und Anschriften der Treugeber. 129

Der Senat verweist darauf, dass es der ständigen Rechtsprechung des Bundesgerichtshofes entspricht, dass im Falle einer sogenannten offenen oder qualifizierten Treuhand, gerade bei der treuhänderischen Zusammenfassung zahlreicher Geldgeber, die an der Gesellschaft Beteiligten ihr gesellschafterliches Innenverhältnis so gestalten können, als ob die Treugeber selbst Gesellschafter wären[35]. Dies ist vorliegend der Fall. Somit handelt es sich bei dem durch den Beitritt zustande gekommenen Rechtsverhältnis zwischen Kläger und dem Treugeber nicht um bloß schuldrechtliche Rechtsbeziehungen, sondern um ein von gesellschaftsrechtlichen Bindungen überlagertes Vertragsverhältnis. 130

Die Regelung in § 18 des Gesellschaftsvertrages „Datenschutz" ist unwirksam, da – so der BGH – das Recht besteht, die Vertragspartner des Gesellschaftsvertrages, das heißt alle anderen zu den Bedingungen des Gesellschaftsvertrages der Fondsgesellschaft Beigetretenen, zu kennen. Dies kann im Gesellschaftsvertrag einer Publikumskommanditgesellschaft nicht ausgeschlossen werden. Der Gesellschafter ist nämlich aus einer Vielzahl von Gründen auf die Kenntnis der Identität seiner Mitgesellschafter angewiesen: Der BGH verweist auf Stimmverbote einerseits, Treuepflichtverstöße aufgrund Geschäften im Geschäftsbereich der Gesellschaft andererseits. Auch könne für den Anleger von Bedeutung sein, ob sich der bei seinem Beitritt vorhandene Gesellschafterkreis später verändert und ob etwa Anteile von bestimmten natürlichen oder juristischen Personen erworben werden. 131

Zuletzt setzt sich der BGH mit der offenkundigen Gefahr des Missbrauchs der Daten auseinander. Der Senat formuliert wörtlich, dass er nicht verkenne, dass anwaltliche Vertreter von Anlegern die aus Auskunftsverfahren der vorliegenden Art gewonnenen Erkenntnisse zur Kontaktaufnahme mit bislang unbekannten Anlegern nützen können. Er hält es aber für unbedenklich, wenn ein Klägeranwalt im Auftrag seines Mandanten durch die Kontaktaufnahme mit anderen Anlegern zum Beispiel versucht, eine Interessengemeinschaft unter den Anlegern zu organisieren. Die Gefahr einer Mandatsakquisition durch die Klägeranwälte könne dem klagenden Anleger nicht als eigener Missbrauch angelastet werden, es sei denn, er wirkt mit dem missbräuchlich Handelnden kollusiv zusammen. Auch verweist der BGH auf die berufsrechtliche und wettbewerbsrechtliche Aufsicht. Letztendlich hält der BGH beide Beklagte als zur Auskunft verpflichtet, da die aus dem Informationsrecht des Kommanditisten folgenden Ansprüche sowohl gegen die Gesellschaft, wie das geschäftsführende Organ bestehen. 132

---

[35] Siehe zuletzt BGH II ZR 242/09.

5. Fazit

133 Es war allgemein erwartet worden, dass die Gerichte schon aus Gründen des Selbstschutzes restriktiv mit der Preisgabe von Anlegeradressdaten umgehen würden. So führen die Wellen von Anlegerreklamationen, welche in den letzten Jahren vor die Bankkammern getragen wurden, zu einer deutlichen Arbeitsüberlastung deutscher Gerichte.

134 Der BGH ging diesen Weg nicht. Er stellte den Anspruch auf Herausgabe der Anlegeradressdaten in den Kontext des kommunikativen Austausches der Gesellschafter untereinander und legte diesem daher keinerlei nennenswerte Steine in den Weg.

135 Zwar hielt er sich und den Tatsacheninstanzen durch das Schikaneverbot eine Hintertür offen; ob es in der Praxis gelingen wird, einen derartigen Missbrauchsfall zur Überzeugung der Gerichte vorzutragen, wird sich zeigen müssen.

136 Noch nicht vom BGH entschieden und mit gewisser Hoffnung aus Tatsachenrichtersicht betrachtet werden kann diejenige Sachverhaltskonstellation, in welcher ein Berufsträger[36] die Funktion des Treuhänders übernimmt: Dieser unterliegt kraft Gesetzes der Berufsverschwiegenheit. In Prospektmaterialien wird mit dieser Berufsträgerschaft in der Regel geworben, sodass der Anleger zum einen ein besonderes Interesse an vertraglichen Kontakten zu einer derartigen Berufsträgergesellschaft offenbart, wenn er mit dieser kontrahiert, zum anderen sich in Kenntnis dieser Berufsträgerschaft an einer Publikumskommanditgesellschaft beteiligt. In dieser Sachverhaltskonstellation muss sich das gesetzliche Verschwiegenheitsgebot gegen den Auskunftsanspruch durchsetzen.

VII. AVB-Rechtschutzversicherung

BGH Urteil vom 8. Mai 2013 – IV ZR 84/12

1. Sachverhalt

137 Der Kläger, ein Verbraucherschutzverein, begehrt, einem beklagten Versicherungsunternehmen die Verwendung der folgenden Bestimmungen zu untersagen:

„3. Ausgeschlossene Rechtsangelegenheiten
 Rechtsschutz besteht nicht für die Wahrnehmung rechtlicher Interessen
 (…)
 3.2.6 in ursächlichem Zusammenhang mit:
 (…)
 2. der Anschaffung oder Veräußerung von Effekten (zB Anleihen, Aktien, Investmentanteilen) sowie der Beteiligung an Kapitalanlagemodellen, auf welche die Grundsätze der Prospekthaftung anwendbar sind (zB Abschreibungsgesellschaften, Immobilienfonds);
 (…)"

138 Der Kläger hält die Klauseln für intransparent. Das Berufungsgericht hatte die erste Alternative der Klausel („Effektenklausel") für rechtlich zulässig, die zweite Alternative der Klausel („Prospekthaftungsklausel") für rechtlich unzulässig erachtet.

2. Hintergrund

139 Übernimmt ein Anlegeranwalt die Geltendmachung von Schadenersatzansprüchen eines Anlegers, besteht sehr häufig der erste „Kampf" darin, nicht etwa die potentiell

---

[36] Rechtsanwälte, Steuerberater oder Wirtschaftsprüfungsgesellschaften.

§ 11. Sonderprobleme des Grauen Kapitalmarkts

beklagte Seite in die Knie zu zwingen, sondern vielmehr auf Basis der Versicherungspolice seines (künftigen) Mandanten Deckungsschutzzusagen einzufordern.

In Massenschäden häufig anzutreffen ist die Tatsache, dass Versicherungsunternehmen ihrerseits die interne Prüfung der Angelegenheit durch eine „Second Opinion" einer externen Kanzlei untermauern lassen, welche auf das Kapitalanlagerecht spezialisiert ist und mithin wirtschaftlich ein Gutachten über das Wohl und Wehe eines Wettbewerbers abliefern darf. 140

Wie komplex die Sach- und Rechtslage häufig ist, wird insbesondere dann deutlich, wenn mehrere potentielle Haftungsadressaten in Rede stehen und die hieraus resultierende potentielle Kostenlast zu Lasten des Rechtsschutzversicherers potenziert wird. Es ist oftmals aus Beklagtensicht gerade bei Massenschäden nicht nachvollziehbar, nach welchem Schema die eingereichten Klagen in Rede stehende Haftungsadressaten auf Beklagtenseite einbeziehen, oder auch nicht. 141

Auf Beklagtenseite schließt sich in diesen Kontext die Frage an, inwieweit für den Fall der erfolgreichen Inanspruchnahme seitens der Kläger Innenregressansprüche im Wege der Streitverkündung gesichert werden sollen, bzw. müssen. Auch wenn eine derartige Streitverkündung an das erkennende Gericht unter Umständen das falsche Signal sendet[37], lassen sich häufig außergerichtliche Verjährungsverzichts- und Nebeninterventionsvereinbarungen nicht durchsetzen. 142

Letztendlich stellt sich die Frage des Vorhandenseins einer Rechtsschutzversicherung spätestens beim Vergleichsschluss: Ein Anreiz für den Kläger, aussichtslose Schadenersatzklagen bei Kostenerstattungsverzicht der Beklagtenseite durch Klagerücknahme aus der Welt zu schaffen, ist dann nicht gegeben, wenn es in wirtschaftlicher Hinsicht aufgrund der hinter dem Anleger stehenden Rechtsschutzversicherung nicht um dessen Vermögen geht. 143

3. Problemstellung

Die enormen wirtschaftlichen Risiken, welche auf Rechtsschutzversicherungen in Zusammenhang mit der Haftung bei Kapitalanlagen durch die massenhafte Einreichung von Klagen zukamen, mussten eine Reaktion der Versicherer provozieren. Dass dies in Allgemeinen Versicherungsbedingungen erfolgen würde, war klar. Allerdings erfordert die präzise Beschreibung der vom Haftungsausschluss erfassten tatsächlichen und rechtlichen Konstellationen in derartigen Bedingungen eine gedankliche Meisterleistung. 144

Vorliegend war ein Verbraucherschutzverein der Rechtsauffassung, dass dies in den hier in Rede stehenden Bedingungen nicht ausreichend transparent umgesetzt worden sei. Die Rechtsfrage zu klären war Aufgabe des Bundesgerichtshofes. 145

4. Entscheidung

Auch der BGH ist zunächst der Rechtsauffassung, dass es vorliegend um zwei voneinander unabhängige Alternativen der in Rede stehenden Klausel geht, welche separat in ihrer rechtlichen Wirksamkeit betrachtet werden müssen: Die „Effektenklausel" einerseits, die „Prospekthaftungsklausel" andererseits. Da das Oberlandesgericht letztere als unwirksam angesehen hat, befasst sich auch der BGH zunächst mit letzterer: 146

---

[37] Nämlich dergestalt, dass sich der Beklagte mit einer erfolgreichen Inanspruchnahme bereits abgefunden hat und es ihm nur noch um eine Geringhaltung des Schadens durch Verteilung auf mehrere Schultern geht.

VII. AVB-Rechtschutzversicherung

147 Er teilt diesbezüglich die Meinung des Berufungsgerichts, wonach die Klausel gegen das Transparenzgebot des § 307 Abs. 1 S. 2 BGB verstößt. So muss der Verwender Allgemeiner Versicherungsbedingungen die Rechte und Pflichten seines Vertragspartners möglichst klar und durchschaubar darstellen. Die Klausel muss nicht nur in ihrer Formulierung für den durchschnittlichen Vertragspartner verständlich sein, sondern darüber hinaus die wirtschaftlichen Nachteile und Belastungen so weit erkennen lassen, wie dies nach den Umständen gefordert werden kann. Gerade bei einer den Versicherungsschutz einschränkenden Ausschlussklausel müssen dem Versicherungsnehmer die damit verbundenen Nachteile und Belastungen, soweit nach den Umständen möglich, so verdeutlicht werden, dass er den danach noch bestehenden Umfang der Versicherung erkennen kann.

148 Ein durchschnittlicher Versicherungsnehmer kann aus der Prospekthaftungsklausel gerade nicht hinreichend klar entnehmen, welche Geschäfte von dem Ausschluss erfasst sein sollen, so der BGH.

149 Es kommt dabei auf die Verständnismöglichkeiten eines Versicherungsnehmers ohne versicherungsrechtliche Spezialkenntnisse an. Vorliegend könne der Versicherungsnehmer als juristischer Laie gerade nicht nachvollziehen, worin die „Grundsätze der Prospekthaftung" bestehen sollen und auf welche Arten von Kapitalanlagemodellen sie Anwendung finden können. So sei der durchschnittliche Versicherungsnehmer schon mit der Interpretation des Begriffs „Prospekt" überfordert. Auch wird er nicht verstehen können, in welcher Weise sich Finanzanlagemodelle durch „Haftungsgrundsätze" auszeichnen sollen. Er wird gerade nicht ersehen können, von welchen tatsächlichen Voraussetzungen eine Haftung nach diesen Grundsätzen und damit ein Ausschluss vom Versicherungsschutz abhängt. Kenntnisse über das differenzierte System der nur teilweise spezialgesetzlich geregelten, teilweise aber auch auf höchstrichterlicher Rechtsprechung beruhenden Prospekthaftung können bei ihm nicht vorausgesetzt werden. Die Klausel bleibe damit für ihn ohne einen erschließbaren, auf die Lebenswirklichkeit übertragbaren Sinn.

150 Hinzu kommt – so der BGH –, dass der Begriff der „Grundsätze der Prospekthaftung" auch im Rechtssinne kein fest umrissener Begriff der Rechtssprache ist. Schon in Rechtsprechung und Schrifttum sei nicht abschließend geklärt, wann jenseits spezialgesetzlich geregelter Tatbestände eine Haftung aufgrund dieser Grundsätze eingreife. Dieser Teil der Klausel hält mithin einer richterlichen Inhaltskontrolle nicht stand.

151 Der BGH befasst sich sodann mit der Effektenklausel und kommt auch insoweit zu einer Unwirksamkeit. So sei schon der Begriff der „Effekten" kein fest umrissener Begriff der Rechtssprache. Verbindet danach die Rechtssprache mit dem verwendeten Ausdruck „Effekten" keinen fest umrissenen Begriff und kommt es daher darauf an, wie dieser Begriff aus der Sicht eines durchschnittlichen Versicherungsnehmers zu verstehen ist, erweist sich die Klausel als intransparent. Der heutige Ausdruck eröffnet dem durchschnittlichen Versicherungsnehmer ein weites Begriffsfeld; der BGH verweist diesbezüglich auf die Einträge im Duden sowie im Wikipedia. Der schlagwortartige Begriff „Effekten" könne dem Versicherungsnehmer nicht vermitteln, welche Kriterien erfüllt sein müssen, damit Wertpapiere als Effekten einzustufen sind und wann Geschäfte mit diesen Papieren vom Deckungsumfang der Versicherung umfasst sein sollen. Es kann auch hier nicht erwartet werden, dass der Versicherungsnehmer als juristischer Laie ein präziseres Begriffsverständnis kennt.

Aufgrund der Unwirksamkeit beider Teile der streitigen Klausel kann der Kläger von 152
der Beklagten gemäß § 1 UKlaG die vollständige Unterlassung ihrer Verwendung beanspruchen.

5. Fazit

Ein aufmerksamer Leser dieses Buches wird dem BGH recht geben müssen: Die 153
Rechtsprechung zur Haftung im Kapitalanlagerecht wird nicht nur für Fachjuristen nahezu unüberschaubar; das Problem für den Rechtsanwender liegt auch in der Überinformation. Hierin Ordnung zu schaffen ist insbesondere Ziel dieses Buches[38].

Die Fülle der unterschiedlichen Sachverhaltskonstellationen und rechtlichen Fragestellungen, welche vorliegend behandelt werden, in Allgemeinen Geschäftsbedingungen in einem Absatz abzubilden, erscheint ein Ding der Unmöglichkeit. Vor diesem Hintergrund ist es nicht verwunderlich, wenn der BGH einen exemplarischen Versuch eines Versicherungsunternehmens, welcher vorliegend streitgegenständlich war, gleichsam in den Reißwolf gibt. 154

Ob dies in Zukunft gelingen wird, mithin Rechtsschutzversicherungen mit Erfolg 155
kapitalanlagerechtliche Haftungssachverhalte aus dem Anwendungsbereich der Rechtsschutzversicherung ausnehmen werden und wie der Markt darauf reagiert, wird sich zeigen. Nicht vergessen werden darf, dass auch unwirksame Klauseln jedenfalls eine tatsächliche Abschreckungswirkung insofern erfüllen, als diese in den Vertragsbedingungen stehen und somit zahlreiche Versicherungsnehmer in Unkenntnis der vorliegenden Rechtsprechung davon abhalten werden, ihr fehlgeschlagenes Investment zum Anwalt und letztendlich vor Gericht zu tragen.

VIII. Ausblick

Es ist sehr schwer, sich auf eine zukünftige Tendenz im Bereich der Haftung für fehlerhafte Kapitalanlagen im Bereich geschlossener Beteiligungen festzulegen. Zeitweise sah es so aus, als würde sich der Bundesgerichtshof dazu berufen fühlen, eine allzu anlegerfeindliche Grundhaltung der Tatsachengerichte anzugreifen und demjenigen Anleger zu seinem Recht zu verhelfen, welcher die Mühen einer Auseinandersetzung über drei Instanzen hinweg in Kauf genommen hat. Zum Teil mag dies sicherlich der Tatsache geschuldet sein, dass der klägerische Vortrag im Laufe der Zeit unterstützt durch Paralleluntersuchungen staatlicher Ermittlungsbehörden an Substanz gewann, wobei die Gerichte sich hier im Hinblick auf Präklusionsvorschriften durchaus großzügig zeigten. Zum Teil beurteilten die höchsten deutschen Zivilrichter die Angelegenheit aber schlichtweg anlegerfreundlicher, als ihre Kollegen in den Tatsacheninstanzen. 156

In jüngerer Zeit lässt sich demgegenüber feststellen, dass die III. Instanz durchaus 157
mäßigenden Einfluss zu nehmen vermag, indem von den Tatsacheninstanzen überspannte Sorgfaltsanforderungen wieder zurückgenommen werden.

Rechtliche Probleme in Zusammenhang mit der Haftung beim Vertrieb geschlossener Beteiligungen und sonstiger Grauer Kapitalmarktprodukte werden auch in Zukunft nicht ab- sondern vielmehr zunehmen. Trotz und gerade wegen der Regulierungsbemühungen des Gesetzgebers werden Streitfragen in ungebrochener Heftigkeit vor den Gerichten ausgetragen und von diesen entschieden werden müssen. 158

---

[38] So *Buck-Heeb* in ihrer Rezension der ersten Auflage, WM 2012, 1700.

VIII. Ausblick

159 Dabei treten insbesondere Probleme mit der steuerlichen Fondskonzeption immer mehr in den Vordergrund. Zu erwähnen ist diesbezüglich zum einen die Problematik der Medienfonds mit Defeasance-Strukturen, welche sowohl die finanzgerichtliche, aber auch die zivilgerichtliche Rechtsprechung mindestens weitere zehn Jahre beschäftigen werden[39]. Aber auch Änderungen der steuerlichen Veranlagungspraxis aufgrund höchstrichterlicher Entscheidungen in Zusammenhang mit dem Aufgabegewinn führen zu Streitigkeiten zwischen Anlegern und Haftungsadressaten. Dessen ungeachtet werden nach wie vor gewagte steuerliche Fondskonzeptionen aufgelegt und in der Presse beworben.

160 Selbiges gilt für die Unzufriedenheit zahlloser Anleger angesichts der Krise der Schiffsfonds.

161 Vor diesem Hintergrund erfreulich ist demgegenüber eine zunehmende Spezialisierung der Landgerichte durch Schaffung von Bankkammern nebst damit einhergehender Expertise der betreffenden Richter. Jedenfalls dies wird dazu beitragen, durch hochqualifizierte Urteile höhere Instanzen zu entlasten.

---

[39] Siehe hierzu zB den publikumswirksamen Auftritt eines Anlegeranwalts aus Berlin, welcher mit einem Lastwagen kurz vor dem Jahreswechsel 2010/2011 1.200 Klagen gebündelt beim Landgericht München I einreichte.

§ 12. Die Haftung für fehlerhafte Kapitalmarktinformation

Literatur:
Bernuth/Wagner/Kremer, Die Haftung für fehlerhafte Kapitalmarktinformationen: Zur IKB-Entscheidung des BGH, WM 2012, 831 ff.

I. Einführung

Es bedurfte schon der Subprime-Krise und anschließend der Finanzmarktkrise und künftig wohl einer Affäre, welche unter dem Namen „Dieselgate" bekannt wurde, um die seit ihrer Einführung vor mehr als zehn Jahren geradezu vor sich hindümpelnden Vorschriften der §§ 37b, 37c WpHG ins Blickfeld der Öffentlichkeit und damit auch der Rechtsprechung des Bundesgerichtshofes zu rücken. 1

Obwohl – die erste der vorliegend zu besprechenden Entscheidungen hat ebenfalls Vorgänge aus dem Innenleben eines weltweit anerkannten Automobilherstellers mit Stammsitz in Deutschland zu tun, ohne dass die zugrunde liegende Problematik mit Subprime und/oder der Finanzmarktkrise in Verbindung stand: Es geht eher um eine persönliche Krise, nämlich um die Vorgänge rund um das Ausscheiden eines Vorstandsvorsitzenden, welcher aus öffentlicher Kritik Schlüsse zog, um sich vorzeitig von seinem Amt zurückzuziehen. 2

Sämtlichen vorliegend zu besprechenden Entscheidungen ist gemeinsam, dass – sehr viel intensiver, als in den sonstigen in diesem Buch besprochenen Abschnitten – sich die Rechtsprechung sowohl der Tatsacheninstanzen, wie der Revisionsinstanz erst langsam und sukzessive an juristische Fragestellungen und deren Lösungen herantastet, wobei selbst der BGH mittels Vorlagebeschlüssen Hilfestellung bei europäischen Instanzen nachfragt. 3

Es ist mithin ein Feld wie geschaffen für case law, wobei Anleihen aus den sonstigen in diesem Buch beschriebenen Fragestellungen der Haftung bei Kapitalanlagen selten sind; teilweise – und dies wird zu zeigen sein – hält sich die Rechtsprechung sogar äußerst bedeckt, geht bewusst eigene Wege und versucht gar nicht erst, die hier in Rede stehenden Probleme der Haftung bei Kapitalanlagen mit der Rechtsprechung der Haftung für fehlerhafte Kapitalmarktinformationen in Übereinstimmung zu bringen. 4

II. Daimler

BGH Beschluss vom 23. April 2013 – II ZB 7/09

1. Sachverhalt

Zwischen Musterkläger und Musterbeklagten sind Schadenersatzansprüche wegen verspäteter Ad-hoc-Mitteilung über das vorzeitige Ausscheiden des Vorstandsvorsitzenden Prof. Dr. Jürgen Schrempp streitig. 5

Nach der Hauptversammlung der Musterbeklagten vom 6. April 2005 trug sich Prof. Schrempp zunehmend mit dem Gedanken, noch vor Ablauf seiner bis 2008 reichenden 6

Bestellung als Vorstandsvorsitzender auszuscheiden. Seine Ehefrau, die als Führungskraft in seinem Büro tätig war, wusste davon. Mit dem Vorsitzenden des Aufsichtsrats sprach er hierüber am 17. Mai 2005; zwei weitere Aufsichtsratsmitglieder wurden am 1. Juni 2005 über die Pläne informiert. Das weitere Vorstandsmitglied Dr. Dieter Zetsche, der sein Nachfolger als Vorstandsvorsitzender werden sollte, wurde spätestens am 15. Juni 2005 informiert. Am 6.7.2005 informierte man eine Chefsekretärin und ab dem 10.7.2005 arbeiteten der Kommunikationschef, die Ehefrau von Prof. Schrempp sowie die Chefsekretärin an einer Pressemitteilung, einem externen Statement und einem Brief an die Mitarbeiter.

7 Eine Einladung, welche am 13. Juli 2005 zu einer Aufsichtsratssitzung auf den 28. Juli 2005 lud, erhielt ebenso wenig einen Hinweis auf diese Absichten, wie die Einberufung des Präsidialausschusses des Aufsichtsrats auf den 27. Juli 2005. Tatsächlich verständigten sich Prof. Schrempp und der Vorsitzende des Aufsichtsrats darauf, in der Aufsichtsratssitzung vom 28. Juli 2005 das vorzeitige Ausscheiden von Prof. Schrempp zum Jahresende und die Bestimmung von Dr. Zetsche zum Nachfolger vorzuschlagen. Dies erörterten sie am 25. Juli 2005 mit dem Vorsitzenden des Konzern- und Gesamtbetriebsrats, welcher ebenfalls Aufsichtsratsmitglied war. Unklar ist, ob dieser bereits am 11. Juli 2005 telefonisch über den beabsichtigten Wechsel informiert worden war. Der Betriebsratsvorsitzende besprach diese Personalfrage mit den übrigen Arbeitnehmervertretern, führte Gespräche mit Dr. Zetsche und kündigte gegenüber Prof. Schrempp am 27. Juli 2005 an, dass die Arbeitnehmerbank für den Wechsel stimmen werde.

8 Am 27. Juli 2005 wurden zwei weitere Mitglieder des Präsidialausschusses informiert, noch bevor um 17.00 Uhr an diesem Tag die Sitzung begann. Der Präsidialausschuss beschloss, dem Aufsichtsrat am Folgetag vorzuschlagen, dem vorzeitigen Ausscheiden von Prof. Schrempp zum Jahresende unter Bestellung von Dr. Zetsche zu seinem Nachfolger zuzustimmen. Noch am Abend des 27. Juli 2005 wurden weitere Personen informiert. Am 28. Juli 2005 beschloss der Aufsichtsrat gegen 9.50 Uhr, dass Prof. Schrempp zum Jahresende aus dem Amt ausscheiden und Dr. Zetsche neuer Vorstandsvorsitzender werden sollte. Eine entsprechende Ad-hoc-Mitteilung sandte die Musterbeklagte den Geschäftsführungen der Börsen und der BaFin vorab um 10.02 Uhr, um 10.32 Uhr wurde diese Mitteilung in der Meldungsdatenbank der Deutschen Gesellschaft für Ad-hoc-Publizität veröffentlicht. Der an diesem Tag bereits nach der Veröffentlichung der Ergebnisse des zweiten Quartals 2005 angestiegene Kurswert der Aktien stieg nach der Mitteilung über den Wechsel im Amt des Vorstandsvorsitzenden weiter deutlich an.

9 Mehrere Anleger, die Aktien der Musterbeklagten vor diesem Zeitpunkt verkauft hatten, hatten, wie der Musterkläger, Klage gegen die Musterbeklagte erhoben. Gegenstand ist die Einforderung von Schadensersatz wegen der ihrer Ansicht nach verspäteten Ad-hoc-Mitteilung.

2. Hintergrund

10 Prof. Schrempp, 1998 Manager des Jahres, verantwortete 1998 den Zusammenschluss der Daimler-Benz AG mit dem US-amerikanischen Konzern Chrysler zu DaimlerChrysler. Er setzte auch Beteiligungen des Konzerns an den asiatischen Autoherstellern Mitsubishi Motors mit 37% und Hyundai Motor Company mit 10% durch.

11 Während seiner Amtszeit geriet Prof. Schrempp mehr und mehr unter Druck. Insbesondere die Beteiligung an Mitsubishi Motors erwies sich zunehmend als verlustreich.

Dennoch wurde sein Vertrag als Vorstandsvorsitzender im April 2004 um vier Jahre verlängert. Durch eine unbedachte und auch unbegründete Äußerung von Prof. Schrempp vor der Presse mussten an ehemalige Chrysler-Aktionäre 300 Mio. US-Dollar Entschädigung gezahlt werden, wobei von einer Haftpflichtversicherung nur 250 Mio. Dollar erlangt wurden; ein diesbezügliches Urteil wurde kurz vor dem Abgang Schrempps rechtskräftig.

Tatsächlich reagierte die Börse auf den Abschied von Prof. Schrempp mit einem kräftigen Kursanstieg. Die Deutsche Schutzvereinigung für Wertpapierbesitz begrüßte den Rücktritt, da Prof. Schrempp Milliardenwerte vernichtet habe; der Aktienkurs sei nämlich entgegen der Philosophie des Shareholder Value während der Amtszeit Schrempps nicht nennenswert gestiegen. **12**

3. Problemstellung

Das Oberlandesgericht Stuttgart als Vorinstanz stellte in seinem Musterentscheid[1] fest, dass eine Insiderinformation vor der Beschlussfassung des Aufsichtsrats am 28. Juli 2005 dahingehend, dass Prof. Schrempp eine Amtsniederlegung erklärt habe, nicht entstanden war, dass aber am 27. Juli 2005 nach 17.00 Uhr mit der Beschlussfassung des Präsidialausschusses des Aufsichtsrats eine derartige Information dahingehend entstanden sei, dass der Aufsichtsrat in seiner Sitzung vom 28. Juli 2005 über den Vorschlag des Präsidialausschusses beschließen werde, der vorzeitigen Aufhebung der Bestellung von Prof. Schrempp zum 31. Dezember 2005 zuzustimmen. **13**

Der BGH legte dem Gerichtshof der Europäischen Union mit Beschluss vom 22. November 2010[2] zwei Fragen zur Auslegung von Art. 1 Abs. 1 der Europäischen Richtlinie 2003/6/EG sowie Art. 1 Abs. 1 der Richtlinie 2003/124/EG vor. **14**

Der Europäische Gerichtshof entschied daraufhin mit Urteil vom 28. Juni 2012[3], dass bei einem zeitlich gestreckten Vorgang, wie hier, auch die mit der Verwirklichung des Umstands verknüpften Zwischenschritte Insiderinformationen sein können. Des Weiteren entschied der Gerichtshof, dass es hierbei auf die ex-ante-betrachtete, hinreichende Wahrscheinlichkeit ankomme. **15**

4. Entscheidung

Der BGH hob den Musterentscheid des OLG auf und verwies die Sache zurück. **16**

Der BGH teilt zunächst die Rechtsauffassung des OLG, dass in der Zeit vom 17. Mai 2005 bis zur Beschlussfassung des Aufsichtsrats keine Insiderinformation des Inhalts entstanden ist, Prof. Schrempp würde gegenüber dem Aufsichtsratsvorsitzenden eine einseitige Amtsniederlegung erklären. Das Oberlandesgericht hatte insoweit umfangreich Beweis erhoben und sich mit den Beweisergebnissen widerspruchsfrei auseinandergesetzt und diese auch vollständig gewürdigt. **17**

Dies löst aber nicht allein die entscheidungserhebliche Frage, ab welchem Zeitpunkt tatsächlich eine mitteilungspflichtige Insiderinformation entstanden ist. So könnte bereits der Zeitpunkt Mitte Mai, als Prof. Schrempp seine Absicht des vorzeitigen Ausscheidens dem Aufsichtsratsvorsitzenden erläuterte, als solche Insiderinformation anzusehen sein. Wenn bereits zu diesem Zeitpunkt eine derart konkrete Information vorlag, die geeignet war, im Falle ihres öffentlichen Bekanntwerdens den Börsenkurs **18**

---

[1] 22. April 2009, ZIP 2009, 962.
[2] ZIP 2011, 72.
[3] ZIP 2012, 1282.

II. Daimler

der Aktien der Musterbeklagten erheblich zu beeinflussen, wäre eine Insiderinformation gegeben. Dass es sich nur um einen Zwischenschritt auf dem Weg zum Ausscheiden von Prof. Schrempp handelte, sperrt eine solche Einordnung nicht. Hier nimmt der BGH auf den Gerichtshof der Europäischen Union Bezug. Jedes einzelne Ereignis auf dem Weg zu einem beabsichtigten Ergebnis kann dementsprechend als Insiderinformation anzusehen sein.

19   Der BGH sah sich insoweit aber nicht in der Lage, in der Sache zu entscheiden, da das OLG weder Feststellungen getroffen hatte, welche der bis zum Aufsichtsratsbeschluss eingetretenen Umstände eine konkrete Information im Hinblick auf die Kursspezifität darstellten, noch, ob sie auch geeignet waren, im Falle ihres öffentlichen Bekanntwerdens den Börsenkurs erheblich zu beeinflussen.

20   Zu berücksichtigen ist insoweit, dass zwar auch Pläne, Vorhaben oder Absichten einer Person konkrete Informationen über diesen existierenden Umstand sein können. Allein die Tatsache, dass Prof. Schrempp sich mit derartigen Überlegungen befasste, ohne dass ein dahingehender Entschluss bereits gefasst wurde, begründet aber noch keine so spezifische Information, dass sie einen Schluss auf eine mögliche Auswirkung auf die Kurse zuließe. Dem Merkmal der Kursspezifität kommt nämlich gerade bei solchen Ereignissen, die lediglich Teil eines gestreckten Geschehensablaufes sind, eine besondere Bedeutung zu. Selbst wenn man aus den Überlegungen eine Schwächung der Leitungsposition ableiten möchte, führt dies nicht zu einer Kurzspezifität.

21   Wenn Prof. Schrempp diese Überlegungen seiner Ehefrau mitgeteilt hat, die ebenfalls bei der Musterbeklagten tätig war, sind sie nicht über den engen persönlichen Bereich hinaus gelangt. Ereignisse zwischen dem 6. April 2005 und dem 17. Mai 2005 sind mithin nicht relevant.

22   Es kommt vielmehr maßgeblich auf das Gespräch von Prof. Schrempp mit dem Aufsichtsratsvorsitzenden am 17. Mai 2005 an. Aus der ex ante-Prognose muss das Kursbeeinflussungspotential diesbezüglicher Informationen ermittelt werden: Wird ein verständiger Anleger als Teil der Grundlage seiner Anlageentscheidung bereits die Information nutzen, dass Prof. Schrempp gegenüber dem Aufsichtsratsvorsitzenden seine Absicht bekundet hat, vor Ablauf der Amtszeit im Einvernehmen mit dem Aufsichtsrat aus dem Amt auszuscheiden, wenn insoweit der Aufsichtsratsvorsitzende dem auch nicht entgegengetreten ist, sondern mit Prof. Schrempp zusammen auf einen Aufsichtsratsbeschluss hinarbeiten wollte?

23   Nicht ins Gewicht fällt diesbezüglich, dass tatsächlich nach der Ad-hoc-Mitteilung über den Aufsichtsratsbeschluss ein Kursanstieg stattfand. Denn die Information über den Aufsichtsratsbeschluss, nach welchem die Beendigung der Vorstandstätigkeit zum Jahresende praktisch sicher war, ist eine völlig andere, als die Information über ein Gespräch mit der Absicht, aus dem Vorstandsamt zum Jahresende auszuscheiden.

24   Der Senat weist weiter darauf hin, dass diese seine Rechtsauffassung unter Umständen frühzeitig zu einer veröffentlichungspflichtigen Insiderinformation führen kann, obwohl der unternehmensinterne Entscheidungsprozess noch gar nicht abgeschlossen ist. Dies sei aber Sinn und Zweck der Europäischen Richtlinie, die Anleger einander gleichzustellen. Der Schutz des Emittenten ist hier in zweierlei Hinsicht gegeben: Zum einen ist er dadurch geschützt, dass er die Veröffentlichung auf das eigene Risiko hin, die Vertraulichkeit gewährleisten zu können, aufschieben darf (§ 15 Abs. 3 S. 1 WpHG); des Weiteren schuldet er dann keinen Schadenersatz, wenn das Unterlassen der Veröffentlichung weder auf Vorsatz noch auf grober Fahrlässigkeit beruht, § 37b Abs. 2 WpHG. Ein solcher Fall kann gerade dann vorliegen, wenn die Kursspezifität

oder die Kursrelevanz mit dem Verschuldensmaßstab der leichten Fahrlässigkeit falsch eingeschätzt werden.

Der BGH befasst sich sodann mit einem weiteren Zeitpunkt einer aufklärungspflichtigen Insiderinformation: So könnte nämlich weiter ab Mitte Mai 2005 eine Insiderinformation über einen weiteren Zwischenschritt dahingehend entstanden sein, dass der Aufsichtsrat dem Ausscheiden von Prof. Schrempp zum Jahresende auch zustimmen würde, bzw. dass Prof. Schrempp zum Jahresende tatsächlich ausscheiden werde. Nach der Entscheidung des EuGH müssen hier die Wahrscheinlichkeitsbeurteilungen überarbeitet werden. So muss nach wie vor eher mit dem Eintritt des künftigen Ereignisses, als mit seinem Ausbleiben zu rechnen sein, aber die Wahrscheinlichkeit muss nicht zusätzlich hoch sein. Insoweit verweist der BGH den Rechtsstreit auch hier für weitere tatrichterliche Feststellungen zurück. 25

Schließlich wird an das OLG zur Beurteilung der Frage rechtmäßigen Alternativverhaltens zurückverwiesen. So hat das OLG festzustellen, ob die Musterbeklagte, wenn sie das Vorliegen einer Insiderinformation erkannt hätte, eine Befreiungsentscheidung gemäß § 15 Abs. 3 WpHG getroffen hätte, welche dazu geführt hätte, dass die Vertraulichkeit gewahrt wurde. Es müssen diesbezüglich aber die Voraussetzungen des § 15 Abs. 3 S. 1 WpHG – abgesehen von der bewussten Entscheidung, welche ja nicht getroffen wurde – im Übrigen vorliegen. Dies bedeutet insbesondere, dass die Vertraulichkeit gewährleistet ist. Dies setzt neben der Kontrolle des Zugangs zu den Informationen auch voraus, dass der Emittent die erforderlichen Maßnahmen ergriffen hat, um zu gewährleisten, dass jede Person, die Zugang zur Insiderinformation hat, die sich daraus ergebenden rechtlichen sowie deklaratorischen Pflichten anerkennt und sich auch der Sanktionen bewusst ist, die bei einer missbräuchlichen Verwendung bzw. nicht ordnungsgemäßen Verbreitung derartiger Informationen verhängt werden. 26

5. Fazit

Der BGH setzt mit dieser Entscheidung Vorgaben des Europäischen Gerichtshofs in einem Spannungsfeld um, welches von höchster Praxisrelevanz ist. 27

Besonders schön wird zum einen bei den zahlreichen „Zwischenschritten", welche letztendlich zu einer unternehmerischen Entscheidung führen, der Denkprozess, der Austausch im engsten Familienkreis und der Austausch mit Kollegen sowie deren Reaktion betrachtet und für relevant erachtet. Sichtlich ist der BGH bemüht, hier einen Mittelweg zwischen der zwingend erforderlichen Anlegerinformation einerseits, der Freiheit im Denken und Entscheiden gerade auch bei schwierigen, langwierigen Entscheidungsprozessen andererseits, herbeizuführen. 28

Die Entscheidung ist des Weiteren äußerst bedeutsam im Hinblick auf das rechtmäßige Alternativverhalten betreffend die Befreiungsentscheidung: Es genügt nicht alleine, dass eine Information im Ergebnis tatsächlich geheim geblieben ist. Es muss vielmehr auch sichergestellt sein, dass sämtliche Personen, welche an diese Informationen gelangt waren, sich der Konsequenz eines Insidervergehens bewusst waren und zur Geheimhaltung durch die Unternehmung angehalten worden waren. 29

III. IKB

BGH Urteil vom 13. Dezember 2011 – XI ZR 51/10

1. Sachverhalt

30   Die Klägerin begehrt aus abgetretenem Recht Schadensersatz wegen Aktienerwerbs. Der Vorstandsvorsitzende der Beklagten, ein in Rechtsform einer Aktiengesellschaft geführtes Kreditinstitut, soll eine irreführende Presseerklärung abgegeben haben.

31   Die Beklagte, welche vor allem mittelständische Unternehmen finanzierte, engagierte sich seit 2001 auf dem Kapitalmarkt für strukturierte Forderungs-Portfolien. Deren Gegenstand waren ua auch solche Finanzprodukte, die sich auf Forderungen aus dem US-Hypothekenmarkt bezogen (sogenannte Subprimes, großzügig vergebene Hypothekenkredite mit zweitklassiger Qualität).

32   Mitte 2007 hatte die Beklagte, welche eine Bilanzsumme von rund 54 Mrd. EUR besaß, unmittelbar in derartige Finanzprodukte ca. 6,8 Mrd. EUR investiert.

33   Die Beklagte war aber auch mittelbar über die Gewährung von Liquiditätslinien sowie die Erbringung von Beratungsdienstleistungen gegenüber Zweckgesellschaften investiert; diese investierten unmittelbar in Subprime-Finanzprodukte. Eine wesentliche mittelbare Beteiligung bestand an dem Unternehmen in Firma „Rhineland Funding Capital Corporation Conduit" (nachfolgend RFCCC). Auch der RFCCC beabsichtigte, über 90% seiner Erträge durch Investments in vorgenannte Forderungsportfolien zu erzielen. Die von der Beklagten dem RFCCC zur Verfügung gestellte Liquiditätslinie belief sich Ende Juli 2007 auf weitere 8,1 Mrd. EUR.

34   Bereits seit dem Frühjahr 2007 häuften sich auf dem US-Hypothekenmarkt wegen stark gestiegener Zinsen, eines allgemeinen Preisverfalls von Immobilien und eines sehr niedrigen Kreditvergabestandards die Ausfälle der Immobilienkredite, welche in Form von strukturierten Wertpapieren gehandelt wurden. Ebenso, wie bei anderen betroffenen Banken, kam es bei der Beklagten zu Anfragen der Deutschen Bundesbank und von Rating-Agenturen; Mitte Juli 2007 stuften diese Agenturen zum ersten Mal die sogenannten Subprimes wegen erhöhter Ausfallrisiken herab. Dies führte auch dazu, dass die Preise für die durch die Beklagte emittierten Anleihen sanken und es im Markt Gerüchte gab, die Beklagte hätte insofern ein substantielles Risiko getroffen. Als Bloomberg am 20. Juli 2007 negative Fakten über die Beklagte veröffentlichte, fiel der Kurs der Aktie der Beklagten. Diese reagierte, um die aufkommenden Gerüchte auszuräumen und die nervöse Marktsituation zu beruhigen; der damalige Vorstandsvorsitzende der Beklagten gab in Kenntnis der vorstehend erwähnten Umstände am Freitag, den 20. Juli 2007 eine Pressemitteilung heraus, die ua folgenden Inhalt hatte:

> „… Die Entwicklung im europäischen Bankensektor – insbesondere in den Aktien- und Kreditmärkten – ist in den letzten Wochen von einer hohen Volatilität geprägt gewesen. Anlass hierfür waren insbesondere Unsicherheiten im US-Hypothekenmarkt. Die jüngste sehr umfassende Moody's-Analyse für dieses Marktsegment hat im Hinblick auf I. –Engagements der I. GmbH praktisch keine Auswirkung. Von den in diesem Zusammenhang von Moody's auf die Watchlist gesetzten Tranchen ist die I. lediglich mit einem einstelligen Millionen-Betrag betroffen. Von der jüngsten Analyse, die Standard & Poors für den CDO-Markt erstellt hat, ist die I. in keinerlei Hinsicht betroffen. Schwerpunkt unserer Engagements bilden Investments in Portfolien von Unternehmenskrediten. …"

35   Der Zedent erwarb am 26. Juli 2007 1.000 Aktien der Beklagten zu einem Kurs von 23,77 pro Aktie.

Am 27. Juli schloss eine große Bank gegenüber der Beklagten ihre Handelslinie im 36
Interbankenverkehr, dem sich andere Kreditinstitute anschlossen. Am Wochenende des
28./29.7.2007 kam es zu einem Krisentreffen unter Beteiligung der Kreditanstalt für
Wiederaufbau, der größte Aktionär der Beklagten, der BaFin, der Deutschen Bundesbank und des Bundesfinanzministeriums. An dessen Ende stand die Einrichtung eines
sogenannten „Rettungsschirmes" zu Gunsten der Beklagten.

Am Montag, den 30. Juli 2007 veröffentlichte die Beklagte eine diesbezügliche Ad- 37
hoc-Mitteilung nach § 15 WpHG; der Aktienkurs der Beklagten brach daraufhin ein.

Die Klägerin verlangt im Wege des Schadensersatzes Zahlung des Erwerbspreises 38
nebst Zinsen Zug um Zug gegen Übertragung der Aktien.

2. Hintergrund

Mit der Subprime-Krise, welche in erster Linie Auswirkungen auf den US-amerika- 39
nischen Immobilienmarkt sowie – wie dieser Sachverhalt zeigt – mittelbar Auswirkungen auf einzelne Kreditinstitute hatte und deren Beginn – wie vorliegend ersichtlich –
bereits in das Jahr 2007 zu datieren ist, nicht zu verwechseln ist die Finanzmarktkrise,
welche nach diesseitiger Ansicht in dieser Form nicht vorhergesehen werden konnte
und deren Beginn mit Insolvenzantragstellung der Lehman Brothers Holdings Inc.
mehr als ein Jahr später, nämlich auf den 15. September 2008, zu datieren ist.

Problematisch für die IKB war, dass diese beginnend mit dem Jahr 2001 glaubte, ein 40
neues, ertragreiches Geschäftsfeld für sich entdeckt zu haben. In Rede steht die Investition in strukturierte Wertpapiere, sogenannte Asset Backed Securities. Sie erwarb diese
Wertpapiere selbst sowie über den erwähnten RFCCC; dieser Erwerb länger laufender
Papiere wurde mit der Emission kurzlaufender sogenannter Asset-backed Commercial
Papers kombiniert und refinanziert. Schon am 31.3.2007 betrugen die Eigeninvestitionen der IKB rund 6,8 Mrd. EUR, die Investitionen des RFCCC rund ca. 12,7 Mrd.
EUR; dabei entfielen vom Eigenanteil der IKB ca. 38,5%, von den Investitionen der
RFCCC ca. 90% auf Subprimes. Bei einer Bilanzsumme von 54 Mrd. EUR hatte die
IKB Subprime-Risiken in Höhe von rund 13 Mrd. EUR angehäuft.

Die Subprime-Krise musste zwingend besondere Auswirkungen auf die IKB haben. 41
Dass in Anbetracht der vorerwähnten Pressemitteilung der Vorstandsvorsitzende wegen
vorsätzlicher Marktmanipulation gemäß § 20a Abs. 1 Nr. 1, § 38 Abs. 2, § 39 Abs. 2
Nr. 11 WpHG rechtskräftig zu einer Freiheitsstrafe von zehn Monaten (auf Bewährung)
verurteilt wurde, überrascht nicht[4].

3. Problemstellung

Der XI. Senat hatte in dieser Entscheidung – endlich – eine Vielzahl von Problemen 42
der Haftung für fehlerhafte Kapitalmarktinformationen zu lösen, welche im Schwerpunkt in den §§ 37b, 37c WpHG verortet sind. Es ging zunächst um die Frage, ob die
veröffentlichte Pressemitteilung unter den Anwendungsbereich dieser Vorschriften fällt.
Sodann ging es um die Frage der Präzisierung der Insiderinformation, auf die § 37b
WpHG verweist[5]. Im Zusammenhang mit den Insiderinformationen ist sodann die
Frage des sogenannten „Kursbeeinflussungspotentials" zu klären. Sind sodann Aussagen
über den subjektiven Tatbestand[6] geklärt, stellt sich die Frage nach dem ersatzfähigen

---

[4] BGH 3 StR 506/10, NZG 2011, 1075.
[5] Siehe § 13 Abs. 1 S. 1 WpHG.
[6] Verschuldensmaßstab nur Vorsatz und grobe Fahrlässigkeit.

Vermögensschaden (großer oder kleiner Schadensersatz). Der BGH hatte des Weiteren Gelegenheit, sonstige Anspruchsgrundlagen rund um den streitgegenständlichen Sachverhalt zu beleuchten.

4. Entscheidung

43   Der BGH klärte zunächst die Unanwendbarkeit der Insiderinformationsvorschriften auf die Pressemitteilung. Diese sind ausschließlich Ad-hoc-Meldungen vorbehalten, sodass § 37c WpHG weder unmittelbar, noch analog Anwendung findet. Auch ist § 400 AktG iVm § 823 Abs. 2 BGB nicht anwendbar, da die in der Presseinformation veröffentlichten Sachverhalte nicht unter diesen Tatbestand fallen. Schließlich ist § 20a Abs. 1 Nr. 1 WpHG[7] kein Schutzgesetz im Sinne von § 823 Abs. 2 BGB. Am Ende streifte der BGH kurz § 826 BGB, teilte die Auffassung des Berufungsgerichts und gelangte im Rahmen der nur eingeschränkten Überprüfbarkeit in dritter Instanz zum Ergebnis, dass das OLG die Verwerflichkeit zu Recht verneinte.

44   Der BGH stieg sodann in die ausführliche Prüfung eines Schadenersatzes der Zedentin aus §§ 37b Abs. 1 Nr. 1, 13 Abs. 1 S. 1, 15 Abs. 1 WpHG ein.

45   Wie nicht anders zu erwarten, hielt der BGH die Beklagte an ihren eigenen Worten fest. Auch wenn die aktiv in den Markt verbreitete Pressemitteilung nicht den Charakter einer Ad-hoc-Mitteilung besaß, folgerte der BGH hieraus, dass sich die Beklagte des Kursbeeinflussungspotentials der Information „Höhe des Subprime-Anteils" bewusst war. Anderenfalls hätte sie durch deren Verantwortliche ja gerade davon abgesehen, die Presseerklärung am 20. Juli 2007 zu veröffentlichen. Veröffentlichte die Beklagte mithin eine derartige[8] Presseerklärung, unterließ sie damit zugleich, am selben Tag eine[9] Ad-hoc-Mitteilung in den Markt zu geben. Mit diesem Argument gab der BGH sowohl der Information „Höhe des Subprime-Anteils" den Charakter einer Insiderinformation nach § 13 Abs. 1 S. 1 WpHG (nicht öffentlich bekannter Umstand, Kursbeeinflussungspotential), wie auch die unmittelbare Betroffenheit der Beklagten im Sinne von § 15 Abs. 1 S. 1 WpHG vorlag; dies betrifft laut BGH sowohl das direkte, wie das indirekte Engagement der Beklagten.

46   Der BGH holt an dieser Stelle etwas weiter aus: Maßgeblich für die Frage des Kursbeeinflussungspotentials ist weder, ob der Handelnde selbst die Information für kurserheblich hielt oder nicht, noch, ob der Kurs des betroffenen Papiers nach Bekanntwerden der Information tatsächlich eine Änderung erfahren hat. Ein solcher faktischer Kursverlauf kann Indizwirkung haben, dies aber nur dann, wenn andere Umstände als das öffentliche Bekanntwerden der Insiderinformation für die erhebliche Kursänderung praktisch ausgeschlossen werden können.

47   Ausschlaggebend ist also aus der ex ante-Perspektive, ob ein verständiger, mit den Marktgegebenheiten vertrauter, börsenkundiger Anleger die Information über den Subprime-Anteil der Investments der Beklagten bei seiner Anlageentscheidung berücksichtigt hätte. Dabei kommt es nicht auf die konkrete Wahrscheinlichkeit eines bevorstehenden Marktzusammenbruchs und eine der Beklagten daraus drohende Existenzkrise an; ausreichend ist vielmehr die schon Mitte Juli 2007 erfolgten allseits negativen Marktreaktionen hinsichtlich der Subprimes. Ein verständiger Anleger – der auch irrationale Reaktionen anderer Marktteilnehmer zu berücksichtigen hat (!) – hätte daher

---

[7] Der Vorstandsvorsitzende wurde ja zu einer Bewährungsstrafe verurteilt.
[8] Inhaltlich falsche!.
[9] Korrekte.

bei einem derart hoch sensiblen Markt bereits seit Mitte Juli 2007 dem Subprime-Anteil[10] ein erhebliches Kursbeeinflussungspotential zugeschrieben.

Dass die Beklagte im Rahmen der Unverzüglichkeit[11] eine gewisse Prüffrist hat, wurde ebenfalls unter Bezugnahme auf die Pressemitteilung für die Entscheidung des Rechtsstreits beiseite gewischt: Da ja am 20. Juli 2007 der Vorstandsvorsitzende gerade wegen der genannten Gerüchte eine Pressemitteilung veröffentlichte, hätte dieser innerhalb derselben Zeit auch Angaben zur genauen Höhe des Subprime-Anteils der von der Beklagten direkt oder indirekt getätigten Investments machen müssen. **48**

Die subjektive Seite des Tatbestandes (Verschuldensmaßstab) wird vom BGH vorliegend nicht näher thematisiert, da es der Beklagten nicht gelungen war, die Vermutung vorsätzlichen bzw. grob fahrlässigen Handelns zu widerlegen. Grundsätzlich bestehen insoweit zwei verschiedene Ansatzpunkte: Der Beweis, keine Kenntnis von der publizitätspflichtigen Insiderinformation zu haben; der Nachweis, dass nicht bekannt war, dass die Insiderinformation ex ante nicht geeignet erschien, erhebliche Kursbewegungen auszulösen. Beides war vorliegend kein Thema. Der BGH schlussfolgerte allein aus der Tatsache, dass die Beklagte eine Pressemitteilung herausgegeben hat, dass Verschulden vorlag. **49**

Der BGH befasste sich abschließend sehr ausführlich mit den Komponenten der Kausalität sowie des ersatzfähigen Vermögensschadens. Insoweit müssen beide Problemkreise gemeinsam betrachtet werden: **50**

Macht der Kläger den sog. „großen Schadenersatz", mithin den Ersatz seines Zeichnungsschadens Zug um Zug gegen Übertragung der in Rede stehenden Anteile geltend, muss er diesbezüglich den vollen Kausalitätsnachweis erbringen. Dem Kläger kommen dabei keinerlei Beweiserleichterungen zugute, insbesondere nicht die Vermutung aufklärungspflichtigen Verhaltens[12], noch etwa ein Anscheinsbeweis aufgrund einer positiven Anlagegrundstimmung. Soweit § 45 Abs. 2 Nr. 1 BörsG analog eine Beweislastumkehr vorsieht, kommt diese ebenfalls vorliegend nicht in Betracht. Der BGH weist des Weiteren darauf hin, dass ein Anleger, welcher unmittelbar nach einem massiven Kursverlust Aktien eines Unternehmens erwirbt, sich nach der Lebenserfahrung auch dadurch nicht von seinem Kaufentschluss hätte abbringen lassen, wenn eine dem Kursverfall vorangegangene Ad-hoc-Mitteilung veröffentlicht worden wäre. **51**

Der BGH setzt sich sodann mit der Frage der Ersatzfähigkeit des sog. „Kursdifferenzschadens" auseinander. Man versteht darunter nicht eine vollständige Rückabwicklung der erworbenen Investition, wie im Falle des großen Schadenersatzes (Zeichnungsschaden), sondern ein kleiner Schadenersatz: Der Anleger behält das in Rede stehende Papier, hat es aber zu teuer gekauft. Der Kursdifferenzschaden führt mithin dazu, den Anleger so zu stellen, als hätte dieser billiger gekauft. Es geht also darum, den Unterschied zwischen dem tatsächlich gezahlten Kaufpreis und dem hypothetischen Kurs bei rechtzeitiger Veröffentlichung der Ad-hoc-Mitteilung zu berechnen. Der BGH stellt heraus, dass die Anforderungen für den Anleger, diese Schadenshöhe darzulegen und zu beweisen, nicht überspannt werden dürfen; ggf. müsse das Gericht im Wege der Schätzung diesen Schaden greifen. Nochmals zu betonen ist, dass es im Rahmen dieser Schadensberechnung nicht darauf ankommt, ob der Zedent bei rechtzeitiger Veröffentlichung **52**

---

[10] 38,5% bei den eigenen Investments der Beklagten; 90% bei denen der verbundenen Zweckgesellschaften.
[11] § 15 Abs. 1. S. 1 WpHG.
[12] → § 2 Rn. 132.

der Insiderinformation vom Kauf Abstand genommen hätte; er muss lediglich darlegen und ggf. beweisen, dass der Kurs zum Zeitpunkt seines Kaufes niedriger gewesen wäre.

5. Fazit

53 Der BGH löst in dieser Entscheidung eine Fülle von Zweifelsfragen rund um § 37b WpHG sachgerecht und führt einen angemessenen Interessenausgleich zwischen dem Schutz des Kapitalmarkts sowie den Interessen der in diesem Markt agierenden Investoren und Kapitalsuchenden durch.

54 Bei unbefangener Betrachtung besteht allerdings die Gefahr, diese Entscheidung, insbesondere die amtlichen Leitsätze, überzuinterpretieren: Eine ganze Reihe von Bankhäusern waren im Rahmen der Subprime-Krise von deren Auswirkungen betroffen, ohne diesbezüglich Ad-hoc-Mitteilungen zu veröffentlichen. Sie unterließen dies zu Recht, da der vorliegend in Rede stehende Einzelfall einer extremen Beeinflussung der Bonität der Beklagten jedenfalls in der deutschen Bankenlandschaft zur damaligen Zeit ohne Beispiel war.

55 Eine Verallgemeinerung der in diesem Urteil enthaltenen Gesichtspunkte auf durch die Subprime-Krise betroffenen Marktteilnehmer ist daher strikt abzulehnen; die in rechtlicher Hinsicht vom BGH in dieser Entscheidung vorgenommenen Weichenstellungen sind dagegen sachgerecht und werden in Zukunft wesentliche Bausteine der Urteile der Tatsacheninstanzen sein.

IV. Hypo Real Estate[13]

OLG München Musterentscheid vom 19. Dezember 2014 – Kap 3/10[14]

1. Sachverhalt

56 Streitgegenständlich sind Schadenersatzansprüche institutioneller sowie privater Anleger, welche sämtlich während des Jahres 2007 bis zum 15. Januar 2008, 13.06 Uhr, Aktien an der Musterbeklagten zu 1) erworben haben. In einzelnen Fällen ist auch der damalige Vorstandsvorsitzende, der Musterbeklagte zu 2) sowie der damalige Finanzvorstand, der Musterbeklagte zu 3), Partei des Rechtsstreits. Die Kläger werfen den Musterbeklagten vor, die Pflichten zur Information des Kapitalmarkts auf vielfältige Weise verletzt zu haben und dadurch geschädigt zu sein.

57 Der Musterkläger, ein Rechtsanwalt, klagt aus abgetretenem Recht diverser institutioneller Investoren.

58 Aufgrund entsprechender Musterfeststellungsanträge hat das Landgericht München I einen Vorlagebeschluss erlassen, welcher vom OLG in 14 verschiedene Musterkomplexe aufgegliedert wurde. Im Wesentlichen geht es um die unzureichende Darstellung der Gefahren des US-Subprime-Marktes[15] auf das Geschäftsergebnis der Beklagten zu 1) in unterlassenen Ad-hoc-Mitteilungen.

---

[13] BeckRS 2015, 04649.
[14] Das Verfahren ist im Zeitpunkt der Drucklegung dieses Buches mit dem Aktenzeichen XI ZB 13/14 beim BGH anhängig und wird dies noch länger sein, siehe Beschluss vom 1. Dezember 2015.
[15] Mit „Subprime" werden Kredite bezeichnet, deren Kreditnehmer eine zweifelhafte Bonität aufweisen, sodass die Bedienung von Zins und Tilgung gefährdet ist.

Die Musterbeklagte zu 1) entstand im Herbst 2003 im Wege der Abspaltung von der 59
Bayerischen Hypo- und Vereinsbank AG; die im Streubesitz befindlichen Aktien
wurden bis zum wirtschaftlichen Zusammenbruch der Musterbeklagten zu 1) an der
Deutschen Börse AG gehandelt, zuletzt als sogenannter DAX-Wert.

Bereits im Rahmen der Abspaltung unterhielt die Musterbeklagte zu 1) CDOs[16] mit 60
Subprime-Bezug in Wertpapierportfolien; der konzernweit kumulierte Nominalwert
bemaß sich zum 31. Dezember 2007 auf umgerechnet rund 1,5 Mrd. EUR. Darüber
hinaus beinhalteten die Portfolien verbriefte Kreditforderungen anderen Typus, darunter
auch europäische Titel, in deren Sicherheitenpools ebenfalls Underlyings aus anderen,
als europäischen Regionen, mithin auch US-Subprime-Anteile, enthalten waren.
Insgesamt beliefen sich am 30. Juni 2007 die Nominalvolumina der in den Portfolien
gehaltenen verbrieften Kreditforderungen auf umgerechnet rund 5,3 Mrd. EUR.

In der Sache geht es jeweils um die Auswirkungen der US-Subprime-Krise auf die 61
im Konzernverbund der Hypo Real Estate gehaltenen CDOs sowie die diesbzügliche
Kommunikation der drei Musterbeklagten.

In Rede stehen unterlassene Ad-hoc-Mitteilungen, vorgeblich fehlerhafte Ad-hoc- 62
Mitteilungen vom 11.7.2007 und 15.1.2008, vorgeblich fehlerhafte Pressemitteilungen
vom 3.8.2007 und 7.11.2007, einen vorgeblich fehlerhaften Wertpapierprospekt vom
10.9.2007, Interviews und sonstige Presseartikel ua vom 6.8.2007 und 8.11.2007 sowie
sogenannte „Impairment Notices" vom 27.9.2007 und 26.11.2007[17].

Für die Markteinschätzung von CDOs wesentlich waren weltweit die Beurteilungen 63
(Ratings) durch drei große US-amerikanische Rating-Agenturen[18]. Am 15. November
2007 veröffentlichte Fitch eine umfassende Überarbeitung der bisherigen Ratingmethode
für CDOs. Dort heißt es ua

„Bei ihrer Prüfungsmethode für Ratings von SF CDO weist Fitch Wertpapieren, die in den Jahren
2005, 2006 und 2007 ausgegeben wurden, eine höhere Ausfallwahrscheinlichkeit zu, um den Erhöhungen
der Ausfallwahrscheinlichkeiten in Folge des in dieser Zeit vorherrschenden aggressiven Kreditvergabestandards
Rechnung zu tragen."

Dies nahm die Musterbeklagte zu 1) im November 2007 nach ihrer Einlassung zum 64
Anlass, um unter Einschaltung ihrer Abteilungen Risk Control, Finance und Credit
Risk Management das bisherige Bewertungsmodell zu überarbeiten und unter Bestimmung
von statistischen Ausfallwahrscheinlichkeiten im Sicherheitenpool sowie der
daraus abzuleitenden, erwartbaren Verlusthöhe für den CDO ein neues Modell zu
entwickeln, um die Auswirkung erwartbarer künftiger Verluste zu berechnen.

In der Sache informierte die Musterbeklagte zu 1) im streitgegenständlichen Zeit- 65
raum den Kapitalmarkt, wie folgt:

Ad-hoc-Mitteilung vom 11.7.2007: Auf Basis der Geschäftszahlen des ersten Halb- 66
jahres 2007 wird die Prognose für das gesamte Geschäftsjahr 2007 erhöht.

---

[16] Collateralized Debt Obligation, Überbegriff für Finanzinstrumente, die zu der Gruppe der
forderungsbesicherten Wertpapiere (Asset Backed Securities) und strukturierten Kreditprodukte
gehören. CDOs bestehen aus einem Portfolio aus festverzinslichen Wertpapieren. Im Vorfeld der
Finanzmarktkrise wurden mittels ihres Einsatzes in hohem Maße risikobehaftete Kreditforderungen
des US-amerikanischen Immobilienmarkts als vermeintlich sichere Investments auf dem Kapitalmarkt
platziert.
[17] Die immense Fülle des der Entscheidung zugrunde liegenden Sachverhalts mag der Grund
dafür sein, dass sich die Literatur bislang nicht wirklich mit diesem Entscheid auseinandergesetzt
hat.
[18] Fitch, Moody's und Standard & Poor's (S & P).

IV. Hypo Real Estate

67 Als am 30.7.2007 bekannt wurde, dass die IKB durch eine von der KfW gewährte Stützungsmaßnahme gerettet werden musste[19], richtete sich die Musterbeklagte zu 1) am 3. August 2007 an den Kapitalmarkt und teilte mit, dass die HRE-Gruppe aus der Krise um die US-Subprime keine negativen Belastungen zu erwarten habe, da deren CDO-Investments keinen direkten Bezug zu Subprime hätten. Wörtlich heißt es:

„Selbst wenn es zu einem vollständigen Zusammenbruch des Subprime-Marktes käme, wäre dies im Rahmen unserer kalkulierten Risikenvorsorge mehrfach abgedeckt."

68 In einem Interview vom 6. August 2007[20] erklärte der Musterbeklagte zu 2), von der jetzigen Hypothekenkrise nicht betroffen zu sein.

69 In einem Börsenzulassungsprospekt vom 10. September 2007 anlässlich der Übernahme der DE.Bank PLC., Dublin, heißt es:

„Mittlerweile wird von einer Krise des US-Immobilienmarkts gesprochen. Auch wenn die H.R.E. Group direkt weder über Finanzierungen noch Risikonamen im US Subprime-Markt engagiert ist, bestehen vor allem über ein noch aus der Zeit vor der Abspaltung von der Bayerischen Hypotheken- und Vereinsbank AG stammendes CDO Altportfolio und damit zusammenhängende Assettäusche indirekte Beziehungen zu Subprime-Sicherheiten. (…) Im Rahmen der von der H.R.E. Group gehaltenen US-CDO-Investments in Höhe von insgesamt ca. 1,5 Mrd. besteht lediglich ein indirekter Bezug zu US-Subprime."

70 Am 7. November 2007 gab die Musterbeklagte zu 1) zudem eine Presseinformation mit ua folgendem Inhalt heraus:

„H.R.E. geht aus jüngster Marktkrise gestärkt hervor (…). Die Subprime-Krise hat an den Immobilienmärkten zwar für eine gewisse Ernüchterung gesorgt, zugleich aber auch für eine wieder vorsichtigere Risikoeinschätzung und damit für tendenziell risikoadäquatere Margen und Erträge. (…) Die H.R.E. Group ist somit aus der jüngsten Marktkrise gestärkt hervorgegangen."

71 Am 15. Januar 2008 machte die Musterbeklagte zu 1) per Ad-hoc-Mitteilung Wertberichtigungen in erheblichem Umfang auf ihr US-CDO-Portfolio bekannt.

„H.R.E. Holding AG: Vorläufige Eckdaten für 2007 – beeinflusst durch Abschreibungen auf das CDO-Portfolio; guter Verlauf im Kerngeschäft; Dividendenreduzierung für 2007 und Ausblick für 2008.
…
Auf Basis von ungeprüften, zusammengefassten und vorläufigen Zahlen (…) erreichte die neue Gruppe 2007 ein Ergebnis vor Steuern von 1,24 Mrd. EUR. Darin nicht eingerechnet sind (…) 390 Mio. EUR (davon 295 Mio. EUR ergebniswirksam) für eine im 4. Quartal vorgenommene Abschirmung des US-Portfolios an Collateraliced Debt Obligations (CDOs). Die neue Bewertung des US CDO-Portfolios entspricht der konservativen Risikopolitik der H.R.E. Group und trägt der anhaltenden Schwäche der Finanzmärkte sowie den Herabstufungen dieser Asset Klasse durch Rating-Agenturen Rechnung."

72 Am 15. Januar 2008 notierten die Aktien der Musterbeklagten zu 1) bei Börseneröffnung mit EUR 33,10; bei Börsenschluss fiel der Kurs auf EUR 21,64; am 16. Januar 2008 betrug der Kurs bei Börsenschluss EUR 22,20.

73 Kern der Vorwürfe ist die Behauptung, die strukturierten Wertpapiere mit Subprime-Bezug in den Portfolien der HRE-Gruppe seien frühzeitig von einem massiven Abwertungsbedarf betroffen gewesen und die Musterbeklagte zu 1) habe dies auch erkannt. Die Musterbeklagte zu 1) habe daher dem Kapitalmarkt wesentliche Informationen vorenthalten und wider besseren Wissens sowie mit Schädigungsvorsatz und

---

[19] → Rn. 30 ff.
[20] Handelsblatt.

darüber hinaus sittenwidrig bereits in der Pressemitteilung vom 3. August 2007 für die HRE-Gruppe ein Alleinstellungsmerkmal in Anspruch genommen.

2. Hintergrund

Im September 2001 fusionierten die Nürnberger Hypothekenbank, die Süddeutsche Bodencreditbank und die Bayerische Handelsbank zur damaligen HVB Real Estate Bank AG. Großaktionär und Namensgeber war die HypoVereinsbank. Nach einem Squeeze-out der Minderheitsgesellschafter und Abspaltung von Teilen des gewerblichen Immobilienfinanzierungsgeschäfts wurde schließlich im Jahr 2003 eine neue Hypo Real Estate Holding AG, wiederum durch Abspaltung, gebildet. Aktionäre der HypoVereinsbank erhielten bei der Abspaltung für vier HypoVereinsbank-Aktien eine Hypo Real Estate Holding-Aktie. Mit Wirkung zum 19. Dezember 2005 wurde die Hypo Real Estate Holding AG in den DAX an der Frankfurter Wertpapierbörse aufgenommen. 74

Gegenstand des vorliegenden Rechtsstreits ist die Betroffenheit der Hypo Real Estate durch die Subprime-Krise. Am 18. Februar 2008 wurde die Hypo Real Estate Holding AG durch die BaFin geprüft; zugleich beauftragte diese die Deutsche Bundesbank, unter Federführung der Hauptverwaltung München, die beiden in München ansässigen Tochterunternehmen, die Hypo Real Estate Bank AG und die Hypo Real Estate International AG zu überprüfen. Schließlich wurde auch die DEPFA Deutsche Pfandbrief AG mit Sitz in Frankfurt am Main in die Prüfung einbezogen. Im Dezember 2008 wurde von der Staatsanwaltschaft beim Landgericht München I eine Durchsuchung bei der Hypo Real Estate Holding AG durchgeführt. Am 5. Oktober 2009 wurde die Hypo Real Estate Holding AG als erste Bank in der Geschichte der Bundesrepublik Deutschland seit 1949 verstaatlicht. 75

3. Problemstellung

Gegenstand des vorliegenden Rechtsstreits ist die Beurteilung von Schadenersatzansprüchen nach § 37b Abs. 1 WpHG und § 826 BGB durch Musterentscheid des OLG München. 76

In Rede stehen zahlreiche kommunikative Maßnahmen im Markt, welche sämtlich die öffentliche Wahrnehmung im Hinblick auf die Sorge vor der US-Subprime-Krise beruhigen sollten. Letztendlich stellt sich – wie so häufig – bei derartigen Sachverhalten die Fragestellung, ab welchem Zeitpunkt anlegerrelevante Umstände ein Ausmaß angenommen haben, welches eine Marktinformation gebietet; dies versucht der Musterentscheid vorliegend im Hinblick auf die Auswirkungen der US-Subprime-Krise auf die von der Musterbeklagten direkt oder indirekt gehaltenen CDOs zu ermitteln. Zudem stellt sich die Frage, welche rechtlichen Auswirkungen Pressemitteilungen haben, die den Markt anstelle von Ad-hoc-Mitteilungen „auf den neuesten Stand" bringen. 77

4. Entscheidung

Das OLG befasst sich zunächst mit dem – engen – Zeitraum zwischen 11. Juli 2007 und 3. August 2007 und gelangt zum Ergebnis, dass die Musterbeklagte zu 1) am 11. Juli 2007 noch nicht, am 3. August 2007 dagegen durchaus eine Ad-hoc-Mitteilung an den Kapitalmarkt hätte geben müssen. So sei die Pressemitteilung vom 3. August 2007 inhaltlich falsch, weil das Ausmaß der tatsächlichen Subprime-Exposition ver- 78

IV. Hypo Real Estate

harmlosend. Der Senat nimmt Bezug auf die Tatsache, dass der Anteil der CDOs mit Bezug zu Subprime-Sicherheiten aus den Jahren 2006 und 2007 am Gesamtportfolio der HRE-Gruppe nicht nur 5%, sondern 23% betrug. Einen entsprechenden Vortrag des Klägers hätte die Musterbeklagte zu 1) unter Verstoß gegen ihre prozessuale Pflicht nicht substantiiert bestritten. Mithin sei das maximale Abschreibungsrisiko in der Pressemitteilung vom 3. August 2007 falsch dargestellt worden. Diese unrichtige Pressemitteilung hätte in einer Ad-hoc-Mitteilung korrigiert werden müssen, so der Senat.

79   So stellt der Umstand, dass die kapitalmarktbezogene Pressemitteilung unwahre Aussagen enthält, eine interne Information im Sinne von § 13 Abs. 1 S. 1 WpHG dar, da das Investment des HRE-Konzerns im verbrieften Kreditportfoliomarkt und über die mithin bestehende US-Subprime-Abhängigkeit der Gruppe in der Öffentlichkeit nicht bekannt war. Diese Tatsache war zudem geeignet, bei ihrem Bekanntwerden den Kurs der Aktie der Musterbeklagten zu 1) zu beeinflussen, da insbesondere in Anbetracht der IKB-Krise[21] am Kapitalmarkt zu diesem Zeitpunkt ein vitales Interesse an Informationen über Art und Umfang des Investments von Geschäftsbanken in Finanzprodukten mit Subprime-Bezug herrschte. Auch die Musterbeklagte zu 1) hätte dies so gesehen, da sie ja selbst darauf hingewiesen hat, dass die genannte Presseerklärung Anleger beruhigen sollte. Im Sinne einer effektiven Verwirklichung der Funktion der Ad-hoc-Publizität hätte die Fehlinformation der Pressemitteilung korrigiert werden müssen.

80   Das OLG prüfte sodann den Gehalt der Pressemitteilung vom 7. November 2007 und nahm hier in erster Linie die Aussage in den Blickpunkt der Betrachtung, „Die H.R.E. Group ist somit aus der jüngsten Marktkrise gestärkt hervorgegangen". Das OLG hält diese Aussage in mehrfacher Hinsicht für unrichtig, weil die tatsächlichen Verhältnisse verharmlosend:

81   Anders, als noch in der Presseerklärung vom 3. August 2007, in welcher die Musterbeklagte zu 1) eine subjektive Erwartung bekundete, die Krise um US-Subprime werde für die Gruppe zu keinen Belastungen führen, enthält die Pressemitteilung vom 7. November 2007 eine objektive Tatsachenbehauptung, welche suggeriert, ein von der Krise um US-Subprime gespeistes Misstrauen des Kapitalmarkts sei jedenfalls in Bezug auf die HRE-Gruppe unberechtigt. Der als Aussage formulierte Abschlusssatz geht nämlich über die Mitteilung einer subjektiven Meinungskundgabe hinaus, so das OLG. Mit dieser Aussage verstärkt die Musterbeklagte zum einen die in der Presseerklärung vom 3. August 2007 formulierte optimistische Erwartungshaltung zu einer positiven Tatsachenbehauptung, wobei sogar die Behauptung aufgestellt werde, sie sei Profiteur der Finanzkrise. Tatsächlich war diese Botschaft aber angesichts der negativen Belastungen der HRE-Gruppe aus der Subprime-Krise falsch. Bereits im August 2007 war der Markt für strukturierte Kreditverbriefungen zusammengebrochen. Der Musterbeklagten zu 1) waren bereits Ende August 2007 der massive Rückgang des Marktpreises selbst für AAA-geratete Wertpapiere mit US-Subprime-Bezug und der Zusammenbruch des Marktes bekannt. In diesem Marktumfeld beschloss die Musterbeklagte zu 1) im Zuge der Erstellung des Zwischenabschlusses zum dritten Quartal 2007, mithin im Zeitraum von Mitte Oktober bis Anfang November 2007 den Wechsel aller bisher in der Bilanzkategorie „HtM" gehaltenen Finanzinstrumente inklusive des CDO-Portfolios in Höhe von rund 7,35 Mrd. EUR mit Rückwirkung zum 1. Juli 2007 in die Kategorie „AfS". Diese Umgliederung verschleierte – so das OLG – eine subprime-bedingte, notwendigerweise vorzunehmende Wertminderung im CDO-Portfolio der

---

[21] → Rn. 30 ff.

Musterbeklagten zu 1). Die Musterbeklagte zu 1) vermied dadurch, die den Marktwert aushöhlende Entwicklung im Verlauf des dritten Quartals 2007 direkt in ihrem Eigenkapital verbuchen zu müssen. Die in der Analystenkonferenz vom 7. November 2007 erläuterte Zuführung zur AfS-Rücklage löste daher auch keine negativen Reaktionen bei Analysten sowie am Kapitalmarkt aus, weil statt einer Abwertung auf CDOs mit Subprime-Bezug eben lediglich eine Rücklagenbildung bekanntgegeben werden musste.

Hinzu kommt, so das OLG, dass die Musterbeklagte zu 1) in der Pressemitteilung vom 7. November 2007 auch das noch nicht eingetretene Ende der Auswirkungen der Finanzmarktkrise auf sie selbst meldete; diesbezüglich hätte nur eine Zukunftserwartung formuliert werden dürfen; die gemachte Aussage geht jedoch darüber hinaus und behauptet ein bereits existentes Ergebnis. **82**

Die Musterbeklagte zu 1) wäre mithin auch am 7. November 2007 verpflichtet gewesen, die falschen Aussagen per Ad-hoc-Mitteilung zu korrigieren. **83**

Zudem war die Musterbeklagte spätestens am 15. November 2007 verpflichtet, die Auswirkungen der US-Immobilienkrise auf das von ihr gehaltene Portfolio an US-CDOs per Ad-hoc-Mitteilung zu publizieren, da die Gruppe aufgrund der Ad-hoc-Mitteilung der Rating-Agentur Fitch vom selben Tag die Überarbeitung ihres Bewertungsmodells und ihrer Methodik zur Feststellung eines Abwertungsbedarfs in ihrem Wertpapierportfolio initiiert hat. In der Meldung von Fitch wurden nämlich verschärfte Bewertungsannahmen erläutert und begründet, was einer grundlegende Überarbeitung des diesbezüglichen Bewertungsstandards mit weitreichenden Bedeutungen gleich kam. Die Musterbeklagte zu 1) hatte dies erkannt und vor dem Hintergrund dieser Meldung umgehend einen internen Prozess in Gang gesetzt mit dem Ziel, möglichst kurzfristig die Prozesse zur Überwachung und Bewertung der US-CDOs an die veränderten Umstände anzupassen, so das OLG. Fest stand bereits damals auch für die Musterbeklagte zu 1), dass die bisherigen Berechnungen betreffend die Bewertung der Wertpapiere mit Subprime-Bezug und die insoweit vorzunehmenden Abschreibungen überholt waren und eine Neuberechnung unter Verwendung der Fitch-Methodik deutliche Abwertungen nach sich ziehen würden; die Kapitalmarktteilnehmer rechneten mit einer derartigen Abwertung aufgrund der bisher in den Kapitalmarkt gerichteten Informationen über das Ausmaß der eigenen Betroffenheit von US-Subprime nicht. Die Musterbeklagte zu 1) war mithin verpflichtet, die durch eigene Bekundungen gesetzte und nicht mehr haltbare Markterwartung, das CDO-Portfolio der HRE-Gruppe sei von Abschreibungen auf US-Subprime allenfalls marginal betroffen, durch die Bekanntgabe der aktuellen Neubewertungsmaßnahme und der Mitteilung des Umstandes, dass die HRE-Gruppe aufgrund der Ad-hoc-Mitteilung von Fitch vom selben Tag die Überarbeitung ihres Bewertungsmodells und ihrer Methodik zur Feststellung eines Abwertungsbedarfs im Wertpapierportfolio initiiert hat, zu korrigieren. Bei diesem Mitte November 2007 eingeleiteten Neubewertungsprozess handelt es sich um eine Insiderinformation im Sinne von § 13 Abs. 1 S. 1 WpHG, welche geeignet war, bei ihrem Bekanntwerden den Kurs der Aktie der Musterbeklagten zu 1) zu beeinflussen. **84**

Das OLG befasste sich sodann mit der Frage, ob die tatsächlich den Markt gegebene Ad-hoc-Mitteilung der Musterbeklagten zu 1) vom 15. Januar 2008 unverzüglich im Sinne von § 15 Abs. 1 WpHG erfolgte. Das OLG bezieht sich insoweit auf die eigene Einlassung der Musterbeklagten zu 1), wonach in der Nacht vom 6. Januar 2008 auf 7. Januar 2008 die Ergebnisse zusammengeführt worden seien, welche die vorgenannte Neubewertung erbracht hatten. Am 7. Januar 2008 lagen der Musterbeklagten zu 1) **85** daher konkrete, nicht öffentlich bekannte und kursrelevante Tatsachen mit Selbstbezug zur Musterbeklagten zu 1) vor, welche unverzüglich, mithin spätestens am 8. Januar 2008, der Kapitalmarktöffentlichkeit hätten mitgeteilt werden müssen. Eine Selbstbefreiung im Sinne von § 15 Abs. 3 WpHG kam deshalb nicht in Betracht, weil ein Hinauszögern der Information in Anbetracht der bereits vorangegangenen kapitalmarktbezogenen Äußerungen der Musterbeklagten zu 1) eine Kapitalmarkttäuschung durch Aufrechterhalten einer aktiv hervorgerufenen Fehlinformation bewirkte, so das OLG. In diesem Fall darf ein Emittent die Bekanntgabe von Insiderinformationen auf eigene Verantwortung nicht aufschieben. Ob diese Ad-hoc-Mitteilung auch inhaltlich unwahre Insiderinformationen enthielt, war nicht Gegenstand des Musterverfahrens, so das OLG.

86 Das OLG befasste sich des Weiteren mit der Ad-hoc-Mitteilung der Musterbeklagten vom 11. Juli 2007 und erkannte hier nicht auf eine unwahre Darstellung. Am 11. Juli 2007 habe noch keine konkrete und hinreichend wahrscheinliche Gefahr einer negativen Auswirkung der US-Immobilienkrise auf das Geschäftsergebnis der Musterbeklagten zu 1) vorgelegen.

87 Was die Impairment-Notices vom 27. September 2007 und 26. November 2007 anbelangt, handele es sich diesbezüglich nicht um Insiderinformationen im Sinne von § 13 Abs. 1 WpHG.

88 Am Ende des Abschnitts über haftungsrechtliche Sachverhalte im Sinne von §§ 37b, 37c WpHG befasst sich das OLG mit der Frage des ersatzfähigen Vermögensschadens. Es nimmt insoweit Bezug auf die BGH-Entscheidung zu IKB[22] und hält fest, dass § 37b WpHG und § 37c WpHG sowohl den Kursdifferenzschaden als auch den Zeichnungsschaden umfassen. Auch könne bei mehreren Kauf- und Verkaufsvorfällen eines Anlegers nicht ausnahmslos die „FiFo-Methode"[23] zur Anwendung gelangen. Zwar kann diese im Rahmen der Schätzung der Schadenshöhe gemäß § 287 ZPO Anwendung finden; eine bindende Festschreibung dieser Methodik als die einzig maßgebliche Berechnungsweise im Rahmen der Schadensschätzung erscheint dem Senat aber untunlich.

89 Abschließend beschäftigt sich der Senat mit der Fehlerhaftigkeit des Börsenzulassungsprospektes vom 10. September 2007. In der Sache geht es hier um die vom Musterkläger aufgestellte Behauptung, der Prospekt habe die Kenntnis der Musterbeklagten zu 1) von zu erwartenden Gewinneinbrüchen von Seiten der DE.Bank PLC. verschwiegen, deren Aktien die Musterbeklagte zu 1) im Wege des Tauschs gegen eigene Aktien unter gleichzeitiger Erhöhung des eigenen Grundkapitals erworben hatte.

90 Der Senat hält den Prospekt zwar nicht aus den im Vorlagebescheid enthaltenen Rügen, wohl aber aus einer im Laufe des Verfahrens weiter erhobenen Rüge dahingehend für fehlerhaft, als ein mitgeteilter Anteil von nur „5% des Portfolios" mit Bezug zu Subprime-Sicherheiten aus den Jahren 2006 und 2007 zu niedrig angegeben sei. Der Senat nimmt insoweit auf seine bereits oben beschriebenen Ausführungen Bezug. Selbiges gilt für die Prospektaussage, bis zu dessen Veröffentlichung seien keine wesentlichen nachteiligen Veränderungen in der Vermögens-, Finanz- und Ertragslage der HRE-Group seit dem 30.06.2007 eingetreten. Der Senat nimmt insoweit auf die erheblichen Auswirkungen der Kapitalmarktturbulenzen im August 2007 Bezug und meint, der Zu-

---

[22] → Rn. 30 ff.
[23] „First in-First out": Dh die Annahme, dass die zuerst angeschafften Papiere auch zuerst wieder veräußert wurden.

sammenbruch des Kettenkreditverbriefungsmarktes im August 2007 sei ein die HRE-Gruppe unmittelbar betreffendes Ereignis gewesen, welches im Prospekt mitgeteilt hätte werden müssen.

5. Fazit

Die Entscheidung löst eine immense Fülle an tatsächlichen und rechtlichen Fragestellungen und beeindruckt sowohl durch ihr Volumen, wie durch ihre inhaltliche Präzision, auch wenn man den Sachverhalt an vielen Stellen durchaus rechtlich abweichend beurteilen kann. **91**

Wie bereits dargestellt, ist Rechtsmittel zum Bundesgerichtshof eingelegt worden; in Anbetracht des Umfangs der Angelegenheit ist nicht damit zu rechnen, dass sich der BGH kurzfristig mit diesem Thema befassen wird. Vor diesem Hintergrund bleibt abzuwarten, ob die vom OLG durchaus anlegerfreundlich gelösten Sachfragen Bestand haben werden. **92**

V. Ausblick

Anders, als in den sonstigen Bereichen dieses Buches, kratzt die Rechtsprechung im Bereich der Haftung für fehlerhafte Kapitalmarktinformation nach wie vor an der Oberfläche. Dies liegt schlicht und ergreifend daran, dass die Anzahl der von mutigen Anspruchstellern vor die deutschen Gerichte gebrachten unterschiedlichen Sachverhaltskonstellationen bislang nicht mit den Fallzahlen sonstiger Anlegerreklamationen vergleichbar ist. Umso weniger wurde bislang flächendeckend der Weg bis zum BGH verfolgt. **93**

Auch wenn in diesem Abschnitt einige Präzedenzfälle zusammengetragen werden konnten, welche im Hinblick auf die schiere Zahl der Anspruchsteller und das insoweit betroffene, ja vernichtete Vermögen immense Dimensionen ausmachen, bleibt doch die Kernaussage der jeweiligen Entscheidung auf Einzelprobleme beschränkt, sodass hier auch in naher Zukunft sehr viel vom Argumentationsgeschick der jeweiligen Prozessbevollmächtigten abhängen wird. **94**

Ist schon die Beschäftigung mit der Haftung bei Kapitalanlagen per se eine reizvolle, gilt dies umso mehr in diesem Abschnitt der Materie, sei es für Interessenvertreter, sei es für Entscheider der jeweiligen Verfahren. **95**

§ 13. Die deliktische Haftung

I. Einführung

Die Rechtsposition eines Anlegers in schadenersatzrechtlicher Hinsicht scheint im Kapitalanlagerecht eine komfortable zu sein:

Üblicherweise werden Kapitalanlagen auf Basis von Vertragsverhältnissen erworben, sodass dem Anleger gegen seinen Vertragspartner vertragliche Ansprüche wegen Schlechtleistung zustehen. Soweit dritte Personen in Bezug auf die Kapitalanlage fehlerhafte Dienstleistungen auf Basis von Vertragsverhältnissen erbringen, kann der Anleger hoffen, in den Schutzbereich dieses Vertrages einbezogen zu sein, mithin ebenfalls vertragliche Ansprüche geltend zu machen[1]. Daneben ist der Anleger im Rahmen vorvertraglicher Vertrauensschuldverhältnisse dahingehend geschützt, als diesem Aufklärung von denjenigen Personen geschuldet wird, welche konkretes Vertrauen des Anlegers in Anspruch genommen haben und ein Vertragsverhältnis mit dem Anleger eingehen werden.

Soweit daneben die Anlegerinvestition auf Basis von Prospektmaterial erfolgt, vermag sich der Anleger gegenüber dem Prospektverantwortlichen entweder auf spezialgesetzlich kodifizierte Schadenersatzvorschriften oder die in Analogie hierzu entwickelte Prospekthaftung im engeren Sinne zu berufen.

Dennoch ist in jüngerer Zeit verstärkt ein Bedürfnis zu verspüren, neben all diesen Anspruchsgrundlagen auf deliktische Vorschriften zuzugreifen, um die Vermögensinteressen des Anlegers zu wahren.

Es betrifft dies im Grundsatz zwei Konstellationen: Zum einen geht es um Haftungsadressaten, welche durch die genannten sonstigen Ansprüche nicht erfasst werden, aber dennoch aus Sicht des Anlegers ein taugliches Haftungssubjekt sein können. Zum anderen betrifft dies Haftungsadressaten, deren Verantwortlichkeit in schadenersatzrechtlicher Hinsicht in Folge des Ablaufs von Verjährungsfristen nicht (mehr) durchgesetzt werden kann, wobei der Anleger Hoffnung aus der Tatsache schöpft, dass deliktische Fristen unter Umständen noch länger laufen.

1. Delikt – ein Unwerturteil?

Blickt man auf deliktische Anspruchsgrundlagen, welche dem Anleger im Hinblick auf einen erlittenen Vermögensschaden zustehen, existieren zwei voneinander unabhängige Wege, welche beschritten werden können:

Zum einen kann der Nachweis versucht werden, der Anspruchsadressat habe ein Schutzgesetz verletzt und sei deshalb schadenersatzpflichtig[2]. Zum anderen mag behauptet werden, der Haftungsadressat habe den Schaden vorsätzlich herbeigeführt und dabei den Anleger sogar sittenwidrig geschädigt[3]. In der Tat hat die Rechtsprechung – wie zu zeigen sein wird – bei letzterer Alternative ein Unwerturteil in den Vordergrund

---

[1] Siehe insbesondere die Bestrebungen bei Prospektgutachtern, → § 9 Rn. 37 ff. und Mittelverwendungskontrolleuren, → § 10 Rn. 53 ff.
[2] § 823 Abs. 2 in Verbindung mit dem jeweiligen Schutzgesetz.
[3] Siehe § 826 BGB.

I. Einführung

gerückt. Nicht allein eine vorsätzliche Schädigung, sondern ein Verhalten, welches gegen das Anstandsgefühl aller billig und gerecht Denkenden verstößt, muss dem Haftungsadressaten vorgeworfen werden können.

8 Demgegenüber ist der deliktische Schädiger, welcher gegen ein Schutzgesetz verstößt, wesentlich schneller gefunden: Es geht dabei nicht darum, Serienbetrüger aufzuspüren, welche gezielt zu ihrem eigenen Vorteil Vermögen der Anleger vernichten[4]. Auch wenn die Verletzung von Schutzgesetzen regelmäßig die Verschuldensform des Vorsatzes vorsieht, ist die zivilgerichtliche Rechtsprechung mit der Annahme eines derartigen Vorsatzes – gerade in Form des bedingten Vorsatzes – sehr schnell bei der Hand.

9 Deliktische Anspruchsgrundlagen haben sich mithin als scharfes Schwert in Händen der Anleger erwiesen.

2. Die Rolle der Banken

10 Dass Ansprüche aus und in Zusammenhang mit deliktischen Vorschriften selten gegen Banken gerichtet werden, mag daran liegen, dass diese einer durchgängigen und effektiven staatlichen Aufsicht unterliegen. Dies führt dazu, dass höchstrichterliche Entscheidungen, welche sich in Zusammenhang mit Vorwürfen deliktischen Handelns gegen Banken richten, häufig Anlegerinvestitionen betreffen, die nicht dem klassischen Wertpapiergeschäft, sondern vielmehr dem Bereich des Grauen Kapitalmarktes zuzuordnen sind.

11 Dort zeigt sich allerdings, dass die Zivilsenate des Bundesgerichtshofes durchaus strenge Anforderungen an das Verhalten von Bankhäusern gegenüber Anlegern an den Tag legen; auch das Unwerturteil des Kapitalanlagebetruges ist hier zumindest im Bereich des Möglichen[5].

3. Die „Kehrseite der Medaille"

12 Auch wenn aus dem vorstehend Gesagten nahe liegt, den Rettungsanker der deliktischen Verantwortlichkeit von Haftungsadressaten nicht aus dem Auge zu verlieren, muss dennoch mit großer Sorgfalt die Frage aufbereitet werden, ob die Kriminalisierung potentieller Haftungsadressaten dem Anleger nicht ein größeres Maß an Schaden zufügt, als ihm dies nützt:

13 Strafrechtliche relevante Vorwürfe, welche gegen das Management von Medienfondsgesellschaften erhoben wurden, führten – neben der Vermögenslosigkeit dieser Haftungsadressaten – zu Problemen bei der steuerlichen Anerkennungsfähigkeit der mit der Zeichnung verbundenen Anlaufverluste[6]. Vorwürfe vorsätzlichen Handelns gegenüber Steuerberatern oder Wirtschaftsprüfern gefährden deren Versicherungsschutz und führen zur wirtschaftlichen Wertlosigkeit von erstrittenen Titeln. Nachgewiesenes deliktisches Handeln des Managements gefährdet schließlich Vertragsansprüche gegen dritte Unternehmen, welche Kontrollfunktion im Hinblick auf das Management ausübten[7].

---

[4] Siehe die Haftungsfälle aus und in Zusammenhang mit dem weltweiten Betrüger Madoff.
[5] → Rn. 15 ff.
[6] Siehe die Cinerenta-Fonds sowie die Fonds VIP 3 und 4, zu letzteren → § 6 Rn. 138 ff.
[7] So werden Prospektgutachter, Mittelverwendungskontrolleure und Abschlussprüfer Anlegeransprüchen die Einwendung entgegen halten, sie seien nicht verpflichtet gewesen, kriminelle Handlungen des Prüfkandidaten aufzudecken, für den Prospektgutachter → § 9 Rn. 17.

Losgelöst von der tatsächlichen Frage, ob es in der zivilprozessualen Situation überhaupt gelingen wird, vorsätzliches Handeln des Haftungsadressaten unter Beweis zu stellen, müssen mithin die vorgenannten wirtschaftlichen Folgen eines derartigen Sachvortrags gründlich bedacht werden. Dennoch ist häufig festzustellen, dass gerade der deliktische Vorwurf dann besondere Intensität erfährt, wenn die Anwürfe auf vertraglicher Ebene nicht verfangen; hier scheint das Delikt als die letzte noch verbliebene Angriffsvariante zu fungieren, um den Rechtsstreit nicht zu verlieren. 14

II. Undurchführbarkeit des Fondskonzeptes

BGH Urteil vom 14. Juni 2007 – III ZR 125/06[8]

1. Sachverhalt

Die Beklagte, die Tochter einer international tätigen Großbank mit Sitz in den Niederlanden, hatte bei mehreren in den Jahren 1999 und 2000 aufgelegten Medienfonds als Dienstleister im Hinblick auf die Konzeption eines Investoren-Modells zur Einwerbung des erforderlichen Eigenkapitals einerseits, die Konzeption, Redaktion, grafische Gestaltung und Herstellung eines Beteiligungsprospekts andererseits fungiert. 15

Der Kläger zeichnete am 5. November 2000 eine Kommanditeinlage in Höhe von DM 100.000,00 zzgl. DM 5.000,00 Agio an dem Filmfonds Vif Babelsberger Filmproduktion GmbH & Co. Dritte KG. 16

Die Konzeption dieses operativen Medienfonds sah vor, dass zur Absicherung der erwarteten Einspielergebnisse der Produktionen bei einer Versicherung mit guter Bonität eine gesonderte Erlös-Versicherung abgeschlossen wird, welche sicherstellen soll, dass 75 % der Netto-Produktionsinvestitionen an die Fondsgesellschaft zurückfließen. 17

Der Gesellschaftsvertrag, welcher im Prospekt abgedruckt war, sah diesbezüglich folgende Regelungen vor: 18

„§ 9 Geschäftsführung und Vertretung
[...]
3. Die persönlich haftende Gesellschafterin hat sicherzustellen, dass die Gesellschaft im Rahmen des Unternehmensgegenstands gem. § 2 insbesondere die folgenden Aufgaben und Verpflichtungen erfüllt:
 [...]
 f) Für jede Filmproduktion den Abschluss einer Erlösausfallversicherung, die mindestens 75 % der Produktionskosten absichert.
 [...]
§ 19 Kino und Fernsehfilmproduktionen
[...]
7. Die Kriterien für die zu produzierenden Kino-Filmprojekte sind:
 [...]
 e) Vorliegende Empfehlung eines Riskmanagers an einen Versicherungsbroker, dass eine Erlösausfallversicherung in Höhe von 75 % des Produktionsinvestments für Erstinvestitionen und in Höhe von 100 % des Produktionsinvestments für Reinvestitionen übernommen werden kann."

Die von der Geschäftsführung ausgewählte Versicherungsgesellschaft verweigerte der Fondsgesellschaft und sämtlichen Schwesterfonds die Zahlung im Hinblick auf angemeldete Versicherungsfälle. Zwischen den Fondsgesellschaften und der Versicherung 19

---

[8] Siehe zu weiteren Sachverhaltsaspekten dieses Verfahrens und deren rechtlicher Würdigung → § 6 Rn. 20 ff. und → § 7 Rn. 15 ff.

wurde eine vergleichsweise Einigung erzielt, welche bei den jeweiligen Fondsgesellschaften nur zum Zufluss eines Bruchteils der prospektierten Erträgnisse führte.

20   Nach dem im Revisionsverfahren zu unterstellenden Sachvortrag des Klägers war bei einem Schwesterfonds, der VIP Babelsberger Filmproduktion GmbH & Co. KG, im Jahr 1999 mit Produktionen begonnen worden, ehe Einzelpolicen einer Erlösausfallversicherung vorgelegen hatten. Der Abschluss von Einzelversicherungen war daran gescheitert, dass seitens der Versicherung Bedingungen nachgeschoben worden sind. Die Beklagte hatte von der Tatsache, dass mit Produktionen bereits vor Abschluss einer Erlösausfallversicherung begonnen worden war, Kenntnis gehabt.

2. Hintergrund

21   Die zahlreichen Haftungsadressaten, welche von Anlegern in Zusammenhang mit dem Fonds Vif Babelsberger Filmproduktion GmbH & Co. Dritte KG ins Auge gefasst wurden einerseits, die zahllosen Rechtsprobleme in Zusammenhang mit der Haftung bei diesem Fonds andererseits führten nicht nur dazu, dass deutschlandweit Gerichte mit den Rechtsproblemen in Zusammenhang mit dieser Fondsgesellschaft befasst wurden. Der III. Zivilsenat des Bundesgerichtshofes hatte in seinen Entscheidungen Gelegenheit, diese mannigfaltigen Rechtsprobleme einer Lösung zuzuführen und allgemeingültige Grundsätze in all diesen Bereichen aufzustellen[9]. Im Hinblick auf die beklagte Tochtergesellschaft einer Großbank, welche der Fondsgesellschaft Dienstleistungen zur Verfügung stellte, war in erster Linie die Frage einer Prospekthaftungsverantwortlichkeit zu prüfen[10]. Allerdings würde das Gelingen des Nachweises einer Hintermanneigenschaft der Bank im Sinne der prospekthaftungsrechtlichen Verantwortlichkeit den Anlegern in vielen Fällen Steine statt Brot geben:

22   So waren viele Anlegeransprüche außerhalb der damals noch in Kraft befindlichen kurzen prospekthaftungsrechtlichen Verjährungsvorschriften rechtshängig gemacht worden[11], sodass der deliktshaftungsrechtliche Rettungsanker für diese Anleger die letzte Hoffnung versprach.

3. Problemstellung

23   Rechtsstreitigkeiten in Zusammenhang mit dem Fonds Vif Babelsberger Filmproduktion GmbH & Co. Dritte KG sind durch die Tatsache gekennzeichnet, dass deutschlandweit über zwei Instanzen hinweg sich eine Vielzahl von Tatsachengerichten der Meinung anschloss, der Prospekt sei nicht fehlerbehaftet[12]. Erst der III. Zivilsenat des Bundesgerichtshofes erkannte in der systematischen Stellung des „Worst-Case-Szenario", welches die Risiken zusammenfassend einschließlich Versicherungserlöse auf 21,6 % des angelegten Betrages errechnete, eine Fehlerhaftigkeit des Prospektes. Bei einer derartigen Sachverhaltskonstellation, welche erst durch höchstrichterliche Rechtsprechung einer bestimmten rechtlichen Behandlung unterfiel, gelangte der III. Zivilsenat in einer späteren Entscheidung[13] zur Auffassung, dass es einem deliktischen Haftungsadressaten nicht im Sinne eines Vorsatzvorwurfs zur Last gelegt werden kann,

---

[9] Siehe hierzu die Nachweise im Sachverzeichnis.
[10] → § 7 Rn. 15 ff.
[11] → § 7 Rn. 14.
[12] → § 6 Rn. 20 ff.
[13] Urt. v. 15.7.2010 – III ZR 321/08, betreffend Cinerenta, → Rn. 56 ff.

§ 13. Die deliktische Haftung

wenn dieser Sachverhalte nicht richtig würdigt, die Tatsacheninstanzen noch in seinem Sinne entschieden hatten[14].

Vorliegend war allerdings eine hiervon abweichende Problemkonstellation zu beurteilen: Der deliktische Vorwurf bezog sich nicht auf die Tatsache, dass der III. Zivilsenat – entgegen sämtlichen Vorinstanzen – zur Rechtauffassung gelangte, das Worst-Case-Szenario sei unvollständig bzw. unrichtig im Prospekt abgedruckt. Der deliktische Vorwurf richtete sich vielmehr auf eine hiervon unabhängige Sachverhaltskonstellation: Zu beurteilen war nämlich die Frage, ob einer Großbank zum Vorwurf gemacht werden kann, wenn diese Kenntnis darüber hatte, dass die inhaltsgleiche Fondskonzeption bei einem Schwesterfonds zu wirtschaftlichen Schwierigkeiten deshalb geführt hatte, weil die Geschäftsführung vom prospektiertem Konzept abgewichen war. 24

4. Entscheidung

Der III. Zivilsenat hatte sich zunächst mit der Frage auseinanderzusetzen, welches Konzept denn der streitgegenständliche Medienfonds verfolgte. 25

Anders, als in den leasingähnlichen Medienfondskonstellationen[15], war vorliegend eine Anlegerinvestition in einen echten operativen Medienfonds in Rede stehend; der Anleger würde seine Renditeerwartungen ausschließlich dadurch erfüllt sehen, dass die von der Fondsgesellschaft zu produzierenden Filme für Kino und Fernsehen Erlöse erzielten, welche den hiermit verbundenen Aufwand überstiegen. Die streitgegenständliche Fondsgesellschaft wurde demgegenüber mit einem Sicherheitsnetz beworben, das aus präzise definierten Kriterien für das Tätigen einer Investition und aus einem „intelligenten Konzept von Versicherungen" sowie einer breiten Risikostreuung bestand. Um Anleger für den Medienfonds zu gewinnen, wurde dieses Konzept einer Erlösausfallversicherung in dem Prospekt als ein zentrales Sicherungsmittel herausgestellt. 26

Der III. Zivilsenat legt sich sodann apodiktisch fest wie folgt: 27

„Ebenso klar ist, dass die Erlösausfallversicherung die ihr zugedachte Sicherungsfunktion nur dann voll erfüllen kann, wenn sie vor einem Abfluss der Mittel für die Co-Produktionen aus der Fondsgesellschaft abgeschlossen ist[16]." Der III. Zivilsenat sieht mithin nicht nur das Versicherungskonzept als solches, sondern auch die Tatsache, dass der Abschluss von Einzelpolicen vor Mittelabfluss für die Co-Produktionen stattgefunden haben muss, als wesentlich für das Konzept des Fonds an. Der III. Zivilsenat wandte sich sodann[17] der Tatsache zu, dass es nach dem in der Revisionsinstanz zu unterstellenden Vortrag des Klägers bei einem Schwesterfonds im Vorjahr der Auflage des hier streitgegenständlichen Fonds zu Vorfällen mit zwei wesentlichen Komponenten gekommen war: Zum einen war mit Produktionen begonnen worden, ehe Einzelpolicen einer Erlösausfallversicherung vorgelegen hatten. Zum anderen sei sodann ein Abschluss von Einzelversicherungen daran gescheitert, dass seitens der Versicherung Bedingungen nachgeschoben worden waren, sodass im Ergebnis ungesicherte Filmproduktionen verbindlich in Auftrag gegeben waren. 28

---

[14] Ganz im Gegensatz hierzu die Kick-Back-Rechtsprechung des XI. Zivilsenats, → § 14 Rn. 57 ff.
[15] Sog. Defeasance-Strukturen; → § 6 Rn. 138 ff.
[16] BGH aaO, Rn. 14.
[17] Neben der Haftung der beklagten Bank als Hintermann im Sinne der Prospekthaftung, → § 7 Rn. 15 ff.

II. Undurchführbarkeit des Fondskonzeptes

29 Zwar war die Beklagte auch bei diesem Fonds nicht in der Geschäftsleitungsverantwortung; sie hatte aber von diesen Vorfällen durch Berichte in Aufsichtsgremien der dortigen Fondsgesellschaft Kenntnis, welchem Vertreter der Beklagten angehörten. Mit dieser Konstellation war der Anleger entgegen der Konzeption des Filmfonds mit seiner Einlage voll und ganz vom wirtschaftlichen Erfolg des zu produzierenden Films für Kino bzw. Fernsehen abhängig.

30 Der III. Zivilsenat überträgt diese Konstellation sodann auf den streitgegenständlichen Fonds; anstelle einer Versicherungskonzeption würde mithin ein rein erfolgsabhängiger operativer Medienfonds platziert worden sein. Dieser Umstand hätte – so der III. Zivilsenat – das gesamte der vorgesehenen Tätigkeit der Fondsgesellschaft zu Grunde liegende Konzept verändert und daher auch im Prospekt klar und eindeutig dargestellt werden müssen. Dieser – wesentliche – weitere Prospektfehler, welcher in Kenntnis der Beklagten im Prospekt nicht korrigiert worden ist, führt dazu, dass – so der III. Zivilsenat – die deliktsrechtliche Verantwortlichkeit der Beklagten nach §§ 31, 826, 823 Abs. 2 BGB in Verbindung mit § 264a StGB „nahe liege".

31 Der BGH hob das entgegenstehende Urteil des Oberlandesgerichts auf und verwies die Sache zur weiteren Aufklärung an das Oberlandesgericht zurück.[18]

5. Fazit

32 Der III. Zivilsenat geht mit enormer Strenge an die Verantwortlichkeit der Beklagten im Sinne von § 264a StGB in Verbindung mit deliktsrechtlichen Vorschriften heran. Er lässt den Vortrag genügen, bei Schwesterfonds hätte eine von der Konzeption abweichende Praxis vorgelegen, um zu unterstellen, dass dies auch beim streitgegenständlichen Fonds geplant gewesen war.

33 Obwohl die Beklagte nicht in der Managementverantwortung des Fonds stand, sondern lediglich überwachende Funktion hatte, sieht der III. Zivilsenat sie als potentiellen Täter eines Kapitalanlagebetruges.

34 Völlig aus den Augen verloren wird in diesem Zusammenhang der gegen sämtliche Tatsacheninstanzen erst in dritter Instanz hervorgebrachte Aspekt, dass der Prospekt beim Anleger den Eindruck erwecke, er hafte mit seiner Einlage lediglich beschränkt auf 21,6 %. Wenn dieser erst in dritter Instanz gegen nahezu sämtliche mit der Angelegenheit bislang befasste Berufsrichter erkannte Eindruck hinweggedacht wird, investierte der Anleger in eine Beteiligung im Bewusstsein des Totalverlustrisikos; dass ein solches Risiko sich auch dadurch verwirklichen konnte, dass es im Deckungsverhältnis Probleme bei der Geltendmachung von Versicherungsschutz geben würde, war im Prospekt hinreichend zum Ausdruck gebracht worden. Letztendlich geht es bei dem Produktionsbeginn vor Abschluss von Einzelversicherungspolicen allenfalls um Managementfehler, welche dem Geschäftsführer seitens der Fondsgesellschaft in schadensersatzrechtlicher Hinsicht zur Last gelegt werden können, aber nicht zum Ersatz des Zeichnungsschadens führen.

---

[18] Siehe zu den weiteren Sachverhaltsaufklärungen durch die verschiedenen Zivilsenate des OLG München und der anschließenden Beurteilung durch den VI. Zivilsenat des BGH unter → Rn. 56 ff.

III. Kreditgeber bei „Schrottimmobilien"

BGH Urteil vom 29. Juni 2010 – XI ZR 104/08

1. Sachverhalt

Die Klägerin erwarb im Jahr 1996 zu Steuersparzwecken eine Eigentumswohnung 35
von einer Aktiengesellschaft. Zur Finanzierung des Kaufs schloss die Klägerin bei der Beklagten zu 2), die hierbei durch die Beklagte zu 1) vertreten wurde, einen Darlehensvertrag über ein tilgungsfreies Vorausdarlehen in Höhe von DM 178.000,00 sowie bei der Beklagten zu 1) zwei Bausparverträge ab. Die Vermittlung der Eigentumswohnung und der Finanzierung erfolgte durch zwei Tochtergesellschaften einer Unternehmensgruppe, die seit 1990 in großem Umfang Anlageobjekte vertrieb, welche von den Beklagten finanziert worden waren.

Die Klägerin hatte im Hinblick auf die Investition am 29. Februar 1996 einen „Objekt- und Finanzierungsvermittlungsauftrag" unterzeichnet. 36

Dort hieß es: 37

„Ich erteile hiermit den Auftrag, mir das oben genannte Objekt und die Finanzierung zu vermitteln. Der Auftrag soll durch die in Punkt 4) und 5) der nachfolgenden Aufstellung benannten Firmen zu den dort genannten Gebührensätzen ausgeführt werden."

Ausweislich des Punktes 4) der Aufstellung sollte das dortige Unternehmen eine „Finanzierungsvermittlungsgebühr" in Höhe von 2,41 %, ausweislich Punkt 5) der Aufstellung das dort genannte Unternehmen eine „Courtage" in Höhe von 3,45 % des dort mit DM 147.511,00 angegebenen Kaufpreises erhalten. 38

Die Klägerin unterzeichnete des Weiteren an diesem Tag ua eine Vereinbarung über 39
Mietenverwaltung. Darin trat sie zu der für die zu erwerbende Wohnung bestehenden Mietpoolgemeinschaft bei, welche ebenfalls von der genannten Unternehmensgruppe verwaltet wurde.

Neben den genannten Gebühren hatte der Vertrieb weitere Beträge erhalten, welche 40
sich (einschließlich der aufgedeckten Provisionen) auf insgesamt mindestens 15 % der Kaufpreissumme beliefen. Hierüber wurde die Klägerin nicht aufgeklärt.

Die Klägerin hatte gegenüber den Beklagten den Darlehensvertrag nach dem Haus- 41
türwiderrufsgesetz mit Schreiben vom 21. November 2002 widerrufen. Mit ihrer Klage verlangt die Klägerin von den Beklagten die Rückabwicklung des kreditfinanzierten Kaufs der Eigentumswohnung und stützt ihre Ansprüche insbesondere darauf, dass sie durch den Objekt- und Finanzierungsvermittlungsauftrag arglistig über die Höhe der Vermittlungsprovisionen getäuscht worden sei.

2. Hintergrund

Auch der vorliegende Rechtsstreit ist ein Beispiel dafür, wie die höchstrichterliche 42
Rechtsprechung rückwirkend strenge Maßstäbe an Sachverhalte anlegt, welche ca. 15 Jahre zurückliegen.

Richtig ist, dass der Vertrieb von sog. „Schrottimmobilien" an unerfahrene Anleger[19] 43
enormen Schaden anrichtete, wobei Vertriebsunternehmen und Banken von überteuerten Kaufpreissummen in Verbindung mit deren Kreditfinanzierung erheblich pro-

---

[19] Die Klägerin des vorliegenden Rechtsstreits war eine Krankenschwester, welcher die Eigentumswohnung zu Steuersparzwecken anempfohlen wurde.

fitiert hatten. Dennoch fand die Rechtsprechung lange Zeit kein Mittel, die Rechtsposition der Anleger im Verhältnis zur kreditfinanzierenden Bank zu stärken, da Vertriebsunternehmen und Kreditinstitute streng getrennt voneinander behandelt wurden und weder Verschuldenszurechnungen, noch Einwendungsdurchgriffe mangels verbundener Geschäfte stattfanden.

44 Nachdem sich der Gerichtshof der Europäischen Gemeinschaften (EuGH) am 25.10.2005 in einem diesem vom Landgericht Bochum vorgelegten sog. „Schrottimmobilien"-Fall geäußert hatte[20] und dort zum Ausdruck brachte, dass das nationale Recht den Risiken von derartigen Kapitalanlagemodellen Rechnung zu tragen hat, entwickelte der XI. Zivilsenat im Sinne der Effizienz des Verbraucherschutzes einen neuen Weg: Bei realkreditfinanzierten Wohnungskäufen und Immobilienfondsbeteiligungen, welche nicht als verbundene Geschäfte im Sinne der ständigen Rechtsprechung des Bundesgerichtshofes angesehen werden können, begründete der BGH Aufklärungspflichten der kreditgebenden Bank in Zusammenhang mit einer arglistigen Täuschung des Anlegers durch unrichtige Angaben von Vermittler, Verkäufer und Fondsinitiatoren[21]. Danach können sich Anleger in Fällen eines institutionalisierten Zusammenwirkens der kreditgebenden Bank mit dem Verkäufer oder Vertreiber des finanzierten Objekts unter erleichterten Voraussetzungen mit Erfolg wehren: Zu deren Gunsten streitet ein die Aufklärungspflicht auslösender konkreter Wissensvorsprung der finanzierenden Bank im Zusammenhang mit einer arglistigen Täuschung des Anlegers durch unrichtige Angaben der Vermittler, Verkäufer oder Fondsinitiatoren. Dieser Wissensvorsprung der Bank von einer solchen arglistigen Täuschung wird widerleglich vermutet, wenn Verkäufer oder Fondsinitiatoren, die von ihnen beauftragten Vermittler und die finanzierende Bank in institutionalisierter Art und Weise zusammenwirken. Dies ist ua dann gegeben, wenn die Finanzierung der Kapitalanlage vom Verkäufer oder Vermittler angeboten wurde und die Unrichtigkeit der Angaben des Verkäufers, Fondsinitiators oder der für sie tätigen Vermittler (bzw. des Verkaufs- oder Fondsprospektes) nach den Umständen des Falles derart evident ist, dass sich aufdrängt, die Bank habe sich der Kenntnis der arglistigen Täuschung geradezu verschlossen.

3. Problemstellung

45 Streitgegenständlich ist das Kreditverhältnis zwischen der Klägerin und den beiden objektfinanzierenden Banken. Dabei war zwischen den Banken und der Klägerin kein Rechtsverhältnis begründet worden, welches den Banken originäre Aufklärungspflichten im Sinne einer anleger- und objektgerechten Beratung gegenüber der Klägerin auferlegt hätte. Diese vertraute vielmehr den Aussagen von Drittunternehmen, welche den Wohnungskauf und die Finanzierung vermittelt hatten.

46 Sämtliche rechtliche Hilfestellungen, welche üblicherweise bei derartigen Dreieckskonstellationen dazu dienen, die Rechte des Anlegers gegenüber der kreditgebenden Bank zu wahren, versagten vorliegend[22].

---

[20] Siehe Entscheidung des EuGH vom 25.10.2005, abgedruckt zB WM 2005, 2079.
[21] BGH Urteil vom 16.5.2006 – XI ZR 6/04.
[22] So hatte der XI. Zivilsenat mit Urteil vom 20.3.2007 – XI ZR 414/04, eine Haftung der beklagten Banken in Anbetracht des dort zur Entscheidung anstehenden Sachverhalts noch verneint.

§ 13. Die deliktische Haftung

Der XI. Zivilsenat bediente sich nunmehr einer deliktischen Sachverhaltsverwirklichung im Rechtsverhältnis zwischen Anleger und Drittunternehmen, um den beklagten Banken diesbezüglich originäre Aufklärungspflichten aufzuerlegen[23].

4. Entscheidung

Der XI. Zivilsenat bemüht zunächst die „herkömmlichen" Ansatzpunkte, um im Rechtsverhältnis zwischen Anleger und kreditfinanzierender Bank rechtliche Argumente nutzbar zu machen, welche aus dem Rechtsverhältnis des Anlegers zum vermittelnden Drittunternehmen herrühren.

So greift vorliegend nicht der verfassungsrechtlich verankerte[24] Gesichtspunkt einer strukturell ungleichen Verhandlungsstärke der Vertragspartner, welcher beispielsweise bei Bürgschaften einkommens- und vermögensloser Angehöriger zur Anwendung kam. Vorliegend handelte der Anleger aus dem eigenen Interesse, sich an einem Steuersparmodell zu beteiligen und von der Entwicklung der Investition unmittelbar selbst zu profitieren. Der Widerruf nach Haustürwiderrufgesetz ging mangels Haustürsituation fehl. Nach ständiger Rechtsprechung des Bundesgerichtshofes ist eine nicht beratende, sondern lediglich kreditgebende Bank bei steuersparenden Bauherren-, Bauträger- und Erwerbermodellen auch zur Risikoaufklärung über das finanzierte Geschäft regelmäßig nicht verpflichtet.

Der XI. Zivilsenat prüft schließlich, ob der Bank ein aufklärungspflichtiger Wissensvorsprung vorgeworfen werden kann, welcher im Rahmen des vorvertraglichen Aufklärungsverschuldens dem Anleger gegenüber hätte aufgedeckt werden müssen. Dieser Wissensvorsprung, dh die positive Kenntnis der Bank von Sachverhaltsaspekten im Verhältnis zwischen Anleger und Drittunternehmen, wird dann widerleglich vermutet, wenn Verkäufer oder Fondsinitiatoren, die von ihnen beauftragten Vermittler und die finanzierende Bank in institutionalisierter Art und Weise zusammenwirken; dies ist dann der Fall, wenn der Vermittler nicht nur die Kapitalanlage, sondern auch die Finanzierung anbot und die zu missbilligenden Sachverhalte im Verhältnis zwischen Anleger und Drittunternehmen nach den Umständen des Falles objektiv evident waren[25]. Von besonderer Bedeutung für die Beurteilung des streitgegenständlichen Sachverhalts war die Beantwortung der Frage, ob im Rechtsverhältnis zwischen Vermittler und Anleger eine arglistige Täuschung objektiv evident war, sodass die Bank ihre Kenntnis zu widerlegen hat.

Ansatzpunkte für eine derartige Täuschung konnten vorliegend nur darin gesehen werden, dass der zwischen Anleger und Vermittlerunternehmen geschlossene Auftrag die Vergütung des Vermittlers festlegte, während der Vermittler tatsächlich von dritter Seite weitere Vergütungsbestandteile zu Lasten des Anlegers erhielt.

---

[23] Dabei handelt es sich richtigerweise nicht um eine Sachverhaltskonstellation, in welcher deliktische Ansprüche unmittelbar zwischen Anleger und beklagten Haftungsadressaten zur Anwendung gelangen. Da der XI. Zivilsenat aber die arglistige Sachverhaltsverwirklichung im Drittverhältnis im Ergebnis zu Lasten der beklagten Bank ausreichen lässt, soll diese Entscheidung im Rahmen des vorliegenden Abschnitts dargestellt werden.

[24] Artikel 2 Abs. 1 GG in Verbindung mit Sozialstaatsprinzip.

[25] Zu beachten ist, dass es sich bei dem genannten Wissensvorsprung um ein objektives, die Aufklärungspflicht begründendes Tatbestandsmerkmal handelt, nicht etwa um die Frage des Verschuldensmaßstabes; dennoch wird nach ständiger Rechtsprechung des Bundesgerichtshofes die Kenntnis der Bank widerleglich vermutet, siehe BGHZ 168, 1, 51 ff.

III. Kreditgeber bei „Schrottimmobilien"

52   Der XI. Zivilsenat verwies auf seine ständige Rechtsprechung, wonach zwar das einen Direktimmobilienerwerb finanzierende Kreditinstitut den Darlehensnehmer von sich aus grundsätzlich nicht auf versteckte Innenprovisionen hinweisen muss[26], sofern die Innenprovision nicht eine Höhe erreicht, welche den Kaufpreis im Verhältnis zum Verkehrswert der Immobilie in wucherähnliche Höhe treibt; dies war bei der vorliegend in Rede stehenden Innenprovision nicht der Fall.

53   Wenn aber der Kreditnehmer seitens des Dritten arglistig getäuscht wurde, könnte dies – über die Wissensvermutung zu Lasten der Bank – zu einer Aufklärungspflicht führen. Hier ist nun der Blick auf die Formulierungen in dem „Objekt- und Finanzierungsvermittlungsauftrag" zu richten, welcher – so der XI. Zivilsenat – in Anbetracht der bundesweiten Verwendung den Charakter allgemeiner Geschäftsbedingungen hat. Nunmehr wendet der XI. Zivilsenat folgenden Schachzug an: Er nimmt die Unklarheitenregelung[27] zum Anlass, diesen Vertrag dahingehend auszulegen, dass die dort erwähnten Gebühren als Gesamtprovisionen zu verstehen sind, zu denen die beiden Vermittlungsgesellschaften den Auftrag insgesamt ausführen sollten. Sodann ist der XI. Zivilsenat der Auffassung, die Vermittlungsunternehmen hätten den Anleger über diese – erst durch die Unklarheitenregelung zum Ausdruck gebrachte! – Gesamtprovisionshöhe arglistig getäuscht, da mit den Angaben im Vertrag der Anlegerin vorgespiegelt worden sei, darüberhinausgehende Provisionen würden an die beiden Vermittlungsgesellschaften nicht bezahlt. Der Anleger sei mithin über den Gesamtvermittlungsaufwand arglistig getäuscht worden. Den Einwand, wonach Arglist Vorsatz voraussetze und die den Vorsatz ausschließende Wirkung eines Rechtsirrtums berücksichtigt werden müsse[28], ließ der XI. Zivilsenat nicht gelten; dies wird lapidar damit begründet, dass auch im Jahr 1996 die Vorspiegelung wesentlich niedrigerer Provisionen im Rahmen von Vertragsverhandlungen unzulässig gewesen sei.

54   Schließlich nimmt der XI. Zivilsenat diese nur über die Unklarheitenregelung gefundene arglistige Täuschung seitens des Vertriebsunternehmens zum Anlass, die Wissensvermutung zu Lasten der Bank eingreifen zu lassen. Die Falschangabe sei objektiv evident und ein institutionalisiertes Zusammenwirken zwischen dem Beklagten, der Wohnungsverkäuferin und den Vermittlern liege ebenso vor. Die Beklagten hätten die widerlegliche Vermutung ihrer Kenntnis von der arglistigen Täuschung nicht widerlegt.

5. Fazit

55   Die Entscheidung des XI. Zivilsenats liegt ein fein ziselierter Gedankengang zu Grunde, welcher sich mit zahlreichen Aspekten auseinandersetzt, die in ständiger Rechtsprechung geklärt sind. Dennoch steht die Entscheidung auf tönernen Füßen: Durch die Ausfüllung eines Formulars im Jahr 1996 betreffend Vertriebsvergütungen über die Unklarheitenregelung zu einer arglistigen Täuschung durch das Vertriebsunternehmen zu gelangen und diese Täuschung sodann über die Wissensvermutung zu Lasten der kreditgebenden Bank zu einer Aufklärungspflicht der Bank gegenüber dem Anleger erstarken zu lassen[29], führt im Ergebnis zu einer Gefährdungshaftung kreditfi-

---

[26] Ständige Rechtsprechung seit XI ZR 3/01 vom 12.11.2002. Diese Rechtsprechung ist nicht zu verwechseln mit den Anforderungen des III. Zivilsenats an die Aufklärung bei Publikumsfonds betreffend die Werthaltigkeit von Kapitalanlagen mittels Prospektmaterials, → § 5 Rn. 47 ff.
[27] § 5 AGBG aF, jetzt § 305 c Abs. 2 BGB.
[28] Wobei diesbezüglich auf den Stand der Rechtsprechung im Zeitpunkt des Vertragsschlusses abzustellen ist, BGH vom 5.6.2007, XI ZR 348/05.

nanzierender Banken im Zusammenhang mit Bauherren- und Erwerbermodellen. Man kann sich des Eindrucks nicht erwehren, dass der XI. Zivilsenat hier bestrebt war, die Anlegerinteressen um jeden Preis in Schutz zu nehmen, mithin schlicht ergebnisorientiert urteilte. Richtigerweise kann eine nur über die Unklarheitenklausel Allgemeiner Geschäftsbedingungen zu begründende arglistige Täuschung niemals derart evident sein, dass man der Bank vorwerfen möchte, sie hätte sich der Kenntnis geradezu verschlossen.

IV. Geschäftsführer des Eigenkapitalvertriebs

BGH Urteil vom 15. Juli 2010 – III ZR 321/08

1. Sachverhalt

Der Kläger beteiligte sich mit Erklärung vom 24. November 1999 an der Cinerenta Gesellschaft für Internationale Filmproduktion mbH & Co. Dritte Medienbeteiligungs KG in Höhe von DM 50.000,00 zzgl. 5% Agio. Die Klage richtete sich ua gegen einen Gesellschafter der Komplementärin, welcher im Zeitpunkt der Zeichnung zugleich Mehrheitsgesellschafter und Geschäftsführer der Investor- und Treuhand Beratungsgesellschaft mbH[30] war. Die Investor- und Treuhand Beratungsgesellschaft mbH hatte nach dem klägerischen Vortrag Provisionszahlungen in Höhe von 20% für die Eigenkapitalvermittlung erhalten, welche in diesem Volumen nicht im Prospekt erwähnt waren. Er nimmt den Beklagten nach §§ 826 BGB, 823 Abs. 2 BGB in Verbindung mit §§ 263, 264 a StGB auf Schadenersatz in Anspruch.

2. Hintergrund

Die Vorwürfe der Anleger im Hinblick auf vorgebliche Falschinformation im Zusammenhang mit dem Erwerb der Fonds Cinerenta I. bis IV. unterlagen seit Beginn der ersten Rechtsstreitigkeiten bis zum heutigen Tag einem stetigen Wandel[31]. Erst anlässlich staatsanwaltschaftlicher Ermittlungen im Zuge von Straf- und Steuerfahndungsverfahren wurden Sachverhaltsaspekte offenkundig, welche eine Vergütung der Investor- und Treuhand Beratungsgesellschaft mbH in Höhe von 20% nahelegten. Der Bundesgerichtshof hatte erstmals mit Urteil vom 29. Mai 2008[32] diesen Sachverhaltsaspekt aufgegriffen.

3. Problemstellung

Der Geschäftsführer der Investor- und Treuhand Beratungsgesellschaft mbH erschien zahlreichen Anlegern als lohnender Haftungsadressat, da dieser im Laufe seines Berufslebens zahllose Produkte des Grauen Kapitalmarkts erfolgreich aufgelegt oder vertrieben hatte.

In haftungsrechtlicher Hinsicht standen die Anleger allerdings vor der Schwierigkeit, dass vertragliche und vertragsähnliche Ansprüche gegen den Beklagten nicht bestanden.

---

[29] Da ja eine Bank insoweit schon bei fahrlässiger Verletzung dieser Pflicht haftet.
[30] Im Folgenden „Beklagter".
[31] Siehe hierzu auch ausführlich → § 6 Rn. 53.
[32] III ZR 59/07, → § 6 Rn. 45 ff.

Auch die Frage, ob der Beklagte tauglicher Haftungsadressat im Sinne der Prospekthaftung im engeren Sinne sein konnte, stellt sich nicht, da diesbezügliche Verjährungsfristen ebenfalls bereits abgelaufen waren[33].

60 Es blieb mithin auch hier als alleiniger Rettungsanker die Inanspruchnahme des Beklagten auf Basis deliktischer Vorschriften, nämlich § 826, 823 Abs. 2 BGB in Verbindung mit §§ 263, 264 a StGB.

4. Entscheidung

61 Das Berufungsgericht würdigte die von ihm erhobenen Beweise dahingehend, dass die Investor- und Treuhand Beratungsgesellschaft mbH neben der prospektierten Provision von 7 % für die Eigenkapitalvermittlung und dem Agio von in der Regel 5 % tatsächlich weitere 8 % Provision als Vergütung für pauschale Werbungskosten von der Komplementärin erhalten hatte. Allerdings komme eine Haftung des Beklagten dafür nicht in Betracht; er sei weder prospektverantwortlich, noch hätten in seiner Person vorvertragliche Beziehungen zum Kläger bestanden. Voraussetzung für eine deliktische Haftung wäre ein vorsätzliches Verhalten des Beklagten, wofür der Kläger jedoch keinen ausreichenden Sachvortrag gebracht habe.

62 Der III. Zivilsenat stützte im Wesentlichen die Gedanken des Berufungsgerichts und führte diesbezüglich geradezu lehrbuchartig zu den Anforderungen an den Vorsatz für einen Kapitalanlagebetrug durch unrichtige Angaben und Verschweigen nachteiliger Tatsachen in einem Emissionsprospekt aus, was folgt:

63 Der Senat unterstellt zunächst für das Revisionsverfahren, dass der Kläger vor seiner Anlageentscheidung zum einen darüber zu informieren war, dass an die Investor- und Treuhand Beratungsgesellschaft mbH Vertriebsprovisionen von 20 % gezahlt werden sollten und wurden; des Weiteren hätte dem Kläger mitgeteilt werden müssen, welche Rolle der Investor- und Treuhand Beratungsgesellschaft mbH im Hinblick auf die personelle und kapitalmäßige Verflechtung mit der Komplementärin bei der Verwirklichung des Vorhabens zukam. Der III. Zivilsenat ließ ausdrücklich offen, ob dem Kläger insoweit eine nachteilige Tatsache im Sinne von § 264a Abs. 1 Nr. 1 StGB verschwiegen wurde, da ein vorsätzliches Verhalten des Beklagten nicht vorgetragen worden sei. So muss ein Täter im Sinne von § 264a StGB nicht nur die tatsächlichen Umstände kennen, sondern auch die rechtliche Wertung der Erheblichkeit des für die Anlageentscheidung bedeutsamen Umstandes nachvollziehen, da es sich hierbei um ein normatives Tatbestandsmerkmal handele. Selbst wenn der Beklagte wusste, dass ein Vergütungsanteil von 8 %, der an die Investor- und Treuhand Beratungsgesellschaft mbH gezahlt werden sollte, in anderen Positionen des Investitionsplans „versteckt" worden war[34], weil der Beklagte weiter wusste, dass sich eine Anlage mit Vertriebsprovisionen von offen kommunizierten 20 % nicht vertreiben lasse, der Beklagte mithin wusste, dass der Prospekt, auf dessen Grundlage die Anleger eingeworben wurden, fehlerhaft war, folgt daraus nicht, dass sich der Beklagte der Erheblichkeit der behaupteten Irreführung durch die Prospektierung bewusst gewesen ist.

64 Der III. Zivilsenat legt diesbezüglich sein Augenmerk auf einen sehr wesentlichen Aspekt, nämlich die Tatsache, dass die nach dem Prospekt für den Unternehmensgegenstand des Fonds primär vorgesehenen und wesentlichen Kosten, nämlich diejenigen

---

[33] → § 7 Rn. 14.
[34] → § 6 Rn. 63.

für die Produktion und den Erwerb von Filmrechten, nicht berührt worden sind. Von der „Umschichtung" betroffen sind lediglich die Weichkosten. Dem entspräche es – so der III. Zivilsenat – dass bis zu seiner Entscheidung vom 29. Mai 2008[35] die Berufungssenate des Oberlandesgerichts München, bei denen eine Vielzahl entsprechender Anlegerklagen anhängig gewesen sind, nahezu einhellig angenommen haben, der Emissionsprospekt sei diesbezüglich nicht zu beanstanden, da es der Komplementärin überlassen sei, nach ihrem Belieben über Mittel zu verfügen, die sie aufgrund der mit der Fondsgesellschaft abgeschlossenen Dienstleistungsverträge erhalten habe.

Es sei dem Beklagten daher nicht zu widerlegen, dass der Prospekt aus seiner (so wörtlich der III. Zivilsenat) „juristisch laienhaften Sicht" alle erforderlichen Angaben richtig enthalten hat und dass die Komplementärin aus seiner Sicht weiterhin befugt war, der Investor- und Treuhand Beratungsgesellschaft mbH die Vergütung aus dem Budgettopf „Konzeption, Werbung, Prospekt, Gründung" zu zahlen. 65

Auch soweit es um Verflechtungsvorwürfe[36] geht, muss zugunsten des Beklagten berücksichtigt werden, dass der Prospekt über Sondervorteile informiert habe, welche der Komplementärin zu gewähren waren. In diesen waren die an die Investor- und Treuhand Beratungsgesellschaft mbH zu bezahlenden Sondervorteile enthalten. So könne man dem Beklagten diesbezüglich allenfalls einen Fahrlässigkeitsvorwurf machen, nicht aber den für die deliktische Haftung vorliegend erforderlichen Vorsatz. 66

5. Fazit

Bringt man die Rechtsprechung des III. Zivilsenats auf den Punkt, so bedeutet diese, dass der Geschäftsführer eines Fondsvertriebes darauf vertrauen darf, nicht klüger sein zu müssen, als zahllose in den Tatsacheninstanzen mit der Prospektbeurteilung befasste Berufsrichter. Es würde in der Tat die Sorgfaltsanforderungen überspannen, würde man in der konkreten Sachverhaltskonstellation dem Beklagten ein vorsätzliches Verhalten im Hinblick auf die Prospektunrichtigkeit vorwerfen; dass dieser fahrlässig die Anleger unzureichend über Sondervorteile zugunsten „seiner" Gesellschaft im Unklaren ließ, war und ist kein deliktsrechtlich relevanter Umstand. 67

Die ausgewogene Interessenabwägung des III. Zivilsenats fußt aber auf einem sehr wesentlichen Gedanken, welcher nicht deutlich genug herausgestellt werden kann: Umschichtungen waren lediglich im Bereich der in der Summe unverändert gebliebenen Weichkosten vorgenommen worden, während die für das eigentliche Gelingen der unternehmerischen Investition vorgesehenen „harten Beträge" voll umfänglich und prospektgemäß investiert worden sind. Die mangelnde Performance der Cinerenta-Fonds lag also jedenfalls nicht daran, dass die für die Filmproduktion prospektierten Mittel in sonstige Kanäle abdisponiert worden waren. In diesem Fall vermag man die Haftungsadressaten nicht als Kapitalanlagebetrüger abzustempeln. 68

---

[35] III ZR 59/07, → § 6 Rn. 45 ff.
[36] Wobei die Rechtsprechung des Bundesgerichtshofes zur Notwendigkeit der Offenlegung kapitalmäßiger und personeller Verflechtungen bis in das Jahr 1980 zurückreicht; siehe hierzu BGH vom 2.2.2010, VI ZR 254/08.

V. Geschäftsführer der Treuhandkommanditistin

BGH Urteil vom 19. Oktober 2010 – VI ZR 124/09

1. Sachverhalt[37]

69   Die Kläger der sechs BGH-Entscheidungen sind sämtlich Anleger einer geschlossenen Beteiligung in Firma „MSF Master Star Fund Deutsche Vermögensfonds I AG & Co. KG" (MSF) mit Zeichnungsdaten 21. Oktober 2004 bis April 2005. Der Beklagte ist Geschäftsführer der Treuhänderin, über die sich die Kläger an der Fondsgesellschaft beteiligten. Die BaFin vertrat die Rechtsauffassung, dass das Anlagekonzept der MSF ein erlaubnispflichtiges Finanzkommissionsgeschäft nach § 1 I 2 Nr. 4 KWG sei und kündigte mit am 28. Oktober 2004 bei der MSF und der Treuhänderin zugegangenem Schreiben die Untersagung des Geschäfts gemäß § 37 KWG an. Von der Treuhänderin wurden Auskünfte und die Vorlage von Unterlagen verlangt. Bereits am 27. Oktober 2004 waren in einer Gesellschafterversammlung, an der auch der Beklagte als Geschäftsführer der Treuhänderin teilgenommen hatte, Änderungen des Gesellschaftsvertrages beschlossen und ein neuer Emissionsprospekt aufgelegt worden. Der Beklagte kam dem Auskunftsersuchen für die Treuhänderin am 10. November 2004 nach. Am 30. November 2004 setzte die BaFin der MSF unter Androhung der Untersagung der Geschäftstätigkeit nach § 37 KWG eine Frist bis zum 11. Dezember 2004, um eine Umgestaltung der bisherigen Tätigkeit in eine erlaubnisfreie Tätigkeit vorzunehmen. Die in den folgenden Monaten zwischen MSF und BaFin geführten Verhandlungen über mögliche Änderungen in der Anlage- und Gesellschaftsstruktur blieben erfolglos. Am 15. Juni 2005 erließ die BaFin Untersagungsverfügungen gegen MSF und die Treuhänderin, die beide inzwischen Insolvenz angemeldet hatten. Die Kläger begehren vom Beklagten die Erstattung der geleisteten Einlagen und die Befreiung von sämtlichen Verpflichtungen aus dem Treuhandvertrag.

2. Hintergrund

70   Streitigkeiten in Zusammenhang mit dem Fonds MSF füllen seit Jahren deutschlandweit Gerichtsakten. Das haftungsrechtliche Umfeld, welches durch die – wie vom BGH[38] völlig zu Recht festgestellte – rechtswidrige Verfügung der BaFin bereitet wurde, ist enorm. Auf Aktivseite sind es in erster Linie der Insolvenzverwalter des Fonds und die Anleger, welche Verantwortlichkeiten für das verlorene Fondsvermögen bei Dritten suchen. Die hier in Rede stehende persönliche Haftung des Geschäftsführers der Treuhänderin war einzig und allein über § 826 BGB denkbar, wobei es durchaus einige oberlandesgerichtliche Senate gab, welche dieses scharfe Schwert zückten. Dass die Anforderungen, welche seitens dieser Senate an die Tatbestandsmerkmale gestellt wurden, gering waren, ändert nichts daran, dass die Anleger Hoffnung schöpften.

---

[37] Der VI. Zivilsenat entschied an diesem Tag insgesamt sechs Verfahren betreffend den streitgegenständlichen Sachverhalt mit den weiteren Aktenzeichen VI ZR 248/08, VI ZR 304/08, VI ZR 4/09, VI ZR 11/09 und VI ZR 145/09; die Senate der Oberlandesgerichte Köln, Stuttgart und München haben den Klagen zum Teil stattgegeben (München und Stuttgart) zum Teil diese abgewiesen (Köln).

[38] → § 6 Rn. 90 ff.

3. Problemstellung

Der beklagte Geschäftsführer der Treuhänderin befand sich vorliegend in einem echten Entscheidungskonflikt: Die von diesem vertretene Treuhandgesellschaft war zum einen der Fondsgesellschaft gegenüber vertraglich verpflichtet, Zeichnungen der Anleger entgegenzunehmen. Eine Gesellschafterversammlung der Fondsgesellschaft hatte kurz vor Zugang des Schreibens der BaFin Maßnahmen unternommen, welche dafür sorgen sollten, dass die Bedenken der BaFin ausgeräumt wurden. Der Vertrieb hatte eine neue, aktualisierte Prospektversion zur Verfügung, in welcher auf die Bedenken der BaFin hingewiesen wurde. Sollte sich der Geschäftsführer nunmehr auf den Standpunkt stellen, neue Zeichnungen nicht anzunehmen und damit möglicherweise ein Scheitern des Fonds zu provozieren, auch wenn die BaFin die Unrichtigkeit ihrer vorläufigen Rechtsauffassung einsehen und deren Haltung korrigieren würde?

Andererseits bestand die Gefahr, dass nicht nur die Einlagen von Anlegern, welche bereits gezeichnet hatten, sondern auch Einlagen neuer Zeichner vollständig verloren waren. So sah das Fondskonzept in den Jahren 2004 und 2005 ja nicht die Anschaffung echter Substanzwerte vor, welche ohne Weiteres hätten wieder durch Veräußerung realisiert werden können; vielmehr sollte durch Schulungsmaßnahmen in den Aufbau eines Vertriebssystems investiert werden[39], wobei die Gefahr bestand, dass die insoweit investierten Gelder bei vorzeitiger Beendigung des Fondskonzept verloren sein würden.

Der Geschäftsführer versuchte auch nicht, sich der misslichen Lage durch Niederlegung seines Geschäftsführeramtes zu entziehen[40]. Der Geschäftsführer stellte sich vielmehr seiner Verantwortung und vertraute darauf, dass es gelingen werde, mit der Behörde eine Einigung zu erzielen, zumal sich die Geschäftsführung der Fondsgesellschaft hochprofessionellen Beistandes versichert hatte, um die Angelegenheit mit der BaFin zu befrieden.

4. Entscheidung

Nachdem vertragliche und vertragsähnliche Ansprüche der Anleger gegen den beklagten Geschäftsführer keine Aussicht auf Erfolg hatten, hatten sich verschiedene Senate der Oberlandesgerichte mit der Frage zu befassen gehabt, ob dem Geschäftsführer ein vorsätzlich sittenwidriges Verhalten im Sinne von § 826 BGB vorgeworfen werden kann. Kern des Vorwurfs ist, dass der Geschäftsführer es unterließ, die beitrittswilligen Anleger über den Inhalt des am 28. Oktober 2004 zugegangenen Schreibens der BaFin zu informieren; er hatte auch einen Vertragsschluss mit den Anlegern nicht verhindert und deren Einlage an die MSF weitergeleitet. Der VI. Zivilsenat des BGH lässt offen, ob die Treuhänderin eine Pflicht traf, die künftigen Treugeber über die Bedenken der BaFin aufzuklären und ob der Beklagte die Beachtung einer solchen Pflicht sicherzustellen hatte. Jedenfalls sei das Unterlassen einer Aufklärung über wesentliche regelwidrige Auffälligkeiten einer Kapitalanlage nicht schon dann ein Verstoß gegen § 826 BGB, wenn eine solche vertragliche Pflicht zur Aufklärung bestünde. Der sehr schwerwiegende Vorwurf der Sittenwidrigkeit kann vielmehr erst dann erhoben werden, wenn das Schweigen eines Aufklärungspflichtigen zugleich gegen das Anstandsgefühl aller billig und gerecht Denkenden verstößt. Allein die Kenntnis von einer noch entfernt lie-

---

[39] → § 6 Rn. 93.
[40] Hier wäre unter Umständen von einer Kündigung zur Unzeit auszugehen, welche wiederum Schadenersatzansprüche nach sich gezogen hätte.

genden Möglichkeit, dass die Geschäftstätigkeit untersagt werden könnte und die Anleger hierdurch Schäden erleiden würden, genügt nicht.

75 Der VI. Zivilsenat erkannte, dass sich der Beklagte in einem unausweichlichen, von ihm nicht selbst herbeigeführten Interessenkonflikt befunden und auch nicht zum eigenen Nutzen gehandelt hatte. Die Treuhandkommanditistin hatte nämlich nicht nur die Interessen der noch nicht beigetretenen Anlageinteressenten zu wahren, sondern für alle Kommanditisten treuhänderisch handeln müssen. Sie musste auch darauf bedacht sein, die Realisierung des Anlageprojektes nicht leichtfertig dadurch zu gefährden, dass sie vorschnell und ohne ausreichend gefestigte Tatsachengrundlage Bedenken gegen eine erfolgreiche Umsetzung publizierte, was zum Verlust der Gelder der schon beigetretenen Kommanditisten hätte führen können. Der Beklagte durfte gerade nicht dem Schutz der Interessen der noch Außenstehenden den Vorrang einräumen.

76 Der VI. Zivilsenat hält abschließend fest, dass – wenn überhaupt ein Fehlverhalten des Geschäftsführers vorlag – dieses allenfalls fahrlässig, nicht aber vorsätzlich war.

5. Fazit

77 Der vorliegende Sachverhalt verdeutlicht in ganz besonderem Maße, wie wesentlich und mit Augenmaß Risikosphären abgewogen werden müssen, insbesondere wenn – wie hier – die Interessen bereits beigetretener Anleger einerseits, die Interessen künftig beitretender Anleger andererseits betroffen sind.

78 Vor diesem Hintergrund erstaunt schon der von einigen oberlandesgerichtlichen Senaten erhobene Vorwurf, der Beklagte habe künftig beitretende Anleger vorsätzlich schädigen wollen. Der VI. Zivilsenat betont aber in ganz besonderem Maße den im Rahmen des § 826 BGB zwingend hinzutretenden weiteren Aspekt der sittenwidrigen Schädigung und hält dieses Sachverhaltsmerkmal nur dann für verwirklicht, wenn das Anstandsgefühl aller billig und gerecht Denkenden verletzt ist. Um diese sehr hohe Hürde zu nehmen, müssen schon Sachverhalte vorgetragen und unter Beweis gestellt werden, welche geradezu kriminellen Charakter haben[41].

VI. Prospektgutachter und Mittelverwendungskontrolleur

OLG München Urteil vom 21. November 2008 – 10 U 2839/08 (rechtskräftig)

1. Sachverhalt

79 Der Kläger macht Schadensersatzansprüche mit dem Ziel der Rückabwicklung einer Kapitalanlage in Form einer Kommanditbeteiligung an der ApolloMedia GmbH & Co. 5. Filmproduktion KG geltend. Der Kläger beteiligte sich als Kommanditist mit Zeichnung vom 20. Dezember 2001 an der Fondsgesellschaft. Dem Kläger lag der am 10. Mai 2001 herausgegebene Emissionsprospekt vor. Das am 20. Juli 2001 von der beklagten Wirtschaftsprüferin erstellte Prospektgutachten enthielt den Hinweis darauf, dass eine Herausgabe des Prüfberichts an den Anleger nur nach vorheriger schriftlicher Zustimmung der Prospektgutachterin zulässig ist. Die Beklagte hat der Herausgabe des Prüfberichts an den Kläger nicht zugestimmt.

---

[41] Hinzu kommt, dass Anleger im konkret gegebenen Fall auch keinerlei Aussicht hatten, eine Haftpflichtversicherung für das behauptete vorsätzliche sittenwidrige Verhalten des Geschäftsführers der Treuhänderin in Anspruch nehmen zu können.

§ 13. Die deliktische Haftung

Bei dem Fonds handelt es sich um einen operativen Medienfonds, welcher nach dem **80** sog. „Blind-Pool-Konzept" aufgelegt war. Die einzelnen mit dem Fonds zu realisierenden Filmprospekte standen im Zeitpunkt der Prospektveröffentlichung nicht fest und wurden daher auch nicht namentlich prospektiert. Der Fonds sollte seine Erlöse aus der Verwertung der zu produzierenden Filme generieren, wobei die Geschäftsführung des Fonds Erlösausfallversicherungen abschließen würde. Diesbezüglich heißt es im Prospekt, dass die Erlösversicherungen ausschließlich bei international tätigen, auch bei Banken anerkannten Spezialversicherern (zB New England International Surety Inc.[42], Brüssel) abgeschlossen würden.

Die beklagte Prospektgutachterin war zugleich Mittelverwendungskontrolleurin des **81** Fonds und hatte vor Zeichnung des Anlegers Zahlungen an die New England International Surety Inc. freigegeben.

Der Kläger wirft der Beklagten vor, sie habe Unrichtigkeiten im Prospekt nicht aufgedeckt. **82** So hätte die New England International Surety Inc. ihren Hauptsitz in Panama; dies hätte im Prospekt deutlich herausgestellt werden müssen. Weitere renommierte Versicherer, welche bereit gewesen wären, Erlösausfallversicherungen für Filme abzuschließen, hätte es im Jahr 2001 nicht (mehr) gegeben. Da die Filmprojekte im Zeitpunkt der Zeichnung weitgehend feststanden und mithin auch die New England International Surety Inc. als Versicherer, es sich mithin gerade nicht um einen „Blind-Pool" gehandelt habe, hätte die Beklagte den Kläger warnen müssen. Die Beklagte hafte jedenfalls wegen vorsätzlicher sittenwidriger Schädigung aus § 826 BGB.

2. Hintergrund

Streitigkeiten in Zusammenhang mit den fünf ApolloMedia Filmfonds entzündeten **83** sich zunächst an der Tatsache, dass das nach den Prospekten zur realisierende Blind-Pool-Konzept tatsächlich keines (mehr) gewesen sei, da zwischen Prospektveröffentlichung und Zeichnung der Anleger konkrete Projekte bereits festgestanden hätten. Die Relevanz dieses vorgeblichen Prospektfehlers wurde allerdings von den Tatsachengerichten in Abrede gestellt: Zeichnet ein Anleger ein Blind-Pool-Konzept, gibt er gerade zu erkennen, dass für seine Anlegeentscheidung der tatsächlich zu realisierende Film ohne Bedeutung ist. Er stellt mithin durch sein eigenes Verhalten die Relevanz der im nachhinein geforderten Information für seine Anlageentscheidung in Abrede. Es ist dies zu vergleichen mit dem Erwerb einer Kinokarte für eine Vorschau, bei welcher der Kinobesucher den zu besuchenden Film nicht kennt: Auch dort vermag der Kartenkäufer nicht zu reklamieren, dass der Film bereits fest steht oder der tatsächlich gezeigte Film nicht seiner Vorstellung entspricht.

Der Schwerpunkt der Vorwürfe verlagerte sich sodann in einen anderen Bereich: So **84** war den Prospektangaben zu entnehmen, dass die New England International Surety Inc. als einer der in Rede stehenden Sicherungsmechanismen in Frage kommen würde, wobei die Prospekte nicht den Hauptsitz der New England International Surety Inc. in Panama, sondern lediglich den Sitz mit „Brüssel" angaben; dort hatte die New England International Surety Inc. Büroräumlichkeiten angemietet. Wenn aber nunmehr einzelne zu produzierende Filme im Zeitpunkt der Zeichnung bereits feststanden und auch feststand, welcher Sicherungsmechanismus für diese Filme seitens der Geschäftsleitung gewählt werden würde (nämlich Abschluss einer Erlösausfallversicherung bei der

---

[42] Auch die Cinerenta-Fonds arbeiten mit diesem Versicherer, vgl. zu Cinerenta die Nachweise im Sachverzeichnis.

New England International Surety Inc. mit Sitz in Panama), so hätte dies dem beitrittswilligen Anleger jedenfalls dann mitgeteilt werden müssen, wenn durch die im Prospekt enthaltene Sitzangabe „Brüssel" der Anschein einer höheren Bonität und Seriosität erweckt wurde, als tatsächlich gegeben war.

85 Es handelte sich bei der New England International Surety Inc. wohl um ein Schneeballsystem, welches zusammenbrach, als der Hauptaktionär und alleinige Geschäftsführer verstarb.

3. Problemstellung

86 Der Kläger des Rechtstreits nahm neben der Prospektgutachterin den Geschäftsführer der Fondsgesellschaft persönlich auf Schadenersatz in Anspruch. Da prospekthaftungsrechtliche Ansprüche verjährt waren, waren gegenüber dem Geschäftsführer lediglich deliktische Ansprüche zu prüfen.

87 Anders stellte sich die Rechtslage im Verhältnis zur Prospektgutachterin dar: In Anwendung der Rechtsprechung des X.[43] und III.[44] Zivilsenats des Bundesgerichtshofes waren Ansprüche gegen die Prospektgutachterin aus Einbezug des Klägers in den Schutzbereich des Gutachtensauftrages zu prüfen, wobei hier Fahrlässigkeit als Verschuldensmaßstab ausreichen würde.

88 Die besondere Problematik lag diesbezüglich in der Umsetzung der althergebrachten Grundsätze der ständigen Rechtsprechung des Bundesgerichtshofes zum Einbezug in einen fremden Vertrag einerseits, in der konkreten Umsetzung dieser Grundsätze durch den X. und III. Zivilsenat andererseits. Wer das Prospektgutachten in Augenschein nahm, vermochte an prominenter Stelle zu Beginn des Gutachtens zu erkennen, dass dieses Gutachten nur für solche Leser bestimmt war, welche in Besitz einer Zustimmungserklärung der Gutachterin waren, wonach diese einer Weitergabe des Prüfberichts an den jeweiligen Anleger zugestimmt hat. Zu entscheiden war, ob dieser einschränkende Hinweis verbunden mit dem fehlenden Nachweis einer Zustimmung zur Herausgabe an den Anleger dazu führen würde, Ansprüche aus Einbezug in den Schutzbereich des Gutachtensauftrages zu verneinen.

89 Daneben war die deliktische (Mit-)Verantwortung des Prospektgutachters zu prüfen.

4. Entscheidung

90 Mit dem Landgericht ging das Oberlandesgericht im Hinblick auf den Einbezug den Anlegers in den Gutachtensauftrag folgenden Weg:

91 Bringt der Gutachter zu Beginn des Gutachtens selbst unmissverständlich zum Ausdruck, dass die im Gutachten enthaltenen Gutachtensergebnisse nicht jedermann frei zugänglich sind und mithin zur Grundlage der Investitionsentscheidung eines Anlegers gemacht werden können, sondern macht der Gutachter dies von seiner Zustimmung abhängig und liegt diese beim jeweiligen Kläger nicht vor, so mangelt es an einem wesentlichen Baustein der ständigen Rechtsprechung zum Einbezug eines vertragsfremden Dritten in den Schutzbereich eines Vertrages: Es fehlt an der Erkennbarkeit des Einbezugs dieses Dritten in den Vertrag zu Lasten des Haftungsadressaten. Kann dieser darauf vertrauen, dass lediglich solche Anleger ihre Anlageentscheidung auf Basis der Gutachtensergebnisse fällen, welche in Besitz einer zustimmenden Erklärung des Gutachters

---

[43] → § 9 Rn. 37 ff.
[44] → § 9 Rn. 60 ff.

sind, so kann der Gutachter kontrollieren, wer in Besitz des Gutachtens gelangt und so als potentieller Haftungsgegner in Frage kommt (Thema der Versicherbarkeit des übernommenen Haftungsrisikos). Würde man anders entscheiden, wäre es für den Gutachter gerade nicht erkennbar, welche sonstige, unbestimmte Vielzahl von beitrittswilligen Anlegern als aktivlegitimiert in den Prüfauftrag einbezogen werden.

Der hiergegen erhobene Einwand, der Vorbehalt des Gutachters verstoße gegen Treu und Glauben, da der Gutachter zum einen immer davon ausgehen müsse, dass der Vertrieb sein Gutachten interessierten beitrittswilligen Anlegern zur Verfügung stelle, der Anleger zum anderen durch einen derartigen Vorbehalt unbillig überrascht werde, ließ das OLG nicht gelten. Es erkannte, dass ein legitimes schutzwürdiges Interesse des Gutachters dafür spricht, sich diejenigen Personen selbst auszusuchen, welche in den Schutzbereich des Gutachtensauftrages gelangen sollen. Ein Anleger, welcher im Vertrauen auf das Gutachten die Zeichnung beabsichtige, eine Zustimmung des Gutachters aber nicht in Händen halte, müsse entweder die Zeichnung unterlassen oder aber seine Vertrauensinvestition ohne Gutachtensbasis tätigen. Auch könne er beim Gutachter dessen Zustimmung erfragen. 92

In Anbetracht der eindeutigen Regelung, wonach eine schriftliche Zustimmung zur Weitergabe des Gutachtens an den Anleger vorliegen müsse und diese gegenüber dem Anleger nicht erteilt worden war, war für diesen erkennbar, dass eine Vertrauensinvestition nicht dem bestimmungsgemäßen Gebrauch des Gutachtens entsprach. In Weiterentwicklung der Rechtsprechung des X. und III. Zivilsenats des Bundesgerichtshofes kann die Haftung gegenüber dem Anleger durch ein derartiges Zustimmungserfordernis wirksam beschränkt werden. Ein Vertrauensschutz des Anlegers ist selbst dann nicht geboten, wenn dieser das Prüfgutachten von seinem Anlageberater auf seine Bitte hin erhalten haben mag, weil er selbst dann das Gutachten eben gerade nicht mit einer schriftlichen Zustimmung des Prospektgutachters erhalten hat. 93

Dieser Ansatz führte dazu, dass sowohl die Haftung des mitverklagten Geschäftsführers, als auch die Haftung der Prospektgutachterin ausschließlich an deliktischen Gesichtspunkten zu messen war, mithin neben der zu prüfenden objektiven Tatbestandsmerkmale auch der Schuldvorwurf des Vorsatzes vom Anleger nachgewiesen werden musste. 94

Das Oberlandesgericht beschäftigte sich zunächst mit der Haftung des Geschäftsführers und setzte sich diesbezüglich dezidiert mit dem klägerischen Sachvortrag auseinander. 95

Selbst wenn zum Zeitpunkt der Prospekterstellung eine überwiegende Wahrscheinlichkeit dafür bestanden hätte, dass nur die New England International Surety Inc. als Erlösversicherung in Betracht kam und der beklagte Geschäftsführer insoweit auch gewusst hat, dass der Hauptsitz der New England International Surety Inc. nicht in Brüssel sondern in Panama lag, rechtfertige die Aufnahme der New England International Surety Inc. als Beispiel für einen derartigen Erlösversicherer nicht die Begründung eines Vorsatzes des beklagten Geschäftsführers zum Kapitalanlagebetrug oder einer sittenwidrigen Schädigung. Der Senat nimmt zur Begründung auf die Tatsache Bezug, dass der Fonds als „Blind-Pool-Konzept" angelegt war. Anleger, welche sich ausweislich der diesen vorliegenden Prospektmaterialien für ein derartiges Konzept entscheiden, bringen zum Ausdruck, dass sie gerade keinen Wert darauf legten, wer letztlich an der Filmproduktion im weitesten Sinne tatsächlich beteiligt wird. Dies gelte nicht nur für die unmittelbar von der Filmproduktion betroffenen (Produktions-)Unternehmen, sondern auch für mittelbar betroffene Unternehmen, wie den Erlösausfallversicherer. 96

97 Des Weiteren – so der Senat – ist nicht nachgewiesen, dass im Zeitpunkt der Zeichnung durch den Kläger die New England International Surety Inc. weltweit der alleinige Erlösausfallversicherer war.

98 Mithin gelangt der Senat zum Ergebnis, dass schon objektiv keine unrichtigen Angaben im Sinne des Kapitalanlagebetrugs bzw. der vorsätzlich sittenwidrigen Schädigung nachgewiesen wurden.

99 Auch eine deliktische Haftung der Gutachterin ist nicht ersichtlich. Selbst wenn diese in ihrer Funktion als Mittelverwendungskontrolleurin Zahlungen von Versicherungsprämien an die New England International Surety Inc. freigegeben haben sollte, begründet dies nicht die sittenwidrige Erstellung eines Prospektgutachtens, da eine „Erkundigungspflicht" über die Rechtsverhältnisse der New England International Surety Inc. nicht bestand.

5. Fazit

100 Die Weiterentwicklung der Rechtsprechung des Bundesgerichtshofes zum Einbezug des Anlegers in den Schutzbereich des Prüfauftrages durch den 10. Zivilsenat des Oberlandesgerichtes München ist sachgerecht. Ausgangspunkt zur Beantwortung der Frage, ob ein Dritter in den Schutzbereich eines Vertrages einbezogen werden soll, ist die Interessenlage der unmittelbar am Vertragsschluss beteiligten Parteien. Wenn eine dieser Parteien deutlich macht, Dritte nur nach vorheriger Zustimmung in den Vertrag einbeziehen zu wollen, muss sich der Dritte hieran festhalten lassen.

101 Wie wertvoll andererseits die Entwicklung der Rechtsprechung des Bundesgerichtshofes zum Einbezug in den Schutzbereich des Gutachtensauftrages ist, zeigen die Schwierigkeiten, welche dem Anleger bei Nachweis einer vorsätzlich sittenwidrigen Schädigung obliegen[45]. Ein Prospektgutachter handelt nur dann sittenwidrig im Sinne von § 826 BGB, wenn er sich sowohl gegenüber dem Adressaten des Gutachtens, als auch gegenüber Dritten durch leichtfertige Auftragserledigung derart rücksichtslos verhalten hat, dass dies angesichts der Bedeutung des Gutachtens und der vom Gutachten in Anspruch genommenen Kompetenz als gewissenlos bezeichnet werden muss[46]. Legt man den Prüfungsmaßstab zu Grunde, welcher durch berufsübliche Standards[47] an den Prospektgutachter gestellt werden, wird eine leichtfertige, gewissenlose Gutachtenserstellung im Sinne von § 826 BGB nur dann anzunehmen sein, wenn wesentliche Prospektunrichtigkeiten „sehenden Auges" mit dem Gütesiegel des Gutachters versehen werden. Der Gutachter gibt gerade keine Garantie dafür ab, dass ein mit der Angelegenheit befasstes Gericht nach reiflicher Überlegung nicht doch zu einer Fehlerhaftigkeit von Prospektangaben gelangt. Dass dies häufig erst in III. Instanz und gegen eine Phalanx von Rechtsauffassungen der Instanzgerichte der Fall ist, hat die Angelegenheit Vif Dritte deutlich bewiesen[48].

---

[45] → Rn. 124 ff.
[46] BGH NJW 1991, 3282.
[47] → § 9 Rn. 4 ff.
[48] → § 6 Rn. 20 ff.

VII. Kapitalanlagebetrug durch Unterlassen

BGH Urteil vom 24. Juni 2014 – VI ZR 560/13

1. Sachverhalt

Die Klägerin nimmt natürliche Personen in deren Funktion als Geschäftsführer einer Komplementär-GmbH bzw. einer Treuhandkommanditistin eines geschlossenen Kapitalanlagemodells in Anspruch. Die im November 2000 gegründete V.CTB Vermögen.Trust Capital GmbH & Co. KG bietet Kapitalanlagen an, welche aufgrund von Prospektmaterial eine mittelbare Beteiligung der Klägerin an der Kommanditgesellschaft durch Abschluss eines Treuhandvertrages ermöglichen sollte.

Die Klägerin beteiligte sich am 12. September 2001. Sie verpflichtete sich, eine Gesamteinlage in Höhe von EUR 82.574,00 nebst Ratenausgabeaufschlag von 5% durch Zahlung von 95 monatlichen Raten von je EUR 912,66 zu erbringen. Grundlage der Zeichnung war der Emissionsprospekt vom 5. Januar 2001, in welchem der Unternehmensgegenstand der Gesellschaft mit dem Erwerb, der Verwaltung und der Veräußerung von Offenen Immobilienfonds-, Unternehmensbeteiligungsfonds- und sonstigen Fondsanteilen sowie von Immobilien, Wertpapieren und Unternehmensbeteiligungen als Direktinvestitionen (für eigene Rechnung und im eigenen Namen) beschrieben wurde.

Zur Stornohaftung des Vertriebs-Rahmen-Vertrages der Fondsgesellschaft mit dem Vertriebsunternehmen C GmbH heißt es im Prospekt:

„Stellt ein durch die C GmbH vermittelter Treugeber bei einer Kombination mit mindestens 10% Sofortzahlungsquote die Zahlung zwischen der ersten und fünfzehnten Monatsrate ein, ist durch die C GmbH die vorschüssig ausgezahlte Vermittlungsprovision für den Vertrag mit Ratenzahlung anteilig bis auf einen Betrag von 1/x, wobei für × die jeweils individualvertraglich vereinbarte Ratenzahlungsdauer (maximal 240 Monate) einzusetzen ist, für jede geleistete Monatsrate zurückzuzahlen.

Stellt ein durch die C GmbH vermittelter Treugeber bei einem Vertrag mit einer Rateneinlage die Zahlung zwischen der ersten und dreißigsten Rate ein, ist durch die C GmbH die vorschüssig ausgezahlte Vermittlungsprovision anteilig bis auf einen Betrag von 1/x, wobei für × die jeweils individualvertraglich vereinbarte Ratenzahlungsdauer (maximal 240 Monate) einzusetzen ist, für jede geleistete Monatsrate zurückzuzahlen."

Diese Stornohaftungsregelung wurde durch Nachtragsvereinbarung vom 15. Januar 2001 unter anderem wie folgt geändert:

„Stellt ein durch die Auftragnehmerin vermittelter Treugeber bei einer Kombination von monatlichen Rateneinlagen mit mindestens 10% Sofortzahlungsquote die Zahlung zwischen der 1. und 15. Monatsrate ein, ist durch die Auftragnehmerin die vorschüssig ausgezahlte Vermittlungsprovision für den Ratenzahlungsanteil anteilig bis auf einen Betrag von 1/15 für jede geleistete Monatsrate zurückzuzahlen.

Stellt ein durch die Auftragnehmerin vermittelter Treugeber bei einem Vertrag mit monatlichen Rateneinlagen die Zahlung zwischen der 1. und 30. Monatsrate ein, ist durch die Auftragnehmerin die vorschüssig ausgezahlte Vermittlungsprovision anteilig bis auf einen Betrag von einem Dreißigstel für jede geleistete Monatsrate zurückzuzahlen."

Der Beklagte zu 3) hatte in der letzten mündlichen Verhandlung vor dem OLG ausgeführt, dass die selbständigen Handelsvertreter die im Prospekt vorgesehene Stornoregelung nicht akzeptiert hätten, sodass der Geschäftsführer der Vertriebsgesellschaft bei ihm darauf gedrungen hätte, die Stornoregelung abzuändern, „sonst verkauft das Keiner". Der Beklagte zu 3) hätte sich sodann die Frage gestellt, ob er den Prospekt zurückziehen solle; dies sei allerdings nicht in Betracht gekommen, weil man „dann den Vertrieb ohne Arbeit gelassen hätte". Der Fonds hätte schnell platziert werden müssen und dazu hätte es der Prospekte bedurft.

107 Die Klägerin ist der Auffassung, dass sie von den Beklagten vorsätzlich sittenwidrig geschädigt bzw. mittels eines Kapitalanlagebetruges gemäß § 264a Abs. 1 StGB zum Beitritt veranlasst wurde und begehrt die Rückabwicklung der Beteiligung.

2. Hintergrund

108 Diese Entscheidung sowie weitere des Jahres 2015[49] betreffen Nachfolgegesellschaften des Kerns der sogenannten „Göttinger Gruppe"[50], wobei die erste an die Stelle der Securenta AG nach Ausscheiden des Aufsichtsratsvorsitzenden Erwin Zacharias tretende V.CTB Vermögen.Trust Capital GmbH & Co. KG einen Neubeginn ermöglichen sollte.

109 Das Oberlandesgericht Braunschweig hatte bereits im Jahr 2010 in einer Entscheidungsserie größtenteils mittels Beschluss gemäß § 522 ZPO Anlegerklagen abgewiesen, woraufhin die betroffenen Kläger wegen Verletzung ihres grundgesetzlich verankerten Anspruchs auf rechtliches Gehör Verfassungsbeschwerden zum Bundesverfassungsgericht erhoben und mit Erfolg in 2012 eine Aufhebung der Zurückweisungsbeschlüsse erreichten[51]. Das Oberlandesgericht Braunschweig musste in der Folgezeit gezwungenermaßen die Verfahren neu verhandeln; im Ergebnis wurden die Klagen jedoch – wenig überraschend – als unbegründet abgewiesen. Das Oberlandesgericht Braunschweig ließ allerdings insoweit die Revision zum Bundesgerichtshof zu, als die Frage im Raume stand, ob der Prospekt dahingehend fehlerhaft ist, als in diesem auf geänderte Stornohaftungsregelungen nicht hingewiesen wurde.

110 Auf diesen tatsächlich und rechtlich selbständigen Teil des Gesamtstreitstoffs war mithin die Revision zulässigerweise beschränkt worden.

3. Problemstellung

111 Die – in jüngster Zeit gehäuft an die Gerichte herangetragene und damit die Arbeitsbelastung des VI. Zivilsenats des BGH extrem verschärfte – klägerische Behauptung, das zum Einwerben von Anlegern verwendete Prospektmaterial sei vorsätzlich unvollständig bzw. unrichtig in Verkehr gebracht worden, ist Gegenstand des vorliegenden Rechtsstreits. Als Besonderheit hatte sich der BGH vorliegend mit der Fragestellung eines Betrugs durch Unterlassen zu befassen. Hintergrund ist die klägerische Behauptung, die Prospektverantwortlichen hätten aus Kapitalanlagemodellen der Vergangenheit erkannt, dass eine sehr hohe Zahl an Anlegern reumütig die Zeichnung von Beteiligungen storniert bzw. bei Ratenzahlungsvereinbarung diese vertraglich übernommenen Verpflichtungen nicht eingehalten hätten. Die Prospektverantwortlichen hätten daher das Kapitalanlagemodell auf neue Beine gestellt, ohne diese Rechnung mit dem „Wirt" gemacht zu haben; der Vertrieb, um dessen wirtschaftliche Beteiligung am Kapitalanlagemodell es nämlich bei der Neugestaltung der Stornoregelungen ging, hätte die prospektierte Neuregelung als nicht durchführbar angesehen, sodass während der „Operation am offenen Herzen", nämlich der heißen Vertriebsphase, die Vertriebsvereinbarung geändert worden sei, ohne dies im Prospektmaterial richtiggestellt zu haben.

---

[49] Siehe zum Beispiel BGH VI ZR 100/14 und BGH VI ZR 102/14.
[50] Hierzu auch → § 11 Rn. 16 ff.
[51] Vergleiche Aktenzeichen 1 BvR 1820/10 u.a.

Die Beantwortung dieser Fragen und deren Relevanz für den Schadenersatzanspruch 112
des Anlegers gerade auch im Hinblick auf die Rechtsprechung des XI. Senats zu Kausalitätsfragen[52] ist Gegenstand des vorliegenden Rechtsstreits.

4. Entscheidung

Das Oberlandesgericht ging davon aus, dass eine mögliche Tathandlung im Sinne 113
von § 264a StGB im Zeitpunkt des Abschlusses der Nachtragsvereinbarung vom 15. Januar 2001 schon beendet gewesen sei, weil der Prospekt bereits zuvor einem größeren Personenkreis zur Kenntnis gelangt war, sodass die Weiterverwendung des Prospekts nach dessen erstmaliger Veröffentlichung nicht mehr tatbestandsmäßig sei. Der für das Deliktsrecht zuständige VI. Zivilsenat teilte diese Ansicht nicht.

Vorbildlich prüft dieser neben zivilprozessualen Aspekten (Beschränkung der Revision auf einen tatsächlich und rechtlich selbständigen Teil des Gesamtstreitstoffs) 114
zahlreiche materielle Rechtsfragen in Zusammenhang mit dem Vorwurf eines Kapitalanlagebetruges.

Er beginnt damit, die Bestimmung des § 264a StGB als Schutzgesetz zu Gunsten jedes einzelnen Kapitalanlegers zu perpetuieren[53]. Strafbar macht sich, wer in Prospekten 115
unrichtige vorteilhafte Angaben macht oder nachteilige Tatsachen verschweigt. Täter dieses Delikts kann jeder sein, der im Zusammenhang mit dem Vertrieb von Kapitalanlagen falsche Angaben macht, sofern nach strafrechtlichen Kriterien eine Zurechnung täterschaftlicher Verantwortlichkeit gerechtfertigt ist. Dies ist bei den beiden Beklagten als Geschäftsführer der Komplementärin der Fondsgesellschaft bzw. Treuhändern der Fall, so der BGH im streitgegenständlichen Fall.

Was die Prospektfehlerhaftigkeit anbelangt, hält sich der VI. Senat ebenfalls nicht 116
lange auf: Das OLG hatte in seinen in der Revisionsinstanz nicht angegriffenen Feststellungen ausgeführt, dass die im Prospekt wiedergegebene Regelung über die Stornovereinbarung im Zeitpunkt der Zeichnung der Klägerin nicht (mehr) Bestand hatte, sondern mit Nachtragsvereinbarung vom 15. Januar 2001 zum Nachteil der Fondsgesellschaft geändert worden war.

Der BGH prüft sodann die Frage, ob die Tathandlung im Sinne von § 264a StGB 117
zum Zeitpunkt des Abschlusses dieser Nachtragsvereinbarung schon beendet gewesen war, weil der Prospekt bereits zuvor erstmalig veröffentlicht worden war. Er argumentiert mit dem Schutzzweck der Norm: Die Bestimmung soll potentielle Kapitalanleger vor möglichen Schädigungen schützen und gleichzeitig die Funktion des Kapitalmarkts sichern. Selbst wenn der Prospekt vor Abschluss der Nachtragsvereinbarung einem größeren Kreis potentieller Anleger bereits zugänglich gemacht worden sein sollte, handeln die Beklagten noch tatbestandsmäßig. Es verbreitet nämlich auch derjenige unrichtige Informationen im Sinne des § 264a Abs. 1 StGB, der erst nachträglich unrichtig gewordene Werbemittel in einem größeren Kreis anderer, bislang noch nicht angesprochener Anleger verwendet; die Verwirklichung dieses Tatbestands wird nicht dadurch ausgeschlossen, dass der Prospekt bereits zu einem Zeitpunkt, als er noch richtig war, gegenüber einem größeren Kreis potentieller Anleger verwendet worden ist. Durch die Verwendung eines (noch) richtigen Prospekts wird der Tatbestand des § 264a StGB zwar nicht verwirklicht; verwenden aber die mit dem Vertrieb der Beteiligung beauftragten

---

[52] → § 2 Rn. 115 ff.
[53] So bereits der VI. Senat am 8. Januar 2013 – VI ZR 386/11 sowie aus der Vergangenheit schon BGH vom 21.10.1991 – II ZR 204/90, BGHZ 116, 7, 12 ff.

Handelsvertreter die aufgrund der zwischenzeitlich getroffenen Nachtragsvereinbarung unrichtig gewordenen Prospekte im ausdrücklichen Einverständnis der Beklagten und auf deren Veranlassung gegenüber einem verbleibenden größeren Kreis anderer Anleger weiter, ist der objektive Tatbestand des § 264a StGB verwirklicht.

118 Was den subjektiven Tatbestand anbelangt, ist zwischen den beiden Beklagten zu differenzieren: Im Hinblick auf den Beklagten zu 3) waren die unrichtig gewordenen Prospekte mit dessen ausdrücklichem Einverständnis und sogar auf dessen Veranlassung weiter verwendet worden; der Beklagte zu 4) hatte sich damit verteidigt, er habe keine Kenntnis von der Unrichtigkeit des Prospekts gehabt. Da das OLG einem diesbezüglichen Beweisantritt der Klägerin nicht nachgegangen war, hat das Berufungsgericht die entsprechenden Sachverhaltsfeststellungen im Hinblick auf den Beklagten zu 4) nachzuholen.

119 Was die Kausalität einer unrichtigen Prospektangabe für die Anlegerentscheidung anbelangt, geht der VI. Zivilsenat nicht etwa denjenigen Weg, den die übrigen Zivilsenate für Ansprüche aus Beraterhaftung[54] bzw. die deliktische Haftung[55] zu Gunsten des Anlegers verfolgen. Der VI. Senat hält vielmehr in aller nur wünschenswerten Deutlichkeit fest, dass die von der Rechtsprechung entwickelte Vermutung aufklärungsrichtigen Verhaltens nicht für die Feststellung der Voraussetzung eines Straftatbestandes gilt, sodass der Anleger für sämtliche diesbezügliche Sachverhaltsaspekte darlegungs- und beweispflichtig ist.

5. Fazit

120 Der BGH löst vorliegend Rechtsfragen im Zusammenhang mit Anlegerreklamationen auf Basis des Vorwurfs des Kapitalanlagebetrugs mit Augenmaß.

121 Ein für den „Nicht-Strafrechtler" klares Ergebnis scheint zunächst die Festlegung zu sein, dass auch die Weiterverwendung unrichtig gewordenen Prospektmaterials tatbestandsmäßig im Sinne des Kapitalanlagebetrugs sein muss. Aus Sicht des schutzbedürftigen Anlegers kann es keine Rolle spielen, ob vor ihm schon andere auf das bereits unrichtige Prospektmaterial „hereingefallen" sind, oder der Prospekt erst kurz vor der Vertrauensinvestition des konkreten Anlegers durch veränderte Rahmenbedingungen bzw. Vereinbarungen unrichtig wurde.

122 Im weiteren Fortgang ist es aber zum einen klar, dass der jeweils geschädigte Anleger den Vorsatznachweis führen muss[56] und dem Anleger auch der Kausalitätsnachweis obliegt[57].

123 Dass im Übrigen Vertriebsvereinbarungen insbesondere im Hinblick auf die damit verbundenen Kosten für den BGH nach wie vor ein „rotes Tuch" sind und die Rechtsprechung hier zu Gunsten der Anleger auf peinlichste Genauigkeit achtet, ist auch vorliegend im deliktischen Bereich festzustellen[58].

---

[54] → § 2 Rn. 115 ff.
[55] BGH III ZR 139/12; Entscheidungen, die es nicht in dieses Buch geschafft haben.
[56] Anders, als im Bereich der Beraterhaftung und Prospekthaftung im engeren bzw. im weiteren Sinne, → § 3 Rn. 110, → § 7 Rn. 9 und → § 8 Rn. 1.
[57] Anders, als im Bereich der Beraterhaftung und der Prospekthaftung im engeren bzw. im weiteren Sinne, siehe soeben.
[58] Siehe ausführlich § 3 Die Haftung für Vergütungen.

§ 13. Die deliktische Haftung

VIII. Der Verschuldensmaßstab im Delikt

BGH Urteil vom 20. Dezember 2011 – VI ZR 309/10

1. Sachverhalt

Der Kläger hatte es sich am 14. Dezember 2000 mit einer Kommanditeinlage in Höhe von DM 200.000,00 zuzüglich Agio in Höhe von 5 % am Filmfonds Vif Babelsberger Filmproduktion GmbH & Co. Dritte KG beteiligt. Nach den Angaben im Prospekt sollten die Filmproduktionen des Fonds durch den Abfluss von Erlösausfallversicherungen abgesichert werden. Die Beklagte hatte im Rahmen der Konstituierung des Filmfonds verschiedene Aufgaben übernommen, darunter die Eigenkapitalvermittlung, die Erstellung des Prospektentwurfs und Beratungsdienstleistungen. Für die einzelnen Produktionen waren von der Geschäftsleitung der Fondsgesellschaft keine Erlösausfallversicherungen abgeschlossen worden; es bestand vielmehr nur ein Rahmenvertrag („cover-note") für die Vif Dritte KG sowie drei weitere Schwester-Fondsgesellschaften. 124

Mit dem Erlösausfallversicherer eines Schwesterfonds gab es Probleme, sodass für den streitgegenständlichen Fonds der Erlösausfallversicherer gewechselt und auch der zuständige Risikomanager im Dezember 1999 ausgewechselt worden war. Die Fondsgesellschaft holte ein Gutachten eines englischen Rechtsanwalts ein und erhielt die Bestätigung, dass der nunmehrige Erlösausfallversicherer in Folge der cover-note verpflichtet sei, für jede einzelne der geplanten Filmproduktionen eine Einzelversicherung abzuschließen. Bei dem Schwesterfonds hatte der frühere Risikomanager trotz Vorliegens der cover-note einer Ausstellung von Einzelpolicen entgegenstehende Forderungen aufgestellt und solche nicht erteilt; trotz dieses Umstandes war die Produktion von zwei Filmen bereits im August 1999 aufgenommen worden. Hiervon hatte der Geschäftsführer der Beklagten bei einer Gesellschafterversammlung vom 11. November 1999 Kenntnis erlangt. 125

Am 7. Oktober 2002 einigten sich die Gesellschafter der vier Fondsgesellschaften mit der R.-Versicherung auf eine Aufhebung des Rahmenversicherungsvertrages gegen Zahlung eines Bruchteils der jeweils ausgefallenen Erlöse. 126

Der Kläger hält die Beklagte gemäß §§ 826, 823 Abs. 2 BGB iVm § 264 a StGB für schadenersatzpflichtig. 127

2. Hintergrund

Die Beurteilung des Sachverhalts durch den VI. Zivilsenat ist die Fortsetzung des vom III. Zivilsenat am 14. Juni 2007 angedachten haftungsrechtlichen Konstrukts[59]. Der III. Senat hatte sich dort sowohl mit prospekthaftungsrechtlichen, wie mit deliktischen Anspruchsgrundlagen befasst. Eine Vielzahl der Anleger, welche die Tochter einer international tätigen Bank als Prospekthaftende im engeren Sinne in Anspruch nahm[60], hatte die kurzen prospekthaftungsrechtlichen Verjährungsfristen verpasst, sodass die dortige Entscheidung des III. Zivilsenats dem Anleger Steine, statt Brot gab. 128

Die Fortsetzung zwar nicht desselben Rechtsstreits, wohl aber der haftungsrechtlichen Beurteilung des identischen Sachverhalts durch den VI. Zivilsenat zeigt sehr deutlich 129

---

[59] → Rn. 15 ff.
[60] → § 7 Rn. 15 ff.

die unterschiedliche Herangehensweise der beiden Senate bei Kapitalanlagehaftungssachverhalten: Während die Strenge, die der III. Zivilsenat in seiner Entscheidung an den Tag legte, nicht nur Prozessbeobachter, sondern auch die Öffentlichkeit überraschte, geht der VI. Zivilsenat mit großem Augenmaß an die Beurteilung und findet – wie zu zeigen sein wird – eine sachgerechte Lösung[61].

3. Problemstellung

130   Die Absicherung der Anlegerinvestition bei echten operativen Medienfonds durch Erlangung von Erlösausfallversicherungsschutz war ein wirtschaftlich und juristisch schwieriges Problemfeld. Während sowohl die Apollo-Fonds wie die Cinerenta-Fonds einem Schneeballsystem aufsaßen[62], zogen sich seriöse Anbieter, wie beispielsweise der Gerling-Konzern im Laufe des Jahres 2000, aus dem Markt vollständig zurück.

131   Die Geschäftsleitung der Vif-Fonds hatte insgesamt vier Fondsgesellschaften, welche unter ihrer Betreuung standen, bei der seriösen, in Großbritannien domizilierten Royal & Sun Alliance versichert. Als der Versicherungsfall eintrat, fand sich in den Akten aber lediglich der im Sachverhalt beschriebene Rahmenvertrag, nicht aber Einzelpolicen.

132   Im Prospekt war ausdrücklich darauf hingewiesen worden, dass im Zeitpunkt der Prospekterstellung Einzelpolicen noch nicht zum Abschluss gekommen waren, sondern diese erst künftig abgeschlossen würden, sobald die Einzelheiten der zu versichernden Filme (Budget, Ertragserwartungen, Schauspieler etc.) feststanden. Allerdings war das Erlösausfallversicherungskonzept Grundlage des Fondskonzepts als solches gewesen und entsprechend deutlich im Prospekt herausgestellt[63]. Der III. Senat hatte in seiner Entscheidung vom 14. Juni 2007 im Hinblick auf den Versicherungsschutz (noch) keinen Prospektfehler erkennen können, sondern sich dort auf den fehlenden deutlichen Hinweis des Totalverlustes für den Anleger konzentriert[64]. Mit Spannung erwartet wurde die Frage, wie der VI. Zivilsenat mit dieser Haftungskonstellation umgehen würde.

4. Entscheidung

133   Der VI. Senat orientierte sich zunächst an der objektiven Aussage des Prospektes, wonach Filmproduktionen durch Erlösausfallversicherungen abgesichert würden. Er machte sodann deutlich, dass eine etwaige Unrichtigkeit dieser Prospektaussage nur dann zu einer Haftung der Beklagten führen würde, wenn es dem Kläger gelingt, zu beweisen, dass der Geschäftsführer der Beklagten diesbezüglich vorsätzlich gehandelt hatte.

134   Der VI. Senat richtete sein Augenmerk in erster Linie auf das subjektive Moment in Person des Geschäftsführers und hielt zunächst fest, dass Vorsatz sowohl ein „Wissens-" wie ein „Wollenselement" enthalte. Der Handelnde muss die Umstände, auf die sich der Vorsatz beziehen muss, im Fall des § 264 a StGB, also die Verwirklichung des objektiven Tatbestandes, im Fall des § 826 BGB die Schädigung des Anspruchstellers, gekannt bzw. vorausgesehen und in seinen Willen aufgenommen haben. Vorliegend

---

[61] Ebenso beim Fonds MSF im Hinblick auf die haftungsrechtliche Verantwortlichkeit des dortigen Geschäftsführers der Treuhänderin, → Rn. 69 ff.
[62] Siehe hierzu die Hinweise im Sachverzeichnis.
[63] Anlegeranwälte behaupteten in den Haftungsverfahren, bei dem Begriff „Vif" solle es sich um die Abkürzung „Versicherung im Film" handeln.
[64] → § 6 Rn. 41.

komme allein der sogenannte „bedingte Vorsatz" in Betracht, wenn der Handelnde die relevanten Umstände jedenfalls für möglich gehalten und billigend in Kauf genommen hat. Nicht ausreichend ist es dagegen – wo der VI. Senat –, wenn die relevanten Tatumstände lediglich objektiv erkennbar waren und der Handelnde sie hätte kennen können oder kennen müssen; in einer solchen Situation ist lediglich ein Fahrlässigkeitsvorwurf gerechtfertigt.

Sodann führt der VI. Senat aus, dass von diesen materiellen Voraussetzungen des bedingten Vorsatzes die Anforderungen zu unterscheiden sind, die zivilprozessual an seinen Beweis zu stellen sind: Hier kann aus der Art und Weise des objektiven Handelns, insbesondere dem Grad der Leichtfertigkeit des Schädigers, die Schlussfolgerung gezogen werden, dass er in subjektiver Weise mit Schädigungsvorsatz gehandelt hat. Auch kann es beweisrechtlich naheliegen, dass der Schädiger einen pflichtwidrigen Erfolg gebilligt hat, wenn er sein Vorhaben trotz starker Gefährdung des betroffenen Rechtsguts durchführt, ohne auf einen glücklichen Ausgang vertrauen zu können, er es mithin dem Zufall überlässt, ob sich die von ihm erkannte Gefahr verwirklicht oder nicht. 135

In der Revisionsinstanz – so der VI. Senat – kann aber nur überprüft werden, ob sich der Tatrichter mit dem Prozessstoff und den Beweisergebnissen umfassend und widerspruchsfrei auseinandergesetzt hat. Der Wechsel des Versicherers mit Abschluss eines neuen Rahmenversicherungsvertrages, der auch einen Wechsel des Risikomanagers zur Folge gehabt habe, durfte beim Geschäftsführer der Beklagten die Annahme rechtfertigen, dass die früher bestehenden Probleme gelöst waren und es keine Schwierigkeiten bei dem neuen Versicherer geben würde, Einzelpolicen auszustellen. 136

Auch wenn nach wie vor rechtliche Unsicherheiten bestanden, welchen der Geschäftsführer der Beklagten nochmals hätte nachgehen müssen, ist dies nicht der Beweis dafür, dass der Geschäftsführer der Beklagten diese rechtlichen Unsicherheiten für möglich gehalten und billigend in Kauf genommen hätte. Dies könne allenfalls einen Fahrlässigkeitsvorwurf begründen. 137

Der Beweis, dass dem Geschäftsführer klar gewesen sei, die Prospektaussage, Filmproduktionen würden durch Erlösausfallversicherungen abgesichert, sei unrichtig und dadurch würden potentielle Anleger sittenwidrig geschädigt, ist vorliegend mithin nicht gelungen. 138

5. Fazit

Der VI. Senat gibt sowohl den Entscheidern vor Gericht, wie den Parteivertretern klare Handlungsanweisungen mit auf den Weg, wie künftig die behauptete deliktische Verwirklichung von Haftungssachverhalten bei Kapitalanlagen abzuarbeiten sind. 139

Ausgangspunkt ist zunächst die objektive Anlegerinformation, welche unvollständig bzw. unrichtig zu sein hat. Sodann erfordert die Verwirklichung deliktischer Anspruchsgrundlagen die positive Kenntnis des Haftungsadressaten von dieser Unrichtigkeit; eine objektive Erkennbarkeit und ein Kennenmüssen des Handelnden genügt dem gegenüber nicht. 140

Sodann muss das „Wollenselement" nachgewiesen werden, wobei sämtliche Prozessparteien nicht „in den Kopf" des Haftungsadressaten hineinblicken können; vor diesem Hintergrund ist es zulässig, Rückschlüsse auf das Wollenselement aus der Verwirklichung der objektiven Tatbestandsmerkmale zu ziehen, wobei hier allein der Grad der Wahrscheinlichkeit eines Schadenseintritts nicht alleiniges Kriterium ist; vielmehr ist eine umfassende Würdigung sämtlicher Umstände des Einzelfalls erforderlich, welche 141

IX. Ausblick

142 Der Rettungsanker der Geltendmachung deliktischer Anspruchsgrundlagen gegen Haftungsadressaten im Kapitalanlagerecht hält zunehmend in Bereichen Einzug, welche von der Vätern des BGB als regelmäßig bei deliktischen Handlungen nicht ersatzfähig angesehen haben: Den Schutz des Vermögens von Anlegern. Die deliktischen Vorwürfe richten sich im Regelfall gegen Haftungsadressaten, welche anderenfalls[65] nicht haftbar gemacht werden können.

143 So sehen sich Marktteilnehmer dem scharfen Schwert deliktischer Inanspruchnahmen ausgesetzt, welches auch jegliche haftpflichtversicherungsrechtlichen Netze durchtrennt. Die Großzügigkeit, welche seitens der Instanzgerichte bei Bejahung sogar sittenwidrigen Schädigungsvorsatzes an den Tag gelegt werden, überrascht.

144 Gerade in den Fällen, in welchen die deliktsrechtliche Verantwortlichkeit natürlichen Personen auferlegt wird, werden Existenzen vernichtet, ohne dass dem zugunsten der Anleger ein wirtschaftliches Äquivalent gegenübersteht: Auch wenn die höchstrichterliche Rechtsprechung im Hinblick auf die Bejahung von Vorsatz mäßigend auf die Tatsachengerichte einwirkt, ist in diesem Bereich eine Entwicklung zu erkennen, welche zu einer deutlichen Verschiebung zu Lasten der Haftungsadressaten führt.

145 Unzweifelhaft gab und gibt es Praktiken im Markt der Kapitalanlage, welche trotz staatlicher Aufsicht nicht anders, als betrügerisch bezeichnet werden können. In derartigen Sachverhaltskonstellationen geht es auch nicht so sehr um die Frage des Erstreitens eines Titels, sondern vielmehr um die Realisierung dieses Titels im Wege des „Asset Tracing"[66]. Hiervon zu unterscheiden ist allerdings der bewusste Versuch der Kriminalisierung von Haftungsadressaten zum Zwecke der Durchsetzung von Ansprüchen, welchem mit der gebotenen Vorsicht und Sorgfalt und dem Ziel eines gerechten Interessenausgleichs entgegenzutreten ist.

---

[65] Sei es wegen Ablauf der Verjährungsfrist, sei es mangels der Verwirklichung sonstiger Anspruchsgrundlagen.

[66] Eine Branche, welche in jüngerer Zeit ebenfalls erheblich Zuwachs fand.

§ 14. Die Verjährung

Literatur:
Grüneberg, Aktuelle höchstrichterliche Rechtsprechung zur Verjährung im Kapitalanlagerecht, BKR 2015, 485 ff.

I. Einführung

Auch wenn die Verjährung seit Inkrafttreten des Bürgerlichen Gesetzbuches als Einrede und nicht als von Amts wegen zu berücksichtigende Einwendung konzipiert ist, kreist die höchstrichterliche Rechtsprechung im Kapitalanlagerecht ständig um dieses Problem, da die Beklagtenseite in Anlegerprozessen selten davon absieht, ein möglicherweise erfolgreiches Verteidigungsmittel zu erheben, mithin auf die sog. „Gewissenseinrede"[1] zu verzichten[2]. 1

Sowohl die Rechtsprechung, als auch die Schuldrechtsreform des Jahres 2001[3] sowie spezialgesetzliche Vorschriften[4] haben dafür gesorgt, dass die Beurteilung der maßgeblichen Verjährungsfrist sowie der Beginn des Fristenlaufes in Folge von Umständen auf Anlegerseite an Komplexität kaum mehr zu überbieten sind. Hinzu kommt, dass in Anbetracht der Rechtsprechungsentwicklung im Kapitalanlagerecht Pflichtverletzungen in bestimmten Fällen erst nach Jahrzehnten herausgearbeitet werden, sodass die Verjährung derartiger Altsachverhalte in einer umfassenden Zusammenschau von altem und neuem Recht zu erfolgen hat[5]. 2

1. Das allgemeine Schuldrecht

Die Verjährung im Kapitalanlagerecht ist zunächst eine solche des allgemeinen Schuldrechts des BGB. Dies hat seinen Grund darin, dass sowohl Anlageberatungs- und Vermittlungsrechtsverhältnisse, als auch Vermögensverwaltungsvertragsverhältnisse als Dienstverträge im Sinne des BGB zu qualifizieren sind, welche weder spezialgesetzliche Gewährleistungsvorschriften kennen, noch spezialgesetzliche Verjährungsvorschriften für Schlechtleistung. Auch soweit Treuhänder von Beteiligungen, Prospektgutachter oder Mittelverwendungskontrolleure auf der Passivseite in Rede stehen, findet auf diese Rechtsverhältnisse das allgemeine Schuldrecht des BGB Anwendung[6]. 3

---

[1] Kohler, Lehrbuch des Bürgerlichen Rechts, Band 1, 1906, S. 196.
[2] Was nicht bedeuten soll, dass die beklagten Parteien in Kapitalanlageverfahren stets „gewissenlos" handeln würden.
[3] Gesetz zur Modernisierung des Schuldrechts vom 26.11.2001 (BGBl. I, S. 3138) mit Inkrafttreten am 1.1.2002.
[4] Wie zB § 37a WpHG.
[5] Siehe zB die Kick-Back-Rechtsprechung des Jahres 2010, welche auf das Jahr 1984 zurückwirkt, → § 3 Rn. 101 ff.
[6] Zum Sonderfall der vormaligen Analogie von spezialgesetzlichen Vorschriften im Prospekthaftungsrecht siehe unter → Rn. 7 und → § 7 Rn. 14; beim Prospektgutachter können ggf. werkvertragliche Sondervorschriften eine Rolle spielen, zu dessen Haftung ausführlich § 9.

I. Einführung

4 Auf den ersten Blick scheint die Rechtsposition des Gläubigers eines Schadenersatzanspruches im Kapitalanlagerecht in verjährungsrechtlicher Hinsicht eine komfortable zu sein. So belief sich die Verjährungsfrist eines im Jahr 1990 entstandenen Anspruchs nach § 195 BGB aF auf 30 Jahre, endete mithin erst im Jahr 2020.

5 Das Schuldrechtsmodernisierungsgesetz vom 26. November 2001 verkürzte demgegenüber mit Wirkung ab dem 1. Januar 2002 die regelmäßige Verjährung in § 195 BGB n. F. auf drei Jahre beginnend mit der Anspruchsentstehung einerseits, der Kenntniserlangung des Gläubigers im Sinne von § 199 Abs. 1 Ziff. 2 BGB n. F. andererseits. Längstens verjähren vorliegend in Rede stehende Schadensersatzansprüche aber in zehn Jahren von ihrer Entstehung an, § 199 Abs. 3 Satz 1 Ziff. 1 BGB n. F., wobei die neuen dreijährigen Fristen erst mit dem Schluss des jeweiligen Jahres zu laufen beginnen (§ 199 Abs. 1 BGB). Soweit die Frist nach neuem Recht kürzer ist, als diejenige nach altem Recht, gilt die kürzere Frist, welche vom 1. Januar 2002 an berechnet wird, Art. 229 § 6 Abs. 4, Satz 1 EGBGB.

6 Nach dieser Gemengelage sind Ansprüche aus Altsachverhalten mithin regelmäßig zum Ablauf des 31.12.2011 verjährt.

2. Sondervorschriften

7 Bei der Beurteilung kapitalanlagerechtlicher Sachverhalte sind aber neben den allgemeinen Regelungen spezialgesetzliche Verjährungsvorschriften zu beachten, welche zum Teil im Zuge der Schuldrechtsmodernisierung abgeschafft wurden, aber dennoch ihre Bedeutung behalten, sofern die Anspruchsentstehung in den zeitlichen Anwendungsbereich dieser Vorschrift fällt[7]. Exemplarisch sei an dieser Stelle zum einen verwiesen auf spezialgesetzliche Vorschriften der Prospekthaftung[8] (welche, was die Verjährungsfristen anbelangt, ihrerseits gesetzgeberischen Veränderungen unterlagen) und welche auf die in Analogie zu der spezialgesetzlichen Prospekthaftung entwickelten sog. Prospekthaftung im engeren Sinne Anwendung finden[9].

8 Des Weiteren ist auf die Tatsache zu verweisen, dass Berufsträger, welche mit kapitalanlagerechtlichen Haftungssachverhalten konfrontiert werden, dazu tendieren, sich auf für diese bestehende spezialgesetzliche Verjährungsvorschriften zu berufen, welche kürzere Fristen vorsahen, als das allgemeine Verjährungsrecht; namentlich sind hier Rechtsanwälte, Steuerberater und Wirtschaftsprüfer gemeint[10]. Die Rechtsprechung macht es sich zum Teil leicht und wendet diese spezialgesetzlichen Vorschriften aus Gründen des Anlegerschutzes nicht an, da die Funktion des Berufsträgers in Zusammenhang mit dem kapitalanlagerechtlichen Sachverhalt nicht überwiege, mithin auch ein „Berufsträger" so behandelt werden müsse, wie jeder sonstige Haftungsadressat im Kapitalanlagerecht[11]. Dieses Argument verfängt allerdings gerade bei Wirtschaftsprüfungsgesellschaf-

---

[7] Vgl. beispielsweise die Übergangsregelung in § 43 WpHG für den zwischenzeitlich aufgehobenen § 37a WpHG.

[8] Siehe §§ 44 Börsengesetz, 13 VerkaufsprospektG, 20 KAGG aF und 12 AuslInvestmentG aF, 127 InvG.

[9] → § 7 Rn. 14.

[10] Siehe hierzu die spezialgesetzlichen Vorschriften in §§ 51b BRAO, 68 StBerG und 51a WPO, welche ihrerseits in konsequenter Weiterentwicklung der Schuldrechtsreform an diese angepasst wurden, → Rn. 40 f.

[11] So zu Steuerberatungsgesellschaften in ihrer Eigenschaft als Gründungs- und Treuhandkommanditisten der III. Zivilsenat des BGH, Urteil vom 13.7.2006 – III ZR 361/04 unter Verweis auch auf den II. Zivilsenat des BGH, Urt. v. 20.3.2006 – II ZR 326/04; → § 8 Rn. 22 ff.

ten nicht, welche berufsspezifische Tätigkeiten in Zusammenhang mit Kapitalanlagen – insbesondere bei geschlossenen Beteiligungen – entfaltet haben[12].

Die Anwendung der Sondervorschriften muss aber nicht zwingend ein Nachteil für den Anleger sein; die Rechtsprechung behilft sich häufig damit, neben der einer vormals äußerst kurzen Verjährung unterliegenden Prospekthaftung im engeren Sinne dieses Berufsträgers eine vertragliche Haftung gegenüber dem jeweiligen Anleger zu konstruieren, welche trotz berufsspezifischer spezialgesetzlicher Verjährungsvorschriften dem Anleger länger Zeit lässt, seine Ansprüche in unverjährtem Zustand geltend zu machen, als bei Anwendung der kurzen prospekthaftungsrechtlichen Verjährungsvorschriften[13].

3. Die Geltungsperiode des § 37a WpHG

Besonderes Augenmerk bei kapitalanlagerechtlichen Sachverhalten ist – wie bereits erwähnt – darauf zu legen, dass der Gesetzgeber für Haftungsansprüche, die in der Zeit vom 1. April 1998 bis zum Ablauf des 4. August 2009 entstanden sind, eine spezialgesetzliche Vorschrift in § 37a WpHG vorsah. Ansprüche des Kunden gegen ein Wertpapierdienstleistungsunternehmen auf Schadenersatz wegen Verletzung der Pflicht zur Information und wegen fehlerhafter Beratung in Zusammenhang mit einer Wertpapierdienstleistung oder Wertpapiernebendienstleistung verjähren in drei Jahren von dem Zeitpunkt an, in dem der Anspruch entstanden ist.

Diese – kenntnisunabhängige (!) – Verjährungsvorschrift, welche auch unterjährig zu laufen beginnt, brachte in ihrer Anwendung zwei Problemkreise mit sich:

Zum einen den Anknüpfungsbereich in zeitlicher Hinsicht; bedeutet Anspruchsentstehung in vorerwähntem Sinne die Investition des Anlegers selbst dann, wenn in dessen Vermögen ein rechnerischer Schaden zunächst einmal nicht zu ermitteln ist, insbesondere weil sich das erworbene Wertpapier – was die Kurse anbelangt – aus Sicht des Anlegers sehr erfreulich entwickelte (oder eine Berechnung des Wertes mangels Kursstellung bzw. Zweitmarkt gar nicht exakt erfolgen kann)? Die Rechtsprechung hierzu wird nachfolgend dargestellt.

Zum anderen ist der Problemkreis der Anwendbarkeit inhaltlicher Natur zu beleuchten; fest steht nach dem Wortlaut nur, dass der Anspruch lediglich die Verletzung von Informations- und Beratungspflichten betrifft, woraus abgeleitet wird, dass Ansprüche wegen Schlechtleistung gegen einen Vermögensverwalter von vorneherein nicht betroffen sind. Im Übrigen ist zu differenzieren nach der Investition des Anlegers, auf welche sich die Dienstleistung bezieht: Es muss dies ein Wertpapier im Sinne von § 2 Abs. 2 WpHG sein.

Die Unterscheidung ist vor allem bedeutsam für den Erwerb von geschlossenen Beteiligungen; während die Beteiligung des Anlegers an Aktienfonds und sonstigen von

---

[12] Zu denken ist hier insbesondere an Prospektgutachter und Mittelverwendungskontrolleure, Siehe §§ 9 und 10. Der III. Zivilsenat hat mit diesen Gedanken eine in einem Formularvertrag enthaltene Verkürzung der Verjährungsfrist bei einer Wirtschaftsprüfungsgesellschaft als Treuhänderin grundsätzlich akzeptiert, → § 8 Rn. 24.

[13] Siehe hierzu zB die Rechtsprechung des BGH zur Haftung des Prospektgutachters gegenüber dem Anleger, welche nicht über die prospekthaftungsrechtliche Garantenhaftung, sondern im Wege des Einbezugs des Anlegers in den Gutachtensauftrag erfolgt und somit die Frist des § 51a WPO zur Anwendung bringt; → § 9 Rn. 51. Inzwischen ist die Verjährung der Prospekthaftung im engeren Sinne dem allgemeinen Schuldrecht angepasst, → § 7 Rn. 14.

einer Kapitalanlagegesellschaft begebenen Fondsbeteiligungen gem. § 2 Abs. 1 Satz 1 WpHG ausdrücklich kraft Gesetzes als Wertpapiere in diesem Sinne bezeichnet werden, ist die Zeichnung einer geschlossenen Beteiligung durch den Anleger – sei es in Form von Medienfonds, Immobilienfonds oder sonstiger Beteiligungen des Grauen Kapitalmarktes – gerade nicht als Wertpapier im genannten Sinne zu verstehen. Dies bedeutet, dass auf derartige Beteiligungen die – mit kurzer Frist versehene – Verjährungsvorschrift des § 37a WpHG keine Anwendung fand und findet.

4. Die Verschuldensform auf Schädigerseite

15 Von besonderer Bedeutung ist die Differenzierung schließlich im Hinblick auf die Verschuldensform, welche dem Haftungsadressaten vorgeworfen wird. Wie nachfolgend zu zeigen sein wird, ist die im Zivilrecht üblicherweise nur selten mit Relevanz versehene Abgrenzung zwischen fahrlässiger und vorsätzlicher Schädigung im Kapitalanlagerecht in Anbetracht der verjährungsrechtlichen Gemengelage oftmals streitentscheidend.

16 Dies gilt insbesondere für den Vorwurf, über echte Rückvergütungen nicht aufgeklärt zu haben: Der Streit über die Verschuldensform des Aufklärungspflichtigen, welcher die Rechtsprechung des XI. Zivilsenats nicht vorhersehen konnte (oder wollte?), ist gerade bei Sachverhalten aus zurückliegenden Zeiträumen erheblich für die Frage, ob dem Anleger Schadensersatz zuzusprechen ist, oder nicht[14].

5. Die Verschuldensform auf Anspruchstellerseite

17 Erstmals – und dies verdanken wir der Schuldrechtsreform – ist für die Beurteilung von Verjährungsfragen nunmehr auch der Verschuldensmaßstab auf Anspruchstellerseite einschlägig. Hier stellen sich zahlreiche rechtliche Zweifelsfragen, welche sämtlich mit der Frage im Zusammenhang stehen, welches Ereignis die kurze dreijährige Verjährungsfrist anlaufen lässt. Diese Fragen zu klären, wird in diesem Abschnitt Gelegenheit sein. Nicht zu Unrecht hat sich diesbezüglich nunmehr sowohl bei Gericht, als auch auf Anlegerseite die Einsicht durchgesetzt, dass die nunmehr maßgebliche Frist von drei Jahren trotz der Anknüpfung an die subjektive Komponente der Kenntnis bzw. des Kennenmüssens schneller verstreicht, als mancher geschädigter Kapitalanleger meint[15].

6. Die Verjährungshemmung

18 Gerade in Anbetracht des verjährungsrechtlichen D-Days 31.12.2011 war die Verjährungshemmung durch „Hilfskonstruktionen" des Güteverfahrens bzw. mittels Mahnbescheid gang und gäbe. Hier sind ebenfalls zahlreiche rechtliche Fragestellungen aufgetreten, welche durch viele verschiedene Zivilsenate des BGH zu klären waren.

---

[14] → Rn. 57 ff.
[15] *Grüneberg* BKR 2015, 485.

§ 14. Die Verjährung

II. § 37a WpHG

BGH Urteil vom 8. März 2005 – XI ZR 170/04

1. Sachverhalt

Eine Anlegerin macht im Wege der Zeugenschaftszession Ansprüche gegen eine beklagte Bank wegen Beratungsverschuldens bei Wertpapiergeschäften geltend. Ein Angestellter der Bank empfahl der Kundin am 8. Februar 2000 Anteile an drei verschiedenen Investmentfonds[16]. In Folge eingetretener Kursverluste wandte sich die Kundin an die Bank mit Schreiben vom 30. Januar 2001 und warf dieser grobes Beratungsverschulden vor. Die Klage ging am 28. Februar 2003 bei Gericht ein. Ein Aufklärungsdefizit wird damit begründet, dass die Kundin lediglich an einer sicheren und risikolosen Geldanlage interessiert gewesen sei; der Angestellte der Beklagten habe auf die Risiken der von ihm empfohlenen Anlage in Investmentfonds, insbesondere die Möglichkeit von Kursverlusten, nicht hingewiesen. Die Beklagte stellt eine fehlerhafte Beratung in Abrede und erhebt die Einrede der Verjährung.

19

2. Hintergrund

Die Entscheidung des Bundesgerichtshofes war die erste höchstrichterliche, welche sich näher mit dem immensen sachlichen Anwendungsbereich der spezialgesetzlichen Vorschrift des § 37a WpHG befasste.

20

Jene Vorschrift, welche Beratungssachverhalte vom 1. April 1998 bis zum 4. August 2009 erfasst, wird vom Gesetzgeber des Jahres 1997 in den Begründungserwägungen wie folgt kommentiert[17]: Die mit Gesetz zur weiteren Fortentwicklung des Finanzplatzes Deutschland (3. Finanzmarktförderungsgesetz) eingefügte Vorschrift wurde vor dem Hintergrund ins Leben gerufen, als bisher mangels spezialgesetzlicher Regelung die 30 Jahre andauernde regelmäßige Verjährungsfrist galt. Dass eine derartige Regelung angesichts der Schnelligkeit des Geschäftsverkehrs gerade im Wertpapierbereich überholt sei, stehe außer Frage. Der Gesetzgeber zieht des Weiteren den Vergleich zu den für andere beratende Berufe geltenden Regelungen, nämlich Rechtsanwälte, Wirtschaftsprüfer und Steuerberater sowie zu den Regelungen anderer Nationen.

21

Wörtlich führt der Gesetzgeber sodann aus:

22

„Die Regelung wirkt sich in der Praxis vielfach als Hemmnis bei der Beratung insbesondere in Aktienanlagen aus, da aufgrund des unüberschaubar langen Zeitraums einer potentiellen Haftung die Beratung sich vielfach auf festverzinsliche Standardprodukte beschränkt, bei denen das Risiko einer fehlerhaften Beratung sehr gering ist. Durch die Neuregelung, die eine erhebliche Verkürzung der Verjährungsfrist vorsieht, soll dieses Hemmnis abgebaut werden"[18].

Die Anregung des Gesetzgebers, der Berater möge dem Kunden ohne Sorge vor Haftung risikoreiche Produkte empfehlen, mutet heutzutage – nach den Folgen, welche sowohl der Zusammenbruch des Neuen Marktes in 2000 und 2001, als auch die Finanzmarktkrise der Jahre 2007 ff im Hinblick auf die Vernichtung von Kundenver-

23

---

[16] Sämtlich von einer Kapitalanlagegesellschaft begebene Fonds, keine geschlossenen Beteiligungen.
[17] Bundestagsdrucksache 13/8933, S. 96.
[18] Bundestagsdrucksache 13/8933, S. 96.

mögen einerseits, in haftungsrechtlicher Hinsicht andererseits nach sich zog – geradezu abenteuerlich an.

24 Nimmt man diese Formulierung des Gesetzgebers wörtlich, so bringt dieser nämlich folgendes zum Ausdruck: Solange der Gesetzgeber nicht dafür sorgt, dass Berater sich ihrer Haftungsrisiken entledigen können, werden diese risikoscheu agieren und ihre Kunden mithin davon abhalten, ihrerseits risikofreudige Anlageentscheidungen zu treffen. Sollten die Berater demgegenüber in Folge Zeitablaufs davon ausgehen können, für etwaige Beratungsfehler nicht mehr zur Rechenschaft gezogen zu werden, werden diese dazu übergehen, riskante Kapitalanlagen zu empfehlen. Dies stärke den Finanzplatz Deutschland.

25 Die (ex post betrachtet) Unsinnigkeit einer derartigen gesetzgeberischen Begründungserwägung liegt auf der Hand. Gerade infolge risikofreudiger Anlageempfehlungen wurden Anlegergelder in exorbitanter Größenordnung vernichtet; andererseits wurde die Branche der Anlegeranwälte beflügelt, sodass sich die Rechtsprechung in zahllosen Fällen mit dieser gesetzlichen Regelage zu befassen hatte.

3. Problemstellung

26 Die Problemstellungen, welche durch die Einführung des § 37a WpHG auf die Gerichte zukamen, waren vielfältig.

27 Zum einen war zu klären, wann denn die neue, „kurze" Verjährungsfrist zu laufen beginnt. Sodann war zu klären, auf welche Produkte die Vorschrift Anwendung findet. Schließlich war offen, welche Arten von Ansprüchen von § 37a WpHG umfasst werden: Der Anwendungsbereich dieser Vorschrift musste mit Augenmaß festgelegt werden, um einerseits zu verhindern, dass die Vorschrift ohne Bedeutung bleibt, zum anderen um sicherzustellen, dass eine übermäßige Haftentlassung der Berater vermieden wird.

28 Hinzu trat noch die aus anderen Rechtsgebieten[19] bekannte Problematik einer Sekundärverjährung: Ist ein Bankberater verpflichtet, seinen Kunden auf die – kurze – Verjährungsfrist des § 37a WpHG hinzuweisen, sodass – sofern er dies unterlässt – eine erneute Beratungspflichtverletzung anzunehmen ist, welche die in Rede stehende Frist im Ergebnis verdoppelt?

4. Entscheidung[20]

29 Zentraler Aspekt der Entscheidung des BGH war zunächst die Frage, was unter „Entstehung" eines Schadenersatzanspruches im Sinne von § 37a WpHG bei einem Wertpapiererwerb zu verstehen ist. Der XI. Zivilsenat nimmt diesbezüglich zunächst Bezug auf Rechtsprechung des IX. Zivilsenates der Jahre 1991 und 1994. Bereits in diesen Urteilen hatte der BGH zum Ausdruck gebracht, dass ein Anleger, der aufgrund einer fehlerhaften Empfehlung eine für ihn nachteilige Kapitalanlage erworben hat, in der Regel bereits durch deren Erwerb geschädigt sei. Der XI. Zivilsenat führt aus, dass derjenige, welcher durch ein haftungsbegründendes Verhalten zum Abschluss eines Vertrages verleitet werde, den er ohne dieses Verhalten nicht geschlossen hätte, sogar bei objektiver Werthaltigkeit von Leistung und Gegenleistung (!) einen subjektiven Vermö-

---

[19] Siehe zB die Haftung von Rechtsanwälten und Steuerberatern; zur Sekundärverjährung → Rn. 52.
[20] Siehe hierzu auch die Mitteilung der Pressestelle des BGH Nr. 43/2005.

§ 14. Die Verjährung

gensschaden dadurch erleiden könne, dass die Leistung für seine subjektiven, individuellen Zwecke nicht voll brauchbar sei[21].

Der XI. Zivilsenat schlägt sodann die Brücke zum Kunden eines Wertpapierdienstleistungsunternehmens, welcher infolge Verletzung einer Aufklärungspflicht bzw. fehlerhafter Beratung Wertpapiere erworben hat, die mit den von ihm verfolgten Anlagezielen nicht in Einklang stehen. Auch in diesem Fall sei der Anleger bei einer gebotenen wertenden Betrachtung nicht lediglich einem latenten Risiko eines Vermögensnachteils ausgesetzt, welches sich erst noch verwirklichen müsse, damit ein Schadenersatzanspruch zur Entstehung gelange; der Anleger ist vielmehr im Zeitpunkt des Erwerbs bereits geschädigt. Er könne bereits seit dem Erwerb Schadenersatz gerichtlich geltend machen, müsse aber auch beginnend mit diesem Zeitpunkt den Lauf der Verjährungsfrist beachten. Dies gelte selbst dann, wenn Wertpapiere, solange ein Kursverlust nicht eingetreten ist, ohne Einbuße wieder veräußert oder zurückgegeben werden könnten. Denn bei einer Beratung schuldet das Wertpapierdienstleistungsunternehmen eine auf die Anlageziele des Kunden abgestimmte Empfehlung von Produkten; der Erwerb einer diesen Zielen nicht entsprechenden Kapitalanlage ist bei objektiver Betrachtung bereits im Zeitpunkt des Vertragsschlusses nicht angemessen und damit nachteilig. 30

An dieser ersten, für kapitalanlagerechtliche Sachverhalte sehr wesentlichen Weichenstellung entschied sich der XI. Zivilsenat (und mit ihm seit diesem Zeitpunkt die ständige Rechtsprechung) mithin dafür, einen Lauf der Verjährungsfrist bereits im Zeitpunkt des Wertpapiererwerbs anzunehmen. 31

Der BGH brachte sodann zum Ausdruck – und dies ist für Anlageberatungsrechtsverhältnisse ebenfalls sehr wesentlich – dass keinerlei Verpflichtung des Beraters besteht, nach einmal aufgrund Beratung erfolgtem Erwerb in der Folgezeit ungefragt auf eine etwa nachteilige Wertentwicklung erworbener Fondsanteile hinzuweisen. Eine Verpflichtung, die Entwicklung von Wertpapierkursen fortlaufend zu beobachten, gibt es nämlich nach Auffassung des XI. Zivilsenats außerhalb eines Vermögensverwaltungsvertrages nicht. Eine solche Verpflichtung muss explizit vereinbart werden, wobei diese Tätigkeit auch gesondert zu entgelten wäre. 32

Der XI. Zivilsenat stellte sich sodann die Frage, ob § 37a WpHG auf vertragliche Schadensersatzansprüche beschränkt ist, oder auch auf konkurrierende deliktische Ansprüche[22] entsprechende Anwendung finden muss. Der XI. Zivilsenat bringt explizit zum Ausdruck, dass die Vorschrift nicht nur für Ansprüche aus vertraglichen und vorvertraglichen Pflichtverletzungen, sondern auch für Ansprüche aus fahrlässigen deliktischen Ansprüchen gelten muss; er bezieht sich sowohl auf den Wortlaut als auch auf die Gesetzesbegründung[23]; anderenfalls sei der mit der Vorschrift verfolgte Zweck der kurzfristigen Befriedung nicht zu erreichen[24]. Da eine vertragliche Beratungs- und Aufklärungspflichtverletzung stets auch eine Verwirklichung des Tatbestandes von § 823 Abs. 2 BGB darstelle, würde dieser Gesetzeszweck verfehlt, wenn die kurze Verjährungsfrist bei deliktsrechtlichen Schadenersatzansprüchen wegen fahrlässiger Fehlberatung keine Anwendung fände. 33

---

[21] Der XI. Zivilsenat verweist diesbezüglich auf weitere Urteile des V. und II. Zivilsenats.
[22] Beispielsweise § 823 Abs. 2 BGB in Verbindung mit § 31 Abs. 2 Satz 1 Nr. 2 WpHG.
[23] → Rn. 22.
[24] Auch der XI. Zivilsenat wiederholt in dieser Entscheidung die zuvor bereits beschriebene gesetzgeberische Intention, den Anlageberatern solle eine zuverlässige Einschätzung möglicher Haftungsansprüche ermöglicht werden, um so ihre Bereitschaft zu stärken, den Anlegern vermehrt risikoreiche Kapitalanlagen zu empfehlen.

III. § 51a WPO

34 Der BGH äußert sich schließlich zur Frage, ob die Rechtsprechung zur Sekundärverjährung auch auf die Fälle schuldhafter Anlageberatung durch Wertpapierdienstleister anzuwenden ist. Muss der Anlageberater seinen Kunden darauf hinweisen, dass gegen ihn selbst gerichtete etwaige Schadenersatzansprüche wegen Falschberatung in Kürze verjähren? Der BGH verneint dies zu Recht, da das Rechtsverhältnis eines Anlageberaters nicht mit dem andauernden Vertrauensverhältnis zu Rechtsanwälten, Steuerberatern und Wirtschaftsprüfern vergleichbar sei. Die Begründung wäre überzeugender ausgefallen, hätte man darauf Bezug genommen, dass es ureigenste Aufgabe eines Rechtsanwaltsmandats ist, den Mandanten über rechtliche Fragestellungen und insbesondere auch verjährungsrechtliche Vorschriften zu beraten. Das Rechtsverhältnis zur Bank beinhaltet demgegenüber gerade keinerlei Rechtsberatung[25].

5. Fazit

35 Der XI. Zivilsenat geht in der genannten Entscheidung einen richtigen Weg im Hinblick auf den Fristenlauf und die Anwendbarkeit des § 37a WpHG auch auf konkurrierende deliktische Ansprüche. Der Anwendungsbereich würde in der Tat regelmäßig leerlaufen, würde man fahrlässig begangene deliktsrechtliche Tatbestandsverwirklichungen nicht ebenfalls unter diese Vorschrift subsumieren.

36 Der XI. Zivilsenat hält andererseits ausdrücklich fest, dass es bei vorsätzlichen Beratungspflichtverletzungen bei der Regelverjährung für deliktsrechtliche Ersatzansprüche bleibt; der XI. Zivilsenat beschränkt in dieser Entscheidung aufgrund teleologischer Erwägungen den Anwendungsbereich des § 37a WpHG aber auf vorsätzliche deliktsrechtliche Ersatzansprüche. Eine Einschränkung des § 37a WpHG auch dahingehend, dass dieser entgegen seinem Wortlaut nicht auf vorsätzliche Vertragspflichtverletzungen Anwendung fände, findet sich in der genannten Entscheidung gerade nicht. Vorsätzliche Vertragsverpflichtungen, die Schadenersatzansprüche wegen Schlechtleistung auslösen, verjähren also innerhalb der kurzen Frist des § 37a WpHG. Dies wird nachfolgend noch von Bedeutung sein.

III. § 51a WPO

BGH Urteil vom 11. April 2013 – III ZR 79/12[26]

1. Sachverhalt

37 Die Klägerin macht aus abgetretenem Recht Ersatzansprüche im Zusammenhang mit Beteiligungen des Zedenten an den Medienfonds MBP Medienbeteiligungs- und Produktionsgesellschaft mbH & Co. KG (im Folgenden MBP I) und MBP Internationale Medienbeteiligungs-, Film- und TV-Produktionsgesellschaft mbH & Co. KG (im Folgenden MBP II) geltend. Der Zedent zeichnete die Kommanditbeteiligung an MBP I am 4. Juli 2000, an MBP II am 22. Oktober 2001. Die Beklagte zu 1), eine Wirtschaftsprüfungsgesellschaft, führte bei beiden Fonds Mittelverwendungskontrollen durch; der Beklagte zu 2) war jeweiliger Geschäftsführer der Komplementär-GmbH der Fonds. Emissionsprospekte zu den jeweiligen Fonds erwähnten die Mittelverwen-

---

[25] Selbst wenn dies nach gesetzlicher Neuregelung des Rechtsberatungsgesetzes zulässiger Vertragsgegenstand sein sollte.
[26] Siehe zum Parallelverfahren BGH III ZR 80/12 → § 10 Rn. 81 ff.

dungskontrolle durch eine international tätige Wirtschaftsprüfungsgesellschaft, deren Firma „aus standesrechtlichen Gründen" nicht genannt wurde. Vertragspartei des Mittelverwendungskontrollvertrages waren jeweils die Beklagte zu 1), die jeweilige Fondsgesellschaft und die jeweilige Treuhänderin. Die Mittelverwendungskontrollverträge waren in den jeweiligen Emissionsprospekten abgedruckt. § 4 des mit der MBP II geschlossenen Mittelverwendungskontrollvertrages lautete auszugsweise:

„1. Der Mittelverwendungskontrolleur wird, soweit die auf dem Anderkonto I vorhandenen Mittel ausreichen, die für die Realisierung der jeweiligen Projekte erforderlichen Mittel auf einem gesonderten Produktionskonto bereitstellen. Der Mittelverwendungskontrolleur hat für jedes einzelne Projekt ein gesondertes Anderkonto (nachfolgend: „Produktionskonto") einzurichten, das als „Produktionskonto" unter Hinzufügung des Projektarbeitstitels zu bezeichnen ist....

...

5.1 Die Freigabe der auf einem Produktionskonto verfügbaren Produktionsmittel zur Zahlung von Produktionskosten zur Herstellung von Kino- und Fernsehfilmen darf nur erfolgen, wenn eine fällige Forderung gegen die MBP KG II aufgrund eines Co-Produktions- oder eines Auftragsproduktionsvertrages besteht.

...

6. Die Freigabe der ersten Rate darf nur erfolgen, wenn
a) die MBP KG II folgende Unterlagen übergeben hat:
 aa) unterzeichneter Vertrag über eine unechte Auftragsproduktion sowie abgeschlossener Co-Produktionsvertrag;
 ab) Nachweis einer Fertigstellungsgarantie durch Vorlage entsprechender Unterlagen oder Bestätigungserklärungen oder eines Letter of Commitment einer Completion Bond Gesellschaft;
 ac) Vorlage von Kopien der Versicherungspolicen der abgeschlossenen Ausfall-, Negativ- bzw. Datenträgerversicherung;

...

11.1 Der Mittelverwendungskontrolleur kann nach pflichtgemäßem Ermessen fällige Beträge für Produktionen auch auszahlen, wenn für die fälligen Beträge ein oder mehrere Nachweise nach diesem Vertrag noch nicht vorliegen und die Auszahlung erforderlich ist und/oder dazu dient, die Einstellung der Produktion und/oder finanzielle Schäden von der MBP KG II und/oder ihren Gesellschaftern abzuwenden.

11.2 Dem Mittelverwendungskontrolleur ist vor Auszahlung eine schriftliche Erklärung des Co-Produzenten der MBP KG II oder des unechten Auftragsproduzenten vorzulegen, die den Eintritt entscheidungsrelevanter Tatsachen iSv. § 4 Ziff. 11.1 dieses Vertrages darlegt. Diese Erklärung ist vom Mittelverwendungskontrolleur auf Plausibilität zu prüfen, im Übrigen gilt § 3 Ziff. 5 dieses Vertrages."

Nach den Behauptungen der Klägerin habe die Beklagte regelmäßig von der Ermessensklauseln Gebrauch gemacht und zudem eine fehlerhafte Ermessensausübung durchgeführt. Die Beklagte zu 1) habe den Zedenten vor der Zeichnung auf diese im Widerspruch zum Gesamtkonzept der Anlagen stehende, bereits vor den Beitrittserklärungen ausgeübte Praxis hinweisen müssen, da eine effektive Mittelverwendungskontrolle so nicht zu erreichen gewesen sei. **38**

Beide Beklagten haben u. a. die Einrede der Verjährung erhoben. **39**

2. Hintergrund

Steuerberater, Rechtsanwälte und Wirtschaftsprüfer kamen vor der Schuldrechtsreform in den Genuss von diese Berufsgruppen im Hinblick auf Schadenersatzansprüche privilegierenden Sonderverjährungsvorschriften[27], welche kenntnisunabhängige kurze Verjährungsfristen vorsahen. Diese Fristen begannen mit der Entstehung eines Schaden- **40**

---

[27] Nämlich §§ 51b BRAO, 68 StBerG und 51a WPO.

ersatzanspruchs zu laufen, was bei kapitalanlagerechtlichen Haftungssachverhalten ein scharfes Schwert in den Händen der Beklagten ist, da bereits der Erwerb einer den Anlegervorstellungen nicht entsprechenden Investition Schadenersatzansprüche begründet[28].

41   Diese Sondervorschriften wurden sukzessive aufgehoben[29], sodass nach neuem Recht auch diese Berufsgruppen dem klassischen allgemeinen Verjährungsrecht des BGB unterliegen. Für Haftungssachverhalte, welche an den Erwerb von Kapitalanlagen im zeitlichen Geltungsbereich dieser Vorschriften anknüpfen, bleiben diese Vorschriften aber in Kraft, sodass sich auch heute noch zahlreiche Gerichte mit der Anwendbarkeit dieser Vorschrift auf den zur Entscheidung stehenden Sachverhalt befassen müssen.

3. Problemstellung

42   Die Weichenstellung einer vertraglichen Haftung einerseits, einer deliktischen Haftung andererseits, ist für den Erfolg eines kapitalanlagerechtlichen Haftungsbegehrens von einschneidender Bedeutung. Während im vertraglichen Bereich jede Fahrlässigkeit schadenersatzrechtliche Haftungsfolgen auslöst und bei Nachweis einer objektiven Pflichtverletzung das Verschulden vermutet wird[30], muss der Anleger im deliktischen Bereich sämtliche Tatbestandsmerkmale darlegen und beweisen, wobei dies im Rahmen des subjektiven Tatbestandes der Vorsatz ist. Soweit der in Rede stehende Haftungsadressat nicht Haupttäter, sondern lediglich Teilnehmer eines Delikts ist, muss im Übrigen ein doppelter Gehilfenvorsatz nachgewiesen werden. Die Verjährung vertraglicher Ansprüche ist mithin häufig von wesentlicher Bedeutung für die Beurteilung der Gesamterfolgsaussichten einer Anlegerreklamation.

43   Vorliegend stellt sich als Problemkreis zu diesem Thema zum einen die Frage, ob vertragliche Ansprüche nach § 51a WPO deswegen ausgeschlossen sind, weil dieser auf die in Rede stehenden Aufklärungspflichten des Mittelverwendungskontrolleurs gegenüber dem Anleger auf Ersatz des Zeichnungsschadens inhaltlich Anwendung findet. Fraglich war dies deshalb, da der BGH in mehreren Sachverhaltskonstellationen[31] die Anwendbarkeit verneinte. Des Weiteren stellte sich die Frage, ob vorliegend der Rechtsgrundsatz der Sekundärverjährung Anwendung findet[32], was zu einer faktischen Verdoppelung der fünfjährigen Verjährung auf zehn Jahre führen würde.

44   Diese beiden Fragen deutlich zu beantworten, ist das große Verdienst dieser Entscheidung.

4. Entscheidung

45   Die wesentlichen, die Entscheidung tragenden Ausführungen des BGH in dieser Entscheidung befassen sich in geradezu lehrbuchartiger Gründlichkeit mit Verjährungsfragen, wobei der Senat diese seine Rechtsprechung weiterentwickelt und von sonstigen im Bereich geschlossener Beteiligungen ergangenen Entscheidungen abgrenzt.

---

[28] → Rn. 29.
[29] Nämlich § 51b BRAO und § 68 StBerG mit Wirkung ab 15.12.2004, § 51a WPO ab dem 1.1.2004.
[30] → Rn. 66.
[31] → § 8 Rn. 23 und 41.
[32] Bekannt aus dem Haftungsregime des Rechtsanwalts und des Steuerberaters, siehe sogleich; siehe auch zu § 37a WpHG → Rn. 34.

Zunächst lässt der BGH offen, ob in der vorliegenden Sachverhaltskonstellation tatsächlich vertragliche Aufklärungs- und Warnpflichten der beklagten Mittelverwendungskontrolleurin bestehen, deren Verletzung Ansprüche aus culpa in contrahendo auslösen würden. Der BGH wendet nämlich auf diese Ansprüche die berufsspezifische Verjährungsvorschrift des § 51a WPO an, wobei – so der BGH – es keinerlei Unterschied macht, ob die in Rede stehenden Schadensersatzansprüche Sekundäransprüche aus einem bereits bestehenden Vertrag, oder aber noch vor Abschluss des Vertrages entstandene Ansprüche aus culpa in contrahendo sind; auch auf letztere ist § 51a WPO nach seinem Sinn und Zweck anzuwenden. 46

Sodann beantwortet der BGH die Frage, ob die Anwendbarkeit etwa daran scheitert, dass vorliegend nicht der unmittelbare Auftraggeber, sondern ein Dritter Anspruchsteller ist, welcher seine Ansprüche auf die Verletzung drittschützender Pflichten stützt. Zwar handelt es sich bei einem solchen Anspruch wegen der Verletzung von Pflichten aus einem Vertrag mit Schutzwirkung zugunsten Dritter nicht um einen vertraglichen Anspruch des Auftraggebers auf Schadenersatz, wie es der Wortlaut des § 51a WPO zum Ausdruck bringt. Allerdings wird die Forderung dieses Dritten gerade aus den Vertragspflichten gegenüber dem Auftraggeber abgeleitet, sodass der in die Schutzwirkungen einbezogene Dritte keine weitergehenden Rechte haben kann, als der Vertragspartner des Berufsträgers selbst; der Dritte und der Vertragspartner muss nach dem Zweck der besonderen Verjährungsregelung gleichbehandelt werden. 47

Die wesentliche und bis zu dieser Entscheidung in den Instanzgerichten höchst umstrittene Frage war sodann, ob ein Wirtschaftsprüfer, der sich zur Mittelverwendungskontrolle verpflichtet, in den inhaltlichen Anwendungsbereich des § 51a WPO fällt. Muss hier differenziert werden, ob es sich bei der konkret vertraglich vereinbarten Mittelverwendungskontrolle um eine besonders einfache, oder schwierige Tätigkeit handelt? Muss aus Gründen des Anlegerschutzes und des hieraus abgeleiteten besonderen Pflichtenkreises des Mittelverwendungskontrolleurs von einer Anwendbarkeit des § 51a WPO abgesehen werden? Der BGH stellt sich gegen diese Auffassungen. So fällt die Mittelverwendungskontrolltätigkeit eindeutig in das Berufsbild des Wirtschaftsprüfers nach § 2 Abs. 1 WPO. Auch eine dort nicht ausdrücklich aufgeführte Tätigkeit, wie vorliegend die Mittelverwendungskontrolle, kann dem Berufsbild zugeordnet werden, wenn sie zum einen nach dessen geschichtlicher Entwicklung und zum anderen nach der Verkehrsauffassung dazu gehört. Vorliegend erzeugt die Wahrnehmung der Mittelverwendungskontrolltätigkeit durch einen Wirtschaftsprüfer vor allem im Hinblick auf dessen spezielle betriebswirtschaftliche Kenntnisse Vertrauen in die Seriosität der Anlage. Auch die in den Verträgen vorgesehene Ermessensentscheidung erfordert unter Berücksichtigung der wirtschaftlichen und steuerlichen Auswirkungen der jeweiligen Entscheidung eine besondere Sachkunde eines Wirtschaftsprüfers. 48

Schließlich verweist der Senat auf seine eigene Berufspraxis, wenn er nämlich davon berichtet, dass ihm aus einer Vielzahl von Verfahren bekannt ist, dass es bei Kapitalanlagemodellen der vorliegenden Art durchaus üblich ist, einen Wirtschaftsprüfer als Mittelverwendungskontrolleur einzuschalten. 49

Die erforderliche Abgrenzung dieser Sachverhaltskonstellation von den Entscheidungen des Senats zu Wirtschaftsprüfungsgesellschaften, die als Treuhandkommanditistinnen tätig waren[33], ist einfach, so der BGH: Dort geht es nicht um die berufsspezifische 50

---

[33] Nämlich Contor Treuhand GmbH bei Cinerenta, → § 8 Rn. 5 ff. und Procurator Treuhand GmbH bei den Deutschlandfonds, → § 8 Rn. 27 ff.

Haftung einer Wirtschaftsprüfungsgesellschaft, sondern um die Haftung eines Gesellschafters (unabhängig von seinem Beruf) auf Basis gesellschaftsrechtlicher Aufklärungspflichten, die für jeden Gesellschafter in gleicher Situation gelten. Dies hat mit berufsspezifischen Haftungsregelungen und -privilegien nichts zu tun.

51 Der BGH schließt mit der – zutreffenden – Erwägung, dass ein dem Anleger erwachsener Schaden bereits in der Eingehung der Beteiligung besteht, sofern diese nicht seinen Vorstellungen entspricht. Die kenntnisunabhängige fünfjährige Verjährungsfrist beginnt mit Eingehung der Beteiligung zu laufen und war vorliegend abgelaufen.

52 Am Schluss seiner verjährungsrechtlichen Überlegungen muss sich der BGH mit den klägerischen Argumenten auseinandersetzen, die aus dem Bereich sonstiger Berufsträger[34] bekannte Sekundärhaftung würde zu einer Verlängerung der Verjährungsfrist auf zehn Jahre führen: Ein als Mittelverwendungskontrolleur tätiger Wirtschaftsprüfer unterliegt keiner Sekundärhaftung[35]. Anders, als Rechtsanwälte oder Steuerberater, sind Wirtschaftsprüfer, die eine Mittelverwendungskontrolle durchführen, nicht zu einer umfassenden rechtlichen Beratung verpflichtet. Vielmehr beschränkt sich deren Prüfpflicht auf einen abgegrenzten Bereich. Somit ist die Grundlage für eine Sekundärhaftung nicht gegeben.

53 Letztendlich hob der BGH aber die zu Lasten des Anlegers ergangene oberlandesgerichtliche Entscheidung auf und verwies die Sache zur weiteren Verhandlung zurück, da deliktische Ansprüche nicht ausgeschlossen werden konnten[36].

5. Fazit

54 Der BGH stellt mit dieser Entscheidung erfreulich, weil rechtssicher, eine abstrakte, berufsspezifische Betrachtungsweise an und schafft Klarheit für eine Vielzahl noch offener, weil in den Instanzgerichten befindlicher Sachverhalte. Wenn ein Wirtschaftsprüfer eine Mittelverwendungskontrolltätigkeit übernimmt, handelt er im Rahmen seiner berufsspezifischen Tätigkeiten. Dass es sich bei dieser Aufgabe nicht um eine den Wirtschaftsprüfern vorbehaltene Aufgabe handelt, sondern „jedermann" eine derartige Kontrolltätigkeit übernehmen darf, ist richtigerweise nicht entscheidungserheblich. Auch eine Differenzierung nach „einfachen" und „schwierigen" Mittelverwendungskontrolltätigkeiten, welche eine komplexe und in der Sache kaum mehr nachvollziehbare Abgrenzung erfordern würde, stellt der III. Senat nicht an.

55 Diese eindeutige und richtungweisende Betrachtungsweise wird dadurch ergänzt, dass auch der Gedanke einer Sekundärverjährung keine Anwendung findet, welche de facto den Wirtschaftsprüfer mit einer Maximalfrist hätte haften lassen, welche dem modernisierten Verjährungsrecht gleicht, ohne dass dieser in den Genuss einer diese Verjährungsfrist reduzierenden kenntnisabhängigen Verjährung gelangen würde.

56 Dieser klaren Entscheidung ist im Hinblick auf deren verjährungsrechtliche Aussagen voll umfänglich beizupflichten.

---

[34] Insbesondere Rechtsanwälte und Steuerberater.
[35] Der BGH verweist hierzu auf das Urteil des BGH vom 10.12.2009, VII ZR 42/08, wonach auch ein als Jahresabschlussprüfer tätiger Wirtschaftsprüfer nicht der Sekundärhaftung unterliege.
[36] Siehe diesbezüglich zur Parallelentscheidung vom selben Tag BGH III ZR 80/12 → § 10 Rn. 81 ff.

IV. Vorsätzliches Verschweigen von Rückvergütungen

BGH Urteil vom 12. Mai 2009 – XI ZR 586/07[37]

1. Sachverhalt

Der Kläger macht im Wege der Zeugenschaftszession Schadenersatzansprüche wegen Aufklärungsdefiziten geltend. Der Kunde in Rechtsform einer GmbH erhielt im Februar 2000 von seinem Anlegeberater die Empfehlung, in Aktien und Aktienfonds[38] zu investieren. Dabei wurden dem Kunden Gutschriften im Hinblick auf die Ausgabeaufschläge der Aktienfonds gewährt. Die Kapitalanlagegesellschaft war eine Konzerngesellschaft der Bank, welche die Beratungsverpflichtung inne hatte. Dem Kunden wurde nicht ausdrücklich mitgeteilt, dass und in welcher Höhe der Ausgabeaufschlag sowie Teile der Verwaltervergütung des Fondsmanagements aufgrund einer Vertriebsvereinbarung seitens der Kapitalanlagegesellschaft an die Bank flossen.

57

Die eingereichte Klage war nach Ablauf der Frist des § 37a WpHG erhoben worden. Eine nach Zurückverweisung durch den BGH[39] durch das OLG durchgeführte Beweisaufnahme – Einvernahme des Bankmitarbeiters – ergab, dass der Bankmitarbeiter davon ausgegangen war, den Kunden über die Rückflüsse aus Ausgabeaufschlag und Verwaltervergütung nicht explizit aufklären zu müssen.

58

2. Hintergrund

Der Rechtsstreit, welcher von sämtlichen drei befassten Tatsacheninstanzen[40] zugunsten der beratenden Bank entschieden worden war, führte zur „Mutter aller Kick-Back-Urteile" im Anlageberatungsbereich vom 19. Dezember 2006[41]. Bis zu dem genannten Urteil waren die überwiegende Rechtsauffassung im Schrifttum sowie sämtliche bekannte höchstrichterliche Entscheidungen zu Anlageberatungssachverhalten davon ausgegangen, dass eine Aufklärungspflicht in der vorliegenden Sachverhaltskonstellation nicht besteht. Die völlig unerwartete und mit großem Echo in der Öffentlichkeit versehene Entscheidung war in verjährungsrechtlicher Hinsicht insofern von Bedeutung, als der Bundesgerichtshof die Verjährung gem. § 37a WpHG für fahrlässige Pflichtverletzungen (sowohl vertraglicher, wie deliktischer Ansprüche) bestätigte und insbesondere die Rechtauffassung der dortigen Klägervertreter nicht teilte, der deutsche Gesetzgeber habe im Gesetzgebungsverfahren diesen etwa bindende europäische Vorgaben missachtet[42].

59

Nachdem der einvernommene Bankmitarbeiter nach Zurückverweisung zur Überzeugung des Senates dahingehend aussagte, den Kunden guten Gewissens nicht über die an die Bank fließenden Rückvergütungen aufgeklärt zu haben, wies das OLG die Berufung erneut zurück.

60

---

[37] Die Entscheidung des Bundesgerichtshofes ist die Fortsetzung des dem BGH bereits am 19.12.2006, Az. XI ZR 56/05, zur Beurteilung vorliegenden Verfahrens, siehe zu diesem Urteil → § 3 Rn. 40 ff.
[38] Von einer Kapitalanlagegesellschaft im Sinne des KAGG begeben.
[39] Urteil vom 19.12.2006, Az. XI ZR 56/05, → § 3 Rn. 40 ff.
[40] Nämlich Landgericht und zwei Urteile des OLG.
[41] → § 3 Rn. 40 ff.
[42] Der Kläger hatte diesbezüglich der Bundesrepublik Deutschland zwecks Schadensregress für den Fall des Unterliegens den Streit verkündet; die Bundesrepublik Deutschland war dem Rechtsstreit nicht beigetreten.

3. Problemstellung

61 Die vorliegende Entscheidung des Bundesgerichtshofes befasst sich mit einer äußerst interessanten Gemengelage der prozessualen Darlegungs- und Beweislast einerseits, der Verjährungsrechts andererseits.

62 Nachdem fahrlässige Pflichtverletzungen sowohl im vertraglichen, wie im deliktischen Bereich nach § 37a WpHG verjährt waren, richtete sich der Blick auf eine etwaige vorsätzliche Schädigung des Kunden. Eine solche durch den Bankmitarbeiter schied nach den Feststellungen des OLG aus; der XI. Zivilsenat des BGH trug diese Feststellungen in rechtlicher Hinsicht mit.

63 Der Klägervertreter hatte aber weitergehend eine Organisationspflichtverletzung der Bank ins Spiel gebracht: Er stellte die Behauptung auf, der Vorstand der Bank hätte die Möglichkeit einer Kundenaufklärung erkannt und eine Schädigung des Kunden aus Gewinnstreben der Bank billigend in Kauf genommen. So hätte der Vorstand dafür gesorgt, dass Anweisungen, den Kunden über Rückvergütungen aufzuklären, gar nicht erst zum Bankmitarbeiter, welcher das Beratungsgespräch geführt hatte, gedrungen waren. Hilfsweise hätte die Rechtsabteilung der Bank entsprechend agiert. Das OLG beachtete diesen klägerischen Vorwurf mangels Substantiierung nicht.

4. Entscheidung[43]

64 Der BGH teilte zunächst die Auffassung des Oberlandesgerichts im Hinblick auf die Aussage des Bankmitarbeiters, wonach dieser den Kunden nicht vorsätzlich geschädigt hatte.

65 Der BGH stellt sich sodann aber die Frage, ob das OLG recht damit getan hatte, dem klägerischen Vorwurf einer Organisationspflichtverletzung nicht nachzugehen. Der BGH hielt zunächst fest, dass eine Bank ihren Geschäftsbetrieb zum Schutz des Rechtsverkehrs so organisieren muss, dass bei ihr vorhandenes Wissen den Mitarbeitern, die für die betreffenden Geschäftsvorgänge zuständig sind, zur Verfügung steht und von diesen auch genutzt wird. Ein vorsätzliches Organisationsverschulden sei dann gegeben, wenn die Bank ihre Verpflichtung zur Aufklärung der Kunden gekannt oder zumindest für möglich gehalten hat (bedingter Vorsatz) und es gleichwohl bewusst unterlassen hat, ihre Anlageberater anzuweisen, die Kunden entsprechend aufzuklären.

66 Der BGH richtet den Blick sodann auf § 282 BGB aF[44], wonach der Schuldner beweisen müsse, dass er eine Pflichtverletzung nicht zu vertreten habe. Zum Vertretenmüssen gehöre gleichermaßen Vorsatz und Fahrlässigkeit. Das Berufungsgericht habe also zu Unrecht angenommen, die Darlegungs- und Beweislast für vorsätzliches Handeln der Beklagten trage der Kläger. Die Erwägung, dass fahrlässiges Handeln verjährt sei, dürfe nicht zur Annahme verleiten, die Darlegungs- und Beweislast umzukehren.

67 Auch wenn fahrlässige Beratungspflichtverletzungen also ohne Zweifel nach § 37a WpHG verjährt waren und damit nur noch eine Vorsatzhaftung im Streit stand, ändere dies nichts daran, dass vorliegend feststehe, dass die Beklagte den Kläger fehlerhaft beraten hat, indem sie Rückvergütungen verschwieg. Eine objektive Vertragspflichtverletzung sei daher erwiesen. Dies führe zwingend dazu, dass die Bank beweisen müsse, die Pflichtverletzung nicht vertreten zu müssen, wobei im Rahmen dieses Entlastungsbe-

---

[43] Siehe die Mitteilung der Pressestelle des BGH Nr. 106/2009.
[44] Siehe nunmehr § 280 Abs. 1 Satz 2 BGB nF.

weises eine Differenzierung im Bereich der Darlegungslast zwischen Vorsatz und Fahrlässigkeit nicht möglich ist.

Da nicht nur die mangelnde Kundenaufklärung feststeht, sondern die Einvernahme des Bankmitarbeiters auch ergeben hatte, dass die Bank ihre Anlageberater nicht angehalten hatte, den Kunden entsprechend aufzuklären, könne sich die Bank nur dadurch entlasten, eine derartige Aufklärungspflicht weder erkannt, noch für möglich gehalten zu haben. Dies betrifft sowohl den Vorstand, als auch die zuständigen Mitarbeiter in der Rechtsabteilung. Im Ergebnis gehe es also darum, dass sich die Beklagte auf einen Rechtsirrtum beruft. Damit greife aber die Verschuldensvermutung, welche sowohl fahrlässiges wie vorsätzliches Handeln umfasse. Daher müsse die Bank den Rechtsirrtum auch darlegen und beweisen. Der BGH verwies an das OLG zurück. 68

5. Fazit

Die Entscheidung des XI. Zivilsenats mutet auf den ersten Blick konsequent an. 69

Ihr liegt allerdings eine versteckte und unangemessene Weiterentwicklung der Rechtsprechung zu Grunde, welche sich mit der Entscheidung des XI. Zivilsenats vom 8. März 2005[45] nicht verträgt und gegen die Begründungserwägungen des Gesetzgebers gerichtet ist: 70

So ist einerseits korrekt, wenn § 37a WpHG nicht nur fahrlässige Vertragspflichtverletzungen, sondern auch fahrlässige deliktische Ansprüche umfasst, da die Verjährungsvorschrift anderenfalls leer laufen würde. Nach dem Wortlaut der Vorschrift[46] ist § 37a WpHG andererseits nicht lediglich auf fahrlässige Vertragspflichtverletzungen beschränkt; die Vorschrift umfasst vielmehr im vertragsrechtlichen Pflichtverletzungsbereich sämtliche Verschuldensformen, mithin sowohl die fahrlässige, wie die vorsätzliche Vertragspflichtverletzung. Im zu entscheidenden Sachverhalt war wegen Verjährung mithin auch bei Zugrundelegung vorsätzlichen Verschuldens der Bank eine Anspruchsgrundlage nicht aus Vertrag, sondern nur und ausschließlich aus Delikt zu prüfen. 71

Wenn dem aber so ist, mithin lediglich eine vorsätzliche deliktische Schädigung des Anlegers zu prüfen war, geht es nicht an, die Verschuldensvermutung des § 282 BGB aF[47] auf die prozessuale Darlegungs- und Beweissituation anzuwenden: Es entspricht nämlich ganz herrschender Rechtsauffassung, dass diese Verschuldensvermutung nur im Bereich vertraglicher Schadenersatzhaftung, nicht aber im Bereich der deliktischen Haftung Anwendung findet. 72

Der XI. Zivilsenat hätte mithin konsequenterweise das Urteil des OLG stützen müssen. Dass er dies nicht tat, dass er also den Anwendungsbereich des § 37a WpHG stillschweigend dahingehend einschränkt, dass auch vorsätzliche Vertragspflichtverletzungen von dieser Vorschrift nicht umfasst sein sollen, ist weder dogmatisch zu rechtfertigen, noch entspricht dies praktischen Bedürfnissen. 73

---

[45] XI ZR 170/04, → Rn. 19 ff.
[46] Und nach den Begründungserwägungen des Gesetzgebers, → Rn. 22.
[47] 280 Abs. 1 S. 2 BGB n. F.

V. Abstrakte Kenntnis von Rückvergütungen

BGH Urteil vom 26. Februar 2013 – XI ZR 498/11

1. Sachverhalt

74 Der Kläger nimmt die beklagte Bank auf Schadenersatz wegen Aufklärungspflichtverletzungen in Zusammenhang mit seiner Beteiligung an dem Filmfonds Film & Entertainment VIP Medienfonds 3 GmbH & Co. KG in Anspruch. Nach vorherige Beratung durch einen Mitarbeiter bei der Beklagten zeichnete der Kläger am 15. September 2003 eine Beteiligung im Nennwert von 100.000,00 EUR zuzüglich Agio in Höhe von 5 %. Er erbrachte davon 65.000,00 EUR aus eigenen Mitteln und weitere 40.000,00 EUR durch ein Darlehen der Beklagten.

75 Im Verkaufsprospekt heißt es in Bezug auf die Eigenkapitalvermittlung wie folgt:

76 S. 40 des Prospektes:

„Agio: Ein Agio in Höhe von 5 % auf die Zeichnungssumme (Kommanditkapital) wird innerhalb einer Woche nach Zugang der Annahme der Beitrittserklärung zur Zahlung fällig. Es dient der Eigenkapitalvermittlerin, der VIP Beratung für Banken AG, zur zusätzlichen Abdeckung von Vertriebsaufwendungen.

Eigenkapitalvermittlung: Der Vertrag über die Eigenkapitalbeschaffung wurde mit der VIP Beratung für Banken AG abgeschlossen. Die Vergütung in Höhe von 8,9 % des Beteiligungskapitals beinhaltet eine ggf. anfallende Umsatzsteuer. Zuzüglich zu dieser Vergütung erhält die VIP Beratung für Banken AG das Agio. Die Vergütungen sind monatlich abhängig vom Vermittlungsvolumen fällig, frühestens jedoch eine Woche nach Erreichen der Mindestplatzierungssumme von 5.000.000,00 EUR."

77 S. 69 des Prospektes:

„Die VIP AG hat das Recht, ihre Rechte und Pflichten aus dieser Vertriebsvereinbarung auf Dritte zu übertragen, und die Verpflichtung, nur die vom VIP Medienfonds zur Verfügung gestellten Beteiligungsunterlagen zu benutzen.

Hierfür erhält die VIP AG eine Vergütung in Höhe von 8,9 % des Kommanditkapitals. Das von den beitretenden Kommanditisten zu erbringende Agio in Höhe von 5 % ist eine zusätzliche Vergütung für die Eigenkapitalvermittlung. Die Zahlungen verstehen sich jeweils inklusive gesetzlicher Umsatzsteuer, falls diese anfallen sollte. Die Vergütung ist innerhalb von sieben Tagen nach Vorliegen der Zahlungsvoraussetzungen fällig."

78 Die Beklagte erhielt eine Vertriebsprovision in Höhe von 8,25 % der Zeichnungssumme, was dem Kläger im Beratungsgespräch nicht offengelegt wurde.

79 In seiner erstinstanzlichen Anhörung zur Frage, ob er bei Zeichnung der Fondsbeteiligung davon wusste, dass die Beklagte für deren Vermittlung eine Rückvergütung in Form eines Anteils am Agio erhielt, erklärte der Kläger wörtlich: „Dass da ein Agio von 5 % berechnet wurde, das war mir damals bekannt gewesen. Dass die Commerzbank an diesem Agio beteiligt würde, das war mir damals auch bekannt. Ich dachte damals, dass die Bank vielleicht 2 bis 3 % von dem 5 % Agio bekommt."

80 Klage wurde (erst) Mitte 2008 erhoben.

2. Hintergrund

81 In der Mutter aller Kick-Back-Verfahren[48] war in der Öffentlichkeit die Annahme einer Aufklärungspflichtverletzung durch die dort beratende Bank insbesondere angesichts der Rahmenumstände auf Anlegerseite mit Erstaunen aufgenommen worden:

---

[48] → § 3 Rn. 40 ff.

§ 14. Die Verjährung

So hatte der Geschäftsführer der dortigen Zedentin mit dem Mitarbeiter der beklagten Bank einvernehmlich das Agio reduziert, sodass dieser davon ausgehen musste, dass die beklagte Bank „über eigenes Geld" verhandelte. Der Bundesgerichtshof ließ dies nicht ausreichen, um eine Aufklärungspflichtverletzung der Beklagten in Abrede zu stellen. Diesen Standpunkt verfolgt der XI. Senat seit jeher konsequent weiter, fordert mithin bei echten Rückvergütungen eine centgenaue Aufklärung der Rückflüsse an die beratende Bank und löste damit eine Welle von Anlegerreklamationen aus, welche unter dem Stichwort „Kick-Back-Joker" bekannt wurden.

Korrigierend greift der XI. Senat nunmehr aber an zwei Stellen ein: Zum einen im Bereich der Kausalität einer Aufklärungspflichtverletzung für die Anlegerentscheidung, zum anderen im Bereich der Verjährung, wie vorliegend zu zeigen sein wird. 82

3. Problemstellung

Der XI. Senat hatte sich mit seiner Forderung nach einer centgenauen Aufklärung über Rückflüsse aus echten Rückvergütungen in eine Situation gebracht, welche jedenfalls bis zur erstmaligen Veröffentlichung seiner Entscheidung vom 19. Dezember 2006[49] eine Fülle von nicht vorhergesehenen Beratungsfehlern hervorbrachte. Anlegeranwälte, welche es versäumten, den sogenannten „Kick-Back-Joker" zu ziehen, sahen sich selbst Haftungsansprüchen ausgesetzt. In Anbetracht der Praxis vor Veröffentlichung der genannten BGH-Entscheidung machten sich Bankmitarbeiter im Zeugenstand unglaubwürdig, welche behaupteten, sie hätten den Kunden tatsächlich centgenau aufgeklärt. Prospektmaterialien, in welchen die beratende Bank namentlich als Empfänger dieser Vertriebsvergütung aufgeführt waren, sind selten, auch wenn durchaus Fälle existieren, in welchen Vertriebsvergütungen insbesondere der Defeasance-Banken im Prospekt aufscheinen und mithin einen Beratungsfehler ausschließen. 83

Vorliegend hatte der BGH Gelegenheit, seine Rückvergütungsrechtsprechung im wirtschaftlichen Ergebnis einzudämmen, da der Kläger einräumen musste, dass ihm der Rückfluss von Vertriebsvergütungen an die ihn anlageberatende Bank bekannt war, auch wenn er deren Höhe nicht kannte. 84

4. Entscheidung

Der BGH setzt sich zunächst ausführlich mit seiner Rückvergütungsrechtsprechung auseinander und betont, dass insbesondere die Medienfonds mit Defeasance-Struktur Film & Entertainment VIP Medienfonds 3 GmbH & Co. KG und Film & Entertainment VIP Medienfonds 4 GmbH & Co. KG konstruktionsbedingt derartige Rückflüsse an die anlageberatende Bank vorsahen. Der Senat betonte des Weiteren, dass im Fall dieser Medienfonds eine ordnungsgemäße Aufklärung des Klägers über diese Rückvergütungen durch die Übergabe eines Fondsprospektes nicht erfolgen konnte, weil die Beklagte in diesem nicht als Empfängerin der dort ausgewiesenen Provisionen genannt ist. 85

Der Senat betont des Weiteren, dass nach seiner Rechtsprechung von der anlageberatenden Bank auch die Höhe der Rückvergütung ungefragt offengelegt werden muss. 86

Der Senat setzt sich sodann mit der Kausalitätsfrage auseinander und verweist auf seine jüngste Rechtsprechung[50], wonach die sogenannte „Vermutung aufklärungsrich- 87

---

[49] → § 3 Rn. 40 ff.
[50] XI ZR 262/10, → § 2 Rn. 115 ff.

tigen Verhaltens" nicht lediglich eine Beweiserleichterung im Sinne eines Anscheinsbeweises, sondern eine zur Beweislastumkehr führende widerlegliche Vermutung ist, wobei der Senate seine Rechtsprechung zum sogenannten „Entscheidungskonflikt" in dieser Entscheidung aufgab.

88 Der BGH musste sich sodann mit der seit Neuregelung des Verjährungsrechts mit Wirkung zum 1. Januar 2002 entscheidungsrelevanten Frage des Ablaufs der kenntnisabhängigen Verjährung auseinandersetzen.

89 Der Schadenersatzanspruch des Klägers entsteht bereits mit Zeichnung, da der bereits zu diesem Zeitpunkt aufgrund der fehlerhaften Beratung eine für diesen nachteilige Kapitalanlage erworben hat, wobei es nicht darauf ankommt, ob und wann die Kapitalanlage ggf. später im Wert gefallen ist.

90 Der BGH ist sodann der Auffassung, dass der Kläger bereits bei Zeichnung ausreichende Kenntnis sämtlicher anspruchsbegründender Umstände im Sinne des § 199 Abs. 1 Nr. 2 BGB hatte, auch wenn er die genaue Höhe der an die Beklagte geflossenen Rückvergütung nicht kannte. Dem Geschädigten muss lediglich die Erhebung einer Schadensersatzklage, sei es auch in Form einer Feststellungsklage, erfolgversprechend – wenn auch nicht risikolos – erscheinen. Der Geschädigte muss weder alle Einzelumstände kennen, die für die Beurteilung möglicherweise Bedeutung haben, noch muss er bereits hinreichend sichere Beweismittel in der Hand haben, um einen Rechtsstreit im Wesentlichen risikolos führen zu können. Auch muss der Geschädigte nicht eine zutreffende rechtliche Würdigung anstellen; vielmehr genügt aus Gründen der Rechtssicherheit und Billigkeit im Grundsatz die Kenntnis der den Ersatzanspruch begründenden tatsächlichen Umstände.

91 Im Falle der Geltendmachung von Schadenersatzansprüchen wegen verschwiegener Rückvergütungen ist nicht die Kenntnis des Anlegers von deren konkreter Höhe erforderlich – so der BGH. Zwar muss die beratende Bank den Anleger über Grund und Höhe einer Rückvergütung ungefragt aufklären; von diesem Umstand hat ein Anleger aber denknotwendig bereits dann positive Kenntnis, wenn er weiß, dass die ihn beratende Bank Provisionen für das von ihm getätigte Anlagegeschäft erhält, deren Höhe ihm die Bank nicht mitteilt. Die fehlende Kenntnis des Anlegers von der Höhe der Rückvergütung kann nur noch in solchen Fällen dem Verjährungsbeginn entgegenstehen, in denen die beratende Bank konkrete, jedoch fehlerhafte Angaben zur Höhe der Rückvergütung macht. In diesen Fällen meint der Anleger nämlich, über die Höhe der Rückvergütung ordnungsgemäß aufgeklärt worden zu sein. Der klägerische Anspruch im Hinblick auf den Beratungsfehler „Rückvergütung" war mithin verjährt.

92 Da aber – so der BGH in ständiger Rechtsprechung – jede Aufklärungspflichtverletzung gesondert verjährt, war die Angelegenheit zur weiteren Verhandlung über sonstige behauptete Aufklärungsdefizite aufzuheben und zurückzuverweisen.

5. Fazit

93 Die begrüßenswerte Entscheidung des BGH führt seine Rechtsprechung zu Rückvergütungen mit dem Ziel fort, zu einem angemessenen Interessenausgleich zwischen aufklärungsbedürftigen Bankkunden einerseits, beklagten Beraterbanken andererseits zu gelangen. Diese Möglichkeit bietet die Einführung der kenntnisabhängigen Verjährung, welche eine angemessene Berücksichtigung von Umständen in der Sphäre des Anlegers ermöglicht und so Rechtsfrieden eintreten lässt, wo dieser geboten ist.

Wie im Bereich der Prospektübergabe[51] sieht auch hier der BGH das persönliche 94
Beratungsgespräch als besonders relevant für die Berücksichtigung der beiderseitigen
Sphären an. Dabei ist aus Sicht des BGH die häufig erst durch Intervention eines Anlegeranwalts motivierte Geltendmachung von Aufklärungspflichtverletzungen im Bereich
der Vergütung von Banken irrelevant: Nicht die richtige rechtliche Schlussfolgerung,
sondern das tatsächliche Zurkenntnisnehmen von Sachverhaltsaspekten ist für die Entscheidung maßgeblich. Eine durch und durch zutreffende Sichtweise, welche – wie
auch hier – künftig den Weg dahingehend ebnen wird, sich verstärkt mit inhaltlichen,
materiellen Aufklärungsdefiziten auseinanderzusetzen.

VI. Nichtlektüre des Prospektes

BGH Urteil vom 8. Juli 2010 – III ZR 249/09

1. Sachverhalt

Der Kläger beteiligte sich am 28. Oktober 1999 an einem geschlossenen Immobi- 95
lienfonds. Ab dem Jahre 2002 geriet der Fonds aufgrund deutlichen Rückgangs der
Mieteinnahmen in zunehmende wirtschaftliche Schwierigkeiten. Am 17. Februar
2006 ordnete das Amtsgericht München die vorläufige Insolvenzverwaltung über das
Vermögen der Fondsgesellschaft an. Der Kläger behauptet, der Beklagte habe seine
Pflichten aus dem Anlageberatungsvertrag verletzt, da er ihm mit der Fondsbeteiligung
eine Anlage empfohlen habe, die seinem erklärten Anlageziel einer sicheren Altersvorsorge widersprochen habe. Insbesondere habe der Beklagte nicht auf das Risiko eines
Totalverlustes hingewiesen. Der dem Kläger übergebene Prospekt enthielt einen Hinweis auf das Totalverlustrisiko; der Kläger hat den Prospekt aber nicht gelesen. Ein
Mahnbescheid wurde dem Beklagten am 13. Februar 2007 zugestellt. Der Beklagte ist
den Vorwürfen entgegengetreten und hat die Einrede der Verjährung erhoben.

2. Hintergrund

Auch vorliegende Sachverhaltskonstellation zeigt, dass die gesetzgeberische Intention, 96
Anlageempfehlungen müssten zeitnah gerügt werden, anderenfalls durch verjährungsrechtliche Regelungen eine Befriedung eintreten müsse, jedenfalls durch den vorliegend im Zeitpunkt des Erwerbs der Anlage in Kraft befindlichen § 37a WpHG nicht
in ausreichendem Maße verwirklicht worden ist. Wie dargestellt[52] findet § 37a WpHG
zwar auf von einer Kapitalanlagegesellschaft begebene Fonds, nicht aber auf den – wie
hier – Erwerb geschlossener Beteiligungen Anwendung.

Da der Wertpapiererwerb aus dem Jahre 1999 stammt, verjährungshemmende Maß- 97
nahmen des Anlegers aber erst nach Inkrafttreten der Schuldrechtsreform griffen, ist
auch im vorliegenden Sachverhalt die komplexe Gemengelage zwischen altem und
neuem Verjährungsrecht des allgemeinen Schuldrechts entscheidungserheblich.

---

[51] →Rn. 95 ff.
[52] → Rn. 14 ff.

3. Problemstellung

98 Durch die Schuldrechtsreform wurde das Verjährungssystem auf eine neue Grundlage gestellt: Während vormals bei Vertragspflichtverletzungen subjektive Momente des Geschädigten zwar im Bereich des Mitverschuldens gem. § 254 BGB, nicht aber im Bereich des Laufs der Verjährungsfristen eine Rolle spielten[53], ist das „neue" Verjährungsrecht mit einer subjektiven Komponente versehen, welche sowohl die positive Kenntnis, als auch die grob fahrlässige Unkenntnis des Geschädigten als relevant für den Beginn des Fristenlaufs erachtet.

99 Künftig wird mithin das subjektive Element auf Anlegerseite im Rahmen eines Haftungsverfahrens an drei Stellen zu prüfen sein: Zum einen ist die subjektive Kenntnis relevant für die Frage, ob dem Anleger die einer Kapitalanlage inne wohnenden Chancen und Risiken in ausreichendem Maße nahe gebracht wurden, mithin der Berater seine dem Anleger gegenüber bestehenden Aufklärungspflichten verletzt hat oder nicht. Zum anderen stellt sich die Frage, inwieweit der Anleger bei der Schadensentstehung Mitverantwortung trägt (welche seine Schadenersatzberechtigung reduziert, § 254 BGB), etwa weil dieser es unterlassen hat, diesem unterbreitete Aufklärungshinweise zur Kenntnis zu nehmen, obwohl ihm dies möglich gewesen wäre. Schließlich werden subjektive Elemente im Bereich des Beginns der Verjährungsfrist bei Beurteilung der Kenntnis bzw. grob fahrlässigen Unkenntnis des Anlegers eine Rolle spielen.

100 Das Problem war vorliegend streiterheblich, da dem Anleger vor Anlageentscheidung Prospektmaterial übergeben worden war, welches die für die individuelle Aufklärung des Anlegers erforderlichen Informationen enthielt. Der Berater unterließ es aber zum einen, mit dem Anleger das Prospektmaterial im Einzelnen durchzugehen. Darüber hinausgehend verharmloste der Berater im Beratungsgespräch die der Anlage innewohnenden Risiken, sodass sich der Bundesgerichtshof mit Klärung der Frage zu befassen hatte, inwieweit die Nichtlektüre eines übergebenden Prospektes jedenfalls auf der dritten Prüfungsebene (Beginn des verjährungsrechtlichen Fristenlaufs) eine Rolle spielt.

4. Entscheidung

101 Der BGH bestätigt zunächst, dass die vom Anleger gewünschte „sichere", zur Altersvorsorge geeignete Kapitalanlage bei Auswahl des dem Kläger anempfohlenen geschlossenen Immobilienfonds nicht anlegergerecht war. Soll gemäß dem Anlageprofil des Kunden eine sichere Geldanlage getätigt werden, so kann die Empfehlung einer unternehmerischen Beteiligung wegen des damit regelmäßig verbundenen Verlustrisikos schon für sich genommen fehlerhaft sein. Dies gilt selbst dann, wenn – wie hier die Beteiligung an einem Immobilienfonds – das Risiko eines anteilsmäßig hohen Kapitalverlusts durch Investition in Grund und Boden, also Sachwerte, meist gering zu veranschlagen sei; dennoch handele es sich gleichwohl um eine unternehmerische Beteiligung mit Verlustrisiken zumindest eines Teils des investierten Kapitals. Sofern der Berater individuelle Aufklärungshinweise erteilt hätte, welche vom Kunden verstanden worden wären, wäre die Anlegergerechtigkeit zu überdenken gewesen; die Übergabe eines (vollständigen und richtigen) Prospekts alleine verhindert die Pflichtwidrigkeit aber nicht[54].

---

[53] Selbst die Spezialvorschrift des § 37a WpHG ist im Hinblick auf den Fristenlauf nicht von einer Kenntnis des Geschädigten abhängig.

[54] Siehe zum Problemkreis der Prospektübergabe einerseits, der mündlichen Aufklärungshinweise andererseits auch noch → § 5 Rn. 79.

§ 14. Die Verjährung

Der III. Zivilsenat befasst sich sodann mit der Frage der Mitverantwortlichkeit des Anlegers gem. § 254 BGB. Er bestätigt, dass ein Mitverschulden des Anlageinteressenten im Falle eines Schadenersatzanspruches wegen der Verletzung von Aufklärungs- und Beratungspflichten nur unter besonderen Umständen zur Anrechnung kommt, weil sich der Anleger regelmäßig auf die Richtigkeit und Vollständigkeit der ihm erteilten mündlichen und individuellen Aufklärung und Beratung verlassen darf. Er muss diese Hinweise nicht anhand des überlassenen Prospektmaterials kontrollieren, sodass § 254 BGB vorliegend nicht einschlägig ist. 102

Der BGH befasste sich schließlich mit dem Kern der vorliegenden Problematik, nämlich der Frage, inwieweit der überlassene, aber nicht vom Anleger gelesene Prospekt grob fahrlässige Unkenntnis im Sinne von § 199 Abs. 1 Nr. 2 BGB n. F. bedeutet und mithin den verjährungsrechtlichen Fristenlauf in Gang setzt. 103

Höchstrichterliche Rechtsprechung zu diesem Problemkreis ist in Anbetracht des noch jungen Rechts selten. Das Berufungsgericht hatte festgestellt, dass der Kläger es unterlassen hatte, den ihm übergebenen Emissionsprospekt durchzulesen, wobei er hierbei auf durchgreifende Hinweise der fehlenden Eignung der Kapitalanlage für seine Anlageziele gestoßen wäre. 104

Grobe Fahrlässigkeit setzt einen objektiv schwerwiegenden und subjektiv nicht entschuldbaren Verstoß gegen die Anforderungen der im Verkehr erforderlichen Sorgfalt voraus. Sie ist insbesondere dann gegeben, wenn dem Gläubiger die Kenntnis deshalb fehlt, weil er ganz naheliegende Überlegungen nicht angestellt oder das nicht beachtet hat, was im gegebenen Fall jedem hätte einleuchten müssen. Dies liegt insbesondere dann vor, wenn sich dem Gläubiger den Anspruch begründende Umstände förmlich aufgedrängt haben und er leicht zugängliche Informationsquellen nicht genutzt hat[55]. 105

Der BGH stellt sich aber ausdrücklich gegen die Auffassung, dass der Anlageinteressent gehalten sei, einen ihm überlassenen Emissionsprospekt durchzulesen. Es spielt aus Sicht des BGH auch keine Rolle, ob der Prospekt lange vor, erst bei oder gar kurz nach der Zeichnung übergeben worden ist. 106

Der BGH misst diesbezüglich dem persönlichen Gespräch zwischen Anleger und Berater außerordentliche Bedeutung bei. Der Anlageinteressent dürfe regelmäßig auf die Richtigkeit und Ordnungsmäßigkeit der ihm erteilten individuellen Anlageberatung vertrauen, sodass ihm eine unterbliebene Kontrolle dieser Beratung durch Lektüre des Prospekts deshalb nicht als grobe Fahrlässigkeit vorgehalten werden dürfe. 107

Auch wenn dem Anlageprospekt eine große Bedeutung für die Information des Anlageinteressenten über die ihm empfohlene Kapitalanlage zukommt[56] und es daher zweifellos im besonderen Interesse des Anlegers liegt, den Prospekt eingehend durchzulesen, ist ein Unterlassen für das Verjährungsrecht unerheblich. So misst der Anleger den Ratschlägen, Auskünften und Mitteilungen des Anlageberaters, die dieser ihm in einem persönlichen Gespräch unterbreitet, besonderes Gewicht bei. Die allgemein gehaltenen Prospektangaben treten demgegenüber in den Hintergrund; es vertraut vielmehr der 108

---

[55] Der III. Zivilsenat verweist diesbezüglich auf den Gesetzesentwurf der Fraktionen der SPD und Bündnis 90/Die Grünen zum Schuldrechtsmodernisierungsgesetz, Bundestagsdrucksache 14/6014, S. 108.

[56] Sodass ein vollständiger und richtiger Prospekt für sich allein auch geeignet ist, die nötigen Informationen wahrheitsgemäß und verständlich zu übermitteln; in diesem Fall ist es nicht als Pflichtverletzung anzusehen, wenn der Prospekt dem Anleger rechtzeitig vor Vertragsschluss überlassen worden ist und der Anleger keinerlei weitere mündliche Risikohinweise erhält, → § 5 Rn. 79 zum Anlagevermittler.

Anleger auf den Rat und die Angaben „seines" Beraters. Das Unterlassen einer Kontrolle durch Lektüre des Anlageprospektes deutet gerade auf das bestehende Vertrauensverhältnis hin.

109 Abschließend rechtfertigt der BGH diesen seinen Standpunkt damit, dass eine andere Betrachtungsweise dazu führen würde, dass der Anleger unangemessen benachteiligt würde. Denn die Risiken und Nachteile einer Kapitalanlage wirken sich vielfach erst Jahre nach dem Erwerb finanziell spürbar aus, sodass Schadenersatzansprüche häufig schon verjährt wären[57].

5. Fazit

110 Der III. Zivilsenat des Bundesgerichtshofes stellte sich mit dieser Entscheidung gegen eine geradezu als Phalanx zu bezeichnende Rechtsprechung zahlloser deutscher Oberlandesgerichte[58]. Die Rechtsauffassung des BGH überrascht insbesondere vor dem Hintergrund, als dieser unter Bezugnahme auf die Begründungserwägungen des Gesetzgebers die mangelnde Nutzung leicht zugänglicher Informationsquellen erwähnt. Gibt es eine Informationsquelle, welche für den Anleger leichter zugänglich ist, als der ihm überlassene Emissionsprospekt? Muss der Anleger nicht Anlass haben, sich mit ihm überlassenen Informationsmaterial auseinanderzusetzen, anderenfalls die Erstellung dieser Prospektunterlage hinfällig wäre? Gilt es nicht, das Vertrauen des Rechtsverkehrs in Vollständigkeit und Richtigkeit des Prospektmaterials auf beiden Seiten der Investition zu schützen?

111 Der BGH geht diesen Weg offensichtlich nicht. Während es dem Anleger leicht gemacht wird, Unrichtigkeit und Unvollständigkeit von Prospektmaterialien zu rügen und vorgeblich investiertes Vertrauen auf unvollständiges Prospektmaterial zu reklamieren, wird umgekehrt dem Anleger nicht zum Vorwurf gemacht, wenn er denn einen inhaltlich vollständigen und richtigen Prospekt erhält, diesen aber nicht zur Kenntnis nimmt.

VII. Verjährungshemmung durch Güteanträge

BGH Urteil vom 18. Juni 2015 – III ZR 198/14[59]

1. Sachverhalt

112 Die Kläger zeichneten am 27./28. Dezember 2001 eine Beteiligung als mittelbare Kommanditisten an der Falk Beteiligungsgesellschaft 75 GmbH & Co. KG. Bei der Fondsgesellschaft handelt es sich um einen geschlossenen Immobilienfonds; die Einlage betrug EUR 35.000,00 zuzüglich 5% Agio; die Kläger finanzierten diese Kapitalanlage mit einem Darlehen bei der B. Bank.

---

[57] Bemerkenswert ist, wie der III. Zivilsenat in dieser Entscheidung den entgegengesetzten Standpunkt zu demjenigen einnimmt, den der XI. Zivilsenat in der Entscheidung des Jahres 2005 nebst Bezugnahme auf die Begründungserwägungen des Gesetzgebers aus dem Jahr 1997 vertrat, → Rn. 22.

[58] ZB Brandenburgisches OLG vom 30. 4. 2009, Az. 12 U 235/08; OLG Celle OLGR 2009, 121; OLG Düsseldorf vom 18. 4. 2008, Az. I-16 U 275/06; OLG Frankfurt am Main vom 20. 9. 2007, Az. 14 W 75/07; OLG Köln vom 22. 10. 2008, Az. 13 U 10/08 und 15. 9. 2009, Az. 15 U 13/09.

[59] Siehe auch die Parallelentscheidungen vom selben Tag mit den Az. III ZR 189/14, III ZR 191/14 und III ZR 227/14.

§ 14. Die Verjährung

Die Kläger behaupteten, mit der Allgemeiner Wirtschaftsdienst Gesellschaft für Wirtschaftsberatung und Finanzbetreuung mbH (im Folgenden auch „Beklagte")[60] sei ein Anlageberatungsvertrag zustande gekommen; von dem Mitarbeiter der Beklagten seien sie weder anleger- noch objektgerecht beraten worden. Sie hätten eine sichere Anlage gewünscht; tatsächlich seien sie über den unternehmerischen Charakter der Beteiligung, über das Totalverlustrisiko, über die stark eingeschränkte Fungibilität sowie über die Nachhaftung nach § 172 Abs. 4 HGB nicht aufgeklärt worden. Auch über Vertriebsprovisionen von insgesamt 19% (5% Agio sowie 14% sonstige Vertriebskosten) seien sie nicht aufgeklärt worden. Auch sei ihnen kein Emissionsprospekt übergeben worden. Des Weiteren sei der Prospekt inhaltlich mangelhaft, da im Prospekt das Agio fehlerhaft dargestellt werde. 113

Im Laufe des Rechtsstreits teilten die Kläger mit, dass mit der Klage nunmehr lediglich Pflichtverletzungen in Zusammenhang mit der Falschaufklärung über Provisionen geltend gemacht wurden. 114

Am 23. Dezember 2011 hatten die Kläger bei der staatlich anerkannten Gütestelle des Rechtsanwalts und Mediators Franz X. Ritter in Freiburg im Breisgau einen Güteantrag eingereicht. Dieser Antrag wurde den Klägern von den Rechtsanwälten der Tatsacheninstanzen im Internet als „Mustergüteantrag" bereitgestellt. Der Antrag enthielt folgende „Musterbegründung", wobei jeweils die Singularform (ich, mir) durchgestrichen ist: 115

„Ich/wir mache/n Ansprüche auf Schadensersatz aus fehlerhafter Anlageberatung geltend. Hintergrund ist die Beteiligung am Immobilien F. Beteiligungsgesellschaft 75 GmbH & Co. KG (F. –Fonds Nr. 75). Ich/wir erwarb/en Anteile an diesem geschlossenen Immobilienfonds. Ich/wir habe/n Anspruch dahin, so gestellt zu werden, als hätte/n ich/wir die Beteiligung nie getätigt. Die Antragsgegnerin war bei dieser Beteiligung als Anlagevermittler und –berater tätig. Die Beratung wurde von einem Mitarbeiter der Antragsgegnerin vorgenommen.

Mir/uns wurde der oben genannte Immobilienfonds vorgestellt und mir/uns suggeriert, es handele sich um eine sichere und gewinnbringende Anlage. Nicht erläutert wurden die Risiken und Nachteile einer Beteiligung an diesem Immobilienfonds. Auch die Verwendung des Prospekts im Beratungsgespräch führt nicht zu einer umfassenden Aufklärung der Antragstellerpartei, da der Prospekt selbst keine ausreichenden Risikohinweise enthält.

Der Emissionsprospekt zur Fondsbeteiligung ist in mehreren Punkten fehlerhaft und es fehlt die Aufklärung über die Risiken der Fondskonzeption. Die Antragsgegnerin haftet auch für die Prospektfehler auf Schadensersatz, da sie ihre vertraglichen Verpflichtungen nicht erfüllt hat.

Aus diesen Beratungsfehlern resultieren die Pflichtverletzungen der Antragsgegnerin aus dem mit mir/uns geschlossenen Anlageberatungsvertrag.

Darüber hinaus wurde/n ich/wir von der Antragsgegnerin auch nicht darüber aufgeklärt, ob und in welcher Höhe diese oder der Berater Provisionen erhalten hat. Der AWD-Konzern hat für die Vermittlung von F. –Gesellschaftsbeteiligungen Provisionen von über 15% von der F. –Gruppe erhalten. Im Beratungsgespräch ist das Thema Provision nicht angesprochen worden. Auch im Prospekt findet sich hierzu keine klare Angabe. Ein Anlageberater, der Fondsanteile empfiehlt, muss seinen Kunden darauf hinweisen, wenn er Provisionen in dieser Höhe für die Vermittlung dieser Beteiligungen erhält. Das ist vorliegend nicht passiert.

Danach war die Antragsgegnerin aufgrund des mit mir/uns geschlossenen Beratungsvertrags verpflichtet, über die Rückvergütungen aufzuklären und so den hieraus resultierenden Interessenkonflikt offen zu legen. Auch dies stellt eine Pflichtverletzung des mit mir/uns geschlossenen Beratervertrages dar.

Ich/wir strebe/n eine gütliche Einigung mit der Antragsgegnerin an. Es wird deshalb gebeten und beantragt, die beigefügte Mehrfertigung des Güteantrags der Antragsgegnerin mit der Aufforderung zuzustellen, dem Güteverfahren beizutreten."

---

[60] Heute Swiss Life Select Deutschland GmbH.

116 Die Beklagte wurde von der Gütestelle schriftlich unterrichtet. Sie antwortete hierauf nicht. Mit Schreiben vom 8. November 2012 stellte die Gütestelle den Klägern gegenüber das Scheitern des Verfahrens fest. Mit Eingang vom 22. April 2013, der Beklagten zugestellt am 6. Mai 2013, reichten die Kläger beim Landgericht Klage ein.

2. Hintergrund

117 Kein anderes Rechtsmittel wurde von Anlegeranwälten derart massiv seiner eigentlichen Funktion enthoben, wie staatliche Gütestellen in Person niedergelassener Rechtsanwälte. Es betrifft dies vor allem den verjährungsrechtlichen „D-Day" 31.12. 2011[61], welcher die zahllosen Altfälle in Folge Verjährungsreform mit Ablauf der neuen zehnjährigen Maximalfrist adelte. Anders, als in den Folgejahren, war diese zehnjährige Maximalfrist auch nicht an den Tag der jeweiligen Zeichnung gebunden, sodass diese unterjährig ablaufen konnte, sondern fiel einheitlich auf das Jahresende.

118 Gerade bei kapitalanlagerechtlichen Massenschäden wurden mehrere zehntausende Anträge bei einer einzelnen Gütestelle eingebracht. Dass dies – naturgemäß – Schwierigkeiten bei der Erfassung des konkreten Eingangsdatums bzw. in der Folgezeit bei der Zustellung haben würde, lag auf der Hand. Der BGH sah sich daher mit dieser Entscheidung gezwungen, jedenfalls für die Verjährung in Zusammenhang mit Anlageberatungssachverhalten ein höchstrichterliches Machtwort zu sprechen.

3. Problemstellung

119 Die Problemstellung im Zusammenhang mit der Einreichung von Güteanträgen ist eine vielfache:

120 So stellt sich schon die Frage, ob das massenhafte Einreichen von Güteanträgen ausschließlich zum Zwecke der Verjährungshemmung[62] sachgerecht oder aber missbräuchlich, mithin unbeachtlich ist[63]. Des Weiteren stellt sich die Frage, wie präzise der klägerische Sachverhalt, auf welchen sich die vorgebliche Fehlberatung stützt, im Güteantrag abgebildet sein muss. Sodann stellt sich die Frage, inwieweit das klägerische Begehren (Rechtsfolge) in den Güteantrag aufzunehmen ist. Und schließlich stellt sich die Frage nach der Zustellung „demnächst", wenn – wie hier – durch eine Vielzahl kurz vor Fristablauf gestellter Güteanträge allein die Zustellung dieser Anträge erhebliche Zeit in Anspruch nimmt. Es wäre doch dem Klägervertreter unbenommen gewesen, derartige Güteanträge bereits dann bei einer Gütestelle einzureichen, wenn er ein entsprechendes Mandat erteilt bekam; dass dies nicht erfolgte, sondern sämtliche Güteanträge bis zum vorgenannten „D-Day" gesammelt und sodann gehäuft eingereicht wurden, bringt zwingend und vorsätzlich eine Verzögerung der Zustellung mit sich.

4. Entscheidung

121 Der BGH sah sich zunächst veranlasst, klarzustellen, welche vorgeblichen Pflichtverletzungen durch den eingereichten Güteantrag umfasst sind. Der BGH erteilte einer Auffassung, wonach nur die im Güteantrag eigens erwähnten Pflichtverletzungsvor-

---

[61] Da dieser Tag auf einen Samstag fiel, war der D-Day richtigerweise Montag, der 2.1.2012, § 193 BGB.

[62] Und nicht, um das eigentliche Ziel, eine einvernehmliche Schlichtung des Streits, das heißt Vermeidung eines Rechtsstreits, zu verfolgen.

[63] Verstoß gegen Treu und Glauben, § 242 BGB.

würfe der Hemmung unterliegen würden, eine Absage. Zwar sei die Verjährung mehrerer eigenständiger und hinreichend deutlich voneinander abgrenzbarer Pflichtverletzungsvorwürfe in Anlageberatungsfällen materiell-rechtlich selbständig zu beurteilen. So berechnet sich also die kenntnisabhängige regelmäßige Verjährungsfrist für jeden dieser Beratungsfehler gesondert; die verjährungsrechtlich gesonderte Prüfung mehrerer Pflichtverletzungen setzt nicht voraus, dass jede dieser Pflichtverletzungen eine eigenständige, zusätzliche Schadensfolge nach sich gezogen hat.

Die Reichweite der Hemmungswirkung einer Rechtsverfolgungsmaßnahme beurteilt sich jedoch gerade nicht nach den vorstehenden Regularien, sondern vielmehr lediglich nach dem Streitgegenstand. Nicht der einzelne materiell-rechtliche Anspruch wird gehemmt, sondern der prozessuale Anspruch des Streitgegenstands; dieser erfasst sämtliche materiell-rechtlichen Ansprüche, die sich im Rahmen eines Rechtschutzbegehrens aus dem zur Entscheidung unterbreiteten Lebenssachverhalt herleiten lassen. In Anlageberatungsfällen sind dies folglich sämtliche Pflichtverletzungen eines zu einer Anlageentscheidung führenden Beratungsvorgangs; dies ohne Rücksicht darauf, ob diese Pflichtverletzungen auch tatsächlich vorgetragen worden sind oder vorgetragen hätten werden können. Die Verjährung der Ansprüche wird also für jeden einer Anlageentscheidung zugrunde liegenden Beratungsfehler gehemmt, wenn nur in unverjährter Zeit wegen eines oder mehrerer Beratungsfehler Klage erhoben oder ein Mahn- oder Güteverfahren eingeleitet wird. **122**

Sodann befasst sich der BGH mit dem Inhalt des Güteantrages und spricht diesbezüglich die Frage der Individualisierung an. Ohne die nötige Individualisierung eines geltend gemachten prozessualen Anspruchs tritt eine Hemmung der Verjährung nicht ein. Eine solche Individualisierung kann nach Ablauf der Verjährungsfrist auch nicht mehr verjährungshemmend nachgeholt werden. § 204 BGB liegt das Prinzip zugrunde, dass die Verjährung nur durch eine solche aktive Rechtsverfolgung des Gläubigers gehemmt wird, die einen auf die Durchsetzung seines Anspruchs gerichteten Willen für den Schuldner erkennbar macht. Der Gläubiger muss also dem Schuldner seinen Rechtsverfolgungswillen derart klar machen, dass dieser sich darauf einrichten muss, auch nach Ablauf der ursprünglichen Verjährungszeit noch in Anspruch genommen zu werden. Es ist mithin entscheidend, ob die konkrete Maßnahme der Rechtsverfolgung eine solche Warnfunktion erfüllt, oder nicht. Wörtlich formuliert der BGH: „Der Anspruchsgegner muss erkennen können, worum es geht." **123**

Anders, als im Mahnantrag[64], muss der Güteantrag zwar keinen strikten, einer Vollstreckung fähigen Antrag enthalten. Der Güteantrag muss aber für den Schuldner erkennen lassen, welcher Anspruch gegen ihn gehemmt werden soll, damit er prüfen kann, ob eine Verteidigung erfolgversprechend ist und er in das Güteverfahren eintreten möchte. Es muss also die Streitsache dargestellt sowie das konkrete Begehren erkennbar sein. In Anlageberatungsfällen hat der Güteantrag regelmäßig die konkrete Kapitalanlage zu bezeichnen, die Zeichnungssumme sowie den ungefähren Beratungszeitraum anzugeben und den Hergang der Beratung im groben zu umreißen. Des Weiteren hat er das Verfahrensziel so zu umschreiben, dass dem Gegner und der Gütestelle ein Rückschluss auf Art und Umfang der verfolgten Forderungen möglich ist. Eine genaue Bezifferung muss zwar nicht enthalten sein; allerdings reicht das Verfahrensziel „Schadensersatz aus fehlerhafter Anlageberatung" nicht, da völlig offen bleibt, ob der vollständige **124**

---

[64] → Rn. 130 ff.

Zeichnungsschaden (mit oder ohne Darlehenskosten?) oder nur ein Differenzschaden begehrt wird.

125 Vorliegend hatte der Musterantrag auch keinerlei Bezug zum konkreten Beratungshergang, da weder die Zeichnungssumme noch der ungefähre Beratungszeitraum, noch andere die getätigte Anlage individualisierbare Tatsachen enthalten sind. Wenn – wie hier – die Beklagte im Strukturvertrieb eine große Zahl von Kapitalanlagen unter Mithilfe einer Vielzahl von für sie tätigen Beratern und Vermittlern vertrieben hat, ist es für sie nur unter größten Mühen möglich festzustellen, um welche Anlageberatung es im vorliegenden Fall überhaupt geht. Dies umso mehr, als um den Jahreswechsel 2011/2012 sich die Beklagte angesichts des Ablaufs der Frist für Altfälle einer Vielzahl von Güteanträgen gegenübersah, während die handelsrechtlichen Aufbewahrungsfristen[65] für diese Beratungsfälle in den meisten Fällen bereits abgelaufen waren.

126 Der Anspruch ist mithin verjährt.

5. Fazit

127 Der BGH ist vorliegend mit Augenmaß bei der Sache und versucht, die Vielzahl von Güteanträgen, welche zum Jahresende 2011 eingereicht wurden, „auszusieben". Die Trennung von Weizen und Spreu hat danach zu erfolgen, ob die erforderliche Individualisierung des Anspruchs im Hinblick auf die anspruchsbegründenden Tatbestandsmerkmale sowie den Rechtsfolgewillen des Schuldners gelungen ist, oder nicht.

128 Wenn – wie so häufig – mechanisch zahllose Musteranträge aus dem Internet heruntergeladen wurden, ist dies nicht geeignet, die Verjährung zu hemmen. Geradezu pikant ist die Tatsache, dass vorliegend der Beklagten das Aufrechterhalten eines Strukturvertriebs sogar zugute kam.

129 Letztendlich rächt sich vorliegend die Arbeitsüberlastung der Anlegeranwälte, als gerade bei Altfällen dem Anleger hätte zugemutet werden können, sogleich Klage zu erheben.[66]

VIII. Verjährungshemmung durch Mahnbescheid

BGH Urteil vom 16. Juli 2015 – III ZR 238/14

1. Sachverhalt

130 Die Klägerin zeichnete auf Empfehlung eines für die Beklagte als Handelsvertreter tätigen Beraters am 6. September 1996 eine Beteiligung an einem geschlossenen Immobilienfonds, die M. Fonds Nr. 37 KG. Diese Kapitalanlage finanzierte die Klägerin in Höhe von DM 20.000,00 durch ein Bankdarlehen.

131 Mit Anwaltsschreiben vom 4. November 2011 wurde die Beklagte von der Klägerin aufgefordert, eine Haftungserklärung abzugeben; der geltend gemachte Schaden wurde in diesem Schreiben nicht beziffert. In diesem Schreiben heißt es weiterhin: „Selbstverständlich übertragen Ihnen unsere Mandantschaft Zug um Zug die entsprechenden Be-

---

[65] § 257 HGB.
[66] Mit diesem Argument hat sich auch ein Rechtsschutzversicherer erfolgreich gegen die Inanspruchnahme von Anlegeranwälten mit vorgeblich massenhaft angefallenen Gebühren für die Einreichung von Güteverfahren im fünfstelligen Bereich gewehrt, siehe BGH Urt. v. 21.10.2015 – IV ZR 266/14.

teiligungsrechte". Mit Schreiben vom 12. Dezember 2011 wurden die Forderungen der Klägerin durch die Beklagte zurückgewiesen.

Am 21. Dezember 2011 beantragte die Klägerin durch die Prozessbevollmächtigten der Tatsacheninstanz den Erlass eines Mahnbescheides. Dieser wies eine Forderung in Höhe von EUR 16.972,57 nebst Zinsen und Anwaltskosten auf. Im Mahnantrag wurde der Anspruch mit „Schadensersatz aus Beratungsvertrag, Beteiligung M. Fonds Nr. 37 vom 6.9.96" bezeichnet. Es wurde erklärt, dass der Anspruch von einer Gegenleistung abhänge, diese aber erbracht sei. 132

Der am 11. Januar 2012 erlassene Mahnbescheid wurde am 16. Januar 2012 zugestellt. Nach Widerspruch und Abgabe der Sache an das Prozessgericht forderte die Klägerin in ihrer Anspruchsbegründung Schadenersatz in Höhe von EUR 15.630,42 nebst Zinsen Zug um Zug gegen Übertragung der Rechte und Pflichten an und aus der streitgegenständlichen Beteiligung, Freistellung von sämtlichen aus ihrer Gesellschaftsbeteiligung resultierenden Ansprüchen Dritter, insbesondere bezüglich erhaltener Ausschüttungen, sowie Ersatz vorgerichtlicher Rechtsanwaltskosten. 133

Die Klägerin behauptet, sie sei in Bezug auf die Sicherheit und Werthaltigkeit der Immobilie, die mangelnde Fungibilität, eine mangelnde Plausibilitätsprüfung, das Totalverlustrisiko, die Rechtsform der KG als solche sowie ein mögliches Wiederaufleben der Kommanditistenhaftung nach § 172 Abs. 4 HGB fehlerhaft beraten worden. Auch sei sie weder über die Höhe der Vertriebsprovision von 21%, noch über Rückvergütungen aufgeklärt worden. 134

Die Beklagte hat sich auf die Einrede der Verjährung berufen. 135

2. Hintergrund

Auch vorliegende Entscheidung betreffend einen geschlossenen Immobilienfonds spielt rund um den verjährungsrechtlichen „D-Day" 31.12.2011; anders als von anderen Anlegeranwälten bevorzugt, erfolgte vorliegend nicht etwa die Verjährungshemmung durch Güteverfahren[67], sondern mittels Mahnbescheids. Vorprozessual hatte die Klägerin aber die Übertragung des von ihr gehaltenen Anteils Zug um Zug gegen Zahlung angeboten; die Beklagte war hierauf zwar nicht eingegangen. 136

Wie sollte sich nunmehr der anwaltliche Vertreter der Klägerin bei Beantragung des Mahnbescheides verhalten?[68] Sollte er erklären, dass der Anspruch von einer Gegenleistung nicht abhängig sei? Sollte er erklären, dass diese Gegenleistung zwar geschuldet sei, aber bereits erbracht? Sollte er nur auf sein Anspruchsschreiben verweisen, was das Formular gerade in dieser Form nicht vorsah? 137

3. Problemstellung

Die vorstehend geschilderten Fragestellungen gehen fließend über in die Problemstellung der vorliegenden Sachverhaltskonstellation: Unzählige um den 31. Dezember 2011 herum geltend gemachte Ansprüche waren auf sogenannten großen Schadenersatz gerichtet. Der Anleger möchte sich von einer ihm fehlerhaft anempfohlenen Kapitalanlage vollständig trennen und seinen Einsatz abzüglich erhaltener Ausschüttungen sowie ggf. zzgl. entgangenem Gewinn geltend machen. Während derartige Ansprüche 138

---

[67] → Rn. 112 ff.
[68] Richtigerweise hätte er Klage erheben sollen, siehe die Ratschläge des BGH sub 4. in Richtung eines arbeitsüberlasteten Berufskollegen.

in einer Klageschrift oder einem Güteantrag einer Formulierung in Prosa unterliegen, sodass hier größtmögliche Flexibilität in den Grenzen der durch die jeweilige Verfahrensordnung vorgegebenen Rahmenbedingungen besteht, ist das Mahnverfahren ein streng formalisiertes Formularverfahren, welches keinerlei Räume für individuelle Gestaltung lässt. Die einzige individuelle Komponente ist außergerichtliche Korrespondenz, auf welche selbstverständlich verwiesen werden kann. Dies gilt aber gerade nicht für die Crux der Gegenleistung.

139 Zahlreiche Zweifelsfragen um die Hemmung der Verjährung durch Mahnbescheid zu klären, ist Gegenstand der Entscheidung.

4. Entscheidung

140 Der BGH klärt zunächst in Übereinstimmung mit dem Güteverfahren, dass sich die Verjährungshemmung bei Einreichung eines Mahnbescheids nicht nur auf die im Antrag bzw. im vorgängigen Anspruchsschreiben erwähnten Pflichtverletzungsvorwürfe beschränken. Unabhängig davon, dass die Verjährung in Anlageberatungsfällen materiell-rechtlich selbständig zu beurteilen ist mit der Folge, dass die kenntnisabhängige regelmäßige Verjährungsfrist sich für jeden Beratungsfehler gesondert berechnet, beurteilt sich die Reichweite der Hemmungswirkung nach dem zivilprozessualen Streitgegenstandsbegriff[59]. Es ist also nicht der einzelne materiell-rechtliche Anspruch, sondern das Rechtsschutzbegehren aus dem zur Entscheidung unterbreiteten Lebenssachverhalt entscheidend. In Anlageberatungsfällen folgen sämtliche Pflichtverletzungen eines zu einer Anlageentscheidung führenden Beratungsvorganges demselben Lebenssachverhalt, sodass sie auch vollständig gehemmt sind; jeder einer Anlageentscheidung zugrunde liegende Beratungsfehler ist mithin umfasst, wenn in unverjährter Zeit wegen eines oder mehrerer Beratungsfehler Klage erhoben oder ein Mahn- oder Güteverfahren eingeleitet wird. Voraussetzung ist nur, dass es sich um denselben Lebenssachverhalt handelt. Dies zu beurteilen, ist Sache der Tatsachengerichte.

141 Der BGH befasste sich sodann mit der Frage, ob es der Klägerin nach dem Grundsatz von Treu und Glauben[70] verwehrt ist, sich auf die Hemmung der Verjährung zu berufen.

142 Zwar kommt es für den Eintritt der Hemmungswirkung nicht etwa auf die Zulässigkeit eines gestellten Mahnbescheidsantrages, sondern ausschließlich auf die Wirksamkeit des eigentlichen Mahnbescheides an, der auf den Mahnantrag hin erlassen und zugestellt wurde. Bei hinreichender Individualisierung des geltend gemachten Anspruchs ist dessen Verjährung also auch dann gehemmt, wenn der Mahnantrag selbst an Mängel leidet oder sogar unzulässig gewesen wäre.

143 Eine derart eingetretene Verjährungshemmung kann aber dem Antragsteller nach § 242 BGB wieder genommen werden, wenn der Antrag auf Erlass eines Mahnbescheides eine bewusst wahrheitswidrige Erklärung enthält. Eine solche Erklärung könnte insbesondere darin zu sehen sein, dass vorliegend behauptet wurde, die Gegenleistung sei bereits erbracht.

144 Wenn nämlich die Geltendmachung des Anspruchs von einer noch nicht erbrachten Gegenleistung abhängig ist, ist das Mahnverfahren nicht statthaft; dies ist der Grund, dass in den Formularen die Erklärung enthalten ist, wonach der Anspruch entweder

---

[69] § 322 Abs. 1 ZPO: Ebenso, wie die materielle Rechtskraft.
[70] § 242 BGB.

§ 14. Die Verjährung

nicht von einer Gegenleistung abhängt oder die Gegenleistung eben bereits erbracht ist. Dies gilt auch dann, wenn sich der Antragsgegner hinsichtlich der Gegenleistung in Annahmeverzug befindet.

Ein solcher Fall ist nicht nur das Zurückbehaltungsrecht[71], sondern sämtliche Ansprüche, die nur Zug um Zug zu erfüllen sind. Hierunter fällt also auch der Anspruch auf sogenannten „großen Schadenersatz", wenn nämlich Schadenersatz nur Zug um Zug gegen Herausgabe eines vom Geschädigten durch das schädigende Ereignis adäquat und kausal erlangten Vorteils beansprucht werden darf. Nach dem historischen Willen des Gesetzgebers sind sämtliche Rechtsverhältnisse, bei denen Zug um Zug zu leisten ist, dem Mahnverfahren entzogen[72]. Sodann ist folgender Zwischenschritt zu gehen: Nach den Grundsätzen der Vorteilsausgleichung dürften dem Geschädigten nicht die Vorteile verbleiben, die ihm durch das schädigende Ereignis zugeflossen sind. Hierzu bedarf es auch gar keines besonderen Antrags oder einer Einrede des Schädigers; der Schadenersatzanspruch ist vielmehr von vorneherein nur mit dieser Einschränkung begründet. In diesen Fällen ist also die Verknüpfung des Schadens mit dem Vorteil noch viel stärker, als in denjenigen Fällen, in denen sich der Schuldner erst noch auf ein Zurückbehaltungsrecht berufen muss. Wenn demnach § 688 Abs. 2 Nr. 2 ZPO bewusst umgangen wird, indem entgegen § 690 Abs. 1 Nr. 4 ZPO bewusst falsche Angaben gemacht werden, ist dies ein Missbrauch des Mahnverfahrens, der es dem Antragsteller verwehrt, sich auf die Hemmung der Verjährung zu berufen. Auf diesem Wege würde nämlich der Antragsteller, dem der Gesetzgeber eine Erleichterung auf dem Weg zu einem vollstreckungsfähigen Titel nur gegen eine klare Festlegung zu den Voraussetzungen des Mahnverfahrens gewährt, die Sicherungen überspielen, die das Mahnverfahren als Kompensation für die lediglich begrenzte Schlüssigkeitsprüfung zu Gunsten des Antragstellers vorsieht.

145

Vorliegend war die Übertragung der Beteiligung am streitgegenständlichen Fonds auf die Beklagte noch nicht erbracht worden. Dies war der Klägerin auch bewusst, da bereits im Anspruchsschreiben vom 4. November 2011 die Zug-um-Zug-Übertragung angeboten worden war. In den Tatsacheninstanzen wurde zudem offenbar, dass das Mahnverfahren gezielt gewählt wurde, um angesichts der Vielzahl der Mandate des auf Klägerseite tätigen Anlegeranwalts kostensparend und ohne größeren Aufwand noch rechtzeitig vor dem Ablauf für alle Altfälle geltenden kenntnisunabhängigen Verjährungsfrist am 2. Januar 2012 (Montag) eine Verjährungshemmung herbeizuführen. Den Anlegeranwälten war zudem bewusst, dass seitens der Klägerin die Verpflichtung bestand, die erworbene Beteiligung Zug um Zug auf die Beklagte zu übertragen. Mithin wäre es zur Herbeiführung der Verjährungshemmung auch möglich gewesen, eine kurze, einfache, ggf. sogar unschlüssige Klage zu erheben. Ein kleiner Schadensersatz stand hier zu keiner Zeit im Raum; abgesehen davon ist es dem Gläubiger nach § 242 BGB auch verwehrt, sich (wenigstens) auf eine Hemmung der Verjährung in Höhe des „kleinen Schadenersatzes" zu berufen, wenn er schon im Mahnverfahren in Kenntnis der genannten Vorgabe bewusst falsche Angaben gemacht hat; hierzu zählt insbesondere, wenn er – obwohl zum Vorteilsausgleich noch verpflichtet – die von ihm geforderte Leistung in Höhe des großen Schadenersatzes als nicht von einer Gegenleistung abhängig positioniert; selbiges gilt für die Erklärung, die Gegenleistung sei bereits erbracht.

146

---

[71] §§ 273, 320 BGB.
[72] Begründung des Entwurfs zu § 581 C.P.O., S. 380 in Hahn, Die gesamten Materialien zu den Reichs-Justizgesetzen, 2. Band, 1. Abteilung, 1880, S. 415.

5. Fazit

147   Der III. Zivilsenat spricht vorliegend mit ungewohnt deutlichen Worten die Praxis der Anlegeranwälte insbesondere um den verjährungsrechtlichen „D-Day" herum an und gibt der Beklagten das verjährungsrechtliche Schwert (wieder) in die Hand. Völlig zu Recht brandmarkt der BGH die Taktik, sich nicht etwa schon in einem Rechtsstreit festlegen zu müssen, sondern lediglich den einfachen Weg der Anspruchsverfolgung zu gehen. Der III. Senat lässt vorliegend auch keinerlei Raum mehr für eine etwa abweichende Interpretation seiner Rechtsprechung, Zweifelsfälle oder Ausflüchte. Im Mahnverfahren wäre mithin lediglich statthaft, den sog. „kleinen" Schadenersatz geltend zu machen, also die Kapitalbeteiligung zu behalten und lediglich den Minderwert zu verlangen. In diesem Fall wäre auch möglich, zunächst einmal den kleinen Schadenersatz zu beantragen, sodann auf den großen überzugehen und wieder auf den kleinen zu wechseln[73].

IX. Ausblick

148   Die Hoffnung, die mehr als komplexe Rechtslage im Hinblick auf die Verjährung kapitalanlagerechtlicher Sachverhalte werde sich mit Ablauf des 31. Dezember 2011 deutlich entspannen, da jedenfalls zu diesem Zeitpunkt die nach neuem Verjährungsrecht geltende Maximalfrist für Altsachverhalte abgelaufen ist, ist eine trügerische. So zeigen die dargestellten Entwicklungen in der Rechtsprechung, dass die gesetzgeberische Intention, Altsachverhalte im Kapitalanlagerecht mittels Einführung von kürzeren Verjährungsfristen in überschaubaren Zeiträumen ad acta zu legen, von Anspruchstellern mit vielfältigen Argumenten erfolgreich unterlaufen wird.

149   Selbst wenn man aber der Meinung sein sollte, dass die Gerichte künftig schon aus Selbstschutz dahin tendieren werden, gesetzgeberische Verjährungsfristen ernst zu nehmen[74], ist es das geltende Verjährungsrecht, welches im Hinblick auf eine dortige Sonderbestimmung einerseits, das kundenorientierte Verhalten der Beklagtenseite andererseits dafür sorgen wird, dass auch lange nach dem 31. Dezember 2011 komplexe verjährungsrechtliche Rechtsfragen in Bezug auf Altsachverhalte zu lösen sein werden. Zu denken ist zum einen an § 204 I Ziff. 4 BGB: Die massenhafte Einreichung von Tausenden von Güteanträgen bei Gütestellen und die damit einhergehende Überlastung führte zu einer Zustellung häufig erst in der zweiten Jahreshälfte 2012 bzw. in 2013.

150   Zu denken ist in diesem Kontext des Weiteren an die Vorschrift des § 203 BGB, wonach die Verjährung für den Fall des Schwebens von Verhandlungen über den Anspruch oder die den Anspruch begründenden Umstände so lange gehemmt ist, bis der eine oder andere Teil die Fortsetzung der Verhandlungen verweigert; frühestens tritt die Verjährung drei Monate nach dem Ende der Hemmung ein.

---

[73] *Grüneberg* BKR 2015, 485. *Grüneberg* verweist (S. 489), auch auf die (so wörtlich) Poesie des XI. Senats, wenn dieser dem Kläger den Übergang vom verjährten „großen" auf den „kleinen" Schadenersatz im laufenden Rechtsstreit mit der Begründung verweigert, dem Anleger dürften nicht die Früchte seines Tuns gleichsam risikolos in dem Umfang erhalten bleiben, der einer redlichen Vorgehensweise entspräche. BGH Urt. v. 23.6.2015 – XI ZR 536/14.

[74] Da anderenfalls die Flut an kapitalanlagerechtlichen Klagen von den Landgerichten nicht mehr zu bewältigen sein würde.

§ 14. Die Verjährung

An dieser Stelle muss man den Blick wiederum auf die – nicht ausschließlich auf das **151** Kapitalanlagerecht zugeschnittene – Rechtsprechung richten, welche in der Tendenz äußerst gläubigerfreundlich ist. Verhandlungen im Sinne des BGB sind nicht nur dann anzunehmen, wenn – was bei wirtschaftlicher Betrachtungsweise der Formulierung am nächsten käme – zwischen den Parteien finanzielle Angebote ausgetauscht werden, die auf eine einvernehmliche vorprozessuale ökonomische Beendung einer ansonsten unvermeidlich ins Gerichtsverfahren führenden streitigen Auseinandersetzung abzielen. Verhandlungen in diesem Sinne werden vielmehr von der Rechtsprechung bereits dann angenommen, wenn der Gläubiger in Folge der Reaktion der Gegenseite berechtigterweise annehmen darf, der Gegner lasse sich auch nur auf Erörterungen über die Berechtigung des Anspruchs ein. Dies kann schon dadurch geschehen sein, dass eine Bank dem Anleger ihren Standpunkt darlegt, der Anspruch bestünde nicht oder sei verjährt[75].

Führt man sich nunmehr die kundenfreundlichen Anschreiben vor Augen, welche in **152** zahlloser Menge anlässlich der Finanzkrise der Jahre 2007 bis 2009 an unzufriedene Kunden versandt wurden, hat es erhebliche verjährungsrechtliche Auswirkungen, wenn dort im Interesse der Kundenzufriedenheit formularmäßig Verständnis für die Position des Kunden, Erörterungsbereitschaft sowie Aufklärungsarbeit „im Hause" kommuniziert werden. Es mag eine derartige Reaktion auf Reklamationen unzufriedener Kunden im Gesamtunternehmensinteresse auch durchaus zweckmäßig gewesen sein und in betriebswirtschaftlicher Hinsicht dazu beitragen, dass eine große Zahl der Kunden ihre Vertragsbeziehung zur betreffenden Ansprechpartnerin fortsetzte, ja sogar nach Erläuterung davon absah, vermeintliche Ansprüche gerichtlich geltend zu machen.

Andererseits muss in verjährungsrechtlicher Hinsicht der eindeutigen Tatsache ins **153** Auge gesehen werden, dass die Rechtsprechung Verhandlungen im Sinne von § 203 BGB nur dann in Abrede stellt, wenn der vermeintliche Schuldner sofort und unzweideutig erkennbar Verhandlungen ablehnt[76].

Mit anderen Worten: Gerade die anlässlich der Finanzkrise an den Tag getretene Bereitschaft, die Sorgen und Nöte des Kunden ernst zu nehmen und diesen im Hinblick **154** auf dessen Enttäuschung über die Entwicklung seiner Kapitalanlage mit weitergehenden Informationen zu versorgen, wird in verjährungsrechtlicher Hinsicht dazu führen, dass Ansprüche aus Altsachverhalten auch weit über den 31. Dezember 2011 hinaus vor die Gerichte getragen werden; diese werden sich mit den Klagen inhaltlich befassen müssen und die Angelegenheiten nicht mit dem verjährungsrechtlichen Mantel des Schweigens bedecken können.

---

[75] Siehe zB BGH NJW 1997, 3447.
[76] Siehe zuletzt BGH NJW 2007, 65, 587.

§ 15. Der Anlegerprozess

Literatur:
Tilp, Erfahrungen mit dem reformierten KapMuG, Schriftreihe der bankrechtlichen Vereinigung, Band 36, 2015, 97 ff.

I. Einführung

Das aus dem Fußball bekannte Zitat „Die Wahrheit liegt auf dem Platz"[1] kann im Bereich der Haftung bei Kapitalanlagen sinngemäß lauten: Alle theoretischen Antworten auf gestellte Haftungsfragen müssen dem zivilprozessualen „Stresstest" vor Gericht Stand halten. Dies führt zu folgenden Überlegungen: 1

1. KapMuG und Massenklagen

Wer sich – gleichgültig auf welcher Seite des Verfahrens – mit der Bearbeitung von Anlegerreklamationen im drei- oder vierstelligen Bereich der vor Gericht zu verhandelnden Einzelklagen befasst, weiß, wie schnell die deutsche ZPO Anwaltskanzleien, vor allem aber Landgerichts-Geschäftsstellen, aber auch staatlich anerkannte Gütestellen an ihre Grenzen bringt. 2

Gerade im Bereich der Geltendmachung von Haftungsansprüchen bei geschlossenen Beteiligungen ist in Anbetracht des üblicherweise voluminösen Umfangs der Schriftsätze, aber auch der Anlagen[2], eine Papierflut zu bewältigen, welche heftiges Mitleid mit dem diesbezüglich abzuholzenden Regenwald auslöst. Wenn sich Prozessteilnehmer noch damit behelfen können, mittels eines elektronischen Datenschranks die Menge an Papier und den für Aktenschränke benötigten realen Raum zu reduzieren, gelingt dies den Geschäftsstellen der Landgerichte nicht. Zustellungen auf Europaletten sind hier der Regelfall, wobei sehr häufig Anlegeranwälte die Presseöffentlichkeit nutzen, um hier ihr „Werk" medienwirksam auszuschlachten[3]. 3

Der Gesetzgeber wollte diesbezüglich mittels des KapMuG gegensteuern und hier eine Entlastung der Landgerichte schaffen. Dass dies tatsächlich und rechtlich nicht gelang, wird nachfolgend dargestellt. 4

Dass Gütestellen gerade zum 31. Dezember 2011[4] mit Papiermassen durch Anlegeranwälte überschüttet wurden, was dazu führte, dass Zustellungen dieser Güteanträge erst in der zweiten Jahreshälfte 2012, zum Teil sogar erst in 2013 stattfinden konnten, 5

---

[1] Otto Rehagel, www.zitate-online.de.
[2] Prospektmaterial!
[3] Siehe zum Beispiel die Fotos in den Telekom-Verfahren; siehe auch die Praxis eines Anlegeranwalts, das Landgericht München I zum Jahreswechsel 2010, gefilmt vom Fernsehen, mit einem Lastwagen an Klagen aufzusuchen.
[4] Ende der 10-Jahres-Maximal-Frist für die vormals 30-jährige Verjährungsfrist nach altem Recht, → § 14 Rn. 6.

ist ein deutschlandweit zu beobachtendes Phänomen. Ob diese Praxis Auswirkungen auf die beabsichtigte Verjährungshemmung haben wird, bleibt abzuwarten[5].

2. Der Zeugenbeweis

6   Der BGH hat an zahllosen Stellen[6] zum Ausdruck gebracht, dass er der persönlichen Beratungssituation zwischen Anleger und Mitarbeiter von Vertriebsunternehmen einen besonders gewichtigen Stellenwert zumisst. In der zivilprozessualen Praxis führt dies dazu, dass vor Gericht Sachverhalte im Wege der Parteianhörung, der Zeugeneinvernahme, hier ggf. auch der Parteieinvernahme aufgebohrt werden müssen, welche sehr häufig mehrere Jahre, unter Umständen Jahrzehnte zurückliegen. Gerade in Anbetracht der Arbeitsbelastung eines „normalen" Vertriebsmitarbeiters insbesondere zu „Stoßzeiten" muss es verwundern, wenn konkrete Erinnerungen an Gesprächsinhalte, ja sogar genaue Formulierungen zu Protokoll gegeben werden. Je offener hier sowohl Anleger, wie Bankmitarbeiter mit Erinnerungslücken umgehen, umso glaubwürdiger wird dies im Zeugenstand seitens der Entscheider vor Gericht aufgenommen werden. Diesbezüglich muss aber auch ein Appell an die Gerichte erhoben werden, Schilderungen eines „üblichen Beratungsgespräches" für die Darlegung des konkret beim jeweiligen Kläger sich abspielenden Sachverhalts ausreichen zu lassen. Gerade wenn – wie häufig – die Erinnerung nicht an besonders herausragenden bzw. einzigartigen Merkmalen festgemacht werden kann, kann der Zeuge nicht mehr tun, als sein übliches Geschäfts- und Gesprächsgebaren zu Protokoll zu geben. Ob und wie hier künftig durch das Beratungsprotokoll Fortschritte in der Beweisaufnahme erzielt werden können, bleibt abzuwarten.

II. Der Gerichtsstandsbestimmungsantrag

BGH Beschluss vom 30. Juli 2013 – X ARZ 320/13

1. Sachverhalt

7   Die Antragstellerin will mehrere Antragsgegnerinnen, die ihren allgemeinen Gerichtsstand je in unterschiedlichen Gerichtsbezirken haben, gemeinschaftlich auf Ersatz eines Schadens in Anspruch nehmen, der ihr durch die Beteiligung an einem Filmfonds entstanden sein soll.

8   Für die Antragsgegnerin zu 1) hatte ein Anlageberater ein Gespräch in der Privatwohnung der Antragstellerin geführt, in welchem – so die Antragstellerin – die Beratung fehlerhaft gewesen sei; insbesondere hat der Anlageberater das Risiko des Totalverlustes verschwiegen.

9   Die Antragsgegnerin zu 2) ist die Gründungskommanditistin des Fonds; auch diese müsse sich die fehlerhaften Aufklärungshinweise des Anlageberaters zurechnen lassen, so die Antragstellerin; daneben sei sie als Prospektverantwortliche für den die Risiken des Fonds verharmlosenden Verkaufsprospekt verantwortlich. Zwar war im Verkaufsprospekt das Risiko eines Totalverlustes beschrieben worden; der Prospekt war dem Anleger aber erst nach Abgabe der Beitrittserklärung übersandt worden.

---

[5] Gegen eine Hemmung zB *Wagner* BKR 2013, 108.
[6] Zum Beispiel → § 14 Rn. 107, → § 5 Rn. 79 und → § 11 Rn. 36.

2. Hintergrund

Eine Vielzahl von Haftungsadressaten kann für den mit Kapitalanlagesachverhalten befassten Prozessanwalt ein Fluch, aber auch ein Segen sein. Die Auswahl des oder der „richtigen Haftungsadressaten" ist ureigenste Aufgabe des Anlegeranwalts, welcher die Bandbreite der in Rede stehenden Möglichkeiten abzuprüfen und – ähnlich einem Kapitalinvestment – Chancen und Risiken abzuwägen hat, um nicht selbst in eine Haftungssituation zu gelangen. Da neben rechtlichen Aspekten auch wirtschaftliche Erwägungen eine Rolle spielen (insbesondere dann, wenn jeder Haftungsadressat eigene rechtsanwaltliche Vertreter zum Zwecke der Anspruchsabwehr beauftragt), kann diese Entscheidung gar nicht sorgfältig genug vorbereitet und getroffen werden, auch wenn sich häufig der Eindruck aufdrängt, dass Anlegeranwälte lieber einen Haftungsadressaten zu viel, als einen zu wenig in Anspruch nehmen. 10

Da zudem gerade mittels Behauptung deliktischer Schädigungen häufig Berater selbst als Haftungssubjekt entdeckt werden, um diese jedenfalls insoweit im Rechtstreit als Zeugen auszuschalten, ist die zivilprozessuale Konstellation häufig komplex, zumal wenn mittels Streitverkündungen weitere, bislang nicht am Prozess beteiligte Parteien in den Rechtsstreit einbezogen werden[7]. 11

Man darf aber auch die haftungsrechtliche Chance nicht aus den Augen lassen, welche dadurch entsteht, dass im Falle mehrerer Haftungsadressaten bereits ein Gerichtsstandsbestimmungsantrag verjährungshemmend wirkt. Es kann dies sogar dann der Fall sein, wenn sich der Anlegeranwalt nach Bestimmung eines zuständigen Gerichts entscheidet, die Klage gar nicht gegen sämtliche vormals ins Auge gefassten Haftungsadressaten einzureichen. Dieser prozessuale Kunstgriff ist vermehrt zu beobachten. 12

3. Problemstellung

Sämtliche Verfahrensbeteiligten waren davon ausgegangen, dass die Voraussetzungen für die Bestimmung eines zuständigen Gerichts gemäß § 36 Abs. 1 Nr. 3 ZPO vorlagen; sie begründeten dies damit, dass sämtliche Antragsgegnerinnen ihren allgemeinen Gerichtsstand in unterschiedlichen Gerichtsbezirken haben und ein gemeinsamer besonderer Gerichtsstand nicht besteht. 13

Als solcher besonderer Gerichtsstand könnte vorliegend aber § 32 b ZPO sein, welcher seit dem 1. Dezember 2012 eine neue Fassung erhielt. 14

Vom BGH zu klären war einerseits, ob die Neufassung des § 32 b Abs. 1 ZPO zwingend voraussetzt, dass zu den Beklagten auch der Emittent, der Anbieter oder die Zielgesellschaft selbst gehört, oder ob dies – wie vorliegend – auch nach der Neufassung nicht erforderlich ist. 15

Des Weiteren hatte der BGH die Frage zu entscheiden, ob der vorliegend in Rede stehende Vorwurf in inhaltlicher Hinsicht die Anwendung des § 32 b ZPO rechtfertigt, oder nicht. 16

4. Entscheidung

Der BGH hält zunächst fest, dass auch die Neufassung des Gesetzeswortlauts mit Wirkung ab dem 1. Dezember 2012 nicht dazu führt, dass zu den Beklagten auch Emittent, Anbieter oder Zielgesellschaft zählen. Es genüge vielmehr – so der BGH –, 17

---

[7] Eine Vorsitzende einer Bankkammer des Landgerichts München I äußerte diesbezüglich einmal ihren Eindruck, sie würde sich in Anbetracht der Vielzahl der Regresssituationen in einem privaten Bauprozess befinden.

dass ein potentiell Beklagter – wie vorliegend die Antragsgegnerin zu 2) – auch als Verantwortliche für vom Anleger behauptete irreführende Angaben im Verkaufsprospekt in Anspruch genommen wird.

18 Zwar ist die Antragsgegnerin zu 2) als Gründungskommanditistin weder Emittent der Vermögensanlage, da sie diese nicht erstmals auf den Markt gebracht und öffentlich zum Erwerb angeboten habe, noch Anbieter, da dies derjenige sei, der für das öffentliche Angebot von Vermögensanlagen verantwortlich ist. Emittent und Anbieter sind nicht zwingend identisch, da bei Übernahmekonsortien oder Vertriebsnetzorganisationen ein Auseinanderfallen dieser Funktionen stattfinden kann, so der BGH.

19 Die Antragsgegnerin zu 2) als schlichte Gründungsgesellschafterin fällt hierunter aber nicht.

20 Der BGH wandte sich sodann dem Sinn und Zweck des § 32 b Abs. 1 ZPO zu: Dieser soll verhindern, dass die Zuständigkeit für die Beurteilung einer bestimmten öffentlichen Kapitalmarktinformation aufgrund verschiedener Gerichtsstände zersplittert wird. Nach seiner Rechtsprechung haben für den Inhalt des Prospekts insbesondere diejenigen Personen einzustehen, die für die Geschicke des Unternehmens und damit für die Herausgabe des Prospekts verantwortlich sind, nämlich Initiatoren, Gründer und Gestalter einschließlich sogenannter Hintermänner sowie der Garanten[8]. Für die Begründung eines Gerichtsstands gemäß § 32 b Abs. 1 ZPO ist ausreichend, wenn zumindest einer der Beklagten wegen falscher, irreführender oder unterlassener öffentlicher Kapitalmarktinformation in Anspruch genommen wird, so hier die Antragsgegnerin zu 2).

21 Hieran ändert auch der entgegenstehende Wortlaut von § 32 b Abs. 1 Halbs. 2 ZPO in der Fassung vom 1. Dezember 2012 nichts, auch wenn es dort heißt, dass der besondere Gerichtsstand nur begründet ist, wenn die Klage auch gegen den Emittenten, den Anbieter oder die Zielgesellschaft gerichtet ist. Aus der Entstehungsgeschichte und aus dem Sinn und Zweck der Vorschrift ist diese neu in den Gesetzestext eingefügte Voraussetzung nämlich enger zu interpretieren, als dies ihr Wortlaut vorzugeben scheint.

22 Die Neuregelung diente dem Zweck, Klagen gegen Anlageberater und -vermittler in den Anwendungsbereich dieser Vorschrift einzubeziehen, nicht aber eine Zuständigkeit nur noch dann zu bejahen, wenn der Emittent, der Anbieter oder die Zielgesellschaft zu den Beklagten gehören. Der BGH gesteht zu, dass es der Gesetzgeber in der Hand gehabt hätte, die gesetzliche Bestimmung klarer zu formulieren. Er steht aber fest auf dem Standpunkt, dass diese Vorschrift ihrem Wortlaut nach nur so auszulegen ist, wie vorstehend erwähnt.

23 Nach diesen ausführlichen Begründungserwägungen mit dem Ziel, die Bedeutung des Wortlauts zurückzudrängen, befasst sich der BGH mit der Frage, ob denn vorliegend die beabsichtigte Klage auch im Hinblick auf die Antragsgegnerin zu 1) auf die Verwendung einer öffentlichen Kapitalmarktinformation gestützt wird. Der BGH betont nochmals, dass nach § 32 b Abs. 1 Nr. 2 ZPO in der seit 1. Dezember 2012 geltenden Fassung der besondere Gerichtsstand erstmals auch für Klagen gegen Anlageberater oder -vermittler wegen Verwendung der Kapitalmarktinformation oder Unterlassung der gebotenen Aufklärung darüber, dass die Information falsch oder irreführend ist, gegeben ist. Auch nach der Neuregelung ist der Anwendungsbereich dieser Vorschrift im Verhältnis zur Antragsgegnerin zu 1) (Anlageberaterin) jedoch nur dann eröffnet, wenn der in Rede stehende Vorwurf einen ausreichenden Bezug zu einer öffentlichen Kapitalmarktinformation aufweist.

---

[8] Siehe § 7 Die Haftungsadressaten für Prospektfehler im engeren Sinne.

Der BGH befasst sich sodann näher mit dem beabsichtigten Klagevorbringen. Aus dem vorgelegten Entwurf der Klageschrift ergibt sich nicht – so der BGH –, dass der für die Antragsgegnerin zu 1) tätige Anlageberater bei dem Gespräch mit dem Anleger die von diesem als zumindest irreführend angesehenen Prospektangaben überhaupt verwendet oder eine diesbezügliche Aufklärungspflicht verletzt hat. Der Vorwurf lautet vielmehr – so der BGH –, der Anlageberater habe das im Prospekt beschriebene Risiko eines Totalverlustes verschwiegen und den Prospekt erst nach Abgabe der Beitrittserklärung übersandt. In dieser Sachverhaltskonstellation liegt im Hinblick auf den Anlageberater aber gerade keine Verwendung von öffentlichen Kapitalmarktinformationen in diesem Sinne vor. Der BGH bestimmte somit ein zuständiges Gericht im Sinne von § 36 Abs. 1 Nr. 3 ZPO und entschied sich hier für den gemeinsamen allgemeinen Gerichtsstand sowohl der Antragstellerin, als auch des für die Antragsgegnerin zu 1) tätig gewordenen Anlageberaters. 24

5. Fazit

Die Fülle an Begründungserwägungen, welche der Bundesgerichtshof zur Auslegung der Neufassung von § 32 b ZPO heranzieht, überrascht nicht. So stellt sich der BGH in seiner Sichtweise hier eindeutig gegen den ausdrücklichen Wortlaut der Gesetzesvorschrift, ja er verkehrt diesen in sein Gegenteil. Hier von einer „engen Interpretation" zu sprechen, zaubert ein Lächeln auf das Gesicht des Betrachters. 25

In der Sache konsequent ist demgegenüber der weitere Aspekt, wonach ein Prospekt, welcher dem Anlageberatungsgespräch nicht zugrunde lag, nicht als taugliches Mittel für die Begründung des besonderen Gerichtsstandes des § 32 b Abs. 1 ZPO im Verhältnis zum Anlageberater oder -vermittler dienen kann. 26

Hieran ändert auch die Tatsache nichts, dass es in Einzelfällen ausreichen kann, wenn entsprechend dem Vertriebskonzept der Anlagegesellschaft der Prospekt von den Anlagevermittlern als alleine Arbeitsgrundlage für ihre Beratungsgespräche benutzt wird und diese entsprechend geschult wurden[9]. Wenn – wie hier – der Prospekt erst nach Zeichnung übergeben wurde, konnte dieser auf die Anlageentscheidung des Antragstellers keinen Einfluss haben, mithin nicht als öffentliche Kapitalmarktinformation in diesem Sinne dienen. Dem trägt der BGH auch völlig zu Recht dadurch Rechnung, dass er sich bei Bestimmung des zuständigen Gerichts von Wohnsitzgesichtspunkten leiten lässt und diesbezüglich den Sitz der Emittentin außer Acht lässt. 27

III. Der KapMuG-Antrag

BGH Beschluss vom 11. September 2012 – XI ZB 32/11

1. Sachverhalt

Der Kläger verlangt von der beklagten Defeasance-Bank Schadenersatz im Zusammenhang mit einer von ihm am 23. August 2004 gezeichneten Beteiligung an einem VIP 4-Medienfonds.[10] 28

---

[9] → § 11 Rn. 36.
[10] Siehe zu sonstigen Entscheidungen betreffend Film & Entertainment VIP Medienfonds 3 GmbH & Co. KG und Film & Entertainment VIP Medienfonds 4 GmbH & Co. KG das Sachverzeichnis.

III. Der KapMuG-Antrag

29 Er ist der Rechtsauffassung, dass die beklagte Bank zum einen Prospekthaftende im engeren Sinne sei und der Verkaufsprospekt aus verschiedenen Gründen inhaltlich falsch sei. Zum anderen ist er der Rechtsauffassung, dass die beklagte Bank als das seine Beteiligung zum Teil fremdfinanzierende Institut Aufklärungspflichten bei Eingehung des Darlehensvertrages verletzt habe.

30 Das Anlagemodell des Fonds sah eine obligatorische Fremdfinanzierung jedes Anlegers in Höhe von 45,5 % des Beteiligungsbetrages durch die Beklagte vor.

31 Das Finanzamt hatte dem Fonds die gewährte steuerliche Anerkennung als Abschreibungsmodell entzogen; der Fondsinitiator wurde wegen der unzutreffenden steuerlichen Gestaltung des Fonds rechtskräftig zu einer mehrjährigen Haftstrafe verurteilt.

32 Beim Oberlandesgericht München ist unter dem Aktenzeichen Kap 1/07 ein Verfahren nach dem Kapitalanleger-Musterverfahrensgesetz durchgeführt worden, gegen dessen Musterentscheid vom 30. Dezember 2011 im Zeitpunkt der Entscheidung des BGH ein Rechtsbeschwerdeverfahren anhängig war. Die Beklagte ist dort ebenfalls Musterbeklagte; in jenem Verfahren ist zu klären, ob der Prospekt fehlerhaft ist und die Beklagte hierfür Prospektverantwortlichkeit trifft.

33 Das Landgericht hatte den vorliegenden Rechtsstreit mit Beschluss vom 19. November 2009 nach § 7 KapMuG[11] ausgesetzt. Hiergegen hatten die Parteien keine Rechtsbehelfe eingelegt.

34 Mit Schriftsatz vom 22. August 2011 hat der Kläger die Fortsetzung des Verfahrens beantragt, weil der Rechtsstreit entscheidungsreif sei und eine Aussetzung des Verfahrens nach § 7 KapMuG nicht hätte erfolgen dürfen.

2. Hintergrund

35 Die Wellen von Anlegerreklamationen, mittels welcher Anlegeranwälte vorgeblich gleichgerichtete Sachverhalte vor die deutschen Zivilgerichte bringen, hat ihren Ursprung in der Praxis der Vereinigten Staaten von Amerika. Dort sorgt allerdings ein ausgeklügeltes System der sogenannten „class action" für eine sachgerechte Abarbeitung sowohl von Tatsachen- wie von Rechtsfragen für eine Vielzahl von Geschädigten einer betroffenen Gruppe und trägt zum einen zu einer Entlastung der Gerichte, zum anderen zur Vereinheitlichung der diesbezüglichen Rechtsprechung bei.

36 Der deutsche Gesetzgeber hatte den Versuch unternommen, mit dem KapMuG ähnliches auch vor deutschen Zivilgerichten zu schaffen. Die Anzahl der tatsächlich in die Wege geleiteten KapMuG-Verfahren ist bislang aber enttäuschend; hieran hat auch die Neuregelung des KapMuG nichts geändert.

37 Wie gerade die vorliegend zu besprechende Sachverhaltskonstellation zeigt, sind es überlange Verfahrensdauern einerseits, die mangelnde Berücksichtigung individueller Besonderheiten auf Kläger- und Beklagtenseite andererseits, welche dem KapMuG jedenfalls bislang den Erfolg versagten.

3. Problemstellung

38 Wesentliche Weichenstellung des KapMuG ist die Aussetzung sonstiger Verfahren nach § 7 Abs. 1[12], welche zu einer Vereinheitlichung der in Rede stehenden Rechtspre-

---

[11] Siehe seit dem 1.11.2012: § 8 KapMuG.
[12] Heute § 8 KapMuG.

chung eine Aussetzung der Verfahren bis zum rechtskräftigen Entscheid über die zugrundeliegenden prospekthaftungsrechtlichen Fragen vorsieht.

Wie allein die Bezugnahme der in Rede stehenden Aktenzeichen durch das Gericht in vorliegender Konstellation zeigt, vergingen seit Beginn des KapMuG-Verfahrens vor dem Oberlandesgericht München bis zum Erlass des Musterbescheides nahezu fünf Jahre; über das beim Bundesgerichtshof anhängige Rechtsbeschwerdeverfahren ist bis zum Zeitpunkt der Drucklegung dieses Buches noch nicht entschieden worden. 39

Dass den Beteiligten in den Tatsacheninstanzen nunmehr der „Geduldsfaden" riss, ist nicht verwunderlich. Allerdings war gegen den Beschluss nach § 7 KapMuG ein Rechtsmittel nicht eingelegt worden. Gab das KapMuG den Parteien die Gelegenheit, selbst bei Versäumung eines gesetzlich vorgesehenen Rechtsmittels jederzeit die Weiterführung des Rechtsstreits zu verlangen? 40

4. Entscheidung

Der BGH ist der Rechtsauffassung, dass das Landgericht aufgrund des Antrages des Klägers über eine Fortsetzung des Verfahrens nach pflichtgemäßem Ermessen hätte befinden müssen und daran nicht durch die Rechtskraft des Aussetzungsbeschlusses gehindert war. Grundsätzlich gilt die durch die Rechtskraft des Aussetzungsbeschlusses eingetretene Unanfechtbarkeit nur für den Aussetzungsbeschluss selbst, nicht aber für eine Entscheidung des Landgerichts, mit der der Aussetzungsbeschluss aufgehoben wird. 41

Dies folge aus §§ 150, 250 ZPO, welche die Aufnahme eines ausgesetzten Verfahrens grundsätzlich zulassen und die Entscheidung darüber in das Ermessen des Gerichts stellen. Hierdurch wird auch nicht die Frist des § 569 Abs. 1 ZPO umgangen. Im Gegenteil: Der BGH ist der Auffassung, dass das verfassungsrechtliche Gebot effektiven Rechtsschutzes die Aufhebung jedenfalls eines entgegen § 7 Abs. 1 KapMuG erlassenen Aussetzungsbeschlusses verlange. Wenn – wie hier – Gegenstand des Prozesses auch die Verletzung darlehensvertraglicher Pflichten ist, sodass es auf den Ausgang des Musterverfahrens in diesem Prozess unter Umständen gar nicht ankommt, ist es einem Kläger nicht zuzumuten, auf das Ergebnis des Musterverfahrens zu warten. 42

Der BGH verweist darauf, dass dann, wenn – wie hier – bis zum Abschluss des Musterverfahrens mehrere Jahre vergehen, der Kläger in seinem Prozess erhebliche Schwierigkeiten haben kann, eine Pflichtverletzung der Bank im Zusammenhang mit der Darlehensgewährung zu beweisen, so wenn beispielsweise Zeugen verstorben sind oder diese sich wegen Zeitablaufs nicht mehr genau an den Inhalt des Beratungsgesprächs erinnern können. 43

Da vorliegend § 7 KapMuG insoweit keine Anwendung findet, als Ansprüche aus vorvertraglicher Aufklärungspflichtverletzung der Beklagten aus dem Darlehensverhältnis nicht Gegenstand des KapMuG-Verfahrens sind, ist eine Fortsetzung des Verfahrens geboten. 44

5. Fazit

Der BGH bringt in diesen Beschluss die Schwächen des KapMuG deutlich auf den Punkt: 45

Die überlange Verfahrensdauer einerseits, die nur beschränkte Berücksichtigung relevanter Haftungsfragen im Verhältnis zwischen Kunde und Bank andererseits führen zur Unzumutbarkeit des Abwartens auf das Ergebnis des Musterverfahrens im Verhältnis der Prozessparteien. Dies gilt sowohl für die Kläger-, wie für die Beklagtenseite. 46

47 Wenn dem aber so ist, besteht weder Anreiz, Rechtsfragen in einem Musterentscheid klären zu lassen, noch vermögen Prozessvertreter ihren Mandanten guten Gewissens zur Durchführung eines derartigen Verfahrens zu raten.

48 Wenn dennoch in einzelnen Großverfahren vor deutschen Gerichten derartige Musterentscheide ergangen sind, wird dies aller Voraussicht nach bei unveränderter gesetzlicher Grundlage auch in Zukunft die Ausnahme bleiben.

IV. Darlegungslast im Delikt

BGH Urteil vom 4. Dezember 2012 – VI ZR 378/11

1. Sachverhalt

49 Der Beklagte, ein Wirtschaftsprüfer, wird von der Klägerin wegen eines Bestätigungsvermerks im Sinne von § 322 HGB in Anspruch genommen, den dieser am 22.6.2005 für einen Jahresabschluss zum 31. Dezember 2004 der Wohnungsbaugesellschaft Leipzig-West AG (künftig WBGL) erteilt hat.

50 Die WBGL nahm den Bestätigungsvermerk in ihre Prospekte auf, mit denen sie auf von ihr ausgegebene Inhaberschuldverschreibungen aufmerksam machte.

51 Die Klägerin war bereits Inhaberin von Schuldverschreibungen, die am 11. Januar 2006 fällig waren; im Januar 2006 tauschte sie diese in Inhaberschuldverschreibungen einer neuen Tranche im selben Nennwert um, welche eine Laufzeit bis zum 16. Juni 2006 hatten. Auf Eigenantrag vom 19. Juni 2006 wurde am 1. September 2006 über das Vermögen der WBGL AG das Insolvenzverfahren eröffnet.

52 Die Klägerin behauptet, sie habe sich aufgrund des angeblich pflichtwidrig erteilten uneingeschränkten Bestätigungsvermerks des Beklagten zum Umtausch der Inhaberschuldverschreibungen entschlossen und diese nicht zum Fälligkeitszeitpunkt 11. Januar 2006 eingelöst. Bei Fälligkeit hätte sie den angelegten Betrag auch zurückerhalten. Außerdem hätte sie, wenn der Beklagte am 22. Juni 2005 seinen Bestätigungsvermerk entweder überhaupt nicht oder nur eingeschränkt erteilt hätte, noch im Sommer 2005 hinsichtlich der von dieser gehaltenen Inhaberschuldverschreibungen eine außerordentliche Kündigung ausgesprochen.

2. Hintergrund

53 Die Prozessführung von Anlegern im Hinblick auf Kapitalanlagesachverhalte, welche deliktische Tatbestandsmerkmale erfüllen sollen, geht häufig Hand in Hand mit einer engen Zusammenarbeit zwischen Anlegeranwälten und staatsanwaltschaftlichen Ermittlungsbehörden. Häufig ist anzutreffen, dass diese Ermittlungsmaßnahmen durch Strafanzeigen geschädigter Anleger erst in Gang kommen. Häufig werden derartige Ermittlungen aber von Amts wegen – insbesondere bei steuerstrafrechtlichen Sachverhalten – angestrengt und ziehen so die Aufmerksamkeit geschädigter Anleger auf sich.

54 Gleichgültig, auf welche Initiative derartige Ermittlungen zurückzuführen sind, liefern diese eine Unmenge an Material, welches bei der Durchsetzung von Anlegeransprüchen fruchtbar gemacht werden kann; sofern Ermittlungen keine strafrechtlich relevanten Sachverhaltsaspekte zu Tage fördern, sind es wiederum die Beklagten, welche sich zu ihren Gunsten auf das Ermittlungsergebnis berufen.

§ 15. Der Anlegerprozess

Wenn – wie hier – Berufsträger als Haftungsadressaten in Anspruch genommen werden, die einer staatlichen Aufsicht unterliegen, treten auch hier häufig Ermittlungsergebnisse zu Tage (Gutachten der Wirtschaftsprüferkammer), welche in den Rechtstreit zugunsten des Anlegers eingeführt werden können. 55

Auf welche Weise der Anleger in den Besitz derartiger Informationen gelangt oder diese sonst für seinen zivilrechtlichen Haftungsrechtstreit fruchtbar machen kann, ist ebenfalls unterschiedlich: Die im Zivilverfahren beantragte Beiziehung der Strafakten scheitert häufig daran, dass es an der erforderlichen Präzisierung des Sachvortrages fehlt, zu dessen Untermauerung Strafakten herangezogen werden sollen. Akteneinsichtsgesuche von nicht am Strafverfahren beteiligten Dritten werden von den Verfahrensbeteiligten häufig mit großer Energie bekämpft. Oftmals bleibt spezialisierten Anlegerschutzvereinigungen nur der Weg, Informationen entgeltlich anzukaufen, welche sich im Besitz von Anlegern befinden, die bereit sind, hier „Kasse zu machen". 56

3. Problemstellung

Im Bereich der vertraglichen und vorvertraglichen Haftung bei Kapitalanlagen hat der Gesetzgeber und der BGH zugunsten des Anlegers im Prozess zahlreiche Haftungserleichterungen zur Anwendung gebracht. Steht eine objektive Pflichtverletzung fest, wird das Verschulden vermutet, § 280 Abs. 1 S. 2 BGB. Der Aufklärungsbedürftige vermag eine Pflichtverletzung durch schlichtes Bestreiten jeglicher Aufklärung darzulegen, wobei sodann die Darlegungslast beim beklagten Finanzdienstleister liegt[13]. Steht eine Pflichtverletzung fest, wird auch deren Kausalität für die Anlegerentscheidung widerleglich vermutet[14]. Im Bereich der Prospekthaftung im engeren Sinne spricht die Existenz eines Prospekts für dessen Kausalität im Rahmen der Anlageentscheidung genauso, wie ein nachgewiesener Prospektfehler[15]. 57

Der III. Zivilsenat hat zu derselben Kapitalanlage, wie der streitgegenständlichen, sogar im Bereich der deliktischen Haftung den Grundsatz aufgestellt, dass die Vermutung der Ursächlichkeit eines Prospektfehlers für den Entschluss zum Erwerb der Anlage nicht nur für die quasivertragliche Prospekthaftung, sondern auch für Schadensersatzansprüche wegen falscher Prospektangaben auf deliktischer Grundlage gleichermaßen gilt[16]. 58

Der VI. Zivilsenat hatte sich in seiner ca. drei Monate zuvor verkündeten Entscheidung ebenfalls mit der Frage zu befassen, welche Darlegungs- und Beweislast für den Eintritt eines Schadens gegeben ist, wenn Anleger einen Wirtschaftsprüfer wegen eines pflichtwidrigen Bestätigungsvermerks nach § 826 BGB auf Schadensersatz in Anspruch nehmen. 59

4. Entscheidung

Der BGH befasst sich in dieser Entscheidung mit der Darlegungs- und Beweislast im Bereich des Vermögensschadens. Er stellt zunächst in Frage, ob das Beweismaß des § 287 Abs. 1 ZPO in der vorliegenden Sachverhaltskonstellation Anwendung finden darf, wobei er diesbezüglich Bedenken anmeldet, ohne dies weiter auszuführen. 60

---

[13] → § 1 Rn. 21.
[14] → § 2 Rn. 115 ff.
[15] BGH vom 23.7.2009, III ZR 306/07
[16] BGH vom 21.2.2013, III ZR 139/12, Entscheidungen, die es nicht in dieses Buch geschafft haben.

IV. Darlegungslast im Delikt

61   Sodann befasst sich der BGH mit dem Wert des Rückzahlungsanspruchs der Klägerin im Januar 2006. Der BGH hält bei Anwendung der Differenzhypothese zunächst fest, dass die Klägerin im Januar 2006 nicht etwa Geld investiert, sondern ihre Inhaberschuldverschreibungen umgetauscht hatte. Bei dieser Fallgestaltung bemisst sich der Schaden der Klägerin nach dem Wert des Rückzahlungsanspruchs, den sie in Folge des Umtauschs nicht geltend gemacht hat.

62   Der BGH hält fest, dass die Klägerin für die Entstehung des Schadens als darlegungs- und beweisbelastet anzusehen ist. Soweit der Beklagte im Rechtstreit nur behauptet hatte, der Schaden wäre auch ohne sein angeblich pflichtwidriges Verhalten eingetreten, ist dies als qualifiziertes Bestreiten der Schadensentstehung zu werten, so der BGH. In der vorliegenden Sachverhaltskonstellation ist auch die Behauptung ausreichend, ein Vermögensschaden sei deshalb nicht eingetreten, weil der Geschädigte ohnehin lediglich eine auf Dauer uneinbringliche Forderung verloren habe. In diesem Fall muss nicht der Beklagte in allen Einzelheiten den Nachweis führen, dass der Schuldner zahlungsunfähig gewesen war; vielmehr ist seine Verteidigung schon dann erheblich, wenn er Umstände darlegt, die Zweifel an der Zahlungsfähigkeit begründen können.

63   Der VI. Senat grenzt sodann die Darlegungs- und Beweislastverteilung bei vertraglichen Hinweis- und Beratungspflichten von den vorliegend in Rede stehenden deliktischen Ansprüchen ab. Er lehnt eine Übernahme der Grundsätze für den deliktischen Bereich ab. Auch besteht kein Anlass, dem Beklagten eine sekundäre Darlegungslast aufzuerlegen, weil die vorzutragende Tatsache etwa außerhalb des Wahrnehmungsbereichs der Klägerin liege. Die Annahme einer solchen sekundären Darlegungslast setzt nämlich voraus, dass die nähere Darlegung dem Behauptenden nicht möglich oder nicht zumutbar ist, während der Bestreitende alle wesentlichen Tatsachen kennt und es ihm zumutbar ist, nähere Angaben zu machen. Der BGH hält fest, dass der Beklagte zwar Wirtschaftsprüfer der in Rede stehenden Unternehmung ist, aber dennoch, ebenso wie die Klägerin, als Außenstehender anzusehen ist. Auch wenn der Beklagte als Wirtschaftsprüfer über besseres Fachwissen verfügt und er aufgrund der durchgeführten Abschlussprüfung mit den Vermögensverhältnissen des Unternehmens bereits befasst war, führt dies nicht zu einer sekundären Darlegungslast, zumal der Auftrag zwischenzeitlich auch erledigt war und kein Sachvortrag diesbezüglich zu finden ist, wonach der Beklagte auch noch nach Erledigung des Auftrags Einblick in die Vermögensverhältnisse seiner Auftraggeberin hatte.

64   Der BGH stützt sodann die Auffassung des Berufungsgerichts, wonach dieses zu Recht den Rückzahlungsanspruch im Januar 2006 als uneinbringlich und deshalb wertlos angesehen hat. Zu Recht habe das Berufungsgericht weiter angenommen, dass die Klägerin ihren Schadenersatzanspruch auch nicht auf eine außerordentliche Kündigung der Inhaberschuldverschreibungen im Sommer 2005 stützen kann. Auch insoweit kommt der Klägerin nämlich für den Kausalitätsnachweis kein Anscheinsbeweis zugute. Der VI. Senat hält fest, dass, selbst wenn die Vermutung der Ursächlichkeit eines schweren Prospektfehlers für die Anlageentscheidung auch im Delikt gelte, dies aber nicht auch die Frage beantwortet, ob sich der Anleger aufgrund nachträglicher Kenntniserlangung zu einer außerordentlichen Kündigung entschieden hätte. Der Prospekt sei typischerweise eine wichtige Erkenntnisquelle für die Investitionsentscheidung. Der Entschluss, eine Anlage außerordentlich zu kündigen, mithin zu desinvestieren, beruht dagegen auf Erkenntnissen, die der Anleger nach Abschluss des Vertrages erlangt und die aus einer Vielzahl von Quellen stammen können. Dass sich der Anleger aus später ausgegebenen Prospekten informiert, ist denkbar, aber keineswegs typisch. Ein Beweis des ersten Anscheins setzt aber einen typischen Geschehensablauf voraus, also einen bestimmten Tatbestand, der nach der Lebenserfahrung auf eine bestimmte Ursache für den Eintritt eines bestimmten Erfolges hinweist. Vor diesem Hintergrund ist keinerlei Kausalitätsvermutung für Vorgänge nach Zeichnung anzunehmen, so der BGH.

5. Fazit

Der VI. Senat beantwortet in fast lehrbuchartiger Gründlichkeit zahlreiche Fragen zur Darlegungs- und Beweislast und führt hier seine Rechtsprechung auch unter Einbezug der Rechtsprechung des III. Senats zur Darlegungslast bei vertraglichen oder vertragsähnlichen Ansprüchen sowie der Prospektursächlichkeit fort. 65

Er bürdet der Klageseite eine Darlegungslast für sämtliche ihr günstige Umstände auf, welche in Übereinstimmung mit Grundsätzen der ZPO auch außerhalb des Bereichs der Haftung bei Kapitalanlagen steht. 66

V. Zweiter Versuch

BGH Urteil vom 22. Oktober 2013 – XI ZR 42/12

1. Sachverhalt

Die Klägerin macht Schadenersatzansprüche aus abgetretenem Recht gegen eine beklagte Genossenschaftsbank geltend. Der Ehemann der Klägerin zeichnete aufgrund Beratung durch einen Mitarbeiter der Bank am 21. November 2003 eine Beteiligung am Fonds N 1 im Nennwert von 240.000,00 EUR zuzüglich Agio in Höhe von 12.000,00 EUR. Der Fonds entwickelte sich nicht gemäß den Erwartungen des Klägers. Der Zedent nahm die Beklagte zunächst unter Berufung auf eine nicht anleger- und objektgerechte Beratung auf Schadensersatz Zug um Zug gegen Übertragung der Beteiligung in Anspruch. Die Klage wurde vom Landgericht Mannheim durch rechtskräftiges Urteil vom 23. Januar 2008 abgewiesen. 67

In einem neuerlichen Prozess ließ der Zedent vortragen, er sei durch den Berater nicht über von der Bank erhaltene Rückvergütungen aufgeklärt worden. 68

2. Hintergrund

Der in diesem Buch mehrfach hervorgehobene „Kick-Back-Joker"[17] darf heutzutage bei keiner Anlegerreklamation mehr fehlen. Dieser Aspekt hat derart von materiellen, inhaltlichen Beratungsfehlern abgelenkt, dass der – wie hier – „Normalfall" der Vorwürfe einer nicht anleger- bzw. nicht objektgerechten Beratung völlig in den Hintergrund getreten ist. Vorliegend hatte sich der Anleger zunächst mit der Behauptung in den Rechtsstreit begeben, es läge ein „klassischer Beratungsfehler" vor[18]. Damit ist er vor dem Landgericht rechtskräftig unterlegen. Nunmehr soll nach dem Motto „Neues Spiel, neues Glück" doch noch der „Kick-Back-Joker" zur Anwendung gelangen, gleichsam um nichts unversucht zu lassen. 69

---

[17] → § 3 Rn. 4.
[18] Siehe hierzu in diesem Buch die Abschnitte in § 1 und § 2.

3. Problemstellung

70   Nach dem Grundsatz „ne bis in idem" unterliegt der im Zivilprozess rechtskräftig abgehandelte Streitgegenstand dem Verbot, diesen nochmals vor Gericht zu bringen. Eine zweite Klage ist mithin unzulässig.

71   Allerdings stellt sich völlig zu Recht die Frage, was als „Streitgegenstand" in diesem Sinne anzusehen ist: Ist es das Schadenersatzbegehren im Hinblick auf die streitgegenständliche Kapitalanlage per se oder muss bei der Festlegung des Streitgegenstandes weiter präzisiert werden, welcher Aufklärungs- bzw. Beratungsfehler Gegenstand der Reklamation und gerichtlichen Beurteilung ist? Hoffnung machte dem Anleger hier die Rechtsprechung des III. Zivilsenats des BGH, wonach bei Vorliegen von verschiedenen Aufklärungs- oder Beratungsfehlern jede Pflichtverletzung verfahrensrechtlich gesondert zu behandeln ist, mithin einer gesonderten Verjährungsfrist unterliegt[19]. Konsequent weitergedacht würde dies bedeuten, dass auch die Sperrwirkung des rechtskräftig entschiedenen Sachverhalts nur für jeden Beratungsfehler gesondert wirkt.

4. Entscheidung

72   Der BGH geht vorliegend einen anderen Weg.

73   Zunächst hält er fest, dass die materielle Rechtskraft einer gerichtlichen Entscheidung einer neuen Verhandlung und Entscheidung über denselben Streitgegenstand entgegen steht, sodass eine erneute Klage, deren Streitgegenstand mit dem eines bereits rechtskräftig entschiedenen Rechtsstreits identisch ist, unzulässig ist. Sodann prüft der XI. Senat die Frage, ob denn der nunmehr an ihn herangetragene Streitgegenstand mit demjenigen des rechtskräftigen Urteils des Landgerichts Mannheim identisch ist. Er definiert den Streitgegenstand als den Klageantrag, in dem sich die vom Kläger in Anspruch genommene Rechtsfolge konkretisiert und den Lebenssachverhalt, aus dem der Kläger die begehrte Rechtsfolge herleitet. Letzteres, nämlich der Anspruchsgrund, sind alle diejenigen Tatsachen, die bei einer natürlichen vom Standpunkt der Parteien ausgehenden und dem Sachverhalt seinem Wesen nach erfassenden Betrachtung zu dem zur Entscheidung gestellten Tatsachenkomplex gehören, den der Kläger zur Stützung seines Rechtsschutzbegehrens dem Gericht vorträgt. Dies gilt unabhängig davon, ob die einzelnen Tatsachen von den Parteien auch im jeweiligen Zivilrechtsstreit vorgetragen worden sind oder nicht, ob die Parteien die nicht vorgetragenen Tatsachen bereits kannten und hätten vortragen können, oder nicht.

74   Vorliegend ist nicht nur das Rechtsschutzbegehren (Geltendmachung des Zeichnungsschadens in Folge einer nicht den Vorstellungen des Anlegers entsprechenden Kapitalanlage), sondern auch der vorgetragene Anspruchsgrund identisch, so der BGH. Das Rechtsschutzbegehren werde nämlich auf die vermeintlich unzureichende Beratung und Aufklärung durch einen namentlich benannten Bankmitarbeiter in den der Anlageentscheidung vorausgegangenen Beratungsgesprächen gestützt.

75   Wenn nunmehr der aus dem Vorprozess bekannte Tatsachenvortrag um weitere Umstände ergänzt werde, wie beispielsweise die mangelnde Aufklärung über Rückvergütungen, ändert dies den bereits im Vorprozess zur Entscheidung gestellten Sachverhalt nicht in seinem Kerngehalt und begründet deshalb keinen neuen Streitgegenstand. Die Beratung stellt nämlich bei natürlicher Betrachtungsweise einen einheitlichen Lebensvorgang dar, der nicht in einzelne Aufklärungs- und Beratungspflichtverletzungen auf-

---

[19] BGH vom 22.7.2010, III ZR 203/09

gespalten werden kann. Dieser Lebensvorgang wird vielmehr durch die Gesamtumstände gekennzeichnet; erteilte oder gar unterlassene Informationen stellen keine selbständigen Geschehensabläufe dar, sondern sind Bestandteile der einheitlich zu betrachtenden Beratung.

Auch im Zivilprozess können die Parteien den Streitgegenstand nicht durch Gestaltung ihres Vortrages bewusst oder unbewusst willkürlich begrenzen. 76

Auf die Rechtsprechung des III. Zivilsenats zum gesonderten Verjährungsbeginn hin angesprochen, fasst der XI. Senat die Unterschiede zwischen Streitgegenstand und Verjährung zusammen: Die Verjährung als materiell-rechtlicher Anspruch darf nicht verwechselt werden mit dem zivilprozessualen Begriff des Streitgegenstandes; der Streitgegenstand kann zum Beispiel mehrere materiell-rechtliche Ansprüche umfassen, die grundsätzlich jeweils eigenständiger Verjährung unterliegen, sodass aus der Verjährung keinerlei Rückschlüsse auf den zivilprozessualen Streitgegenstandsbegriff gezogen werden können. 77

5. Fazit

Während die Rechtsprechung des III. Zivilsenats dem Anleger Hoffnung machte, selbst bei Fristversäumung Argumente „nachschieben" zu können, welche dem Anleger erst später bekannt wurden und mithin im Zeitpunkt der ersten Hemmungshandlung noch nicht verjährt waren, gilt dies im Rahmen der zivilprozessualen Verspätungsvorschriften nur innerhalb des anhängigen Rechtsstreits. Dessen rechtskräftige Entscheidung stellt richtigerweise die Zäsur dar, welche – so der BGH völlig zu Recht – im Sinne des Rechtsfriedens eintreten muss, wollte man einheitliche Lebenssachverhalte nicht unnatürlich auseinanderpflücken. 78

Wenn mithin Angriffs- und Verteidigungsmittel im Zivilprozess zum Einsatz kommen, muss dies konsequent und stringent zu Beginn der Auseinandersetzung geplant und vorbereitet werden; die Hoffnung auf einen „zweiten Versuch" wurde vom BGH zunichte gemacht. 79

VI. Ausblick

Im Zeitpunkt der Drucklegung dieses Buches werben Anlegeranwälte auf ihren Internetseiten um Dieselgate-Geschädigte gezielt mit den „Trophäen" ihrer vorgeblich zum erfolgreichen Abschluss gebrachten Verfahren oder schalten bei Google Anzeigen, um so Surfer auf die perfekte Welle für Anlegerreklamationen zu locken. 80

Gleichzeitig verfangen die Erhebungen des Gesetzgebers nicht, ein funktionierendes KapMuG-System aufzusetzen. Bis auf das Telekom-Verfahren hat dieses Gesetz seine Wirkung verfehlt und ist eher Bremsklotz, als Verfahrensbeschleuniger bzw. -hilfe. 81

Letztendlich wird auch das neue Kapitalanlagegesetzbuch nicht dazu beitragen, Streitigkeiten zu vermeiden; im Gegenteil: Die Verlängerung der Verjährungsfrist bei den prospekthaftungsrechtlichen Vorschriften einerseits, die unklare Gemengelage durch die Behandlung geschlossener Beteiligungen wie Investmentvermögen, verbunden mit der neuen haftungsträchtigen Position einer Verwahrstelle, welche durch Wirtschaftsprüfer eingenommen werden kann, garantiert eine Vielzahl gerichtlicher Auseinandersetzungen. 82

Alles in allem bleibt mithin der Anlegerprozess eine reizvolle und voluminöse Materie. 83

Epilog

In den nur zwei Jahren zwischen der 2. und 3. Auflage dieses Werks hat der BGH   1
viele streitige Auseinandersetzungen zwischen Kunde und Bank im Hinblick auf darlehensbezogene Sach- und Rechtsfragen provoziert. Es ist dies zum einen der zwischenzeitlich auch in der Tagespresse als „Widerrufs-Joker"[1] bezeichnete Angriff des Kunden auf Zinsbindungen unter Bezugnahme auf eine vorgeblich nicht den gesetzlichen Anforderungen entsprechende Widerrufsbelehrung[2]; es ist dies zum anderen der vom BGH unter Bezugnahme auf die AGB-Widrigkeit erkannte Unwirksamkeit von Bearbeitungsklauseln in Verbraucherdarlehensverträgen[3], wobei hier wegen Verjährungseintritts in vielen Fällen zum 31. Dezember 2014[4] zum Jahreswechsel 2014/2015 erhebliche Wellen an Reklamationen generiert wurden. Dennoch bleibt bis auf Weiteres der Schwerpunkt der gerichtlichen Auseinandersetzungen zwischen Kunde und Finanzdienstleister derjenige der Haftung bei Kapitalanlagen. Die Aufklärungssituation zwischen einem Kapitalanleger und einem Finanzdienstleister ist in vielerlei Hinsicht vergleichbar der Aufklärung eines Patienten durch den behandelnden Arzt vor Beginn einer Therapie. Der XI. Zivilsenat hat jüngst[5] aber die relevanten Unterschiede herausgearbeitet und eine Vergleichbarkeit der jeweiligen Verantwortungskreise in juristischer Hinsicht verneint. Es geschieht dies völlig zu Recht: Die Ehrfurcht, mittels welcher der Patient nach wie vor dem „Halbgott in Weiß" gegenüber tritt, ist nicht (mehr) zu vergleichen mit dem kritischen Kapitalanleger und dessen Verhältnis zu seinem Gesprächspartner, dem Finanzdienstleister, zumal gerade der Ruf letzterer durch zahllose Vorgänge der jüngeren Zeit stark gelitten hat. Gerade weil aber die allgemeine auch öffentliche Kritik an den Finanzdienstleistern das Bewusstsein der jeweiligen Gesprächspartner geschärft hat, wird es in Zukunft Aufgabe der Entscheider vor Gericht sein, hier kritisch die Eigenverantwortlichkeit des Anlegers in den Fokus der Beurteilung von Beratungsdefiziten zu stellen.

Dies leitet über zur Frage der richtigen Haftungsadressaten auf Passivseite. Das von   2
meinem Doktorvater, Prof. Klaus Hopt, ins Leben gerufene Institut der sogenannten Berufshaftung[6] hat im Bereich der Haftung bei Kapitalanlagen eine ganz besondere Ausprägung erfahren. Jeglicher Berufsträger, welcher entgeltlich mit dem Vertrieb von Finanzanlageprodukten in Berührung kommt, läuft unvermeidlich Gefahr, als Haftungsadressat in Rechtstreite hineingezogen zu werden. Das letzte Glied in der Kette sind die Anlegeranwälte selbst: Der eine Anlegerreklamation erfolglos vertretende Berufskollege wird von seinem Nachfolger im Mandat wegen eines Kunstfehlers in Anspruch genommen. Hier die jeweiligen Verantwortungskreise trennscharf herauszu-

---

[1] Der Begriff geht auf Kropf zurück, welcher diesen erstmals in WM 2013, 2250 in Anlehnung an den „Kick-Back-Joker" verwendete.
[2] Siehe nur BGH II ZR 109/13.
[3] Siehe BGH vom 13.5.2014 – XI ZR 405/12.
[4] Siehe BGH vom 28.10.2014 – XI ZR 348/13.
[5] → § 2 Rn. 115 ff.
[6] Siehe *Hopt*, Berufshaftung und Berufsrecht der Börsendienste, Anlageberater und Vermögensverwalter, Festschrift für Robert Fischer, 1979, 237 ff.

arbeiten und auf das jeweils angemessene Maß zu beschränken, wird Aufgabe der Rechtsprechung der nächsten Jahre sein.

3   Nun zur letzten wesentlichen Fragestellung: Jeder Kapitalanlagehaftungsrechtstreit wird nicht in den Rechtsausführungen, sondern im Sachverhalt gewonnen, bzw. verloren. Hier sollte zunächst das zivilprozessuale Wahrheitsgebot strikter Grundstein für die jeweilige Sachverhaltsaufarbeitung sein, um nicht im Laufe eines Prozesses damit konfrontiert zu werden, dass die zunächst dem Entscheider vor Gericht vorgetragene Version (leider) nicht die richtige, mithin nicht haltbar ist. Da jede kleinste Änderung im Sachverhalt erheblichen Einfluss auf die Chancen bzw. Risiken des Prozessausgangs im Bereich der Haftung bei Kapitalanlagen mit sich bringt, kann der folgende Appell nicht häufig genug wiederholt werden: Den Prozess über die Haftung bei Kapitalanlagen gewinnt und verliert man im Sachverhalt.

Entscheidungen, die es nicht in dieses Buch geschafft haben

§ 2 Die Anlageberatung – Die heutige Rechtsprechung

BGH III ZR 298/05 Auch ein Anleger mit grundlegenden Kenntnissen, der eine „chancenorientierte" Anlagestrategie verfolgt, darf im Rahmen einer Anlageberatung erwarten, dass er über die Risiken einer ihm bislang nicht bekannten Anlageform zutreffend unterrichtet wird.

BGH III ZR 44/06 Ein Anlageberater muss auf die mangelnde Fungibilität einer Beteiligung an einem geschlossenen Immobilienfonds hinweisen.

BGH XI ZR 89/07 Negativer Bericht in Brancheninformationsdienst muss von Bank bei Prüfung der Kapitalanlage berücksichtigt werden.

BGH III ZR 302/07 Negativer Artikel in „Wirtschaftswoche" über geschlossene Immobilienfonds ist von Anlageberater zu berücksichtigen.

BGH III ZR 306/07 Es gilt eine widerlegbare Vermutung, dass ein Prospektfehler für die Anlageentscheidung kausal war.

BGH III ZR 27/10 Zur Pflichtverletzung eines Anlageberaters durch Entwertung von vollständigen und richtigen Risikoaufklärungshinweisen im Prospekt.

BGH XI ZR 191/10 Eine Bank ist regelmäßig Anlageberaterin und nicht Anlagevermittlerin; s.a. zur Abgrenzung von Rückvergütungen einerseits, Innenprovisionen andererseits.

BGH III ZR 56/11 Ein Anlageberater muss schwierigen und ungeklärten Rechtsfragen, die in Folge einer Gesetzesänderung auftreten, nicht ohne besondere Anhaltspunkte nachgehen.

BGH III ZR 81/11 Ein Anlageberater hat die Pflicht, seinen Kunden darüber aufzuklären, dass gegen Fondsverantwortliche ein Ermittlungsverfahren wegen Verdachts des Verstoßes gegen das KWG sowie des Kapitalanlagebetruges geführt wird.

BGH XI ZR 148/11 Die Vermutung aufklärungsrichtigen Verhaltens führt zur Beweislastumkehr, wobei auch Hilfstatsachen (gesamte Anlagehistorie) zu berücksichtigen sind.

BGH III ZR 296/11 Eine Anlageberatungsgesellschaft ist für die ordnungsgemäße Auswahl und Überwachung eines selbständigen Handelsvertreters verantwortlich und haftet hierfür aus culpa in contrahendo, auch wenn nachfolgend kein Anlageberatungsvertrag zustande kam.

Entscheidungen, die es nicht in dieses Buch geschafft haben

BGH III ZR 298/11   Keine Vermutung wechselseitiger Wissenszurechnung der Ehegatten bei gemeinsamer Altersvorsorge.

BGH XI ZR 405/11   Die Kenntnis der Bank darüber, dass der Darlehensnehmer von seinem Geschäftspartner arglistig über eingepreiste Innenprovisionen getäuscht worden ist, verpflichtet zur Aufklärung.

BGH III ZR 70/12   Ein Prospektfehler kann auch ohne Prospektübergabe eine Haftung des Anlageberaters oder -vermittlers begründen.

BGH XI ZR 332/12   Lehman 4

BGH III ZR 82/14   Der Anlageberater hat auch dann über das Risiko einer wiederauflebenden Kommanditistenhaftung nach § 172 Abs. 4 HGB aufzuklären, wenn diese auf 10% des Anlagebetrages begrenzt ist.

§ 3 Die Haftung für Vergütungen

BGH XI ZR 510/07   Die Kick-Back-Rechtsprechung zu Aktienfonds ist auch auf geschlossene Beteiligungen anwendbar.

BGH III ZR 308/11   Die Kick-Back-Rechtsprechung ist auf selbständiges Unternehmen einer Finanzgruppe nicht anwendbar.

BGH XI ZR 355/12   AGB, wonach eine Privatbank Vertriebsvergütungen behält und nicht an den Kunden auskehren muss, hält der Inhaltskontrolle nach § 307 Abs. 1 und 2 BGB stand.

BGH XI ZR 398/12   Die Kenntnis des Vorhandenseins von Rückvergütungen als solche ohne Wissen um deren Höhe kann im Rahmen der Kausalität den Schluss zulassen, der Anleger hätte die Beteiligungen auch im Falle einer Unterrichtung über den Umfang der Rückvergütungen gezeichnet.

§ 4 Derivate, Zertifikate, Hedgefonds etc.

BGH IX ZR 60/10   Der Insolvenzverwalter über das Vermögen der Phoenix Kapitaldienst GmbH kann den Anlegeransprüchen nicht entgegenhalten, dass die Gelder bestimmungsgemäß verbraucht wurden.

BGH XI ZR 532/14   Der Anleger, der sich auf eine Beratungspflichtverletzung durch unzureichende Aufklärung über den anfänglich negativen Marktwert eines Swap-Vertrages beruft, muss dessen Höhe nicht beziffern.

BGH XI ZR 425/14   Konnexe Grundgeschäfte bei Zinsswaps setzen Darlehensvertrag mit anlageberatender Bank voraus.

§ 5 Vermögensverwaltung, Anlagevermittlung und Execution Only

BGH III ZR 122/05   Der Vermittler verletzt einen konkludenten Auskunftsvertrag, wenn er eine Fondsbeteiligung als „sicher" bezeichnet, obwohl sie nach der Zuordnung durch die Kapitalanlagegesellschaft dem Risikoprofil „gewinnorientiert" und „risikobewusst" unterfällt.

BGH III ZR 218/06   Der Anlagevermittler muss eine für den Vertrieb gezahlte Innenprovision, die für diesen erkennbar ist, bei Überschreiten der 15%igen Grenze offenlegen.

BGH XI ZR 178/12   Direktbank haftet nicht nach § 278 BGB für externen Vermögensverwalter oder Wertpapierdienstleister.

§ 6 Die Prospektfehler von Investmentvermögen

BGH II ZR 329/04   Der Prospekt eines Immobilienfonds muss sowohl nicht unerhebliche Weichkosten, wie ein noch zu erwerbendes Nachbargrundstück offenlegen.

BGH II ZR 75/10   Eine Abweichung zwischen prognostizierter und tatsächlich erzielter Rendite begründet keinen Prospektfehler.

BGH II ZR 294/11   Die synonyme Verwendung der Begriffe „Generalmietvertrag" und „Mietgarantie" kann Prospektfehler sein, wenn Kosten den Fonds belasten, die aus Sicht des Anlegers vom Mieter zu tragen wären.

BGH II ZB 30/12   Bei der Defeasance-Struktur (hier: VIP 3) besteht keine allgemeine Pflicht, im Prospekt darauf hinzuweisen, dass die Konzeption eines Fonds in steuerlicher Hinsicht neu ist und von der Finanzverwaltung bislang nicht abschließend überprüft ist.

BGH III ZR 404/12   Bei geschlossenem Immobilienfondsprospekt darf Eigenkapitalvermittlungsprovision im Gesamtkostenblock „Verwaltungskosten" aufgehen.

BGH III ZR 365/13   Prospektangaben eines geschlossenen Immobilienfonds zur Fungibilität und zum Haftungsrisiko als GbR-Gesellschafter sind in der streitgegenständlichen Form ausreichend.

BGH III ZR 264/14   Variable Lizenzgebühren sind kein wesentliches Element der Defeasance-Struktur, zumal wenn der Prospekt deutlich macht, dass variable Lizenzgebühren nicht zugesagt werden können.

BGH II ZR 340/14   Eine im Prospekt einer geschlossenen Beteiligung wie auch im Gesellschaftsvertrag enthaltene Beschränkung des Haftungsmaßstabes für Prospektfehler auf Vorsatz und grobe Fahrlässigkeit ist unwirksam.

BGH III ZR 385/14   Der Prospekthinweis betreffend einen geschlossenen Immobilienfonds, wonach ein Markt für die Veräußerung des Anteils zur Zeit nicht vorhanden ist, suggeriert nicht, dass dies lediglich temporäre Probleme betrifft.

§ 7 Die Haftungsadressaten für Prospektfehler im engeren Sinne

BGH XI ZR 344/11   Eine Konzernmutter kann prospektverantwortlich sein, wenn deren Konzerntochter Wertpapiere emittiert; die Beurteilung der Prospektfehlerhaftigkeit erfolgt nach dem durchschnittlichen Adressatenkreis.

§ 8 Die Haftung des Gründungsgesellschhafters und des Treuhänders

BGH II ZR 160/02   Sondervorteile eines Gründungsgesellschafters müssen im Prospekt eines geschlossenen Immobilienfonds offengelegt werden.

BGH III ZR 78/08   VIF 3: Der Hintermann (siehe § 7 II) haftet dann nicht aus Prospekthaftung im weiteren Sinne, wenn er lediglich Anlegergelder entgegennimmt und an die Fondsgesellschaft weiterleitet und der Beitritt des Anlegers als Direktkommanditist erfolgt, mithin dessen Gesellschaftsanteile nicht treuhänderisch gehalten werden.

BGH II ZR 211/09   Die Prospekthaftung im weiteren Sinne findet zu Lasten des Gründungsgesellschafters auch gegenüber nur mittelbarem Gesellschafter Anwendung.

BGH VI ZR 268/11   Zur persönlichen Haftung des Geschäftsführers einer Wertpapierhandelsbank gegenüber den Anlegern aus einer Garantiezusage.

BGH II ZR 43/12   Im Fondsprospekt sind Sicherungsgeschäfte zwischen der Gesellschaft und einem Gründungsgesellschafter ungeachtet ihrer Konditionen offenzulegen.

§ 9 Die Haftung des Prospektgutachters

BGH III ZR 256/04   Der Bestätigungsvermerk über eine Pflichtprüfung im Verkaufsprospekt führt nicht zum Einbezug des Investors in den Schutzbereich des Prüfauftrages.

BGH III ZR 424/04   Der Bestätigungsvermerk eines Wirtschaftsprüfers im Genussrechts-Prospekt führt weder zur Prospektverantwortlichkeit, noch zum Einbezug des Anlegers in den Schutzbereich des Prüfauftrages.

BGH III ZR 219/06   In den Schutzbereich eines Prospektgutachtenauftrages kann ein Anleger auch dann einbezogen sein, wenn er das Prospektgutachten noch innerhalb der Widerrufsfrist erhält.

§ 10 Die Haftung des Mittelverwendungskontrolleurs

BGH III ZR 108/08 Subsidiaritätsklausel im Mittelverwendungskontrollvertrag ist den Anlegern gegenüber nach § 309 Nr. 7b BGB unwirksam.

§ 11 Sonderprobleme des Grauen Kapitalmarkts

BGH II ZR 354/02 Der Anspruch des stillen Gesellschafters gegen den Inhaber eines Handelsgeschäfts auf Ersatz des Zeichnungsschadens unterliegt in der reinen zweigliedrigen Gesellschaft keinen Beschränkungen nach den Grundsätzen über die fehlerhafte Gesellschaft.

BGH II ZR 242/09 Bei konzeptionsbedingtem Einwerben von Anlegern über einen Treuhänder hat der Treugeber im Innenverhältnis die Stellung eines unmittelbaren Gesellschafters.

BGH XI ZR 272/10 Das Angebot der Abtretung der Rechte aus der Beteiligung des Treugebers begründet Annahmeverzug des Schädigers.

BGH II ZR 259/11 Die Rechtsprechung zu Steuervorteilen ist auch bei geschlossenen Beteiligungen mit Einkünften aus Vermietung und Verpachtung anwendbar.

BGH II ZR 273/12 Die Ursächlichkeit einer Verletzung der Aufklärungspflicht für den Beitritt zu einem geschlossenen Immobilienfonds wird vermutet.

BGH XI ZR 495/12 Die Rechtsprechung zu Steuervorteilen ist auch bei konzeptionsbedingter Teileinzahlung der Einlage anwendbar.

BGH III ZR 57/14 Eine Zeugenschaftszession eines Anspruchs auf Rückabwicklung des Erwerbs einer geschlossenen Beteiligung unter Abzug der gewährten Steuervorteile kann nicht im Nachhinein dahingehend ausgelegt werden, dass Ansprüche auf den gesamten Zeichnungsbetrag abzüglich Ausschüttungen abgetreten sind; bei gemeinsamem Erwerb der Beteiligung durch Ehegatten sind diese aber Gläubiger im Sinne von § 432 BGB.

§ 13 Die deliktische Haftung

BGH VI ZR 254/08 Von den Prospektangaben abweichende Sondervereinbarungen können Schadenersatzansprüche nach § 823 Abs. 2 BGB i.V.m. § 264a StGB begründen.

BGH III ZR 139/12 Die Vermutung der Kausalität eines Prospektfehlers für die Anlageentscheidung gilt auch bei deliktischer Haftung.

BGH XI ZR 288/12 Auch eine extrem unseriöse Kapitalmarktinformation erfordert den Nachweis der konkreten Kausalität im Rahmen des § 826 BGB.

BGH XI ZR 295/12 Eine das Fondsobjekt eines geschlossenen Immobilienfonds finanzierende Bank ist wegen Beihilfe zu einer sittenwidrigen vorsätzlichen Schädigung der Anleger durch die Fondsinitiatoren nur bei Gewissenlosigkeit der Bankmitarbeiter haftbar.

BGH VI ZR 336/12 Ein Wirtschaftsprüfer haftet wegen vorsätzlicher sittenwidriger Schädigung von Anlegern durch irreführende Äußerungen bei Vorträgen und Veranstaltungen mit Vertriebsmitarbeitern über die Werthaltigkeit von Beteiligungen auch dann, wenn ein unmittelbarer Kontakt zum Anleger unterbleibt.

§ 14 Die Verjährung

BGH V ZR 25/07 Bei mehreren Beratungsfehlern verjährt jeder Beratungsfehler nach neuem Recht gesondert.

BGH III ZR 203/09 Der Anleger ist trotz Kenntnis von Prospektfehlern nicht zur Durchsicht des Prospekts im Hinblick auf andere Fehler verpflichtet.

BGH XI ZR 72/11 Unterbrechung und Aussetzung eines Zivilverfahrens führen nicht zum Fortlauf der Verjährung gemäß § 204 Abs. 2 S. 2 BGB.

BGH III ZR 149/14 Die Vorwürfe betreffend die Fungibilität einer Beteiligung sowie die mangelnde Eignung zur Altersvorsorge gegenüber dem Anlageberater verjähren je gesondert.

BGH XI ZR 278/14 Für den Verjährungsbeginn des § 37a WpHG beim Erwerb von Wertpapieren beginnt die Verjährungsfrist mit Ordererteilung (schuldrechtliches Geschäft) und nicht erst mit dinglichem Erwerb oder Einbuchung in ein Wertpapierdepot. Bei mehrfachem Erwerb desselben Papiers und mehrerer Beratungsgespräche laufen die Fristen gesondert.

BGH XI ZR 536/14 Eine Hemmung der Verjährung durch Mahnbescheid bei Zug um Zug-Herausgabe findet auch nicht in Höhe des „kleinen" Schadenersatzes statt.

§ 15 Der Anlegerprozess

BGH III ZB 69/14 Nach KapMuG i.d.F. vom 19.10.2012 sind auch positive Feststellungsklagen musterverfahrensfähig.

Personenverzeichnis

Bond, Alan, australischer Unternehmer, welcher als Eigentümer der Australia II 1983 das Segelturnier America's Cup gewann. Seine finanziellen Probleme begannen mit dem ersten Börsencrash nach dem zweiten Weltkrieg, dem 19. Oktober 1987; Bond hatte für eine Milliarde australischer Dollar den Fernsehsender Channel Nine Television Network erworben, den er drei Jahre später mit erheblichen Verlusten wieder verkaufen musste. 1992 meldete seine Firmengruppe Insolvenz an; Bond wurde 1997 zu einer siebenjährigen Gefängnisstrafe ua wegen Betrugs verurteilt.

Göttinger Gruppe wird eine Unternehmensfamilie genannt, welche zu den größten Kapitalanlagegesellschaften gehörte, die auf dem grauen Kapitalmarkt in Deutschland tätig war. Der Ursprung liegt in der 1986 von Erwin Zacharias gegründeten Securenta AG. Später wurden Anlagemodelle in der Form der atypisch stillen Beteiligung sowohl für Einmalzahler wie für Ratenzahler angeboten. Am 14.6.2007 wurde beim Amtsgericht Göttingen das Insolvenzverfahren gegen die Securenta AG eröffnet.

Kick-Back-Joker, Prozessscheider, erblickte das Licht der Welt am 19.12.2006 und darf seitdem in keiner Tasche eines versierten Anlegeranwalts fehlen, anderenfalls dieser selbst Gefahr läuft, von einem Nachfolger im Mandat auf Schadenersatz in Anspruch genommen zu werden. Häufig totgesagt, erlebte er mit dem 1.8.2014 eine aufsehenerregende Wiedergeburt, da nunmehr sein Wirkungskreis durch das „flächendeckende Transparenzgebot" wesentlich erweitert wurde. Kleiner Bruder: Widerrufs-Joker.

Kiener, Helmut, war ausgebildeter Sozialpädagoge und Psychologe. Für die Hedgefonds K1 und X1 entwickelte Kiener ein nach ihm benanntes System, dessen Betreiben letztendlich zur Verurteilung zu einer Freiheitsstrafe von mehr als zehn Jahren führte. Das Landgericht Würzburg sah es als erwiesen an, dass Kiener bis zum Jahre 2009 fast 5.000 Kleinanleger und Banken um rund 300 Mio. Euro geprellt habe.

Lehman Brothers wurde 1850 in Alabama von den Brüdern Henry, Emmanuel und Mayer Lehman gegründet. Im Mai 2007 kaufte Lehman Brothers mit einem weiteren Investor den zweitgrößten börsennotierten Wohnungseigentümer der USA, Archstone-Smith (Kaufpreis 22 Mrd. US-Dollar). Als die Bank am 10. September 2008 verlauten ließ, für das dritte Quartal 2008 Verluste in Höhe von 3,9 Mrd. US-Dollar zu erwarten und der Verkauf eines Mehrheitsanteils an der Investmentsparte wenige Tage später scheiterte, beantragte Lehman Brothers gemäß Chapter 11 des US-Insolvenzrechts am 15. September 2008 die Insolvenz. Die US-amerikanische Regierung, welche zuvor drei große Banken (Bear Stearns, Fannie Mae und Freddie Mac) gerettet hatte, hielt dem politischen Druck, weitere Banken nicht aufzufangen, nicht stand, was zur Kündigung von fast 25.000 Mitarbeitern führte. Lehman Brothers soll einen Schuldenberg von über 200 Mrd. US-Dollar hinterlassen haben.

Ohoven, Mario, war bis zum Jahre 2005 geschäftsführender Gesellschafter der in Düsseldorf ansässigen Investor- und Treuhand GmbH. Er erlernte den Beruf des Bankkaufmanns und baute eine Unternehmensgruppe auf, welche insbesondere steueroptimierte Kapitalanlagen (u. a. auch die Medienfonds „Cinerenta") vertrieb. Laut Eigenwerbung aus dem Jahre 2004 betrug das betreute Investitionsvolumen fast 3 Mrd. Euro. Ohoven ist Autor des Buches „Die Magie des Power-Selling", das in zwölf Sprachen übersetzt wurde. Die Investor- und Treuhand GmbH meldete schließlich im Zuge der Anlegerreklamationen aus dem Cinerenta-Vertrieb Insolvenz an. Der Insolvenzverwalter machte gegen Ohoven Schadenersatzansprüche im mehrfachen Millionenbereich geltend.

Schmid, Andreas W., war früher der „Liebling der Filmszene" (FOCUS) und Gründer des Medienfondsanbieters VIP. Die Fonds finanzierten mit insgesamt ca. 700 Mio. eingeworbene Euro von rund 11.000 Anlegern Kinofilme, wie „Monsters", „Das Parfüm" und „Sieben Zwerge". 2005 wurde Schmid in Untersuchungshaft genommen und letztendlich zu sechs Jahren Freiheitsstrafe wegen Steuerhinterziehung verurteilt. Der Vorwurf der Strafjustiz geht dahin, Schmid hätte Fondsgelder nicht in die Filmproduktion investiert, sondern festgeldähnlich bei Banken hinterlegt. Dies führte zu einer Welle von Anlegerreklamationen, welche über die VIP-Fonds hinaus auch sonstige Medienfonds mit Defeasance-Struktur von Emissionshäusern betraf, die mit Schmid nichts zu tun haben.

Scholz, Rupert, war von 1988 bis 1989 Bundesverteidigungsminister im Kabinett von Bundeskanzler Helmut Kohl. Von 1990 bis 2002 war er Mitglied des Deutschen Bundestages. Scholz erklärte sich im Frühjahr 2004 bereit, als Vorsitzender des Beirates der DA Deutsche Anlagen AG zu fungieren. Eine hundertprozentige Tochtergesellschaft gab als Komplementär-AG einer Fondsgesellschaft namens „Master Star Fund" Prospekte heraus. In einer begleitenden „Hochglanzbroschüre" wurde Herr Scholz mit einem ganzseitigen Foto abgebildet und wird dort zitiert mit dem Satz „Die Verlässlichkeit einer Anlage erhält einen neuen Stellenwert". Der BGH sah Scholz als Garant im prospekthaftungsrechtlichen Sinne an.

Schrempp, Jürgen, war ab 1995 als Nachfolger von Edzard Reuter Vorstandsvorsitzender der Daimler-Benz AG. Entgegen der Strategie von Reuter, einen „integrierten Technologiekonzern" zu formen, begann Schrempp, das Autogeschäft wieder in den Mittelpunkt zu stellen. Allerdings brachte der Zusammenschluss 1998 zum Konzern DaimlerChrysler sowie die 37-prozentige Beteiligung an Mitsubishi Motors scharfe Kritik ein. Als Vertreter des „Shareholder Value" stieg der Aktienkurs während seiner Amtszeit nur minimal von 30 auf 35 Euro, wobei Aktien-Indizes stark anstiegen. Am 28. Juli 2005 gab er überraschend bekannt, zum 31. Dezember 2005 als Vorstandsvorsitzender auszuscheiden.

Sachverzeichnis

Die fetten Ziffern verweisen auf die Paragraphen, die mageren auf die Randnummern.

Agio 2 76, 116; **3** 14, 18, 40, 65, 101; **4** 179, 184, 192; **5** 47, 50, 65, 67; **6** 20, 45 f., 48 f., 113, 139 ff.; **7** 15, 20, 59, 61, 63; **8** 5, 27; **10** 30, 81, 103 f.; **11** 16, 43, 67, 92; **13** 16, 56, 61, 124; **14** 74, 76 f., 79, 81, 112 f.; **15** 67
Aktien 3 45; **4** 9, 123; **5** 21, 24, 27 ff., 37 f.; **6** 91, 166 f., 172 f., 188 ff., 195, 197, 199, 206 ff.; **7** 46; **9** 82 f., 88 f.; **11** 18; **12** 8 f., 18, 30, 34 f., 38, 51, 56, 59, 72, 74, 89; **14** 22, 57
– -fonds **3** 11, 14, 40, 44 f., 49; **5** 41; **14** 14, 57
– -investition **1** 102, 107; **5** 37
– -kurs **1** 95 f., 107; **2** 96; **12** 12, 37, 79, 84
– -option **5** 22, 25, 38, 40 f.
– -spekulation **1** 80 ff.; **4** 135 ff.
– Einzel- **3** 18, 40; **5** 41
– Inhaber- **5** 88
– Standard- **1** 80, 82, 97
Aktivlegitimation 3 141; **6** 63; **9** 1, 54, 81, 97; **10** 7 ff., 34 f., 125; **13** 91
Allgemeine Geschäftsbedingungen 2 19 ff., 30, 33; **4** 180; **11** 154; **13** 53, 55
Altersvorsorge 2 19, 38; **14** 95, 101
Anfangsverlust 11 97
Anlageberatung 1 1 ff.; **2** 1 ff.
– -sdienstleistungen **1** 8, 11, 28; **2** 10; **3** 1, 11, 16, 19, 26, 71, 105 f., 143, 166, 193; **5** 18, 87, 96, 106 f., 112, 117 f., 126; **12** 33; **13** 124
– -sempfehlungen **1** 6, 13, 17, 48 ff., 107; **2** 36, 38, 48, 51 f., 95, 128; **3** 5, 12, 18, 25, 29, 39, 49, 54, 56. 60, 63, 82, 85, 116, 179, 185; **4** 33, 38, 44, 47, 68, 92, 129; **5** 16, 19, 67, 86, 88, 91, 99, 106; **6** 69, 78; **7** 63 18; **14** 23, 24 f., 29, 30, 57, 96, 101, 130
– -sfehler **1** 6 ff., 34, 36; **2** 16, 42, 46, 76, 78, 85, 90; **3** 42, 53 f., 184; **4** 57, 95, 98, 106, 122, 191; **5** 84, 97, 99, 101, 120 f., 123; **11** 65, 75; **14** 19, 24, 28, 33 f., 36, 67, 83, 89, 91, 115, 120 ff., 140; **15** 69, 71, 75
– -srechtsverhältnis **1** 1, 8, 10, 40, 64, 67, 87, 93; **2** 8, 25, 47, 141; **3** 192; **4** 71; **5** 13, 95; **14** 32
– -ssachverhalt **1** 54; **3** 43, 60, 71, 177, 199; **4** 110; **14** 21, 59, 118
– -svertrag **1** 6, 41, 67, 87, 93; **2** 13, 34, 49, 62; **2** 84, 87, 93 f., 106; **3** 5, 52, 54, 78, 109, 123 ff., 142, 162, 182, 192; **4** 38, 63, 68, 87 f., 92, 95, 116, 128, 131; **5** 13, 16, 74, 95, 115 f., 120; **6** 75, 78; **14** 95, 113, 115, 132; **15** 63
Anlageinteressent 1 8, 40, 47; **2** 34, 46; **3** 192; **4** 87; **5** 11 f., 57, 59, 74, 95; **6** 128; **9** 28, 53, 73; **10** 47; **11** 27, 39; **13** 75; **14** 102, 106 ff.
Anlagevermittlung 2 141; **3** 86 f., 91, 97 f., 111, 155, 162, 170, 182, 185, 190, 195 f.;

5 1 ff., 47 ff., 67 ff., 127 f.; **6** 17, 46 ff., 56, 131, 142; **7** 20, 34, 60 ff., 70, 74, 81, 84 f.; **8** 10, 27 ff.; **9** 47, 58, 65; **10** 41; **11** 5, 39 ff., 67, 75; **13** 35 ff., 44 f., 48, 50 f., 53 f., 56, 61, 104 f., 124; **14** 3, 75 ff., 79, 115, 125; **15** 22 f., 26 f.
– -svertrag **5** 10; **6** 49, 78; **7** 63, 67; **8** 8
Anlageziel 1 11 ff., 16, 18, 42, 71, 79; **2** 9, 24, 35, 38, 40; **4** 38, 110; **5** 5 f., 35, 44, 99; **14** 30, 95, 104
Anlegeranwalt 3 1, 4, 6, 9, 118, 157; **4** 5, 58, 173; **6** 53, 211, 215; **7** 66, 69; **8** 49; **11** 14, 64, 120, 125, 139, 159; **13** 132; **14** 25, 83, 94, 117, 129, 136, 146 f.; **15** 3, 5, 10, 12, 35, 53, 80
anlegergerecht 1 20, 41, 49, 54, 71, 77, 93 f., 96, 103; **2** 8 f., 24, 35, 37 f., 40, 83, 86, 105; **3** 1, 70, 75, 187; **4** 35, 38, 63, 107, 110, 134; **5** 3 f., 45, 6; **6** 75; **8** 44 **14** 101, 113; **15** 67, 69
Anlegerreklamation(en) 1 13, 105; **2** 4 f., 101; **3** 4, 10, 20, 70, 122, 157, 164, 167; **4** 36, 44; **5** 90; **6** 51, 148; **7** 75; **8** 26; **9** 3, 44; **11** 91, 133; **12** 93, 120; **14** 42, 81; **15** 2, 35, 69, 80
Anleihe(n) 1 31 ff., 36, 48 ff.; **2** 52, 63, 95 f., 109 f.; **3** 188, 197; **4** 102, 106, 123; **11** 137; **12** 4, 34
– Auslands- **1** 48 f.
– DM- **1** 30
– Unternehmens- **1** 28
Apollo 6 45, 146; **10** 32, 43; **13** 79, 83, 130
Asset Tracing 13 145
atypisch stiller Gesellschaft/er 11 16, 20, 43 f., 49, 51
Aufgeld 3 14, 40, 48; **6** 46
Aufklärungsdefizit 2 62, 67, 93, 114; **3** 19 f., 61, 70, 118, 121, 199, 201; **4** 124; **5** 72; **6** 68; **14** 19, 57, 92, 94
Aufklärungspflicht 1 25, 62, 71, 87, 92; **2** 8 f., 26, 30, 32, 35, 54, 71 f., 74, 126, 128, 132; **3** 2, 5, 7, 12 ff., 32, 38, 45, 76, 83, 86, 93, 97, 101 ff., 125 ff., 131 f., 140, 142, 144, 146, 149, 173, 175 f., 179, 181, 183; **4** 17, 36, 46, 49, 61, 69 ff., 88 f., 92, 97, 99, 120 f., 125 f., 128 ff., 170, 195; **5** 15, 30, 51, 63, 65, 73, 81; **6** 68, 75; **7** 6; **8** 1, 3 f., 8, 15, 23, 41, 51 f., 55, 58; **9** 48; **10** 1, 98; **11** 53; **12** 25, 51; **13** 44 f., 47, 50, 53, 55, 74; **14** 16, 30, 43, 50, 59, 68, 99; **15** 24, 29
Aufklärungspflichtverletzung 2 91, 126, 130, 132, 147; **4** 124; **8** 6, 13; **14** 33, 74, 81 f., 92, 94; **15** 44
Aufklärungsinteresse 3 83
Auftrag 1 10; **3** 27, 29, 38 f.; **4** 190; **5** 86 f., 103 f., 106 f.; **6** 44, 139, 143; **7** 17, 19, 62; **8** 24, 59;

Sachverzeichnis

10 30, 54 f., 81, 83, 95, 124; **11** 132; **12** 75; **13** 28; **14** 47; **15** 10, 63
- Gutachten- **7** 21, 34 f.; **9** 2, 5, 9, 10 ff.; **11** 37; **13** 87 ff., 100 f.
- Kauf-/Verkaufs- **4** 149, 157 f., 166
- Objekt- und Finanzierungsvermittlungs- **5** 11; **6** 47; **7** 81; **8** 29; **11** 36; **13** 36 ff., 53
- Treuhand- **5** 21, 58, 86; **8** 27; **11** 67 ff., 84 f., 91; **13** 105
- Wertpapier- **2** 25; **3** 124 f., 127, 131; **4** 128; **5** 112, 121

Aufwand 1 100; **3** 5; **5** 14, 57, 59; **6** 145; **11** 106; **13** 26, 53; **14** 146
Außergewöhnliche Steuervorteile 11 108 f., 113

BaFin 6 90 ff.; **12** 8, 36, 75; **13** 69 ff.
Basisinformation 2 61, 72, 79
Bauherrenmodell 9 50
Bausparvertrag 13 35
Beipackzettel 1 25; **2** 141
Beraterbank 2 10, 113 f.; **3** 47, 56; **4** 120; **14** 93
Beratungsprotokoll 1 22 ff.; **2** 141; **3** 187; **15** 6
Berlin 5 67, 71; **6** 69, 72, 83, 145; **7** 46, 101; **9** 44; **11** 159
Berufshaftpflichtversicherer 5 128; **8** 4, 26, 64; **10** 6
Berufsträger 8 2, 4, 23, 34, 41, 50, 52; **10** 5; **11** 136; **14** 8 f., 47, 52; **15** 55
Blind-Pool-Konzept 13 80, 82 f., 96
Blockademöglichkeit 7 54, 58
Börsencrash 1 85, 102
Börsengang 6 159 ff., 173, 179, 185, 188
Börsenkurs 4 143, 145; **5** 41; **11** 7; **12** 18 f.
Börsenzeitung 1 50; **2** 52, 57
Bond 1 28 ff., 55, 63 f., 87, 107; **2** 12, 34, 52, 68; **3** 70; **4** 38; **5** 16, 95; **10** 30, 81; **14** 37
Bonität 1 13, 37, 48 f., 61; **2** 16, 107; **3** 24; **4** 1, 103, 111 ff., 121, 134; **5** 109, 128; **6** 22, 39, 146; **7** 84; **10** 6, 30, 32, 43; **10** 88, 103; **11** 3, 75; **12** 54, 58; **13** 17, 84
Brüssel 13 80, 84, 96

case law 3 187; **12** 4
Cinerenta 3 30; **6** 45 ff., 98, 146; **7** 59 ff.; **8** 5, 19; **9** 36; **10** 4, 6, 26 ff., 61; **11** 92; **13** 13, 23, 56 f., 68, 80, 130; **14** 50
Chance 1 27, 34; **2** 9, 133; **3** 3, 71; **4** 6, 32, 43 f., 70, 79, 91, 94, 100, 195; **5** 32; **6** 6, 31, 60, 107, 216; **7** 126; **8** 30; **10** 4, 39; **11** 48 f., 89; **14** 99; **15** 10, 12
Chance-Risiko-Profil 4 43
Churning 3 38; **5** 8, 42 f.
CMS Spread Ladder Swap 4 10, 21 ff., 58, 60 f., 66, 69, 82, 90, 97
Cross Currency Swap 1 62; **4** 8, 51 ff.
Culpa in contrahendo 1 8; **3** 32; **6** 191; **7** 6, 50, 74; **8** 1, 9; **9** 47; **10** 9, 41, 63, 89; **14** 46

Defeasance 6 98, 138 ff.; **10** 32; **11** 7, 10, 159; **13** 26; **14** 83, 85; **15** 28
Defeasance-Struktur 2 121 f.; **6** 138 ff.; **10** 32; **11** 10, 159; **14** 85
Deutschlandfonds 8 27 ff.; **11** 67 f., 76; **14** 50
Delikt 3 52 f.; **4** 174; **6** 17, 44, 185; **7** 50; **8** 45; **9** 17, 47; **10** 7, 9, 91, 98; **13** 1 ff.; **14** 33, 35 f., 42, 53, 59, 62, 71 f.; **15** 11, 49 ff.
Derivat(e) 1 25; **2** 63; **4** 5 ff., 31 f., 35, 37, 50, 197
Diplom-Volkswirtin 4 35, 40
Direktbank 5 85, 88, 91 ff., 105 f., 108 f., 112 f., 115 ff., 121, 126
Direktkommanditist 6 127; **8** 2, 19, 58; **10** 28, 104; **11** 116, 124
Discount-Broker 5 91 f., 95, 99, 115 f., 118, 121

Effekten 1 48, 55, 61, 96; **3** 23 f., 59; **11** 137 f., 146, 151
Eigeninitiative 7 15 ff.
Eigenkapitalvertrieb 5 51; **6** 56; **7** 19, 70; **8** 61; **13** 56 ff.
Eigenverantwortlich/keit 1 90, 101, 106; **2** 9, 16, 33, 46, 48; **3** 100; **4** 4, 6, 48; **5** 4, 6, 64 f., 81, 84; **9** 5; **10** 51
Einlagensicherung 2 18 ff., 30 f., 33, 38 ff., 79; **4** 103, 107, 114, 178, 186
Einlagensicherungssystem 2 40; **4** 103, 114
Einzahlungstreuhänder 6 131 f.; **7** 19, 34; **10** 102 ff.
Emittent 1 13, 32, 37, 48 f., 72; **2** 77, 79, 84, 90, 95, 97 ff., 103, 107 ff.; **3** 119, 123 ff., 127, 142 f., 155; **4** 102 f., 111, 113, 118, 123, 128, 131, 134; **6** 7; **8** 34, 43; **9** 29 f., 88; **12** 24, 26, 85; **15** 15, 17 f., 21 f., 27
Empfehlung 1 6, 48 ff., 80, 107; **2** 36, 95, 128; **3** 5, 63, 179, 185; **4** 38, 47, 68, 92, 129; **5** 67, 86, 88, 99, 106; **6** 69, 78; **13** 18; **14** 29 f., 57, 101, 130
- Anlage- **1** 13, 17; **2** 48; **3** 25, 29, 49, 54, 56, 82, 85; **4** 44; **5** 19, 91; **14** 25, 96
- Beratungs- **3** 29, 39
Entschädigungseinrichtung 2 22; **4** 18 ff., 178, 191 f.
Erfüllungsgehilfe 7 6, 85; **8** 4, 25, 39, 62
Erkennbarkeit 13 91, 93, 134, 140
Ermessensrichtlinie 5 6, 8, 31, 36, 40
Execution Only 1 10; **3** 39; **5** 3, 18 ff., 85 ff., 105 ff.

Fachpresse 10 75
Fahrlässigkeit 3 52 f., 58, 103 ff., 108, 110, 113, 131, 146, 181; **4** 97 f.; **5** 121; **6** 154; **7** 13; **8** 25, 36, 42; **9** 93; **12** 24, 49; **13** 66 f., 76, 87, 134, 137; **14** 15, 33, 35, 42, 59, 62, 66 ff., 71, 98 f., 103, 105, 107
Falk Zinsfonds 10 53 ff., 87 f., 90, 97 f.
Festpreisgeschäft 2 76, 82; **3** 119, 123, 125, 127, 132, 138; **4** 103, 108, 115, 120, 123, 125, 127 f., 131
Financial Times 2 52, 56

Sachverzeichnis

Finanzkrise 2 71, 81, 101; **4** 1, 124; **12** 81; **14** 152, 154
Finanzmarktförderungsgesetz 14 21
Finanzmarktkrise 2 63 ff., 71, 73, 93, 101, 103, 121; **4** 13, 82, 104; **12** 1 f., 39, 82; **14** 23
Finanzverwaltung 2 122; **6** 15, 147 f.; **11** 96
Folgeprozess 11 114
Fondsinitiator 13 44, 50; **15** 31
Fondskonzept 6 6, 34, 63, 95, 97 ff., 101, 146, 156; **7** 76, 79, 102; **8** 50; **10** 17, 32; **11** 10, 22, 96, 159; **13** 15 ff., 72, 132; **14** 115

Garant 2 99 f., 107; **4** 175; **6** 146, 155; **7** 12, 89, 93, 95 f., 106, 113, 123; **9** 14, 50, 72 f.; **15** 20
– Miet- **6** 113 ff.
Garantenstellung 7 81 ff., 98 ff.; **10** 66
GbR 2 42; **4** 52; **5** 67, 69, 120, 122; **10** 53; **11** 46, 49
Gefährdungshaftung 3 39; **6** 43; **11** 38; **13** 55
Gemeinde 4 72 ff.; **9** 38, 41 f., 45
Genugtuung 11 3
Gesamtprovision 13 53
Geschäftsbesorger 4 190; **6** 142; **8** 45; **11** 80, 87
Geschäftsführer 2 121; **3** 40, 57, 133 f., 141; **4** 23, 30, 135; **6** 40, 44, 47, 57, 64, 114, 127, 142, 149; **7** 32, 55, 60, 70 ff.; **8** 45 ff.; **10** 3 f., 56, 69, 81, 83, 91 ff., 114; **11** 10, 116 f., 132; **13** 34, 56 ff., 69 ff., 86, 94 ff., 102, 106, 115, 125, 133 f., 136 ff.; **14** 37, 81
Geschäftsleitung 6 44; **7** 101, 110; **10** 1, 4, 15, 59, 64, 70, 73, 90, 99, 101; **11** 121; **13** 29, 84, 124, 131
Geschäftsverbindung 2 19; **3** 20, 59
Geschlossene Beteiligung 1 88; **3** 14, 72, 86, 103, 106, 108, 117; **5** 51; **6** 1, 4 ff., 18 f., 59, 74, 90, 97; **7** 4 f., 7, 41, 43, 65, 69, 125 f.; **8** 7, 14, 23, 26, 44; **9** 2, 31, 35, 37, 56, 58, 66; **10** 1, 3, 5, 48, 53, 58, 88; **11** 1, 7 f., 22, 24, 46, 74, 76, 79, 96, 101, 105, 112, 121, 156, 158; **13** 69; **14** 8, 14, 45, 96; **15** 3, 82
Gewinnkalkulation 4 17
Gewinnmarge 3 5 ff., 124, 127 f., 132, 138; **4** 16, 36, 46, 49, 70, 80, 107 f., 115, 117, 125
Girokonto 3 24
Göttinger Gruppe 2 15; **11** 22; **13** 108
Grauer Kapitalmarkt 2 15; **4** 181; **6** 4, 7, 187, 189; **7** 124; **8** 49; **11** 1 ff.; **13** 10, 58; **14** 14
Grobe Fahrlässigkeit 12 24; **14** 105, 107
Gründungsgesellschafter 6 127; **8** 1 ff., 5 ff., 27 ff., 58, 60 ff.; **9** 31; **11** 49, 57; **15** 19
Grundrenditefonds 5 47
Grundschuld 1 55, 58, 80, 82; **7** 82
Güteantrag 6 203 f.; **14** 115, 120 f., 123 f., 138
Gutachten 1 61; **9** 1 f., 6, 10, 13, 15, 23, 25 ff., 29 f., 40, 47, 62, 70 f., 73, 75, 77 f., 79 ff., 85, 98 f.; **10** 23; **11** 37, 140; **13** 91 ff., 101, 125; **15** 55
– -sauftrag **9** 2, 9 f., 26, 28, 30, 48, 56, 59, 69, 76, 78, 81, 85, 87 f., 90; **13** 92, 101
– -serstellung **13** 101
– -svertrag **6** 17; **9** 77
– Rechts- **6** 116, 125, 128
– Sachverständigen- **6** 72
– s. auch Prospektgutachten
Gutachteninhalt 9 2; **11** 37

Haftungsadressat(en) 1 1, 4; **3** 25, 27; **5** 89 f., 109, 124, 128; **6** 16, 27 f., 58, 68, 216; **8** 9 f., 12 ff., 51, 63 f.; **9** 46 ff., 72; **10** 6 f., 21, 34, 88; **11** 3 f., 8, 13, 65, 141, 159; **13** 5, 7, 12 ff., 21, 23, 58 f., 68, 91, 140 ff.; **14** 8, 15, 42; **15** 10, 12, 55
– s. auch Prospekthaftungsadressat
Handelsblatt 2 43, 52 ff.
Handelsvertreter 3 63; **5** 11; **13** 106, 117; **14** 130
Handyland-Betreiber 3 47
Hemmung 6 178, 203 ff., 208; **14** 18 ff., 97, 112 ff., 130 ff.; **15** 5, 12, 78
Hintermann 6 26, 156; **7** 12, 112, 123 f.; **9** 66; **15** 20
– -eigenschaft **7** 80, 89, 106; **10** 66; **13** 21
– -haftung **7** 53

IDW-Standard 7 109; **9** 5, 7 f., 15, 21, 23, 36
IDW-Standard S4 9 4, 6, 9, 15, 17, 24, 28, 33
Immobilien 2 59, 64 f., 96 f., 169, 184 f.; **4** 52, 136; **5** 47, 50, 59, 71; **6** 4, 70, 72, 74, 83 f., 88, 91, 113, 118, 159 ff., 185, 192, 210; **7** 4, 84, 97; **10** 102; **11** 16, 76; **12** 34, 39, 69 f., 74, 84, 86; **13** 35 ff., 103, 115, 134
Immobilienfonds 2 59 ff.; **3** 14, 86, 91, 97, 101, 112; **5** 47, 52, 59 f., 63, 67, 76; **6** 19, 67, 69, 73, 77, 84, 88, 113, 122, 128; **8** 26 f.; **10** 53; **11** 66, 87, 96, 137; **13** 103; **14** 14, 95, 101, 112, 115, 130, 136
Informationsempfänger 1 7
Informationsfülle 1 25
Ingerenz 3 39; **7** 15 ff, 44 ff., 59 ff.
Innenprovisionen s. Provisionen
Insolvenz 1 32, 49; **2** 4, 38, 45, 63, 77, 79, 81, 84, 90, 98, 100, 114; **3** 119, 172; **4** 1, 19, 58, 102, 106, 123, 182, 190; **5** 89, 91, 94, 96; **6** 101, 105; **7** 26, 98; **8** 8, 26, 53; **11** 16, 23, 29; **12** 39; **13** 69; **15** 51
– – risiko **2** 39 f.; **4** 112 f.
– – verwalter **2** 18; **4** 183, 193; **8** 50; **10** 102, 111, 113, 120, 122; **13** 70; **14** 95
Internet 2 12, 46, 58, 104; **5** 18; **14** 115, 128; **15** 80
Investition 1 8, 13, 19, 27, 107; **2** 7, 9, 31, 48, 59, 65, 71, 133; **3** 14, 16, 19, 21, 66, 70, 85, 159, 192, 201; **4** 3 f., 49; **5** 3, 5, 8, 29, 35, 40 f., 44, 51, 71, 88, 109; **6** 5, 7, 15, 31 f., 39, 43, 74, 91, 112, 114, 112, 125, 131 f.; **7** 4, 19, 57, 62, 117, 127; **9** 16, 44, 58; **10** 15, 24, 30, 75, 126; **11** 2, 7, 22, 48, 76, 87, 96; **12** 40, 52; **13** 18, 26, 36, 49, 68, 91, 103; **14** 12 f., 40, 101, 110; **15** 64
– -schancen **2** 9
– -sobjekt **2** 9; **3** 70, 72; **6** 123; **9** 58
– -splan **3** 64, 87 f.; **6** 45 ff., 112; **7** 19; **13** 63

401

Sachverzeichnis

– Aktien- **1** 102, 107; **5** 37
– Anleger- **1** 8; **2** 4 f.; **3** 20, 89, 159, 192; **5** 51; **6** 4; **9** 24; **11** 4; **13** 3, 10, 26, 130
– Immobilien- **6** 74; **11** 76
– Nettoproduktions- **6** 22; **13** 17
– Vertrauens- **7** 9; **11** 24; **13** 92 f., 121
Investmentvermögen 3 14; **6** 1 ff.; **8** 2; **15** 82
Investor- und Treuhand Beratungsgesellschaft mbH 6 47 f., 50, 62, 64; **7** 60 ff., 70, 72 f.; **8** 6, 8, 21; **13** 56 ff., 61, 63, 65 f.
INVICTUM 6 93

Kapitalanlagebetrug 6 17, 26; **13** 11, 33, 62, 68, 96, 98, 102 ff.
Kapitalanlagegesellschaft 2 60, 67, 70 ff.; **3** 14, 40 f., 47, 49, 56; **4** 186; **14** 14, 57, 96
Kapitalanlagegesetzbuch s. KAGB
KAGB 1 25; **2** 65; **6** 8 f., 121; **7** 5, 9, 12, 123; **9** 6, 21 f.; **10** 7, 125
Kapitalanlagemodell 11 137, 149; **13** 44, 102, 111; **14** 49
Kapitalanlagemusterverfahrensgesetz s. KapMuG
Kapitalmarktinformation 4 171; **12** 1 ff.; **15** 20, 23 f., 27
KapMuG 3 89; **4** 170 f.; **6** 144, 158, 191, 201, 209; **15** 2 ff., 28 ff.
Kausalitätsvermutung 3 21, 84; **4** 95; **15** 64
Kernbereich 5 76 f., 83
Kick-Backs 2 81, 123; **3** 1, 4, 14, 20, 27 f., 40 ff., 111, 130, 137, 158; **4** 36; **14** 59, 81
Kick-Back-Joker 2 81, 123; **3** 1, 4, 118, 122, 157, 167; **14** 81, 83; **15** 69
Kommissionsgeschäft 2 81; **3** 134, 138, 140, 142, 144 f., 149; **4** 103, 115, 126, 129 ff., 132; **5** 112, 120; **6** 95, 103; **13** 69
Kommune 4 5, 197
Konservativ 4 105; **5** 22, 28, 37, 41; **12** 71
Konkurrenzprodukt 2 41; **3** 19, 54; **6** 109
Kontokorrentkreditsaldo 1 101
Konzern 3 40, 54; **6** 146, 161, 163, 165, 168, 170, 178, 195, 197; **12** 7, 10, 60 f., 79; **13** 130; **14** 115
-dachgesellschaft **7** 105
-mutter- **7** 118
Konzerngesellschaft 3 47, 56; **14** 57
Kredit 1 55, 61, 67, 77, 80 ff.; **2** 24, 64; **3** 54, 63; **4** 3, 7 ff., 31, 52; **6** 84; **7** 81, 84 f.; **11** 67, 71, 74, 76; **12** 31, 34, 60, 63, 79, 81, 90; **13** 35 ff.
– -verhältnis/rechtsverhältnis **1** 64, 87, 92; **13** 45
Kreditaufnahme 1 88 f.; **11** 76
Kundenwunsch 2 6 ff., 17 ff.

Landwirt(e) 1 55, 60 f.
Lebensversicherung 3 184 ff.; **11** 67, 72
Lehman 2 4, 63, 76 ff., 95 ff., 119 ff.; **4** 1, 58, 102 ff., 122 ff.

Mahnbescheid 9 43, 50; **4** 18, 95; **14** 130 ff.
Managementfehler 6 44; **11** 10; **13** 34
Marketing 3 65; **4** 195; **6** 6; **7** 45, 47
Margin 4 11 f., 152 f., 158
Marginanforderung 4 12, 145, 150, 161
margin call 4 135, 137, 139 f., 142, 149 f., 156 f.
Master Star Fund Deutsche Vermögensfonds I AG & Co. KG (s. auch MSF) **6** 90, 123; **7** 44, 49, 98; **11** 22 f., 28; **13** 69
MBP 10 81 ff.; **14** 37
Mehrfachfunktion 9 31 ff.; **10** 19 ff.
Mietausfall 6 72, 80
Mietausfallwagnis 6 81
Mieteinnahmen 5 48; **6** 70; **14** 95
Mittelfreigabe 8 21; **10** 4, 15, 30, 43, 67, 84, 90, 93, 98 f.
– -voraussetzungen **10** 81
Mittelverwendungskontrolle 6 114, 131 f., 49; **7** 81; **8** 5, 10; **10** 2 ff., 10 ff., 21, 23 f., 30, 37, 42 f., 48, 51, 54, 61, 66, 71, 75, 79, 81, 83, 87 f., 90, 93 f., 96, 98, 103, 126; **14** 37 f., 48, 52
Mittelverwendungskontrolleur 6 114, 140; **8** 5 ff.; **9** 3, 31, 36; **10** 1 ff.; **11** 5; **13** 79 ff.; **14** 3, 37, 43, 46, 48 f., 52
Mittelverwendungskontrollvertrag 10 9, 14 ff., 25, 29 f., 34 f., 39, 55, 58, 61 f., 64, 67 ff., 72, 76, 78, 81 f., 84, 89 f., 95, 99, 103 f., 113 ff., 116, 122; **14** 37
MSF 6 90; **7** 44, 98, 105; **11** 22, 28; **13** 69 f., 74

Nachschusspflicht 5 69
NASDAQ 5 24, 37, 40
New England International Surety 13 80 ff., 96 f., 99
Nichtzulassungsbeschwerde 4 135

Offener Immobilienfonds 2 59 ff.; **13** 103
Operative Medienfonds 6 20, 45, 51, 122, 146; **9** 61; **10** 32, 86; **13** 17, 26, 30, 80, 130
Optionsgeschäft 5 22, 38

Panama 13 82, 84, 96
Penny Stocks 5 29
Personelle Verflechtungen 6 64, 68; **7** 44 ff., 59 ff.
Phoenix 4 19, 178 ff.
Platzierungsgarantie 3 66, 87, 91
Plausibilität 2 131; **5** 75 ff., 82; **6** 17, 78; **9** 40; **10** 81; **14** 37
Plausibilitätskontrolle 5 14, 75 ff., 83
Plausibilitätsprüfung 5 16, 57, 82; **14** 134
Positive Anlagegrundstimmung 11 24; **12** 51
Präventivfunktion 7 23; **10** 4
Private Equity 6 91 f., 102
Private Placement 6 74
Produktionskosten 6 21, 23, 34, 45, 62 f., 146, 151; **10** 30, 32, 81; **13** 18; **14** 37
prohibitiv 2 41; **4** 48; **10** 25
Prokurist 4 23, 40
Prospekt 1 31; **2** 97, 115 ff., 122, 129, 141; **3** 64 ff., 86 ff., 134, 155, 164, 174 f.; **5** 14, 47, 49 f., 53,

56 ff., 68, 70 f., 73 ff.; **6** 2 f., 6 ff.; **7** 2, 7, 9 f., 16 f., 19, 21 ff., 27 ff., 34 ff., 58, 61, 63 ff., 71 ff., 81, 88 ff., 100 f., 104 f., 109, 113 f., 116, 121, 123 f., 126; **8** 1, 5, 13, 18, 29 ff., 35, 38 f., 42, 44, 46, 51, 58; **9** 2, 4 ff., 34 f., 37, 39 f., 44, 47, 53, 58, 61 ff., 70, 72 f., 75, 81 ff., 98; **10** 24 f., 28, 46 f., 52, 54 f., 81, 86, 93 f., 98, 102 f.; **11** 6 ff., 45, 48, 68, 136, 149; **12** 62, 69, 89 f.; **13** 3, 15, 18, 23 f., 26, 30, 34, 44, 56, 61 ff., 69, 71, 79 f., 82 ff., 102 ff., 113, 115 ff., 124, 132 f., 138; **14** 37, 75 ff., 83, 85, 95 ff., 113, 115; **15** 9, 17, 20, 24, 26 f., 29, 32, 50, 57, 64
Prospektfehler 5 75, 83; **6** 1 ff.; **7** 1 ff.; **8** 8 f.; **9** 67, 81, 98; **10** 7; **11** 10, 24, 32, 34, 39; **13** 30, 83, 116, 132; **14** 115; **15** 57 f., 64
Prospektgutachten 7 34, 121; **9** 5, 9 ff., 17, 24, 28, 35 f., 62, 65, 71, 73, 78 f., 85 f., 97 f.; **10** 24 f., 56, 61; **13** 79, 88, 99
Prospektgutachtensauftrag 9 10, 29, 51, 71, 75, 81; **11** 37
Prospektgutachtensvertrag 9 54, 74 f.
Prospektgutachter 5 14, 17; **6** 26; **7** 26, 109; **9** 1 ff.; **10** 19, 23 ff.; **11** 5, 37; **13** 79 ff.; **14** 3
Prospekthaftung 2 109; **4** 175, 177; **6** 3, 16, 43, 127, 131, 178, 186 f., 189; **7** 3 ff., 23, 25, 30 ff., 35, 52 f., 58, 65, 74 ff., 78 f., 87, 93, 95, 123; **8** 7, 9; **9** 3, 12, 47, 50 ff., 72, 91, 97; **10** 7, 66; **11** 16 ff., 43, 137 f., 146, 148 ff.; **13** 21 f., 86, 128; **14** 7, 9; **15** 38, 58, 82
– -sadressat **7** 1 ff., 70, 74, 92, 126; **11** 37, 42
Prospekthaftung im engeren Sinne 2 109, 186; **6** 186 f., 189; **7** 1, 6 ff., 10 ff., 14, 23, 32, 53, 74 f., 89, 95, 106, 110, 112 f., 123, 126; **8** 7, 17; **9** 3, 50, 72 f.; **11** 6, 24, 27, 33, 37; **13** 3, 59; **14** 7, 9; **15** 57
Prospekthaftung im weiteren Sinne 6 131, 191; **7** 6 ff., 25, 31, 74; **8** 1, 9, 11 f., 14, 55
Prospektherausgeber(in) 1 88; **6** 15, 21, 23, 35, 41, 44, 77, 80, 82, 98, 114, 142; **7** 24, 35, 37; **9** 10, 14, 23, 47, 61; **10** 23; **11** 5, 41
Prospektprüfung 9 39
Prospektverwendung 7 8; **8** 1; **11** 36
Provision 2 117, 128; **3** 26, 35, 38 f., 60, 67 f., 79 ff., 95, 97, 101, 109, 111, 127, 131 f., 134, 146 f., 155, 163, 166, 170 f., 179, 182, 194 ff.; **4** 115, 129 ff.; **5** 11, 118, 120; **7** 20, 60; **8** 6, 21; **13** 40, 53, 56, 61; **14** 85, 91, 114 f.
– Außen- **5** 65
– Effekten- **1** 96; **3** 23 f.
– Innen- **3** 14, 72, 95, 129, 132, 174, 179, 181, 183, 200; **4** 89; **5** 47 ff.; **13** 52
– Vermittlungs- **3** 86, 184 ff.; **6** 48; **13** 41, 104 f.
– Vertriebs- **2** 128; **3** 80 f., 93, 129, 132, 139, 142 f., 180, 182; **4** 123, 128; **6** 62; **13** 63; **14** 78, 113, 134

Quote 2 111; **3** 14; **5** 25, 35, 39 f., 65; **6** 73, 146, 192; **11** 96; **13** 104 f.
– Mittverschuldens- **1** 98

Rat 1 6, 96; **2** 46, 93; **14** 108
Rechtsanwalt 4 167; **6** 29; **11** 89; **12** 57; **13** 125; **14** 8, 21, 34, 40, 52, 115, 117, 133; **15** 10
Rechtsberatungsgesetz 11 9, 89, 91
Rechtsirrtum 3 110, 146, 181; **4** 98; **13** 53; **14** 68
Regress 3 9, 118, 157; **5** 45, 90 f.; **6** 40; **11** 65, 120, 142
Rendite 1 61, 89; **2** 133; **4** 3, 16, 185; **5** 59; **6** 20, 41; **7** 103; **8** 28; **9** 61; **11** 96
Renditeerwartung 1 13 f., 27, 107; **2** 127; **3** 187; **6** 14; **10** 10, 86; **11** 87; **13** 26
Rente(n) 7 103; **8** 28; **11** 19, 22, 28
Retail-Bank 1 10; **5** 18
Risiko 1 6, 25 ff., 33, 44 f., 48 f., 72 f., 88 f., 92; **2** 9, 35 f., 38, 51, 59, 61, 68 f., 71 f., 74, 79, 86, 107 f., 123, 139; **3** 3, 71, 84, 110, 193; **4** 1, 4 ff., 12, 32 f., 35, 38 ff., 64 f., 70, 79, 91 f., 100, 103 ff., 110 f., 113, 121, 134, 145, 148 f., 161, 197; **5** 5 f., 8, 32, 41, 69, 87, 98; **6** 6, 8, 13, 15, 21 ff., 28, 32, 38 f., 41, 43, 45, 51 f., 59 ff., 71, 80 f., 83 ff., 89, 98, 106 f., 111, 120, 128, 136, 144, 146, 151, 158, 195, 197, 199, 210, 216; **7** 10, 65; **8** 28, 30, 37, 39, 43; **9** 24, 30, 54, 61, 90; **10** 4, 21, 32, 86, 125; **11** 3, 29, 32, 36, 48 f., 67, 114 f., **12** 24, 40, 78; **13** 23, 26, 44, 77, 91, 125, 136; **14** 19, 22 ff., 30, 90, 95, 99 f., 101, 109, 115; **15** 10, 24
– -absicherung **4** 88; **6** 21
– -aufklärungs-/-hinweise **1** 21, 71; **2** 26, 83, 90, 109; **4** 44, 48, 118; **5** 79; **6** 13, 15, 98, 101, 106; **8** 31; **9** 68; **11** 45; **13** 49; **14** 115
– -minimierung **1** 10
– -profil **2** 79, 86
– Insolvenz- **2** 39 f.; **4** 112 f.
– Kurs-/Währungs- **1** 33, 37, 44, 72 f., 78; **4** 54, 64 f., 67, 92
– Mietausfall- **6** 80
– Prospekthaftungs- **7** 11, 125; **8** 26, 86 f.
– Verlust-/Totalverlust- **1** 49; **2** 38, 79, 107; **4** 9, 27, 39, 41, 43, 48, 54, 66, 68; **6** 6, 13 f., 23, 31, 35, 37, 41, 60 f., 66, 73, 77, 84 f., 88; **9** 64; **12** 34; **13** 34; **14** 95, 101, 113, 134; **15** 8 f.
Risikobereitschaft 1 11 f., 14, 16 ff., 42, 50, 69, 77, 107; **2** 24, 35; **4** 38, 53, 105, 110; **5** 6, 44

Sachverstand 2 51; **4** 111; **5** 16 f., 41; **6** 78 f.
Schadensberechnung 2 91; **4** 96; **5** 41, 45; **11** 61, 102, 107, 109, 112; **12** 52
Schmiergeld 3 27, 48, 115
Schrottimmobilien 7 97; **13** 35 ff.
Schuldrechtsmodernisierung 14 5, 7
Schutzbedürftigkeit 9 52 f., 57 f., 91; **10** 89; **11** 52; **13** 121
Securenta 11 16, 18 f., 21; **11** 29, 31 f., 36; **13** 108
Selbsteinschätzungsbogen 1 11 ff., 16 f., 22
Sicherheitsnetz 6 32; **9** 61; **13** 26
Sittenwidrigkeit 4 86, 94; **5** 42, 59; **9** 26; **12** 73; **13** 7, 74, 78, 82, 96, 98 f., 101, 107, 138, 143
Sonderkonto 10 55 f., 67 ff., 72
Sondervermögen 2 79, 84, 88; **4** 113; **6** 159

Sachverzeichnis

Sondervorteil 7 71; **10** 1; **13** 66 f.;
sozial gefördert 9 44
Sparkasse 1 55 f., 66, 67, 73, 77; **4** 51, 57, 102 f., 108
Spekulation 1 55 ff., 89, 91, 101; **2** 24, 63; **4** 2, 7, 33, 41, 43, 62, 85 f., 93, 100, 144 f., 180, 197
– Aktien- **1** 80 ff., 94, 96; **4** 135 ff.
– Wertpapier- **1** 89, 92, 94
– Zinsen-/Devisen- **1** 62
spekulativ 1 32, 34, 43, 77, 79, 107; **2** 26, 72; **4** 1, 11, 31 ff., 39, 53, 92, 94, 100, 118; **5** 27, 40
Spesenreiterei 3 38; **5** 43
Staatsanwaltschaft 6 52, 98; **12** 75; **13** 57; **15** 53
Steuerberater 6 74; **8** 23; **9** 31; **11** 117; **13** 13; **14** 8, 21, 34, 40, 52
Steuersparmodell 6 5; **11** 10 ff., 80, 96; **13** 49
Steuervorteil 6 113, 145; **11** 10 f., 92 ff., 96, 98
Stille Beteiligung 2 42, 44; **11** 26, 55
Subprime-Krise 2 4; **12** 1 f., 39, 41, 54 f., 61, 70, 75, 77, 81
Substantiierungslast 11 99, 102
Swap 4 3, 7 f., 10, 21 ff., 51 ff., 72 ff., 145

Terror-Anschläge 4 2
Totalverlust 4 114; **6** 73, 84; **13** 132; **14** 95; **15** 8 f., 24
– -risiko **2** 79; **4** 48; **6** 31, 35, 37, 41, 61, 66, 77, 84 f., 88; **13** 34; **14** 95, 113, 134
Transaktion(en) 1 100; **2** 24; **3** 16, 32, 61, 103, 108, 138, 159; **4** 3, 133; **5** 3, 7, 18, 88
– -svollmacht **5** 85, 87, 107
Transparenzgebot 3 169 ff., 198; **4** 98; **11** 147
Treuhänder(in) 3 86, 93 f., 99, 195; **6** 127; **7** 25, 44, 98; **8** 2, 4, 10, 13, 15, 21, 26 f., 34 f., 45 ff.; **9** 3, 60; **10** 19, 28, 35, 61, 81 f., 89; **11** 66 ff., 124, 136; **13** 69 ff., 115; **14** 3, 37
– Beteiligungs- **7** 19
– Einzahlungs- **6** 131 f.; **7** 19, 34; **10** 102 ff.
– Register- **8** 50; **11** 121, 123
Treuhandkommanditist/in 6 113, 127, 138; **8** 5, 15, 17 ff., 26 f., 34; **9** 31; **10** 30, 46, 103; **11** 94, 116 ff.; **13** 69 ff., 102; **14** 50

Überinformation 2 12, 46 f., 55; **11** 153
Und-Zeichnungsberechtigung 10 59, 64, 70
Unklarheitenregel 13 53 ff.
Ursächlichkeit 2 132; **4** 95; **9** 98; **11** 34, 104, 137; **15** 58, 64 f.

Verbraucherdarlehensvertrag 11 66
Vergütung(en) 1 76; **2** 2, 14 f., 81 f., 118; **3** 1 ff.; **4** 36, 44, 69, 99, 108, 117, 120, 124 ff., 132; **5** 43, 49, 51, 54, 58, 65, 92, 104, 112, 126; **6** 46, 49; **7** 21, 61, 73; **9** 90; **10** 32; **13** 51, 57, 61, 63, 65; **14** 94
– Rück- **1** 34; **2** 124, 128 ff., 133; **3** 9 ff., 20, 25, 27, 29, 55 ff., 59 ff., 71 f., 76, 101 ff., 123,

126 f., 129, 132, 139, 147, 157, 163, 165, 174, 179, 181, 183, 194, 200; **4** 17, 36, 44, 89, 97, 107, 126, 129 f., 133; **5** 51, 66; **14** 16, 57 ff., 74 ff., 84 ff., 90 f., 93, 134; **15** 68, 75
– Vertriebs- **2** 124; **3** 14, 92, 134, 138, 140, 143, 147; **5** 59; **6** 68; **13** 55; **14** 83 f.
– Verwalter- **3** 11, 15, 19, 44, 163, 179, 194
Verflechtung(en) 6 64, 68; **7** 44 ff., 59 ff.
Verhandlung(en) 14 53, 92, 150 f., 153
Verjährung 1 25, 107; **2** 13; **3** 4, 18, 45, 51 f., 75, 89, 100, 113 f., 136, 146, 149, 152, 160 f., 166 f., 197; **4** 86, 177; **5** 125; **6** 178, 200 ff.; **7** 13 f., 75 f., 95; **8** 4, 6 f., 14, 22 ff., 36, 40 ff.; **9** 3, 46, 50 f.; **10** 7, 91; **11** 3, 6, 102, 122, 142; **13** 5, 22, 59, 128; **14** 1 ff.; **15** 5, 12, 71, 77, 82
Verjährungsbeginn 2 13; **3** 166; **14** 2, 5, 11, 27, 30, 51, 91, 98 ff.; **15** 77
Verjährungseinrede 3 75; **7** 14; **8** 22, 25; **11** 6; **14** 19, 39, 95, 135
Verjährungsfrist 1 25; **3** 89, 113 f., 136, 166; **4** 177; **5** 125; **6** 205; **7** 14, 75 f., 95; **8** 7, 14, 23 f., 40, 42; **9** 51; **10** 7, 91; **13** 5, 59, 128; **14** 2, 4, 7, 17, 21 f., 27 f., 30 f., 33, 40, 51 f., 55, 98 f., 121, 123, 140, 146, 148 f.; **15** 71, 82
Verkaufsprospekt 2 116; **3** 134; **6** 7 f., 171, 173, 178; **7** 92, 123; **9** 6, 10, 15, 17 ff., 34 f.; **11** 68; **14** 75; **15** 9, 17, 29
Verkaufsprospektgesetz 6 3, 7, 171, 187 ff.
Verlustzuweisung 11 94, 111, 115
Vermittler 3 183; **5** 3; **6** 131; **11** 39 ff., 67; **13** 44, 50, 51, 54; **14** 125; **15** 22 f., 26 f.
– -verschulden **8** 27 ff.
– Anlage- **3** 98, 162; **5** 11 ff., 47 ff., 67 ff.; **6** 17; **7** 81, 84; **8** 29; **9** 58; **10** 41; **11** 5
– Eigenkapital- **2** 116, 128; **3** 86 f., 91, 97; **6** 46, 49, 56, 142; **7** 34, 61, 63, 67; **13** 56, 61, 124; **14** 75 ff.
– Finanzanlagen- **3** 182; **5** 128
– Finanzierungs- **13** 36, 38, 41, 53
– Unter- **3** 67; **7** 67, 70; **8** 38
– Versicherungs- **3** 195
Vermittlungsprovision 3 86, 184 ff.; **6** 48; **13** 41, 104 f.
Vermögensanlagen 2 61, 72, 115, 129; **3** 102, 182; **5** 22, 59, 128; **9** 16, 24, 34; **15** 18
Vermutung aufklärungsrichtigen Verhaltens 2 90, 130 f., 137; **3** 59, 61; **13** 119
Versicherungsschutz 9 64, 70; **11** 147, 149; **13** 13, 34, 132
– Erlösausfall- **6** 28, 34; **7** 65; **10** 32; **13** 130
– Haftpflicht- **8** 4, 52; **9** 28; **10** 88
Verschuldensmaßstab 1 4; **3** 51, 58, 151; **6** 43, 187; **12** 24, 49; **13** 87, 124 ff.; **14** 17
Vertrag mit Schutzwirkung
– zu Gunsten Dritter **9** 37 ff.; **14** 47
Vertretenmüssen 14 66
Vertriebskonzept 11 39; **15** 27
Verwaltervergütung 3 11, 15, 19, 44, 163, 179, 194
Verwaltungsgericht 6 95, 103 ff.
Vier-Augen-Gespräch 5 72

Sachverzeichnis

Vif Babelsberger Filmproduktion GmbH & Co. Dritte KG (Vif Dritte) 6 20, 51 ff., 60; **7** 15; **9** 60 ff.; **13** 16, 20 f., 23, 124
Vollmacht 3 23, 39; **5** 85, 87, 107; **8** 35; **11** 8 f., 66 ff.
Vorgängerfonds 9 36; **10** 39
Vorsatz 3 146, 152; **4** 98; **10** 96; **12** 24, 73; **13** 8, 23, 53, 62, 66, 94, 96, 122, 134 f., 143 f.; **14** 42, 65 ff.

Weichkosten 3 91, 95, 97, 174, 183; **6** 46, 56, 59, 62 f., 67, 145; **7** 61, 65; **13** 64, 68
Wende 6 74; **7** 4; **11** 96
Wertpapier 1 31, 55 f., 59, 67, 71 f., 82, 90, 93; **2** 7 f., 10, 15, 76, 79; **3** 59, 72, 79, 125, 127, 142, 146; **4** 18, 102, 115, 131, 157; **5** 18, 41, 103, 105, 107 f.; **6** 2, 7, 91, 178; **11** 16, 24, 151; **12** 34, 40, 73, 81, 84; **13** 103; **14** 12 ff., 30
– -geschäft **1** 84, 86 f.; **2** 21, 61, 115; **3** 23 f., 32, 59, 61, 79; **4** 187, 189, 191; **5** 98, 118, 121; **13** 10; **14** 19
– -handelsgesetz **1** 11, 34, 54, 107; **2** 103, 105, 108
Wertpapierprospekt 9 82 ff.; **12** 62
Wirtschaftspresse 2 42 ff.
Wirtschaftsprüfungsgesellschaft 7 21; **8** 5, 24, 27, 34; **9** 3 f., 31, 35 ff., 62 f., 70, 72 ff., 83, 85, 87, 89, 92; **10** 5 f., 19, 27 ff., 35, 41, 44, 81 ff., 88, 104; **11** 67 f., 70, 78, 89; **14** 8, 37, 50
Wissensstand 1 42, 69 f.; **2** 9, 12; **4** 38, 110; **10** 43
Wissensvorsprung 1 92; **13** 44, 50

Wohnbauförderung 6 119, 125
Wohnungsbau 9 44
World Trade Center 2 4; **4** 137, 144
Worst-Case-Szenario 4 54; **6** 14, 20 ff., 59, 66; **9** 68; **13** 23 f.
– 37a WpHG **3** 45, 52 f., 105, 136, 152; **4** 58, 82, 97 f.; **5** 125; **14** 10 ff., 19 ff.
– 51a WPO **8** 22, 24, 41; **9** 51; **10** 85, 91; **14** 37 ff., 58 f., 62, 67, 71, 73, 96

Zertifikate 2 76 ff., 83, 85, 88, 90, 96, 103 f., 107 ff.; **3** 119, 125 f., 133, 135, 147; **4** 1, 3, 13 ff., 102 ff., 111, 113, 115, 118, 122 f., 164, 168
– -bedingungen **4** 102, 123, 134
– -erwerb **3** 128, 140; **4** 116, 124, 128
Zeugenbeweis 1 17, 19, 22, 26; **2** 142; **10** 95; **15** 6
Zeugenschaftszession 3 137, 141, 149; **14** 19, 57
Zins(en) 1 44, 55 ff., 61, 72, 77 f., 81 f., 95 f., 99; **2** 4, 19, 21 f., 62, 78, 119, 122; **3** 113, 156; **4** 1, 3, 7 ff., 22 ff., 55, 58, 61, 65 f., 70, 72 ff., 167, 184; **5** 105, 108; **6** 84, 88, 113, 141, 146; **10** 53 ff.; **11** 10, 72, 86, 94; **12** 34, 38; **14** 132 f.
– -entwicklung **4** 33; **8** 30
– -satz **1** 55; **2** 135; **4** 22 ff., 41, 66, 78, 81, 88, 93; **11** 72, 86
– -verbilligung **4** 41
– Darlehens- **1** 72
– Kapitalmarkt- **2** 140
– Kredit- **1** 83, 89, 95 f.
Zins-Swap 4 7, 35, 41, 48, 72 ff.
Zug um Zug 2 78, 119; **4** 167; **5** 108; **10** 10, 57, 60, 89; **11** 45, 72, 94, 101; **12** 38, 51; **14** 131, 133, 136, 145 f.; **15** 67

405